Kirsche
Bahnland DDR

Hans-Joachim Kirsche

Bahnland DDR

Reiseziele für Eisenbahnfreunde

2., bearbeitete und ergänzte Auflage

transpress

VEB Verlag für Verkehrswesen, Berlin 1990

Das Titelbild zeigt den IEx 76 „Primator" mit einer Lokomotive der Baureihe 243, aufgenommen im August 1986 bei Kurort Rathen in der Sächsischen Schweiz.
Foto: Burkhard Sprang

Auf der Rückseite des Buches ist die 44 1093 mit einem Nahgüterzug zu sehen, fotografiert im Mai 1983 auf dem Viadukt von Stadtilm.
Foto: Dieter Wünschmann

Redaktionsschluß: Januar 1990

Kirsche, Hans-Joachim:
Bahnland DDR: Reiseziele f. Eisenbahnfreunde.
2., bearb. u. erg. Aufl. Berlin:
Transpress, 1990. – 424 S. : 290 Abb., 98 Tab.

ISBN 3-344-00288-0

2., bearbeitete und ergänzte Auflage 1990
© 1981 by transpress VEB Verlag für Verkehrswesen
Französische Straße 13/14, Berlin, 1086
VLN 162
Printed in the German Democratic Republic
Gesamtherstellung: (52) Nationales Druckhaus
Gestaltung: Peter Tschauner
LSV 3817
566 834 6
DDR 22,00 M

Vorwort

Während der vergangenen Jahre hat sich bei der Eisenbahn in der Deutschen Demokratischen Republik das äußere Bild des Eisenbahnbetriebs grundlegend gewandelt. Am augenscheinlichsten zeigt sich das in der Ablösung der Dampflokomotive durch die Diesellok und die Ellok; Traktionswechsel sagen die Eisenbahner dazu. Die Dampflokomotive, die über ein Jahrhundert lang den Eisenbahnbetrieb bestimmt hat, wird als technisches Denkmal der Eisenbahngeschichte nur noch im Museum, bei Sonderfahrten, auf Schmalspurbahnen oder auf Traditionsbahnen zu sehen sein. Aber auch auf den Eisenbahnstrecken vollzogen sich – für jeden sichtbar – viele Wandlungen. An die Stelle der Formsignale traten moderne Lichtsignale. Mit alten Stellwerksgebäuden verschwanden vielerorts die mechanischen Stelleinrichtungen und machten neuen Stellwerken mit Gleisbildtechnik Platz. Automatische Streckenblockanlagen ermöglichten, die Zugfolge zu verdichten und die Streckendurchlaßfähigkeit zu erhöhen.

Leistungsfähige Triebfahrzeuge, Elektrifizierung und Automatisierung verleihen den seit über 100 Jahren bestehenden Eisenbahnstrecken im Netz der DR eine Leistungsfähigkeit, von der ihre Erbauer einst nur geträumt haben mögen. Ebenso alte Bauwerke auf diesen Strecken, wie Brücken, Tunnel, Bahnhöfe und Empfangsgebäude, vollbringen ein Vielfaches der Leistungen, für die sie einstmals gedacht waren.

Andererseits wurden im Zuge der Rationalisierung vielerorts unrentable, vor allem schmalspurige Eisenbahnstrecken stillgelegt. Einige Schmalspurbahnen, die in touristisch vielbesuchten Landschaften der DDR verkehren, bleiben – zum Teil unter Denkmalschutz stehend – erhalten und werden etwas von der urwüchsigen Atmosphäre des Eisenbahnbetriebs vergangener Zeiten vermitteln.

Ob moderne Dieselloks und Elloks oder museale Dampflokomotiven, ob pulsierender Betrieb auf Großstadtbahnhöfen oder beschauliche Romantik auf Schmalspurbahnen – die DDR bietet von der Ostseeküste im Norden mit den Eisenbahnfährverbindungen nach Schweden, Dänemark und der UdSSR bis zu den Mittelgebirgen im Süden mit Steilstrecken und Bergbahnen für die vielfältigsten Interessen der Eisenbahnfreunde und Touristen Erlebnisreiches aus Gegenwart und Vergangenheit der Eisenbahn.

Dieses Buch – hier in seiner zweiten, stark bearbeiteten und ergänzten Auflage erscheinend – faßt zum ersten Male die eisenbahntechnisch, -geographisch und -geschichtlich interessanten Reiseziele in der DDR zusammen, wobei auch Objekte mit aufgenommen wurden, die allgemein zu den Schienenbahnen zählen – wie zum Beispiel Straßenbahnen – oder die im weitesten Sinne als Bahnen zu bezeichnen sind – so auch Seilbahnen. Es gibt ferner erstmals einen geschlossenen Überblick über die historischen Triebfahrzeuge in der DDR.

Gleichfalls werden bei den Nahverkehrsbetrieben, die ebenfalls Beachtliches in der Denkmalpflege leisten, die historischen Straßenbahnfahrzeuge behandelt. Das vorliegende Buch will ein Eisenbahnführer durch das „Bahnland DDR" sein, ein Handbuch und Nachschlagewerk, ein Begleiter und Ratgeber auf Reisen und im Urlaub. Diesem Anliegen und einer schnellen Information entsprechen der übersichtlich gegliederte Aufbau des Inhalts nach den landschaftlichen Reisegebieten der DDR und eine Untergliederung nach eisenbahntypischen Gesichtspunkten (Eisenbahnstrecken, Kunstbauten, Empfangsgebäude, Straßenbahnen, Museen usw.).

Die im Buch angegebenen Höhenlagen der Bahnhöfe (in m über NN) wurden vom Entwurfs- und Vermessungsbetrieb der Deutschen Reichsbahn (EVDR) errechnet. Sie geben die Höhenlage der Schienenoberkante der durchgehenden Hauptgleise in ihren größten Annäherungen an das Empfangsgebäude an, bezogen auf NN (Normal Null = Amsterdamer Pegel).

Die Daten der Streckeneröffnungen beziehen sich auf die im Buch „Deutsche Reichsbahn − Die deutschen Eisenbahnen in ihrer Entwicklung 1835−1935" angegebenen.

Viele Freunde der Eisenbahn werden den Wunsch haben, das Gesehene als Erinnerung auch zu fotografieren. Es wird deshalb darauf hingewiesen, daß das Fotografieren und Filmen auf dem Gelände der Deutschen Reichsbahn grundsätzlich genehmigungspflichtig ist; das Fotografieren von Straßenbahnen bedarf im allgemeinen keiner Genehmigung. In Museen ist das Fotografieren genehmigungs- und gebührenpflichtig.

Autor und Verlag haben sich bemüht, eine zuverlässige Sammlung mit wichtigen Informationen über Eisenbahn-Reiseziele in der DDR vorzulegen. Um sie weiter vervollkommnen zu können und möglichst aktuell zu halten, werden Hinweise und Ergänzungen gern entgegengenommen.

Hans-Joachim Kirsche

Inhaltsverzeichnis

DRESDEN, Sächsische Schweiz und Osterzgebirge
KARL-MARX-STADT und Westerzgebirge 221

COTTBUS und Lausitz
GÖRLITZ und Zittauer Gebirge 277

10

Die Eisenbahn in der DDR

Die Eisenbahn in der Deutschen Demokratischen Republik – die Deutsche Reichsbahn (DR) – ist das seit 1990 selbständig arbeitende staatliche Verkehrsunternehmen des öffentlichen Eisenbahnverkehrs, das von einem Generaldirektor geleitet wird. Die DR betreibt ein Streckennetz mit einer Betriebslänge von etwa 14 000 km, davon – entsprechend den bautechnischen Merkmalen der Strecken – etwa 7 500 km Hauptbahnen und 6 500 km Nebenbahnen; unter letzteren 290 km Schmalspurbahnen. In bezug auf die Größe der DDR ergibt sich daraus eine Netzdichte von 13,1 km Eisenbahnstrecken auf 100 km² Fläche, wodurch die DDR über das dichteste Eisenbahnnetz aller europäischen Länder verfügt.

Gemäß der volkswirtschaftlichen Bedeutung werden die Strecken der DR in Haupt- und Nebenstrecken unterteilt. Die Hauptstrecken verbinden die politischen und ökonomischen Zentren der DDR miteinander. Die Magistralen gehen von Berlin, der Hauptstadt der DDR, aus und führen über die Grenzbahnhöfe in die Nachbarländer. Zu den Magistralen gehören die Strecken:

Berlin – Pasewalk – Stralsund nach Saßnitz Hafen,
Berlin – Wittenberge – Schwerin,
Berlin – Neustrelitz – Rostock nach Warnemünde,
Berlin – Elsterwerda – Dresden nach Bad Schandau – Schöna,
Berlin – Frankfurt (Oder),
Berlin – Magdeburg – Marienborn,
Berlin – Halle (Saale) – Leipzig – Erfurt nach Eisenach – Gerstungen.

Tabelle 1 Beförderungsleistungen der Verkehrsträger in der DDR
Reiseverkehr (Millionen Personenkilometer)

	Eisenbahn	Kraftverkehr	Kfz-Werkverkehr	Binnenschiffahrt
1950	18 576	8 507	–	151
1960	21 288	16 733	571	198
1970	17 666	27 952	985	232
1980	22 027	28 550	1 657	205
1986	22 402		1 059	180

Tabelle 2 Beförderungsleistungen der Verkehrsträger in der DDR
Güterverkehr (Millionen Tonnenkilometer)

	Eisenbahn	Kraftverkehr	Kfz-Werkverkehr	Binnenschiffahrt
1950	15 064	973	972	1 579
1960	32 860	2 638	2 364	2 252
1970	41 513	6 197	6 036	2 358
1980	56 395	9 738	11 282	2 159
1986	58 881	7 734	7 559	2 477

*Bild 1   Streckennetz der Deutschen Reichsbahn
mit Haupt- und Nebenbahnen.*

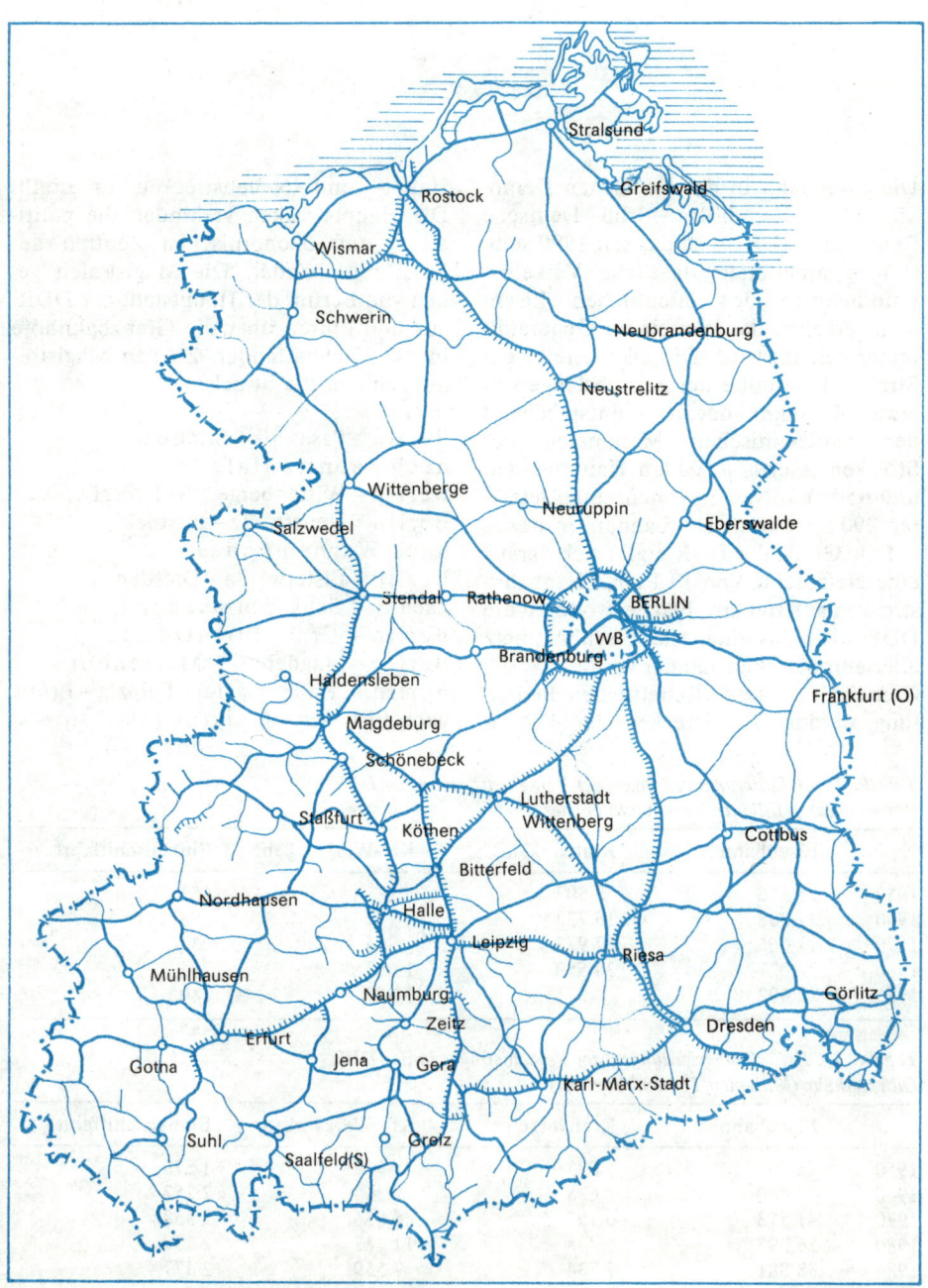

Auf diesen Magistralen, die für 21 Tonnen Achsfahrmasse und für die Höchstgeschwindigkeit von 120 km/h ausgelegt sind, werden etwa 80 Prozent der Beförderungsleistungen der DR erbracht. Das Hauptstreckennetz entspricht damit im wesentlichen den wachsenden Anforderungen, die sich aus der zentralen Lage des Eisenbahnnetzes der DDR in Europa für schnelle und leistungsfähige Transitverbindungen im Reise- und Güterverkehr ergeben. Die Rolle der DR im internationalen Eisenbahnverkehr ist auch daran erkennbar, daß von den etwa 100 zur Zeit im europäischen Eisenbahnverkehr zugelassenen Grenzübergängen über 20 an den Grenzen der DDR liegen, davon drei an der Seegrenze.
Den Beförderungsbedürfnissen der Bevölkerung im Binnenreiseverkehr und im internationalen Verkehr, den Transportbedürfnissen der Wirtschaft der DDR im Binnengüterverkehr, Import- und Exportverkehr sowie dem Transitreise- und -güterverkehr wird die DR mit etwa 7300 täglich verkehrenden Reisezügen und etwa 8500 Güterzügen gerecht. Im Binnenverkehr und im internationalen Verkehr ist das Containertransportsystem fester Bestandteil der Transporttechnologie.
Hinsichtlich der Beförderungsmenge und -leistungen je km Strecke zählt die DR zur internationalen Spitzengruppe. Die weitere Entwicklung sieht u. a. vor: Eine moderne, technisch, ökonomisch und ökologisch den Erfordernissen entsprechende Eisenbahn zu schaffen, u. a. durch den mehrgleisigen Ausbau von Eisenbahnstrecken zur Erhöhung der Durchlaßfähigkeit, die Elektrifizierung

Tabelle 3   Grenzbahnhöfe der Deutschen Reichsbahn

Grenzbahnhof	Übergang nach Ort/Land/Eisenbahn	internationaler Reiseverkehr	internationaler Güterverkehr
Grambow	Szczecin-Gumieńce/Polen/PKP	x	x
Tantow	Szczecin-Gumieńce/Polen/PKP	x	x
Kietz	Kostrzyn/Polen/PKP	–	x
Frankfurt (Oder)	Kunowice/Polen/PKP	x	x
Wilhelm-Pieck-Stadt Guben	Gubin/Polen/PKP	x	x
Forst (Lausitz)	Zasieki/Polen/PKP	x	x
Horka	Bielawa Dolna/Polen/PKP	–	x
Görlitz	Zgorzelec/Polen/PKP	x	–
Zittau	Hrádek n. N./ČSSR/ČSD	x	x
Ebersbach	Rumburk/ČSSR/ČSD	–	x
Bad Schandau	Děčín/ČSSR/ČSD	x	x
Bad Brambach	Vojtanov/ČSSR/ČSD	x	x
Gutenfürst	Hof/BRD/DB	x	x
Probstzella	Ludwigsstadt/BRD/DB	x	x
Gerstungen	Bebra/BRD/DB	x	x
Ellrich	Walkenried/BRD/DB	x	x
Marienborn	Helmstedt/BRD/DB	x	x
Oebisfelde	Wolfsburg/Vorsfelde/BRD/DB	x	x
Schwanheide	Büchen/BRD/DB	x	x
Herrnburg	Lübeck/BRD/DB	x	x
Warnemünde	Gedser/Dänemark/DSB	x	x
Saßnitz Hafen	Trelleborg/Schweden/SJ	x	x
Mukran	Klaipeda/UdSSR/SŽD	–	x

Tabelle 4 Internationale Eisenbahnfährverbindungen der DR

Eisenbahnfährverbindung	Übergang nach Land/Eisenbahn	Eröffnung	Länge der Fährstrecke nach Tarif (km)	Übersetzzeit (h:min)
Warnemünde – Gedser	Dänemark/DSB	1903	48	2:05
Saßnitz Hafen – Trelleborg	Schweden/SJ	1909	107	4:00
Mukran – Klaipeda	UdSSR/SŽD	1986	506	20:00

von Magistralen, die Errichtung von Gleisbildstellwerken und automatischen Wegübergangssicherungsanlagen, den Ausbau der punktförmigen Zugbeeinflussung, des Zugfunks und des Rangierfunks, die Beschleunigung des Transitverkehrs und die Ausweitung des Containerverkehrs.

Im Reiseverkehr benutzen täglich 2 Millionen Personen die Züge der DR. Im internationalen Verkehr wird die DR durch ihr Angebot an internationalen Reisezugverbindungen mit insgesamt etwa 200 internationalen Reisezügen (Januar 1990) dem besonders rasch angestiegenen Besucher- und Touristenverkehr sowie dem Geschäftsreiseverkehr gerecht. Viele dieser internationalen Reisezüge führen neben den international festgelegten Zugnummern besondere Namen, die Auskunft über ihren Lauf geben oder nach geographischen, künstlerischen, historischen oder literarischen Vorbildern gewährt wurden. Die meisten der internationalen Reisezugverbindungen führen in Nord-Süd- oder West-Ost-Richtung über Berlin Hauptbahnhof bzw. beginnen oder enden auf diesem Bahnhof, wodurch die Hauptstädte fast aller Länder des europäischen Kontinents von Berlin aus mit direkten Zügen bzw. mit Kurswagen zu erreichen sind. Für den grenzüberschreitenden Eisenbahnverkehr über den Wasserweg verbinden drei Eisenbahnfährrouten die DDR mit Schweden, mit Dänemark und mit der UdSSR. Zwei der ältesten Eisenbahn-Großfährverbindungen über See in Europa, die Fährrouten Warnemünde – Gedser (Dänemark) und Saßnitz Hafen – Trelleborg (Schweden), stellen schnelle und rationale Übergänge für Reisende und Güter mittels großer Eisen-

Tabelle 5 Eisenbahnfährschiffe der Deutschen Reichsbahn

Eisenbahnfährschiff	Indienststellung bei der DR	gebaut auf der Werft	Gesamtlänge (m)	max. Geschwindigkeit (kn)	Anzahl/Länge der Gleise (m)	Aufstellfläche für Kfz (m²)
MFS WARNEMÜNDE	1963	Neptun, Rostock	136,4	18,5	3/328	–
MFS RÜGEN	1972	Neptun, Rostock	152,7	20,6	4/481	982
MFS ROSTOCK	1977	Bergens Mekaniske Verksteder (Norwegen)	158,4	20,5	5/681	1404
EGF MUKRAN[1)]	1986	Mathias Thesen, Wismar	190,0	16,5	10/1500	–

[1)] Eigentümer VE Kombinat Seeverkehr und Hafenwirtschaft

Tabelle 6   Städte-Expreßzüge im Binnenreiseverkehr der Deutschen Reichsbahn

Name	Zuglauf	Laufweite (km)
BERLIN-EXPRESS	Berlin – Dresden	190
BERLINER BÄR	Berlin – Halle (Saale) – Erfurt	286
BÖRDE	Magdeburg – Potsdam – Berlin	170
ELBFLORENZ	Dresden – Berlin	190
ELSTERTAL	Gera – Leipzig – Berlin	256
FICHTELBERG	Karl-Marx-Stadt – Dresden-Neustadt – Berlin	270
LIPSIA	Leipzig – Berlin	182
PETERMÄNNCHEN	Schwerin – Berlin	238
RENNSTEIG	Meiningen – Suhl – Erfurt – Halle (Saale) – Berlin	360
SACHSENRING	Zwickau (Sachs) – Leipzig – Berlin	272
STOLTERA	Rostock – Berlin	230

bahnfährschiffe vom Netz der DR zu den Eisenbahnen in Skandinavien her.

Beim Binnenreiseverkehr konzentrieren sich die Reiseströme im Berufsverkehr auf die größeren Städte und Ballungsgebiete, im Dienstreise- und Geschäftsverkehr besonders auf Berlin, Hauptstadt der DDR, und im Urlaubsverkehr auf die Feriengebiete, wie den Harz, den Thüringer Wald, das Erzgebirge, das Zittauer Gebirge, die Sächsische Schweiz und die Ostseeküste. Entsprechend diesen Bedürfnissen sind die Fern-, Bezirks- und Nahverbindungen der DR gestaltet. Von den etwa 7300 täglich verkehrenden Reisezügen sind etwa 600 schnellfahrende Reisezüge. Nachdem im Jahre 1960 besondere Städteverbindungen, die Züge des sogenannten Städteschnellverkehrs, eingerichtet wurden, die schnelle und zeitlich günstige Früh- und Abendverbindungen zwischen Berlin und einer Reihe von Bezirksstädten herstellen, kam im Jahre 1977 ein attraktives Netz von Städte-Expreßzügen dazu.

Außerordentlich große Bedeutung hat der Berufsverkehr der DR, da täglich etwa 1,5 Millionen Arbeiter und Angestellte,

Tabelle 7   Stadtschnellbahnen der DR (S- und SV-Bahnen)

Ort	Traktionsart	Inbetrieb-nahme	Netz-länge (km)	Anzahl der Linien	Anzahl der Zu-gangs-stellen	Anzahl der Züge je Tag	Anzahl der beförderten Personen je Tag
Berlin	Elektro- und Dieseltraktion	1924	446	30	140	4000	850000
	davon Gleich-strombetrieb		172,8	17	78		80000
Halle (Saale)	Elektrotraktion	April 1967	23	2	14	106	17000
Leipzig	Elektrotraktion	Juli 1969	66	3	35	230	55000
Rostock	Dieseltraktion	Juli 1970	14	1	10	180	66000
Dresden	Elektro- und Dieseltraktion	Okt. 1973	131	4	52	330	66000
Magdeburg	Elektro- und Dieseltraktion	Okt. 1974	59	3	20	144	35000
Erfurt	Dieseltraktion	Mai 1976	9	1	4	28	10000
Karl-Marx-Stadt	Elektrotraktion	Juni 1976	35	2	13	120	22000

Studenten, Lehrlinge und Schüler die Eisenbahn für die Fahrt von und zum Arbeitsort benutzen. Kennzeichnend für den Berufsverkehr der DR sind der Einsatz von Doppelstockzügen seit dem Jahre 1952 und die Einbeziehung der Eisenbahn in den Nahverkehr der industriellen Ballungsgebiete durch die Einrichtungen neuer Stadtschnellbahnverkehre seit dem Jahre 1969.

Neben der elektrischen S-Bahn in Berlin, Hauptstadt der DDR, die auf besonderem Bahnkörper verkehrt (siehe Seite 24), betreibt die DR Nahverkehrssysteme (Vorortverkehr mit S-Bahn-Tarif) im Gemeinschaftsbetrieb mit der Fernbahn in Leipzig (siehe Seite 138), Halle (siehe Seite 156), Magdeburg (siehe Seite 100), Dresden (siehe Seite 229), Rostock (siehe Seite 63) und Erfurt.

Auf Reisen in einigen Erholungsgebieten bereitet die DR Urlaubern und Touristen ein besonderes Erlebnis – eine Fahrt auf einer Schmalspurbahn. Trotz erheblicher Aufwendungen wird die DR acht Schmalspurbahnstrecken mit insgesamt 219 km Streckenlänge für die Zukunft erhalten. Diese „Oldtimer auf Schienen" – fast alle Strecken wurden im vorigen Jahrhundert gebaut – werden gegenwärtig ausschließlich noch mit Dampflokomotiven gefahren, wobei unterschiedliche Baureihen eingesetzt sind, die von einer Lok aus dem vorigen Jahrhundert (z. B. eine Gelenklokomotive der Bauart Mallet aus dem Jahre 1897 auf der Selketalbahn, siehe Seite 108) bis zu Dampflokneubauten des damaligen VEB Lokomotivbau „Karl Marx" Babelsberg (z. B. die Baureihe 99[77-99] vom Jahre 1956 für die Strecke Cranzahl – Oberwiesenthal) reichen und anschaulich den Entwicklungsweg des Lokomotivbaus zeigen. Die Dampftraktion soll noch einige Zeit das Milieu der Schmalspurbahnen prägen.

Außer den Schmalspurbahnen bleiben entsprechend einer Festlegung des Ministeriums für Verkehrswesen aus dem Jahre 1983 Dampflokomotiven, elektrische und Dieseltriebfahrzeuge sowie Rei-

Tabelle 8   Schmalspurbahnen der DDR

Strecke	DR-Kursbuch-Strecken-Nr.	Spurweite (mm)	Länge (km)	Inbetriebnahme
Freital-Hainsberg – Kurort Kipsdorf	309	750	26,2	1882/1883
Radebeul Ost – Radeburg	308	750	16,6	1884
Oschatz – Mügeln – Kemmlitz[1]	–	750	15,4	1885/1903
Zittau – Bertsdorf – Kurort Oybin/Kurort Jonsdorf	251	750	16,1	1890
Putbus – Göhren (Bäderbahn „Rasender Roland")	956	750	24,2	1895/1899
Cranzahl – Kurort Oberwiesenthal	424	750	17,7	1897
Bad Doberan – Ostseebad Kühlungsborn West („Molli")	785	900	15,4	1886/1910
Gernrode – Alexisbad – Harzgerode/Hasselfelde (Selketalbahn)	674	1 000	43,2	1887/1892
Nordhausen Nord – Wernigerode mit Abzweigungen Drei Annen Hohne – Schierke u. Eisfelder Talmühle – Hasselfelde (Harzquerbahn)	678	1 000	79,4	1897/1899/1905

[1] nur Güterverkehr

sezug- und Güterwagen, die eine bestimmte technische Entwicklungsstufe darstellen und somit kulturhistorischen Wert haben, zum Teil museal, zum Teil aber auch betriebsfähig der Nachwelt erhalten. Diese Fahrzeuge werden auf Veranstaltungen der DR (z. B. zu Streckenjubiläen), des Verkehrsmuseums Dresden und des Deutschen Modelleisenbahn-Verbandes der DDR ausgestellt und zu Sonderfahrten eingesetzt.

Der Gütertransport der DR wird durch drei Faktoren bestimmt: Die DDR besitzt eine hochentwickelte Industrie, die vor allem in den südlichen und mittleren Bezirken lokalisiert ist, und eine leistungsfähige, stark mechanisierte Landwirtschaft, die sich auf die nördlichen Bezirke konzentriert. Diese Standortverteilung bewirkt erstens starke Güterströme im Binnengüterverkehr mit entsprechend dem Wirtschaftsprofil der Gebiete typischen Versand- bzw. Empfangsverhältnissen der einzelnen Orte bzw. Territorien. Die exportintensive Industrie der DDR und die internationale sozialistische Arbeitsteilung bewirken zweitens einen starken internationalen Güterverkehr, und schließlich führt drittens die zentrale Lage des Schienennetzes der DR in Europa zu umfangreichen Transitgüterströmen sowohl in Nord-Süd- als auch in Ost-West-Richtung.

Die Eisenbahn der DDR bewältigt diese Güterströme mit täglich etwa 7200 Güterzügen zwischen etwa 1300 Güterbahnhöfen bzw. Stückgut- und Wagenladungsknoten. Etwa 120 Durchgangseilgüterzüge sind speziell dem Transitverkehr vorbehalten, und 20 Prozent aller in Europa verkehrenden internationalen Schnellgüterzüge – als TEEM bezeichnet – beginnen oder enden in der DDR bzw. durchqueren sie, darunter Verbindungen zwischen Bologna und Malmö, Warszawa und Amersfoort, Stockholm und Basel, Budapest und København, die meisten davon über Seddin. Seddin, wichtigster Rangierbahnhof für den internationalen Gütertransport, ist südwestlich von Pots-

dam an der Strecke Berlin – Dessau gelegen. Der Bahnhof umfaßt eine Fläche von etwa 5 km Länge und bis zu knapp 1 km Breite. Hier kommen durchschnittlich 110 Güterzüge je Tag an, werden aufgelöst und neu gebildet. 340 Eisenbahner rangieren täglich mehr als 4000 Güterwagen über 100 km Gleise und 350 Weichen. Alles überragt der massive Bau des 1980 fertiggestellten Zentralstellwerks, von dem aus mehr als 200 Signale bedient werden, in dem eine 11 m lange Meldetafel jederzeit einen Überblick über die Standorte der Züge und die in den einzelnen Gleisen stehenden Wagen gibt. Weitere große Rangierbahnhöfe der DR sind Dresden-Friedrichstadt, Halle (Saale) Güterbahnhof, Erfurt, Engelsdorf, Leipzig-Wahren, Magdeburg-Buckau und Magdeburg-Rothensee. Für das Auflösen und Bilden der Güterzüge steht nach der Rekonstruktion der Rangierbahnhöfe teilautomatisierte Rangiertechnik mit Gleisbremsen und Ablaufautomatik zur Verfügung.

Hauptgutarten des Eisenbahn-Gütertransports der DR sind Kohle und Koks (32,0 Prozent), Baumaterialien (23,0 Prozent), Mineralöle und Teerprodukte (8 Prozent), Erzeugnisse der Metallurgie und Schrott (8 Prozent), Erzeugnisse der Landwirtschaft und Nahrungsgütermittelindustrie (7 Prozent). Für diese wichtigen Massengüter haben sich relativ konstante Transportwege herausgebildet, wodurch diese Massengüter besonders wirtschaftlich in Ganzzügen transportiert werden können.

Im Jahre 1968 wurde von der DR das Containertransportsystem eingeführt. Gegenwärtig existieren in der DDR 34 Großcontainer-Umschlagplätze der Eisenbahn, 13 Umschlagstellen und 250 sonstige für den Großcontainertransport zugelassenen Bahnhöfe, wodurch die wichtigsten Wirtschaftsgebiete des Territoriums der DDR für den Großcontainereinsatz erschlossen sind. Das Einzugsgebiet für den Containerzugverkehr umfaßt etwa 7000 Orte innerhalb der DDR.

Der Triebfahrzeugpark der DR setzt sich aus Diesellokomotiven, Elektrolokomotiven, Dampflokomotiven, Dieseltriebwagen und den elektrischen Triebwagen der Berliner S-Bahn sowie denen zweier elektrischer Inselbetriebe (von Müncheberg/ Mark nach Buckow/Märkische Schweiz und von Lichtenhain a. d. Bergbahn nach Cursdorf) zusammen. An der Zugförderungsleistung sind die Diesel- und Elektrotraktion mit etwa 99 Prozent beteiligt, nur noch knapp 1 Prozent werden von der Dampftraktion erbracht (Stand 1987). Darin spiegelt sich der Traktionswechsel von der energetisch unwirtschaftlichen Dampftraktion auf die modernen Traktionsarten wider (vor etwa 20 Jahren waren die Elektrotraktion mit 11 Prozent und die Dampftraktion mit 89 Prozent an der Zugförderleistung beteiligt). Bei den Dieseltriebfahrzeugen sind im Zugfahrdienst die Baureihen 110, 112, 114, 118, 119, 120, 130, 131, und 132 eingesetzt, im Rangierdienst vor allem die Baureihen 100, 101, 102, 105 und 106. Bei den elektrischen Lokomotiven existieren die Baureihen 211, 242, 243 und 250 sowie auf der Rübelandbahn die Baureihe 251.

Der Reisezugwagenpark der DR setzt sich ausschließlich aus Neubau-, Modernisierungs- und Reko-Wagen zusammen, abgesehen von den Wagen der Schmalspurbahnen. Die Neubauwagen stammen entweder aus der Produktion des VEB Kombinat Schienenfahrzeugbau der DDR (VEB Waggonbau Bautzen und VEB Waggonbau Görlitz) oder – wie auch die Modernisierungs- und Reko-Wagen der Bauart „Halberstadt" – aus der Produktion der Reichsbahnausbesserungswerke (vor allem aus dem Raw Halberstadt).

Der Güterwagenpark der DR ist so zusammengesetzt, daß für die Transportkunden günstige Be- und Entladebedin-

Tabelle 9   Technische Kenngrößen von Diesel- und Elektrolokomotiven der DR

Tfz-Baureihe	Höchstleistung	Höchstgeschwindigkeit	Dienstmasse	Masse je Meter	mittlere Achsfahrmasse	Achsanordnung	Sonderausrüstung
	(kW)	(km/h)	(t)	(t)	(t)		
106	478	30/60	53	4,9	13,2	D	Sifa/Rangierfunk
110	735/882	65/100	63,2	4,7	16,5	B'B'	Sifa/Zugheizung Dampf
118.1	1470/1764	120	78,7	4,0	19,7	B'B'	Sifa/Zugheizung Dampf
118.2-4	1470	120	93,6	4,8	15,6	C'C'	Sifa/Zugheizung Dampf
119	1764	120	96	4,9	16	C'C'	Sifa/punktförmige Zugbeeinflussung teilweise/Zugheizung elektr.
120	1470	100	115,1	6,6	19,2	Co'Co'	Sifa
130	2205	140	116,2	5,6	19,4	Co'Co'	Sifa
132	2205	120	121,3	5,95	20,4	Co'Co'	Sifa/punktförmige Zugbeeinflussung teilweise/Zugheizung elektr.
211	2740	120	82	5,02	20,5	Bo'Bo'	Sifa/Zugheizung elektr.
243	3720	120	82,5	4,96	20,6	Bo'Bo'	Sifa/Zugheizung elektr./ punktförmige Zugbeeinflussung
242	2920	100	82	5,02	20,5	Bo'Bo'	Sifa/Zugheizung elektr.
250	5400	120	123	6,28	20,5	Co'Co'	Sifa/Zugheizung elektr./ punktförmige Zugbeeinflussung

gungen erreicht und verlustlose Transporte gesichert werden. Die technische und technologische Qualität der Güterwagen wurde durch Anschaffung neuer Fahrzeuge und Modernisierung vorhandener Wagen wesentlich angehoben. Dabei haben sich der Anteil vierachsiger Wagen und der Anteil neuer Spezialgüterwagen bedeutend erhöht.

Das 14 000 Kilometer umfassende Streckennetz der DR wird vom Bereich Bahnanlagen verwaltet. Die Eröffnungsdaten der Strecken – nach den Streckennummern des Kursbuches der DR geordnet – sind in einer Übersicht im Anhang des Buches zusammengestellt.

Die Schienen liegen sowohl auf Holz- als auch auf Betonschwellen, vereinzelt noch auf Stahlschwellen. Zwei- und mehrgleisig ausgebaut sind über 30 Prozent des Streckennetzes. Drei- und viergleisig auf Fernbahnen wird zwischen Magdeburg und Schönebeck (Elbe), zwischen Großkorbetha und Weißenfels, zwischen Coswig (Bez Dresden) und Dresden Hbf, zwischen Niederwiesa und Karl-Marx-Stadt Hbf, zwischen Leipzig Hbf und Großdeuben sowie Neuwiederitzsch und schließlich zwischen Erfurt und Neudietendorf gefahren. Abschnitte des südlichen Berliner Außenringes befinden sich gegenwärtig im Umbau auf viergleisigen Betrieb bzw. sind bereits viergleisig.

Etwa 80 Prozent der Gleise auf den Hauptstrecken sind lückenlos verschweißt. Für die Erneuerung des Oberbaus, für den Gleisumbau, für die zwischenzeitliche Instandhaltung und für die planmäßige Durcharbeitung der Gleise zur Gewährleistung der Betriebssicherheit und einer hohen Leistungsfähigkeit verfügen die Bauzüge der DR über hochproduktive Schotterbettreinigungsmaschinen, Gleisstopf- und -richtmaschinen sowie Gleisjochverlegeeinrichtungen und Gleisjochverlegekrane. Ferner kommen komplette Durcharbeitungszüge und Maschinenkomplexe für den Gleisumbau zum Einsatz.

Auf ausgewählten Strecken und in wichtigen Eisenbahnknoten wurden in den vergangenen Jahren moderne Sicherungsanlagen eingebaut. Dadurch konnten die Streckenkapazität der DR weiter erhöht und ein störungsfreier Betriebsablauf gewährleistet werden. In der Eisenbahnsicherungstechnik der DR gibt es mechanische Stellwerke (die nach und nach durch moderne Anlagen ersetzt werden), elektromechanische Stellwerke und Gleisbildstellwerke. Nachdem im Jahre 1950 das erste Gleisbildstellwerk der DR in Betrieb genommen wurde, wird das technische Niveau auf diesem Gebiet gegenwärtig bei der DR durch den Einsatz neuentwickelter Stellwerksbauformen in Spurplantechnik sowie durch die Ausrüstung von Strecken mit dem universell einsetzbaren automatischen Streckenblock AB 70, durch Zugnummernmeldeanlagen, Achszähler, automatische Gleisfreimeldeanlagen und moderne Fernmeldeanlagen geprägt.

Mit dem Einsatz zugbedienter Wegübergangssicherungsanlagen (Haltlicht- und Halbschrankenanlagen) erhöht die DR die Sicherheit an den Wegübergängen und schränkt damit zugleich die Möglichkeit menschlichen Versagens ein. Die moderne Sicherungstechnik der DR – gegenwärtig existieren bereits über 300 Gleisbildstellwerke – gewährleistet neben der sicheren Durchführung der Zug- und Rangierfahrten die Erhöhung der Durchlaßfähigkeit und schafft die Voraussetzungen für die Automatisierung der Betriebsführung.

Im Signalwesen wendet die DR seit 1961 das einheitliche Lichtsignalsystem der OSShD-Mitgliedsbahnen an. Bei diesem Signalsystem werden dem Triebfahrzeugführer mit den einzelnen Signalbildern Informationen über Geschwindigkeiten gegeben. Außer Streckenhöchstgeschwindigkeit und Haltbegriff können drei Geschwindigkeitszwischenstufen (40 km/h, 60 km/h und 100 km/h) signalisiert werden. Gegenwärtig sind etwa 80 Prozent der Hauptsignale und 85 Prozent der Vorsignale als Lichtsignale ausgerüstet. Die

DR nutzt damit zur Erhöhung der Betriebssicherheit bereits in großem Umfang die Vorteile der Lichtsignale in Verbindung mit der modernen Sicherungstechnik gegenüber den älteren Formsignalen. Lichtsignale lassen sich einfacher steuern als Formsignale und können auf Strecken mit automatischem Block von den Zügen betätigt werden. Ihre Störanfälligkeit ist geringer als die von Formsignalen, die Signalbilder sind bei Tag und bei Dunkelheit gleich, sie sind für die Triebfahrzeugpersonale leichter auffindbar und besser erkennbar.

Die 7 500 km Hauptstrecken der DR, der Triebfahrzeugpark mit modernen Elloks und Dieselloks, die große Anzahl neuer Güterwagen, die attraktiven Städte-Expreßzüge, die neuen Stadtschnellbahnnetze, großzügig angelegte Containerbahnhöfe, die punktförmige Zugbeeinflussung, das moderne Lichtsignalsystem und automatische Blockstrecken, die Einführung des Zugfunks und die bessere Sicherung der Wegübergänge, die Modernisierung von Rangierbahnhöfen durch Gleisbremsen und Ablaufautomatik, die schrittweise Erhöhung der Geschwindigkeiten, die Elektrifizierung des Hauptstreckennetzes und der beispielhafte Service im Transitgüterverkehr – alles zusammen kennzeichnet Tag für Tag und Nacht für Nacht dank der Arbeit der etwa 250 000 Eisenbahner der DR die Leistungsfähigkeit des wichtigsten Transportträgers der DDR.

Die Ansprüche der Reisenden und der Transportkunden an ihre Eisenbahn steigen aber weiter. Deshalb sieht das Entwicklungsprogramm der DR durch weitere Rationalisierung und durch Investitionen bedeutende Leistungssteigerungen im Reiseverkehr und im Gütertransport vor. Dazu tragen vor allem die Erhöhung der Streckendurchlaßfähigkeit durch das Verlegen zweiter und zum Teil dritter Gleise und durch die Elektrifizierung von Strecken bei, ferner die weitere Modernisierung und Teilautomatisierung der leistungsbestimmenden Rangierbahnhöfe, die Indienststellung neuer Reisezug- und Güterwagen sowie neuer Triebfahrzeuge. Der Großcontainertransport sieht entsprechend den nationalen und internationalen Erfordernissen eine kontinuierliche Zunahme vor, wobei sich die Anzahl der Großcontainerumschlagplätze erhöhen und die Kapazität der vorhandenen durch den Einsatz neuer Umschlagmechanismen erweitern wird. Zur Erhöhung der Betriebssicherheit setzt die DR die Modernisierung der Strecken und Bahnhöfe mit moderner Sicherungs- und Fernmeldetechnik durch den weiteren Aufbau von Gleisbildstellwerken fort. Alles zusammen – die Technik der Eisenbahn in der DDR aus Gegenwart und Geschichte und die Leistungen ihrer Eisenbahner – machen das Bahnland DDR sehens- und erlebenswert für alle, die selbst Eisenbahner von Beruf sind, sich als Freunde mit der Eisenbahn verbunden fühlen oder für die, die sich als Reisende und Touristen für die Eisenbahn interessieren.

BERLIN und Umgebung

Die Hauptstadt Berlin mit ihren 1,1 Millionen Einwohnern hat sich seit der Gründung der DDR zum politischen, wirtschaftlichen und kulturellen Zentrum des Landes entwickelt. In Berlin ist eine leistungsfähige Großindustrie beheimatet, weltbekannte Ausbildungs- und Forschungsstätten sowie Theater und Museen prägen ebenso das Gesicht der Stadt an der Spree wie die seen- und wälderreiche Umgebung für die Erholung und Freizeitgestaltung der Bevölkerung der Hauptstadt und ihrer Gäste.

Berlin ist der Verkehrsmittelpunkt der DDR und speziell im Eisenbahnverkehr der größte Eisenbahnknotenpunkt Mitteleuropas und einer der wichtigsten Knoten des europäischen Kontinents; hier vereinigen sich elf Hauptbahnstrecken und drei Nebenbahnstrecken.

Das Streckennetz in und um Berlin weist typische Merkmale eines großen Eisenbahnknotenpunktes auf:

- radial aus allen Richtungen auf den Knoten Berlin zulaufende Eisenbahnstrecken,
- die durch das Stadtinnere in Ost-West-Richtung führende Fernbahnstrecke mit mehreren an ihr liegenden Durchgangsbahnhöfen,
- eine Ringstrecke (Berliner Außenring, siehe Seite 30) um den Knoten sowie eine Verbindungsbahn als Teil des Berliner Innenrings,
- das teils parallel zu den Fernbahnstrecken führende, teils sie kreuzende oder auch verbindende Netz der Stadtschnellbahn (Berliner S-Bahn, siehe Seite 24).

Von Bedeutung für die zukünftige Entwicklung des Knotens Berlin sind die seit 1984 vollzogene Anbindung an das elektrifizierte Streckennetz der DR vom Süden her und die Weiterführung nach Norden bis zum Rostocker Seehafen und nach Warnemünde seit 1985 sowie nach Stralsund, Saßnitz und Mukran. Im Reiseverkehr ist Berlin einmal Anfangs- und Endpunkt internationaler Zugverbindungen und Umsteigebahnhof für Reisende der über Berlin führenden Transitreisezüge, zugleich auch Anfangs- und Endpunkt für die meisten in der DDR verkehrenden Fernreisezüge (Städte-Expreßzüge) sowie im Berufsverkehr für die aus und nach den Randgebieten verkehrenden Personenzüge. So beginnen und enden täglich in der Hauptstadt etwa 280 Züge des Fernreiseverkehrs, von denen etwa 100 Züge dem internationalen Reiseverkehr dienen. Etwa 180 000 bis 200 000 Reisende benutzen täglich die Fernbahnhöfe Berlin Hauptbahnhof, Berlin-Lichtenberg, Flughafen Berlin-Schönefeld und Berlin-Schöneweide.

Da es während der historischen Entwicklung der Eisenbahn nicht gelungen war, einen zentralen Fernreise-Hauptbahnhof in Berlin zu schaffen (wie ihn zum Beispiel Leipzig mit seinem Hauptbahnhof hat), wurden und werden im Rahmen der Verkehrsbauvorhaben der Hauptstadt Berlin die Reiseverkehrsanlagen verbessert. So wurde der Fernbahnhof Berlin-Lichtenberg umgestaltet. Mit seinen drei Fernbahnsteigen und dem neuen Empfangsgebäude bleibt er im wesentlichen dem Binnenfernreiseverkehr vorbehalten.

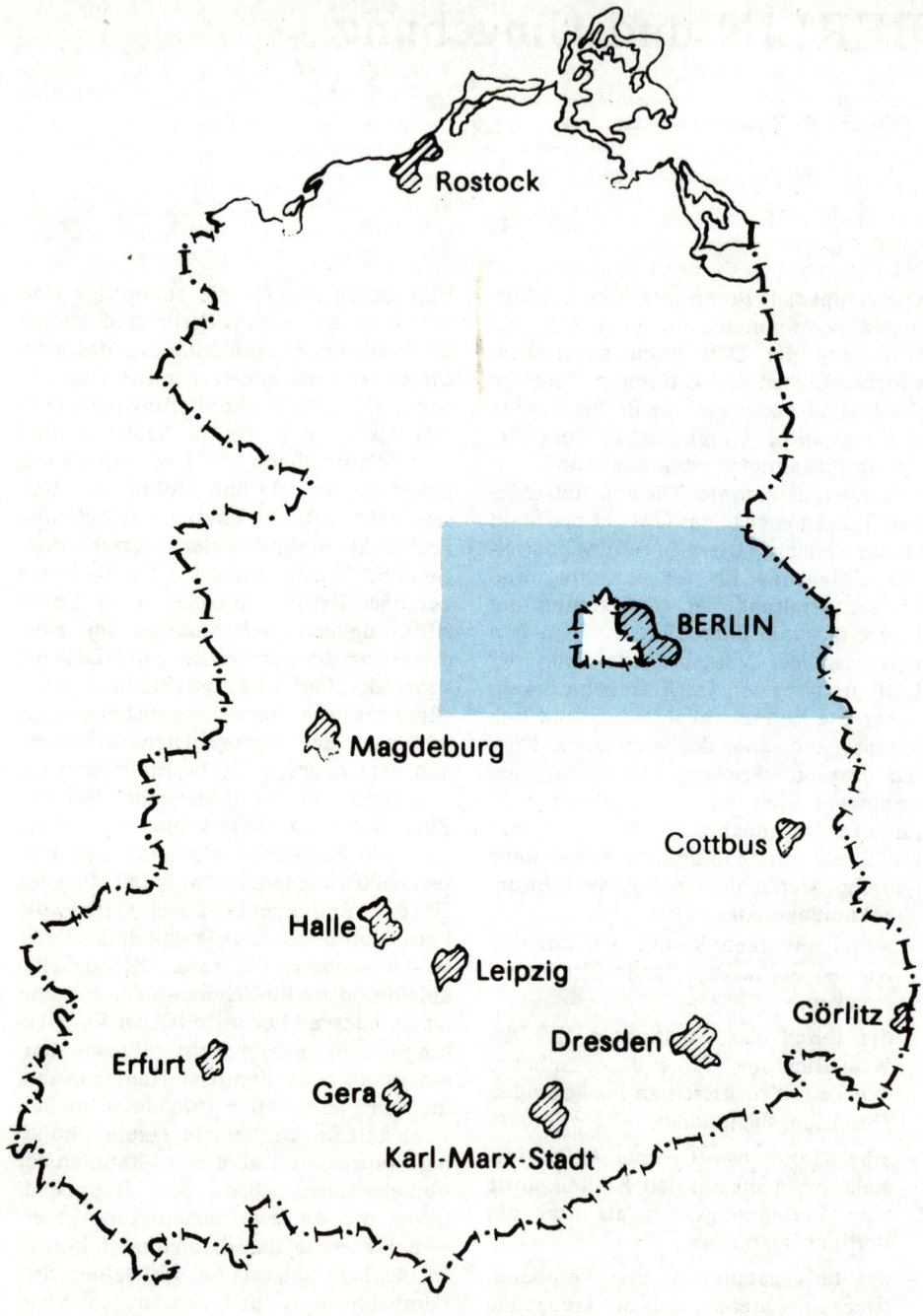

Der Bahnhof Flughafen Berlin-Schöne-feld erhielt ein neuerbautes Empfangsge-bäude, und mit verlängerten und über-dachten Bahnsteigen ist dieser Knoten-punkt (Fernreiseverkehr, Ausflugs- und Pendlerverkehr, Übergang zum Flugha-fen) den Bedürfnissen im Reiseverkehr angepaßt. Der Bahnhof Berlin Haupt-bahnhof mit gleichfalls neuem Empfangs-gebäude ist vorrangig für den internatio-nalen Reiseverkehr vorgesehen.

Wichtigstes Verkehrsmittel für den Be-rufsverkehr und den Wochenendverkehr zur Naherholung ist die elektrisch betrie-bene Berliner S-Bahn, wobei die S-Bahn-Tarife auch auf vielen Strecken in die Randgebiete gelten. Das Berliner Rand-gebiet ist ein natürliches Einzugsgebiet für den Arbeitskräftebedarf der Haupt-stadt, so daß Zehntausende Pendler mit etwa 150 Zügen des Nahverkehrs an je-dem Arbeitstag nach und von Berlin zu befördern sind. Diese Reisenden fahren von den hauptsächlich dem Vorortver-kehr dienenden Bahnhöfen Flughafen Berlin-Schönefeld, Berlin-Karlshorst, Kö-nigs Wusterhausen, Erkner, Strausberg, Bernau, Oranienburg und Birkenwerder in das Stadtgebiet.

Im Güterverkehr laufen über den Berli-ner Eisenbahnknoten große Güterströme im Durchgangsverkehr, vor allem in Nord-Süd-Richtung, wobei die meisten der Frachtenzüge auf den Rangierbahn-höfen Berlin-Wuhlheide, Berlin-Pankow und Berlin-Schöneweide umgebildet wer-den. Von großer Bedeutung für den Gü-terverkehr in und um Berlin sind auch die Rangierbahnhöfe Seddin und Wuster-mark. Ein weiteres charakteristisches Merkmal des Güterverkehrs im Berliner Knoten – wie in jeder Großstadt – ist das Überwiegen des Empfangs von Gütern gegenüber dem Versand, wobei der Bahn-hof Berlin Ostgüterbahnhof für den Stückgutverkehr und die Bahnhöfe Berlin Wriezener Bahnhof und Berlin Nordost für den Wagenladungsverkehr Berliner Betriebe vorrangige Bedeutung haben. Dem Containerverkehr dient der Contai-nerbahnhof Berlin Frankfurter Allee, auf dem über Berlin laufende Containerzüge behandelt werden, Containerzüge enden und beginnen.

Eisenbahnfreunde und -touristen, die Berlin besuchen, finden eine Vielzahl in-teressanter Objekte vor. Da sind in erster Linie natürlich die Berliner S-Bahn zu nennen, ferner die Bahnhöfe Berlin Hauptbahnhof, Alexanderplatz und Marx-Engels-Platz, der umgestaltete Bahnhof Berlin-Lichtenberg und in der näheren Umgebung Berlins die Strecken-anlage des Berliner Außenringes.

Weitere Objekte der Eisenbahn und der Schienenbahnen in Berlin, die den Eisen-bahnfreund und -touristen interessieren, sind die Berliner U-Bahn, die Straßen-bahn und die Pioniereisenbahn.

Auch die nähere Umgebung Berlins weist für den Eisenbahnfreund und -touristen interessante Objekte auf, wie zum Bei-spiel die elektrisch betriebene Strecke Müncheberg (Mark) – Buckow (Märk Schweiz), auf der nur Triebwagen verkeh-ren, und die Heidekrautbahn im Norden Berlins von Berlin-Karow über Basdorf nach Liebenwalde bzw. Groß Schönebeck in die Schorfheide. Schließlich verfügen auch die Berliner Museen (Museum für Deutsche Geschichte, Märkisches Mu-seum) über zahlreiche Ausstellungs-stücke aus der Geschichte der Eisenbahn, die dem historisch Interessierten an Hand von Originalen oder Modellen Ein-blicke in die Vorzeit der Eisenbahn in und um Berlin geben und auch die Ent-wicklung nach 1945 zeigen.

Berliner S-Bahn

Die S-Bahn ist in Berlin das wichtigste städtische Nahverkehrsmittel. Auf einem Streckennetz von 172,8 km Länge mit 78 S-Bahnhöfen befördert sie täglich etwa 800 000 Reisende; an Feiertagen und bei besonderen Veranstaltungen sind es über 1 Million Reisende. Die Züge der Berliner S-Bahn legen täglich eine Entfernung zurück, die zweimal um die Erde reicht. Sie fahren mit einer Höchstgeschwindigkeit bis zu 80 km/h. Die durchschnittliche Reisegeschwindigkeit beträgt 38,5 km/h, womit die S-Bahn auch das schnellste Nahverkehrsmittel in Berlin ist.

Die meisten, die heute mit der S-Bahn von Berlin Hauptbahnhof über den Bahnhof Alexanderplatz zum Bahnhof Berlin Friedrichstraße fahren, benutzen die sogenannte „Stadtbahn", die am 7. Februar 1982 ihr 100jähriges Jubiläum hatte und die bei ihrer Einweihung als eines der bedeutungsvollsten Ingenieurbauwerke galt: als erste Viaduktbahn Europas. Mit einer Zugfolge von 120 Sekunden in jeder Richtung während der Hauptverkehrszeiten ist die Stadtbahn auch die am dichtesten belegte S-Bahn-Strecke.

Wer sich den Streckenverlauf zwischen den Bahnhöfen Ostkreuz und Berlin Friedrichstraße auf einem Stadtplan ansieht oder die Strecke mit einem S-Bahn-Zug befährt, wird bemerken, daß sich Gleisbogen an Gleisbogen reiht.

Der Plan des Berliner Baurates ORTH aus dem Jahre 1871 für eine Stadtbahn sah eine Streckenführung zwischen dem damaligen Schlesischen Bahnhof (heute Berlin Hauptbahnhof) und dem Bahnhof Berlin-Charlottenburg über die Michaelkirchstraße unweit der Jannowitzbrücke, über den Spittelmarkt, dann längs der Leipziger Straße und durch den Tiergarten vor. Diese Trasse wäre bautechnisch wegen ihres geraden Verlaufs außerordentlich günstig gewesen. Die kapitalisti-

sche Bodenpolitik machte jedoch den Erwerb des Bodens unmöglich. Im Jahre 1873 wurde ein neuer Vorschlag unterbreitet, nach dem die Trasse im Zuge des Königsgrabens, eines Teils der Befestigungsanlagen von der Waisenbrücke bis etwa zum heutigen Bahnhof Marx-Engels-Platz, verlaufen sollte. Dieser Vorschlag fand Zustimmung. Im Jahre 1875 wurde unter dem Bauingenieur Ernst Dircksen, der Vorsitzender der Königlichen Eisenbahn-Direktion Berlin für den Bau der Berliner Stadtbahn war und dem die Projektierung und Bauleitung oblagen, mit dem Bau begonnen. Der Königsgraben wurde zugeschüttet, und darauf wurden Wölbbögen errichtet, auf die später die Gleisanlagen kamen. Die 731 gemauerten Wölbbögen – auf denen die Strecke heute noch zwischen Berlin Hauptbahnhof und Berlin-Charlottenburg (Berlin West) verläuft – waren für eine viergleisige Strecke ausgelegt. Wenn auch das alte Stadtviertel an der „Königsmauer" zum Teil ganz abgerissen wurde, weist die Linienführung dennoch die heute so störenden kleinen Halbmesser der Strecke, die vielen Krümmungen – die nur eine Höchstgeschwindigkeit von 55 km/h zulassen – auf, Auswirkungen der damals nicht zu überwindenden Schwierigkeiten.

Für den Vorortverkehr baute man folgende Bahnhöfe: Berlin Schlesischer Bahnhof (heute Berlin Hauptbahnhof), Jannowitzbrücke, Alexanderplatz, Börse (heute Marx-Engels-Platz), Berlin Friedrichstraße, Lehrter Stadtbahnhof, Bellevue, Zoologischer Garten und Berlin-Charlottenburg.

Für den Fernverkehr standen zur Eröffnung Bahnsteige auf den Bahnhöfen Berlin Schlesischer Bahnhof, Alexanderplatz, Berlin Friedrichstraße und Berlin-Charlottenburg zur Verfügung. Der Bahnhof Zoologischer Garten erhielt im Jahre

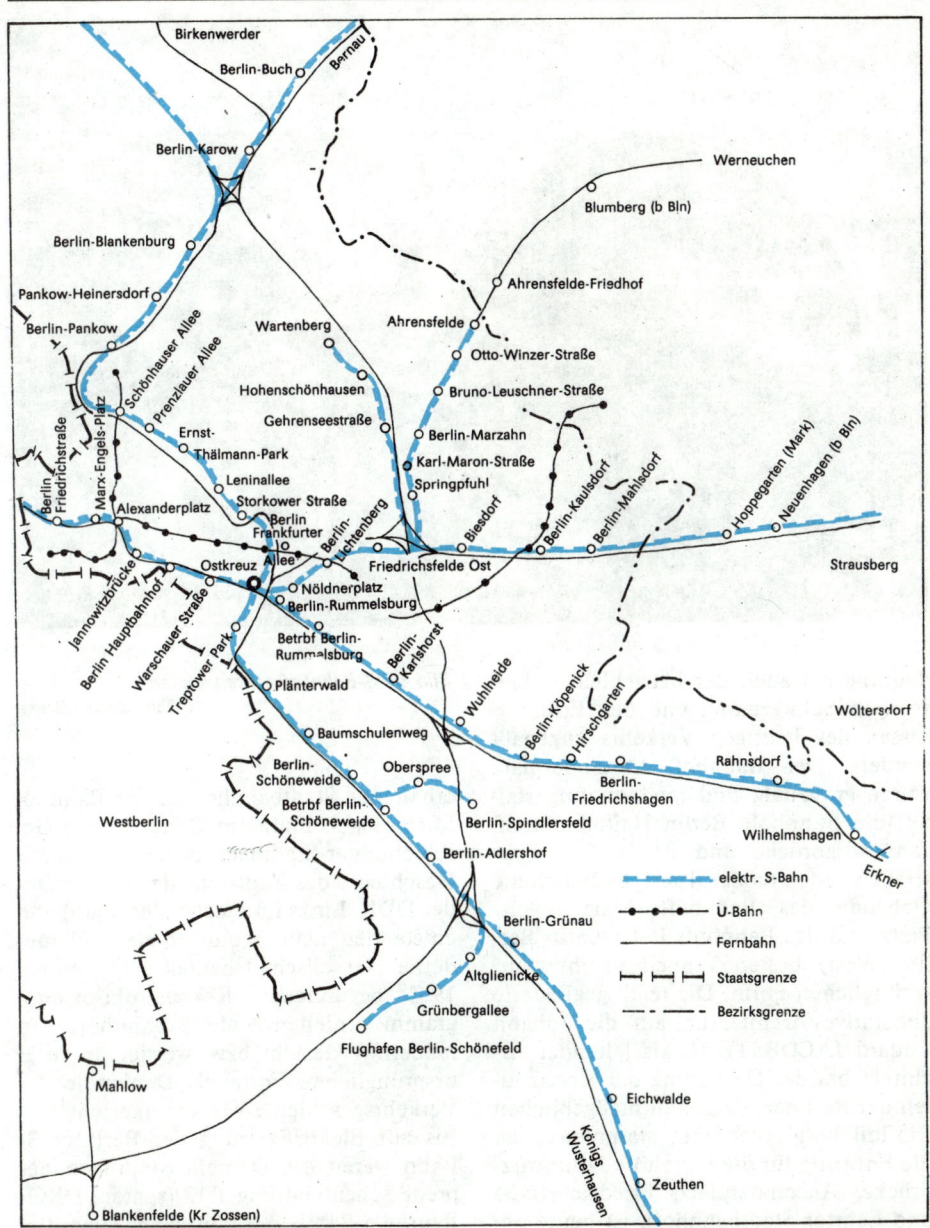

Birkenwerder
Berlin-Buch
Bernau
Berlin-Karow
Werneuchen
Blumberg (b Bln)
Berlin-Blankenburg
Pankow-Heinersdorf
Ahrensfelde-Friedhof
Berlin-Pankow
Schönhauser Allee
Wartenberg
Ahrensfelde
Otto-Winzer-Straße
Prenzlauer Allee
Hohenschönhausen
Bruno-Leuschner-Straße
Ernst-
Thälmann-Park
Gehrenseestraße
Berlin-Marzahn
Hoppegarten (Mark)
Neuenhagen (b Bln)
Leninallee
Karl-Maron-Straße
Berlin-
Friedrichstraße
Marx-Engels-Platz
Storkower Straße
Springpfuhl
Berlin-Kaulsdorf
Berlin-Mahlsdorf
Alexanderplatz
Berlin-
Frankfurter
Allee
Berlin-
Lichtenberg
Biesdorf
Strausberg
Jannowitzbrücke
Ostkreuz
Friedrichsfelde Ost
Nöldnerplatz
Berlin-Rummelsburg
Berlin-Hauptbahnhof
Warschauer Straße
Betrbf Berlin-
Rummelsburg
Berlin-
Karlshorst
Treptower Park
Plänterwald
Wuhlheide
Berlin-Köpenick
Hirschgarten
Woltersdorf
Baumschulenweg
Berlin-
Schöneweide
Oberspree
Berlin-
Friedrichshagen
Rahnsdorf
Betrbf Berlin-
Schöneweide
Berlin-Spindlersfeld
Wilhelmshagen
Westberlin
Berlin-Adlershof
Erkner
Berlin-Grünau

elektr. S-Bahn
U-Bahn
Fernbahn
Staatsgrenze
Bezirksgrenze

Altglienicke
Grünbergallee
Flughafen Berlin-Schönefeld
Mahlow
Eichwalde
Königs
Wusterhausen
Zeuthen
Blankenfelde (Kr Zossen)

Bild 3   Streckennetz der S-Bahn und der U-Bahn in Berlin und Überlandstraßenbahnen.

1884 einen Fernbahnsteig. Damit war die Stadtbahn als Ost-West-Verbindung voll in Betrieb, und an den wichtigsten Stadt-bahnhöfen bildeten sich die markantesten Zentralisationspunkte der Stadt heraus.

Die Stadtbahnstrecke der Berliner S-Bahn in der Hauptstadt der DDR ist sowohl hinsichtlich der verkehrlichen Be-

Bild 4   S-Bahnhof Alexanderplatz.
Foto: ZBDR-Zimmer

deutung als auch der betrieblichen Leistungen Schwerpunkt und den Erfordernissen des heutigen Verkehrs angepaßt worden. Der Bahnhof Alexanderplatz wurde großzügig und modern umgestaltet; die Bahnhöfe Berlin Hauptbahnhof, Jannowitzbrücke und Berlin Friedrichstraße wurden modernisiert. Lediglich die Gebäude des Bahnhofs Marx-Engels-Platz und des Bahnhofs Bellevue in Berlin (West) bestehen noch in ihrer ursprünglichen Form. Die reich gegliederte dekorative Architektur, auf die Johann Eduard JACOBSTHAL als leitender Architekt bei der Gestaltung der Hochbauten der Berliner Stadtbahn maßgeblichen Einfluß hatte (von ihm stammen auch die Entwürfe für die Bahnhöfe Jannowitzbrücke, Alexanderplatz, Friedrichstraße und Lehrter Stadtbahnhof), ist heute am Bahnhofsgebäude Marx-Engels-Platz als einzigem der Stadtbahnhöfe noch erhalten. Es zeigt die für die 80er Jahre und für Berlin typische Backsteinarchitektur und Dekoration (ein Vergleich bietet das Rote Rathaus) – nahezu unverändert. Als ältester in der Ursprungsform weitgehend erhaltener Stadtbahnhof ist der Bahnhof Marx-Engels-Platz ein Denkmal zur Geschichte der Stadtbahn in Berlin und zur Geschichte des Zentrums der Hauptstadt der DDR. Links und rechts der Stadtbahn entstanden neue Wohngebiete und moderne Gesellschaftsbauten. In einem 1983 begonnenen Rekonstruktionsprogramm erhielten viele S-Bahnhöfe ein modernes Gesicht bzw. wurden in ihrer ursprünglichen Form als Denkmale der Verkehrsgeschichte wiederhergerichtet.

Bis zur Elektrifizierung der Berliner S-Bahn waren die Dampflokomotiven der preußischen Gattung T 12 (spätere DRG-Baureihe 74[4-13]) die typischen Zugmittel vor den S-Bahn-Zügen. Bisweilen waren für die S-Bahn bis zu 500 preußische T 12 im Dienst. Eine Lok der BR 74[4-13] gehört zum Bestand der Traditionslokomotiven der DR.

Die Elektrifizierung begann nicht im Stadtzentrum: Während auf der Stadtbahnstrecke weiter bis nach Erkner erst am 11. Juni 1928 der elektrische Betrieb aufgenommen wurde, ist die S-Bahn-Strecke nach Bernau die älteste elektrifizierte S-Bahn-Strecke in der Hauptstadt der DDR. Auf ihr fahren seit dem 8. August 1924 die elektrischen Züge. Birkenwerder erhielt am 5. Juni 1925 und Oranienburg am 4. Oktober 1925 Anschluß an das elektrifizierte S-Bahn-Netz. Zwischen Baumschulenweg und Grünau besteht seit dem 6. November 1928 elektrischer Betrieb, gleichfalls zwischen Berlin Hauptbahnhof und Kaulsdorf. Zwischen Berlin-Schöneweide und Spindlersfeld und auf der Strecke Schönhauser Allee – Ostkreuz – Baumschulenweg verkehrt die S-Bahn seit dem 1. Februar 1925 elektrisch. Der Abschnitt Kauls-

dorf – Mahlsdorf wurde am 15. Dezember 1930 in Betrieb genommen.

Der Fahrzeugpark der Berliner S-Bahn umfaßt gegenwärtig die Baureihen 275 (früher 165), 276 (früher 166), 276.1 (275 modernisiert) und 277 (früher 167). Dazu kommt die Baureihe 270, eine Neuentwicklung des Kombinats VEB Lokomotivbau-Elektrotechnische Werke „Hans Beimler" Hennigsdorf.

Die Fahrzeuge der früheren Baureihen 165, 166 und 167 wurden in den Jahren ab 1954 einer Generalreparatur unterzogen und in mehreren Etappen modernisiert. Die ersten Fahrzeuge der Baureihe 165 waren Ende 1927 geliefert worden, weitere Lieferungen folgten bis 1932. Bei der Baureihe 166 handelte es sich um weiterentwickelte Viertelzüge mit abgerundeten und geschweißten Wagenkä-

Bild 5 Backsteinarchitektur des S-Bahnhofs Marx-Engels-Platz.
Foto: Fritz

Bild 6   *Zeitgenössische Darstellung architektonischer Elemente des S-Bahnhofs Marx-Engels-Platz.*
Foto: Archiv Kirsche

sten, die anläßlich der Olympischen Spiele im Jahre 1936 eingesetzt wurden. Eine Weiterentwicklung stellten die Viertelzüge des Baujahres 1938 dar, die als Baureihe 167 eingestuft wurden. Zur Zeit umfaßt der Fahrzeugpark der Berliner S-Bahn etwa 1100 Fahrzeuge.

Alle eingesetzten Baureihen wurden inzwischen weitgehend vereinheitlicht. Das betrifft zum Beispiel den Einbau von je 2 Frontscheinwerfern und die Beseitigung der Oberwagenlaternen (bei der Baureihe 165), die Vergrößerung der Führerstände, die Installierung der Sicherheitsfahrschaltung für den Ein-Mann-Betrieb usw. Die deutlichste Veränderung bei der Rekonstruktion der Fahrzeuge zeigt sich jedoch in der Inneneinrichtung. Sprelacart, Mittelband-Beleuchtung, gepolsterte Sitze, helle und freundliche Farben bestimmen heute das Bild in den Fahrgasträumen der Wagenzüge. Die Abfertigung der Züge auf den Bahnhöfen wurde seit dem 25. Februar 1965 schrittweise auf UKW-Funk umgestellt. Mit Einbau der Sicherheitsfahrschaltung und des UKW-Funks konnte der Einsatz von Triebwagenschaffnern entfallen. Seitdem erteilt die Aufsicht über Funk den Abfahrauftrag an den Triebwagenführer und auch den Befehl zum Schließen der Türen. Auf manchen Bahnhöfen befinden sich keine Aufsichten, so daß hier die betriebliche Überwachung der S-Bahn-Züge mit Hilfe des industriellen Fernsehens erfolgt, und

Tabelle 10   S-Bahnabschnitte, die nach 1945 auf elektrischen Betrieb umgestellt wurden

S-Bahnabschnitt	Umstellung
Berlin-Mahlsdorf – Hoppegarten	7. März 1947
Hoppegarten – Fredersdorf	1. September 1948
Fredersdorf – Strausberg	31. Oktober 1948
Berlin-Grünau – Königs Wusterhausen	30. April 1950
Schönhauser Allee – Berlin-Pankow	25. Dezember 1952
	(Gütergleise)
Strausberg – Strausberg Nord	3. Juni 1956
Berlin-Blankenburg – Bergfelde	19. November 1961
Schönhauser Allee – Berlin-Pankow	10. Dezember 1961
Berlin-Adlershof – Flughafen Berlin-Schönefeld	26. Februar 1962
Bergfelde – Hohen-Neuendorf (Neubaustrecke)	27. Mai 1962
Friedrichsfelde Ost – Berlin-Marzahn	30. Dezember 1976
Berlin-Marzahn – Otto-Winzer-Straße	15. Dezember 1980
Otto-Winzer-Straße – Ahrensfelde	30. Dezember 1982
Springpfuhl – Hohenschönhausen	20. Dezember 1984
Hohenschönhausen – Wartenberg	20. Dezember 1985

zwar von der Aufsicht des benachbarten Bahnhofs oder von einem Stellwerk aus. So wird zum Beispiel vom Stellwerk Biesdorfer Kreuz an der S-Bahn-Strecke Friedrichsfelde Ost – Berlin-Marzahn die Be-

triebsführung auf den umliegenden Strecken einschließlich der Zugabfertigung von dieser zentralen Betriebsstelle aus mit Hilfe des industriellen Fernsehens geregelt. Neuerdings sorgen Bordmikrorechner auf den Führerständen der S-Bahn-Züge für eine energieoptimale Fahrweise durch den Triebwagenführer.

Bild 7   Triebzug der Baureihe 270 der Berliner S-Bahn.   Foto: Schrade

Berliner Außenring (BAR)

Fast alle Reise- und Güterzüge, die auf einem Bahnhof in Berlin beginnen oder enden, benutzen auf ihrer Fahrt die Gleise einer Streckenanlage, die in etwa 30 bis 50 km Entfernung vom Stadtzentrum um Berlin herumführt, den Berliner Außenring – abgekürzt BAR.

Daran ist schon ersichtlich, daß es sich beim Berliner Außenring um die wichtigste Streckenanlage des Eisenbahnknotens Berlin handelt. In ihn münden alle nach Berlin führenden Strecken ein, und von ihm kann jeder Bahnhof in Berlin angefahren werden. Eine solche universelle Anlage im Eisenbahnnetz um Berlin gab es bis zur Vollendung des Berliner Außenrings im Jahre 1956 nicht. Geschaffen wurde sie in rund 6jähriger Bauzeit. Noch heute wird an der Vervollständigung des 124,83 km langen Berliner Außenrings gearbeitet, und noch immer erweckt er das Interesse von Fachleuten, da seine wirtschaftliche und politische Bedeutung weiter steigt. Der Bau des Berliner Außenringes brachte nämlich einschneidende und nach mehr als einem Vierteljahrhundert deutlich sichtbare Veränderungen der Eisenbahnanlagen im Berliner Eisenbahnknoten. Die politische und ökonomische Lage gebot seinerzeit, das Berliner Eisenbahnnetz vordringlich so zu verändern, daß die lebenswichtigen Verbindungen der Hauptstadt der DDR zum Süden und Norden der Republik einschließlich einer leistungsfähigen Süd-Nord-Durchfahrt gewährleistet wurden und die betrieblich ungünstigen, außerdem zerstörten in Westberlin gelegenen Kopfbahnhöfe aufzulassen.

Den Berliner Außenring mit einem Reisezug vollständig zu befahren und ihn dadurch umfassend kennenzulernen, ist nicht möglich; aber große Teile sind schon mit einer einzigen Fahrt zu erfassen, wie beispielsweise mit Eilzügen Berlin-Schöneweide – Stendal, die den gesamten südlichen Abschnitt bis Potsdam und weiter das westliche Teilstück bis Wustermark befahren, oder mit dem Städte-Expreß „Petermännchen" Berlin-Lichtenberg – Schwerin, der den gesamten nördlichen Abschnitt bis Nauen benutzt. Wer es nicht so eilig hat, kann eine solche Fahrt auch mit einem Personenzug unternehmen, so zum Beispiel über den östlichen und nördlichen Abschnitt mit einzelnen Ps-Zügen von Berlin-Lichtenberg bis Nauen oder Albrechtshof oder über den südlichen und westlichen Abschnitt mit einzelnen anderen von Berlin Hauptbahnhof über Potsdam nach Nauen.

Bei einer solchen Fahrt sind die charakteristischen Eigenschaften des Berliner Außenrings ausführlich kennenzulernen: Er ist durchgehend zweigleisig ausgebaut, die Gleisbögen weisen sehr große Radien auf, die Neigungen sind sehr gering, schienengleiche Wegübergänge gibt es fast nicht, die Sicherungsanlagen bauen meistens auf der Gleisbildtechnik und auf automatischem Streckenblock auf. Ferner ist der Außenring mit punktförmiger Zugbeeinflussung und mit Zugfunk ausgerüstet. Der Außenring weist sehr viele eisenbahnbautechnische Besonderheiten auf – Brücken, Dämme, Einschnitte und die charakteristischen Betriebskreuze, wie das Grünauer Kreuz, das Falkenhagener Kreuz oder aus jüngster Zeit das Biesdorfer Kreuz.

Da auf dem Berliner Außenring alle Gattungen von Zügen verkehren – von internationalen Schnellzügen bis zu Personenzügen, von TEEM bis zu Nahgüterzügen, die in Berlin beginnen oder enden bzw. auf dem Außenring die Stadt umfahren, ist ersichtlich, daß er sowohl für den örtlichen Verkehr als auch für den Fernverkehr von entscheidender Bedeutung ist.

Für den an der Eisenbahnbautechnik In-

Bild 8   Einschnitt am südlichen Berliner Außenring bei Nessel-grund.   Foto: ZBDR-Zimmer

teressierten dürften einige Informationen zur Linienführung und zu den geologischen Verhältnissen und Bedingungen aufschlußreich sein, wie sie 1978 im „Eisenbahn-Jahrbuch" formuliert waren: „Der Berliner Außenring beginnt östlich von Saarmund in der unteren Nuthe-Niederung, erreicht dann nach etwa 5 km in östlicher Richtung bei Ahrensdorf die Teltow-Hochfläche, verläuft weiter in östlicher Richtung über Hochflächensand, dann – südlich von Großbeeren – durch die Nuthegraben-Niederung und quert von Diedersdorf bis Falkenberg eine Grundmoräne aus Geschiebemergel, Lehm und lehmigem Sand. Westlich von Grünau durchschneidet die Trasse bis etwa Friedrichsfelde das Berliner Urstromtal. Von Biesdorf führt sie an Hohenschönhausen, Malchow, Mühlenbeck und Bergfelde vorbei, bis sie westlich von Hohen Neuendorf die Barnim-Hochfläche erreicht und nun zum Havaltal ab-

fällt. Von Hohen Neuendorf bis Schönwalde verläuft die Trasse im Havel-Durchbruchtal und von Schönwalde bis Wustermark wieder im Berliner Urstromtal. Bei Wustermark konnte der vorhandene Bahnkörper der alten eingleisigen Strecke bis Golm, die im Jahre 1902 entstanden war, teilweise nach entsprechendem Ausbau genutzt werden. Das letzte Teilstück von Golm bis Saarmund mit 14,5 km Länge beginnt am Hochflächenrand des Barnims, führt durch das moorige Golmer Luch, überwindet die eiszeitlichen Sande des Wildparks und quert dann die Niederung der Havel mit dem Templiner See und seinen dicken abgelagerten Faulschlammschichten, bevor die Trasse auf dem Sand der Potsdamer Heide endet."
Geologisch traten bei Projektierung und Bau also sehr unterschiedliche Bodenarten in Erscheinung. Moor- und Torfstellen sowie der Templiner See waren zu

überwinden, ferner sehr viele Flüsse, Kanäle, Eisenbahnstrecken, Straßen, Autobahnen und Wirtschaftswege zu queren. So nimmt es nicht wunder, daß es im Verlauf des Berliner Außenrings mehr als 100 Brückenbauwerke gibt, daß beim Bau etwa 10 Millionen m³ Bodenmassen bewegt, 1 Million t Baustoffe, darunter etwa 360 000 t Schotter für die Gleisanlagen, sowie Hunderte von Weichen, herangeschafft wurden, daß außer vielen Haltepunkten und kleinen Bahnhöfen auch der Neubau des Bahnhofs Potsdam Hbf entstand und daß zeitweilig bis zu 5000 Menschen auf der Baustelle arbeiteten. Als erster Teil des Südabschnitts entstand die zweigleisige, 28,65 km lange Strecke von Ludwigsfelde bzw. Genshagener Heide nach Grünauer Kreuz in der Zeit vom 1. November 1950 bis zum 10. Juni 1951. Hier wurden 29 Brücken errichtet, zehn Bauwerke umgebaut und 1 Million m³ Boden beim Bau der Dämme und Einschnitte bewegt. Bei Diedersdorf wurde ein Moor überwunden und bei Grünau das große Verkehrskreuz mit seinen sechs Einmündungen geschaffen. Die S-Bahn-Strecke nach Grünau und die breite Ausfallstraße am Adlergestell waren zu überbrücken. Hierfür wurde eine 100 m lange Brücke mit stählernem Überbau errichtet, bei Grünau – wo der Außenring den Teltowkanal an einer Stelle kreuzt, an der sich der Kanal für das Anlegen von Schiffen verbreitert – entstand die Teltowkanalbrücke und bei Köpenick die zweigleisige, 150 m lange Spreebrücke. Dieser Abschnitt vom Grünauer Kreuz bis Eichgestell konnte am 12. Dezember 1951 fertiggestellt werden.

Der Abschnitt Karow – Birkenwerder wurde im Jahre 1952, der Abschnitt Birkenwerder/Schönfließ – Wustermark in den Jahren 1953/54 gebaut. 1954 war der Berliner Außenring an den Rangierbahnhof Wustermark und damit auch an die westlichen Strecken angeschlossen. Unter Ausnutzung des vorhandenen eingleisigen Abschnitts Wustermark – Werder galt

der Außenring als geschlossen. Doch es gab noch zwei Engstellen: Alle Züge, die von Süden, von Osten oder von der Stadtbahn kamen und nach dem Norden fuhren, mußten den alten eingleisigen Abschnitt Wuhlheide – Karow passieren. Dieser Streckenabschnitt wurde daher bis 29. April 1957 auf einer neuen, modernen technischen Anforderungen entsprechenden Trasse zweigleisig ausgebaut. Die andere Engstelle bestand im Südwesten, wo alle Züge Richtung Magdeburg oder Stendal bzw. in Richtung Norden und auch umgekehrt, über den Streckenabschnitt Michendorf – Genshagener Heide (wobei der schon bestehende Abschnitt Genshagener Heide – Saarmund für den südlichen Teil des Berliner Außenringes genutzt werden konnte) und die eingleisige Strecke Caputh – Geltow – Wildpark fahren mußten. Aus einer Vielzahl von Varianten für die Veränderung dieses Streckenabschnitts fiel die Wahl auf eine direkte Verbindung von Saarmund nach Golm über den Templiner See hinweg. Dieser zwar nur 16 km lange Abschnitt war der technisch schwierigste Teil. Es mußten 15 Brücken errichtet und der an dieser Stelle 1250 m breite Templiner See überquert werden. Da beim Bau der bis zu 30 m tiefen Einschnitte am Ostufer des Sees reichlich Erdmassen zur Verfügung standen, entschloß man sich zum Schütten eines über 1000 m langen Dammes und den Einbau einer Schiffahrtsöffnung in Gestalt einer genieteten, 140 m langen Fachwerkbrücke. Sie hat drei Öffnungen von 35,70 m und 25 m Spannweite; die Randüberbauten schließen als Blechträger an die Kragarme der Mittelöffnung an, und die Mittelöffnung wird durch einen Stabbogen betont. Am 29. September 1956 wurde dieser letzte Abschnitt des Berliner Außenrings zunächst noch eingleisig dem Betrieb übergeben. Der anfangs noch eingleisige Abschnitt Schönfließ – Golm in einer Länge von 43,46 km, weiter bis Potsdam Hbf sowie Nesselgrund – Saarmund (insgesamt

Bild 9   Brücke über den Templiner See.
Foto: ZBDR-Zimmer

13,49 km) wurde im September/Oktober 1961 zweigleisig ausgebaut. Seit Ausbau des noch eingleisigen Abschnitts Eichgestell – Rangierbahnhof Berlin-Wuhlheide im Mai/Juni 1984 steht der Berliner Außenring als hochleistungsfähige zweigleisige Strecke für die Höchstgeschwindigkeit von 120 km/h zur Verfügung und bietet die besten Möglichkeiten für eine tiefgreifende Rationalisierung des gesamten Eisenbahnnetzes von Berlin. Mit der vollständigen Elektrifizierung sowie des mehrgleisigen Ausbaus auf einzelnen Abschnitten setzte eine neue Etappe dieser Rationalisierung ein.

Im Jahre 1978 begannen abermals Bauarbeiten am Berliner Außenring, und zwar sowohl in seinem nördlichen Teil zwischen Berlin-Blankenburg und Schönfließ, auf dem der Gemeinschaftsbetrieb von Fern- und S-Bahn durch den Neubau der S-Bahn-Strecke am 2. September 1984 aufgegeben wurde, als auch in seinem südlichen Teil zwischen dem Betriebskreuz Glasower Damm und dem Bahnhof Flughafen Berlin-Schönefeld,

wo der viergleisige Ausbau dieses 7 km langen Abschnitts am 15. Dezember 1985 abgeschlossen wurde. Mit der Elektrifizierung der Strecken Bitterfeld – Berlin und Dresden – Berlin sind die südlichen Abschnitte des Berliner Außenrings mit Fahrleitung überspannt worden (Inbetriebnahme Ludwigsfelde bzw. Wünsdorf – Genshagener Heide – Saarmund – Seddin am 22. Mai 1982). Am 14. Dezember 1982 wurde dann der elektrische Zugbetrieb zwischen Saarmund über Nesselgrund Ost und Potsdam Hbf bis nach Priort und von Michendorf bis nach Nesselgrund Ost aufgenommen. Damit waren die ersten westlichen Abschnitte des Berliner Außenrings elektrifiziert. Weitere Abschnitte kamen im Jahre 1983 hinzu: Glasower Damm – Flughafen Berlin-Schönefeld am 28. Mai 1983 sowie Priort – Wustermark/Wustermark Rangierbahnhof am 29. Mai 1983, ferner Flughafen Berlin-Schönefeld – Berlin-Grünau und Werder (Havel) – Golm am 24. September 1983 und Priort/Wustermark – Birkenwerder (bei Berlin) am 28. September 1983. 1984 folgte der Abschnitt Berlin-Lichtenberg – Birkenwerder (bei Berlin) am 15. Dezember 1984,

1985 Grünauer Kreuz – Biesdorfer Kreuz (Juni) und der Rangierbahnhof Berlin-Wuhlheide (Dezember). Nach Erprobung des Zugfunks zwischen Dresden und Schöna im Jahre 1980 wurde diese neue Einrichtung am 24. Januar 1985 zwischen Genshagener Heide und Grünauer Kreuz installiert und bis 1986 auf den gesamten Berliner Außenring ausgedehnt.

Bahnhof Berlin Hauptbahnhof

Der heutige Bahnhof Berlin Hauptbahnhof ist der wichtigste Bahnhof Berlins, der Hauptstadt der DDR, für den internationalen Reiseverkehr, aber auch ein Knotenpunkt für den Binnenreiseverkehr und den S-Bahn-Verkehr. Er trägt seinen Namen seit 1987. Seit Inbetriebnahme der hier beginnenden Strecke nach Frankfurt (Oder) mit der Weiterführung nach Breslau (heute Wrocław) hieß er Niederschlesisch-Märkischer Bahnhof, später Schlesischer Bahnhof und ab 1. Dezember 1950 bis zu seiner erneuten Umbenennung Berlin Ostbahnhof.

Der erste Bahnhofsanlage von 1841 wurde verhältnismäßig nahe zur Stadtmitte, noch innerhalb der Ringmauer zwischen Koppenstraße und Fruchtstraße angelegt. Beide Straßen wurden niveaugleich durchschnitten. Bei der Projektierung bestimmte der preußische König, nachdem er den Gartendirektor LENNÉ konsultiert hatte, „daß die in jener Gegend noch vorhandenen großen Blumenfelder, Hyazinthengärten usw., die eine eigentümliche Zierde der Residenz ausmachen, nicht zerstört oder zerstückelt werden" dürften. Auch viele Bürger hatten Einwände gegen den Bau des Bahnhofs, „da die Lokomotiven eine Menge und oft sehr große Funken aussprühen", und „eine große Masse leicht feuerfangender Gegenstände auf den anstoßenden Grundstücken vorhanden sei".

Am 1. September 1841 wurde mit dem Bau der Bahnhofgebäude begonnen, und bereits Ende Dezember waren fertiggestellt: das Verwaltungsgebäude, das „Personenaufnahmegebäude", die Wagenremise, der 107 m lange Wagenschuppen sowie ein zweistöckiges Maschinengebäude. Beim Haupt-Verwaltungsgebäude des Kopfbahnhofs handelte es sich um einen schlichten spätklassizistischen Bau, der aus einem höheren dreigeschossigen Mittelbau und zweigeschossigen Seitenflügeln bestand (ähnlich dem ersten Bahnhof in Weimar). Im Jahre 1848 wurden die Güterverkehrsanlagen erweitert, später auch Gleisanlagen und Bahnsteige sowie Güter- und Lokschuppen vergrößert. Ab 1860 genügten die Anlagen jedoch nicht mehr. Es wurde deshalb eine Trennung des Personenbahnhofs vom Güterbahnhof vorgesehen.

Am 1. April 1868 wurde der Personenverkehr wegen des Umbaus zeitweilig auf den am 1. Oktober 1867 eingeweihten Ostbahnhof der Preußischen Ostbahn, einen Teil des heutigen Wriezener Bahnhofs, verlegt, bis am 16. August 1869 das neue Bahnhofsgebäude fertiggestellt war. Die Konstruktion der Halle entwarf Baumeister GRÜTTEFIEN nach Angaben von SCHWEDLER (von ihm stammen auch viele Bahnsteighallen der Berliner Stadtbahnhöfe); die aus 445 t Schmiede- und 19 t Gußeisen bestehende Eisenkonstruktion baute die Berliner Maschinenfabrik Schwartzkopff in nur zweieinhalb Monaten auf. Im Herbst 1874 wurde ein Mittelbahnsteig zur Abfertigung der Personenzüge der Haupt- und Ringbahn angelegt. Nach einigen Jahren reichten die neuen

Bahnhofsanlagen nicht mehr aus, so daß wieder neue Pläne zum Umbau entstanden. Hinzu kam das Projekt, eine Stadtbahnlinie quer durch Berlin zu bauen, die auch diesen Bahnhof berühren sollte. Eine im Jahre 1877 einberufene Konferenz über die Gestaltung des Entwurfs für den östlichen Endbahnhof der Stadtbahn forderte zwei Bahnsteige für den Stadt- und Vorortverkehr und zwei Bahnsteige mit Gleisen zur Aufstellung von mindestens fünf Fernzügen. Entsprechend diesen Plänen wurde auch der Umbau in Angriff genommen. Am 1. September 1879 wurde der Personenverkehr deshalb abermals zum Ostbahnhof verlegt, um das Empfangsgebäude umzugestalten, die Gleise höher zu legen und den Neubau einer zweiten Hallenkonstruktion auszuführen.

In der bisherigen Bahnsteighalle wurden die bis dahin in Straßenhöhe liegenden Gleise um 6 m angehoben. Die Höhe der Halle reichte dafür aus.

Die im Jahre 1880 fertiggestellte zweite Hallenkonstruktion (dem heutigen CENTRUM-Warenhaus zugewandt) ist bautechnisch insofern interessant, daß sie zwar ein selbständiger Bau ist, auf der einen Seite aber – von der bestehen gebliebenen alten Halle geschützt – keine Windlast tragen muß, so daß sie nur eine einseitige Pendelstütze und ein hochgelegenes Zugband aufweist. Die Fortschritte in der Ingenieurbaukunst sind auch daran ersichtlich, daß die neue Halle moderne Dreigelenkbogenbinder für die Dachkonstruktion hat, während die alte noch Zweigelenkbogenbinder – auch Sichelbogenträger genannt – aufweist. Bereits im Juli 1880 – ein knappes Jahr nach Baubeginn – konnte der Personenverkehr wieder auf dem umgebauten Bahnhof aufgenommen werden, und zwei Jahre später, im Jahre 1882, wurde der Stadtbahnverkehr aufgenommen. Aus dem ehemaligen Kopfbahnhof war damit ein Durchgangsbahnhof geworden.

Trotz der umfangreichen Umbauarbeiten war im Jahre 1896 der Bahnhof wieder an der Grenze seiner Leistungsfähigkeit angelangt. Bis zu dieser Zeit standen für die Fern- und Vorortzüge nur zwei Bahnsteige mit je zwei Gleisen zur Verfügung. Die beiden anderen Bahnsteige dienten dem Stadt- und Ringbahn-Verkehr. Ziel der Veränderung war, die Zugbildung Richtung Osten nach dem Bahnhof Lichtenberg-Friedrichsfelde zu verlegen. Damit sollte der zweite Bahnsteig der Stadtbahn frei werden für den Fern- und Vorortverkehr, um hierfür drei Bahnsteige mit je zwei Gleisen zu erhalten. Vor diesen Umbauarbeiten ergaben sich große Schwierigkeiten, da die Stadtmauer, die zugleich Steuergrenze war, eine Vergrößerung des Bahnhofs in östlicher Richtung verhinderte. Erst die Verlegung der Steuergrenze an den Rand des Weichbildes der Stadt beseitigte die Hindernissse.

Die Bahnsteighallen haben eine Länge von 207 m, eine Breite von jeweils 54,3 m und eine Höhe von 19 m.

Das Empfangsgebäude des Schlesischen Bahnhofs veränderte sich bis zum zweiten Weltkrieg, in dem beträchtliche Teile und das Glasdach der beiden Hallen zerstört wurden, nicht wesentlich. Lediglich im Jahre 1902 wurde zusätzlich zu den zwei Fernbahnsteigen der Bahnsteig A gebaut. Im April 1962 schloß man die Rekonstruktion des Empfangsgebäudes ab, und 1985 begann dessen Umbau zum Hauptbahnhof. Für den Fernverkehr stehen somit auch heute noch drei Bahnsteige mit fünf Bahnsteiggleisen zur Verfügung. Obwohl die hier endenden Züge in der Regel zum Abstellbahnhof Rummelsburg gefahren werden, gibt es nur begrenzte Möglichkeiten, einzelne Wagen oder Wagenzüge auf dem Hauptbahnhof abzustellen.

Die heutigen betrieblichen Leistungen sind sehr hoch: 120 Reisezüge kommen täglich im Durchschnitt an, 110 Reisezüge fahren ab. 78 Prozent des Fernverkehrs entfallen auf den internationalen Verkehr. Im Durchschnitt werden auf dem Hauptbahnhof 43 Reisezüge rangierdienstlich behandelt. Außer den Reisezü-

Bild 10 Empfangsgebäude Berlin Hauptbahnhof.

gen, die durch Rangieren verändert werden, sind täglich noch 17 Reisezüge zu bilden. Die rangierdienstliche Behandlung der Fernzüge findet in drei Weichenbezirken statt und umfaßt
– das Zu- und Absetzen von Post-, Gepäck-, Kurs-, Schlaf-, Speise- und Verstärkungswagen,
– das Umbilden der hier endenden Reisezüge,
– das Bilden und Auflösen von Gepäck- und Expreßgutzügen und Postzügen,
– das Bedienen der Zusatzanlage Postbahnhof und
– das Bereitstellen und Abholen von Wagen für die zum Bereich Hauptbahnhof gehörenden Dienststellen.

Der S-Bahn-Verkehr auf dem Berliner Hauptbahnhof erfordert eine vollständig getrennte Betriebsführung, denn täglich fahren auf dem Hauptbahnhof 894 S-Bahn-Züge ein und aus. Damit gilt der Hauptbahnhof als einer der Bahnhöfe mit dem dichtesten S-Bahn-Verkehr. Ihm

dienen zwei Bahnsteige mit vier Bahnsteiggleisen. Außerdem gibt es am östlichen Bahnhofskopf noch eine Kehranlage mit vier Gleisen für den Regelverkehr und den unregelmäßigen Verkehr zum Ein- bzw. Aussetzen von S-Bahn-Zügen. Seit 1985 wird ein neues Empfangsgebäude gebaut. In dem Ende 1987 fertiggestellten ersten Bauabschnitt entstand eine neue, rund 100 m lange verglaste Empfangs- und Abfertigungshalle mit innenliegender Galerie, in die der Ost- und Mitteltunnel münden und in der alle Dienstleistungsbereiche der DR konzentriert untergebracht sind, sowie östlich davon ein sechsstöckiger Gebäudeteil mit weiteren Serviceeinrichtungen (Deutsches Rotes Kreuz der DDR, Friseur, Zeitkino). Im zweiten Bauabschnitt folgen westlich in angepaßter Bauweise der Gaststättenkomplex der MITROPA mit Kücheneinrichtungen, Verkaufstellen in einer Passage zum Westtunnel sowie die Zirkelräume und Veranstaltungs- und Probensäle des Kulturhauses der Eisenbahner „Erich Steinfurth". Der Empfangs- und Abfertigungshalle vorgelagert ist ein überdachter Parkplatz, über dem sich Haltestellen der Busse und Taxis sowie weitere Parkflächen befinden.

U-Bahn

Die Hauptstadt der DDR verfügt über zwei U-Bahn-Linien, und zwar Pankow – Otto-Grotewohl-Straße mit einer Länge von 7,5 km und Alexanderplatz – Tierpark mit 8,3 km Länge (1987). Mit Eröffnung der ersten Strecke der Untergrundbahn in der damaligen Reichshauptstadt Berlin im Jahre 1902 ist Berlin nach London, Budapest, Glasgow, Paris und Boston eine der ältesten U-Bahn-Städte der Welt. Diese von der „Gesellschaft für elektrische Hoch- und Untergrundbahnen" betriebene erste Strecke verband das Stralauer Tor mit dem Potsdamer Platz und war bis auf einen kurzen Streckenabschnitt als Hochbahn gebaut. Zu Beginn des ersten Weltkrieges war bereits ein verästeltes Netz von insgesamt

35,6 km Betriebslänge vorhanden, darunter auch die Strecke zwischen den heutigen Stationen Schönhauser Allee – Otto-Grotewohl-Straße. So wurde der Streckenabschnitt zwischen Spittelmarkt und der damaligen Station Potsdamer Platz am 1. Oktober 1908 in Betrieb genommen, der Abschnitt zwischen Spittelmarkt und Alexanderplatz und der heutigen Station Schönhauser Allee (früher Nordring) am 27. Juli 1913. Die bis dahin gebauten Strecken heißen „Kleinprofil"-Linien; da die ab dem Jahre 1923 gebauten Strecken ein größeres Profil erhielten und als „Großprofil"-Linien bezeichnet werden.

Am 21. Dezember 1930 eröffnete man die Strecke Alexanderplatz – Friedrichsfelde und den Abschnitt Schönhauser Allee – Pankow am 29. Juni 1930.

Seit Anfang 1963 verkehren auf der Großprofil-Linie Alexanderplatz – Frie-

Bild 11   Aus S-Bahn-Triebzügen der ehemaligen Baureihe ET 168 umgebauter U-Bahn-Triebzug für Großprofil.   *Foto: VEB Kombinat BVB*

Bild 12   U-Bahn-Triebzug Typ G 1.   Foto: Köhler   *Bild 13   Hochbahn-Viaduktstrecke in der Schön-*
                                                        hauser Allee.   *Foto: Kirsche*

Tabelle 11   Tunnel- und Fahrzeuggrundabmessungen der U-Bahn Berlin

Profilart	Tunnel		Fahrzeuge	
	Breite (m)	Höhe (m)	Breite (m)	Höhe (m)
Klein-profil	6,24	3,97	2,30	3,18
Groß-profil	7,10	4,55	2,65	3,42

drichsfelde ehemalige S-Bahn-Züge mit neuen Wagenkästen. Die genannte Linie wurde im Juni 1973 um den Abschnitt Friedrichsfelde – Tierpark erweitert. Damit konnte das neugebaute Hans-Loch-Viertel an das U-Bahn-Netz angebunden und den 25 000 Einwohnern dieses Neubauviertels eine günstige Verkehrsmöglichkeit zum Zentrum der Hauptstadt geboten werden.

Seit dem Jahre 1978 verkehren regelmäßig auf der Kleinprofil-Linie Pankow – Otto-Grotewohl-Straße (bis 1986: Thälmannplatz) neue U-Bahn-Züge vom Typ G 1, die vom VEB Kombinat Lokomotivbau-Elektrotechnische Werke „Hans Beimler" Hennigsdorf gebaut und geliefert wurden. Besonders sehenswert sind bei der U-Bahn zwei bauliche Anlagen: Die unter Denkmalschutz stehende

und 1985 rekonstruierte Stahlkonstruktion des als Hochbahn ausgeführten Abschnitts Dimitroffstraße – Schönhauser Allee, auf der die U-Bahn-Züge in etwa 6 m Höhe über dem Straßenniveau der in zwei Richtungsfahrbahnen verlaufenden Schönhauser Allee fahren, und die ebenfalls unter Denkmalschutz stehenden U-Bahnhöfe Klosterstraße, Märkisches Museum und Alexanderplatz. Letzterer ist das Kernstück des innerstädtischen Verkehrs, der hier in fünf Ebenen verläuft: Fern- und S-Bahn als Hochbahn, ebenerdig Kraftfahrzeug- und Fußgängerverkehr, darunter ein 660 m langer Autotunnel (1966 – 1969 erbaut) und zwei niveauverschiedene U-Bahn-Anlagen sowie in den Zwischengeschossen ein Passagensystem für Fußgänger.

1983 begann man, alle U-Bahnhöfe zu rekonstruieren. Auf der Linie Pankow – Otto-Grotewohl-Straße wurde 1985 die Stellwerkskonstruktion abgeschlossen, ein Jahr später nahm man das Funksystem U-Bahn (Sprechverbindung zwischen Dispatcher und Triebwagenfahrer) in Betrieb. 1986 und 1987 geschah gleiches auf der Linie Alexanderplatz – Tierpark. Seit 1986 ist die Weiterführung der Linie von Tierpark zum neuen Stadtteil Hellersdorf im Bau. (1988 Inbetriebnahme bis Elsterwerdaer Platz).

Straßenbahnen in und um Berlin

Berlin

Die Straßenbahn in Berlin, Hauptstadt der DDR, wird – ebenso wie die U-Bahn – verwaltet und betrieben vom Kombinat VEB Berliner Verkehrsbetriebe. Das Liniennetz hat eine Länge von 378,2 km und umfaßt 31 Linien. Sowohl mit der Netzlänge und der Anzahl der Linien als auch mit durchschnittlich jährlich 165 Millionen Fahrgästen steht die Berliner Straßenbahn damit an erster Stelle aller Straßenbahnen in der DDR. Im städtischen Nahverkehr der Hauptstadt kommt ihr im Zusammenwirken mit der Berliner S-Bahn, der U-Bahn und den Omnibuslinien eine bedeutende Stellung bei der Beförderung vor allem im Berufsverkehr, aber auch im Ausflugsverkehr zu. In der Trassenführung verkehrt die Straßenbahn mehr und mehr auf besonderem Bahnkörper. Die Bemühungen gehen dahin, sie zu einer Schnellstraßenbahn auszubauen.

Bild 14 Triebwagen Tw 10 der Städtischen Straßenbahn Cöpenick.
Foto: Kirsche

Bild 15 Triebwagen Tw 68 der Straßenbahn der Stadt Berlin.
Foto: Kirsche

Die Geschichte der Straßenbahn in Berlin umfaßt einen Zeitraum von mehr als 100 Jahren. Einen Einblick in die Vergangenheit geben die historischen Straßenbahnfahrzeuge, die von einer Arbeitsgemeinschaft wieder hergerichtet wurden und gepflegt werden, damit sie bei besonderen Anlässen und Festtagen im Fahrbetrieb eingesetzt werden können. Sie sind in einer alten Halle der ehemaligen Grünau-Schmöckwitzer Uferbahn in Schmöckwitz untergebracht und Eigentum des Märkischen Museums Berlin. Die von Angehörigen der Arbeitsgruppe

*Bild 16   Triebwagen Tw 3110 der
BVG.   Foto: Kirsche*

„Straßenbahn" innerhalb der Arbeitsgemeinschaft „Verkehrsgeschichte" des
Deutschen Modelleisenbahn-Verbandes
der DDR bisher im Originalzustand oder
in einem der Umbauzustände wiederher-
gestellten Fahrzeuge bieten einen an-
schaulichen Eindruck vom technischen
Können jener Zeit; sie gewähren aber
auch einen Einblick in die damaligen Ar-
beits- und Lebensbedingungen in der
Stadt. In der Reihenfolge ihrer Inbetriebnahme sind folgende historische Straßenbahnfahrzeuge vorhanden: der zweiachsige Triebwagen Tw 10 aus dem Jahre
1903 der Städtischen Straßenbahn Cöpenick (es handelt sich um einen Nachbau
aus einem Arbeitstriebwagen), der vierachsige Triebwagen Tw 68 aus dem Jahre
1910 der Straßenbahnen der Stadt Berlin,
der noch bis zum Jahre 1969 im Einsatz
war – und das absolute Schmuckstück
unter den historischen Berliner Straßenbahnfahrzeugen: Der vierachsige Triebwagen Tw 5274 aus dem Jahre 1910.
Dazu kommen der zweiachsige Triebwagen Tw 3110 vom Typ U 3L aus dem
Jahre 1925 der BVG und der zweiachsige
Beiwagen Bw 958 vom Typ B 06/27 der
BVG (Umbau aus einem Beiwagen der
GBS, der sich im Zustand des Jahres

1927 befindet), der vierachsige Triebwagen Tw 5226 vom Typ Maximum 30 g aus
dem Jahre 1925 der BVG, der zweiachsige Beiwagen Bw 1707 aus dem Jahre
1950 und der vierachsige Triebwagen
Tw 2950 vom Typ Maximum 30 der Großen Berliner Straßenbahn aus den Jahren
1906/1910.
Ein weiterer historischer Straßenbahnwagen Berlins, der zweiachsige Pferdebahn-
Doppeldecker Pf 627 aus dem Jahre 1890,
der im Besitz der Großen Berliner Pferdeeisenbahn war, befindet sich im Verkehrsmuseum Dresden (siehe Seite 237).
Die Anfangsjahre der Straßenbahn in
Berlin waren von einem regelrechten Fie-
ber bei der Gründung von Gesellschaften
gekennzeichnet gewesen, die ihre Linien
samt und sonders mit Pferden betrieben
und sich als Berliner Pferde-Eisenbahn-
Gesellschaft E. Besckow (gegründet
1865), Große Berliner Pferde-Eisenbahn-
Gesellschaft (gegründet 1871) und Städtische Straßenbahn Cöpenick (gegründet
1882) bezeichneten. Erstere nahm am
22. Juni 1865 die erste Pferdebahn Berlins auf der Strecke Kupfergraben – Char-
lottenburg in Betrieb, die Neue Berliner
Pferdebahn-Gesellschaft befuhr 1877 ihre
erste Strecke zwischen Alexanderplatz

und Weißensee. Noch bevor der Pferde-
straßenbahnbetrieb in Cöpenick eröffnet
wurde, ging am 16. Mai 1881 auf der
Electrischen Eisenbahn in Groß-Lichter-
felde der erste elektrische Straßenbahnbetrieb der Welt in Betrieb. Ab 1896 begann dann bei allen Pferdebahn-Gesell-
schaften die Umstellung auf elektrischen
Betrieb, aber es gab auch noch zahlreiche
Neugründungen von Pferdebahn- und
Dampfstraßenbahn-Gesellschaften. Wie
alt schon manche, noch heute existieren-
den Strecken sind (auch wenn sie inzwischen manche Veränderung erfahren haben), mag aus folgenden Daten hervorge-
hen:
Im Jahre 1899 fuhr die Straßenbahn bereits nach Hohenschönhausen, im Jahre
1909 eröffneten die Teltower Kreisbah-
nen die Strecke vom Bahnhof Adlershof
nach Altglienicke Kirche, und im Jahre
1912 gab es sogar einen benzolelektri-
schen Straßenbahnbetrieb in den Monaten März bis Juli auf der Grünau-
Schmöckwitzer Uferbahn, bis sie ab Juli
1912 auch elektrisch betrieben wurde.
Die zersplitterten Unternehmen gingen
infolge ihrer katastrophalen Finanzlage
nach dem ersten Weltkrieg im Jahre 1920
alle in die Berliner Straßenbahn auf, aus
der 1923 die Berliner Straßenbahn-Be-
triebs-G.m.b.H. und 1929 die Berliner
Verkehrs-Aktiengesellschaft wurde, die
auch den U-Bahn-Betrieb und den Omni-
busbetrieb übernahm. 1938 wurde der
Name in Berliner Verkehrs-Betriebe
(BVG) geändert.
Nachdem am 23. April 1945 der gesamte
Straßenbahnbetrieb in Berlin durch die
Zerstörung des Gleis- und Oberleitungs-
netzes sowie ungefähr 60 Prozent aller
Fahrzeuge zum Erliegen gekommen war,
lief bis etwa 1949 der Wiederaufbau bei
den Berliner Verkehrsbetrieben. Im Jahre
1964 begann mit der architektonischen
Neugestaltung des Zentrums der Hauptstadt der DDR auch eine Neuordnung
des öffentlichen Personennahverkehrs.
Ab 1966 fuhr keine Straßenbahn mehr
über den Alexanderplatz. Bis 1964 hatte

die Straßenbahn in Berlin in großen
Stückzahlen Großraumzüge aus der Produktion des VEB Waggonbau Gotha
(Triebwagen T 4-62 und Beiwagen
B 4-61) erhalten, die neben Reko-Wagen
den Großteil aller Straßenbahnfahrzeuge
in Berlin ausmachten. Mit der Lieferung
der ersten Tatra-Straßenbahnen nach
Dresden und Magdeburg kamen von dort
alle T 4-62- und B 4-61-Fahrzeuge nach
Berlin. Im Jahre 1976 gelangten dann
auch die ersten Tatra-Straßenbahnwagen
vom Typ KT4D in der Hauptstadt der
DDR zum Einsatz. Sie werden bis in die
80er Jahre hinein das Bild bei der Berliner Straßenbahn bestimmen, bis dann
die neueren vierachsigen Triebwagen
(Typ T 5) und sechsachsigen Triebwagen
(Typ KT 6) erscheinen werden.
Dem Berlin-Besucher und Straßenbahn-
freund wird eine Fahrt mit der Linie 22
vom Kupfergraben nach Rosenthal (Fahr-
strecke 12,6 km) bzw. mit der Linie 86
vom Bahnhof Grünau nach Schmöckwitz
empfohlen, wo an der Endhaltestelle die
alte Schmöckwitzer Straßenbahnhofs-
halle zur Restauratoren-Werkstatt für die
historischen Straßenbahnwagen wurde.
Ferner empfiehlt sich eine Fahrt durch
die engen Straßen im Berliner Stadtbe-
zirk Köpenick mit seinen historischen
Bauten.

Überlandstraßenbahnen
Schöneiche und Woltersdorf

Besonders reizvoll sind die Strecken der
Überlandstraßenbahnen in die Berliner
Umgebung, wie die Strecke vom S-Bahnhof Friedrichshagen über Schöneiche
nach Rüdersdorf (1000 mm Spurweite)
und vom S-Bahnhof Rahnsdorf zur Woltersdorfer Schleuse (1435 mm Spurweite).
Schöneiche liegt im waldreichen Gebiet
östlich von Berlin im Kreis Fürstenwalde.
Um die Jahrhundertwende kauften Bo-
denspekulanten in diesem Gebiet das
Land auf, parzellierten es und boten es fi-

*Bild 17   Triebwagen Tw 34 und Beiwagen Bw 20
der Straßenbahn Schöneiche.*   *Foto: Kirsche*

nanzkräftigen Käufern aus Berlin zum Kauf für die Anlage von Villen in der „Waldgartenstadt" Schöneiche an. Da vom Bahnhof Rahnsdorf ein halbstündiger Fußmarsch notwendig war, um nach Schöneiche zu gelangen, baute man eine Straßenbahnstrecke in 1000-mm-Spurweite vom Bahnhof Friedrichshagen an der Vorortstrecke nach Erkner und eröffnete sie am 28. August 1910 mit benzolgetriebenen Fahrzeugen, bis am 30. Mai 1914 die Strecke auf elektrischen Betrieb umgestellt wurde.

Im Jahre 1912 wurde von Schöneiche aus nach der Gemeinde Kalkberge (heute Rüdersdorf) eine weitere Straßenbahnstrecke in Betrieb genommen. Die eingleisige Überlandbahn, die eine landschaftlich schöne Streckenführung aufweist, dient heute vorwiegend dem Berufs- und Ausflugsverkehr. Die ältesten Fahrzeuge sind der vierachsige Triebwagen Tw 34 aus dem Jahre 1926 und der zweiachsige Beiwagen Bw 20 aus dem Jahre 1920, die sich zu besonderen Anlässen auch noch im Einsatz befinden, während im regelmäßigen Betrieb rekonstruierte ältere Fahrzeuge und Neubaufahrzeuge fahren.

Die Gemeinde Woltersdorf – ebenfalls im waldreichen Südosten von Berlin gelegen – ist ein natürliches Ausflugsgebiet für die Bewohner der nahen Hauptstadt. Die Anlage von Grundstücken ließ hier gleichfalls den Gedanken aufkommen, den etwa einstündigen Fußmarsch vom Bahnhof Rahnsdorf an der Vorortstrecke nach Erkner für die zukünftigen Ansiedler durch den Bau einer Überlandbahn zu erübrigen. So wurde am 17. Mai 1913 die 5,6 km lange regelspurige elektrische Straßenbahn vom Bahnhof Rahnsdorf zur Woltersdorfer Schleuse eröffnet. Sie hat eine landschaftlich schöne Streckenführung. Zwei historische Wagen (Tw Nr. 2 und Bw Nr. 82 aus dem Jahre 1913) und der erste noch im Jahre 1943 gebaute Kriegsstraßenbahnwagen sollen der Nachwelt bewahrt werden.

Zur Straßenbahn nach Schöneiche fährt man am zweckmäßigsten ab S-Bahnhof Alexanderplatz in Richtung Erkner bis zum S-Bahnhof Friedrichshagen. Von dort aus verkehrt die Straßenbahn im 20-Minuten-Abstand. Zur Straßenbahn nach Woltersdorf benutzt man ebenfalls die S-Bahn in Richtung Erkner bis zum S-Bahnhof Rahnsdorf, von wo aus diese Straßenbahn nach Woltersdorfer Schleuse fährt, ebenfalls im 20-Minuten-Abstand. Autofahrer fahren vom Stadtzentrum aus in Richtung Köpenick und über den Müggelseedamm bzw. die Fürstenwalder Allee.

Strausberg

Die östlich von Berlin gelegene Stadt Strausberg – seit 1948 Endpunkt der elektrischen S-Bahn-Strecke der Berliner S-Bahn – mit Bauindunstrie sowie Land- und Nahrungsgüterwirtschaft, mit ausgedehnten Landschafts- und Naturschutzgebieten in der näheren Umgebung, hatte beim Bau der Eisenbahnstrecke Berlin – Küstrin (heute Kostrzyn) keinen direkten Anschluß erhalten. Die Strecke führte etwa 6 km an der Stadt entfernt vorbei. Als sich die Textilindustrie in Strausberg entwickelte und die damalige Siedlung auch für den Ausflugsverkehr „entdeckt" worden war, wurde ein Anschluß an den Bahnhof notwendig. Am 2. März 1893 erhielt eine Aktiengesellschaft eine dauernde „Konzession zum Bau und Betrieb einer regelspurigen Kleinbahn zwischen Strausberg-Vorstadt (Ostbahnhof) und Strausberg-Stadt zum Zwecke des Personen- und Güterverkehrs", die dann am 13. August 1893 die dampfbetriebene Kleinbahn eröffnen konnte. Am 18. März 1921 wurde sie auf elektrischen Betrieb umgestellt, und im Jahre 1926 nach Norden bis zum damaligen Landjugendheim verlängert, womit die Streckenlänge auf 8 km anwuchs. Zur Zeit sind bei der Strausberger Eisenbahn vier Triebwagen und ein Beiwagen der Berliner Verkehrs-Betriebe im Einsatz (zweiachsiger Zweirichtungstriebwagen).

Strausberg ist vom S-Bahnhof Alexanderplatz aus in etwa 50 Minuten Fahrzeit mit der S-Bahn zu erreichen. Der Autofahrer fährt vom Stadtzentrum Berlins aus auf der F 1 (5) bis Rüdersdorf und biegt nach Strausberg ab, oder er fährt auf der Leninallee in Richtung Hönow über Altlandsberg und Eggersdorf.

Der Triebwagen Nr. 1 aus dem Jahre 1921 wird als historischer Triebwagen erhalten.

Pioniereisenbahn Berlin

Im Pionierpark „Ernst Thälmann" in der Berliner Wuhlheide, zwischen Karlshorst und Köpenick gelegen, fährt die Berliner Pioniereisenbahn. Mit 6,9 km Streckenlänge ist sie die längste aller Pioniereisenbahnen in der DDR. Sie besteht seit dem 1. Juni 1956 und hat eine Spurweite von 600 mm.

In den Berliner Reichsbahnausbesserungswerken (Raw) „Roman Chwalek" und „Franz Stenzer" waren dafür acht Personen- und drei Güterwagen gebaut worden. Die Personenwagen gleichen in der Farbgebung den S-Bahn-Wagen der

Bild 19   Zug der Pioniereisenbahn Berlin.
Foto: ZBDR-Zimmer

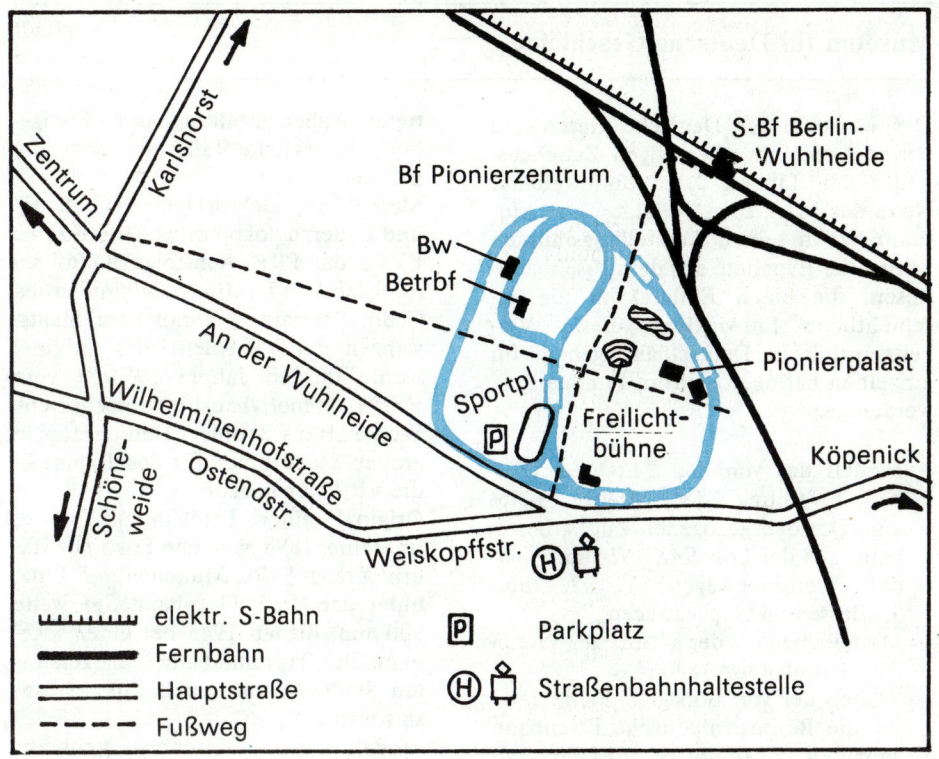

Bild 18   Strecke der Pioniereisenbahn Berlin.

Berliner S-Bahn. Als Triebfahrzeuge kamen sechs Diesellokomotiven zum Einsatz. Es wurden fünf Bahnhöfe, vier Stellwerke, ein Bahnbetriebswerk mit einer 30 m langen Halle zur Wartung der Wagen sowie ein Lokomotivschuppen gebaut.

In Vorbereitung der X. Weltfestspiele 1973 erfolgte eine Generalüberholung der gesamten Strecke. Unter Verwendung von Fahrgestellen ehemaliger Wagen der Mecklenburg-Pommerschen Schmalspurbahn (sie waren auf der Strecke Friedland–Anklam im Einsatz) entstanden im Raw „Roman Chwalek" in Berlin-Niederschöneweide neue, vierachsige heizbare Reisezugwagen. Der damalige VEB Lokomotivbau „Karl Marx" Babelsberg lieferte

1970/1971 zwei Diesellokomotiven des Typs V 10 C.

Mit den Bauarbeiten zum Pionierpalast wurde auch die Streckenführung etwas verändert und anstelle des Bahnhofs Badesee der neue Bahnhof Pionierpalast eingerichtet. Die Berliner Pioniereisenbahn fährt als einzige ihrer Art in der DDR auch im Winter. Fahrbetrieb ist an jedem Tag nachmittags von 14 bis 17 Uhr. Der Pionierpark „Ernst Thälmann" ist vom Stadtzentrum aus mit der S-Bahn Richtung Erkner bis zum S-Bahnhof Wuhlheide und mit der Straßenbahn zu erreichen. Pkw-Fahrer fahren vom Stadtzentrum in Richtung Köpenick und können an der Straße An der Wuhlheide direkt am Haupteingang des Pionierparks den Parkplatz benutzen bzw. nach Vorbeifahrt am Haupteingang links abbiegen und den Parkplatz direkt im Pionierpark benutzen.

Museum für Deutsche Geschichte

Das Museum für Deutsche Geschichte befindet sich im ehemaligen Zeughaus, Unter den Linden 2, in unmittelbarer Nähe des Marx-Engels-Platzes. Das Museum hat in seinen Ausstellungsräumen zahlreiche Exponate aus dem Eisenbahnwesen, die einen Einblick in die geschichtliche Entwicklung dieses Verkehrsmittels in Deutschland geben. Im einzelnen befinden sich im Fundus bzw. werden gezeigt:

– Modell des von der *SAXONIA* 1839 bei Eröffnung der Strecke Leipzig – Dresden gezogenen Zuges, bestehend aus der Lok *SAXONIA* mit Tender, Personenwagen 1., 2. und 3. Klasse und Gepäckwagen,
– Modellanlage der Strecke Leipzig – Dresden um 1840,
– Modell der von Borsig im Jahre 1843 für die Berlin-Anhaltische Eisenbahn gebauten Lokomotive *BEUTH* mit Tender,
– Modell der Lokomotive *ADLER* mit Tender,
– Modell einer 1′B-Lokomotive mit Tender aus dem Jahre 1869,
– Modell einer 2′B-Heißdampf-Zwillings-Schnellzuglokomotive der preußischen Gattung S 6 mit Tender, die in den Jahren von 1906 bis 1914 gebaut wurde (spätere Baureihe $13^{10\text{-}12}$ der DRG),
– Modell der von 1885 bis 1889 gebauten 1Bn 2-Schnellzuglokomotive der preußischen Gattung S 1 mit Tender,
– Modell einer Güterzuglokomotive der preußischen Gattung G 3 mit Tender, gebaut ab 1877 (spätere Baureihe $53^{70\text{-}71}$ der DRG),
– Modell der ab 1928 von AEG gebauten 1′Do1′-Schnellzuglokomotiven der Deutschen Reichsbahn-Gesellschaft, Baureihe E 17, im Maßstab 1 : 20 (ausgeführt in Metallbauweise, originalge-

treue Außengestaltung und Farbgebung, bewegliche Räder und Stromabnehmer),
– Modell der elektrischen Schnellzug- und Güterzuglokomotive der Baureihe EV 05 der PKP, Achsfolge Bo′Bo′ im Maßstab 1 : 10 (in Originalfarben Grün, Schwarz, Rot mit dem Staatswappen der VR Polen), das Original wurde in den Jahren 1954/57 vom VEB Lokomotivbau-Elektrotechnische Werke „Hans Beimler" Hennigsdorf in großen Stückzahlen für den Export in die VR Polen gebaut,
– Original einer Feldbahnlokomotive, im Jahre 1896 von der Lokomotivfabrik Krauss § Co., München und Linz, unter der Nr. 3373 gebaut, Spurweite 900 mm, die ab 1945 bei einer sogenannten „Trümmerbahn" im zerstörten Stadtzentrum von Berlin im Einsatz war,
– Modell des Eisenbahndrehkrans EDK 1000/1 vom VEB Schwermaschinenbau „S. M. Kirow" Leipzig im Maßstab 1 : 20. Das Modell wurde Otto GROTEWOHL anläßlich seines 70. Gebrutages am 11. März 1964 von den Werktätigen des Betriebes überreicht. Der EDK 1000/1 war bis 1970 der leistungsstärkste Eisenbahndrehkran der Welt, wurde u. a. in die UdSSR, ČSSR, nach der Ungarischen Volksrepublik und nach der VR Bulgarien exportiert, bis der EDK 2000, der nunmehr leistungsstärkste Eisenbahndrehkran der Welt aus dem gleichen Betrieb, hinzu kam.

Das Museum für Deutsche Geschichte ist Montag bis Donnerstag von 8 bis 19 Uhr, Sonnabend und Sonntag von 9 bis 16 Uhr geöffnet (Freitag geschlossen). Es ist zu erreichen mit der S-Bahn (Bahnhof Marx-Engels-Platz bzw. Bahnhof Berlin Friedrichstraße), mit der U-Bahn (Station

Hausvogteiplatz), mit der Straßenbahn (Hackescher Markt) und mit dem Omnibus (Haltestelle Staatsoper). Parkmöglichkeiten für Pkw-Fahrer bestehen auf dem Marx-Engels-Platz und in der Straße Unter den Linden.

Märkisches Museum

Das Märkische Museum, 1020 Berlin, Am Köllnischen Park 5, befindet sich in unmittelbarer Nähe des S-Bahnhofs Jannowitzbrücke und des Spreeufers. Innerhalb der Darstellung der Stadtgeschichte Berlins befinden sich Vitrinen zur Entwicklung des Eisenbahnverkehrs in Berlin mit einem Modell der von der Königlichen Eisengießerei 1817 hergestellten Lokomotive, einem Stadtplan mit der ersten elektrischen Hoch- und Untergrundbahnlinie (von 1902), einem Reisepaß des Kaufmanns und Fabrikanten OEHME sowie Karten der Eisenbahn zwischen Berlin und Potsdam von 1842 und Abbildungen der frühen Berliner Bahnhöfe.

In der umfangreichen Sammlung des Märkischen Museums befinden sich zahlreiche Eisenbahndarstellungen von Hans BALUSCHEK, künstlerische Darstellungen (Grafiken, Gemälde) zur Berlin-Potsdamer Eisenbahn sowie eine ab 1860 begonnene Fotosammlung mit Innen- und Außenansichten der Berliner Bahnhöfe, Darstellungen vom Bau der Bahnanlagen für die Berliner S-Bahn und U-Bahn, Fotos von der Straßenbahn in Berlin.

Zum Bestand des Museums gehören auch Verkehrskarten und technische Zeichnungen von Lokomotiven, besonders zu den in den Berliner Lokomotivfabriken gebauten. Die Bibliothek des Museums enthält Bücher zur Verkehrsgeschichte Berlins. Das Märkische Museum betreut eine Arbeitsgemeinschaft des Deutschen Modelleisenbahn-Verbands der DDR, die sich der Pflege und Erhaltung historischer Straßenbahnfahrzeuge in Berlin widmet (siehe Seite 41). Das Märkische Museum ist Mittwoch bis Samstag von 9 bis 17 Uhr und Sonntag von 9 bis 18 Uhr geöffnet (Montag und Dienstag geschlossen). Es ist zu erreichen mit der S-Bahn bis zum Bahnhof Jannowitzbrücke, mit der U-Bahn bis zum Bahnhof Märkisches Museum und mit dem Omnibus.

Müncheberg (Mark) – Buckow (Märk Schweiz)   DR-Kursbuch-Strecke 174

Am Kilometer 45,8 der eingleisigen Hauptbahn Berlin–Strausberg–Müncheberg (Mark)–Kietz beginnt im Bahnhof Müncheberg (Mark) die eingleisige, elektrisch betriebene Nebenbahn über Waldsieversdorf (km 2,7) nach Buckow (Märk Schweiz) mit einer Länge von 4,9 km. Der Ort Buckow liegt, von bewaldeten Höhen umschlossen, in einem Kranz schönster Seen und wird deshalb die Perle der Märkischen Schweiz genannt.

Das wald- und seenreiche, etwa 40 km² große Landschaftsschutzgebiet um Buckow ist ein Anziehungspunkt für Naturfreunde, Erholungsort für die Werktätigen der DDR und Ausflugsort für die Wochenendurlauber aus Berlin und aus Orten des Bezirks Frankfurt (Oder). Am 26. Juli 1897 konnte die in einer Spurweite von 750 mm gebaute Buckower Kleinbahn dem Betrieb übergeben werden. Wegen des schnell angestiegenen

Bild 20   Zug am Endpunkt der Strecke Müncheberg (Mark) – Buckow (Märk Schweiz). Foto: Friese

Ausflugsverkehrs in die Märkische Schweiz wurde zur Leistungssteigerung der Strecke eine Umspurung vorgenommen. Die regelspurige Bahn wurde dann am 15. Mai 1930 eröffnet und war dem damaligen Landesverkehrsamt Brandenburg unterstellt. Sie war von Beginn an elektrifiziert. Mit der Rekonstruktion der 800-V-Gleichstrom-Fahrzeuge (drei Trieb- und drei Beiwagen) der Baureihe 279, die im Jahre 1930 die Hannoversche Waggonfabrik AG (alte Baureihe ET 188) geliefert hatte, wurde ab 1981 die Fahrspannung auf 600 V umgestellt. Die modernisierten Wagen erhielten einheitlich die gelb-rote Farbgebung der Berliner S-Bahn-Wagen. Die technische Ausrüstung der Wagen gestattet folgende Zugbildungen: Triebwagen; Triebwagen und Steuerwagen; Steuerwagen und Triebwagen und Steuerwagen.

Die eingleisige Strecke hat elf unbeschrankte Wegübergänge, die dem Triebwagenführer durch Pfeiftafeln angezeigt werden. Die Strecke steigt bis zum Haltepunkt Waldsieversdorf bis zu 12‰ an, fällt danach wieder, um vor Buckow erneut anzusteigen. In Buckow – dem Endbahnhof – befinden sich Triebwagenhalle, Werkstatt und Güterverkehrsanlagen, die aber seit Einstellung des Gütertransports nicht mehr benötigt werden. Die zulässige Streckenhöchstgeschwindigkeit beträgt 30 km/h. Gegenwärtig verkehren täglich 20 Reisezugpaare, vor allem für den Berufs- und Ausflugsverkehr, wobei die Reisezeit 15 Minuten beträgt.

Heidekrautbahn:
Berlin-Karow – Basdorf – Liebenwalde/
Groß Schönebeck (Schorfheide)   DR-Kursbuch-Strecken 193 und 194

Das Gebiet nördlich von Berlin, rund um den Wandlitzsee, den Liepnitzsee und den Lotschesee, und etwas weiter entfernt die Schorfheide sind beliebte Ausflugsziele der Berliner. In dieses Heidegebiet führt die Strecke von Berlin-Karow nach Basdorf und von dort nach Liebenwalde bzw. Groß Schönebeck. Seit ihrer Gründung heißt die Bahn bei den Berlinern auch „Heidekrautbahn".
In Betrieb ging diese Bahn am 21. Mai 1901 für den Personenverkehr und am 3. Juni des gleichen Jahres für den Güterverkehr unter der Gesellschaft Reinickendorf-Liebenwalder-Groß Schönebecker

Bild 21   Streckenabschnitt   Berlin-Karow – Basdorf – Liebenwalde/Groß Schönebeck mit Brücke über den Oder-Havel-Kanal.   Foto: Steckel †

Eisenbahn A.G., da die Bahn früher ihren Anfangspunkt in Reinickendorf [heute Berlin (West)] hatte. Seit 1934 hieß die Bahn Niederbarnimer Eisenbahn A.G., bis sie am 1. Juli 1950 von der Deutschen Reichsbahn übernommen wurde. Auf der eingleisigen Hauptbahnstrecke von Berlin-Blankenfelde über eine Länge von 12,8 km bis Basdorf wurde der Reiseverkehr im Jahre 1983 eingestellt. Die eingleisige Nebenbahn führt weiterhin von Berlin-Karow mit 13,1 km Länge nach Basdorf. Hier teilt sich die Strecke in zwei Nebenbahnen, die eine Strecke verläuft über 24,1 km Länge nach Groß Schönebeck (Schorfheide), die andere über 18,9 km nach Liebenwalde. Während bis zum Traktionswechsel, der auf der Heidekrautbahn um 1966 einsetzte, Dampflokomoti-

ven der Baureihen 64, 74, 91, 93 und 89 verkehrten (früher auch vierachsige dieselelektrische Triebwagen), herrschen Dieseltriebwagen der Baureihe 172 – sogenannte Schienenbusse – vor. Der Zug auf der Strecke von Basdorf nach Liebenwalde fährt bei Zühlsdorf am Lubow- und am Rahmer See vorbei und durchquert dann ein mehr als 5 km breites Luch. Beim km 33 überquert die Strecke den Oder-Havel-Kanal, und nach wenigen Minuten Fahrt wird die reizvoll gelegene märkische Kleinstadt Liebenwalde erreicht.

Auf der anderen Strecke Basdorf – Groß Schönebeck (Schorfheide) fährt der Zug zunächst entlang des Bernauer Stadtwaldes zum beliebten Ausflugs- und Erholungsgebiet um Wandlitz. In den Jahren 1938/39 entstand für den Bahnhof Wandlitzsee ein schönes großes Empfangsgebäude, das seinerzeit zu den modernsten aller Privat- und Kleinbahnen Deutschlands zählte. Am km 8,5 – vor Klosterfelde – beginnend, muß eine Steigung überwunden werden, während auch hier – am km 17,2 – der Oder-Havel-Kanal überquert wird. Vom Endbahnhof Groß Schönebeck, am Rande der Schorfheide liegend, ist nach etwa 7 km Wanderung der herrlich gelegene Werbellinsee erreicht.

Potsdam

Die Bezirksstadt und der Stadtkreis, am Mittellauf der Havel in reizvoller Wald-Seen-Landschaft gelegen, ist mit 127 000 Einwohnern das politische und gesellschaftliche Zentrum des flächenmäßig größten Bezirks der DDR. Potsdam ist eine Stadt der Industrie (Fahrzeugbau, das 1838 als erstes Eisenbahnausbesserungswerk in Deutschland gegründete Werk, Dentaltechnik, Textil- und Elektrogeräte-, Glas- und Lebensmittelindustrie), der Wissenschaft (Institute der Akademie der Wissenschaften der DDR), ferner Lehr- und Forschungsstätten, der Kultur und des Tourismus (Park von Sanssouci). Überdies ist die Stadt ein wichtiger Kreuzungspunkt von Eisenbahnen und Straßen. Mit dem Aufbau des Berliner Außenringes (siehe Seite 30) erhielt Potsdam an der Streckenkreuzung Berlin – Werder – Brandenburg / Jüterbog – Nauen einen neuen Hauptbahnhof (km 4,8). Er wurde 1957/59 nach Entwürfen der Architekten DRESSLER und MEMPEL außerhalb der Stadt in einem Waldgelände errichtet. Der Baumbestand in der Umgebung konnte weitgehend erhalten werden. Die dominierende Empfangshalle des Empfangsgebäudes ist in Stahlbeton-Skelettbauweise errichtet und bildet den Zugang zu drei überdachten Bahnsteigen. Sie wird flankiert links vom eingeschossigen MITROPA-Restaurant und rechts von einem zweigeschossigen Bürotrakt in Monolithbauweise. In unmittelbarer Nähe des Hauptbahnhofs Potsdam liegt die im Zuge des Berliner Außenringes verlaufende Eisenbahnbrücke über den Templiner See (siehe Seite 33). Seit 1983 ist der Hauptbahnhof an das elektrifizierte Streckennetz der DR angeschlossen.

Vom Stadtzentrum Potsdams aus führen die Straßenbahnlinien 1 und 4 zum neuen Hauptbahnhof. Die Straßenbahn in Potsdam besteht übrigens seit Mai 1880 in einer Spurweite von 1435 mm. Anfangs als Pferdebahn betrieben, wurde 1906 die Genehmigung zum Bau einer elektrischen Straßenbahn erteilt. Im Juli 1907 fanden die ersten Probefahrten statt, und am 2. September 1907 begann der reguläre elektrische Straßenbahnbetrieb. Im Jahre 1982 wurde in Potsdam eine neue, 4,5 km lange zweigleisige Straßenbahnstrecke zum 20 000 Einwohner zäh-

Bild 22 Empfangsgebäude des Bahnhofs Pots-
dam Hbf. *Foto: ZBDR-Zimmer*

lenden neuen Stadtteil Stern gebaut und
eingeweiht. Auf dieser neuen Linie 6 sind
ausschließlich KT4D-Fahrzeuge eingesetzt.
Die Gesamtstreckenlänge der Straßenbahn in Potsdam beträgt 24,5 km.
Im Stadtteil Babelsberg wurden bis zum
Jahre 1968 Lokomotiven hergestellt. Hier
befand sich der Sitz des Hauptwerkes der
ehemaligen Lokomotivfabrik Orenstein & Koppel (in Drewitz). Nach 1945
wurden hier zunächst Dampflokomotiven
repariert und neue gebaut, später entstanden im damaligen VEB Lokomotivbau
„Karl Marx" Babelsberg bis 1968 Ran-
gier- und Streckendiesellokomotiven der
heutigen Baureihen 102, 106, 110 und
118.

Brandenburg (Havel)

Der Stadtkreis und die Kreisstadt im Bezirk Potsdam, beiderseits der unteren Havel gelegen, bilden die flächenmäßig
viertgrößte Stadt der DDR. Brandenburg
ist der führende Industriestandort im Bezirk Potsdam (Schwerindustrie, Baustoffindustrie, Textil- und Nahrungsmittelindustrie), besitzt einen Binnenhafen und
ist ein bedeutender Eisenbahnknoten.
Die Stadt liegt mit dem Hauptbahnhof
am km 61,3 einer zweigleisigen Hauptbahn, der wichtigen Ost-West-Verbindung zwischen Frankfurt (Oder) und Marienborn über Berlin – Magdeburg. Über
sie verkehren etwa 20 schnellfahrende
Züge je Tag und Richtung. Davon sind

die Hälfte Züge des internationalen Reiseverkehrs mit den Endpunkten Moskwa bzw. Warszawa und Paris bzw. London. Über diese Strecke rollt ferner ein bedeutender Teil des Güterverkehrs im Transit zwischen der VR Polen bzw. der UdSSR und den Ländern Westeuropas sowie der Transitverkehr zwischen der BRD und Westberlin. Eine weitere Strecke, eine eingleisige Nebenbahn – die ehemalige Brandenburgische Städtebahn –, verbindet Brandenburg mit Rathenow und Neustadt (Dosse) in Richtung Norden sowie mit Belzig und Treuenbrietzen in Richtung Süden. Der Eisenbahnknoten erhält im Personenverkehr seine Bedeutung durch einen starken Berufsverkehr zu den Industriebetrieben in der Stadt sowie in der Umgebung (Premnitz, Rathenow, Genthin) und im Güterverkehr durch die Betriebe der Schwerindustrie. Das Stahl- und Walzwerk Brandenburg ist einer jener DDR-Industriebetriebe mit dem größten täglichen Wagenaufkommen.

Eine wesentliche Voraussetzung für die ökonomische Entwicklung der Stadt am Beginn der industriellen Revolution war der Bau der Eisenbahnstrecke zwischen Potsdam und Magdeburg über Brandenburg, wofür sich der progressive Brandenburger Bürgermeister Franz ZIEGLER (1803 bis 1876) besonders eingesetzt hatte. Am 2. August 1846 fuhr der erste Zug auf dieser Strecke der Potsdam-Magdeburger Eisenbahn. Vom ursprünglichen Aussehen des Empfangsgebäudes – es wurde innen mehrfach umgebaut und insgesamt vergrößert – ist viel erhalten geblieben; es gehört inzwischen zu den ältesten in der DDR.

Eine Chronik aus dem Jahre 1880 würdigt die Bedeutung der Eisenbahnstrecke für die Entwicklung von Gewerbe und Handel Brandenburgs.

Sie erwähnt aber auch, daß der „Handel noch weit bedeutender sein würde, wenn eine Eisenbahn die Stadt mit den Nachbarstädten Rathenow und Belzig verbände". Es dauerte noch fast 25 Jahre, denn erst am 25. März 1904 erhielt Brandenburg mit der 125,6 km langen Brandenburgischen Städtebahn von Treuenbrietzen über Belzig – Brandenburg – Rathenow nach Neustadt (Dosse) eine weitere verkehrliche Erschließung durch die Eisenbahn. Diese Bahn hatte in Brandenburg selbst zwei Bahnhöfe: unmittelbar neben dem „Staatsbahnhof" den Bahnhof Neustadt und im Westen der Stadt den Bahnhof Altstadt, der in einer Chronik aus dem Jahre 1922 „hinsichtlich seiner Lage zu Industrie ... geradezu als der Industriebahnhof Brandenburgs angesprochen werden kann, weil er sowohl die umfangreichen Industrieanlagen nördlich der Unterhavel, als auch die Industrie südlich des Silo-Kanals sowie westlich des Beetz-Sees aufnehmen und den Güterverkehr von und zum Binnenhafen zu bewältigen berufen ist."

In Stadtteil Kirchmöser existieren heute zwei bedeutende Betriebe der Deutschen Reichsbahn. Zum einen das im Jahre 1953 gegründete Weichenwerk Brandenburg, das seit 1968 alleiniger Hersteller von Weichen in der DDR ist und jährlich mehr als 5500 Weichen produziert, zum anderen das Werk für Gleisbaumechanik, einziger Betrieb der DR für die Instandsetzung von Gleisbaumechanismen, Eisenbahndrehkranen und dieselelektrischen Raupendrehkranen.

Interessante Einzelheiten zur Bedeutung des Eisenbahnwesens für die Stadt und ihre Umgebung sind im Museum Brandenburg zu erfahren. Die Anschrift: Hauptstraße 96, Brandenburg, 1800. Telefon 52 20 48; geöffnet Mittwoch bis Sonntag 9 bis 12 Uhr und 14 bis 18 Uhr. Es ist vom Zentrum aus zu erreichen mit den Straßenbahnlinien 2, 4 und 6.

Das Museum zeigt das Modell einer Schmalspurlokomotive, die nach 1945 im damaligen VEB Lokomotivbau „Karl Marx" Babelsberg gebaut wurde, und das Modell der Lokomotive *BEUTH* der Berlin-Anhaltischen Eisenbahn, die 1843 von Borsig gebaut wurde und als Verkörperung der besten Errungenschaften des

*Bild 23   Tw 191 der Straßenbahn Brandenburg
(Havel).*   *Foto: Fried*

englischen Lokomotivbaus im damaligen
Deutschland gilt.
In der Stadt Brandenburg werden mehrere Straßenbahnlinien in 1000-mm-
Spurweite betrieben. Die erste Strecke einer Straßenbahn wurde am 1. Oktober
1897 zunächst als Pferdebahn eröffnet;
ab 1. April 1911 wurde der elektrische Betrieb aufgenommen.
Der ehemaligen Triebwagen Nr. 30

(heute Nr. 191) soll als Traditionsfahr-
zeug erhalten bleiben. Er wurde im Jahre
1912 von der Waggonfabrik Gottfried
Lindner in Ammendorf bei Halle (Saale)
gebaut und ist der letzte erhalten gebliebene Wagen aus der Eröffnungszeit des
elektrischen Straßenbahnbetriebs in der
Havelstadt. Alle anderen Fahrzeuge mit
dem für die Brandenburger Straßenbahn
jahrzehntelang typischen Aussehen wurden bereits verschrottet. Nach seinem
Ausscheiden aus dem regelmäßigen Betrieb wurde der alte Lindner-Triebwagen
zunächst als Arbeitswagen genutzt.

Eberswalde

Die Kreisstadt im Bezirk Frankfurt, am
Finowkanal im Eberswalder Urstromtal
gelegen, ist ein bedeutender Industriestandort (Stahlindustrie) mit landwirtschaftlicher Produktion sowie ein bedeutender Eisenbahnknoten. Die Stadt liegt

mit ihrem Hauptbahnhof am km 45,2 der
zweigleisigen Hauptbahn der Magistrale
Berlin – Pasewalk – Stralsund, die als Ver-
bindungslinie zwischen dem Norden und
dem Süden der DDR eine entscheidende
Rolle bei der Bewältigung des vom Süden

nach dem Norden verlaufenden Frachtenstroms (Brennstoffe, Baustoffe, Industrie- und Versorgungsgüter) und des Transitverkehrs über Saßnitz Hafen und Mukran spielt, vor allem seit ihrer Umstellung auf elektrischen Zugbetrieb seit 1987.

Von dieser Magistrale zweigen in Richtung Südosten die eingleisige Nebenbahn Eberswalde – Bad Freienwalde – Frankfurt (Oder) und in Richtung Nordosten bei Britz die eingleisige Nebenbahn Eberswalde – Templin – Fürstenberg (Havel) ab. Der Eisenbahnknoten Eberswalde erhält im Personenverkehr seine Bedeutung durch einen ausgeprägten Berufsverkehr in die vielen Industriebetriebe und im Güterverkehr durch die Bedienung von über 50 Anschließern der ansässigen Industrie und durch die Zugbildung zur Abfuhr der Fertigprodukte.

Der Bau der Eisenbahnstrecke Berlin – Eberswalde mit der Eröffnung der Strecke am 30. Juli 1842 und der Fortsetzung bis Stettin (heute Szczecin) im Jahre 1843 war bedeutend für die industrielle Entwicklung der Stadt auf der Basis der Vorkommen an Raseneisenerzen, des Waldreichtums und der Ton- und Kiesvorkommen. Am 1. November 1867 wurde dann die Strecke Eberswalde – Wriezen eröffnet, der ein Jahr später die Fortsetzung bis Frankfurt (Oder) folgte. Die Strecke Eberswalde – Finowkanal entstand 1853, die spätere Industriebahn 1913/14. In Eberswalde ist das Reichsbahnausbesserungswerk „8. Mai" ansässig, das Güterwagen ausbessert.

Über die Bedeutung der Eisenbahn im Gebiet von Eberswalde und über die historische Entwicklung kann sich der Besucher im Stadt- und Kreismuseum Eberswalde-Finow, 1300 Eberswalde-Finow 1, Kirchstraße 8, Telefon 2 43 65, informieren. Geöffnet ist Montag bis Freitag und Sonntag von 10 bis 12 Uhr und 14 bis 17 Uhr. Vom Bahnhof Eberswalde Hbf aus erreicht man das Museum mit dem Obus bis Haltestelle Platz der Freundschaft und von hier aus nach fünf

Bild 24   Treidellokomotive des Schiffshebewerks Niederfinow.   *Foto: Wachs*

Minuten Fußweg. In seiner ständigen Ausstellung zeigt das Museum unter der Rubrik „Entwicklung des Industriegebietes von der Eberswalder Pforte im 19. Jahrhundert, gefördert durch seine verkehrstechnische Erschließung der Kanalsysteme und mehrerer Eisenbahnlinien" die Geschichte des Eisenbahnbaus im Raum von Eberswalde. U. a. ist auch ein Modell der Lokomotive *ADLER* ausgestellt. Etwa 12 km von Eberswalde entfernt befindet sich das Schiffshebewerk Niederfinow, mit 60 m Höhe, 94 m Länge und 27 m Breite das größte seiner Art in Europa. Durch diesen, von 1927 bis 1934 gebauten technischen Giganten ist es für jedes auf dem Oder-Havel-Kanal fahrende Schiff möglich, den Höhenunterschied von 36 m durch das Oderbruch in fünf Minuten zu überwinden. Fast 14000 t Stahl ruhen auf neun Betonpfeilern, die rund 20 m in die Erde hinabreichen. Inmitten dieses Gerüstes befindet sich der 4300 t schwere Trog. In ihn fahren die Schiffe ein und werden dann schwimmend gehoben bzw. gesenkt. Die Anlage steht unter Denkmalschutz. Zu ihr zählt auch die einzige Treidellokomotive in der DDR, die auf der oberen Ebene steht und bis etwa 1960 den Treidelverkehr besorgte.

Es handelt sich um eine zweiachsige elektrische Lokomotive mit Bügelstromabnehmer. Auf der unteren Ebene des Schiffshebewerkes, seitlich vom Hebewerk gelegen, ist auch noch der alte, dreiständige Lokschuppen vorhanden.

Frankfurt (Oder)

Die Bezirksstadt und der Stadtkreis westlich der mittleren Oder, am Ostrand der zur Oderniederung abfallenden Lebuser Hochfläche 25 m bis 80 m über NN gelegen, ist – mit ihren über 75000 Einwohnern – das politische, ökonomische und kulturelle Zentrum des Oderbezirks. An Industrie sind angesiedelt: Elektronik, Bau- und Baustoffindustrie, Nahrungsmittel-, Holz- und Metallwarenindustrie. Die Bezirksstadt ist ein bedeutender Verkehrsknoten (Autobahn- und Straßengrenzübergang zur VR Polen, Oderhafen, Eisenbahnknoten und Grenzbahnhof zu den Polnischen Staatsbahnen). Eisenbahnanschlüsse erhielt Frankfurt (Oder) 1842 durch Strecken nach Berlin, 1846 nach Breslau (heute Wrocław), 1857 nach Küstrin (heute Kostrzyn), 1870 nach Posen (heute Poznan), 1876 nach Cottbus und 1877 nach Wriezen. Im Reichsbahndirektionsbezirk Berlin hat der Eisenbahnknoten Frankfurt (Oder) als Kreuzungspunkt der Strecken Berlin – Frankfurt (Oder) – Kunowice – Warszawa – Moskwa und Bad Freienwalde – Frankfurt (Oder) – Wilhelm-Pieck-Stadt Guben – Cottbus besondere Bedeutung. Den Hauptteil des Reise- und Güterverkehrs bewältigen die Bahnhöfe Frankfurt (Oder) – am km 81,4 aus Richtung Berlin, am km 152 aus Richtung Cottbus, und am km 131,1 aus Richtung Bad Freienwalde gelegen – und Frankfurt (Oder)-Rosengarten Gbf sowie der unmittelbar an der Grenze zur VR Polen gelegene Bahnhof Oderbrücke. Das heutige Empfangsgebäude des Bahnhofs Frankfurt (Oder) entstand beim Umbau der inzwischen unzureichenden Gleisanlagen in den Jahren 1922 bis 1924. Es wurde auf dem Gelände des damals abgebrochenen alten Empfangsgebäudes errichtet. Der Bauplatz mußte vorher allerdings um 4 m abgetragen werden, um Unterführungen und Zugänge zu den Bahnsteigen anlegen zu können. Das 1924 vollendete und in Betrieb genommene, neubarocke Empfangsgebäude ist eines der letzten eklektizistischen

Bild 25 Denkmallokomotive vor dem Kulturhaus der Eisenbahner Frankfurt (Oder).
Foto: ZBDR-Zimmer

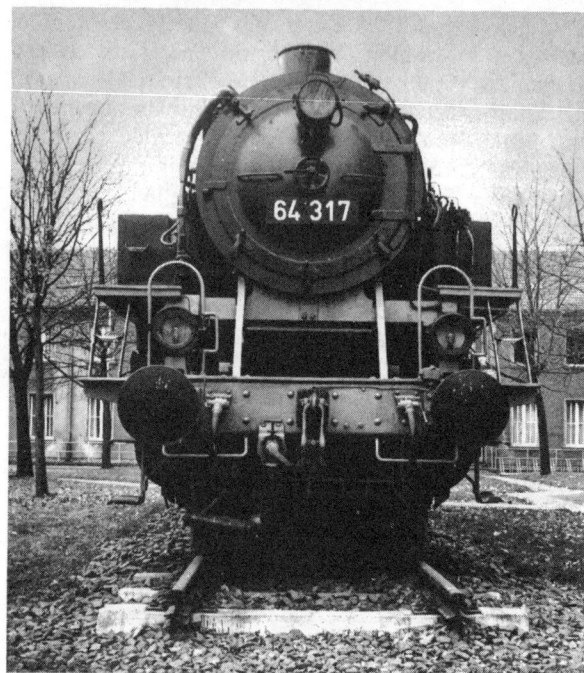

Bild 26 Empfangsgebäude des Bahnhofs Neustadt (Dosse). *Foto: ZBDR-Zimmer*

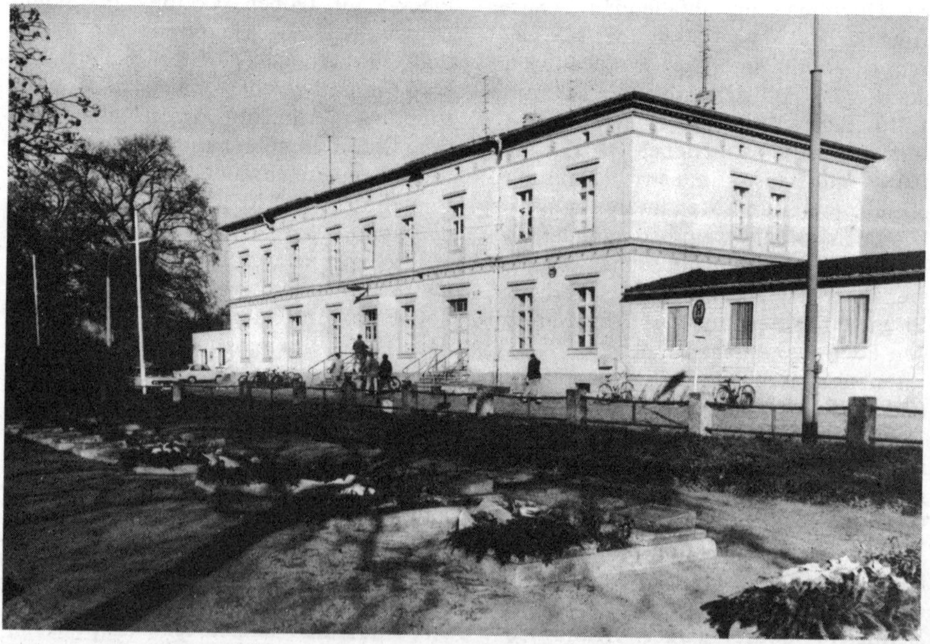

Bahnhofsgebäude aus der Zeit nach dem ersten Weltkrieg.

Vor dem Kulturhaus der Eisenbahner ist die Dampflokomotive 64317 als Denkmallokomotive aufgestellt. Bei der l'Cl' h2t-Maschine handelt es sich um eine Einheitslokomotive. Von den 5424 Teilen dieser Lokomotive waren 4293 vereinheitlichte Teile – eine bedeutende Leistung der Normung und Vereinheitlichung des seinerzeitigen Lokomotivbaus.

Die elektrische Straßenbahn mit 1000 mm Spurweite verkehrt – nach ersten Probefahrten am 23. Dezember 1897 – seit dem 22. Januar 1898. Gegenwärtig werden vier Linien betrieben, darunter seit dem 1. September 1981 eine Neubaustrecke zum Stadtteil Neuberesinchen, der im Endausbau 25000 Einwohner haben soll.

*

Weitere, als technische Denkmale des Eisenbahnwesens deklarierte Objekte in der Umgebung Berlins sind

– in Neustadt (Dosse) das spätklassizistische Empfangsgebäude des Bahnhofs Neustadt (Dosse), ein 1846 errichteter zweigeschossiger, 1874 etwas veränderter Putzbau mit zwei schwach vorgezogenen Risaliten und Medaillon-Reliefs am Hauptgesims als typischer Bahnhofsbau für die 1846 eröffnete Strecke Berlin – Hamburg (Bild Seite 56),

– in Wildpark bei Potsdam das Empfangsgebäude des Bahnhofs Wildpark.

ROSTOCK, Ostseeküste und mecklenburgisches Binnenland

Das ehemalige Mecklenburg-Vorpommern, die heutigen drei politischen Bezirke Rostock, Schwerin und Neubrandenburg, haben sich seit Gründung der DDR zu einem aufblühenden Industrie-Agrar-Gebiet entwickelt. Das Wirtschaftsprofil bestimmen an der Ostseeküste die See- und Hafenwirtschaft (Rostock, Wismar, Stralsund), die Hochseefischerei und Fischverarbeitung (Rostock, Saßnitz, Barth), der Schiffbau (Warnemünde, Rostock, Wismar, Stralsund, Wolgast) mit seiner Zulieferindustrie sowie der Fremdenverkehr (Boltenhagen, Ostseebad Kühlungsborn, Heiligendamm, Warnemünde, Graal-Müritz, Prerow, Zingst, Binz, Sellin, Baabe, Göhren, Saßnitz, Zinnowitz, Bansin, Seebad Heringsdorf, Seebad Ahlbeck, Lubmin). Im mecklenburgischen Binnenland sind hervorzuheben die Landwirtschaft mit der verarbeitenden Lebensmittelindustrie (Stralsund, Greifswald, Güstrow, Schwerin, Bad Kleinen), der Landmaschinenbau, die Baustoffindustrie (Milmersdorf, Templin, Rethwisch, Ducherow), die chemische Industrie (Schwedt), die Energieerzeugung (Lubmin) sowie ebenfalls der Fremdenverkehr (Waren, Schwerin). Das Eisenbahnstreckennetz im nördlichen Teil der DDR ist weitmaschiger als in den mittleren bzw. südlichen Bezirken und weist viele Stichbahnen auf. Als Magistralen bzw. wichtige Hauptstrecken führen durch dieses Gebiet: (Berlin) – Neustrelitz – Stralsund – Saßnitz Hafen und Neustrelitz – Rostock – Warnemünde, (Berlin) – Eberswalde – Greifswald – Stralsund, (Leipzig – Magdeburg) – Wittenberge – Schwerin – Wismar – Rostock – Warnemünde, (Berlin) – Wittenberge – Schwanheide – (Hamburg/BRD), Saßnitz Hafen – Stralsund – Rostock – Herrnburg – (Lübeck/BRD).

Innerhalb des Eisenbahnstreckennetzes der DDR haben diese Linien als Verbindungsstrecken zwischen dem Süden und dem Norden große Bedeutung im Güterverkehr für Frachtenzüge in Süd-Nord-Richtung und umgekehrt für Transitgüterzüge zwischen Nordeuropa einerseits und West-, Süd- sowie Osteuropa andererseits; im Reiseverkehr für internationale Reisezüge und für Regelzüge sowie für Sonderzüge des Ferienverkehrs.

Von besonderer Bedeutung im Eisenbahntransport sind die internationalen Eisenbahnfährverbindungen Warnemünde – Gedser (Dänemark), Saßnitz Hafen – Trelleborg (Schweden) und Mukran – Klaipeda (UdSSR). Die wichtigsten Eisenbahnknoten in den Bezirken Rostock, Schwerin und Neubrandenburg sind Rostock und Stralsund. Mit Abstand zu ihnen folgen Bad Kleinen, Schwerin (Meckl), Wittenberge, Güstrow, Neubrandenburg, Pasewalk, Prenzlau und Angermünde.

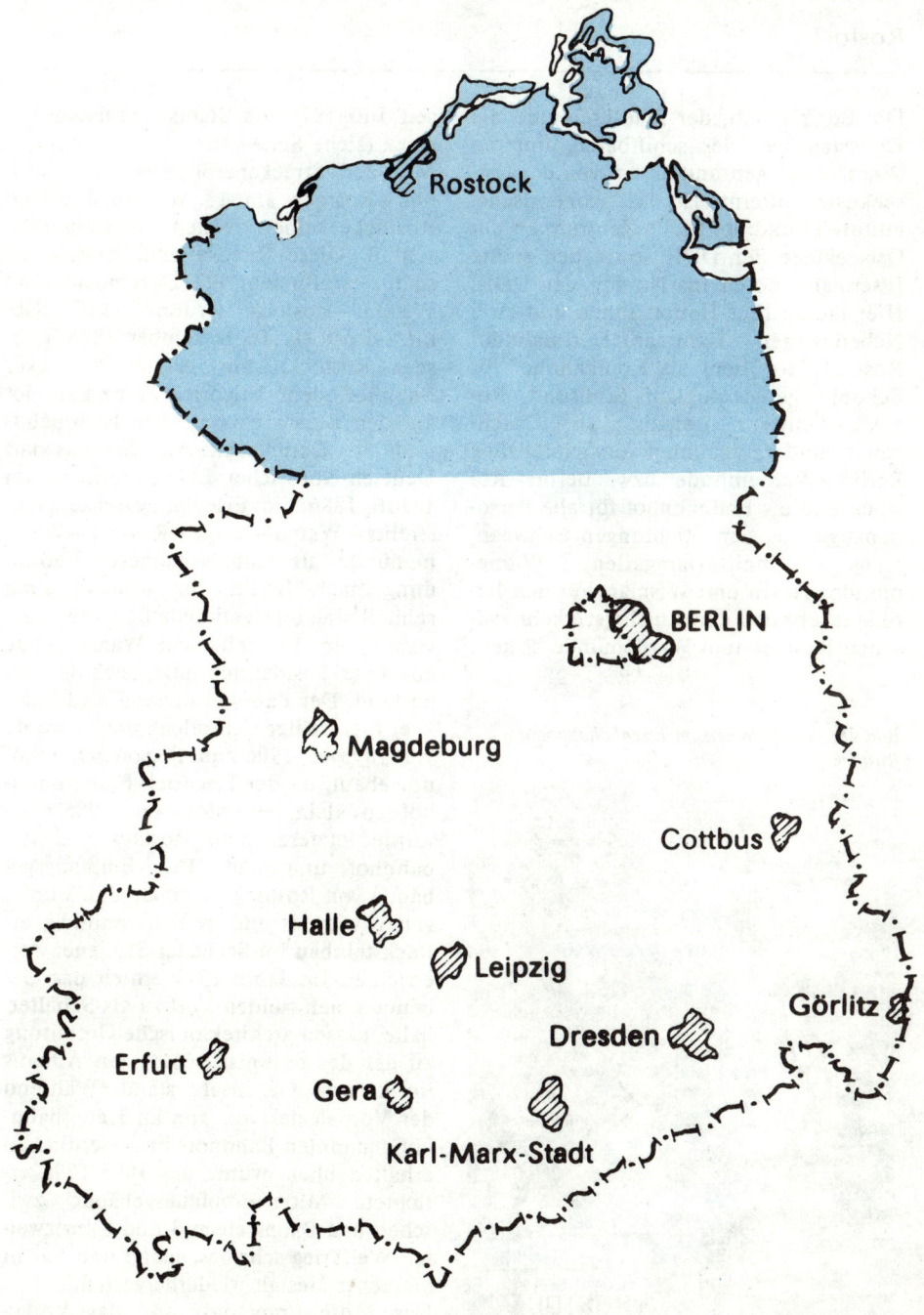

Bild 27   Rostock, Ostseeküste und mecklenburgisches Binnenland

Rostock

Die Bezirksstadt, der Stadtkreis und die Kreisstadt, an der schiffbaren, unteren Warnow gelegen und 12 km von der Ostseeküste entfernt, ist das ökonomische, kulturelle und politische Zentrum an der Ostseeküste der DDR sowie der größte Eisenbahnknoten im Norden der DDR. Hier laufen fünf Hauptbahnen und zwei Nebenbahnen zusammen. Der Bahnhof Rostock Hbf dient als Kopfbahnhof für Schnellzüge des Zuglaufs Stralsund – Rostock – Schwerin – Leipzig, als Durchgangs- und Endbahnhof für Schnellzüge Berlin – Warnemünde bzw. Berlin – Rostock und als Endbahnhof für alle Personenzüge aus den Richtungen Schwaan, Laage, Ribnitz-Damgarten, Warnemünde, Tessin und Wismar. Für den Berufsverkehr und den Ausflugsverkehr zwischen Rostock und Warnemünde besteht

seit Juli 1970 die Stadtschnellbahn Rostock (siehe Seite 63).

Mit der Streckeneröffnung Bad Kleinen – Rostock am 13. Mai 1850 erhielt Rostock seinen ersten Eisenbahnanschluß. Diese Strecke endete, wie alle später eröffneten (22. Dezember 1883 Wismar – Rostock, 1. Juni 1889 Ribnitz – Rostock, 16. Dezember 1895 Tribsees – Rostock), im ersten Rostocker Bahnhof, dem Friedrich-Franz-Bahnhof auf den Bleicherwiesen. Die Eisenbahn- und Dampfschiff-Aktiengesellschaft Deutsch-Nordischer Lloyd eröffnete am 1. Juli 1886 die Eisenbahnstrecke Neustrelitz – Waren – Laage – Rostock – Warnemünde als damals kürzeste Verbindung nach Berlin, die deshalb auch schnell eine internationale Bedeutung gewann, zumal bereits von Warnemünde aus eine Postdampferlinie nach Gedser bestand. Der Bahnhof dieser Lloyd-Bahn – er hieß später Centralbahnhof – wurde von 1893 bis 1906 zum Personenbahnhof umgebaut, da der Friedrich-Franz-Bahnhof zu klein geworden war. 1905/1906 wurde letzterer zum Rostocker Güterbahnhof umgebaut. Das Empfangsgebäude von Rostock Lloydbahnhof wurde, genau wie das alte in Warnemünde, als Backsteinbau im Seebäder-Stil jener Zeit errichtet. Im Jahre 1913 erhielt das Gebäude einen runden Vorbau als Schalterhalle, dessen architektonische Gestaltung zu der des teilweise verdeckten Altbaus im krassen Gegensatz stand. Während der Vorbau des von nun an Hauptbahnhof genannten Bahnhofs im wesentlichen erhalten blieb, wurde das 1895/1896 errichtete Mittel-Empfangsgebäude zwischen den Bahnsteigen 3 und 8 im zweiten Weltkrieg sehr beschädigt und nur in einfacher Gestalt wiederhergestellt. Das Mittel-Empfangs- und das Vorgebäude haben somit durch Kriegsschäden und deren Beseitigung nicht mehr ihr ur-

Bild 28   Die Strecken im Eisenbahnknoten Rostock.

sprüngliches Aussehen. Das heutige Bahnbetriebswerk am Dahlwitzhofer Weg zwischen den ursprünglich getrennten Ein- und Ausfahrgleisen in Richtung Schwaan wurde von 1922 bis 1924 gebaut.

Größte Bauvorhaben seit 1945 in Rostock Hbf waren in den Jahren 1968/1969 eine Gleisfeldrekonstruktion und der Bau eines zentralen Gleisbildstellwerks, das am 7. Oktober 1969 in Betrieb genommen wurde. Das neuzeitliche Stellwerksgebäude steht bei Einfahrt in den Bahnhof Rostock Hbf aus Richtung Stralsund, Berlin und Güstrow linker Hand kurz vor der Fußgängerbrücke über das Bahnhofsgelände.

Seit 18. Mai 1985 ist Rostock an das elektrifizierte Streckennetz der Deutschen Reichsbahn angeschlossen.

Mit dem Bau des Überseehafens entstand auf dem Gelände des Hafens die der Deutschen Reichsbahn unterstehende und nur dem Güterverkehr dienende Hafenbahn. Diese Eisenbahnanlage erstreckt sich über eine Länge von 7 km und verfügt über 108 km Gleise sowie

720 Weichen. Sie wird auf mehr als 50 Gleisen in der Richtungs-, Ordnungs- und Ausfahrgruppe von einem Befehlsstellwerk und sechs Rangierstellwerken bedient. Die Hafengleise führen zu 21 Schiffsliege- und Umschlagplätzen sowie zum Ölhafen. Da die DR gegenüber den anderen Verkehrsträgern mit etwa 96 Prozent Anteil am Abtransport der Güter aus dem Seehafen Rostock den Hauptanteil bewältigt, müssen die nach Süden führenden Eisenbahnstrecken eine hohe Durchlaßfähigkeit haben. Die beim Bau des Überseehafens vorhandenen Strecken waren den zu erwartenden Güterströmen nicht gewachsen. Deshalb wurde unter der Voraussetzung, daß die Güter über die Rangierbahnhöfe im Berliner Eisenbahnknoten ab- bzw. auch zugefahren werden, die Strecke Rostock Überseehafen – Plaaz – Lalendorf – Waren – Neustrelitz – Berliner Außenring als Magistrale neu- bzw. ausgebaut, so daß auf ihr eine Höchstgeschwindigkeit von 120 km/h gefahren werden kann.

Vor dem Empfangsgebäude des Hauptbahnhofs fahren die Straßenbahnlinien 11 zum Stadtteil Stadtweide und 12 zum Stadtteil Rostock-Marienehe ab. Die Rostocker Straßenbahn (1440 mm Spurweite) blickte im Jahre 1981 auf ihr

Bild 29   Empfangsgebäude des Bahnhofs Rostock Hbf.   *Foto: Kirsche*

100jähriges Jubiläum zurück: Am 16. Oktober 1881 fuhren nach Gründung der „Mecklenburgischen Straßen-Eisenbahn-Actien-Gesellschaft" erstmals von Pferden gezogene Straßenbahnwagen auf einer Haupt- und zwei Nebenlinien – damals noch in 1000 mm Spurweite – durch die Stadt. Zu Pfingsten, am 23. Mai 1904, rollte dann die erste elektrische Straßenbahn der Rostocker Straßenbahn AG auf drei Linien (weiße, rote und grüne Linie), wobei am 22. Mai 1904 die Pferdebahn stillgelegt worden war. Heute weist das Rostocker Straßenbahn-Liniennetz zwei Linien mit insgesamt 14,5 km Länge auf. Ältester noch erhaltener Straßenbahnwagen ist der Triebwagen Tw 26, der 1927 von der Waggonfabrik Wismar gebaut wurde, bis etwa 1967 eingesetzt war. Bis 1976 diente er als Arbeitswagen Nr. 432. Seit 1981 gilt er als erhaltungswürdiger, historischer Triebwagen.

Historische Einzelheiten über die Entwicklung des Eisenbahnwesens in und um Rostock sind im Schiffahrtsmuseum Rostock, 2500 Rostock, August-Bebel-Straße 1, zu erfahren (Telefon 2 26 79).

Die Öffnungszeiten: täglich von 9 bis 17 Uhr, freitags geschlossen (außer im Juli und August). Das Museum informiert im Ausstellungsbereich „Seeverkehrswirtschaft der DDR" vor allem über den Eisenbahnfährverkehr der DR anhand von Schautafeln, Karten und Fotos (Fährhäfen und Fährschiffe der DR) und zeigt das Modell des Eisenbahnfährschiffs *SASSNITZ* im Maßstab 1:100.

Rostock verfügt entsprechend dem hohen Anteil am Güterverkehr durch den Seehafen Rostock, durch das Fischkombinat Rostock-Marienehe und die Industrie über zahlreiche Rangierbahnhöfe. Der Bahnhof Rostock Gbf liegt sehr ungünstig im Siedlungskörper der Stadt, so daß eine Erweiterung der Anlagen nicht möglich ist.

13 km vom Rostocker Hauptbahnhof entfernt befindet sich der Bahnhof Warnemünde, Grenzbahnhof für den Reise- und Güterverkehr nach und von Dänemark, als Fährbahnhof Ausgangs- und

Bild 30   Tw 26 der Rostocker Straßenbahn.
Foto: Kramer

Endpunkt der Eisenbahnfährverbindung Warnemünde – Gedser (siehe Seite 69). An der Nebenbahn Rostock – Wismar, 16 km von Rostock entfernt, liegt die Kreisstadt Bad Doberan, Ausgangspunkt der unter Denkmalschutz stehenden Schmalspurbahn Bad Doberan – Ostseebad Kühlungsborn West (siehe Seite 64).

S-Bahn Rostock – Warnemünde

Die Rostocker S-Bahn zwischen Rostock Hbf und dem Bahnhof Warnemünde wurde am 12. Juli 1970 eröffnet. Ihren Ursprung hat sie in den 30er Jahren, als zwischen Rostock und dem 13 km entfernten Warnemünde ein verdichteter Vorortverkehr mit dampfbetriebenen Zügen eingerichtet worden war. Neben der dichteren Zugfolge gab es seinerzeit auch verbilligte Tagesrückfahrkarten.
Mit dem Aufbau neuer Industriegebiete bzw. Erweiterung vorhandener Anlagen (z. B. Warnowwerft in Warnemünde, Dieselmotorenwerk Rostock, Fischkombinat Rostock-Marienehe) und dem Bau neuer Stadtteile (Lütten Klein) nahm der Verkehr auf der Strecke Rostock – Warnemünde zu, so daß Ende der 60er Jahre der Beschluß gefaßt wurde, den S-Bahn-Verkehr einzuführen. Das erforderte einen zweigleisigen Ausbau der Strecke sowie ihre Heranführung an Lütten Klein. Bis zum Beginn der ersten Ausbaustufe 1969 war lediglich der Abschnitt Rostock Hbf – Rostock-Bramow zweigleisig. Bis 1970 wurde eine neue eingleisige Trasse bis Lütten Klein Süd gebaut. Mit Eröffnung der S-Bahn am 12. Juli 1970 befuhr ein Teil der S-Bahn-Züge wie bisher die Strecke Rostock Hbf – Warnemünde, während andere Züge auf der Strecke Rostock Hbf – Lütten Klein Süd verkehrten. Die zweite Ausbaustufe begann 1972. Das alte eingleisige Streckengleis zwischen Evershagen und Warnemünde Werft wurde aufgelassen, der Abschnitt Bramow – Lütten Klein Süd zweigleisig ausgebaut und von Lütten Klein Süd über den neuen Haltepunkt Lichtenhagen bis Warnemünde Werft eine neue zweigleisige Strecke errichtet, so daß die 13,4 km lange Gesamtstrecke seit Herbst 1974 von den S-Bahn-Zügen und von den Zügen des Fernverkehrs benutzt wird. Das alte Streckengleis Evershagen – Warnemünde Werft wurde abgebaut. Beim Streckenbau ist berücksichtigt worden, daß später ein drittes Gleis für Schnell- bzw. Güterzüge zur Trennung vom S-Bahn-Verkehr gelegt werden kann. Die S-Bahn-Züge benötigen für die Strecke Rostock Hbf – Warnemünde 26 Minuten. Das entspricht, bei einem mittleren Stationsabstand von 1,7 km, einer Reisegeschwindigkeit von 28 km/h.
Die S-Bahn-Züge wurden seit dem 28. September 1974 einheitlich aus Dieselloks der BR 118 und zwei Doppelstockeinheiten DB 13 gebildet. Bei einer Zugfolgezeit von zehn Minuten im Berufsverkehr wurden neun Wagenzüge (18 DB 13) eingesetzt. Die im Stadtbahnverkehr fahrenden Wendezugeinheiten belegen auch die Strecke Rostock Hbf – Rostock Seehafen Nord. Sie verkehren dann durchgehend zwischen Warnemünde und dem Seehafen mit nur wenigen Minuten Aufenthalt in Rostock Hbf. Auf dem Abschnitt zum Seehafen Rostock gilt jedoch der Normaltarif. Im Jahre 1982 wurde der Berufsverkehr zwischen Rostock Hbf und Poppendorf (neues Düngemittelkombinat) aufgenommen, zu dem auch die S-Bahn-Züge durchlaufen. Nach der Elektrifizierung der Strecke Berlin – Rostock – Warnemünde/Rostock Seehafen besteht auch elektrischer S-Bahn-Betrieb zwischen Warnemünde und Rostock Seehafen Nord, welcher wiederum erhebliche Vorteile für den gesamten Betriebsablauf wie auch für die Reisenden mit sich bringt.

Bad Doberan – Ostseebad Kühlungsborn West   DR-Kursbuch-Strecke 785

Die einzige in der DDR existierende öffentliche 900-mm-Schmalspurbahn ist die Strecke Bad Doberan – Ostseebad Kühlungsborn West mit einer Streckenlänge von 15,4 km. Diese Bahnlinie – seit dem Jahre 1886 bestehend – wird im Volksmund liebevoll „Molli" genannt. Sie hat ihren Ausgangspunkt in der Kreisstadt Bad Doberan, einem Sanatoriums- und Urlauberort, der über die Grenzen der DDR hinaus durch das 1295 bis 1368 im gotischen Backsteinstil erbaute Doberaner Münster und Reste des ehemaligen Zisterzienserklosters bekannt geworden ist. Die Stadt liegt an der 1883 eröffneten Eisenbahnstrecke Wismar – Rostock. Obwohl die Wirtschaftsstruktur des Einzugsbereichs der Schmalspurbahn außer dem Erholungswesen, das für die Bahn von größter Bedeutung ist, auch die Wirtschaftszweige Industrie sowie Land- und Forstwirtschaft umfaßt, so sind doch die aufwendigen Umladearbeiten in Bad Doberan und die wegen der engen Straßen nicht mögliche Aufnahme eines Rollwagenverkehrs die Hauptursachen für die Einstellung des Güterverkehrs ab 1. Juni 1969 gewesen. Seitdem dient die Bahn ausschließlich dem Personenverkehr.

Außer dem bereits erwähnten Erholungswesen (Urlauber und Kurgäste in Kühlungsborn und Heiligendamm, Naherholung aus Rostock und Umgebung, Ausflugsfahrten der Feriengäste) sind der Berufsverkehr (Pendler nach Rostock), der Schülerverkehr (nach Bad Doberan), die Einkaufsfahrten der ansässigen Bürger und die Sonderfahrten von Eisenbahnfreunden aus der DDR und aus dem Ausland insgesamt so umfangreich, daß sich das für eine Schmalspurbahn besonders bedeutende Kennzeichen eines ganzjährig vollausgelasteten Betriebes ergibt. Beweis dafür ist, daß sowohl im Sommer- als auch im Winterfahrplan 13 Zugpaare täglich verkehren.

Obwohl die Unterhaltung dieser mit Dampflokomotiven betriebenen Schmalspurbahn sehr aufwendig ist, hat das Ministerium für Verkehrswesen der DDR festgelegt, daß der „Molli" zu den acht in der DDR zu erhaltenden Schmalspurbahnen gehört. Seit 1976 steht sie durch einen Beschluß des Rates des Bezirks Rostock unter Denkmalschutz. Es wird sich zwar nicht vermeiden lassen, daß der ausschließliche Dampfbetrieb eines Tages auch hier zu Ende geht, und auch die Neubeschaffung von Reisezugwagen wird notwendig sein – doch ein Traditionszug wird erhalten bleiben. Er wird aus einer Dampflok der Baureihe 99^{32} (99 2321-0 oder 99 2323-6) – 1932 von Orenstein & Koppel geliefert – und aus fünf alten Personenwagen bestehen, die in einen möglichst originalgetreuen Zustand versetzt werden.

Zum 100jährigen Streckenjubiläum im Jahre 1986 war auch an die Errichtung eines Traditionsbereichs auf dem ehemaligen Gelände des Bahnhofs Kühlungsborn Ost sowie an die Erhaltung drei weiterer Wagen gedacht, so des GGbw 98-01-56, ex Nr. 120 und OOhw 98-03-04, ex Nr. 204, beide 1922 von der Waggonfabrik Hannover geliefert, sowie des Ghw 98-84-01, ex Nr. 31, 1886 von der Waggonfabrik Herbrand hergestellt.

Der Denkmalschutz erstreckt sich auf weitere Bereiche und Objekte, zum Beispiel auf die äußere Gestaltung und die Fahrkartenschalterhallen der Bahnhofsgebäude Bad Doberan, Heiligendamm, Kühlungsborn Ost, Kühlungsborn West sowie auf den Güterschuppen Bahnhof Kühlungsborn Ost, außerdem auf den Lokomotivschuppen mit Werkstatt im Bahnhof Kühlungsborn West und auf die Fernmeldefreileitungsanlagen zwischen den Bahnhöfen Kühlungsborn Ost und West. In diesem Traditionsbereich wird der Besucher weit mehr Information zur

Bild 31   Strecke Bad Doberan – Ostseebad Küh-lungsborn West.

Geschichte dieser Schmalspurbahn erfahren können als hier wiederzugeben sind. Die Doberan-Heiligendammer Eisenbahn (DHE) begann am 19. Juli 1886 ihren Betrieb auf der nur in zehn Wochen Bauzeit vom Eisenbahnbau- und Betriebsunternehmer Lenz & Co. aus Stettin errichteten Strecke von 6,61 km Länge. Die Bahn stand in Betriebspacht der Wismar-Rostocker Eisenbahn-Actiengesellschaft. Sie begann mit der vordergründigen Aufgabe, Bäderbahn zu sein, die Entwicklung des Territoriums zu beeinflussen. Der Betrieb lief zunächst während der Saison vom 1. Juni bis 30. September, und zwar mit zwei Trambahnlokomotiven, einem Gepäckwagen und acht Personenwagen. Mit dieser Bahnverbindung wuchs Heiligendamm, das erste deutsche Seebad, 1793 gegründet, zu einem bedeutungsvollen Ortsteil von Doberan heran. Der durch das Bürgertum in Mode gekommene Badebetrieb erfaßte auch bald die Orte Ful-

gen, Brunshaupten und Arendsee. Droschken reichten hier nicht mehr aus, und die im Jahre 1890 von der Großherzoglichen Regierung Mecklenburg-Schwerin verstaatlichte und der Generaldirektion der Mecklenburgischen Friedrich-Franz-Eisenbahn unterstellte Bahn erhielt eine Verlängerung. Am 12. Mai 1910 wurde die Strecke mit einer Gesamtlänge von 15,4 km bis Arendsee in Betrieb genommen, wobei sie nun auch dem Güterverkehr diente.

Die Jahre nach dem ersten Weltkrieg brachten zum Teil steigende Leistungen, so daß man auf eine Umstellung auf Regelspur dachte. In den Jahren der Krise gab es auch empfindliche Rückschläge.

Im Jahr 1938 wurden die Orte Fulgen Brunshaupten und Arendsee zum Ostseebad Kühlungsborn zusammengeschlossen und als Stadtgemeinde geführt, so daß sich damit auch der jetzige Name des Endbahnhofs der Strecke ergab.

Eine große Zeit erlebte die Schmalspurbahn noch einmal, als im Jahre 1951 auf Initiative der Reichsbahndirektion Schwerin eine Ausbildungsbasis für die nichttechnischen Berufe bei der Deut-

	99 2321 bis 99 2323	99 2331 und 99 2332
Bauart	1'D1'h2t	D h2t
Gattung	K 46.8	K 44.8
Baujahr	ab 1932	ab 1951
Hersteller	Orenstein & Koppel	LKM Babelsberg
Fabrik-Nr.	12 400 bis 12 402	30 011 und 30 013
Höchstgeschwindigkeit (km/h)	50	35
Zylinderdurchmesser (mm)	380	370
Kolbenhub (mm)	550	400
Steuerungsart	Heusinger	Heusinger
Rostfläche (m²)	1,62	1,6
Heizfläche (m²)	61	42,9
Überhitzerheizfläche (m²)	30,6	18
Wasserkasteninhalt (m³)	4,25	3,4
Kohlenkasteninhalt (t)	1,7	2,2
Treibraddurchmesser (mm)	1 100	800
Laufraddurchmesser (mm)	550	–
Achsstand (mm)	8 075	3 000
Länge über Puffer (mm)	10 595	8 860
Dienstmasse (t)	43,8	32,5
Höchstleistung (kW)	330	175

Bild 32 Schmalspurdampflokomotive 99 2323-6.   Foto: Spranger

Tabelle 12   Technische Daten der Schmalspurdampflokomotiven des „Molli"

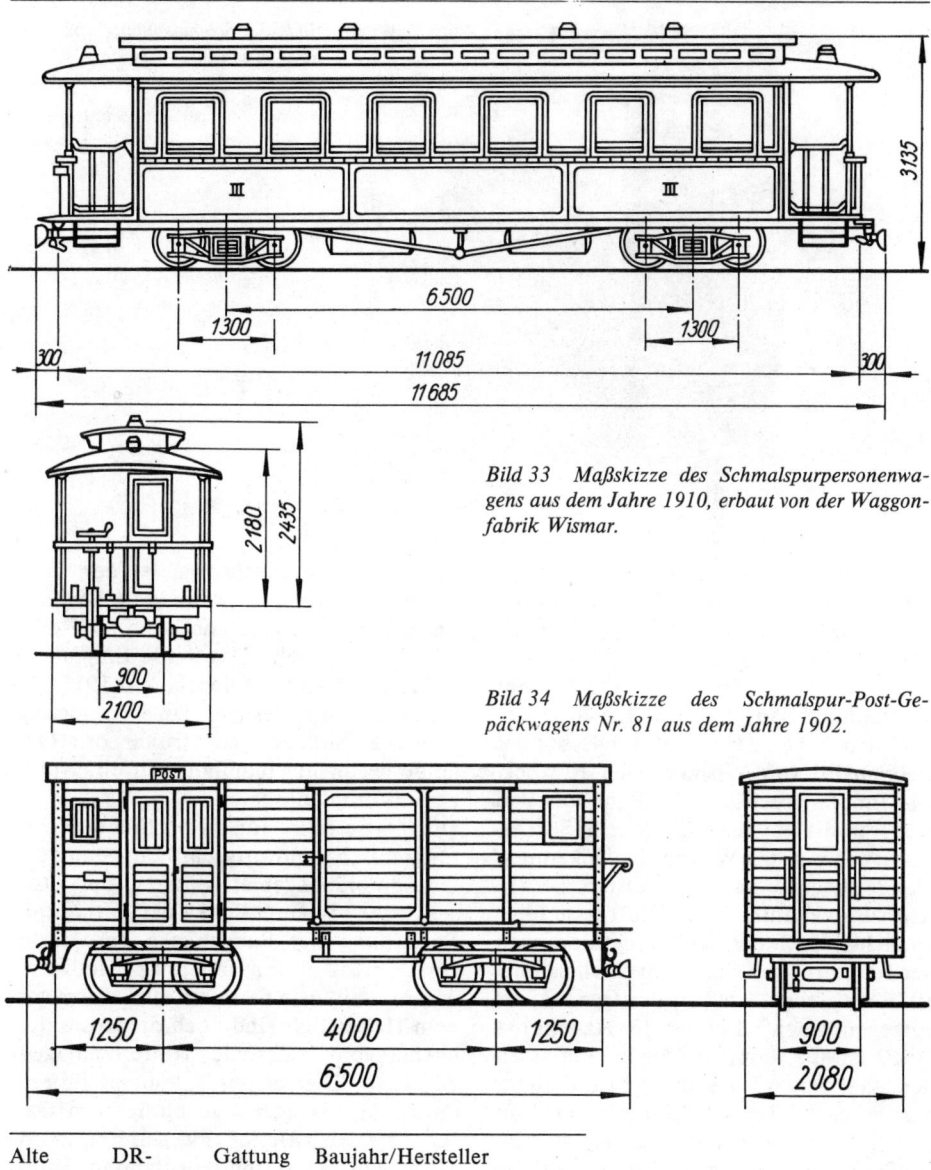

Bild 33 Maßskizze des Schmalspurpersonenwagens aus dem Jahre 1910, erbaut von der Waggonfabrik Wismar.

Bild 34 Maßskizze des Schmalspur-Post-Gepäckwagens Nr. 81 aus dem Jahre 1902.

Alte Wagennummer	DR-Wagennummer	Gattung	Baujahr/Hersteller
81	996-001	KD (Pw Post)	1902/Herbrandt Köln
31	990-001	KB (KB)	1926/Waggonfabrik Wismar
17	990-203	KB (KC)	1914/Waggonfabrik Wismar
24	990-302	PBitr (KCitr)	1923/Waggonfabrik Wismar
29	990-307	KB (KC)	1925/Waggonfabrik Wismar

Tabelle 13 Für den Traditionszug Bad Doberan – Ostseebad Kühlungsborn West vorgesehene Personenwagen.

Bild 35   Schmalspurzug in den Straßen von Bad Doberan.

Foto: Spranger

schen Reichsbahn geschaffen wurde und die Bahn bis 1956 als Lehrstrecke für die Ausbildung von Betriebs- und Verkehrseisenbahnern diente.

Die Strecke der Schmalspurbahn beginnt im Bahnhof Bad Doberan (km 40,7) unmittelbar neben den Regelspurgleisen der Nebenbahn von Wismar nach Rostock. Das Empfangsgebäude des Bahnhofs Bad Doberan ist in klassizistischem Stil erbaut, was auf das Wirken des bekannten klassizistischen Landbaumeisters SEVERIN zurückzuführen ist. Die Trasse führt zunächst durch das Stadtgebiet und nach der Kreuzung mit der Fernverkehrsstraße 105 durch enge Straßen, der Ostseeküste entgegen. Nach 1,1 km ist der Haltepunkt Goethestraße erreicht. Nach Verlassen der Stadt verläuft die Strecke parallel zur Straße nach Heiligendamm, einer Lindenallee, die sehr stark an den Dampfstraßenbahnbetrieb zur Gründerzeit der Bahn erinnert. In der Ferne ist die „Kühlung" zu erkennen, eine eiszeitliche Endmoräne mit ausgedehnten Waldungen und dem Dietrichshäger Berg, der mit 128 m über NN die höchste Erhebung in der umliegenden Landschaft ist. Rechts der Bahnstrecke liegt der „Große Wohld", ein Landschaftsschutzgebiet mit altem Baumbestand, an ihn schließt sich nord-

östlich das Naturschutzgebiet der Conventer Niederung an. Beim km 6,5 ist der im Buchenwald gelegene Bahnhof Heiligendamm erreicht. Das weiße Empfangsgebäude stammt aus den Jahren 1911/12. Der kleine unbefestigte, am Ortseingang liegende Parkplatz war früher das Gelände des ersten Bahnhofs mit einer hölzernen Empfangshalle.

Die Trasse führt nun in westlicher Richtung durch landwirtschaftlich genutztes Grundmoränengebiet, entlang der Ostseeküste, bis zum Punkt der geringsten Entfernung der Bahnstrecke zur Küste von nur 250 m am Haltepunkt Heiligendamm Steilküste beim km 10,2. Kurz vor dem Haltepunkt sind noch die Reste der ehemaligen Ladestelle Hinterbollhagen zu sehen. Die letzten Kilometer führen durch das Ostseebad Kühlungsborn Ost (km 12,7), den Haltepunkt Kühlungsborn Mitte (km 13,05) und den Bahnhof Kühlungsborn West als Endpunkt der Strecke (km 15,43), dessen Empfangsgebäude 1927 den Klinker-Anbau erhielt und der dem heutigen Empfangsgebäude einen imposanten Eindruck verleiht.

Die stärkste Neigung auf der Strecke beträgt 16,6 ‰ (1:60), der kleinste Halbmesser 100 m. Als Höchstgeschwindigkeiten sind zugelassen: auf freier Strecke

40 km/h, durch Bad Doberan 10 km/h, an übersichtlichen Wegübergängen 15 km/h. Die Zugkreuzungen finden heute generell in Heiligendamm statt. Die Haltepunkte werden durch das Signal So 9 angekündigt. Einfahrsignale stehen in Bad Doberan, Heiligendamm, Kühlungsborn Ost und Kühlungsborn West; Ausfahrsignale gibt es nicht.
Lokschuppen befinden sich in Bad Doberan (einständig für Schmalspur mit Regelspur kombiniert) und in Kühlungsborn West (vierständig).
Wagenhallen sind ebenfalls in Bad Doberan und in Kühlungsborn West zu finden.

Bild 36   Empfangsgebäude des Bahnhofs Ostseebad Kühlungsborn West.   Foto: Spranger

Eisenbahnfährverbindung Warnemünde – Gedser

Fährt man mit der S-Bahn Rostock Hbf – Warnemünde in den Bahnhof Warnemünde ein, liegt links von den Gleisen das Empfangsgebäude, von dem aus man auf einer Brücke über den Alten Strom in den Ortsteil Warnemünde gelangt. Von der Warnemünder Mole aus läßt sich sehr gut das Ein- und Auslaufen der Eisenbahnfährschiffe aus dem Fährhafen Warnemünde beobachten (die Uhrzeiten sind den Segelplänen – im internationalen Kursbuch der DR veröffentlicht – zu entnehmen).
Der Fährhafen selbst besteht aus zwei Fährbetten und den zugehörigen technischen Einrichtungen der Fährbrückenanlagen. Als Eisenbahnfährschiff ist auf dieser Route ständig die *WARNEMÜNDE* der Deutschen Reichsbahn im Einsatz, von den Dänischen Staatsbahnen die *KONG FREDERIK IX.* Die 47 km lange Fährstrecke Warnemünde – Gedser stellt

die optimale Verbindung zwischen Nord- und Südeuropa her. Dieser Vorteil kommt im Reiseverkehr den beiden internationalen Schnellzugpaaren *Neptun* und *Ostsee-Expreß* zugute, die über die beschriebene Fährroute trajektiert werden. Im Güterverkehr, der seit Bestehen der Fährroute den größten Leistungsanteil hat, ermöglicht die Fährverbindung besonders für die Transitgüterzüge schnelle und günstige Verbindungen zwischen Nordeuropa einerseits und West-, Süd- und Osteuropa andererseits, z. B. für den TEEM 412 zwischen Budapest und København über Seddin, der eine direkte schnelle Verbindung zwischen Südeuropa und Dänemark herstellt. Der Bahnhof Warnemünde bietet aus diesen Gründen immer ein buntes Bild; Güterwagen fast aller europäischen Eisenbahnen sind zu sehen, beladen mit den verschiedensten Gütern. Die gut ausgebauten Eisenbahnverbindungen auf dänischer Seite und auf DDR-Territorium zu beiden Fährhäfen und die kurze Seestrecke sind für die progressive Entwicklung der Güterverkehrsleistungen auf dieser Fährverbindung ausschlaggebend.

Zur Einrichtung dieser Eisenbahnfährverbindung war es gekommen, nachdem Warnemünde 1886 durch die Eröffnung der Lloyd-Bahn Warnemünde – Rostock – Neustrelitz – Berlin Eisenbahnanschluß erhalten hatte. Neben der seit 1873 zwischen Rostock und Nykøbing bestehenden Postdampferlinie (Schraubendampfer) wurde nun eine zweite direkte Postdampferlinie von Warnemünde nach Gedser (Raddampfer) ebenfalls 1886 eingerichtet. 10 Jahre später vereinbarten das Königreich Dänemark und das damalige Deutsche Reich die Umwandlung der Postdampferlinie in eine Eisenbahnfährverbindung, so daß im Jahre 1900 mit den Bauarbeiten für die Fähranlagen begonnen werden konnte. Die feierliche Eröffnung der Eisenbahnfährroute fand am 30. September 1903 statt; der planmäßige Verkehr begann am 1. Oktober 1903. Auf dieser Route verkehrten

Bild 37   Altes Empfangsgebäude in Warnemünde, im Zuge der Elektrifizierung zum Teil abgebrochen.   *Foto: Schultz*

*Bild 38   Eisenbahnfährschiff WARNEMÜNDE
der DR.*   *Foto: Eschenburg*

die deutschen Fährschiffe *FRIEDRICH FRANZ IV.* und *MECKLENBURG*, von dänischer Seite die *PRINZESSE ALEXANDRINE* und *PRINZ CHRISTIAN*. Im Jahre 1922 wurde die *PRINZESSE ALEXANDRINE* durch das neue Fährschiff *DANMARK* ersetzt. Die Deutschen Reichsbahn-Gesellschaft setzte ab 1926 das neue ölgefeuerte Dampfschiff *SCHWERIN* ein, das mit seiner Reisegeschwindigkeit von 15,5 Knoten (28 km/h) und angenehmem Komfort lange Zeit das modernste Fährschiff auf der Ostsee war. 1943 erhielt die *SCHWERIN* bei einer Werftrevision in Rostock einen Bombentreffer, brannte vollständig aus und wurde Ende der 50er Jahre verschrottet. Und im März 1945 lief die *DANMARK* in der Hafeneinfahrt Gedser auf eine Mine und sank. Am 1. Mai 1945 lief die *MECKLENBURG* zu ihrer letzten Fahrt aus; danach ruhte der Fährverkehr infolge der Kriegseinwirkungen. Die *DANMARK* wurde noch 1945 gehoben und repariert. Nach Wiederherstellung der Fähranlagen in Warnemünde befuhr sie ab 10. Mai 1947 wieder die Fährroute. Die ehemalige *MECKLENBURG* lief in den Jahren von 1950 bis 1953 zwischen Swinoujscie und Trelleborg als polnisches Eisenbahnfährschiff unter dem Namen *KOPERNIK*. 1958 wurde sie verschrottet.

Infolge der zunehmenden Anforderungen an die Fährroute war es notwendig geworden, ein neues Fährschiff der Deutschen Reichsbahn zu bauen. Nach 16monatiger Bauzeit befuhr am 26. Mai 1963 die *WARNEMÜNDE* erstmalig die Fährverbindung. Seit 1960 gibt es übrigens den *Neptun-Express*, der abwechselnd von der Dänischen Staatsbahn (DSB) mit Lyntog-Triebwagen und von der DR mit Triebwagen der Baureihen 182.0 bzw. 175.0 gefahren wurde. Zur besseren Ausnutzung der Fährschiffkapazitäten für Güterwagen werden ab Herbst 1977 anstelle des Triebwagens zwei D-Zug-Wagen trajektiert.

In der Regel ist heute nur das Fährschiff der DR *WARNEMÜNDE* auf dieser Route im Sommer im Einsatz (bis auf die Werftaufenthalte), im Winter und bei Bedarf waren auch die *KONG FREDERIK IX.* und die *DROTTNING INGRID* der DSB eingesetzt. Außer Eisenbahnwagen befördern die Fährschiffe auch Straßenfahrzeuge

(Pkw, Reisebusse und Ferntransporter des internationalen Güterverkehrs) über die Eisenbahnfährverbindung zwischen der DDR und dem Königreich Dänemark.

Stralsund

Der Stadtkreis und die Kreisstadt im Bezirk Rostock, am Westufer des Strelasunds – eines 2,5 km breiten Meeresarmes zwischen dem Festland und der Insel Rügen – gelegen, ist mit dem drittgrößten Hafen der DDR und seiner Industrie (Werft, Maschinenbau, Nahrungs- und Genußmittelindustrie, Möbelindustrie) sowie durch seine Lage als Tor zur Insel Rügen der zweitgrößte Eisenbahnknoten im Norden der DDR. In ihm laufen vier Hauptbahnstrecken zusammen, so daß der Bahnhof Stralsund einen starken Personen- und Güterverkehr aufweist. Der Bahnhof Stralsund liegt am km 240,8 – von der Richtung Greifswald aus – bzw. am km 222,6 der Strecke aus Richtung Neubrandenburg.

Interessant ist zu wissen, daß sich die Kilometrierung der letztgenannten Strecke über den Rügendamm hinweg in Richtung Saßnitz fortsetzt. Stralsund ist Endbahnhof bzw. Abgangsbahnhof für Schnellzüge von bzw. nach Berlin, für Schnellzüge von und nach Leipzig über Rostock – Schwerin – Magdeburg und für Personenzüge von und nach Saßnitz sowie Rostock. Um den Bahnhof Stralsund zu entlasten, fahren im Ferienreiseverkehr Schnellzüge aus dem Süden der DDR nur über den Bahnhof Stralsund Rügendamm nach der Insel Rügen und umgekehrt.

Im Güterverkehr ist Stralsund wichtiger Zugbildungsbahnhof für Güterzüge. Außerdem obliegt dem Bahnhof die Betriebsführung auf der Stralsunder Hafenbahn mit 25 Anschließern und Ladestellen.

Das Empfangsgebäude des Kopfbahnhofs Stralsund am Tribseer Damm wurde in den Jahren 1904/1905 nach dem Entwürfen des Architekten HEINRICH als Ersatz für einen Holzbau errichtet und erhielt eine repräsentative Eingangshalle. Die Wandbilder aus dem Jahre 1935 stammen von KLIEFERT. Im Jahre 1961 wurde die Empfangshalle modernisiert. Das Empfangsgebäude steht heute unter Denkmalschutz.

Von besonderer Bedeutung für die Entwicklung des Eisenbahnverkehrs im Raum Stralsund war der Bau des Rügendamms zum direkten Anschluß der Eisenbahnstrecken auf der Insel Rügen (und des Straßennetzes) an die des Festlands.

Für den Eisenbahnfreund und -touristen ist Stralsund Ausgangspunkt für die Fahrten zu der unter Denkmalschutz stehenden Schmalspurbahn Putbus – Göhren (Rügen) sowie zur Eisenbahnfährverbindung nach Schweden.

Bild 39   Die Strecken im Eisenbahnknoten Stralsund.

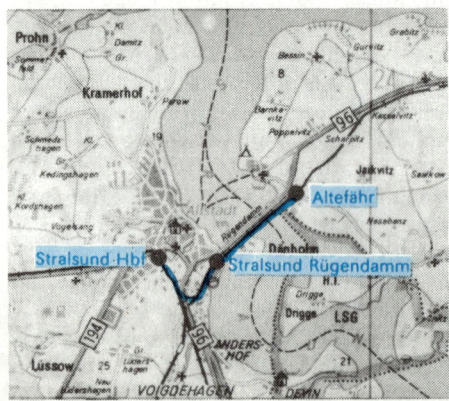

Rügendamm mit Ziegelgrabenbrücke

Der Rügendamm und mit ihm die Ziegelgrabenbrücke als Eisenbahn- (und Straßen-) Klappbrücke stellt im Streckennetz der Deutschen Reichsbahn eine Besonderheit dar. Bis zum Bau des Rügendamms – er begann 1933 – bestand zwischen Stralsund und Altefähr auf der Insel Rügen lediglich eine Eisenbahnfährverbindung von 2,5 km Länge über den Strelasund. Sie wurde im Jahre 1883 eingerichtet, nachdem der Streckenabschnitt Altefähr–Bergen im gleichen Jahre dem Betrieb übergeben worden war. Über diese Fährverbindung lief der gesamte Personen- und Güterverkehr nach der Insel Rügen, wobei als Eisenbahnfährschiff, bis zu ihrer Abgabe nach Wolgast im Jahre 1901, die *STRALSUND* eingesetzt war (siehe Seite 84). Auf der Fährverbindung nach Altefähr waren die Fährschiffe *RÜGEN, BERGEN* und *ALTEFÄHR* im Einsatz. Diese 83 m langen Fähren konnten bis zu drei D-Zug-Wagen aufnehmen. Das in Altefähr erhalten gebliebene Gebäude des ehemaligen Fährbahnhofs erinnert an die ehemalige Eisenbahn-Fährverbindung. Personenausflugsverkehr von Stralsund nach Altefähr besteht noch.

Die Notwendigkeit zum Bau des Rügendamms ergab sich durch den immer stärker gewordenen Güter- und Reiseverkehr in den Jahren nach 1920. Der Güterverkehr hatte sich durch den über die Eisenbahnfährverbindung nach Schweden führenden Transitverkehr stark ausgedehnt. Der Reiseverkehr hatte zugenommen, weil die Badeorte auf Rügen, vor allem Binz, Sellin, Baabe und Göhren, von sehr viel mehr Urlaubern besucht wurden. Der Bau eines Damms bot sich an, weil bei Stralsund die Insel Rügen nahe dem Festland liegt und weil an dieser Stelle zwischen Festland und der Insel Rügen die Insel Dänholm liegt, die sozusagen als „Stützpfeiler" verwendet werden konnte. Der insgesamt 2540 m lange Rügendamm ist kein durchgehender Erddamm, sondern in seinem Verlauf sind zwei Brücken als Flutöffnungen eingebaut: die Ziegelgrabenbrücke und die Sundbrücke.

Vom Bahnhof Stralsund Rügendamm aus fährt der Zug erst über die Ziegelgrabenbrücke, dann über die Insel Dänholm und über den Sunddamm, daraufhin über die 540 m lange Sundbrücke und zuletzt über einen Dammabschnitt auf der Insel Rügen.

Die Ziegelgrabenbrücke als erste Flutöffnung – den Ziegelgraben überbrückend – ist in ihrem mittleren Teil als Klapp- oder Zugbrücke (Waagebalkenbrücke) ausgebildet. Diese 28 m lange Klapp-

Bild 40   Teil des Rügendamms mit der Ziegelgrabenbrücke und der Stadt Stralsund im Hintergrund.
Foto: ADN/ZB

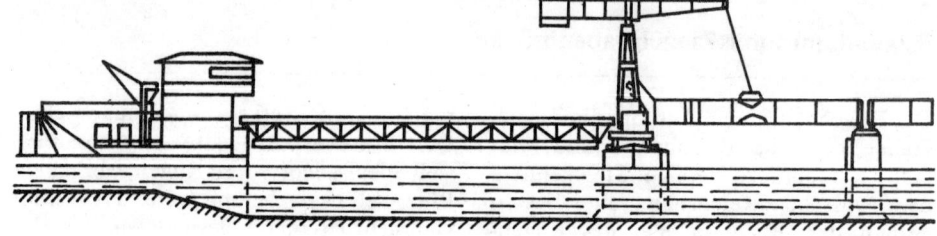

Bild 41   Schematische Darstellung der Klappbrücke im Verlauf des Rügendamms.

brücke wird in zwei Minuten zu den Brückenzeiten hochgeklappt, also für den Eisenbahn-, Kraftfahrzeug- und Fußgängerverkehr gesperrt, so daß die Schiffe die Durchfahrt passieren können. Die Sundbrücke als zweite Flutöffnung – aus zwei hintereinander liegenden Brückenzügen bestehend – überspannt den an dieser Stelle bis zu 12 m tiefen Strelasund.

Die beiden Flutöffnungen sind notwendig, um bei Wasserströmungen oder Flutwellen – besonders bei Stürmen aus westlicher oder östlicher Richtung – einen bei durchgehenden Erddämmen auftretenden Stau der Wassermassen zu verhindern, der zum einen den Damm selbst gefährden würde und zum anderen die niedrig gelegenen Bereiche am Hafen überfluten könnte.

Mit der Inbetriebnahme des Rügendammes am 8. Oktober 1936 fielen im Reiseverkehr das Umsteigen der Reisenden und Rangieren der Kurswagen und im Güterverkehr das Bilden und Auflösen der Wagenpuppen (zu „Fährgruppen" zusammengestellte Güterwagen) weg. Die Reisezeit bzw. Beförderungsdauer von Stralsund nach Saßnitz verkürzte sich um eine Stunde. Nachdem die Brücken am 1. Mai 1945 durch die damalige deutsche Wehrmacht noch gesprengt worden waren, konnte am 11. Oktober 1947 – nach der Wiederherstellung des Dammes – der Eisenbahnbetrieb wieder aufgenommen werden. Im Jahre 1961 wurden neue Brückenteile nach alten Konstruktionsunterlagen montiert.

Der Rügendamm gehört zu einer Eisenbahnstrecke, über die die internationalen Fernverbindungen von Skandinavien nach Mittel-, Süd-, West- und Südosteuropa sowie umgekehrt und zwischen der DDR und der UdSSR führen. Die große verkehrliche und betriebliche Bedeutung und seine baulich-technischen Merkmale kennzeichnen den Rügendamm als ein markantes Objekt für Eisenbahntouristen.

Putbus – Göhren (Rügen)   DR-Kursbuch-Strecke 956

Die einzige im Norden der DDR noch in Betrieb befindliche 750-mm-Schmalspurbahn verläuft von Putbus nach Göhren (Rügen) und verfügt über eine Streckenlänge von 24,2 km.

Diese Schmalspurbahn – in den Jahren 1895 bis 1899 gebaut – wird im Volksmund „Rasender Roland" genannt. Sie hat ihren Ausgangspunkt in Putbus auf Rügen, einer kleinen Stadt, bekannt durch ihren 75 ha großen, nach Plänen Wilhelm VON HUMBOLDTS angelegten Park und ein idyllisches, im klassizistischen Stil erbautes Theater.

Zwischen Bergen und Putbus passiert man am Haltepunkt Pastitz das unter

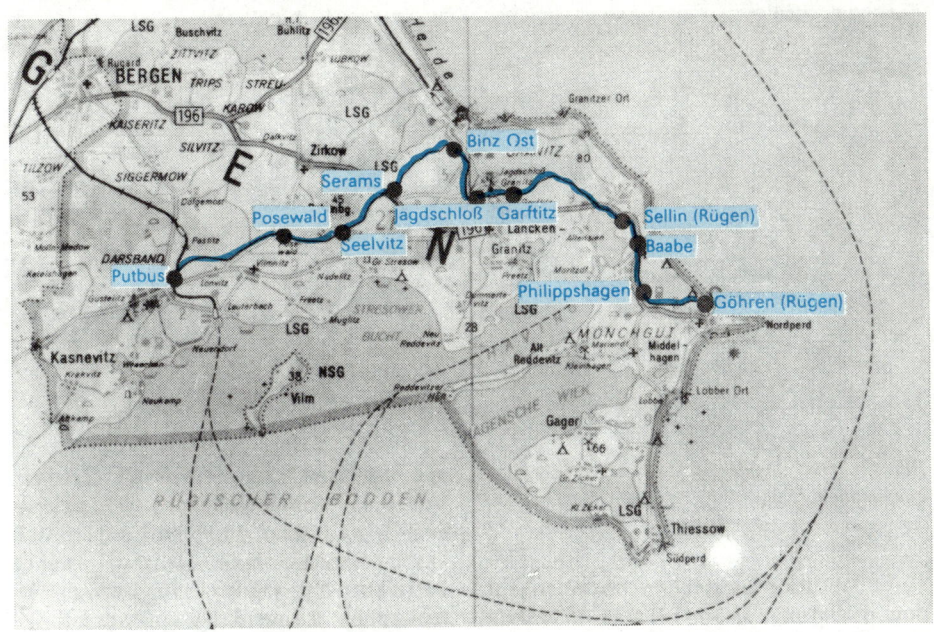

Denkmalschutz gestellte Gebäude, das wegen seiner Fachwerkausführung mit Laubsägeornamentik an der Veranda von historischem Wert ist.

Die Trasse der Schmalspurbahn führt durch eine der schönsten, reizvollsten Landschaften Rügens.

Die Struktur des Einzugsbereiches der Schmalspurbahn ist durch die Wirtschaftszweige Erholungswesen, Land- und Forstwirtschaft gekennzeichnet. Auf dem ersten Abschnitt von Putbus nach Binz Ost durchfährt die Bahn die für den Ackerbau und die Weidewirtschaft genutzen Flächen der landwirtschaftlichen Produktionsgenossenschaften, auf dem zweiten Abschnitt von Binz Ost bis Göhren (Rügen) die ausgedehnten Waldflächen der Granitz und der Baaber Heide, die dem Staatlichen Forstwirtschaftsbetrieb zur Pflege und Nutzung zugeordnet sind. Aber die Wirtschaftsstruktur hat längst keinen Einfluß mehr auf die verkehrsgeographische Bedeutung der Schmalspurbahn. Sie wird ausschließlich von den Seebädern Binz, Sellin, Baabe und Göh-

ren mit ihren Tausenden von Urlaubern und Kurgästen bestimmt. Da durchschnittlich in jedem Jahr etwa 700 000 Personen befördert werden müssen, verkehren im Sommerfahrplanabschnitt täglich sieben, im Winterfahrplanabschnitt täglich fünf Zugpaare.

Auch für den „Rasenden Roland" war nach Untersuchungen über die Wirtschaftlichkeit vorgesehen, im Jahre 1976 den Personenverkehr einzustellen, nachdem der Güterverkehr wegen des zu geringen Verkehrsaufkommens bereits am 11. Dezember 1967 und der Expreßgutverkehr 1975 eingestellt worden waren. Auf der Basis des 1975 erlassenen Gesetzes über die Denkmalpflege stellte der Rat des Bezirkes Rostock die Schmalspurbahn Putbus – Göhren (Rügen) jedoch als Objekt der Verkehrsgeschichte unter Denkmalschutz, so daß die Strecke eine der zu erhaltenden Schmalspurbahnen ist.

Für die Zukunft ist auch die Einrichtung

Bild 43   DMV-Sonderzug auf der Strecke Putbus – Göhren (Rügen).   Foto: R. Preuß

eines Traditionsbetriebes vorgesehen, für den die von Vulcan 1913/14 gelieferte Dampflok der Gattung K 44.6 (99 4633) zum Einsatz kommen wird. Der Traditionszug wird aus sieben Personenwagen bestehen. Der letzte noch auf Rügen befindliche zweiachsige Wagen (KCitr Nr. 971-210, Baujahr 1900) ist bereits zusammen mit zwei anderen Personenwagen (Nr. 970-771 und Nr. 970-151) und zwei Güterwagen (Nr. 97-42-41 und Nr. 97-49-15) im denkmalgeschützen Bereich des Bahnhofs Putbus aufgestellt. Der Traditionsbetrieb wird dann anschaulich das Fluidum einer Fahrt aus den Anfangszeiten der Schmalspurbahnen auf Rügen erlebbar machen, als die Rügenschen Kleinbahnen noch ein ganzes Netz umfaßten und auch den Norden der Insel befuhren. Nachdem nämlich im Jahre 1883 mit der Eröffnung der Strecke Altefähr – Bergen (1891 bis Saßnitz velängert) und der Nebenbahn Bergen – Putbus – Lauterbach die Eisenbahn auf Rügen Fuß gefaßt hatte, bildete sich bald ein Konsortium, das von den Vorteilen der Erschließung Rügens durch die Eisenbahn überzeugt war und die Firma Lenz & Co., Stettin, mit dem Bau und der Betriebsführung von Schmalspurbah-

nen auf der Insel beauftragte. Danach wurde auf den Streckenabschnitten Putbus – Binz (Länge 10,85 km) am 22. Juli 1895, Binz – Göhren (Rügen) (Länge 14,58 km) am 4. Juli 1896, Bergen – Altenkirchen (Länge 37,20 km) am 21. Dezember 1896 und Wieck – Forsthaus auf Bug (Länge 8 km) am 16. Dezember 1918 der Betrieb aufgenommen. Ab 1919 ging die Betriebsführung auf die Vereinigung Vorpommerscher Kleinbahnen G.m.b.H. über.

Am 1. Januar 1940 wurden dann die vorpommerschen Bahnen mit weiteren Privatbahnen zu den Pommerschen Landesbahnen zusammengeschlossen, und am 1. Januar 1950 kamen die Rügenschen Kleinbahnen (RüKB) in den Bestand der Deutschen Reichsbahn. Eine große Blütezeit für die Schmalspurbahnen auf Rügen begann Ende der 50er Jahre und dauerte bis etwa 1963/64. Mit der der Motorisierung in der Landwirtschaft und dem Zurückgehen der Güterverkehrsleistungen auf der Schiene wurde der Betrieb unwirtschaftlich, so daß einige Strecken etappenweise stillgelegt werden mußten (Altefähr – Putbus am 1. Dezember 1967, Bergen – Wittower Fähre für den Reiseverkehr am 1. Januar 1970, für den Güterverkehr am 26. September 1970, Fährhof – Altenkirchen bereits am 10. September 1968). Dank der zunehmenden Beliebtheit wird die Bäderstrecke sich auch weiterhin regen Zuspruchs erfreuen.

Die Strecke der Schmalspurbahn Putbus – Göhren (Rügen) – für eine Höchstgeschwindigkeit von 30 km/h, einen kleinsten Bogenradius von 100 m und eine größte Zugmasse von 150 t bei 40 Achsen zugelassen – beginnt im Bahnhof Putbus beim km 35,2 (in die Kilometrierung an der Stecke ist noch der ehemalige Abschnitt Altefähr – Putbus einbezogen) unmittelbar neben den Regelspurgleisen der Nebenbahn Bergen – Putbus – Lauterbach. Der Bahnhof Putbus liegt 28 m über NN am Fuße der ältesten der südostrügenschen Endmoränen. In Richtung Altefähr ist übrigens links hinter dem Bahnhof ein ehemaliger Schmalspurviadukt zu sehen. Auf dem Bahnhof Putbus sind noch der alte vierständige Lokschuppen sowie die ursprüngliche Wasserkrananlage und Bekohlungsanlage vorhanden. Auch die Werkstattanlage entspricht noch dem Orignal.

Die Trasse weicht in ihrem Verlauf zur Vermeidung von Steigungen den Höhenzügen der Endmoränen zunächst weitgehend aus. In nordöstlicher Richtung geht es an den Sendeanlagen der „Ferienwelle" des Senders Rostock (Sendestation Putbus) vorbei durch landwirtschaftlich genutzte Flächen. Von Posewald (13 m über NN) am km 39,0 bis Seelvitz (15 m über NN) am km 41,3 werden Grundmoränen – als Äcker genutzt – und Wiesenniederungen durchquert. Hier ist noch eine Kuriosität aus der Zeit des Güterverkehrs zu sehen: Westlich der Kreuzung mit der Jasmunder Straße lag der Kreuzungsbahnhof und östlich der Straße der Haltepunkt mit dem ehemaligen Ladestraßengleis. Von Seelvitz bis Serams (9 m über NN) am km 43,4 und weiter bis zum Kleinbahnhof Binz Ost geht die Fahrt durch Bruchwaldflächen und am breiten Schilfgürtel des im Verlanden begriffenen Schmachter Sees vorbei. Von Binz Ost (8 m über NN) am km 46,1 schlängelt sich der Schienenstrang an der Südflanke des im Tempelberg bis 107 m aufragenden Stauchendmoränenkomplexes der Granitz entlang, die vom Turm des auf dem Tempelberg stehenden Jagdschlosses gekrönt wird. Auf diesem Abschnitt werden die stärksten Steigungen der Strecke überwunden. Binz, das größte Seebad auf Rügen, hat mit seinem Bahnhof Binz Ost einen Schmalspurbahnhof und in etwa 3 km Entfernung den 1939 gebauten Bahnhof für die Regelspurbahn Lietzow – Binz. Die Bahnhöfe Binz Ost, Seelvitz und Sellin werden im Sommerfahrplanabschnitt regelmäßig für Zugkreuzungen nach den Bestimmungen für den vereinfachten Nebenbahndienst genutzt. Rechts auf dem Bahnhof ist noch ein Wasserkran zu sehen, der nicht mehr in Betrieb ist. Früher mußten die kleinen Lokomotiven hier wegen ihrer geringen Vorräte Wasser nehmen.

Nach der Kreuzung mit der Landstraße nach Bergen steigt die Strecke wieder an. In großen Bögen und nach 2 km Fahrt wird der Haltepunkt Jagdschloß (50 m über NN) am km 48,4 erreicht. Auf der weiteren Fahrt entlang dem südlichen Waldrand der Granitz vom Haltepunkt Garftitz (30 m über NN) am km 49,8 über den Bahnhof Sellin (nur noch 2 m über NN) am km 54,3 bis hin zum Bahnhof Baabe eröffnen sich herrliche Ausblicke nach Süden auf den Neuensiener See und den Selliner See. Vor der Kreuzung mit der Bäderstraße, der F 196, befand sich früher der Haltepunkt Sellin West. In Sellin finden wieder planmäßige Zugkreuzungen statt. Weiter verläuft die Strecke dann in Nähe der F 196 nach dem Bahnhof Baabe (2 m über NN) am km 55,6. Im Ort wird die F 196 nochmals gekreuzt. Die Trasse verläuft nun zwischen dem Kiefernwald und der Straße zum Haltepunkt Philippshagen (das ehemalige Empfangsgebäude steht unter Denkmalschutz) und dann durch eine Waldschneise zum Bahnhof Göhren (Rügen), mit 2 m über NN am km 59,5 Endpunkt der Strecke. Der Endbahnhof, mit Lokschuppen, größerem Empfangsge-

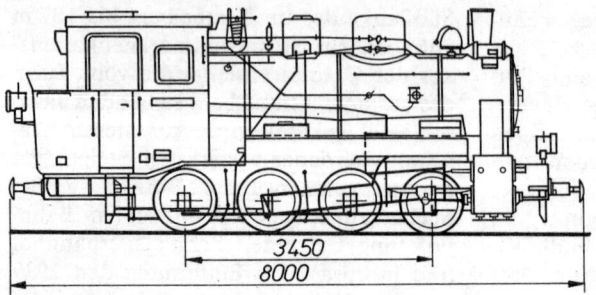

Bild 44 Maßskizze der Schmalspurdampflokomotive 99 4631.

	99 4631 bis 99 4633	99 4801 und 99 4802
Bauart	D h2t	1'D h2t
Gattung	K 44.6	K 45.8
Baujahr	ab 1913	ab 1938
Hersteller	Vulcan Stettin	Henschel Kassel
Fabrik-Nr.	2896, 2951 u. 3851	24 367 u. 24 368
Höchstgeschwindigkeit (km/h)	30	45
Steuerungsart	Heusinger	Heusinger
Treibraddurchmesser (mm)	850	850
Laufraddurchmesser (mm)	–	500
Achsstand (mm)	3450	5200
Länge über Puffer (mm)	8000	9440
Dienstmasse (t)	24	29,7

Tabelle 14 Technische Daten der Schmalspurdampflokomotiven des „Rasenden Rolands"

Bild 45 Maßskizze des Schmalspurpersonenwagens aus dem Jahre 1900.

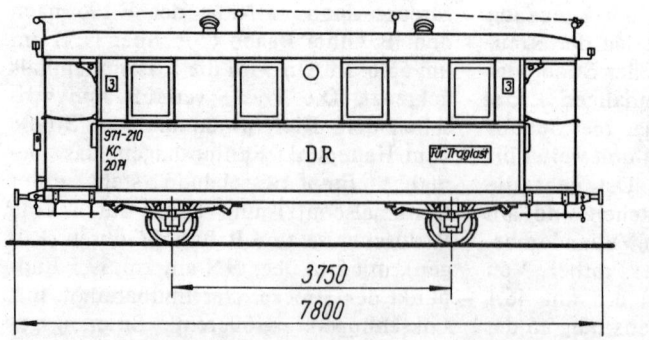
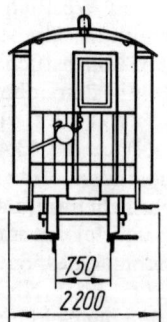

Tabelle 15   Für den Traditionszug Putbus –
Göhren vorgesehene Personenwagen

DR-Wagen-nummer	Gattung	Baujahr
KD 974-482	ex Pw-Post	1911
KB 970-152	ex KBC	1911
KB 970-153	ex KBC	1911
KB 970-154	ex KBC	1911
KB 970-761	ex KC	1913
KB 970-762	ex KC	1915
970-791	ex KC	1927

bäude, Wasserkran, Bahnhofsrestaurant und Güterboden, ist nur drei Minuten vom Strand entfernt. Dieses Landschaftsgebiet gehört zum Mönchgut, das früher dem Greifswalder Zisterzienserkloster Eldena unterstand, während alle übrigen Teile der Insel zum Fürstentum Rügen gehörten.

Wer auf der Insel Rügen unterwegs ist, sollte auch einen Abstecher nach Wittower Fähre unternehmen. Im Verlauf der Schmalspurstrecke Bergen (Rügen) Ost – Altenkirchen (Rügen) bestand bis zum September 1968 zwischen Wittower Fähre und Fährhof eine Fährverbindung für Wagen der Schmalspurbahn sowie für Straßenfahrzeuge. Es war die einzige Schmalspurbahnfähre auf dem Territorium der DDR! Die Fähre verkehrt heute noch als Personen- und Autofähre und untersteht der Weißen Flotte Stralsund. Die Gleisanlagen der einstigen Fährbahnhöfe sind noch zu ahnen.

Saßnitz

Die nördlichste Stadt der DDR, auf der rügenschen Halbinsel Jasmund südlich der Kreidesteilküste von Stubbenkammer gelegen, ist die bedeutendste Industriestadt auf der Insel Rügen (Kreidewerk, Fischkombinat, Fischwerk, Elektroanlagenbau und andere Betriebe) und hat mit dem Fährhafen durch die Eisenbahnfährverbindung Saßnitz Hafen – Trelleborg für den internationalen Reise- und Güterverkehr von und nach Schweden auch internationale Bedeutung. Saßnitz hat zwei Bahnhöfe, den Bahnhof Saßnitz (km 273,8 aus Richtung Neubrandenburg – Stralsund zählend) und den Grenzbahnhof Saßnitz Hafen (km 275,8). Die Bedeutung dieser beiden Bahnhöfe wird vor allem vom Handel zwischen der DDR und den nordischen Ländern, vom Transitverkehr über die Eisenbahnfährverbindung und vom Verkehrsaufkommen der Betriebe in und um Saßnitz bestimmt.

Der Bahnhof Saßnitz liegt 38 m höher als der Bahnhof Saßnitz Hafen. Beide verbindet ein 2 km langer Streckenabschnitt mit einer maximalen Neigung von 27 ‰. Nach der von der Reichsbahndirektion Greifswald erlassenen „Anweisung für den Betrieb auf der Gefällestrecke Saßnitz Hafen" beträgt die höchste zulässige Geschwindigkeit 25 km/h. Der Zugverkehr zwischen Stralsund (km 222,6) und Saßnitz Hafen ist in beiden Richtungen nur durch „Kopfmachen" der Züge im Bahnhof Saßnitz möglich.

Auf dem Gelände des Bahnhofs Saßnitz (40,5 m über NN) besteht seit 1977 eine Leningedenkstätte, die in einem ehemaligen preußischen Oberlicht-Schnellzugwagen der Gattung ABCCü eingerichtet ist. In einem solchen Wagen reiste LENIN mit seiner Frau KRUPSKAJA und einigen Revolutionären im Jahre 1917 auf der Fahrt aus seinem Schweizer Exil über das kaiserliche Deutschland nach Rußland. Am Abend des 11. April 1917 traf er in Saßnitz ein, wo man ihn und seine Begleiter für russische Großfürsten hielt. Am 12. April 1917 reiste LENIN dann auf dem schwedischen Eisenbahnfährschiff

DROTTNING VICTORIA nach Schweden und weiter über Finnland nach Petrograd (heute Leningrad). Der in Saßnitz aufgestellte Wagen – in der Neptunwerft Rostock originalgetreu aufgearbeitet – enthält zahlreiche Dokumentationen zu den historischen Tagen am Vorabend der Großen Sozialistischen Oktoberrevolution und ist für den Eisenbahnfreund ein lohnendes Objekt für Besichtigungen.

Eisenbahnfährverbindung Saßnitz – Trelleborg

Am Ende der Bahnhofstraße in Saßnitz und in unmittelbarer Nähe des MITROPA-Hotels „Rügen" befindet sich eine Aussichtsplattform, von der aus man einen guten Blick auf den Fischereihafen Saßnitz mit der Mole und den Fährhafen mit seinen Anlagen hat. Der Hafen liegt geschützt an der südlichen Steilküste der Stubnitz mit ihren Kreidefelsen im Prorer Wieck. Bedingt durch die Steilküste ist nur ein schmaler Uferstreifen mit den für den Eisenbahnfährbetrieb erforderlichen betrieblichen und verkehrlichen Einrichtungen vorhanden. Der heutige moderne Fährbahnhof wurde 1957/59 nach Entwürfen der Architekten SCHUBERT und ELZE (Hochbau) sowie KÜHN und SWOBODA (Konstruktion) ausgebaut. Die vollgeschweißte, einstielige geschwungene Zufahrtbrücke von 196 m Länge für die Kraftfahrzeuge überspannt die Gleisanlagen des Bahnhofs Saßnitz Hafen und gestattet damit die schienenkreuzungsfreie Zu- und Abfahrt der Kraftfahrzeuge zum Fährbahnhof. Die Straße führt in einem tiefen Einschnitt in der Steilküste auf die Stralsunder Straße (F 96). Der Fährhafen selbst besteht aus zwei Fährbetten und den Eisenbahnfährbrücken, die über Fünf-Wege-Weichen verfügen, um die fünf Gleise auf den Fährschiffen bedienen zu können.

Sowohl von der Aussichtsplattform als auch von der Mole aus läßt sich sehr gut das Ein- und Auslaufen der Eisenbahnfährschiffe beobachten. Die Zeiten sind den Segelplänen – im internationalen Kursbuch der DR veröffentlicht – zu entnehmen. Die DR hat auf dieser Fährroute die Eisenbahnfährschiffe *RÜGEN* und *ROSTOCK* im Einsatz, während die Schwedischen Staatsbahnen (SJ) die Fährschiffe *TRELLEBORG* und *GÖTALAND* auf dieser Route fahren lassen. Die Fährroute Saßnitz – Trelleborg ist

Bild 47   Eisenbahnfährschiff RÜGEN der DR im Fährhafen Saßnitz, von der Mole aus gesehen.
Foto: ZBDR-Zimmer

mit einer Länge von 107 km die rationellste und bequemste Fährverbindung über die Ostsee nach Skandinavien. Über sie werden jährlich mehr als 3 Millionen t Güter trajektiert.

Im Reiseverkehr werden die beiden internationalen Schnellzugpaare *Berlinaren* und *Saßnitz-Expreß* über die Fährroute trajektiert.

Im Güterverkehr, der seit Bestehen der Fährroute den größten Leistungsanteil hat, sind vor allem die elf TEEM-Verbindungen, die über diese Route fahren, bestimmend. Die wichtigsten Empfangsländer sind neben Schweden und der DDR vor allem die BRD, Italien, Österreich und die Schweiz, während die wichtigsten Versandländer außer Schweden und der DDR die BRD, ČSSR, VR Polen, Österreich und Italien sind.

In Nord-Süd-Richtung werden am meisten Holz, Papier, Eisen, metallurgische Erzeugnisse, Maschinen und tierische Nahrungsmittel, in Süd-Nord-Richtung Maschinen und Geräte, keramische Erzeugnisse, Glaswaren, Chemikalien, Zement, Steine und Tone sowie Obst befördert. Zusätzlich zu den Eisenbahnwagen befördern die Fährschiffe in jeder Richtung Güterkraftwagen, Omnibusse und Personenkraftwagen. Da die Trajektierung von Kraftfahrzeugen in den letzten Jahren stark zugenommen hat, wurden

auf den zuletzt in Dienst gestellten Eisenbahnfährschiffen spezielle Decks für Güterkraftwagen vorgesehen. Dadurch kann eine größere Anzahl solcher Fahrzeuge befördert werden.

Insgesamt hat die Fährverbindung Saßnitz – Trelleborg wesentlich höhere Verkehrleistungen im Personen- und Güterverkehr als die Eisenbahnfährverbindung Warnemünde – Gedser. Die Ursache dafür ist der größere Einzugsbereich im Norden Europas (sie bewältigt fast den gesamten Eisenbahnverkehr der Länder der skandinavischen Halbinsel nach Mitteleuropa und umgekehrt).

Die Einrichtung der Eisenbahnfährverbindung Saßnitz – Trelleborg geschah, nachdem Saßnitz im Jahre 1891 Eisenbahnanschluß erhalten hatte. Das Umschlagen der Güter und das Umsteigen der Reisenden waren zu zeitraubend und zu unbequem geworden. Überdies hatte sich die bereits im Jahre 1903 eröffnete Fährroute Warnemünde – Gedser als erfolgreich erwiesen. Deshalb wurde die seit 1897 bestehende Postdampferverbindung am 6. Juli 1909 in eine Eisenbahnfährverbindung mit Dampffähren umgewandelt. Mit Einrichtung dieser Fähr-

Bild 48   Ansicht des Fährbahnhofs Saßnitz im Jahre 1930.   Foto: Eschenburg

Bild 49   Ansicht des Fährbahnhofs Saßnitz im Jahre 1985.   Foto: Schack

route nahmen die deutschen Fährschiffe *DEUTSCHLAND* und *PREUSSEN* sowie die schwedischen Schiffe *DROTTNING VICTORIA* und *KONUNG GUSTAV V* den Liniendienst auf. Jedes dieser 4000-t-Schiffe hatte eine Antriebsleistung von etwa 4100 kW und konnte auf zwei Gleisen im Wagendeck 16 bis 18 Güterwagen bzw. acht D-Zug-Wagen aufnehmen. Im Jahre 1931 kam die schwedische Fähre STARKE hinzu, die auf drei Gleisen 22 bis 28 Güterwagen befördern konnte.

Der zweite Weltkrieg führte im Jahre 1944 zur Unterbrechung des Fährverkehrs. Erst nach Wiederherstellung des durch den Krieg stark beschädigten Saßnitzer Fährhafens konnte er 1948 wieder aufgenommen werden.

Aus diesen Anfängen heraus setzte in den folgenden Jahren eine bis dahin nie dagewesene sprunghafte Aufwärtsentwicklung ein, wodurch die DR und die SJ zur Suche nach neuen Wegen ihrer gemeinsam betriebenen Fährroute veranlaßt wurden. In Saßnitz entstand der nach modernsten Gesichtspunkten erbaute Fährbahnhof. Der Trelleborger Hafen wurde ebenfalls modernisiert und großzügig ausgebaut. Große moderne sowie dem neuesten Stand der Technik entsprechende Hochseefährschiffe vervollkommnen das äußere Bild der Fährroute. Von 1959 bis 1986 wurde von der DR die *SASSNITZ* eingesetzt (nachdem die SJ 1958 die alte *TRELLEBORG* in Dienst gestellt hatten). Seit 1972 setzt die DR die Großfähre *RÜGEN* (153 m lang) für 45 Eisenbahnwagen und 73 Pkw bzw. 17 Ferntransporter ein. Im Jahre 1977 kam die neue Großfähre *ROSTOCK* (158 m lang, für 49 Eisenbahnwagen und 21 Ferntransporter) hinzu. Die *ROSTOCK* erreicht eine Geschwindigkeit von 20,5 Knoten und ist damit nach der *RÜGEN* (20,6 Knoten) das zweitschnellste Fährschiff auf der „Königslinie", wie diese Fährroute auch noch genannt wird. Hervorzuheben ist heute besonders der Einsatz von neuen Großfähren innerhalb von 18 Jahren durch die DR und von weiteren Fährschiffen der SJ (die neue *TRELLEBORG, SKANE* und *SVEALAND*, z. T. auch die *GÖTALAND*) sowie die Erweiterung des Fährhafens Saßnitz durch den Umbau des Fährbettes II. Auf der Insel Rügen enstand von 1982 bis 1986 bei Mukran ein neuer Fährhafen für den Eisenbahnfährverkehr zwischen der DDR und der UdSSR (Fährhafen Klaipeda).

Wolgast

Die am Unterlauf der Peene gelegene Kreisstadt, eine der im Norden der DDR seltenen Industriekleinstädte und Eingangstor zur Bäderinsel Usedom, ist zugleich Endpunkt der im Jahre 1863 eröffneten Nebenbahnstrecke Züssow – Wolgast Hafen, auf der während der Feriensaison bis Wolgast Hafen Schnellzüge verkehren.

Die Straßenbrücke „Brücke der Freundschaft" verbindet die Stadt mit der Insel Usedom. Wer mit der Eisenbahn zu den Bädern auf Usedom weiterfahren will, muß diese Klappbrücke (zur Durchfahrt größerer Schiffe eingerichtet) passieren, auf deren östlichem Ende der Bahnhof Wolgaster Fähre – der Ausgangspunkt der Bäderbahn bis Ahlbeck – liegt. Als die Eisenbahnverbindung zur Insel Usedom durch die Sprengung der Hubbrücke bei Karnin durch die damalige deutsche Wehrmacht unterbrochen war, richtete die Rote Armee im Jahre 1946 einen Fährverkehr zwischen den Bahnhöfen

Bild 50   Eisenbahnfährboot STRALSUND auf der Fährroute Wolgast Hafen – Wolgaster Fähre.
Foto: Rothe

Bild 51   Ehemalige   Eisenbahnhubbrücke   bei Karnin.
Foto: Neve

Wolgaster Fähre und Wolgast Hafen ein, der im Jahre 1948 von der Deutschen Reichsbahn übernommen wurde und noch heute besteht. Das Eisenbahnfährboot *STRALSUND*, bis zum Jahre 1936 zwischen Stralsund und Altefähr eingesetzt, steht seit 1946 im Dienst auf dieser Kleinfährroute und trajektiert normalerweise Güterwagen, im Bedarfsfall auch Reisezugwagen und Lokomotiven, wenn

diese in ein Reichsbahnausbesserungswerk müssen oder von dort zurückkommen. Wegen seines hohen Alters – es wurde 1890 in der Schichau-Werft gebaut – ist es als technisches Denkmal unter Schutz gestellt. Das Fährboot entspricht keineswegs mehr den heutigen Erfordernissen, da es nur drei bis fünf Güterwagen unter Beschränkung auf bestimmte Bauarten trajektieren kann. Außerdem, ist alle drei Jahre ein Aufdocken des Fährboots vorgeschrieben. Während der 85 Tage dauernden Überholung (meist von Januar bis April) können überhaupt keine Güterwagen von und zur Insel gelangen, so daß sämtliche Frachten in Wolgast Hafen ausgeladen und den Kunden per Kraftfahrzeug zugestellt werden müssen.

Das Fährboot *STRALSUND* hat eine Nutzmasse von 115 t, seine Maschinenleistung von 2 x 90 kW verleiht ihm eine Geschwindigkeit von 8 Knoten, so daß es die 1,4 km lange Fährstrecke in etwa acht bis zehn Minuten zurücklegen kann.

Fährt man mit dem Kraftfahrzeug von Anklam aus auf der Fernverkehrsstraße 100 zur Insel Usedom, sind vor und hinter der 328 m langen Zechriner Straßenbrücke – 1931 erbaut, 1945 gesprengt und nach dem Wiederaufbau 1957 dem Verkehr übergeben – in der Ferne die Reste der ebenfalls im Jahre 1945 von den deutschen Truppen zerstörten Eisenbahnbrücke zwischen Kamp auf der Anklamer Seite und Karnin auf der Inselseite sichtbar.

Bei Inbetriebnahme der Strecke Ducherow – Swinemünde der Berlin-Stettiner Eisenbahn am 15. Mai 1876 war zunächst eine Drehbrücke vorhanden. Von 1932 bis 1934 wurde dann die Hubbrücke errichtet (Hubhöhe 25 m). Nach ihrer Zerstörung 1945 stellte man sie nicht wieder her, da die Strecke Ducherow – Kamp – Karnin – Usedom – Swinemünde (heute Swinoujscie) abgebaut wurde. Bei der Sprengung sind die Fundamente des Hubteiles der Brücke stark beschädigt worden.

Usedom

Die Ostseeinsel vor dem Oderhaff mit den bekannten Seebädern Zinnowitz, Bansin, Heringsdorf und Ahlbeck weist einige interessante Besonderheiten hinsichtlich der Entwicklung des Eisenbahnverkehrs auf, die den Eisenbahnfreund auch heute zu einer Fahrt dorthin veranlassen. Bis zum Jahre 1945 führte auf die Insel eine zweigleisige Hauptbahnstrecke, in deren Verlauf die fast 300 m lange Brücke bei Karnin mit dem 50 m langen Hubbrückenteil über den Peenestrom lag. Im Jahre 1911 wurde die Insel in ihrer gesamten Ausdehnung durch eine Nebenbahn erschlossen, die vom Seebad Heringsdorf (Endbahnhof der zweigleisigen Hauptbahn) in Ost-West-Richtung über die Badeorte Bansin, Ückeritz, Koserow, Zinnowitz und

Trassenheide nach dem 35 km entfernten Bahnhof Wolgaster Fähre führte. Von hier aus konnte man ursprünglich mit einer Personenfähre zum Festland-Bahnhof Wolgast Hafen gelangen. Im Jahre 1934 entstand an dieser Stelle eine Straßenbrücke. Der Bau einer Eisenbahnbrücke wurde nicht für notwendig gehalten, da die Insel vom Festland aus günstiger über die Karniner Eisenbahnbrücke zu erreichen war. Mit dem Ausbau des damaligen Luftwaffen- und Raketenstützpunktes Peenemünde entstand im Jahre 1936 auf der Insel Usedom eine Werkbahn, die – von Zinnowitz aus – mit dem Anschluß an das Streckennetz der DRG mit 12 km Streckenlänge über Karlshagen nach Peenemünde führte. Diese Strecke wurde elektrifiziert.

Ab 1942 waren elektrische Oberleitungs- triebwagen im Einsatz, deren wagenbau- licher Teil – einschließlich der Motoren – dem der Baureihe 167 der Berliner S- Bahn entsprach. Auf dem Bahnhof Zin- nowitz sind heute noch einige Fahrlei- tungsmaste zu sehen. Die Bahnsteige auf der Strecke besitzen eine Höhe von 960 mm über SO, wie sie bei S-Bahnen häufig verwendet wird. Im Jahre 1946 wurde auf der Strecke Zinnowitz – Pee- nemünde (DR-Kursbuch-Strecke 941) anstelle des elektrischen Betriebs der Dieselbetrieb (Diesellok mit Beiwagen) eingeführt, da die Anlagen als Repara- tionsleistung demontiert worden waren. Betrieblich wird die Strecke mit ihren vier Haltepunkten zwischen Zinnowitz und Peenemünde und dem Kreuzungs- bahnhof Karlshagen Siedlung (nicht für den öffentlichen Reiseverkehr dienend) im vereinfachten Nebenbahndienst be- trieben, während auf der anderen Strecke auf der Insel Usedom – von Seebad Ahl- beck nach Wolgaster Fähre (DR-Kurs- buch-Strecke 940) – im Regelbetriebs- dienst gefahren wird. An der Bahnlinie liegen sieben Bahnhöfe und fünf Halte- punkte. Die Eisenbahnstrecken auf Use- dom dienen in erster Linie dem Bäder- verkehr, der während der Sommermo- nate nicht vom Kraftverkehr allein be- wältigt werden könnte. Auf beiden Strek- ken verkehren täglich etwa zehn Reise- zugpaare. Zwischen Zinnowitz und Pee- nemünde pendelt ein Zug mit vier bis fünf Reisezugwagen.

Der Güterverkehr ist seit dem Fehlen ei- ner direkten Schienenverbindung zum Festland außerordentlich erschwert und auch gering. Deshalb wurden u. a. auf dem Festland günstig gelegene Stückgut- und Wagenladungsknoten angelegt, um bei Ausfall des Fährboots oder bei dessen technischer Wartung die Güter per Lkw auf dem Straßenweg zur Insel zu fahren. Bis zum Jahre 1974 waren auf der Strecke Seebad Ahlbeck – Wolgaster Fähre Dampflokomotiven der Baureihe 86 ein- gesetzt. Heute werden alle Züge von Die- sellokomotiven der Baureihe 110 gezo- gen. Die Reisezüge sind im allgemeinen typenrein aus zwei- und dreiachsigen Re- kowagen gebildet.

Die Gebäude der Bahnhöfe und Halte- punke wurden großzügig gestaltet und tragen der Bedeutung der Eisenbahn auf Usedom für den Bäderverkehr Rechnung. In ihrer Architektur sind sie dem land- schaftsgebundenen Baustil der Insel sehr gut angepaßt.

Verkehrsgeographisch interessant ist die Anbindung des etwa 2 km langen Strek- kenabschnitts Seebad Ahlbeck – Seebad Heringsdorf, der eine Ergänzung zur Strecke Wolgaster Fähre – Seebad He- ringsdorf als Reststück der ehemaligen Hauptbahn nach Ducherow darstellt und nur über die Spitzkehre im Bahnhof See- bad Heringsdorf zu erreichen ist.

Barth und Zingst

Zwischen beiden Orten befinden sich die Reste des alten Eisenbahndammes und der alten Drehbrücke, die beide zu der im Jahre 1910 eröffneten Nebenbahnstrecke Barth – Prerow gehörten. Heute ist die Strecke Barth – Prerow nur noch bis zum km 38,19 bei Bresewitz in Betrieb. Aller- dings dient dieser Streckenabschnitt nicht dem öffentlichen Verkehr.

Die Reste des alten Eisenbahndammes sind am südlichen Brückenende der 478 m langen Meiningenbrücke, die von Bresewitz nach Timm-Ort führt, zu se- hen.

Zwischen Bresewitz und Pruchten befin- det sich eine weitere alte Eisenbahn- brücke – die Kloerbrücke am Badstedter Bodden.

Neustrelitz

Die Kreisstadt im Bezirk Neubrandenburg ist ein wichtiger Eisenbahnknoten
im Norden der DDR. Er liegt an der von
Berlin kommenden Magistrale, die sich
im Bahnhof Neustrelitz (km 98,5 aus
Richtung Berlin, km 0,0 in Richtung Rostock) teilt und über Waren (Müritz)
nach   Rostock   (DR-Kursbuch-
Strecke 900) und Warnemünde bzw. über
Neubrandenburg und Stralsund (DR-
Kursbuch-Strecke 910) nach Saßnitz Hafen führt. Im Jahre 1876 entstanden die
Eisenbahnverbindungen nach Berlin und
Stralsund, 1886 nach Rostock sowie 1894
nach Wittenberge und Strasburg (Meckl).
Mit der Elektrifizierung der Strecke Berlin – Rostock erhielt Neustrelitz Anschluß an das elektrifizierte Streckennetz
der DR. Über Neustrelitz verkehren die
meisten Züge des Transitgüterverkehrs
von und zu den Eisenbahnfährverbindungen nach Schweden und Dänemark sowie
von und zum Seehafen Rostock. Neustrelitz ist außerdem Ausgangsspunkt der seit
1907/08 bestehenden eingleisigen Nebenbahn (DR-Kursbuch-Strecke 917) nach
Feldberg (Meckl) und der eingleisigen
Nebenbahn Neustrelitz – Pritzwalk (DR-
Kursbuch-Strecke 815) – Wittenberge
(DR-Kursbuch-Strecke 810). Mit dem
Traktionswechsel kamen 1971 zahlreiche
Diesellokomotiven im Norden der DDR
zum Einsatz, für deren Instandhaltung
ein neuer Unterhaltungskomplex mit einer aus drei Hallenschiffen bestehenden
Werkhalle errichtet wurde.

*Bild 52   Schmalspurdampflokomotive 99 4644,
als Denkmallok im Bw Neustrelitz aufgestellt.*
Foto: Möller

Tabelle 16   Technische Daten der Schmalspur-
dampflokomotive 99 4644

Bauart	D n2t
Gattung	K 44.6
Spurweite (mm)	750
Baujahr	1923
Hersteller	Orenstein & Koppel
Fabrik-Nr.	10 501
Höchstgeschwindigkeit (km/h)	30
Steuerungsart	Heusinger
Treibraddurchmesser (mm)	800
Achsstand (mm)	3 300
Länge über Puffer (mm)	7 770
Dienstmasse (t)	22,6

Als Erinnerung an einige Schmalspurbahnen im ehemaligen Mecklenburg stellten die Eisenbahner des Bahnbetriebswerks Neustrelitz die Schmalspurdampflokomotive 99 4644 als Denkmal auf. Diese Lokomotive war anfangs bei der Rosenburger Kreisbahn (heute VR Polen), eingesetzt. 1930 kaufte die ehemalige Kleinbahn des Kreises Jerichow I die Lok auf. Bis 1965 war sie in Burg beheimatet. Nach der Rekonstruktion im Jahre 1964 kam die Lok zum Netz Perleberg. 1968 gelangte sie nach Bergen, um auf der Strecke Putbus – Göhren (Rügen) eingesetzt zu werden. Jedoch stellte sich heraus, daß die Maschine nicht den dortigen Oberbauverhältnissen entsprach. Bis 1977 stand sie in Putbus, um dann schließlich in Neustrelitz aufgestellt zu werden. Bemerkenswert an dieser Lokomotive sind ihr Außenrahmen und ihre Flachschieber. Als Treibachse diente die dritte Achse.

Friedland

Die Stadt im Landkreis und Bezirk Neubrandenburg, im Tiefland nördlich des Mecklenburgischen Landrückens an der Datze und am Westrand des 156 km² großen Niederungsmoores der Friedländer Großen Wiese gelegen, ist ein ländliches Siedlungszentrum und ein bedeutender Agrar-Industrie-Standort. Mit der Eisenbahn erreicht man den Endbahnhof Friedland von Neubrandenburg aus auf der eingleisigen Nebenbahnstrecke (DR-Kursbuch-Strecke 918) nach 25,6 km Fahrt.
Bis zum Jahre 1969 bestand im Gebiet um Friedland das ehemals umfassendste 600-mm-Schmalspurbahnnetz in der DDR. Es gehörte seit dem Jahre 1892 zur Mecklenburg-Pommerschen Schmalspurbahn (MPSB), die zu den größten Unternehmen dieser Art im ehemaligen Deutschen Reich zählte. Die Anfänge des Eisenbahnbaus begannen hier um 1880, als die Großgrundbesitzer an eine landwirt-schaftliche Nutzung der Friedländer Wiesen gingen. Ein Vorhaben, das ohne die Eisenbahn nicht zu verwirklichen war, weil die Fuhrwerke das Moor nicht passieren konnten. Der unmittelbare Vorläufer der MPSB war eine Feldbahn zur Ausführung der Meliorationsarbeiten, die von Ferdinandshof aus ins Moor führte. 1891 wurde diese Arbeitsbahn bis Friedland verlängert, und am 20. Juli 1891 fuhr erstmals ein „Vergnügungszug" mit Güterwagen, auf denen Personen befördert wurden. Nachdem am 14. Juli 1892 „Friedrich Wilhelm von Gottes Gnaden, Großherzog zu Mecklenburg, Fürst zu Wenden, Schwerin und Ratzeburg, auch Graf zu Schwerin, die Konzession zum Baue und Betriebe einer schmalspurigen Eisenbahn von Friedland über Sandhagen, Klockow und Schwichtenberg nach Löwitz und von Ferdinandshof über Bresewitz und Ramelow nach Jarmen für die in unserem Lande gelegenen Strecken"

Tabelle 17 Technische Daten der Schmalspur-dampflokomotive 99 3352

Bauart	C1' n2
Gattung	K 34.3
Spurweite (mm)	600
Baujahr	1907
Hersteller	Jung
Fabrik-Nr.	1 138
Höchstgeschwindigkeit (km/h)	25
Steuerungsart	Heusinger
Treibraddurchmesser (mm)	630
Laufraddruchmesser (mm)	500
Achsstand (mm)	2900
Länge über Puffer (mm)	9 480
Dienstmasse (t)	13,2

Bild 53 Denkmallok 99 3352 mit Museumszug auf dem Bahnhof Friedland.

erteilt hatte, wie es in der Konzessionsurkunde heißt, wurde im Frühjahr 1892 die MPSB gegründet.

An die Zeit der Schmalspurbahnen um Friedland, dessen Bahnhof über die umfangreichsten Anlagen der MPSB verfügte (u. a. mit einem 15ständigen Ringschuppen), erinnern einige vor dem Empfangsgebäude des Bahnhofs Friedland aufgestellte MPSB-Fahrzeuge: die Dampflok 99 3352, ein Wismarer Personenwagen aus dem Jahre 1913 mit der DR-Nr. 960-210 (der nach 1969 kurze Zeit auf der Pioniereisenbahn Berlin eingesetzt war), ein GGw (DR-Nr. 96-01-22), hergestellt 1912 von der Hauptwerkstatt Friedland, und ein Bm-Motorwagen.

Der Wassertender der Schmalspurlok zur Vergrößerung des Wasservorrats ist ein Eigenbau der Hauptwerkstatt in Friedland. Die unter dem Führerhaus befindliche Laufachse ist in einem Bissel-Gestell gelagert, das gleichzeitig die hintere Zug- und Stoßeinrichtung trägt. Die Lok war bis zuletzt auf der Reststrecke der ehemaligen MPSB Friedland – Anklam eingesetzt und gehörte zum Bw Neubrandenburg.

Wismar

Der Stadtkreis und die Kreisstadt im Bezirk Rostock, an der Südspitze der Wismarer Bucht gelegen, sind mit über 57 000 Einwohnern das administrative Zentrum im Westen des Ostseebezirks, Hafen- und Industriestadt sowie Kultur- und Touristenzentrum. Wismar hat durch den zweitgrößten Hafen der DDR und seine Industrie (Werft, Metall-, Zucker-, Konservenindustrie, Fischerei) einen bedeutenden Güterumschlag, der über den Rangierbahnhof Wismar läuft. Der Bahnhof Wismar ist Endpunkt des eingleisigen Hauptbahnabschnittes Bad Kleinen – Wismar (km 98,4 aus Richtung Dömitz – Schwerin zählend) und Ausgangspunkt der eingleisigen Nebenbahnstrecke Wismar – Rostock. Eisenbahnanschluß erhielt die Stadt 1848 nach Schwerin, 1883 nach Rostock und 1887 nach Karow (Meckl). Das Empfangsgebäude des Bahnhofs Wismar stammt aus dem Jahre 1857 und ist bis heute im Kern (mit Umbauten) erhalten.

Der Wismarer Hafen verfügt seit 1950 über eine Wagenkippanlage für den Umschlag von Kali, seit 1981 nach dem Umbau die modernste in Mitteleuropa. 1984 ist sie auf Robotersteuerung umgestellt worden. Durch die Verladung von Kali in Wismar rollen große Mengen des über den Seeweg zu exportierenden Kalis in Ganzzügen aus Thüringen und aus Zielitz über Wittenberge – Schwerin in den Wismarer Hafen, während umgekehrt seit Errichtung des Ölhafens im Jahre 1955 umfangreiche Rohöltransporte von Wismar nach dem Bezirk Halle ebenfalls über die Strecken Wismar – Schwerin – Wittenberge – Magdeburg transportiert werden. Seit 1987 ist der Bahnhof Wismar an das elektrifizierte Streckennetz der DR angeschlossen. Bis etwa 1949/1950 war im Eisenbahnwesen der Name der Stadt Wismar vor allem durch die 1894 gegründete Eisenbahnwagenbauanstalt im Gespräch, von der um die Jahrhundertwende Schienenfahrzeuge an die mecklenburgischen Eisenbahngesellschaften und an die Direktionen der Preußischen Staatsbahn geliefert wurden, danach überwiegend ins Ausland. In Wismar wurden Personen- und Güterwagen, elektrische Straßenbahnwagen, Salon-, Schlaf- und Speisewagen, Autotransportwagen und dieselmechanische Triebwagen sowie Pkw und Omnibusse gebaut. Das Stadtgeschichtliche Museum Wismar (Schabbelthaus), Schweinsbrücke 8, Wismar, 2400, Telefon 49 65, gibt in seiner Ausstellung einen Überblick über die Entwicklung der Stadt Wismar. Die Öffnungszeiten: 1. Mai bis 30. September Montag bis Sonntag von 10 bis 16.30 Uhr, 1. Oktober bis 30. April Dienstag bis Sonnabend 10 bis 16.30 Uhr. In der Ausstellung befinden sich zwar keine Objekte zum Sachgebiet Eisenbahn, das Museum besitzt aber historische Fotos von Fahrzeugen, die in der Waggonfabrik Wismar hergestellt wurden und sowohl bei den Ländereisenbahnen im ehemaligen Deutschland bzw. bei der früheren DRG, als auch bei Bahnen in Dänemark, Ungarn, Kolumbien, China, Portugal u. a. liefen.

Seit 1951 gehört die ehemalige Waggonfabrik zur Matthias-Thesen-Werft. Die letzten Schienenfahrzeuge, meist wiederaufgebaute Straßenbahn- und Reisezugwagen, verließen 1949/50 das bis dahin traditionsreiche Fahrzeugwerk.

Schwerin

Die Bezirksstadt und der Stadtkreis, am Südufer des Schweriner Sees in seen- und waldreicher Umgebung gelegen, zählen als politisches, industrielles und kulturelles Zentrum des Bezirks. Gleichzeitig ist Schwerin ein Eisenbahnknoten im Norden der DDR. Ihn berühren die zweigleisige Hauptbahn Magdeburg – Wittenberge – Schwerin (Meckl) – Rostock, die eingleisige Hauptbahnstrecke Schwanheide – Hagenow Land – Holthusen – Schwerin (Meckl) sowie die beiden eingleisigen Nebenbahnen Schwerin (Meckl) – Rehna und Schwerin (Meckl) – Parchim. Die Bezirksstadt ist Sitz der Reichsbahndirektion Schwerin. Der Hauptbahnhof der Bezirksstadt liegt am km 66,36, aus Richtung Dömitz – Ludwigslust zählend. Das Empfangsgebäude stammt aus den Jahren 1888/89, als beim Umbau des gesamten Bahnhofs das neue Empfangsgebäude vor dem alten errichtet und danach das alte abgebrochen wurde. Das eklektizistische, mit Hausteinen sowie gelben und braunen Klinkern verkleidete, mit vielen Renaissance- und Barockornamenten dekorierte Gebäude geht auf französisch-belgische Vorbilder zurück. Beim Umbau 1926/27 (Schalterhalle, Veranda, Restaurant) blieb die ursprüngliche Form weitgehend erhalten.

Der erwähnte Streckenabschnitt Hagenow – Holthusen – Schwerin von 27,8 km Länge ist der älteste im Schweriner Raum. Er wurde am 1. Mai 1847 von der

Bild 54   Modell der FRIEDRICH FRANZ im Polytechnischen Museum Schwerin.
Foto: Polytechnisches Museum Schwerin

Mecklenburgischen Eisenbahn-Gesellschaft in Betrieb genommen. Schon ein Jahr später, am 12. Juli 1848, wurde die Strecke von Schwerin über Kleinen nach Wismar mit 32,4 km Länge dem Verkehr übergeben. Zeugen aus dieser Frühzeit des Eisenbahnwesens zeigt das im Schweriner Schloß untergebrachte Polytechnische Museum Schwerin, 2700 Schwerin, Lehnestraße 1, Schloß, Burggarten; Telefon 6 16 88, geöffnet täglich von 14 bis 17 Uhr, sonn- und feiertags zusätzlich von 9.30 Uhr bis 12.30 Uhr, im Juli und August täglich von 9 bis 17 Uhr. Zu erreichen ist es vom Hauptbahnhof mit der Straßenbahn bis Haltestelle Leninplatz. Von dort aus sind es noch zehn Minuten Fußweg. Das Museum zeigt das Modell einer 1 B-Schnellzuglokomotive *FRIEDRICH FRANZ* (Maßstab 1:5). Das Original wurde im Jahre 1864 in Chemnitz (heute Karl-Marx-Stadt) in der damaligen Sächsischen Maschinenfabrik R. Hartmann gebaut.
Es handelt sich dabei um das einzige voll funktionstüchtige und ohne Scheinantrieb vorzuführende Modell dieser Art in den Museen der DDR, d. h., die Modell-Lok ist mit Kohle beheizbar und voll betriebsfähig. Ferner zeigt das Museum die Bedeutung der Verkehrswege für die Volkswirtschaft und die Entwicklung der Dampfmaschine anhand funktionstüchtiger, von Besuchern bedienbarer Modelle, ferner ein farbiges Fließschema, das den Transportablauf im Containertransportsystem darstellt, sowie das Modell eines Rohbraunkohlen-Großraumtransportwagens im Maßstab 1:10.
Vor dem Empfangsgebäude des Hauptbahnhofs verkehrt die Linie 1 (7,6 km Gesamtlänge) der Schweriner Straßenbahn zum Neubaugebiet Großer Dreesch, während die Linie 2 (Gesamtlänge 10 km) gleichfalls vom Großen Dreesch abfährt und ihren Endpunkt in Lankow hat. Die Straßenbahn in Schwerin hat ihren Gründungstag am 16. Oktober 1881, als die „Mecklenburgische Straßen-Eisenbahn-Actiengesellschaft" gegründet wurde, die für Schwerin und für Rostock zuständig war. Am 5. November 1881 wurde die erste Linie einer Pferdebahn eröffnet, am 14. November des gleichen Jahres die Linie 2. In den Jahren 1884/85 kam es zur Einstellung des Betriebes wegen finanzieller Schwierigkeiten, und erst am 1. Dezember 1908 wurde der Straßenbahnbetrieb – diesmal elektrisch – wieder aufgenommen. Bei einem anglo-amerikanischen Luftangriff auf Schwerin am 7. April 1945 wurden das Depot und der gesamte Wagenpark total zerstört, so daß der Betrieb eingestellt werden mußte. Mit drei aus den Trümmern wieder aufgebauten Triebwagen konnte am 1. Mai 1946 der Straßenbahnverkehr wieder aufgenommen werden. Im Jahre 1973 erhielt Schwerin seine ersten Tatra-Straßenbahnfahrzeuge, womit vor allem auf der Linie 1 zum Großen Dreesch ab 1974 die Entwicklung zu einer echten Schnellstraßenbahn in Schwerin begann, in deren Verlauf 1979/80 auch die erste Tunnelstrecke ins Industriegebiet Schwerin Süd in Betrieb genommen wurde.
Die Anlage der Neubaustrecken in Schwerin ist richtungsweisend für viele neue Straßenbahnstrecken in Städten der DDR, besonders hinsichtlich der Entwicklung zur Schnellstraßenbahn. Deshalb dürfte eine Besichtigung der Schweriner Neubaustrecken für alle Straßenbahnfreunde von großem Interesse und Wert sein.

MAGDEBURG und Harz

Das Gebiet um die Bezirksstadt Magdeburg weist vielfältige, aber auch sehr unterschiedliche ökonomisch-geographische Strukturen auf. Das Wirtschaftsprofil bestimmen die Schwerindustrie (Magdeburg, Schönebeck, Ilsenburg, Thale), der Bergbau mit Braunkohle, Kalk, Steinsalz und Kali (Hettstedt, Nachterstedt, Egeln, Rübeland, Zielitz, Staßfurt), die Chemieindustrie (Magdeburg, Bernburg, Coswig), die Landwirtschaft (Magdeburger Börde), die Lebensmittelindustrie (Burg, Halberstadt), die Forstwirtschaft (Harz), die Baustoffindustrie (Bernburg, Förderstedt) und der Fremdenverkehr (Harz). Das Profil des Eisenbahnverkehrs wird damit durch die Industrie-Agrar-Struktur des Gebietes geformt, wobei im Gütertransport der Versand von Baustoffen, metallurgischen Erzeugnissen, Düngemitteln, Salz und Erzeugnissen der Land- und Forstwirtschaft den Güterzügen das Gepräge gibt. Die Konzentration von großen Industriebetrieben bedingt einen starken Berufsverkehr, der in Magdeburg als ausgesprochener Vorortverkehr auftritt und zum großen Teil von der S-Bahn mit bewältigt wird. Die Naturschönheiten des Harzes mit seinen vielen Erholungs-, Kur- und Urlauberorten bewirken über alle Jahreszeiten hinweg einen starken Reiseverkehr.

Die Struktur des Eisenbahnstreckennetzes kennzeichnen die zweigleisigen Hauptbahnstrecken Halle (Saale) – Köthen – Magdeburg – Schwerin (Meckl), Berlin – Magdeburg – Marienborn und die Hauptbahnstrecken Magdeburg – Halberstadt – Wernigerode, Magdeburg – Güsten – Erfurt sowie Magdeburg – Roßlau (Elbe) – Lutherstadt Wittenberg/Dessau – Leipzig, die zum Teil elektrifiziert sind, sowie zahlreiche Nebenbahnen zur Erschließung des Territoriums. Auffallend hebt sich im Streckennetz der Harz heraus, den die Hauptbahnen umgehen und der nur von der Rübelandbahn Blankenburg (Harz) – Königshütte (siehe Seite 103) und von den schmalspurigen Bahnen Wernigerode – Nordhausen Nord (siehe Seite 114) sowie Gernrode (Harz) – Alexisbad – Stiege / Harzgerode (siehe Seite 108) erschlossen wird. Wichtigster Eisenbahnknoten ist die Bezirksstadt Magdeburg. Ein weiterer großer Eisenbahnknoten ist Halberstadt, der vor allem Sammel- und Verteilerfunktionen im Eisenbahnverkehr von und zum Harz hat und in dem sich die Strecken Magdeburg – Halberstadt – Blankenburg (Harz) – Königshütte (Harz) sowie Ilsenburg – Wernigerode – Halberstadt – Aschersleben – Güsten/Sandersleben kreuzen.

Magdeburg

Die Bezirksstadt und der Stadtkreis, an der mittleren Elbe in der fruchtbaren Magdeburger Börde gelegen, sind mit 281 000 Einwohnern der ökonomische, kulturelle und administrative Mittelpunkt des Bezirks und durch das Zusam-

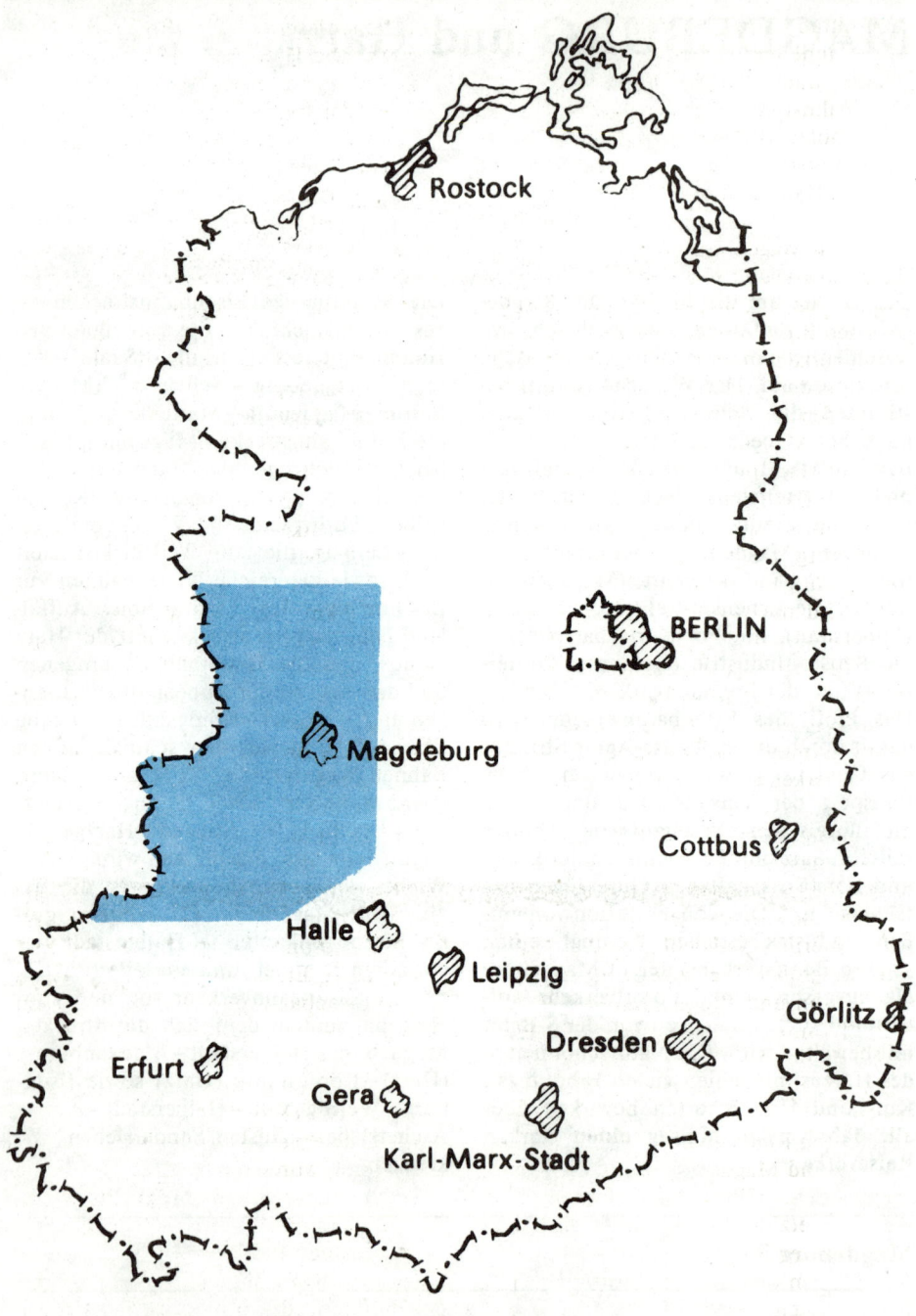

Bild 55   Magdeburg und Harz

mentreffen von Wasserstraßen (Elbe, Mittellandkanal, Elbe-Havel-Kanal), Autobahn und Fernverkehrsstraßen sowie Eisenbahnstrecken ein bedeutender Verkehrsknotenpunkt in der DDR.

Im Eisenbahnverkehr ist Magdeburg mit seinem Hauptbahnhof, den beiden großen Rangierbahnhöfen Magdeburg-Bukkau und Magdeburg-Rothensee, der S-Bahn sowie der Hafenbahn mit ihrem 100 km langen Streckennetz im bedeutendsten Binnenhafen der DDR ein wichtiger verkehrsreicher Eisenbahnknoten im Netz der Deutschen Reichsbahn. In ihm laufen acht Hauptbahnstrecken (Halberstadt – Magdeburg, Leipzig – Halle [Saale] – Magdeburg, Erfurt – Sangerhausen – Magdeburg, Berlin – Magdeburg, Marienborn – Magdeburg, Oebisfelde – Magdeburg, Schwerin [Meckl] – Magdeburg, Lutherstadt Wittenberg – Magdeburg) und die Nebenbahnstrecke Altengrabow – Magdeburg zusammen.

Der Bahnhof Magdeburg Hbf dient vornehmlich dem Personenverkehr, u. a. als Abgangs- bzw. Endbahnhof für den Städte-Expreß *Börde* und für Züge des Bezirksverkehrs (Magdeburg – Halle [Saale] – Leipzig, Magdeburg – Erfurt), als Durchgangsbahnhof für Schnellzüge des Durchgangsverkehrs (Rostock – Magdeburg – Leipzig, Berlin – Magdeburg – Halberstadt) sowie des internationalen Verkehrs (Berlin – Magdeburg – Köln – Paris) und als großer Umsteigepunkt zwischen der S-Bahn und den anderen städtischen Verkehrsmitteln. Zusammen mit den Güterzügen verkehren auf dem Hauptbahnhof täglich etwa 495 Reise- und Güterzüge.

Die beiden Rangierbahnhöfe Magdeburg-Buckau und Magdeburg-Rothensee gehören zu den größten und leistungsfähigsten im Netz der DR. Sie sind mit teilautomatisierter Rangiertechnik ausgestattet worden, um den höheren Anforderungen der nächsten Jahre bei der Zugbildung und -auflösung gewachsen zu sein. Vom Rangierbahnhof Magdeburg-Rothensee läuft ein Teil der Züge zur Hafenbahn und von dieser wieder zurück ins Netz der DR. Die Hafenbahn im Binnenhafen Magdeburg, bestehend aus dem Handelshafen, dem Industriehafen und dem Kanalhafen, ist ihrem Charakter nach weit über den einer Hafenbahn hinausgewachsen und hat eigentlich längst die Bezeichnung Industriebahn verdient. Auf dem mehr als 100 km langen Gleisnetz mit 378 Weicheneinheiten werden 60 Anschließer und 116 Ladestellen von vier Triebfahrzeugen der Baureihe 106, vier der Baureihe 102 und einem Triebfahrzeug der Baureihe 101 bedient.

Die Stadt Magdeburg, ein frühes Kultur- und Wirtschaftszentrum, bot aufgrund seiner vorteilhaften Lage an der Elbe und an vielen Straßen schon frühzeitig günstige Möglichkeiten für Eisenbahnverbindungen, insbesondere in den sächsischen Raum. Bereits am 29. Juni 1839 wurde der 14,9 km lange Streckenabschnitt Magdeburg – Schönebeck, als erster der Magdeburg-Cöthen-Halle-Leipziger Eisenbahn, in Betrieb genommen. Damit gilt dieser Abschnitt als die älteste Eisenbahnstrecke im Magdeburger Raum. Bis 1840 waren in Etappen weitere Abschnitte nach Cöthen, Halle und Leipzig fertiggestellt worden, so daß ab 18. August 1840 die Gesamtstrecke Magdeburg – Leipzig befahren werden konnte und mit dem Umsteigen in Leipzig zur Leipzig-Dresdner Eisenbahn bereits fünf Jahre nach Eröffnung der ersten deutschen Eisenbahn eine Verbindung von Magdeburg bis Dresden bestand. Die Magdeburg-Halberstädter Eisenbahn nahm am 15. Juli 1843 den 58,4 km langen Streckenabschnitt Magdeburg – Oschersleben – Halberstadt in Betrieb. Dann wurde am 7. August 1846 die 117,3 km lange Strecke Potsdam – Brandenburg – Burg – Biederitz – Magdeburg-Friedrichstadt der Berlin-Potsdam-Magdeburger Eisenbahn dem Verkehr übergeben, während die Einweihung des restlichen Teilstücks von 3,5 km Länge von Magdeburg-Friedrichstadt mit den drei Elbebrücken bis Magdeburg (Fürstenwall) erst am 19. August 1848 erfolgte. Schließlich wurde am 7. Juli 1849 der 93 km lange Abschnitt Magdeburg–Seehausen der Magdeburg-Wittenbergischen Eisenbahn eingeweiht und nach Fertigstellung der hölzernen Elbebrücke bei Wittenberge am 25. Oktober 1851 die gesamte Strecke Magdeburg–Wittenberge (107 km) dem Verkehr übergeben.

Die Straßenbahn der Stadt Magdeburg kann auf eine mehr als 100jährige Geschichte zurückblicken. Nachdem bereits 1871/72 die Konzession zum Bau einer Pferdebahn erteilt worden war, wurde am 15. Dezember 1876 die Magdeburger Straßen-Eisenbahn-Gesellschaft gegründet. Anfang Juli 1877 begannen die Bauarbeiten für eine Pferdebahn, deren erste Strecke schon am 16. Oktober 1877 eröffnet werden konnte. 1884 entstand eine zweite Straßenbahngesellschaft, die Magdeburger Trambahn-AG, die später ebenso wie die 1921 gegründete Magdeburger Vorortbahnen AG von der Magde-

Bild 56   Triebwagen Tw 138 und Beiwagen Bw 300 der Magdeburger Straßen-Eisenbahn-Gesellschaft.   *Foto: Panke*

burger Straßenbahn-Eisenbahn-Gesellschaft übernommen wurde (1923). Während des zweiten Weltkriegs erlitten das Streckennetz und der Wagenpark schwere Schäden. Am 4. Juni 1945 wurde nach Beseitigung der schwersten Schäden der Betrieb zwischen dem Hauptbahnhof und Diesdorf wieder aufgenommen; nach und nach auch wieder auf den anderen Linien. Zwischen 1969 und 1973 wurden einige Strecken stillgelegt. An ihrer Stelle verkehrten nun Omnibusse. Am 4. März 1974 begann der Bau der ersten Neubaustrecke. Damit erfolgte der Anschluß des im Neubaugebiet Nord entstandenen Wohnviertels an das Straßenbahnnetz.

An historischen Fahrzeugen werden der zweiachsige Triebwagen Tw 138 Typ HAVA (Baujahr 1915) im Originalzustand und dazu der zweiachsige Beiwagen Bw 300, ebenfalls vom Typ HAVA (Baujahr 1915) und gleichfalls im Originalzustand, sowie der Tw 70 (Baujahr 1943) als „kleiner Hecht" im Betriebszustand um 1973 der Nachwelt erhalten bleiben und zu Sonderfahrten eingesetzt. Beide Fahrzeuge gehörten der Magdeburger Straßenbahn-Eisenbahn-Gesellschaft.

Bahnhof Magdeburg Hbf

Da die einzelnen Magdeburger Bahnhöfe an der Elbe im Laufe der Zeit wegen der beengten Verhältnisse den Verkehrsbedürfnissen nicht mehr gerecht werden konnten, forderte das Handelsministerium von der Stadt die Bereitstellung eines geeigneten Geländes für den Bau eines Zentralbahnhofs. Da der Stadt aber kein geeignetes Gelände zur Verfügung stand, mußte mit den Militärbehörden über den Kauf von Festungsgelände verhandelt werden. Diese Verhandlungen führten 1868 zum Abschluß, so daß die drei Eisenbahngesellschaften, und zwar die Berlin-Potsdam-Magdeburger, die Magdeburg-Halberstädter und die Magdeburg-Cöthen-Halle-Leipziger Eisenbahn, das Gelände für den Bau eines Zentralbahnhofs erwarben und 1870 mit dem Bau beginnen konnten.

Auf der Strecke zwischen Burg und Magdeburg wurden eine Korrektur des Streckenverlaufs von vier Meilen (etwa 30 km) und der Bau eines neuen Elbeübergangs notwendig. Im Jahre 1871 erfolgte die Fertigstellung der 671 m langen Herrenkrugbrücke über die Elbe, und am 15. Mai 1873 wurde als erstes Empfangsgebäude das der Berlin-Potsdam-Magdeburger Eisenbahn dem Verkehr übergeben: das westliche (mittlere) Empfangsgebäude, das gleichzeitig von der Magdeburg-Halberstädter Eisenbahn genutzt wurde. Die Hauptarchitekturteile der Nordfassade bestanden aus Nebraer Sandstein, die Wandflächen aus Ziegelblendsteinen. Die Magdeburg-Halle-Leipziger Eisenbahn erbaute in den Jahren 1872/82 das östliche Empfangsgebäude im Stil eines toskanischen Pa-

Bild 57   Empfangsgebäude des Bahnhofs Magdeburg Hauptbahnhof.   Foto: Mulack

lazzo. Dieser Bau ist das heutige Empfangsgebäude des Magdeburger Hauptbahnhofs. Die Außenfassade besteht aus Königshütteschem Sandstein. Beide Empfangsgebäude hatten die gleiche Länge und waren durch einen Personen- und Gepäcktunnel verbunden. Zur Erinnerung an den Bau des Magdeburger Hauptbahnhofs hatte man an beiden Hauptportalen der Empfangsgebäude die Wappen von Magdeburg und Berlin bzw. Leipzig eingefügt. Zwei dieser Wappen haben heute ihren Platz links neben dem Eingang zum Empfangsgebäude des Hauptbahnhofs am Platz der Volkssolidarität, wo bis zum 16. Januar 1945 das westliche Empfangsgebäude stand.

Mit der Eröffnung des gesamten Hauptbahnhofs am 18. August 1874 wurde nach der Inbetriebnahme der einzelnen Strecken der Personenverkehr auf den Elbbahnhöfen eingestellt. Bei Verstaatlichung der Eisenbahngesellschaften im Jahre 1880 wurden die Anlagen des Magdeburger Hauptbahnhofs zusammengefaßt, wobei sich alle die Mängel zeigten, die durch die nicht genügend vorausschauende Planung der einzelnen Eisenbahnen entstanden waren und die bis in die Gegenwart bestehen. Mit dem Jahre 1893 wurde der Bau der Anlagen im Magdeburger Hauptbahnhof abgeschlossen; seitdem gab es keine grundsätzlichen baulichen Veränderungen mehr.

Bezeichnend für die Zustände im damaligen Preußen wie übrigens auch in vielen anderen Ländern war, daß für die Ausführung der gesamten Eisenbahnanlagen die Militärbehörden mitbestimmend waren und den Eisenbahngesellschaften Bedingungen stellten oder Auflagen erteilten. So mußten die Einfahrten in den Bahnhof mit Toren versehen werden, die an sogenannten Wallbrücken angebracht waren.

Im Jahre 1974 erschloß man in Magdeburg ein Kapitel Stadtgeschichte, das zugleich ein Stück historischer Eisenbahnbaukunst widerspiegelt: das Eisenbahntor der Strecke Magdeburg – Wittenberge am Elbufer unterhalb der Lukasklause. Magdeburg war zu Beginn des Eisenbahnbaus zu einer der mächtigsten preußischen Festungen ausgebaut worden. Als auf dem westlichen Elbufer die erste Eisenbahn und der alte Bahnhof gebaut wurden, mußten die Gleise durch umfangreiche Festungswerke im Norden und Süden der Altstadt hindurchgeführt werden. Sie passierten im Norden zunächst ein Batteriewerk, dessen Tunnel und Gräben jederzeit eine Gleisunterbrechung ermöglichten. Etwa 100 m danach gelangte das Gleis wie bei einem mittelalterlichen Stadttor in einen Zwinger, wo es zwischen Wehrmauern und an der großen Rundbastion vorbei in die Stadt führte. Diese interessante Anlage, in der sich technischer Fortschritt und feudalzeitliche Wehrbaukunst berühren, ist nun als ein Geschichtsdenkmal in die Elbuferpromenade, dem neuen Erholungsraum der Großstadt, einbezogen.

Das Eisenbahntor setzte sich aus einem äußeren und einem inneren Tor zusammen. Vom äußeren sind nur noch geringe Mauerreste vorhanden. Das innere, weitgehend erhaltene und den Nordabschluß der Promenade der Völkerfreundschaft bildende Tor zeigt an den Torpfeilern noch heute die Räder, über die die Zugseile der Zugbrücke verliefen. Den besten Überblick über die noch vorhandenen Anlagen hat man von der ehemaligen Bastion Preußen, von der einer der neuralgischen Punkte der Festung überschaut und verteidigt werden konnte. Mit dem Eisenbahntor ist nicht nur ein Zeugnis der Festungszeit der Stadt (1683 bis 1904), sondern auch das letzte Bauwerk dieser Art in der DDR erhalten geblieben. Vom Leipziger Eisenbahntor im Bereich des alten Magdeburger Elbbahnhofs stehen nur noch geringfügige Reste.

Betrieblich ungenügend waren die getrennten Güterverkehrsanlagen auf der West- und Ostseite des Hauptbahnhofs. Die Forderungen nach Ausbau eines Nordrangierbahnhofs wurden zwar im Jahre 1910 mit der Inbetriebnahme des

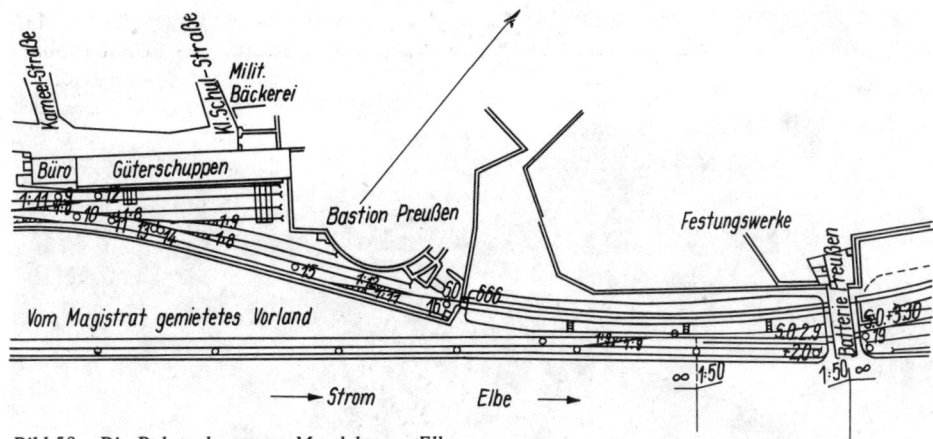

*Bild 58   Die Bahnanlagen am Magdeburger Elb-
ufer im Jahre 1887.*

Rangierbahnhofs Magdeburg-Rothensee erfüllt, brachten aber dem Hauptbahnhof nur geringe Entlastung. Der Rangierbahnhof Magdeburg-Buckau wurde erst 1925/26 neu gestaltet.
Am 16. Januar 1945 legten anglo-amerikanische Bomber den Magdeburger

Hauptbahnhof in Schutt und Asche, wobei fast alle Hochbauten des Bahnhofs vernichtet oder schwer beschädigt wurden. Das westliche Empfangsgebäude war völlig vernichtet, das östliche schwer beschädigt. Nach von der Roten Armee geleiteten Aufräumungsarbeiten fuhren am 8. Juli 1945 die ersten Züge vom Hauptbahnhof ab in Richtung Thale, Oebisfelde, Stendal und Eilsleben. Ab 12. März 1946 war die instandgesetzte Herrenkrugbrücke befahrbar, so daß der

*Bild 59   Zeitgenössische Aufnahme des Buckauer
Tores in Magdeburg.*   Foto: Archiv Kirsche

*Bild 60   Magdeburg, das ehemalige Eisenbahntor
heute.*   Foto: Dr. H. Müller

Zugverkehr nach Berlin wieder aufgenommen werden konnte. Der Aufbau des Magdeburger Hauptbahnhofs begann ebenfalls 1946. Am 1. Oktober 1949 wurde der Südflügel mit Gepäck- und Expreßgutabfertigung dem Verkehr übergeben, und auch die repräsentative Empfangshalle war fertiggestellt worden. Das westliche Empfangsgebäude wurde 1961/62 neu errichtet und dient als Verwaltungsgebäude des Bahnhofs.

Mit der Eröffnung des elektrischen Zugbetriebs zwischen Schönebeck (Elbe) und Magdeburg Hbf am 12. Januar 1957 wurde der Magdeburger Hauptbahnhof ebenfalls elektrifiziert. Damit war die Strecke von Halle (Saale) über Köthen nach Magdeburg als erste Strecke nach dem Kriege wieder durchgehend elektrisch befahrbar.

S-Bahn Magdeburg

Die Bezirksstadt Magdeburg, Industrieschwerpunkt und Hochschulort, Sitz verschiedener Verwaltungen und künstlerisches Zentrum, zieht einen starken Reisendenstrom an. Dadurch ist der Magdeburger Hauptbahnhof der wichtigste Umsteigebahnhof des gesamten Stadtgebietes. Im Tagesdurchschnitt benutzen ihn etwa 70000 Reisende; allein im Berufsverkehr sind es etwa 35000 Reisende.

Der Berufsverkehr und der ständige Ausbau der Industrie in und um Magdeburg – insbesondere im Norden und Süden der Stadt einschließlich dem Kaliwerk Zielitz und dem Traktorenwerk Schönebeck – sowie die Erschließung der Naherholungsgebiete in Schönebeck-Salzelmen, am Barleber See und in Wolmirstedt waren die Ursachen dafür, die Eisenbahn in den städtischen Nahverkehr mit einzubeziehen. Nachdem schon ein verdichteter Vorortverkehr eingerichtet worden war, wurde zu Beginn des Winterfahrplanes 1974/75 am 29. September 1974 die S-Bahn in Magdeburg mit der Linie A dem Verkehr übergeben. Die

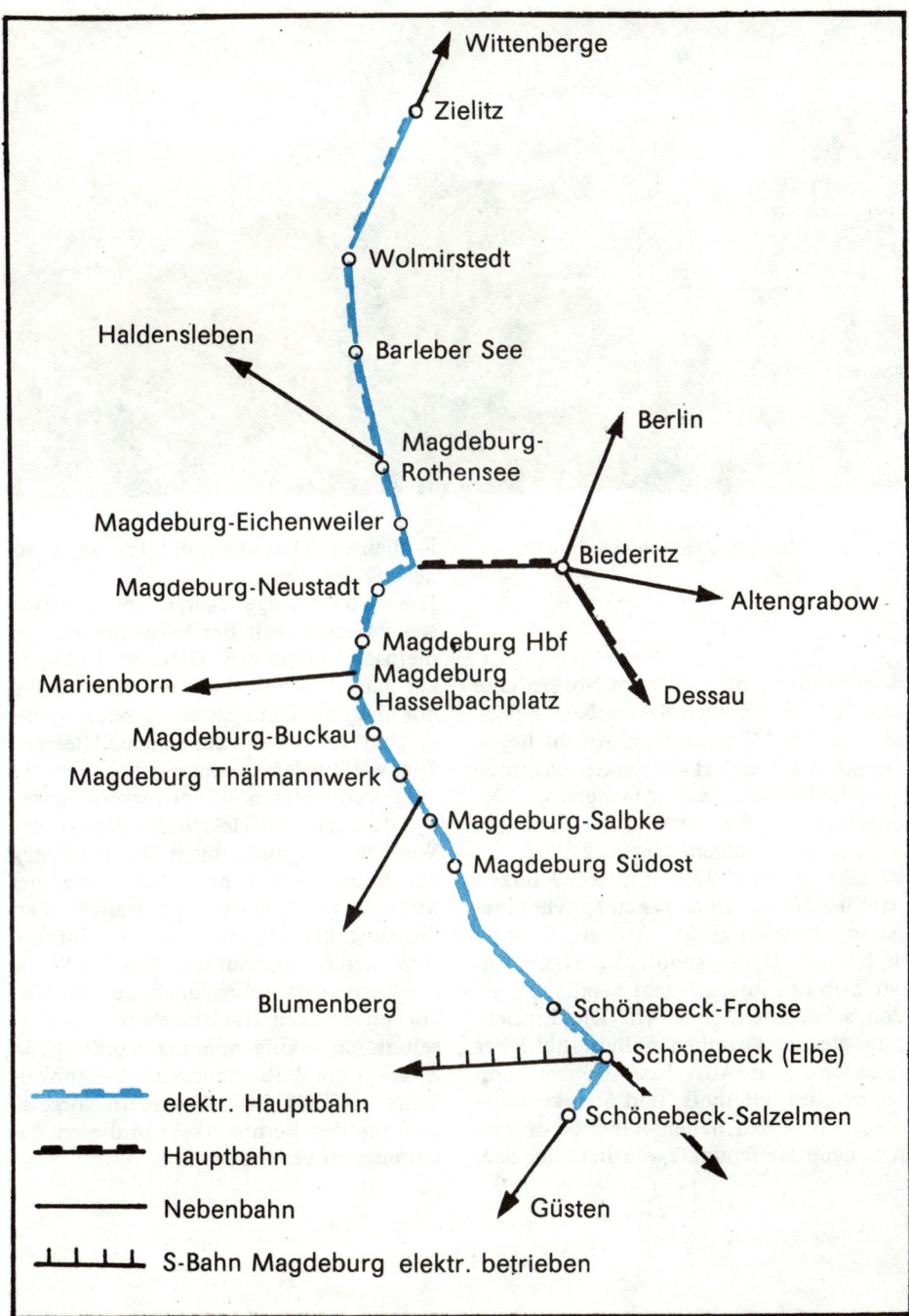

Wittenberge
Zielitz
Wolmirstedt
Haldensleben
Barleber See
Magdeburg-Rothensee
Berlin
Magdeburg-Eichenweiler
Biederitz
Magdeburg-Neustadt
Altengrabow
Magdeburg Hbf
Marienborn
Magdeburg Hasselbachplatz
Dessau
Magdeburg-Buckau
Magdeburg Thälmannwerk
Magdeburg-Salbke
Magdeburg Südost
Blumenberg
Schönebeck-Frohse
Schönebeck (Elbe)
elektr. Hauptbahn
Schönebeck-Salzelmen
Hauptbahn
Nebenbahn
Güsten
S-Bahn Magdeburg elektr. betrieben

Bild 61   Netz der S-Bahn Magdeburg.

Bild 62 S-Bahn-Zug im S-Bahnhof Zielitz.
Foto: Stephan

Strecke führt von Zielitz im Norden über Magdeburg Hbf nach Schönebeck-Salzelmen und ist 38,6 km lang. An ihr liegen 14 Bahnhöfe und Haltepunkte, davon 10 im Stadtgebiet von Magdeburg. Der durchschnittliche Abstand der Stationen beträgt im Stadtgebiet etwa 2,1 km, außerhalb 4,7 km. Die mittlere Fahrzeit liegt bei 50 Minuten, das entspricht einer Reisegeschwindigkeit von etwa 46,2 km/h. Damit gehört die Magdeburger S-Bahn, international verglichen, zu den schnellsten ihrer Art. Die Einrichtung des elektrischen S-Bahn-Betriebes erforderte den Aus- bzw. Neubau umfangreicher Bahnhofs- und Streckenanlagen, z. B. einen neuen Bahnhof in Zielitz, neue Haltepunkte wie Barleber See, Rothensee, Thälmannwerk, Frohse, Schönebeck-Salzelmen.

Die S-Bahn-Züge fahren im Gemeinschaftsbetrieb mit der Fernbahn auf gemeinsam benutzten Gleisen. Lediglich auf dem Abschnitt zwischen Hauptbahnhof und dem Haltepunkt Hasselbachplatz verkehrt die S-Bahn auf eigenen Gleisen. Die wichtigsten Änderungen gegenüber dem verdichteten Vorortverkehr waren der durchgehend elektrische Betrieb mit Wendezügen und einem Triebfahrzeug der Baureihe 211 bzw. 242 sowie vier Mitteleinstiegswagen, eine weitere Verdichtung der Zugfolge und die Einführung eines besonderen S-Bahn-Tarifs. Nachdem inzwischen auch der Wendezugbetrieb nach Haldensleben – in Dieseltraktion – aufgenommen wurde, ist in Zukunft die Ausdehnung des S-Bahnverkehrs bis Burg bzw. Gommern vorgesehen, um den Berufsverkehr in diesen Relationen zu verbessern.

Rübelandbahn:
Blankenburg (Harz) – Königshütte (Harz)   DR-Kursbuch-Strecke 719

Diese 100 Jahre alte Eisenbahnstrecke im Harz ist seit ihrem Bestehen in der Anwendung neuester Erkenntnisse der Eisenbahntechnik im wahrsten Sinne des Wortes „bahnbrechend" gewesen.

In ihrer Chronik sind drei große Umbauten vermerkt, die alle die gleiche Ursache hatten: Die sich entwickelnde Industrie im Harz forderte von der Bahn immer größere Leistungen, aber die schwierigen geographischen Verhältnisse wirkten wie ein Hemmschuh auf die Leistungsfähigkeit der Strecke. Dieser Widerspruch war nur durch Umbauten zu lösen, damit die Strecke den Anforderungen angepaßt werden konnte. Wer etwas davon weiß, wie kompliziert sich bereits der Bau der Harzbahn erwies und mit welchen Schwierigkeiten man bei den Umbauten fertig werden mußte, wird ermessen können, daß die heutige 23 km lange Strecke der Rübelandbahn von Blankenburg (Harz) über Rübeland nach Königshütte (Harz) eine der interessantesten Gebirgsbahnen der Deutschen Reichsbahn ist.

Sie hat ihren Ausgangspunkt in Blankenburg, einer Stadt im Kreis Wernigerode (Bezirk Magdeburg), klimatisch begünstigt am Nordrand des Harzes gelegen, mit wichtigen Industriebetrieben (Gieße-

rei, Holzindustrie, geologische Erkundung, Harz- und Wachsschmelzerei), Land- und Forstwirtschaft, Forschungs- und Entwicklungswerk für das Verkehrswesen. Der Personenbahnhof Blankenburg (Harz) ist Kopfbahnhof für folgende Strecken: die eingleisige Nebenbahnstrecke Halberstadt – Blankenburg (Harz), außerdem die eingleisige elektrifizierte Nebenbahn nach Königshütte (Harz) sowie die nur für den Gütertransport dienende, eingleisige Nebenbahnstrecke nach Thale (Anschlußbahnhof Roßtrappe).

Blankenburg hat nicht nur geologische und historische Sehenswürdigkeiten, sondern auch eisenbahntechnische, zu besichtigen im Museum Kleines Schloß, 3720 Blankenburg; Öffnungszeiten Dienstag bis Samstag 9 bis 12 und 14 bis 17 Uhr, Sonntag 9 bis 12 Uhr (in den Monaten Juli und August täglich von 9 Uhr bis 17 Uhr).

In der Ausstellung befindet sich ein Modell der Schurrenbahn. Diese Bahn transportierte von 1870 bis 1885 das Erz von

Bild 63 Die Rübelandbahn Blankenburg (Harz) – Königshütte (Harz).

der Grube Braune Sumpf zum Hochofenwerk nach Blankenburg. Der Höhenunterschied. wurde durch dreimaliges Kippen überwunden. Im Archiv befindet sich eine Foto- und Dokumentensammlung zur Rübelandbahn, und die Bibliothek verfügt über Literatur zur Geschichte der Halberstadt-Blankenburger Eisenbahn (HBE) sowie eben zur Rübelandbahn.

Im kleinen Harzort Trautenstein – an der Fernverkehrsstraße 242 zwischen Tanne und Hasselfelde gelegen – verkündet eine weiße Marmortafel an einem der alten Häuschen: „Im hiesigen Pfarrhaus wurde geboren am 30. 11. 1833 Friedrich Christian Albert Schneider. Geheimer Baurat, Erbauer der Zahnradbahn Blankenburg – Tanne . . ." Und am Schieferberg bei Blankenburg, nahe der Bahnstrecke und der Fernverkehrsstraße 27 zwischen Blankenburg und Rübeland, erhebt sich ein 4 m hoher Granitblock mit einem Bronzerelief des besagten Albert SCHNEIDER. Diese beiden Erinnerungen in der nahen Umgebung der Rübelandbahn würdigen das Verdienst des Mannes, der als erster den Bau einer Eisenbahn gewagt hatte, auf der im normalen Adhäsionsbetrieb und auf besonders steilen Abschnitten im Zahnradbetrieb

gefahren wurde, wobei die Lokomotive ohne Halt auf die Zahnstangenabschnitte überwechselte. Diese Strecke war die 1885 eröffnete Harzbahn Blankenburg (Harz) – Tanne mit dem späteren Namen „Rübelandbahn". Albert SCHNEIDER, nach seiner Ausbildung im Maschinenbau im Harzstädtchen Zorge mehrere Jahre bei der Kaiserlich-Königlichen Österreichischen Staatsbahn (KKÖStB) und der Wien-Raaber-Eisenbahngesellschaft sowie 15 Jahre bei der Eisenbahn im zaristischen Rußland tätig gewesen, kehrte 1872 mit sehr viel Erfahrungen in seine Harzer Heimat zurück. Hier wurde er zum Betriebsdirektor der Halberstadt-Blankenburger Eisenbahn berufen. Aus Rußland hatte er die Erfahrung mitgebracht, daß die Existenz einer Bahn für die wirtschaftlichen Verhältnisse eines bestimmten Gebietes von entscheidender Bedeutung sind. Ein solches Gebiet war das zwischen Blankenburg und Königshütte. Die Gewinnung von Holz, Kalk, Bausteinen und Eisenerzen sowie die Hüttenindustrie konnten der Konkurrenz der im Flachland angesiedelten Industrien nicht mehr widerstehen, weil sich der Transport dieser Güter über die Gebirgsstraßen als sehr hinderlich auf den

Bild 64   Längsprofil der Rübelandbahn.

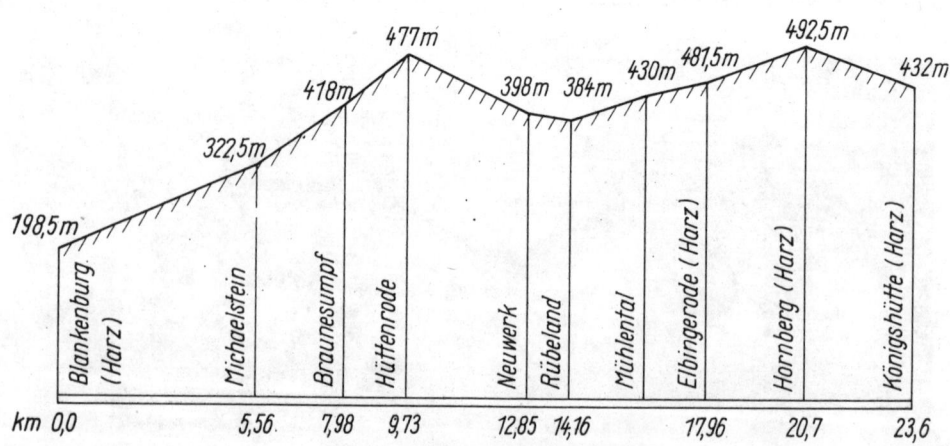

Bild 65 Kreuztalviadukt mit Ganzzug zum Transport von Kalkstein.   *Foto: Steinke*

· Absatz auswirkte. Eine Änderung konnte also nur durch den Anschluß an das Eisenbahnnetz erreicht werden. Da eine von Thale her zu bauende Strecke auf einer Länge von 15 km mindestens 15 Tunnel erfordert hätte, entschied sich SCHNEIDER für das sicher schwierige Unternehmen, den hohen Bergrücken zwischen Blankenburg und Elbingerode zu überwinden. Immerhin mußte auf einer Luftlinie von nur 6 km ein Höhenunterschied von 279 m bewältigt werden. SCHNEIDER mußte sich zu einem technischen Projekt entschließen, das bis dahin noch keine Eisenbahn der Welt ver-

wirklicht hatte: eine Bahnstrecke mit gemischtem Adhäsions- und Zahnradbetrieb. Die Entscheidung, ob Regel- oder Schmalspurbahn, hatte SCHNEIDER zugunsten einer Regelspurstrecke entschieden und mit Beharrlichkeit durchgesetzt, weil die Bahn damit ein Teil des allgemeinen Eisenbahnnetzes werden konnte und eine höhere Leistungsfähigkeit erwarten ließ. Wenn der Bau einer Schmalspurstrecke auch billiger gewesen wäre –

Tabelle 18 Technische Daten der Lokomotiven der Rübelandbahn

	Zahnradlok	Tierklasse	Ellok
Bauart	C1' n4 Z	1'E1' h2	BR 251 Co'Co' 50 Hz/25 kV
Gattung		Gt 57.16	
Baujahr	ab 1885	ab 1920	ab 1965
Hersteller	Esslingen	Borsig	LEW
Höchstgeschwindigkeit (km/h)		50	80
Steuerungsart		Heusinger	
Treibraddurchmesser (mm)	1250	1100	1350
Laufraddurchmesser (mm)		850	
Achsstand (mm)		9550	13 200
Länge über Puffer (mm)		12 450	18 640
Dienstmasse (t)	56	102,5	126
Anhängemasse (t)	120 bei 6 km/h	180 bei 15 km/h	300 bei 30 km/h

allein die Umladekosten für die Güter hätten die beim Bau erzielten Einsparungen bei weitem überstiegen.

Anfang 1882 nahm SCHNEIDER Verbindung zum Erbauer der Zahnradbahn auf den Schweizer Bergstock Rigi auf, zu Roman ABT. Aus der Zusammenarbeit der beiden, beeinflußt durch die Erfahrungen ABTs beim Bau von Zahnradbahnen und ihren Lokomotiven, entstand die Konstruktion eines vollkommen neuartigen Zahnstangensystems: die Lamellen-Zahnstange, eine Zahnstange mit drei gegeneinander versetzten Zahnreihen, die einen ruhigeren Lauf der Lokomotive gewährleistet. Vor der Anwendung dieses neuartigen Systems war SCHNEIDER die Bedingung auferlegt worden, es auf einer 1 km langen Versuchsstrecke zu erproben. Am 15. Mai 1885 fanden die ersten Versuche statt. Sie verliefen so erfolgreich, daß schon am 30. Juni 1885 das System mit der Abnahme der Versuchsstrecke genehmigt wurde. Am 1. November 1885 konnte der erste Teil der Strecke bis Rübeland in Betrieb genommen werden, 1886 bis Tanne der Rest.

Bei einer Länge von 30,5 km berührte die Strecke die größten Gruben und Bergwerke sowie mehrere bedeutende Ortschaften des Harzes. Nur zwei Tunnel waren erforderlich: der 187 m lange Bis-marcktunnel und der 466 m lange Bielsteintunnel.

So günstig sich auch die Trassierung auf die Baukosten auswirkte, brachte sie jedoch betrieblich außerordentliche Erschwernisse mit sich (Spitzkehre in Michaelstein und besonders die vielen Steilrampen). Immerhin mußten elf Zahnstangenabschnitte mit Steigungen zwischen 40 ‰ und 61 ‰ auf einer Gesamtlänge von 7,5 km durchfahren werden. Bei der Bergfahrt lag die Geschwindigkeit bei 7,5 km/h; die Lokomotive mußte stets am talseitigen Ende des Zuges fahren. Da wegen des Streckenprofils mehrmals Tal- und Bergfahrt wechselten, war ein wiederholtes Umsetzen der Lokomotive nicht zu umgehen. Trotzdem ermöglichte die Bahn zunächst eine erhebliche Steigerung der Leistungen in den anliegenden Gruben und Bergwerken. Nach wenigen Jahrzehnten aber war systembedingt die Strecke an der Grenze ihrer Leistungsfähigkeit angelangt. Im Jahre 1918 wurden umfangreiche Versuche mit dem Ziel angestellt, den Zahnradbetrieb durch Adhäsionsbetrieb zu ersetzen. Die Erprobungen verliefen so erfolgreich, daß beginnend 1920 der gemischte Betrieb eingestellt werden konnte. Die von Borsig 1920/21 gelieferten Lokomotiven der sogenannten Tierklasse mit den Namen *MAMMUT, BÜFFEL, ELCH* und *WI-*

SENT (später 95 6676 bis 95 6679) bewährten sich so gut, daß die DRG festlegte, die Strecken mit Steigungen bis zu 70 ‰ nur noch als Reibungsbahnen zu bauen. Die neue Betriebsart führte zu einer erheblichen Erweiterung der Streckenkapazität. Die Zugmassen konnten bergwärts von 120 t auf 180 t erhöht werden. Trotzdem dauerte es wieder nur wenige Jahre, und die Bahngesellschaft stand erneut vor der Tatsache, daß die Leistungsfähigkeit der Strecke erschöpft war.

Der zweite Umbau sah deshalb die Verbesserung der Linienführung im Abschnitt Hüttenrode – Rübeland vor. Während die alte Strecke in starkem Gefälle durch das Kreuztal zur Bode führte und hier wieder leicht ansteigend dem Lauf des Flusses nach Rübeland folgte, verlief die neue Trasse nun im mäßigen Gefälle, meist in Hanglage, geradewegs nach Rübeland, ohne sich an den Verlauf der Täler zu halten. Bei dieser direkten Verbindung mußten der Krumme Tunnel (307 m) und gleich dahinter der Nebelsholztunnel (90 m) gebaut werden. Beide Tunnel erhielten ein Profil, das später ohne Umbau für den elektrischen Zugbetrieb übernommen werden konnte. Zwischen beiden Tunneln wurde der fast 30 m hohe und 100 m lange Kreuztalviadukt (auch Krocksteinviadukt genannt) – am km 12,458 gelegen – errichtet. Der Bismarcktunnel, der im stillgelegten Abschnitt lag, wird seitdem nicht mehr benötigt. Es war zwar noch eine Neutrassierung des Abschnitts Blankenburg (Harz) – Hüttenrode vorgesehen, wodurch die Spitzkehre beseitigt und bessere Neigungsverhältnisse geschaffen werden sollten – doch die finanzielle Lage der HBE ließ den Weiterbau nicht mehr zu.

Am 1. Januar 1950 wurde die Rübelandbahn von der Deutschen Reichsbahn übernommen. Mit der erheblichen Zunahme der Kalkabfuhr war bald wieder die Streckenkapazität erschöpft. Alle Güterzüge fuhren mit Schiebelokomotiven, wobei vorwiegend die starken Tenderloks

der BR 95⁰, die aus der Tierklasse hervorgegangen waren, verwendet wurden. Später setzte man für schwere Züge sogar drei Lokomotiven ein und nahm den Reiseverkehr von der Strecke, doch eine weitere Steigerung der Kapazität war ohne eine generelle Neugestaltung der Bahn nicht zu erreichen. Sie konnte sich nicht wie bei den vorhergehenden Veränderungen auf die Zugkräfte oder auf die Trasse allein beziehen, sondern mußte fast alle technischen Bereiche der Bahn erfassen. Die DR entschloß sich deshalb, die Strecke zu elektrifizieren und Bahnhöfe, Streckenteile sowie Sicherungsanlagen umzubauen.

Der Abschnitt Blankenburg (Harz) – Königshütte (Harz), in dem sämtliche Steilstrecken liegen, wurde mit Einphasenwechselstrom 25 kV 50 Hz elektrifiziert. Das weicht zwar von den 15 kV 16 2/3 Hz des elektrifizierten Hauptnetzes der DR ab, bringt aber keine betrieblichen Nachteile, da die Rübelandbahn als Inselbetrieb in diesem Bahnstromsystem bestehen bleiben wird. Bemerkenswert ist, daß auch alle Nebengleise und die Anschlußbahnen mit Fahrleitungen überspannt wurden, so daß die vorwiegend verkehrenden Ganzzüge mit Elloks bis in die Anschlußbahnen gefahren werden. Als Triebfahrzeuge wurden 15 Lokomotiven der BR 251 (ex E 251) beschafft, die den gesamten Güter- und Reiseverkehr bewältigen.

Der Streckenumbau umfaßte die Verstärkung des Oberbaus und der Brücken für eine Achsfahrmasse von 21 t und die Umgehung des Bielsteintunnels durch Dammschüttung, die Errichtung eines Einschnittes sowie den Bau einer Straßenunterführung. Auf dem Abschnitt Blankenburg (Harz) – Elbingerode (Harz) konnte die Streckenhöchstgeschwindigkeit von 30 km/h auf 50 km/h heraufgesetzt werden. Allerdings dürfen alle Steilrampen mit Steigungen von 1:16,6 talwärts nach wie vor von den Reisezügen nur mit 30 km/h und von den Güterzügen nur mit 20 km/h befahren werden.

Um die größeren Zugkräfte der Elloks ausnutzen zu können, mußten die Kreuzungsbahnhöfe Gleislängen von 450 m für die nun längeren Züge erhalten. Bei der Spitzkehre Michaelstein wurde der Bahnhof weiter um den Staufenberg in das Silberborntal geführt.

In Hüttenrode wurde ein neuer Bahnhofsteil geschaffen, der unmittelbar unterhalb des alten liegt. Für den Güterverkehr sind drei 450 m lange Kreuzungsgleise angelegt worden. Der alte Bahnhof wird weiterhin für den Reiseverkehr genutzt. Der ehemalige Bahnhof Elbingerode West wurde durch zwei neue Kreuzungsgleise und ein neues Empfangsgebäude zum heutigen Bahnhof Elbingerode (Harz), während der ehemalige Hauptbahnhof für den Reiseverkehr geschlossen und als Wagenladungsknoten eingerichtet wurde. Umfangreiche Erweiterungen gab es auch auf dem Bahnhof Blankenburg (Harz), wo der Übergang von der elektrischen Traktion auf Dieseltraktion und umgekehrt durch Lokwechsel vollzogen wird.

Zu einer weiteren Erhöhung der Durchlaßfähigkeit trugen auch die umfangreichen Veränderungen an den Stellwerks- und Signaleinrichtungen bei. Der Abschnitt Blankenburg (Harz) – Elbingerode (Harz) erhielt Sicherungsanlagen nach den Grundsätzen für Hauptbahnen mit Streckenblock. In Blankenburg (Harz), Michaelstein, Rübeland und Elbingerode (Harz) entstanden zentrale Gleisbildstellwerke. Alle Bahnhöfe wurden mit Lichtsignalen ausgerüstet.

Nach der Rekonstruktion der Rübelandbahn können nun bergwärts Züge mit einer Masse von 600 t und talwärts Züge mit einer Masse von 1500 t gefahren werden. Das läßt sich allerdings nur verwirklichen, wenn die Güterzüge mit zwei Elloks bespannt werden. Diese Bespannung war für die Rübelandbahn von Anfang an vorgesehen, denn dadurch läßt sich die infolge der Spitzkehre in Michaelstein noch vorhandene betriebliche Unzulänglichkeit nahezu ausgleichen. Da an Zugspitze und Zugschluß jeweils eine Ellok fährt, sind in der Spitzkehre keine Rangierarbeiten notwendig, der Zug wechselt lediglich die Fahrtrichtung. Neben dem Güter- und Berufsverkehr bewältigt die Rübelandbahn auch einen bedeutenden Ausflugs- und Touristenverkehr (DR-Kursbuch-Strecke 719). Für die Touristen und Freunde der Eisenbahn ist eine Fahrt mit einem der zehn Personenzugpaare berg- als auch talwärts zu empfehlen.

Selketalbahn:
Gernrode (Harz) – Alexisbad – Harzgerode/Stiege DR-Kursbuch-Strecke 674

Die älteste Schmalspurbahn des Harzes, früher Gernrode-Harzgeroder Eisenbahn (GHE) genannt, bekannter aber unter dem Namen Selketalbahn, führt von der Stadt Gernrode (Kreis Quedlinburg, Bezirk Halle) am Nordostrand des Harzes, einem vielbesuchten Erholungsort und Ausflugsziel, hinauf nach Harzgerode (Kreis Quedlinburg, Bezirk Halle), das im Unterharz auf einer bewaldeten Hochfläche liegt und Industriestadt sowie Erholungsort ist. Die Bahn im Selketal führt inzwischen weiter über Silberhütte, Straßberg (Harz) und Güntersberge hinauf nach Stiege.

Schon bevor Gernrode im Jahre 1885 mit der Strecke Quedlinburg – Frose Eisenbahnanschluß erhalten hatte, gab es von interessierten Kreisen der Industrie Bestrebungen, nicht nur die Harzrandstädte an die Bahn anzuschließen, sondern auch die kleinen Industriegemeinden im Harz. Dafür gab es zahlreiche Projekte, die aus Finanzgründen oder aus militärischen Gründen aber nicht ausgeführt wurden. Erst als Gernrode Bahnanschluß bekom-

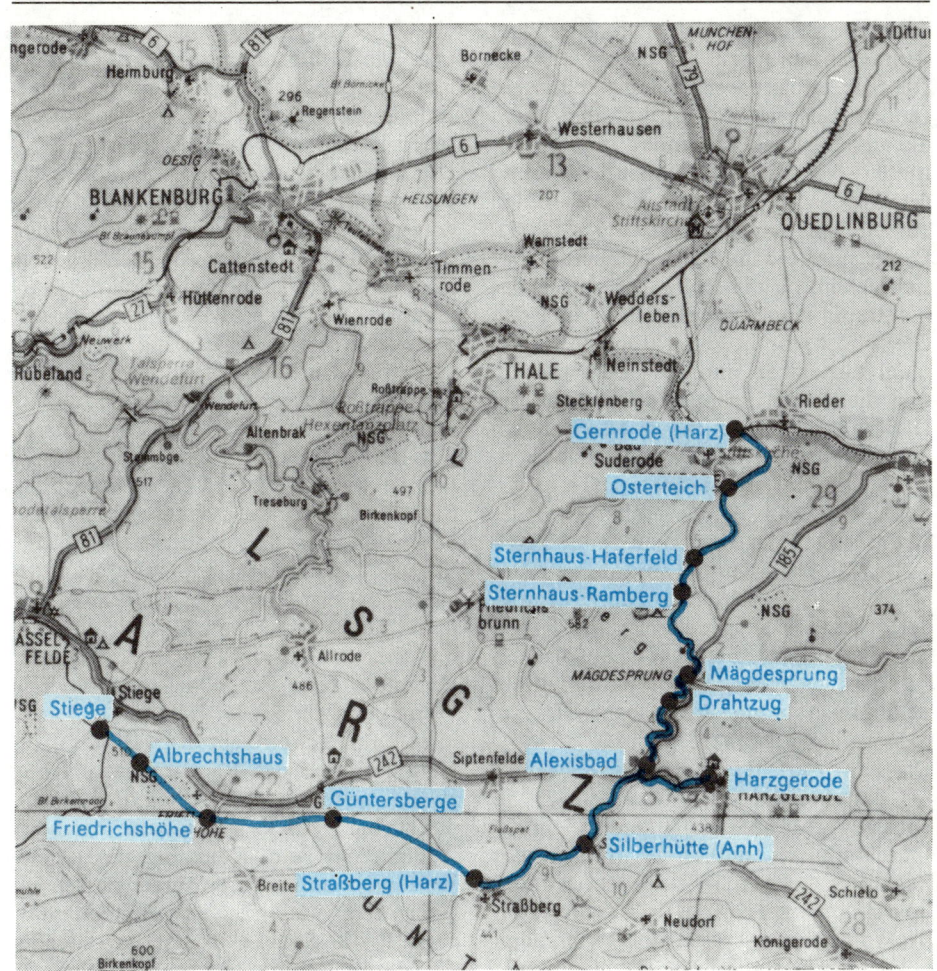

Bild 66 *Die Selketalbahn Gernrode (Harz) –
Alexisbad – Harzgerode/Stiege.*

men hatte, wurden der Bau und der Betrieb einer Schmalspurbahn von 1000 mm Spurweite mit dem Ausgangspunkt Gernrode (Harz) über Mägdesprung und Alexisbad nach Harzgerode zur Beförderung von Personen und Gütern gestattet, und zwar für die Gernrode-Harzgeroder Eisenbahngesellschaft (GHE, inoffiziell auch Anhaltische Harzbahn genannt).

Nachdem am 27. September 1886 die Bauarbeiten begonnen hatten, erfolgte am 7. August 1887 die Einweihung des ersten 10,1 km langen Abschnitts zwischen Gernrode (Harz) und Mägde-

sprung. Wegen der schwierigen Geländeverhältnisse wurde der Abschnitt Mägdesprung – Harzgerode (7,4 km) erst ein Jahr später fertig und am 1. Juli 1888 dem Betrieb übergeben. Die Selketalbahn ist damit die älteste aller Harzbahnen.

Die anderen Strecken der GHE (Alexisbad – Güntersberge, Güntersberge – Stiege und Stiege – Hasselfelde) wurden bis 1892 fertiggestellt, waren bis 1946 in Betrieb und wurden dann, bis auf die Abschnitte Hasselfelde – Stiege – Eisfelder

Talmühle, sowie Alexisbad – Straßberg (Harz), abgebrochen.

Die Selketalbahn weist einen ständig steigenden Reiseverkehr auf, hat aber durch die an der Strecke liegenden Industriebetriebe – vor allem der Holzindustrie und der Flußspatgruben bei Straßberg – einen erheblichen Güterverkehr abzuwickeln. Dieser mußte ohne Rollwagenbetrieb vor sich gehen, da die Rollwagen wegen des Lichtraumumgrenzungsprofils in den Gleisbögen, die in Felsschluchten liegen, nicht einsetzbar sind. Die Selketalbahn war die letzte Schmalspurbahn in der DDR, auf der bis noch vor kurzem Schmalspurgüterwagen im Einsatz waren. Um den Rollwagenbetrieb zu ermöglichen, wurde am 30. November 1983 die 11 km lange Lücke zwischen der Selketalbahn (Straßberg) und dem Abzweig der Strecke Stiege – Eisfelder Talmühle wieder geschlossen, so daß nun die Regelspurgüterwagen „huckepack" auf flachen Schmalspurwagen von Nordhausen direkt zu ihren Abnehmern bis nach Harzgerode gelangen können.

Die Fahrt auf der Selketalbahn beginnt im Bahnhof Gernrode (km 0,0) 210 m über NN. Auf dem Gelände des Schmalspurbahnhofs – südlich der Anlagen der Regelspur gelegen – befindet sich ein Lokschuppen. In ihm sind die zum Bw Wernigerode Westerntor gehörenden Lokomotiven stationiert. Dazu kommen

ein Triebwagenschuppen, ein Wasserkran, ein Kohlebansen und ein Schlackeplatz, die in ihrer Gesamtheit das kleine Empfangsgebäude recht bescheiden aussehen lassen.

Die Strecke überquert die Straße nach Ballenstedt, und man fährt den Bergen entgegen, von denen sich links der Strecke die „Gernröder Alpen" erblicken lassen. Am km 1,5 befindet sich der Haltepunkt Osterteich. Weiter verläuft die Strecke am Berghang entlang, wobei der Platz für den Bahnkörper teilweise aus den Felsen ausgebrochen werden mußte. Nach dem Überqueren eines Ausläufers des Heiligen Teiches auf einer kleinen Brücke wird bei km 5,7 der Haltepunkt Sternhaus-Haferfeld erreicht (381 m über NN). Von hier ab beginnt, nachdem die Straße Gernrode – Sternhaus gekreuzt wurde, der erste steile Abschnitt mit 1:25, d. h., auf 25 m Länge steigt die Strecke um 1 m, das ist auf 1000 m Länge eine Höhendifferenz von 40 m (oder 40 ‰). Wenn beim km 6,9 der Haltepunkt Sternhaus-Ramberg erreicht ist (412 m über NN), ist auch das Ramberg-Massiv bezwungen. Im Haltepunkt liegt der Brechpunkt der Strecke. Sternhaus-Ramberg verfügt über ein Kreuzungsgleis, eine Wartehalle und ein Fernsprechhäuschen. Nach dem Verlassen des Haltepunktes verläuft die Strecke in starkem Gefälle den Ramberg hinunter. Die Bremsgeräu-

Bild 67   Längsprofil der Selketalbahn.

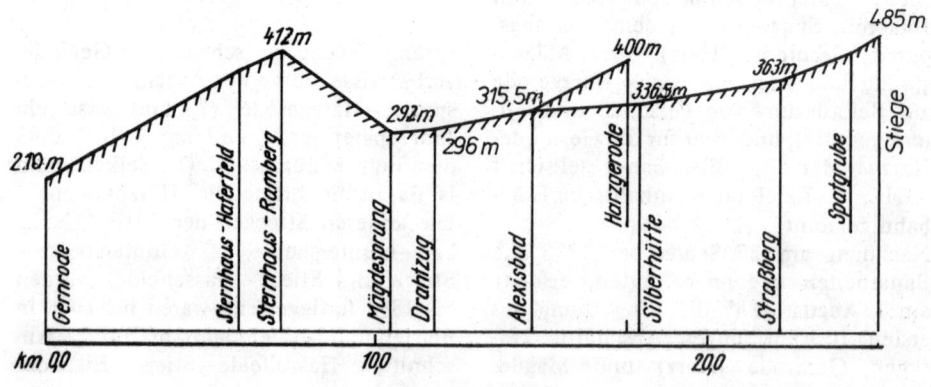

Bild 68   Einfahrt in den Bahnhof Alexisbad von Süden. Anstelle von Einfahrsignalen sind Trapeztafeln aufgestellt.   Foto: Spranger

Bild 69   Schmalspurdampflokomotive 99 5901-6.   Foto: Steckel †

sche der Saugluftbremse sind hier deutlich wahrnehmbar! Kurz vor dem Ende des Gefälleabschnittes ist links hoch oben auf dem Berg die Ruine der Heinrichsburg zu sehen, und nach Umfahren des Berges in einem weiten Bogen sowie der zweimaligen Kreuzung der Straße Gernrode (Harz) – Mägdesprung wird

Bild 70   Schmalspurdampflokomotive
99 5906-5.   *Foto: Herfen*

Bild 71   Schmalspurdampflokomotive
99 6001-4.   *Foto: Herfen*

Tabelle 19   Technische Daten von Lokomotiven der Selketalbahn

	99 5901	99 5906	99 6001
Bauart	B'B n4vt	B'B n4vt	1'C1' h2t
Gattung	K 44.9	K 44.9	K 35.10
Spurweite	1000 mm	1000 mm	1000 mm
Baujahr	1897	1918	1938
Hersteller	Jung	Karlsruhe	Krupp
Fabrik-Nr.	258	2052	1875
Höchstgeschwindigkeit (km/h)	30	30	30
Steuerungsart	Heusinger	Heusinger	Heusinger
Treibraddurchmesser (mm)	1000	1000	1000
Laufraddurchmesser (mm)	–	–	600
Achsstand (mm)	4600	4670	6060
Länge über Puffer (mm)	8875	9400	8910
Dienstmasse (t)	36	36	47,6

beim km 10,2 der Bahnhof Mägdesprung (295 m über NN) erreicht. Auffällig ist das zweistöckige Empfangsgebäude; ferner gibt es hier ein Kreuzungs- und ein Ladegleis.

Die Strecke verläuft dann in einem großen Bogen um den Ort und tritt erst hier in das sehr enge Selketal ein, wobei die Straße direkt neben dem Bahnkörper verläuft. Nachdem sich das Tal wieder etwas weitet, die Strecke sich aber am Berghang weiterzieht, folgt 296 m über NN der Bedarfshaltepunkt Drahtzug (km 11,6). Nun geht es wieder bergauf, an hohen und felsigen Abschnitten vorbei, Bogen reiht sich an Bogen, bis bei km 14,5 der Bahnhof Alexisbad in Sicht kommt (315,5 m über NN), am Ortsausgang nach Harzgerode liegend. Dieser Bahnhof ist nach Gernrode (Harz) als Abzweigbahnhof die wichtigste Betriebsstelle der Selketalbahn, denn hier vereinigen sich drei Streckenteile, so daß auch drei Bahnsteige zum Ein- und Aussteigen vorhanden sind. Lade- und Abstellgleise ermöglichen einen umfangreichen Rangierbetrieb, der durch das Zerlegen und Bilden der Züge, besonders der Güterzüge, immer interessant zu beobachten ist. Die Lok der Personenzüge nimmt in Alexisbad Wasser. Dafür sind zwei Wasserkrane und für das Nachfassen von Kohle ein Kohlebansen vorhanden.

Der Streckenabschnitt nach Harzgerode überquert auf einer kleinen Brücke die Selke und anschließend – Läute- und Pfeifsignale der Lokomotive haben sie angekündigt – die Fernverkehrsstraße nach Harzgerode. Die 3 km bis auf die Hochfläche von Harzgerode müssen durch Steigungen überwunden werden, wobei sich der Bahnkörper dicht an den Berghang drängt. Nochmals wird die Straße gekreuzt, über Wiesen und am Waldrand entlang geht es nach Harzgerode (km 2,9) in 400 m über NN. Zuvor zweigt bei km 2,6 vom durchgehenden Hauptgleis ein 97 m langes Anschlußgleis zur Ziegelei Harzgerode ab, das jedoch nicht mehr benutzt wird. Harzgerode hat ein zweistöckiges Empfangsgebäude; Reste des 1971 abgetragenen Lokschuppens sind noch sichtbar, ebenfalls die lange Ladestraße. Zur Fahrt auf dem Streckenabschnitt vom Bahnhof Alexisbad zum Bahnhof Stiege steht der Zug meist auf Gleis 3. Vom Bahnhof aus kann man jenseits der Selke einen hohen Felsen sehen, auf dem ein 130 Jahre alter Zeuge des hier ansässig gewesenen Eisenkunstgusses steht, die sogenannte „Verlobungsurne". Diese Stelle ist zugleich ein Aussichtspunkt mit vortrefflicher Sicht auf die Strecke nach Harzgerode und auf das in Richtung Silberhütte führende Gleis. Die Fahrt über Straßberg nach Stiege verläuft durch das Selketal. Links ein Berghang, an dem sich ein Steinbruch befand, dann tauchen einige Fabrikgebäude auf, und am km 17,7 wird der Bahnhof Silberhütte erreicht (336,5 m über NN). Der Name des Ortes rührt von den Erzvorkommen in dieser Gegend her, die bis zum ersten Weltkrieg hier abgebaut wurden. Von Silberhütte ins benachbarte Neudorf verlief von 1886 bis 1909 eine 4,5 km lange 750-mm-Schmalspurstrecke als Industriebahn. Ihre Trasse ist noch heute sichtbar: Am Sommerweg der Straße von Silberhütte nach Neudorf und am Flurstück Biewende sowie im angrenzenden Wald ist der mit Grauwacke geschotterte Bahnkörper noch zu entdecken.

Die Strecke verläuft weiter im Selketal, an Holzlagerplätzen und Sägefabriken vorbei, und am km 18,4 zweigt ein Anschlußgleis in einen Betrieb, in die Faßfabrik Rinkemühle, vom Streckengleis ab. Hier sind ständig mit Fässern beladene Güterwagen zu sehen. Das Anschlußgleis ist 115 m lang.

Das Tal, in dem die Trasse verläuft, wird hinter Silberhütte breiter und flacher, so daß der Ort Straßberg auf einer Hochfläche schon von weitem zu sehen ist. Bis 1946 hieß der Bahnhof Lindenberg, wurde aber durch Eingemeindung Lindenbergs in den Ort Straßberg im Jahre 1952 umbenannt. Der Bahnhof (km 21,8)

liegt in 363 m über NN und war bis 1983/84 (Gütertransport/Reiseverkehr) Endbahnhof der Selketalbahn. Der Bahnhof besitzt Ladegleise, Laderampen, einen Güterschuppen und einen Schuppen für einen Schienenkraftwagen. Die in der Nähe befindlichen Flußspatgruben verursachen ab Straßberg ein beachtliches Güteraufkommen.

Zum Triebfahrzeugpark der Selketalbahn gehören einige interessante Lokomotiven. Die älteste noch in Betrieb befindliche Dampflokomotive der DR ist die 99 5901(ex NWE 11). Sie gehört ebenso wie die vier anderen noch im Einsatz befindlichen Schmalspurlokomotiven der Baureihe 99^{59} zu den letzten bei der Deutschen Reichsbahn planmäßig eingesetzten Mallet-Lokomotiven. Im Jahre 1974 wurde die 99 5901 in ihre grüne Originalfarbgebung zurückversetzt. Die 99 5906 (ex NWE 41) war als Heeresfeldbahnlok im Einsatz, bis sie 1920 von der NWE gekauft und 1956 zur Selketalbahn umgesetzt wurde.

Eine weitere Besonderheit ist die 1939 von Krupp gebaute 99 6001 (ex NWE 21), die als l'Cl'h2t eine neue Serie von Einheitsschmalspurlokomotiven einleiten sollte, dann allerdings nur in diesem einen Exemplar gebaut wurde.

Als Hilfszugfahrzeug existiert auf der Selketalbahn schließlich noch ein zweiachsiger Dieseltriebwagen.

Harzquer- und Brockenbahn:
Wernigerode – Drei Annen Hohne – Schierke/Nordhausen Nord und Hasselfelde – Eisfelder Talmühle   DR-Kursbuch-Strecke 678

Im Harz befindet sich eine der schönsten und interessantesten Schmalspurbahnen auf dem Boden der DDR: die das Harzmassiv überquerende Harzquerbahn zwischen Wernigerode und Nordhausen Nord (60,5 km) mit der in Drei Annen Hohne abzweigenden Brockenbahn nach Schierke und weiter als nichtöffentliche

Bahn zum Brocken (19 km). Sie hat eine Seitenverbindung von Eisfelder Talmühle über Stiege nach Hasselfelde, die früher zur Gernrode-Harzgeroder Eisenbahn

Bild 72   Strecke der Harzquer- und Brockenbahn Wernigerode – Drei Annen Hohne – Schierke – Brocken/Nordhausen Nord und Hasselfelde – Eisfelder Talmühle.

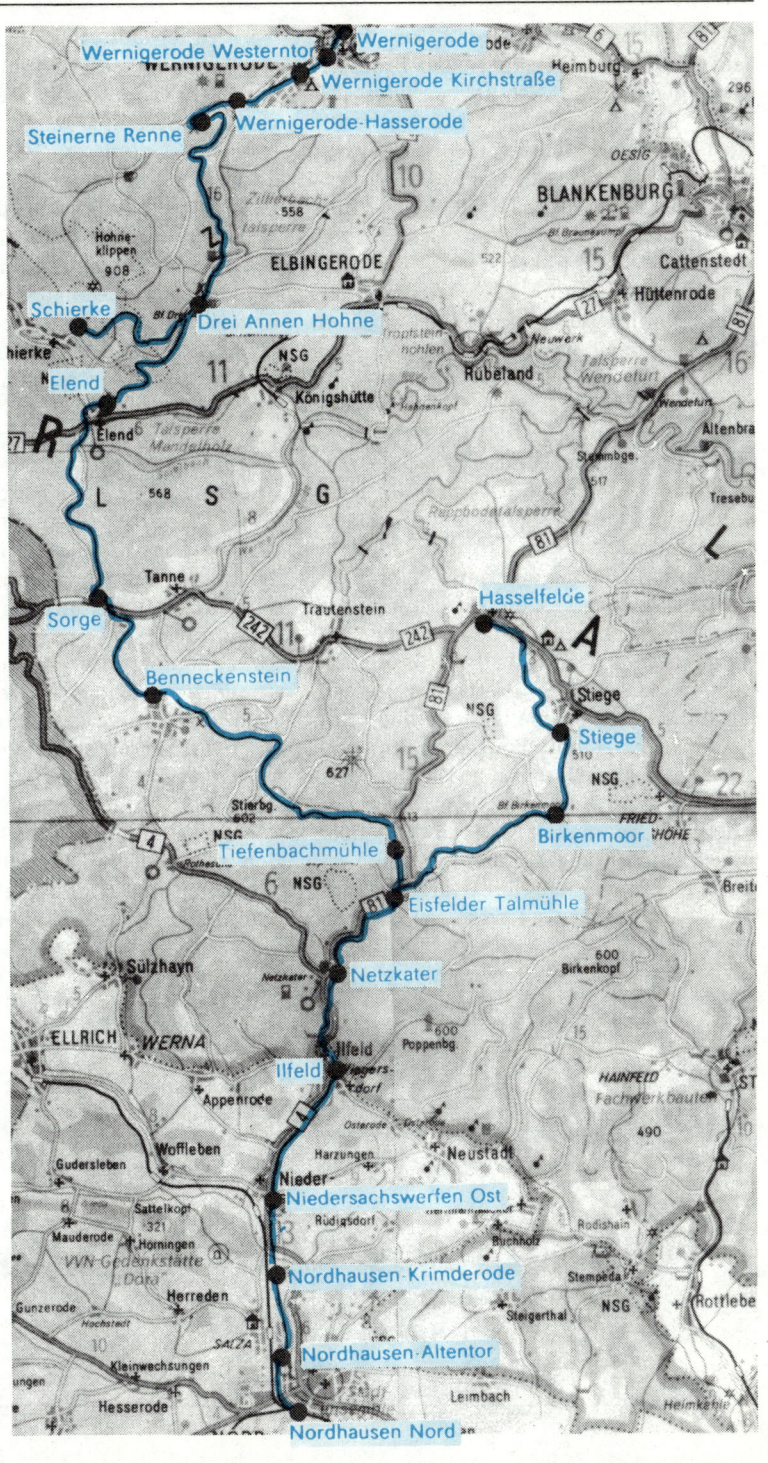

(GHE) gehörte. Mit ihren 80 km Strekkenlänge ist die Harzquer- und Brockenbahn die längste Schmalspurbahn der DDR. Die Strecke der Harzquerbahn führt vom nördlichen Gebirgsfuß des Harzes mit dem Ausgangsort Wernigerode – in 235 m über NN gelegen – hinauf in den Oberharz über Drei Annen Hohne in 542,5 m über NN und Bennekenstein in 530 m über NN wieder hinab nach Nordhausen Nord (184 m über NN). Ihre Bedeutung liegt vor allem im Personenverkehr. Der Fremdenverkehr hat mit etwa 80 Prozent Anteil den weitaus größten Umfang, weil jährlich Zehntausende Urlauber und Touristen während des Sommers und Winters im Harz weilen. Im Güterverkehr hat die Harzquerbahn nur örtliche Aufgaben, auf dem Abschnitt Eisfelder Talmühle – Nordhausen Nord jedoch größere Bedeutung.

Das Umgehen des Harzes durch die Hauptbahnen während des Eisenbahnbaus in der zweiten Hälfte des vorigen Jahrhunderts hat seine Ursache nicht nur in den topographischen Verhältnissen, sondern in der Hauptsache wohl in der damals nicht vorhandenen ökonomischen Notwendigkeit, die sowohl siedlungsmäßig als auch industriell wenig erschlossenen Gebiete des Harzes durch Hauptbahnstrecken zu erfassen. Deshalb wurde auch der erste im Jahre 1866 entstandene Plan einer Bahnlinie quer durch den Harz, von Nordhausen nach Wernigerode, abgelehnt. Das Projekt des Nordhausener Geometers VON BORCK sah übrigens eine Regelspurbahn vor. In Deutschland stand man den schmaleren Spurweiten noch etwas skeptisch gegenüber, da in England keine guten Erfahrungen damit gemacht worden waren. Erst als im Jahre 1878 die „Bahnordnung für deutsche Bahnen untergeordneter Bedeutung" erlassen worden war und 1892 die „Bahnordnung für Nebeneisenbahnen Deutschlands", fanden die Schmalspurbahnen wieder größere Aufmerksamkeit, teils weil sie billiger zu bauen waren als Regelspurbahnen und teils auch – wie bei der Harzquerbahn zutreffend – bei der Erschließung von Gebirgen mit ihren schwierigen Verhältnissen für die Streckenführung.

Da außerdem die kapitalistische industrielle Entwicklung in Deutschland nun auch rasch vorangeschritten war, hatte das Ersuchen eines neuen „Harzbahnkomitees" zum Bau einer Eisenbahn im Jahre 1896 Erfolg, so daß die preußische Regierung am 27. Mai 1896 die „Konzession zum Bau und Betrieb einer für den Betrieb mittels Dampfkraft und für die Beförderung von Personen und Gütern

Bild 73   Längsprofil der Harzquer- und Brockenbahn.

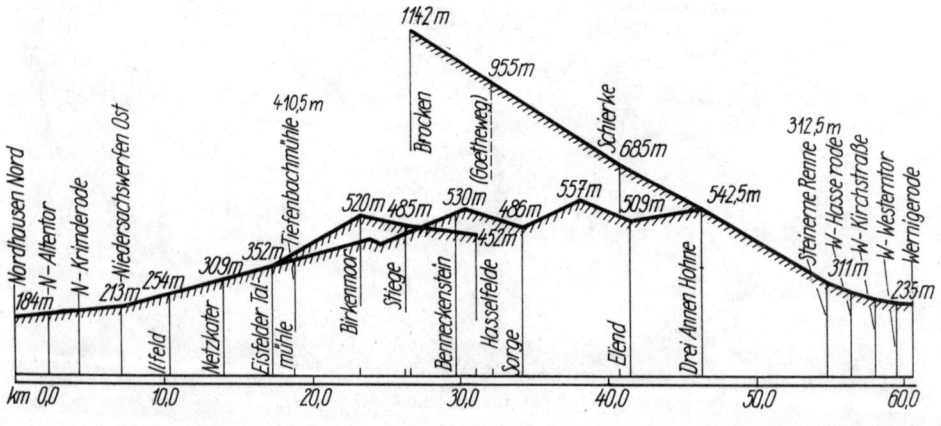

Bild 74   Sonderzug der DR auf der Harzquer-
bahn.   *Foto: Stephan*

im öffentlichen Verkehr bestimmte, den
Vorschriften der Bahnordnung für die
Nebeneisenbahnen Deutschlands unter-
worfene Eisenbahn mit 1 m Spurbreite
von Nordhausen über Ilfeld nach Wernigerode mit einer Abzweigung nach dem
Brocken" erteilte.
Am 25. Juni 1896 wurde in Berlin die
Nordhausen-Wernigeroder Eisenbahngesellschaft (NWE) gegründet, und noch im
gleichen Jahre begann sowohl von Nordhausen als auch von Wernigerode aus der
Bau. Bereits am 12. Juli 1897 wurde die
Teilstrecke Nordhausen – Ilfeld eröffnet,
und trotz schwieriger Bedingungen im
Oberharz und im Brockenmoor – hierfür
hatte man Arbeitskräfte aus Italien, Jugo-
slawien und Bayern geholt – wurde nach
nur dreijähriger Bauzeit der durchgehende Zugbetrieb von Nordhausen nach
Wernigerode sowie von Drei Annen
Hohne zum Brocken am 27. März 1899
aufgenommen.
400 Brücken, Wasserdurchlässe und Wegübergänge, hohe Dammschüttungen,
meist in Fels getriebene Hanganschnitte,

die gegen Steinschlag und Felsstürze zu
sichern waren, hatte man bauen müssen
– aber nur einen Tunnel. Es handelt sich
um den 60 m langen Tunnel zwischen
dem Haltepunkt Steinerne Renne und
dem Bahnhof Drei Annen Hohne, der
Ausdruck dafür ist, daß die fahrdynami-
schen Trassierungsgrundsätze bei einer
Mittelgebirgsbahn geschickt angewendet
wurden – wenngleich sicher auch ein
Einschnitt denkbar gewesen wäre. In den
nördlichen und südlichen Tälern findet
man, bedingt durch die dichte Besied-
lung, kurze Abstände der Bahnhöfe. Dagegen sind auf dem Gebirgsplateau größere Abstände zu verzeichnen, wie zwischen Eisfelder Talmühle und Bennek-
kenstein mit 12,5 km. Der Höhenunterschied beträgt 178 m. Eine Besonderheit
waren die inzwischen beseitigten Rückdrückgleise am Kreuzungsgleis des ehemaligen Bahnhofs Goetheweg (Brockenbahn) und im ehemaligen Bahnhof Drängetal (zwischen Steinerne Renne und
Drei Annen Hohne).
Die meisten Urlauber, Eisenbahntouristen und -freunde beginnen eine Fahrt
mit der Harzquerbahn in Wernigerode,
dem schön gelegenen Harzstädtchen.

Deshalb soll auch die Streckenbeschreibung von Wernigerode ausgehen, obwohl die Kilometrierung der Strecke in Nordhausen beginnt und in Wernigerode endet. Drei Stunden Reisezeit benötigt ein Zug der Harzquerbahn für die 60 km lange Strecke von Wernigerode nach Nordhausen. Manchem wird diese Fahrzeit etwas lang erscheinen. Aber wer selbst einmal mit der Harzquerbahn gefahren ist, kann bestätigen, daß diese Stunden fast zu schnell vergehen – angesichts der schönen Landschaft und der vielen engen Bogen. Allein zwischen Steinerne Renne und Drei Annen Hohne sind 72 Stück! Wer nur bis Benneckenstein fahren will, kann die zweimal wöchentlich während der Saison im Auftrage des Freien Deutschen Gewerkschaftsbundes (FDGB) verkehrenden Sonderzüge der DR benutzen. Diese bestehen meist aus der im Jahre 1898 gebauten Mallet-Lokomotive mit der Triebfahrzeugnummer 99 5903 der DR, teils auch aus den Mallet-Lokomotiven 99 5901, 99 5902 oder 99 5904, und restaurierten, historischen Reisezugwagen. Für die Fahrt von Wernigerode aus empfiehlt sich ein Platz im letzten Wagen, in Fahrtrichtung auf der linken Seite, weil sich von hier aus die schönsten Aussichten auf die Landschaft und beim zeitweiligen Betreten der hinteren Plattform (wofür das Zugpersonal bei diszipliniertem Verhalten Verständnis hat) auch auf die Streckenführung ergeben. Der Bahnhof Wernigerode liegt am km 60,53 in 235 m über NN. Eigentlich sind es ja zwei Bahnhöfe: der Regelspurbahnhof, auf dem die D-Züge aus Berlin, Leipzig und Dresden sowie Wendezüge aus Halberstadt enden und beginnen und Personenzüge im Durchgangsverkehr bis Ilsenburg behandelt werden, sowie der Schmalspurbahnhof. Im gemeinsamen Empfangsgebäude ist auf einer Streckenkarte der Streckenverlauf noch einmal einzusehen. Ein Charakteristikum der Harzquerbahn ist hier ebenfalls noch zu erkennen: der „Dreischienenbetrieb", d. h. eine mit einer Schmalspurlokomotive, einem Zwischenwagen (Nr. 99-01-90) und Regelspurfahrzeugen zusammengestellte Rangierabteilung bewegt sich auf einem Gleis mit drei Schienen. Nachdem sich der Personenzug in Bewegung gesetzt hat, rollt er – von einer 99er gezogen – bald schon über die Weichen einiger Anschlußgleise, die zu Holzplätzen und größeren Betrieben (Sägewerke) führen. Dort sind häufig Güterwagen der Regelspur zu sehen, die auf sogenannten Rollwagen stehen. Das sind sehr niedrige vierachsige Fahrzeuge mit einer Bremse, untereinander mit stählernen Kuppelbäumen verbunden. Früher mußten die Güter in Wernigerode (und auch in Nordhausen) von den Schmalspurgüterwagen in Regelspurgüterwagen umgeladen werden. Jetzt befinden sich in Wernigerode und in Nordhausen Einrichtungen, wo die Güterwagen der Regelspur auf Rollwagen der Schmalspur aufgefahren werden, wodurch der Güterumschlag von der Regel-

Tabelle 20   Inbetriebnahmen der Streckenabschnitte der Harzquer- und Brockenbahn

Streckenabschnitt	Länge (km)	Inbetriebnahme	
		Reiseverkehr	Güterverkehr
Nordhausen – Ilfeld	10,71	12. Juli 1897	7. Febr. 1898
Ilfeld – Netzkater	3,24	1. Mai 1898	7. Febr. 1898
Wernigerode – Drei Annen Hohne	14,18	20. Juni 1898	20. Juni 1898
Drei Annen Hohne – Schierke	5,36	20. Juni 1898	20. Juni 1898
Netzkater–Benneckenstein	15,89	15. Sept. 1898	15. Sept. 1898
Benneckenstein – Drei Annen Hohne	16,51	24. März 1899	24. März 1899
Schierke – Brocken	13,52	27. März 1899	27. März 1899

auf die Schmalspur und umgekehrt rationell vonstatten geht. Seit 1963 entfällt also dieses Umladen, da die gesamte Strecke der Harzquerbahn für den Rollwagenbetrieb zugelassen ist.

Nachdem der Zug dann in einem großen Bogen den Nordwestrand des Stadtkerns umfahren hat, wird nach fünf Minuten Fahrzeit der Bahnhof Wernigerode Westerntor erreicht (km 59,21; 238 m über NN).

Hier steigen meist noch viele Reisende zu, die von einem Stadtbummel kommen. Wer weiterfährt, sollte auf alle Fälle noch einmal bei einer anderen Gelegenheit auf diesem Bahnhof aussteigen und verweilen, weil er sehr viel zu bieten hat: zunächst einmal das im Jahre 1936 fertiggestellte Empfangsgebäude, das im Zusammenhang mit der Verbesserung der Streckenführung neu errichtet wurde und sich durch seine geschmackvolle Gestaltung gut in die Harzlandschaft einpaßt, dann das Bahnbetriebswerk, in dem das gesamte rollende Material der Harzquerbahn beheimatet ist, instand gehalten und instand gesetzt wird. Auch sehenswerte Schmalspurtechnik ist hier zu sehen, u. a. ein schmalspuriger Feuerlöschzug, die Schmalspurdiesellokomotive 199 301, alte Schmalspurgüterwagen und auf Abstellgleisen Reservefahrzeuge, Lokomotiven und Wagen stillgelegter 1000-mm-Schmalspurstrecken der DR.

In Wernigerode Westerntor befindet sich die Dispatcherzentrale der Harzquerbahn, in der die täglich verkehrenden 23 Personenzüge und 14 Güterzüge betrieblich überwacht werden.

Gleich hinter dem Bahnhof Wernigerode Westerntor überfährt der Zug die Zillierbachbrücke und die verkehrsreiche Kreuzung am Westerntor, wo Verkehrsampeln den Autos und Fußgängern Rot gebieten, wenn der Zug die Kreuzung befährt. Dann schwenkt die Bahn in das Tal der Holtemme ein. Auf 3 km Länge geht die Strecke direkt an Haus- und Hoftüren sowie an Vorgärten vorbei, zum Teil die Straße mitbenutzend, durch den Ortsteil

Hasserode. Hier befinden sich der Haltepunkt Kirchstraße (km 57,98; 256 m über NN) und der Bahnhof Wernigerode Hasserode (km 56,23; 280 m über NN). Waren bisher schon erste sanfte Steigungen zu nehmen, so ist bis zum nächsten 1,5 km entfernten Haltepunkt Steinerne Renne ein Höhenunterschied von 32,5 Meter zu bewältigen. Das Lokpersonal muß mächtig „Dampf aufmachen".

Um zunächst noch an Höhe zu gewinnen, führt die Strecke nach dem letzten Hause von Hasserode noch ein Stück entlang der Holtemme aufwärts, bis dann das zunehmend engere Tal sie zur Umkehr zwingt. Die Strecke wendet sich dabei in einer engen Bogenkehre wieder talauswärts. An dieser Bogenkehre mit nur 60 m Radius liegt bei km 54,6 in 312,5 m über NN der Bahnhof Steinerne Renne. Nun steigt die Strecke am rechten Hang des Holtemmetals empor und biegt bei der Einmündung des Drängetales in dieses ein. Kurz hinter dem Bahnhof Steinerne Renne bietet sich links ein schöner Blick auf die Innenstadt Wernigerodes mit dem oberhalb am Hang liegenden Schloß. Der folgende Streckenabschnitt ist für das Lokpersonal und die Maschine der schwerste, für die Reisenden aber der schönste. Auf den nächsten 8 km bis zum Bahnhof Drei Annen Hohne muß der Zug einen Höhenunterschied von 230 m überwinden. Das entspricht einer durchschnittlichen Steigung von 1:30, d. h. auf 30 m Länge steigt die Strecke um 1 m an! Gleisbogen reiht sich an Gleisbogen.

Im Thumkuhlental – hier auf der kleinen Brücke ereignete sich 1927 das schwerste Unglück auf der Harzquerbahn – biegt dann die Strecke noch einmal weit vom Drängetal ab, um sich in einer zweiten Bogenkehre abermals höherzuwinden. Bei der Rückkehr ins Drängetal – die Lok pfeift kurz – wird der Tunnel durchfahren; er ist 60 m lang und durchstößt den Kleinen Thumkuhlenkopf.

Die nächste Besonderheit betrieblicher Art – allerdings stillgelegt – ist der ehemalige Kreuzungsbahnhof Drängetal.

Eine technische Besonderheit – am Schotterbett noch zu sehen – waren hier die waagerecht verlegten Rückdrückgleise. Bei Zugkreuzungen wurde der bergauf weiterfahrende Zug in das Rückdrückgleis geschoben, so daß er leichter wieder anfahren konnte, wenn der talwärts fahrende Zug weitergefahren war. Nach dem Überqueren der Straßen Wernigerode – Schierke und Drei Annen Hohne – Elbingerode wird der Wald lichter und der Bahnhof Drei Annen Hohne (km 46,35; 542,5 m über NN) erreicht. Hier wartet der Zug auf den Gegenzug aus Richtung Nordhausen. Die Zeit wird zum Wassernehmen genutzt, denn auf den bisher zurückgelegten 14 km hat die Lok 4 m³ Wasser verbraucht. Früher befanden sich in Drei Annen Hohne zwei Bahnhöfe, außer dem Bahnhof der Harzquerbahn etwas unterhalb von diesem gelegen der Bahnhof der Halberstadt-Blankenburger Eisenbahn, beide durch einen Fußgängertunnel verbunden, der auch heute noch benutzbar ist und zu der im ehemaligen Bahnhofsgebäude eingerichteten MITROPA-Gaststätte führt.

Die weitere Fahrt geht zunächst etwas talwärts, rechts zweigt die Strecke nach Schierke und weiter zum Brocken ab. Nach Überqueren des Wormketales biegt die Strecke von der hier bisher parallel verlaufenden Straße nach Schierke ab und führt zum Bahnhof Elend (km 41,55; 509 m über NN).

Danach verläuft die Strecke in einem großen Bogen um den Ort, überquert die Kalte Bode und steigt durch dichte Wälder wieder zur Hochfläche hinauf. Die Lokomotive schnauft, denn sie muß zwischen Elend und dem Haltepunkt Sorge den mit 557 m höchsten Punkt der Strecke bewältigen. Danach geht es talwärts zum Haltepunkt Sorge (km 34,25; 486 m über NN). Das frühere Empfangsgebäude – vor der Brücke gelegen – wurde 1975 abgebrochen und ein neuer Haltepunkt in günstigerer Lage zum Ort eingerichtet. Hinter Sorge beginnt abermals eine Steigung zur Harzhochebene,

die im Bahnhof Benneckenstein (km 29,84; 530 m über NN) wieder erreicht wird.

Auch nach dem Bahnhof führt die Trasse über die Hochebene mit ihren vielen Wiesen, die einen weiten Ausblick gestatten. Auf diesem Stück säumen keine schroffen Bergwände die Strecke, was sich aber mit Beginn der Talfahrt – die nun bis Nordhausen währt – sofort ändert. Mit dem Eintreten der Strecke in die Fichtenwälder überquert die Bahnstrecke den windungsreichen Oberlauf der Rappbode und durchfährt dann das große Waldgebiet des Landschaftsschutzgebietes „Südharz". Am Kälberbruch, einem links von der Strecke gelegenen Bruchgebiet, wird die Wasserscheide zwischen den nach Norden und den nach Süden entwässernden Harzflüssen überschritten. Die Strecke verläuft nun parallel zum Tiefenbach und zur Fernverkehrsstraße 81 (Magdeburg – Netzkater). Mit der Erweiterung der engen Hänge zu einem breiten Talkessel, umgeben von steil aufragenden Bergen, wird der Bahnhof Eisfelder Talmühle (km 17,29; 352 m über NN) erreicht. Von hier aus führt die Strecke von der Harzquerbahn über Stiege nach Hasselfelde, und auf diesem Streckenabschnitt dominiert der Güterverkehr, vor allem der Holztransport, nach Nordhausen. Diese Zweigstrecke gehörte früher zur GHE. Im Jahre 1905 war eine Verbindungsstrecke von Eisfelder Talmühle nach Stiege gebaut worden, wo Anschluß an die Strecke Gernrode – Alexisbad – Stiege – Hasselfelde der Gernrode-Harzgeroder Eisenbahn (GHE) bestand, der ältesten Schmalspurbahn des Harzes. Nach dem Bahnhof Eisfelder Talmühle folgt die Strecke der Behre abwärts. Nach dem Durchfahren des Haltepunktes Netzkater (km 13,95; 309 m über NN) und des Bahnhofs Ilfeld (km 10,71; 254 m über NN) verliert die Harzquerbahn ihren Charakter als Gebirgsbahn; die Strecke tritt in das Tal der Goldenen Aue ein. Bei km 6,98 (213 m über NN) wird der Bahnhof Niedersachswerfen Ost

Bild 75 Portal des Harzquer-bahntunnels durch den Kleinen Thumkuhlenkopf zwischen Steinerne Renne und Drei Annen Hohne mit Lokomotive ex NWE 13 anläßlich der Sonderfahrt zum 75jährigen Streckenjubiläum.
Foto: Herfen

passiert, der zur gleichnamigen Gemeinde mit starker Industrie gehört. Hinter dem Bahnhof liegt ein riesiger Steinbruch, in dem Zechstein-Anhydrit abgebaut wird und der im VEB Kombinat Leuna-Werke „Walter Ulbricht" zur Herstellung von Schwefelsäure und Ammoniak dient. Rechts ist dann die regelspurige Strecke von Nordhausen nach Ellrich sichtbar, und nach dem Halt im Haltepunkt Krimderode (km 5,35; 198 m über NN) und im Haltepunkt Altentor (km 2,18; 189 m über NN) wird der Bahnhof Nordhausen Nord (184 m über NN) – der Endpunkt der Harzquerbahn – erreicht, der seitlich vom Empfangsgebäude des Hauptbahnhofs der Regelspurbahn liegt.

Die Triebfahrzeuge und Wagen der Harzquerbahn zeigen auch heute noch eine große Vielfalt. Die Dampflokomotiven rufen natürlich überall großes Interesse hervor, sei es die über 80 Jahre alte Oldtimerlok 99 5903, die in den Jahren 1954/56 vom damaligen VEB Lokomotivbau „Karl Marx" Babelsberg gebauten Lokomotiven der Bauart l'El'h2t und der Gattung K 57.10 oder deren Vorbild, die 1931 von Schwartzkopff gebaute 99 7222. Mit etwas Glück ist bei einem Besuch der Harzquerbahn auch der letzte Dieseltriebwagen (Bo'Bo') der Harzquerbahn, mit der NWE-Nr. T3 bzw. der DR-Nummer 185 025 (ex VT 137 566) zu sehen, der im Jahre 1938 von der Wagenbau AG Wismar hergestellt wurde und seit 1940 im Einsatz bei der Harzquerbahn ist. Schließlich gehört zu den Triebfahrzeugen noch die 1966 vom VEB Lokomotivbau „Karl Marx" Babelsberg gebaute und seit 1970 auf der Harzquerbahn eingesetzte Diesellok (Achsfolge C) mit der DR-Nummer 199 301 (ex V 103 901). Sie war die erste Lok einer Serie von 30 Stück, die in Babelsberg für die Indonesische Staatsbahn in 1067 mm Spurweite (Kapspur) gebaut wurde und auf der Harzquerbahn einer umfangreichen Erprobung unterzogen worden war. Die 30 bestellten Loks wurden nach Indonesien geliefert, die Erprobungslok blieb in Babelsberg, bis sie 1969 von der DR für

Tabelle 21   Technische Daten der Lokomotive 99 5903-2 und der Neubaulokomotiven Baureihe 99.7

	99 5903-2	Baureihe 99.7
Bauart	B'B n4vt	1'E1' h2t
Gattung	K 44.9	K 57.10
Baujahr	1898	ab 1954
Höchstgeschwindigkeit (km/h)	30	40
Treibraddurchmesser (mm)	1000	1000
Gesamtachsstand (mm)	4600	8700
Länge über Puffer (mm)	8874	12 500
Dienstmasse (t)	36	61

die Harzquerbahn gekauft und umgerüstet wurde. Sie ist seit 1970 in Wernigerode Westerntor beheimatet, wo sie als Hilfszuglok zur Beförderung von Arbeitszügen und im Rangierdienst eingesetzt ist. Die heute im Einsatz auf der Harzquerbahn befindlichen 45 Reisezugwagen unterschiedlicher Bauarten wurden zum größten Teil von der Waggonfabrik Wismar gebaut. Die ursprünglichen Holzwagenkästen wurden von 1922 bis 1933 durch solche aus Stahlblech ersetzt, die bis auf wenige Ausnahmen noch heute auf der Harzquerbahn vorhanden sind. Alle Reisezugwagen sind mit elektrischer Beleuchtung und von der Lok gespeister Niederdruckdampfheizung ausgerüstet. Die ältesten Reisezugwagen stammen aus dem Jahre 1897, die jüngsten aus dem Jahre 1936 (gebaut von Linke-Hofmann-Busch, Bautzen). Wegen der bogenreichen Streckenführung waren für die Harzquerbahn ausschließlich Drehgestellwagen in Dienst gestellt worden. Interessanteste Zuggarnitur für alle Besucher ist der „Oldtimerzug" ...

Dessen Lokomotive ist die älteste auf der Harzquerbahn in Dienst stehende Maschine. Sie trägt sowohl die EDV-Nummer der DR 99 5903-2 als auch die NWE-Betriebsnummer 13 (am Schornstein) und befördert während der Sommersaison zweimal wöchentlich den „Oldtimerzug" von Wernigerode nach Benneckenstein und zurück mit Hunderten von Touristen und Eisenbahnfreunden aus der DDR und aus dem Ausland. Die Lok wurde im Jahre 1898 von der Firma Jung, Jungenthal, unter der Fabrik-Nr. 345 gebaut. Die Nr. 13 der NWE trug ursprünglich eine andere Lok, die 1897 von Jung unter der Fabrik-Nr. 260 gebaut worden war. Sie war 1914 während des ersten Weltkriegs an die Heeresfeldeisenbahn abgegeben worden und in Frankreich geblieben. Dadurch gab es eine Veränderung der Betriebsnummern der NWE. Bei der 99 5903-2 handelt es sich um eine Mallet-Lokomotive, also mit kurvenbeweglichem Laufwerk. Übrigens hatte unabhängig von MALLET und fast gleichzeitig mit ihm das spätere Aufsichtsrats-

Tabelle 22   Zusammensetzung des „Oldtimerzugs" der Harzquerbahn

Fahrzeug	NWE-Nr.	DR-Nr.	Gattung	Baujahr	Hersteller
Lokomotive	13	99 5903-2	K 44.9	1898	A. Jung, Jungenthal
Wagen	75	900-455	KB 4ip	1897	Waggonfabrik AG vormals Herbrand & Ci. Köln-Ehrenfeld
Wagen	62	900-456	KB 4ip	1899	Hannoversche Waggonfabrik AG Linden b. Hannover
Wagen	64	900-458	KB 4ip	1899	dito
Wagen	83	900-460	KB 4ip	1900	dito

mitglied der NWE, RIMROTT, den gleichen Loktyp erdacht und entworfen. Bis zum Jahre 1956 war die Lok nur auf der Harzquerbahn eingesetzt, kam danach zur Selketalbahn, bis sie im Jahre 1974 nach Wernigerode zurückkehrte und seitdem den „Oldtimerzug" befördert. Zu diesem Zug gehören vier Reisezugwagen, die Namen von an der Harzquerbahn gelegenen Orten tragen.

Die seit Betriebseröffnung der Harzquerbahn vor mehr als 80 Jahren eingesetzten Lokomotiven und Wagen dokumentieren die Entwicklung der meterspurigen Fahrzeuge und finden das rege Interesse der Fachwelt und der Eisenbahnfreunde.

Die Bedeutung der Bahn für das im Einzugsbereich liegende Wirtschaftsgebiet des Harzes, der Berufs- und der große Ausflugsverkehr gaben den Ausschlag, die Harzquer- und Brockenbahn – eine der interessantesten Bergbahnen Mitteleuropas – in einer so schönen Landschaft zu erhalten.

Thale

Die Stadt im Kreis Quedlinburg (Bezirk Halle), am Austritt der Bode aus dem Harz gelegen, Sommerfrische und Urlaubsort, bekannt durch seine steilen Granitfelsen (wie die 437 m hohe Roßtrappe und den 454 m hoch gelegenen Hexentanzplatz), durch sein Bergtheater und seine Industrie (Eisenhüttenwerk, Herdbau, Holzwerke), hat seit dem 7. Oktober 1970 eine weitere Attraktion aufzuweisen: die Personenschwebebahn. Sie führt von der Talstation im Bodetal (Jägerplatz) gegenüber der Hubertusinsel auf einer Entfernung von 678 m hinauf zur 244 m höher gelegenen Bergstation auf dem Hexentanzplatz an der Walpur-

gishalle. Sie ist damit die steilste Kabinenbahn der DDR. 26 Kabinen, in denen je vier Personen sitzen können, befinden sich ständig in beiden Richtungen im Umlauf, das heißt, es handelt sich um eine Zweiseil-Umlauf-Schwebebahn. Im Abstand von 24 Sekunden verläßt jeweils eine Kabine sowohl die Tal- als auch die Bergstation, oder in der Entfernung ausgedrückt: der Abstand zwischen den Kabinen beträgt jeweils 72 m. Eine Fahrt mit der Bahn dauert vier Minuten. Die Vollsichtkanzeln bieten einen guten Rundblick. Das ständig wechselnde Landschaftsbild vom Bodetal bis hinauf zu den steilen schroffen Felswänden ver-

Bild 76   Längsprofil der Personenschwebebahn Thale.

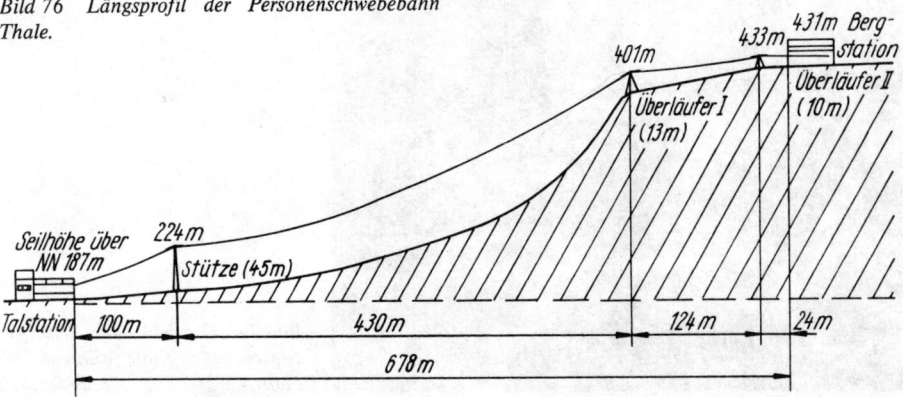

Bild 77   Talstation der Personenschwebebahn Thale.   Foto: Spranger

Bild 78   Gondel der Personenschwebebahn Thale während der
Fahrt.   Foto: Spranger

leiht jeder Fahrt – ob im Sommer oder im Winter – einen besonderen Reiz.
Der Bau der Bahn begann am 26. Februar 1969 unter der Regie von Betrieben der ČSSR (Transporta Chrudim, PSB Gottwaldov, Trammontaz Chrudim) und der PGH Elektrotherm Quedlinburg. Übrigens gab es seit dem Jahre 1886 schon mehrmals Projekte, eine Personenschwebebahn in Thale zu bauen, meist jedoch zur Verbindung der beiden Höhen Roßtrappe und Hexentanzplatz. Die jetzige Personenschwebebahn ermöglicht durch Anpassung der Fahrzeiten an die Vorstellungszeiten des Bergtheaters die Benut-

zung dieser praktischen Verbindung, und durch die Anlage von Parkplätzen in der Nähe der Talstation sowie Bergstation haben auch Autotouristen bequeme Möglichkeiten zu einer Fahrt mit der Personenschwebebahn Thale. Die Betriebszeiten liegen von Januar bis April sowie von Oktober bis Dezember von 9 bis 16 Uhr und von Mai bis September von 8 bis 18 Uhr.
Der Tourist zur Roßtrappe muß nicht den Fußweg durch das Bodetal und über die Schurre gehen. Seit dem Jahre 1979 bringt ihn der Sessellift in vier Minuten auf die Höhe.

Bernburg

Die Kreisstadt im Bezirk Halle im Süden der Magdeburger Börde und an der schiffbaren Saale gelegen, bekannt durch vielfältige Industrien (Kalibergbau, Zement, Soda, Serum, Landmaschinen, Papier) und sein Solbad, liegt an der zweigleisigen Hauptbahnstrecke zwischen Köthen und Güsten (DR-Kursbuch-Strecke 690) und ist Ausgangspunkt der

eingleisigen Nebenbahn Bernburg–Calbe (Saale) West (DR-Kursbuch-Strecke 671). Bahnverbindungen erhielt Bernburg 1846 nach Köthen, 1866 nach Güsten und 1890 nach Calbe. Sie begün-

Bild 79   Zug der Pioniereisenbahn Bernburg.
Foto: Melzer

stigten den Aufbau einer großen Industrie auf der Grundlage von Steinsalz, Kali, Kalk und Braunkohle. Als Mitte der 60er Jahre unmittelbar im Stadtgebiet Einrichtungen zur Entspannung und Erholung geschaffen wurden, entstand u. a. in den Jahren 1968/69 auch eine Pioniereisenbahn, die im wesentlichen das Naherholungsgebiet erschließt (Eröffnung am 1. Juni 1969). Der Ausgangspunkt der 1,9 km langen Strecke in 600 mm Spurweite ist der Bahnhof Kreiskulturhaus, unmittelbar an der Fernverkehrsstraße Halle (Saale) – Magdeburg. Hier stehen auch die Schuppen für die Fahrzeuge. Das Ausweichgleis am Bahnhof Kreiskulturhaus dient zum Umsetzen der Lokomotive. Mit dem Haltepunkt Tierpark ist, wie bereits in anderen Städten auch, eine Verbindung zu einer solch beliebten Einrichtung geschaffen worden. Über den Bahnhof Sportforum und den Haltepunkt Kessler Turm wird der Endbahnhof Paradies erreicht.

Zwei Škoda-Diesellokomotiven (die eine 1969 aufgebaut aus einer ausgemusterten Untertage-Diesellokomotive Bauart BND 30, die andere 1972 aufgebaut aus einer ebenfalls ausgemusterten Lokomotive gleicher Bauart) und sechs Drehgestellwagen (aus dem Bestand der 600-mm-Güterwagen der Mecklenburg-Pommerschen Schmalspurbahn – MPSB – gewonnen) befahren die eingleisige Strecke mit drei Kreuzungsstellen bzw. Umsetzgleisen, so daß ein Betrieb mit zwei Zügen möglich ist.

Halberstadt

Die Kreisstadt im Bezirk Magdeburg, im fruchtbaren nördlichen Harzvorland gelegen, hat seit fast 1000 Jahren Stadtrecht, war 1945 zu 82 Prozent zerstört. Sie wurde wieder aufgebaut, hat heute ein erhebliches Industrieaufkommen (Maschinenbau, Konserven, Zucker, Spirituosen, Möbel, Betonteile) und ist Eisenbahnknotenpunkt, der im Schnittpunkt der Strecken Magdeburg – Halberstadt – Blankenburg (Harz) – Rübelandbahn und Wernigerode – Halberstadt – Aschersleben liegt und wichtige Sammel- und Verteilerfunktionen für den gesamten Eisenbahnverkehr von und nach dem Harz hat. Der Bahnhof Halberstadt liegt am km 88,9 der Strecke aus Richtung Aschersleben und in Richtung Wasserleben sowie am km 58,5 der Strecke aus Richtung Magdeburg – Oschersleben. Seine erste Bahnverbindung erhielt Halberstadt 1843 mit Magdeburg. 1862 wurde die Strecke nach Thale eingeweiht und 1869 die nach Ilsenburg.

In der Stadt befindet sich das Reichsbahnausbesserungswerk, in dem seit 1978 die 26,4-m-Reisezugwagen „Bauart Halberstadt" der DR gebaut werden. Die Straßenbahn in Halberstadt besteht seit dem 26. August 1887, als zwei Linien vom Bahnhof in das Stadtinnere als Pferdebahn eröffnet wurden. Nachdem am 1. Juli 1902 von der Stadt die Umstellung auf elektrischen Betrieb beschlossen worden war, wurde dieser am 2. Mai 1903 aufgenommen (Spurweite 1000 mm). Gegenwärtig hat das Netz eine Länge von 10 km. Täglich werden etwa 25 000 Personen befördert. Im Stadtgebiet liegen – bedingt durch die Höhenunterschiede der Stadtteile – einige bemerkenswerte Steigungs- bzw. Gefällestrecken der Straßenbahn. An historischen Straßenbahnfahrzeugen wird der Tw 31 aufbewahrt; ein im Jahre 1933 gebauter Triebwagen der Firma Lindner, Ammendorf, im Originalzustand.

Gommern

Die Stadt im Kreis Burg (Bezirk Magdeburg) an der von Magdeburg Hbf über Biederitz bis Gommern zweigleisigen Hauptbahn der elektrifizierten Strecke Magdeburg – Roßlau (Elbe) (DR-Kursbuch-Strecke 720) gelegen, ist Industrie- und Arbeiterwohnstadt und Sitz des zentralen Ausrüstungs- und Reparaturwerkes für die Erdöl- und Erdgasindustrie. Die Verarbeitung landwirtschaftlicher Produkte, Sandgruben und Steinbrüche sowie Betriebe der Datenverarbeitung und der Bekleidungsindustrie haben hier ihren Standort. Die Eisenbahnstrecke Magdeburg – Gommern wurde 1874 eröffnet. Auf dem Bahnhofsvorplatz ist seit dem 14. Juli 1975 die 99 4301 der DR als Denkmallokomotive aufgestellt. Sie ist eine kleine Cn2-Tenderlokomotive der Gattung K 33.3 für 750 mm Spurweite. Der Denkmalswert der Lokomotive ergibt

Tabelle 23   Technische Daten der Schmalspurdampflokomotive 99 4301

Bauart	C n2t
Gattung	K 33.3
Spurweite (mm)	750
Baujahr	1920
Hersteller	Orenstein & Koppel
Fabrik-Nr.	9418
Höchstgeschwindigkeit (km/h)	15
Steuerungsart	Heusinger
Treibraddurchmesser (mm)	600
Achsstand (mm)	1500
Länge über Puffer (mm)	5630
Dienstmasse (t)	9,8

Bild 80   Denkmal-Schmalspurdampflokomotive 99 4301 in Gommern.   Foto: Winkelmann

sich einmal daraus, daß diese Maschine immer in Gommern oder in der Umgebung eingesetzt war, daß sie also ein Stück örtlicher Verkehrsgeschichte repräsentiert. Andererseits ist sie infolge ihrer einfachen, übersichtlichen Konstruktion für die polytechnische Anschauung besonders geeignet. Die Maschine wurde am 24. September 1921 von der Zuckerfabrik Gommern in Betrieb genommen. Sie diente zum Rangieren der durch die Kreiskleinbahn (Kleinbahn des Kreises Jerichow I, kurz KJ I) herangebrachten Wagen mit Zuckerrüben. 1948 wurde sie von der KJ I unter der Betriebsnummer 23 übernommen. Da sie nur über eine Handbremse verfügte, war ihre zulässige Höchstgeschwindigkeit auf 15 km/h begrenzt. Sie kam daher für den Streckendienst nicht in Frage und wurde ab 1949 als Rangierlok auf dem Burger Umladebahnhof eingesetzt. Mit der Übernahme der Kleinbahn des Kreises Jerichow kam sie im Jahre 1952 zur Deutschen Reichsbahn und erhielt die Nummer 99 4401, die im selben Jahr in 99 4301 geändert werden mußte. 1957 wurde die elektrische Lichtanlage, 1964 ein neuer Stehkessel eingebaut. Nach Stillegung und Abriß der Kleinbahn wurde die Lok im November 1965 an die Gommern-Pretziener Kleinbahn („Steinbruchs-" oder „Sandbahn", 1975/76 VEB Sandgruben Pretzien) verkauft. Dort erfolgte 1967 ihre letzte Reparatur. Seither stand sie still, weil der Sandbahn wegen der Waldbrandgefahr der Dampflokbetrieb untersagt worden war. Auf Initiative der Gommeraner Natur- und Heimatfreunde kam 1975 ein Vertrag mit dem VEB Sandgruben, dem Rat der Stadt und örtlichen Betrieben zustande, der die Erhaltung der Lok und ihre Aufstellung als Technikdenkmal enthielt. Sie wurde am 12. April 1975 von Pretzien nach Gommern transportiert und dort mit Hilfe eines Aktivs freiwilliger Helfer restauriert. Am 14. Juli 1975 wurde die über 60 Jahre alte Lok auf dem Bahnhofsvorplatz aufgestellt.

Vatterode

Dieser Ort, im Mansfelder Bergland gelegen, an der eingleisigen Nebenbahn Klostermansfeld – Wippra (DR-Kursbuch-Strecke 655), 7,8 km von Klostermansfeld entfernt, erhielt im Jahre 1960 am Vatteroder Teich ein Erholungsgebiet, in dem am 3. Juli 1967, dem Tag des Bergmanns in der DDR, die Pioniereisenbahn „Junges Leben" Vatterode eröffnet wurde. Die 1,3 km lange Strecke führt durch ein landschaftlich reizvolles Gebiet und verbindet den Ort Vatterode mit dem Erholungsgebiet. Die Gleise, Lokomotiven und Wagen stammen aus nicht mehr benötigten Ausrüstungen der ehemaligen Grubenbahn des Mansfeld-Kombinates „Wilhelm Pieck", woraus sich auch die Spurweite von 500 mm ableitet. Als Lokomotiven werden ehemalige Akku-Grubenlokomotiven der Bauart EL 9 vom Kombinat LEW „Hans Beimler" Hennigsdorf verwendet. Eine Lokomotive erhielt eine solche Verkleidung, daß sie äußerlich einer Diesellok der Baureihe 118 der DR ähnelt.

Am Gleisende des Bahnhofs Mansfeld Schleife wurde im Mai 1975 eine Drehscheibe mit 2 m Nutzlänge eingebaut, übrigens die einzige Drehscheibe bei einer Pioniereisenbahn in der DDR.

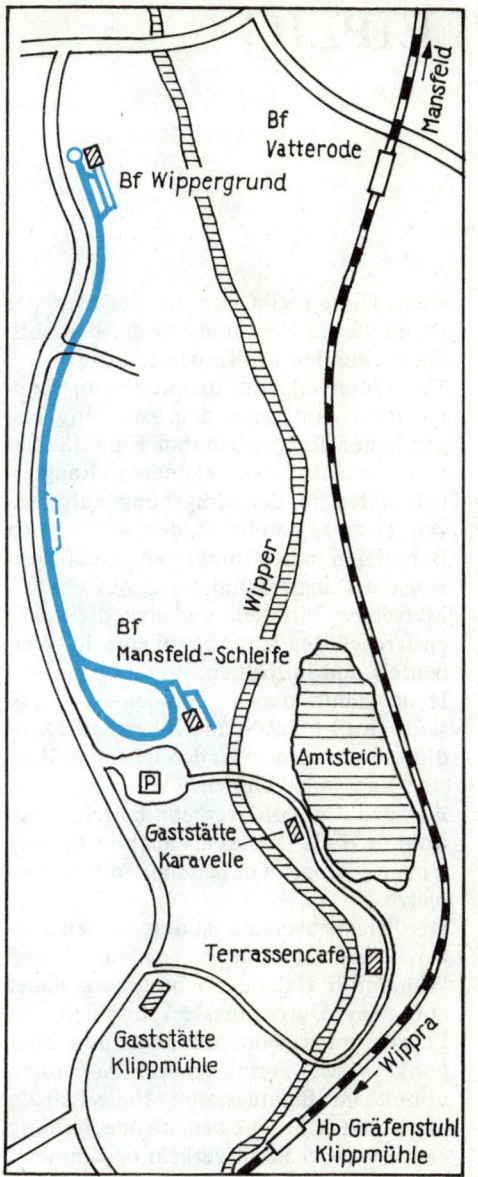

Bild 81   Strecke der Pioniereisenbahn Vatterode.

HALLE (SAALE)/LEIPZIG

Das Ballungsgebiet um die beiden Großstädte Leipzig und Halle (Saale) zählt wegen seiner hochentwickelten Industrie und seiner recht bedeutenden Landwirtschaft zu den ökonomisch wichtigsten Gebieten der DDR. Das Wirtschaftsprofil prägen einerseits vielfältige Industriezweige, wie die chemische Industrie (Leuna, Schkopau, Wolfen, Bitterfeld, Böhlen, Espenhain), der Braunkohlentagebau mit den Revieren bei Halle/Merseburg, Delitzsch, Bitterfeld und Leipzig, der Kalibergbau, der Kupferschieferbergbau, die Elektroenergieerzeugung, die Baustoffindustrie, der Maschinenbau, die Nahrungs- und Genußmittelindustrie und die polygraphische Industrie, andererseits aber auch die Landwirtschaft und in bedeutendem Maße der Handel.

Das Profil des Eisenbahnverkehrs wird damit vor allem durch die Industrie des Ballungsgebietes bestimmt. Den Gütertransport kennzeichnen hohe Versand- und Empfangsmengen, vor allem aus dem Gutaufkommen der Braunkohlentagebaue und der Betriebe der chemischen Industrie. Hauptgutarten im Versand sind Kohle, Baustoffe, Chemikalien, flüssige Brennstoffe, Maschinenbauerzeugnisse, Düngemittel und landwirtschaftliche Erzeugnisse, im Empfang Kohle, Erdöl, Koks, Metallwaren, Salze und Produkte der Landwirtschaft.

Zur Bewältigung der umfangreichen Gütertransporte von und nach dem Raum Halle (Saale)/Leipzig dienen leistungsstarke Güterbahnhöfe. Die beiden großen Rangierbahnhöfe des Knotens Leipzig sind Engelsdorf und Leipzig-Wahren, zwischen denen eine Arbeitsteilung besteht. Diese ergibt sich aus der Lage der Bahnhöfe im Netz und aus der betrieblichen Situation im Knoten Leipzig.

Das Güterverkehrsaufkommen im Knoten Halle wird neben dem zweiseitig ausgebildeten Rangierbahnhof Halle (Saale) von kleineren Rangierbahnhöfen in der Umgebung aufgefangen. Dazu zählen neben den werkseignen Bahnhöfen in den Buna- und Leuna-Werken die Rangierbahnhöfe Großkorbetha, Merseburg, Bitterfeld und auch die weiter entfernt liegenden Ablaufberge in Weißenfels und in Köthen.

Halle zählt neben Dresden-Friedrichstadt, Karl-Marx-Stadt-Hilbersdorf, Seddin und Engelsdorf zu den leistungsfähigsten Rangierbahnhöfen.

Für den Containerverkehr bestehen sowohl in Halle (Saale) als auch in Leipzig leistungsfähige Großcontainerumschlagplätze.

Der Personenverkehr ist durch einen starken Fernreiseverkehr gekennzeichnet. Während in Halle der Schwerpunkt dabei auf dem Durchgangsverkehr liegt, ist Leipzig vorwiegend Ausgangs- und Endpunkt vieler Fernreisezüge. Außerdem nimmt im Ballungsraum Halle/Leipzig der Nahverkehr eine bedeutende Stellung ein, wobei der Berufsverkehr bestimmend ist. Der starke Berufsverkehr und die Wohnungskonzentration in den Neubaugebieten an den Stadträndern führten in Halle und Leipzig zur Errichtung von S-Bahnen.

Die Großstädte Halle (Saale) und Leipzig sind gleichzeitig zwei der bedeutendsten Eisenbahnknoten der DDR und durch ihre räumliche Lage im Streckennetz der

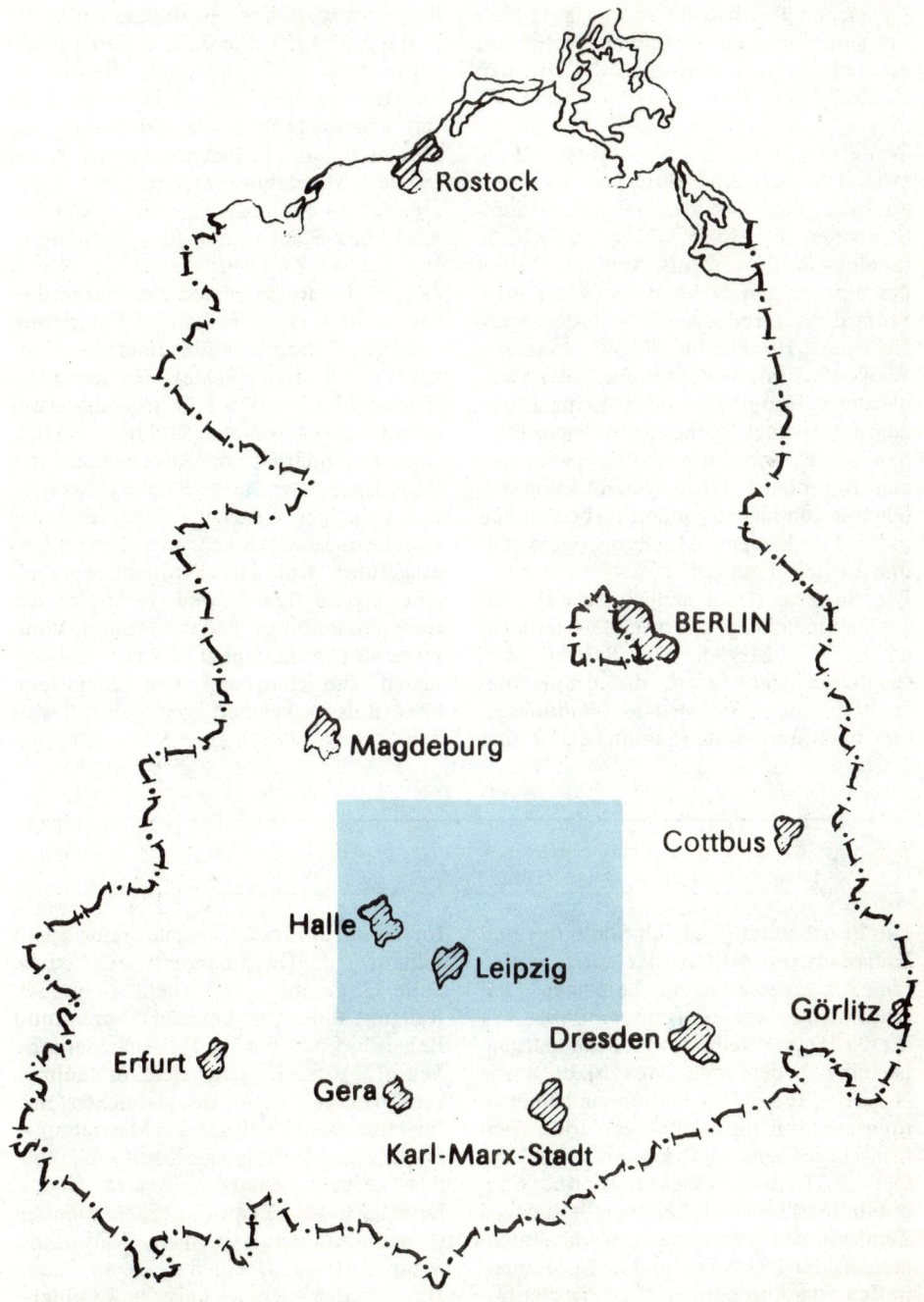

Bild 82   Halle (Saale) / Leipzig

Deutschen Reichsbahn so eng miteinander verknüpft, daß sie neben Berlin den zweiten wichtigsten Knoten der DR, den Zentralknoten Halle (Saale)/Leipzig bilden.

Weitere Knoten im Raum Halle (Saale)/Leipzig sind Bitterfeld als Kreuzungsbahnhof der zweigleisigen Hauptbahnstrecken Leipzig – Dessau und Halle (Saale) – Berlin und als Anfangsbahnhof der eingleisigen Nebenbahn Bitterfeld – Stumsdorf; Großkorbetha an der zweigleisigen Hauptbahn Halle (Saale) – Weißenfels mit den Abzweigen der zweigleisigen Hauptbahn nach Leipzig und der eingleisigen Nebenbahn nach Deuben sowie Merseburg an der zweigleisigen Hauptbahn Halle (Saale) – Weißenfels mit den abzweigenden Nebenbahnen nach Frankleben, Mücheln (Geiseltal) und Leipzig-Leutzsch.

Die Struktur des Eisenbahnstreckennetzes kennzeichnen die zweigleisige, elektrifizierte Magistrale Berlin – Halle (Saale)/Leipzig – Erfurt, die die Hauptstadt mit dem industriellen Ballungsgebiet im Raum Halle (Saale)/Leipzig und

den thüringischen Bezirken verbindet und durch ihre Rolle für den Fernverkehr sowie ihre große regionale Bedeutung eine der am stärksten belasteten Strecken im Eisenbahnnetz der DDR ist; die Hauptbahnen Dresden – Leipzig – Halle (Saale) – Magdeburg (elektrifiziert), Leipzig – Gera – Saalfeld (Saale), Leipzig – Karl-Marx-Stadt, Leipzig – Altenburg – Werdau – Zwickau (Sachs) / Plauen (Vogtl) (bis Reichenbach elektrischer Betrieb), Leipzig – Torgau – Falkenberg (Elster) – Cottbus, Halle (Saale) – Nordhausen, Halle (Saale) – Halberstadt – Wernigerode und Halle (Saale) – Camburg (Saale) – Saalfeld (Saale).

Eine Besonderheit im Streckennetz des Ballungsgebietes Halle (Saale)/Leipzig ist der Leipziger Güterring, über den der Durchgangsgüterverkehr um Leipzig herumgeführt wird. Der nördliche Teil hat eine eigene Trasse und verbindet die Rangierbahnhöfe Leipzig-Wahren und Engelsdorf miteinander, während die östlichen, südlichen und westlichen Teile über Reiseverkehrsanlagen geführt werden.

Leipzig

Die Bezirksstadt, zugleich Stadtkreis und Kreisstadt, im Mittelpunkt der fruchtbaren, braunkohlereichen Leipziger Tieflandsbucht am Zusammenfluß von Weiße Elster, Pleiße und Parthe gelegen, ist eine bedeutende Messestadt sowie Handels-, Industrie-, Kultur- und Verwaltungszentrum mit vielfältigen Industrien (Maschinenbau, Polygraphie, Elektrotechnik, Textil-, Bekleidungs- und Chemieindustrie, Pelze). Leipzig gilt auch als Zentrum des Verlagswesens und Buchhandels der DDR. Durch das Zusammentreffen von Autobahnen, Ferverkehrsstraßen, Flughafen und Eisenbahnstrecken ist die Stadt ein bedeutender Verkehrsknotenpunkt der DDR.

Im Eisenbahnverkehr stellt Leipzig mit seinem Hauptbahnhof (siehe Seite 133), mit den beiden großen Rangierbahnhöfen Leipzig-Wahren und Engelsdorf, der S-Bahn (siehe Seite 138) sowie den sich in Leipzig vereinigenden neun Hauptstrecken Berlin – Bitterfeld – Leipzig, Magdeburg – Halle (Saale) – Leipzig, Erfurt – Weißenfels – Leipzig, Saalfeld (Saale) – Gera – Leipzig, Zwickau (Sachs)/Plauen (Vogtl) – Altenburg – Leipzig, Karl-Marx-Stadt – Leipzig, Dresden – Döbeln – Leipzig, Dresden – Riesa – Leipzig, Cottbus – Falkenberg (Elster) – Leipzig und zwei Nebenbahnstrecken (Merseburg – Leipzig, Deuben – Pörsten – Leipzig) neben

Berlin den bedeutendsten Eisenbahnknotenpunkt der DDR dar. Durch die Hauptbahnstrecken sind die größten Städte der DDR (Berlin, Dresden, Karl-Marx-Stadt, Erfurt, Halle [Saale] und Magdeburg) direkt mit Leipzig verbunden. Der Rangierbahnhof Leipzig-Wahren liegt im Nordwesten des Knotens an der Strecke Leipzig – Halle (Saale); der Rangierbahnhof Engelsdorf liegt im Osten des Messestadt-Verkehrsknotens an der Strecke nach Dresden.

Bahnhof Leipzig Hauptbahnhof

Ganz gleich, wie man mit diesem Bahnhof in Kontakt kommt, ob man als Reisender im Zug über das riesige Vorfeld mit seinen Hunderten von Weichen und Signalen oder als Fußgänger von der Straße aus über die beeindruckenden Empfangshallen, die breiten Treppen und den unendlich groß wirkenden Querbahnsteig auf einen der 26 Bahnsteige unter sechs Bahnsteighallen gelangt – dieses monumentale Bauwerk zieht wohl jeden seiner Gäste sofort in seinen Bann. Wie muß hier alles sicher und exakt, harmonisch und sekundengenau zusammenspielen, um täglich 560 Züge ankommen und abfahren zu lassen, um täglich über 150 000 Reisende, während der Messe täglich über 200 000, abzufertigen. Daß der Leipziger Hauptbahnhof mit seiner großzügigen Anlage bisher alle betrieblich und verkehrlich notwendig gewordenen Veränderungen und Umbauten gestattete und noch 75 Jahre nach seiner Fertigstellung allen Anforderungen eines modernen Großstadtbahnhofs – trotz der eisenbahnbetrieblich nachteili-

Bild 83 Empfangsgebäude des Bahnhofs Leipzig Hauptbahnhof. *Foto: ZBDR-Zimmer*

gen Form als Kopfbahnhof – gerecht wurde, spricht für die funktionell-gestalterische Weitsicht der Architekten LOSSOW und KÜHNE. Wegen seiner verkehrs- und technikgeschichtlichen Bedeutung und wegen seiner architektonischen Schönheit steht der Leipziger Hauptbahnhof unter Denkmalschutz.

In den 70er Jahren des 19. Jahrhunderts hatten die Eisenbahngesellschaften und die Stadt Leipzig erste Überlegungen zum Bau eines großen zentralen Bahnhofs in Leipzig angestellt. Ursache dafür waren die verstreute Lage der von verschiedenen Eisenbahngesellschaften errichteten sechs Bahnhöfe und die damit verbundenen Erschwernisse für die Reisenden im Durchgangsverkehr, der sprunghaft angestiegene Verkehr auf den einzelnen Strecken und auf den Verbindungsbahnen zwischen ihnen, die Anforderungen des großstädtischen Massenverkehrs der rasch gewachsenen Messe- und Industriestadt und die kaum erweite-

Bild 84 Querbahnsteighalle des Bahnhofs Leipzig Hauptbahnhof. Foto: Naumann

rungsfähigen, schnell veraltenden Bahnhofsanlagen der sechs Bahnhöfe. Innerhalb von zehn Jahren entstanden Entwürfe für einen „Centralbahnhof", in dem die neun Hauptstrecken und die Nebenstrecken mit eingebunden werden sollten, wobei die Entwürfe sowohl einen Durchgangsbahnhof als auch einen Kopfbahnhof sowie eine kombinierte Form (wie beim geplanten Dresdner Hauptbahnhof) vorsahen.

Da nach der Verstaatlichung der Eisenbahnen die einzelnen Strecken entweder zu Preußen oder zu Sachsen gehörten, mußten sich die beiden Königreiche über das Vorhaben einig werden. Dem Vorschlag der Sächsischen Staatsbahn zum Bau eines Durchgangsbahnhofs bei Schönefeld stimmte Preußen aus Konkurrenzgründen für seinen Durchgangsbahnhof in Halle nicht zu, so daß schließlich nach Abschluß der Verhandlungen im Jahre 1898 die Entscheidung zugunsten eines Kopfbahnhofs am Standort der drei einzeln nebeneinanderliegenden Bahnhöfe (Thüringer Bahnhof, Magdeburger Bahnhof und Dresdner Bahnhof) am Georgiring fiel – wobei

auch der Wunsch der Stadt Leipzig nach einem nahe dem Stadtzentrum gelegenen Bahnhof ausschlaggebend war. Vorgesehen war der Bau eines gemeinschaftlichen Bahnhofs mit einem hufeisenförmig nach der Stadt gerichteten Empfangsgebäude. Die Güterverkehrsanlagen sollten (außer den Anlagen für die Ortsgüterabfertigung) an den Stadtrand verlegt werden.

Damit war der Weg für die umfassende Neugestaltung der Eisenbahnanlagen in Leipzig abgesteckt, die damit zu den bedeutendsten Werken der deutschen Verkehrs- und Baugeschichte zählen. Die Arbeiten begannen im Jahre 1902 mit der Errichtung von Gleisen in Paunsdorf, Wahren, Schönefeld, Engelsdorf, Plagwitz, Gaschwitz, Thekla und Mockau als Ersatz für die abzubrechenden Bahnanlagen in den drei Bahnhöfen.

Aus einem im Jahre 1906 von der Sächsischen und der Preußischen Staatsbahn ausgeschriebenen Wettbewerb zur Gestaltung des Empfangsgebäudes, das als repräsentatives Bauwerk der Messestadt den wirtschaftlichen Aufschwung kennzeichnen und eine verwaltungsmäßige Zweiteilung in eine preußische und sächsische Seite durch zwei Empfangshallen aufweisen sollte, ging der als „Licht und Luft" bezeichnete Entwurf der Dresdner Architekten Professor Wilhelm LOSSOW und Professor Max KÜHNE als Sieger hervor. Den 1909 ausgeschriebenen Wettbewerb um die Bahnsteighallenkonstruktion gewannen die Ingenieure EILERS und KARIG.

Am 16. November 1909 wurde der Grundstein für das Empfangsgebäude gelegt, und nach sechsjähriger Bauzeit wurde am 4. Dezember 1915 – während des ersten Weltkrieges – in der Osthalle der Grundstein des ehemaligen Dresdner Bahnhofs als Schlußstein des Empfangsgebäudes eingemauert.

Betrieblich voll funktionsfähig war der Hauptbahnhof bereits am 1. Oktober 1915 fertiggestellt worden.

Einige Zahlen sollen die gewaltigen Ausmaße des Hauptbahnhofs veranschaulichen:

Das Empfangsgebäude und die sechs Bahnsteighallen haben eine Grundfläche von 83 640 m², der umbaute Raum beträgt 1 560 000 m³ (zum Vergleich: Darin hätte. die Bahnhofshalle des Bahnhofs Alexanderplatz in Berlin sechsmal Platz).

Das 300 m breite Empfangsgebäude besitzt als dominierende Elemente zwei Eingangshallen, die jeweils eine Höhe von 26 m und 1620 m³ Grundfläche aufweisen und in der Monumentalität des Stahlbetonkassettengewölbes an antike römische Thermen erinnern. Beide Empfangshallen verbindet ein 100 m langer Gang, an dessen Seiten sich verkehrsdienstliche Einrichtungen (Auskunft, Gepäckabfertigung) sowie Geschäfte befinden. Von den Hallen führen 10 m breite Freitreppen aus Lausitzer Granit zu dem 3,84 m höher liegenden Querbahnsteig. Dieser ist 276 m lang und 33 m breit (Grundfläche 8810 m²) und in 27 m Höhe von einer Stahlbetondecke mit 2640 m² verglaster Oberlichtfläche überdacht.

Die Grundfläche der sechs Bahnsteighallen mit ihren 26 Bahnsteigen beträgt 69 090 m², ihre größte Höhe 20 m. Die gesamte Bahnsteiganlage ist 295 m breit und ab Empfangsgebäude 240 m lang. Als Material für die Fassaden und den figürlichen Schmuck wurde wetterbeständiger Elbsandstein aus Schöna verwendet. Die Innenwände der Empfangshallen sind mit warmgetöntem Steinmaterial aus Cotta verkleidet. Die Figuren an den Fensterpfeilern der Westhalle stellen Bauberufe dar, während in der Osthalle typische Leipziger Berufe und an den Außenwänden der Eingangshallen Volksgruppen Sachsens und seiner Nachbarländer in Volkstrachten dargestellt sind.

Durch anglo-amerikanische Bomben wurde der Leipziger Hauptbahnhof in den Jahren 1943/44 schwer zerstört. Bei nicht unterbrochenem Eisenbahnbetrieb hat der nahezu originalgetreue Wiederaufbau die architektonische Schönheit

dieses einzigartigen Bauwerkes wiederer-
stehen lassen – eine großartige Leistung,

die international allgemein hohe Aner-
kennung gefunden hat.

Bayerischer Bahnhof

Im südöstlichen Zipfel des Zentrums der
Messestadt Leipzig, etwa 2 km vom
Hauptbahnhof entfernt, gegenüber dem
Hotel „Hochstein" – am Beginn der Mes-
semagistrale (Windmühlenstraße/Straße
des 18. Oktober) – liegt der Bayerische
Bahnhof.
Er dient heute vorwiegend dem Berufs-
und Nahverkehr (in Richtung Altenburg–Zwickau), dem Güterverkehr und
während der Leipziger Messe als Reserve-
und Ausweichbahnhof. Seine große Zeit

*Bild 85   Portikus des Bayrischen (Bayerischen)
Bahnhofs in Leipzig mit der betriebsfähigen histo-
rischen Lokomotive E 04 01 (neu: 204 001-2).*
Foto: Wünschmann

hatte er als Anfangs- und Endpunkt der
Strecke Leipzig–Hof der Sächsisch-
Bayerischen Eisenbahn, bis mit Inbetriebnahme des Hauptbahnhofs im Jahre
1915 die Schnell- und Eilzüge von und
nach Plauen (Vogtl)–Hof den Bayerischen Bahnhof nicht mehr berührten.
Wenn auch seine Blütezeit im Eisenbahnbetrieb seit Jahren vorüber ist, so
hat er uns doch historisch, technikge-
schichtlich und architektonisch mehr zu
bieten als jeder andere Bahnhof im Netz
der DR. Am 19. September 1842 mit Eröffnung der Teilstrecke Leipzig–Altenburg, der ersten deutschen Eisenbahn-
Nord-Süd-Verbindung, in Betrieb genommen, ist er heute der älteste große, in
seiner ursprünglichen Anlage noch erhal-

tene, Kopfbahnhof aus der Frühzeit des Eisenbahnwesens.

Er verfügt wahrscheinlich über das jetzt älteste, noch in Betrieb befindliche Empfangsgebäude seiner Art in der ganzen Welt, nachdem zum 150jährigen Eisenbahnjubiläum in Großbritannien das Empfangsgebäude des vermutlich ältesten noch in Betrieb befindlichen Bahnhofs der Welt, der North Road Darington Station, restauriert und zum Eisenbahnmuseum umgestaltet wurde. Die Londoner Euston-Station wurde im Jahre 1968 modernisiert, und die in den USA als Empfangsgebäude errichteten früheren Holzbauten mußten alle weichen, so daß das Prädikat des ältesten Empfangsgebäudes in seiner ursprünglichen Gestalt wohl dem Bayerischen Bahnhof zufällt. Dieser Tatsache Rechnung tragend, wurde er als hervorragendes Denkmal der Verkehrsgeschichte unter Denkmalschutz gestellt.

Die technikgeschichtliche Bedeutung des Bayerischen Bahnhofs besteht darin, daß er als Kopfbahnhof mit Abfahrts- und Ankunftsseite den ursprünglichen Grundrißtyp der alten großen Fernbahnhöfe darstellt, wie sie – so auch in Leipzig – wegen der Selbständigkeit der Eisenbahngesellschaften oft nebeneinander entstanden. Lediglich der Bayerische Bahnhof lag abseits und blieb, nachdem der Hauptbahnhof gebaut worden war, weiter bestehen, verlor aber seine Bedeutung als Fernbahnhof.

Historische Bedeutung hat der Bayerische Bahnhof auch als Erinnerungsstätte an Karl MARX, kam er doch, von einer Kur aus Karlsbad (heute: Karlovy Vary) zurückkehrend, mit seiner Tochter Eleonore am 22. September 1874 auf diesem Bahnhof an. Bis zum 24. September 1874 wohnte MARX in dem Bahnhof gegenüberliegenden Hotel „Hochstein", wo er mit Wilhelm LIEBKNECHT und Julius MOTTELER, führenden Vertretern der damaligen deutschen Sozialdemokratie,

zusammentraf und sein Patenkind, den dreijährigen Karl LIEBKNECHT, sah.

Die architektonische Bedeutung des Bayerischen Bahnhofs liegt darin, daß der Leipziger Architekt und Baumeister Eduard POETZSCH, der auch den ersten Bahnhofsbau in Leipzig, den Dresdner Bahnhof, geschaffen hatte, sowohl mit dem Empfangsgebäude als auch mit der gesamten Bahnhofsanlage richtungsweisende Konzeptionen geschaffen hatte: viergleisige Bahnsteighalle, sich seitlich anschließende Räumlichkeiten für ankommende bzw. abfahrende Reisende, an allen vier Ecken der Bahnhofshalle zweigeschossige Flügelbauten. Mit einer Breite von 140 m und einer Länge von 550 m war das ein für die damalige Zeit stattlicher Komplex! Die Architektur des Empfangsgebäudes zeigt Elemente der italienischen Renaissance, des Barock und des Klassizismus. Von besonderem architektonischen Wert ist der noch erhaltene vierbogige Portikus, der den stadtseitigen Abschluß der Bahnsteighalle bildete und durch den die vier Gleise zu einer Drehscheibe führten, die später durch eine Weiche ersetzt wurde. In der mittleren der drei oberen Rundbogenöffnungen unterhalb des Daches hing einst die Bahnhofsglocke, die zur Abfahrt des Zuges geläutet wurde und die heute im Verkehrsmuseum Dresden aufgehoben wird.

Seit einiger Zeit gibt es den Vorschlag, den Bayerischen Bahnhof durch Wiederherstellung der Bahnsteighalle in moderner Gestaltung und Restaurierung der historischen Bausubstanz als Museumsbahnhof der Deutschen Reichsbahn anzulegen, in dem historische Lokomotiven und Wagen gezeigt und vielleicht sogar ein zum Messegelände führender Museumszugbetrieb eingerichtet werden könnte, wobei die gegenwärtige Funktion des Bahnhofs (Reise- und Güterverkehr) sogar beizubehalten wäre.

S-Bahn Leipzig

In der Bezirks- und Messestadt Leipzig mit ihren 600 000 Einwohnern besteht ein Stadtschnellbahnverkehr, der die Linie A (S 1 von Gaschwitz über Leipzig-Stötteritz – Leipzig Hbf – Leipzig-Plagwitz nach Miltitzer Allee, S 2 in umgekehrter Richtung, DR-Kursbuch-Strecke 501), die Linie B (Leipzig Hbf – Borsdorf [Sachs] – Wurzen und umgekehrt, DR-Kursbuch-Strecke 502) sowie die Linie C (Leipzig-Plagwitz – Gaschwitz und umgekehrt, DR-Kursbuch-Strecke 503) umfaßt. Das S-Bahn-Netz hat eine Streckenlänge von 65 km mit insgesamt 37 Bahnhöfen und Haltepunkten. Der Betrieb wird gemeinsam mit der Fernbahn auf den selben Gleisen abgewickelt. Als erster Abschnitt wurde die Linie A am 12. Juli 1969 in

Bild 86   Netz der S-Bahn Leipzig.

Betrieb genommen. Gemäß der Zielstellung, die Verkehrsverhältnisse in und um Leipzig zu verbessern, mußte die S-Bahn Industrie- und Wohngebiete im gleichen Maße erschließen. Günstige Voraussetzungen boten die vorhandenen Eisenbahnstrecken, und – da sie elektrifiziert waren – zugleich die Möglichkeit, für den S-Bahn-Betrieb die elektrische Traktion anzuwenden. Die Strecke von Gaschwitz über Connewitz, Stötteritz, Leipzig Hbf, Leutzsch, Plagwitz nach Miltitzer Allee berührt dicht besiedelte Wohngebiete, wie Schönefeld, Gohlis und Möckern im Norden, Anger-Crottendorf, Stötteritz, Marienbrunn und Connewitz im Osten, Grünau, Lindenau und Kleinzschocher im Westen sowie ausgeprägte Industriekomplexe in Leutzsch, Lindenau und Plagwitz. Obwohl der Schnellbahnring um das Stadtgebiet

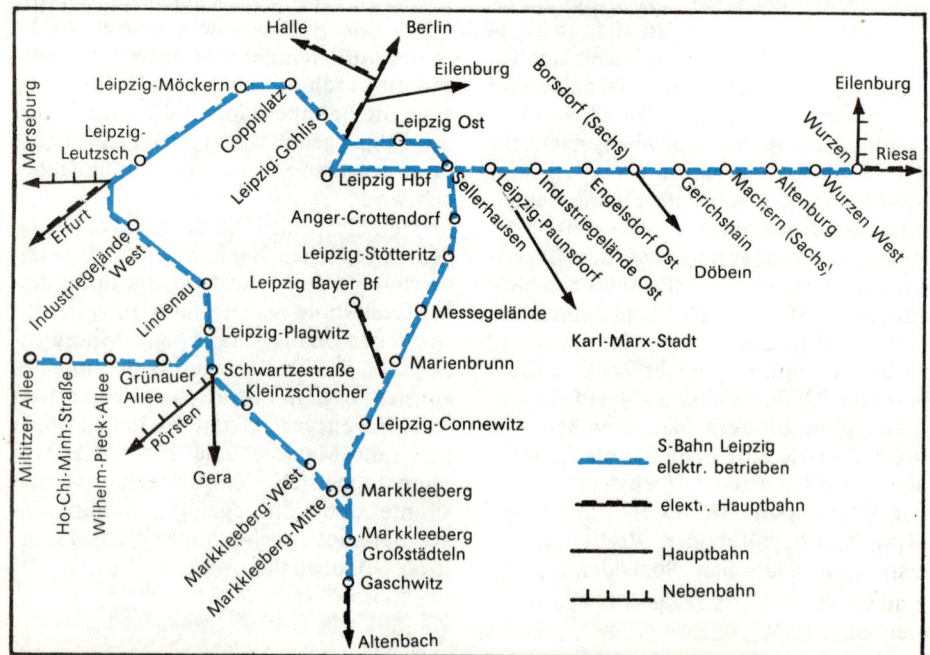

Bild 87   S-Bahnzüge im Vorfeld des Leipziger Hauptbahnhofs.   Foto: ZBDR-Zimmer

herumführt, wird auch das Zentrum durch die günstige Lage des Hauptbahnhofs erschlossen und der Übergang zwischen Fern- und Nahreiseverkehr ermöglicht.

Während der Berufsverkehrszeiten besteht auf der Linie A eine 20-Minuten-Zugfolge im starren Fahrplan, außerhalb des Berufsverkehrs ist die Zugfolge auf 40 oder 60 Minuten aufgelockert. Die Höchstgeschwindigkeit der S-Bahn-Züge beträgt 100 km/h, wenn die Ellok an der Spitze läuft, und 90 km/h, wenn vom Steuerwagen aus gefahren wird. Die durchschnittliche Reisegeschwindigkeit beträgt auf der Linie A etwa 33 km/h. Um kurze Wendezeiten und Aufenthalte, wie sie besonders durch Kopfmachen der S-Bahn-Züge im Hauptbahnhof und in Gaschwitz erforderlich sind, zu erreichen, wird das Wendezugprinzip angewendet.

Im Frühjahr 1974 wurde die S-Bahn-Linie B eröffnet, die Leipzig mit Borsdorf (Sachs) und Wurzen verbindet. Als dritte Strecke wird die Linie C Leipzig-Plagwitz – Gaschwitz befahren.

Leipzig Hbf – Riesa – Dresden Hbf   DR-Kursbuch-Strecke 320

Diese 120 km lange zweigleisige Hauptbahnstrecke verbindet seit nunmehr 150 Jahren die beiden heutigen Bezirks- und Großstädte Leipzig und Dresden, ferner auch das Industriegebiet im Raum Halle (Saale)/Leipzig mit dem industriell stark ausgeprägten Elbtal. Die Strecke gehört zu den am stärksten belasteten der Deutschen Reichsbahn, weil über sie zusätzlich zum Personen- und Güterverkehr in und aus Richtung Rostock – Magdeburg auch ein großer Teil der Züge nach

*Bild 88/89/90   Abschnitte der
Strecke Leipzig – Dresden.*

Thüringen geleitet wird. Wegen ihrer starken Belegung wurde die Magistrale in den Jahren 1968/70 elektrifiziert, wodurch am 1. Juni 1970 nach der Umstellung und zwischenzeitlichen Inbetrieb-

nahme einzelner Abschnitte der elektrische Zugbetrieb auf der Gesamtstrecke aufgenommen werden konnte. Damit war das sogenannte „Sächsische Dreieck" Leipzig – Reichenbach (Vogtl) – Dresden – Leipzig in einer Gesamtlänge von 425 km vollständig elektrifiziert.

In unmittelbarer Nähe des Leipziger

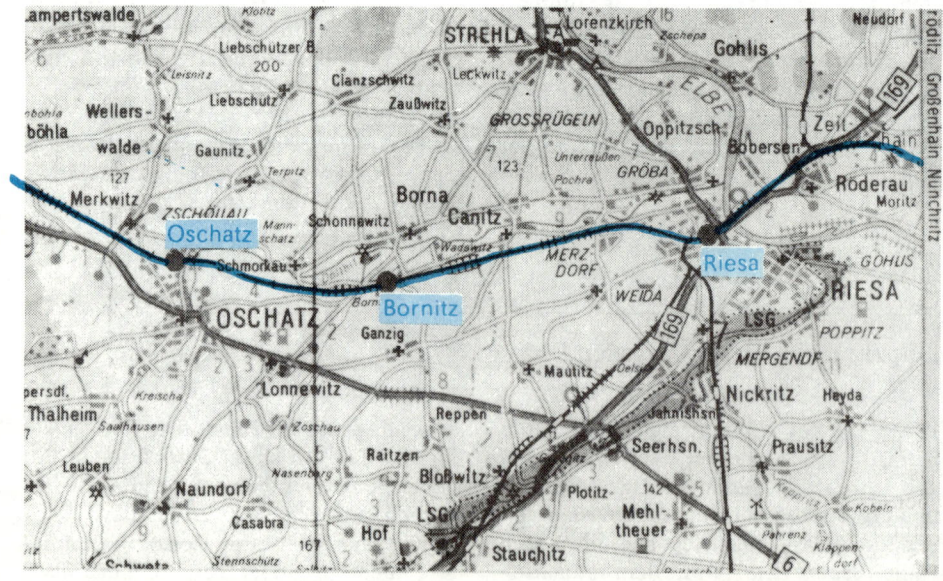

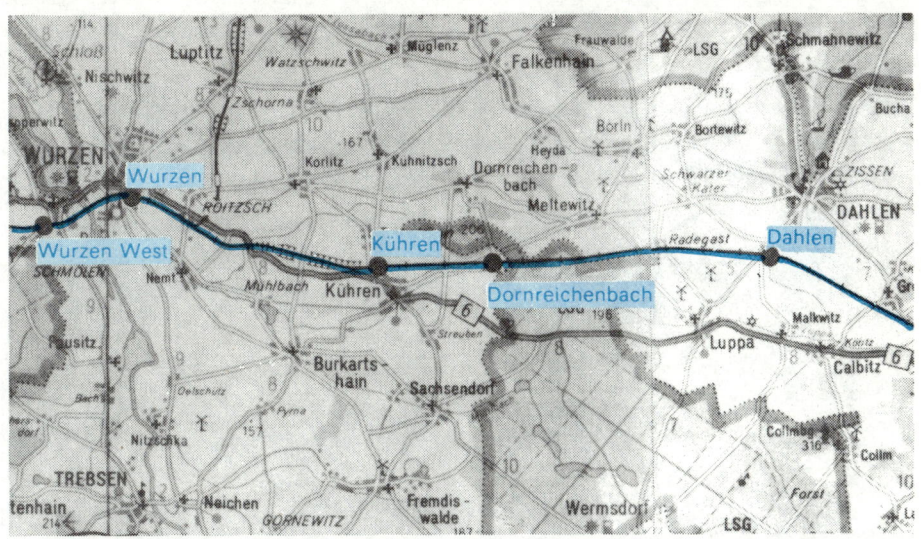

Hauptbahnhofs, in den Anlagen am Schwanenteich zwischen dem Hauptbahnhof und dem Opernhaus, steht ein Obelisk, der die Passanten an die „erste große Verkehrsbahn Deutschlands" erinnern soll, wie auf einer der vier Bronzetafeln jene historisch bedeutsame Bahnlinie von Leipzig nach Dresden bezeichnet wird. Auf den Bronzetafeln sind noch weitere interessante Einzelheiten verzeichnet, so die Namen der Mitglieder des ersten und des letzten Direktoriums sowie bemerkenswerte geschichtliche Daten. Man erfährt, daß diese Strecke im Jahre 1833 durch Friedrich LIST angeregt und durch Albert DUFOUR-FERONCE, Gustav HARKORT, Carl LAMPE und Wilhelm SEYFFERTH ins Leben gerufen sei. Die Leitung des Baues oblag dem Oberwasserbaudirektor Karl Theodor KUNZ.

Der erste Spatenstich erfolgte am 1. März 1836, die Eröffnung der Gesamtstrecke am 7. April 1839. Am 1. Juli 1876 ging die Leipzig-Dresdner Bahn, die bis dahin als Privatbahn betrieben worden war, in das Netz der Sächsischen Staatsbahn über. Im Jahre 1833 in die bedeutende Handelsstadt gekommen, veröffentlichte LIST im gleichen Jahr seine Schrift „Über ein sächsisches Eisenbahnsystem als Grundlage eines allgemein deutschen Eisenbahnsystems und insbesondere über die Anlegung einer Eisenbahn von Leipzig nach Dresden". Darin wies er nach, daß Eisenbahnen auch in Deutschland, nicht nur in England und Amerika, nützlich seien, gab eine genaue Rentabilitätsberechnung an, fügte eine Karte und einen Gesetzentwurf bei und berichtete über seine Erfahrungen beim von ihm geleiteten Bau einer Eisenbahnstrecke in Amerika. Es gelang ihm, ein Komitee für den Bau einer Eisenbahn von Leipzig nach Dresden zu bilden; er selbst aber wurde nicht ins Komitee aufgenommen, „er ist nicht Leipziger Bürger . . ., ein ungerufen ins Land gekommener Schwabe, . . . der sich mehr zutraut als der Koryphäe des Leipziger Handelsstandes . . ."

Von Leipzig aus konnte der Bahnbau, weil noch heftige Kontroversen über die Linienführung rechts- oder linksseitig der Elbe ausgetragen wurden, zunächst in Richtung Wurzen begonnen werden, weil sich an dieser Trasse ohnehin nichts änderte. Somit wurde dann als erster Streckenabschnitt der von Leipzig zum Dorfe Althen am 24. April 1837 in Betrieb genommen.

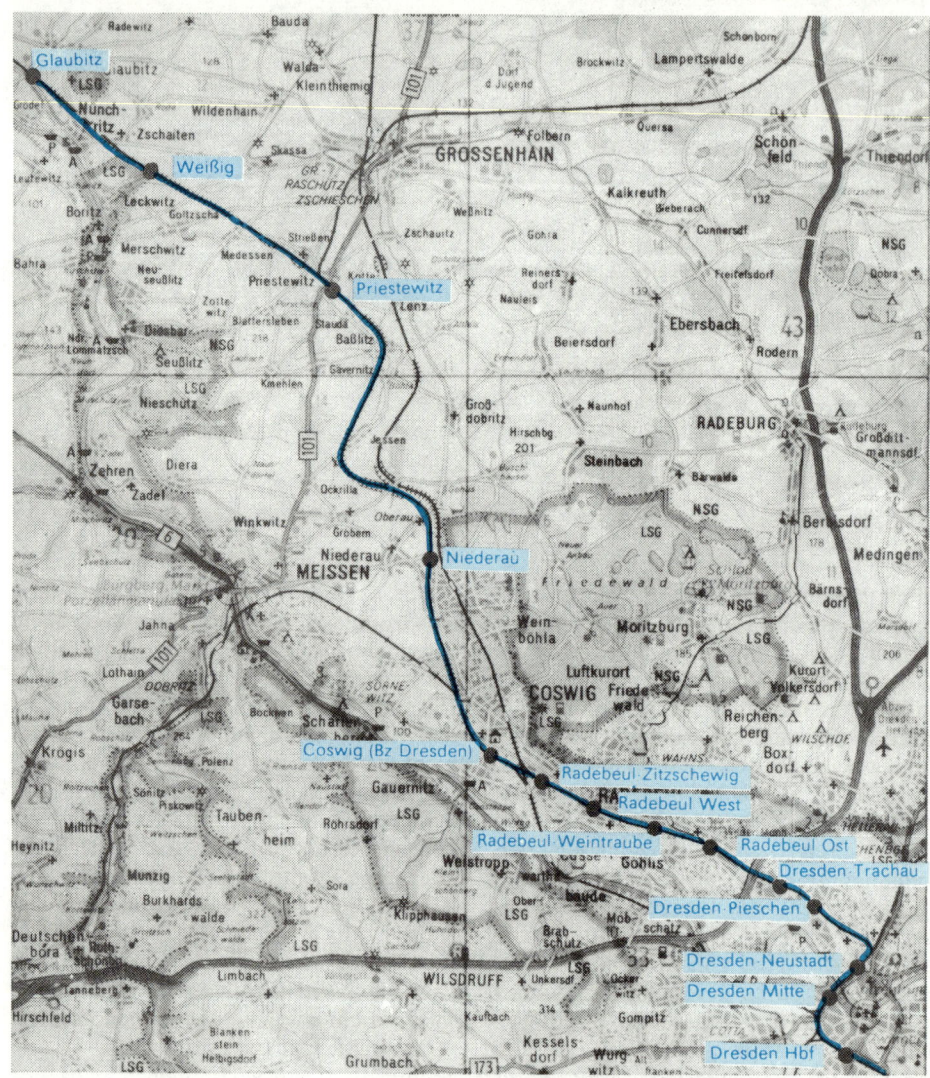

Tabelle 23a Verkehrsübergabe weiterer Streckenabschnitte

Abschnitt	Übergabedatum
Althen – Borsdorf – Gerichshain	12. Nov. 1837
Gerichshain – Machern	11. Mai 1838
Dresden – Weintraube	19. Juli 1838
Machern – Wurzen	31. Juli 1838
Wurzen – Dahlen u.	16. Sept. 1838
Weintraube – Coswig – Oberau	
Dahlen – Oschatz	3. Nov. 1838
Oschatz – Riesa	21. Nov. 1838
Riesa – Oberau	7. April 1839

Der letzte Abschnitt wies zwei Besonderheiten im noch jungen Eisenbahnbau auf: den ersten Eisenbahntunnel Deutschlands, 513 m lang, von Freiburger Bergleuten als Stollen aus vier abgeteuften Schächten bergmännisch vorgetrieben, und die erste deutsche Eisenbahnbrücke bei Riesa über die Elbe, von Landbaumeister C. W. A. KÖNIGSDÖRFER gebaut, eine auf 11 mit Pfahlrosten gegründeten steinernen Pfeilern ruhende Holzkonstruktion von 340 m Länge. Der Tunnel wurde 1933 beseitigt, weil er wegen des geringen Querschnitts und der breiter gewordenen Fahrzeuge von immer nur einem Zug passiert werden konnte und deshalb zu einem Hindernis geworden war. Ein tiefer Einschnitt und ein Obelisk erinnern an den einstigen Tunnel. Für den Obelisk wurde übrigens eine Säule vom Portal des Tunnels verwendet, wie aus einem historischen Foto ersichtlich ist.

Die hölzerne Riesaer Elbbrücke wurde im Kriege 1866 in Brand gesteckt, doch bereits nach 10 Tagen wieder betriebsfähig hergerichtet. Am 19. Februar 1876 stürzte infolge Unterspülung eines Mittelpfeilers während eines starken Hochwassers die Brücke ein. Im Jahre 1878 wurde eine unter Leitung des Ingenieurs KÖPKE und des Wasserbauinspektors GÖBEL 30 m elbeaufwärts gebaute, neue kombinierte Eisenbahn-Straßenbrücke mit zwei nebeneinanderliegenden Eisenkonstruktionen dem Betrieb übergeben. Während des zweiten Weltkriegs konnte der Versuch, die Brücke am 23. April 1945 durch Sprengung zu zerstören, verhindert werden, so daß nach Beseitigung einiger geringer Schäden durch Riesaer Stahlwerker und Baueisenbahner am 1. Juli 1945 der Eisenbahnverkehr eingleisig über die Brücke rollen konnte. Im Verlauf der Elektrifizierung der Strecke Leipzig – Dresden wurde am 27. Juli 1966 eine neue zweigleisige Brücke dem Verkehr übergeben.

Noch ein interessantes Bauwerk weist diese Strecke auf – die älteste deutsche,

Bild 91   Obelisk in den Anlagen vor dem Empfangsgebäude des Leipziger Hauptbahnhofs.
Foto: Kirsche

noch im ursprünglichen Zustand von 1838 in Betrieb befindliche Brücke: die Überführung der Fernverkehrsstraße F 6 am km 29,25 zwischen dem Bahnhof Wurzen und dem Haltepunkt Kühren. Die Brücke hat eine lichte Weite von 11,24 m, ein lichte Höhe über Straßenmitte von 6,80 m, eine Gewölbedicke im Scheitel von 0,78 m, eine Gesamthöhe bis zur Bauwerkoberkante von 8,40 m und Widerlager von 3,25 m Dicke. Sie

Bild 92 Portal des ehemaligen Oberauer Tun-
nels.   *Foto: Rumprecht*

Bild 93 Eisenbahnbrücke über die Elbe in Riesa.
                                              Foto: ZBDR-Zimmer

Bild 94   Obelisk an der Stelle des ehemaligen ersten deutschen Eisenbahntunnels bei Oberau.
Foto: Nosseck

besteht aus Bruchsteinmauerwerk mit Sandsteinverkleidung und ist Zeugnis einer bemerkenswert exakten Steinmetzarbeit. Zum Schutz gegen Auslaugen des Bruchsteinmauerwerks durch eindringende Feuchtigkeit wurde das Mauerwerk im Jahre 1961 mit Zementmörtel injiziert. Gegen das Abkippen der Stirnmauer über dem Gewölbe wurden Stahlanker zwischen Ankerplatten eingezogen. Im Jahre 1968 brachte man im Vorlauf der Elektrifizierung eine Stahlbetonwanne entsprechend dem neuen Gleisabstand auf. Das Bauwerk überdauerte trotz

Bild 95   Empfangsgebäude des Bahnhofs Niederau.
Foto: Nosseck

der heute viel höheren Betriebsbelastungen sowie höheren Eigenmasse der Lokomotiven. Während im Jahre 1837 die Lokomotiven im Durchschnitt eine Masse von 7,5 t hatten, verkehren heute welche mit 100 bis 120 t Masse.

Im Heimatmuseum Riesa (Poppitzer Platz 3, Riesa, 8400, Telefon 82 51, App. 268; geöffnet Dienstag 13 bis 18 Uhr, Mittwoch bis Freitag 13 bis 16 Uhr) befinden sich in der Abteilung Stadtgeschichte zahlreiche Dokumente zum Bau der Strecke Leipzig – Dresden, u. a. zwei Tafeln mit Fotos der Bahnhöfe Dresdner Bahnhof in Leipzig, Wurzen, Dahlen, Oschatz, Riesa, Priestewitz, Niederau, Coswig und Leipziger Bahnhof in Dresden, Foto von der Einfahrt des Zuges in den Tunnel bei Oberau, Eichenbohle der ersten Elbebrücke und ein Stück Schiene aus dem Jahre 1839, Mützen der damaligen Eisenbahner, ein Reiseausweis von 1840, Fahrkarten von 1839, Originalaufnahmen vom Bau der Eisenbahn- und

Straßenbrücken über die Elbe von 1876 bis 1878 (u. a. Belastungsproben) und verschiedene Bücher (u. a. Friedrich SCHULZE: Die ersten deutschen Eisenbahnen Nürnberg – Fürth und Leipzig – Dresden; Reisealbum der Königlich-Sächsischen Staatsbahn von 1908).

Von historischem Interesse, weil im wesentlichen in ihrer Ursprungsform noch erhalten und deshalb unter Denkmalschutz gestellt, sind die Bahnhofsgebäude des Bahnhofs Niederau, die am 15. Mai 1842 in Betrieb genommen wurden („Stationsgebäude und Restauration").

Wer heute die Strecke im Schnellzug in 80 bis 90 Minuten zurücklegt, wird kaum Zeit haben, sich dieses oder jenes Objekt an der Strecke in Erinnerung zu rufen, zumal die Bahnlinie über weite Abschnitte durch landschaftlich flaches Gebiet führt. Dennoch: Man sollte sich die Zeit nehmen, die älteste auf dem Boden der DDR befindliche Eisenbahnstrecke näher anzuschauen.

Straßenbahn in Leipzig

Die Straßenbahn in Leipzig wird verwaltet und betrieben vom VEB Kombinat Leipziger Verkehrsbetriebe. Das Streckennetz hat eine Länge von 152 km, und es verkehren 20 Linien. Sowohl mit der Netzlänge und der Anzahl der Linien als auch mit durchschnittlich 200 Millionen Fahrgäste jährlich steht die Leipziger

Bild 96   Pferdebahnwagen Pf 95,
Foto: Kirsche

Bild 97   Triebwagen Tw 500 mit Beiwagen.
Foto: Kirsche

Bild 98   Triebwagen Tw 179 mit Beiwagen.
Foto: Kirsche

Bild 99   Triebwagen Tw 1043 der Leipziger Ver-
kehrsbetriebe.   Foto: Kirsche

Bild 100   Triebwagen Tw 1601 der Leipziger Ver-
kehrsbetriebe.   Foto: Kirsche

Straßenbahn an zweiter Stelle aller Straßenbahnen der DDR.

Im städtischen Nahverkehr der Messestadt kommt ihr im Zusammenwirken mit der S-Bahn und den Omnibuslinien eine bedeutende Stellung bei der Personenbeförderung, vor allem im Berufsverkehr, zu. Die Spurweite beträgt – stark abweichend von den übrigen in der DDR – 1458 mm. Die durchschnittliche Reisegeschwindigkeit liegt bei 16 bis 18 km/h. Die Geschichte der Straßenbahn der Stadt Leipzig umfaßt einen Zeitraum von mehr als 100 Jahren. Am 18. Mai 1872 wurde der Pferdebahnbetrieb mit drei Linien aufgenommen. Kurz vor der Jahrhundertwende begann der elektrische Straßenbahnbetrieb: Am 17. April 1896 nahm die Große Leipziger Straßenbahn (GLSt BLAU) ihren Betrieb auf einem Streckennetz von 40 km auf, und am 20. Mai 1896 folgte die Leipziger Elektrische Straßenbahn (LESt ROT) mit einem Netz von 28 km Länge. Diese beiden Farben bestimmten bis 1916 die Straßenbahn in Leipzig. Zum 31. Dezember 1916 vereinigten sich die zwei Straßenbahnunternehmen zu einem Gesamtnetz von 28 Linien mit 144,8 km Streckenlänge unter dem Namen Große Leipziger Straßenbahn, und im Juli 1919 wurde ein einheitlicher elfenbeinfarbener Anstrich der Fahrzeuge, schwarz abgesetzt, eingeführt. Einen Einblick in die Vergangenheit geben die elf historischen Straßenbahnfahr-

zeuge, die von einer Arbeitsgemeinschaft hergerichtet wurden und gepflegt werden, damit sie bei Ausstellungen der Öffentlichkeit gezeigt und bei besonderen Anlässen und Festtagen eingesetzt werden können.

Zu den historischen Fahrzeugen gehören im einzelnen:

Der zweiachsige Pferdebahnwagen Pf 95 aus dem Jahre 1880 der Leipziger Pferdeeisenbahn, die zweiachsigen Triebwagen Tw 308 (Baujahr 1896), Tw 500 (Baujahr 1905) und Tw 809 (Baujahr 1910) der „Großen Leipziger Straßenbahn", der zweiachsige Triebwagen Tw 179 (Baujahr 1900) der Leipziger Elektrischen Straßenbahn sowie der im Verkehrsmuseum Dresden (siehe Seite 237) ausgestellte zweiachsige Triebwagen Tw 64 (Baujahr 1896), ferner der vierachsige Triebwagen Tw 1043 aus dem Jahre 1928 der Leipziger Verkehrsbetriebe (LVB) und der zweiachsige Triebwagen Tw 1601 aus dem Jahre 1951, der erste Neubautriebwagen der DDR aus dem Waggonbau Gotha, schließlich die dazugehörigen 2achsigen Beiwagen Bw 86 (Baujahr 1896) der LESt, der Bw 751 (Baujahr 1913) der GLSt und der Bw 2012 (Baujahr 1928) der LVB.

Mit dem Jahre 1969 begann in Leipzig der Einsatz von Tatra-Straßenbahnen. Gleichzeitig ging mit einer Fahrplanumstellung der Betrieb vom Verästelungsliniennetz zum Radialliniennetz über.

Pioniereisenbahn Leipzig

Im Jahre 1950 wurde von der FDJ-Kreisleitung Leipzig der Vorschlag unterbreitet, in dem im Ausbau befindlichen Naherholungsgebiet Auensee wieder eine Eisenbahn geringer Spurweite einzurichten. Von 1913 bis 1932 war um den Auensee, damals Vergnügungspark, bereits einmal eine kleine Eisenbahn mit 600 mm Spurweite gefahren. Im Oktober 1950 erfolgte die Grundsteinlegung für die zweite Pio-

niereisenbahn in der DDR, und am 5. August 1951 konnte der Betrieb auf einem 1,9 km langen Streckenabschnitt in 381 mm Spurweite aufgenommen werden. Auf der Strecke gibt es drei Haltestellen und einen Bahnhof, in dessen Nähe sich auch der Lokomotiv- und Wagenschuppen befindet. Von einem Stellwerk mit Gleisbildstelltisch aus werden die mit elektrischen Antrieben ausgerü-

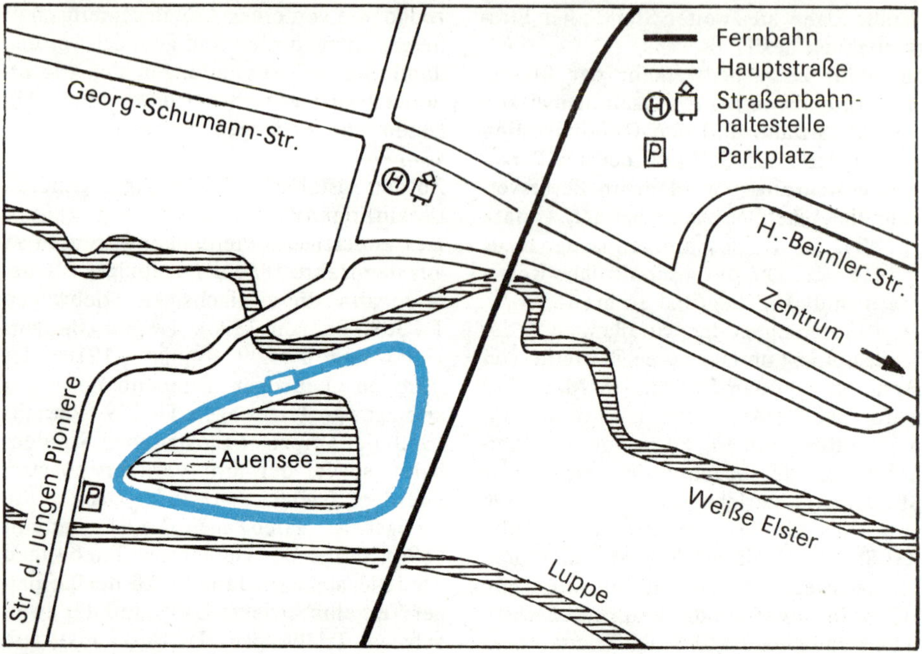

Fernbahn
Hauptstraße
Straßenbahn-
haltestelle
Parkplatz

Georg-Schumann-Str.

H.-Beimler-Str.

Zentrum

Str. d. Jungen Pioniere

Auensee

Weiße Elster

Luppe

Bild 101   Strecke der Pioniereisenbahn Leipzig. 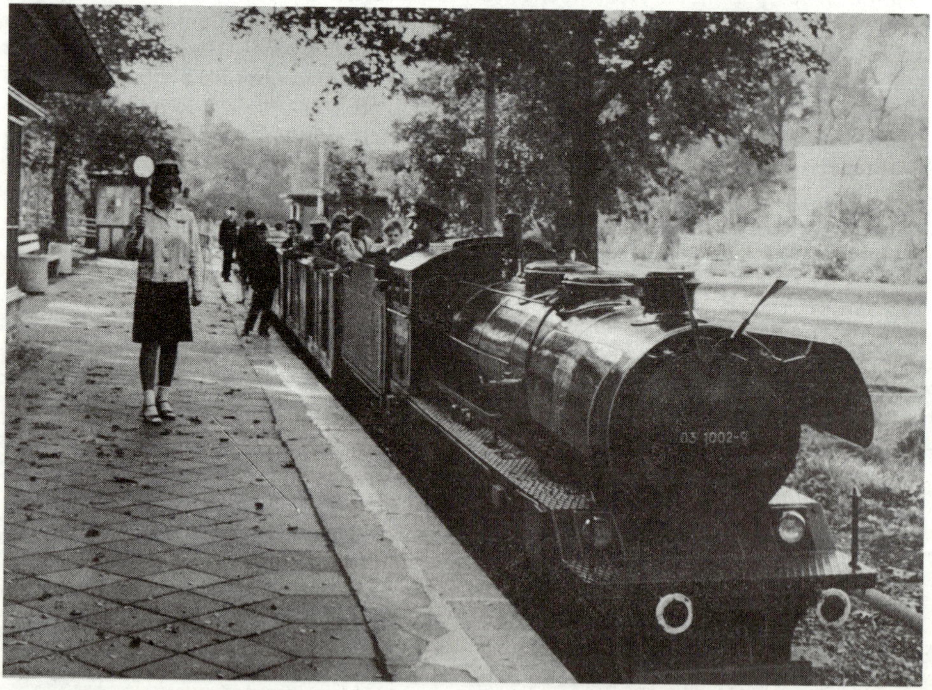   *Bild 102   Zug der Pioniereisenbahn Leipzig.*

Foto: ZBDR-Zimmer

steten Weichen sowie die Lichtsignale bedient.

Der Fahrzeugpark umfaßt eine Dampf-Liliputlokomotive und vier offene Wagen. Die Liliputlok stammt aus der in den Jahren 1925/30 gebauten Serie von zwölf Stück der Firma Krauss & Co. Sie hat die Achsfolge 2'C1' und ist im Maßstab 1:3,33 der großen Eisenbahn nachgebildet. Ihre größte Geschwindigkeit beträgt 30 km/h, auf der Strecke der Pionierreisenbahn Leipzig sind jedoch nur 15 km/h zugelassen.

Im Museum für Geschichte der Stadt Leipzig, im Alten Rathaus, Markt 1, Leipzig, 7010, Telefon 7 09 21, befinden sich in der Dauerausstellung ein Modell einer Güterzuglokomotive der Baureihe 44 (64 cm lang, 10 cm breit) sowie das Originalnummerschild der Lok 44 1040, die an die Leistungen des Lokführers Paul HEINE, Initiator der Schwerlastzugbewegung und der Langstreckenfahrten im Bw Leipzig-Wahren und der Jungaktivistenbrigade im gleichen Bw, die mit dieser Lok eine Laufleistung von 100 000 km ohne Reparatur erreichte, erinnern.

Schmalspurbahn Oschatz – Mügeln – Kemmlitz

Diese Strecke ist seit dem Winterfahrplan 1975/76 nicht mehr im Kursbuch der Deutschen Reichsbahn zu finden, denn am 28. September 1975 wurde zwischen Oschatz und Mügeln der Reiseverkehr eingestellt. Aber für den Güterverkehr ist die Strecke Oschatz – Mügeln – Kemmlitz noch in Betrieb, vor allem für den Abtransport des in Kemmlitz im VEB Silikatrohstoffkombinat abgebauten Rohstoffs Kaolin, der zur Porzellanherstellung nach Kahla, Großdubrau, Ilmenau und in einige ausländische Staaten geliefert wird.

Die Strecke ist für Eisenbahnfreunde und -touristen noch von großem Wert, da sie die einzige verbliebene des ehemals größten zusammenhängenden Schmalspurnetzes Sachsens ist und der Bahnhof Mügeln – auch heute noch erkennbar – mit seinen fünf Bahnsteigen und über 30 Gleisen zu den größten Schmalspurbahnhöfen der DDR zählte. Das Schmalspurnetz um Mügeln entstand aus Gründen der wirtschaftlichen Erschließung des Oschatzer Landes, nachdem Oschatz bereits 1838 von Leipzig aus Eisenbahnanschluß erhalten hatte. Im Jahre 1884 wurde die 19,82 km lange Schmalspurstrecke von Döbeln nach Mügeln als erste des hier entstehenden 750-mm-Netzes in Betrieb genommen. Ihr folgte am 7. Januar 1885 die Strecke Mügeln – Oschatz mit einer Länge von 11,4 km. Die später gebauten Strecken von Mügeln nach Neichen, von Oschatz nach Strehla sowie der Abschnitt Nebitzschen – Kemmlitz –

Bild 103   Strecke Oschatz – Mügeln – Kemmlitz.

Bild 104   Güterzug mit Vorspannlokomotive bei Ausfahrt aus dem Bahnhof Oschatz.   Foto: *Heym*

Kroptewitz, 1903 erbaut und bis ins Kaolinwerk Kemmlitz heute noch in Betrieb, komplettieren das einstige Netz. Die noch immer eingesetzten Schmalspurdampflokomotiven der Bauart B'B'n4vt mit der Reihenbezeichnung ehemalige sächsische IV K wurden um die Jahrhundertwende gebaut und kamen vor dem ersten Weltkrieg auf dem Streckennetz um Oschatz und Mügeln zum Einsatz. Diese Maschinen haben sich sehr gut bewährt und sind heute noch, rekonstruiert und mit neuen Kesseln ausgerüstet, im Dienst.

Regelspurgüterwagen werden auf sogenannten Rollwagen befördert. Im Bahnhof Oschatz sind Rollwagengruben vorhanden, auf denen die regelspurigen Güterwagen auf die schmalspurigen Rollwagen aufgefahren werden. Da dieses Aufrollen trotz aller Sicherheitsmaßnahmen mit Unfallgefahren verbunden ist, befinden sich neben den Schmalspurgleisen im Bereich der Aufrollrampen noch Schienen in Regelspurweite, um eventuell ablaufende Güterwagen abzufangen und ihr Aufgleisen zu erleichtern. Eine Besonderheit bei den Bahnanlagen stellte das Dreischienengleis in Oschatz dar, das als Anschlußgleis zur Oschatzer Zuckerfabrik führte, wodurch Regelspur- und auch Schmalspurgüterwagen vom Bahnhof Oschatz aus direkt zugeführt werden konnten.

Wiesebach

Das Dorf im Kreis Altenburg liegt an der Strecke Altenburg–Rochlitz (Sachs) (DR-Kursbuch-Strecke 509). Hier befin- det sich eine 1892 erbaute, 330 m lange Eisenbahnbrücke mit 17 Bogen, die unter Denkmalschutz steht.

Bitterfeld

Die Kreisstadt im Bezirk Halle mit bedeutender chemischer Industrie und Braunkohlenbergbau ist ein wichtiger Eisenbahnknoten an den zweigleisigen Hauptbahnen Leipzig–Dessau und Halle (Saale)–Berlin. Im Kreismuseum Bitterfeld (Kirchplatz 3, Bitterfeld, 4400, Telefon 32 95, geöffnet Montag bis Freitag 9 bis 12 Uhr und 13.30 Uhr bis 15 Uhr, Samstag und Sonntag von 9 bis 12.30 Uhr) werden zwei wertvolle Bücher aufbewahrt: das „Eisenbahn, Post- und Dampfschiff Cours-Buch, herausgegeben vom Cours-Bureau des Königlichen Ge- neral-Post Amts Berlin Nr. 6 Mai–Juni 1851", und von Dr. Georg WALTER „Eisenbahn und Kraftwagen – ein dringendes Verkehrsproblem".

Das Archiv umfaßt diverse Fahrpläne, Kursbücher, Fahrkarten, Reisekarten, Plakate, Postkarten zur Eisenbahngeschichte Bitterfelds, ferner Fotos vom Eisenbahn-Unglück bei Brehna am 10. Januar 1898 und von der ersten preußischen elektrischen Vollbahnlokomotive (Baureihe ES 1 mit Stangenantrieb), aufgenommen im Jahre 1913 auf dem Bahnhof Jeßnitz (Anhalt).

Lutherstadt Wittenberg

Die Kreisstadt im Bezirk Halle, an der Elbe gelegen, mit umfangreicher Industrie (Apparatebau, Haushaltchemie, Mühlen- und Möbelindustrie) – besonders im Vorort Piesteritz (Stickstoff- und Gummiwerk) – und mit ihrem Elbhafen, ferner mit vielen kulturhistorischen Bauten, ist Eisenbahnknoten an den zweigleisigen Hauptbahnen Berlin–Halle (Saale) mit Ausgangsbahnhof für die Hauptbahnen nach Magdeburg und Horka (Görlitz) und Ausgangspunkt der eingleisigen Nebenbahn nach Eilenburg. In der Stadt existiert das älteste erhaltene Bahnhofsgebäude in der DDR, das mit Inbetriebnahme der Stammstrecke der Berlin-An- haltischen Eisenbahn Berlin–Luckenwalde–Jüterbog–Wittenberg–Roßlau–Dessau am 10. September 1840 in Betrieb genommen wurde. Eine zeitgenössische Darstellung dieses ersten Bahnhofs in Wittenberg wird im Wittenberger Stadtgeschichtlichen Museum aufbewahrt. Sie zeigt neben dem Gebäude die Lokomotive *ASCANIA*, Betriebsnummer 1 der „Berlin-Anhaltischen Eisenbahn", die 1840 von STEPHENSON bezogen wurde. Auch ein Modell der *ASCANIA* ist im Stadtgeschichtlichen Museum zu finden.

Das noch existierende Bahnhofsgebäude befindet sich in der Dr.-Kurt-Fischer-

Bild 105   Modell der ASCANIA im Stadtgeschichtlichen Museum Lutherstadt Wittenberg.

Bild 106   Das erste Empfangsgebäude des Bahnhofs Wittenberg heute.

Straße 31; es ist ein Fachwerkbau, der in dieser Gegend nicht üblich war, aber auf Forderung der Festungskommandantur Wittenberg in diesem Baustil errichtet werden mußte – weil es im Gefahrenfall leicht niederzureißen war und von Belagerern der Festung damit nicht als Deckungsmöglichkeit benutzt werden konnte.

Etwa 300 m westlich des Gebäudes endet ein Werkgleisanschluß. Mit Inbetriebnahme der Strecke Lutherstadt Wittenberg – Bitterfeld und der Gabelung nach Halle (Saale)/Leipzig am 3. August 1859 wurde der alte Bahnhof stillgelegt. Die Strecke Lutherstadt Wittenberg – Roßlau (Elbe) verläuft heute 150 m südlich des alten Empfangsgebäudes.

Halle (Saale)

Die Bezirksstadt, zugleich Stadtkreis und Kreisstadt, an der schiffbaren Saale am Nordwestrand der fruchtbaren, braunkohlen- und salzreichen Leipziger Tieflandsbucht gelegen, ist Industriezentrum (Maschinenbau, Braunkohlen-, Salz-, Zement-, Chemie-, Zucker- und Süßwarenindustrie, Waggonbau, Elektrotechnik), Verwaltungs- und Kulturzentrum sowie durch das Zusammentreffen von Autobahnen, Fernverkehrsstraßen und Eisenbahnstrecken ein bedeutender Verkehrsknoten.

Im Eisenbahnverkehr ist Halle (Saale) mit seinem Hauptbahnhof – einem der bedeutendsten Personenbahnhöfe der DDR, in dem sich vier Hauptbahnen überschneiden (Erfurt – Berlin, Leipzig – Magdeburg, Leipzig – Halberstadt und Halle [Saale] – Nordhausen) – und seinem zweiseitig ausgebildeten Rangierbahnhof Halle (Saale) Gbf mit zwei Hauptablaufbergen sowie der S-Bahn ein bedeutender Eisenbahnknoten der DDR.

Bild 107 Empfangsgebäude des Bahnhofs Halle (Saale) Hauptbahnhof. Foto: Bildstelle Rbd Halle

Durch die Hauptbahnstrecken sind die größten Städte der DDR, wie Berlin, Leipzig, Dresden, Erfurt und Magdeburg, direkt mit Halle (Saale) verbunden. Im Personenverkehr hat der Bahnhof Halle (Saale) Hbf große Bedeutung (bis zu 100000 Reisende täglich), während im Güterverkehr der Rangierbahnhof Halle (Saale) Gbf sowohl für den Rbd-Bezirk Halle als auch als Durchgangsbahnhof verschiedener Hauptrichtungen eine Schlüsselposition für die Deutsche Reichsbahn einnimmt. Direktzugverbindungen bestehen vom Rangierbahnhof Halle (Saale) Gbf nach den Rangierbahnhöfen Berlin, Dresden, Erfurt und Magdeburg sowie nach allen Rangierbahnhöfen im Rbd-Bezirk Halle. Wie viele größere Städte im damaligen Deutschland – z. B. Berlin, Leipzig, Magdeburg –, wuchs auch Halle in der Frühzeit des Eisenbahnbaus zu einem Knotenpunkt heran, in dem mehrere Strecken einzelner Eisenbahngesellschaften zusammenführten, die aber alle ihre vereinzelt liegenden Bahnhöfe hatten.

Der Industrialisierung stellte sich die Zersplitterung des Bahnhofsnetzes als

Hemmnis für die weitere Enwicklung dar. Deshalb mußte im Jahre 1885 mit der Umgestaltung der Bahnhofsanlagen begonnen werden. Zuerst wurde der Güterbahnhof Halle (Saale) gebaut, wodurch der Güterverkehr der inzwischen verstaatlichten Eisenbahngesellschaft auf einem zentralen Bahnhof konzentriert wurde. Für den Personenverkehr entstand auf einem 102 ha großen, neuerschlossenen Gelände in den Jahren 1885/90 der neue Personenbahnhof in Insellage für damals fünf Strecken (davon zwei für Durchgangsbetrieb, zwei endeten hier). Die heutige Straße der DSF vor dem Bahnhofsvorplatz kreuzte bis zum Neubau des Personenbahnhofs alle Gleise in Schienenhöhe. Sie mußte deshalb abgesenkt werden und unter den 13 Gleisen hindurchgeführt werden. Gleichzeitig wurde der Bahnhofsvorplatz abgesenkt. Das Empfangsgebäude wurde 1884 vom Ministerium für öffentliche Arbeiten entworfen und 1886/90 erbaut. Als hervorragend gelungener Inselbahnhof diente der Personenbahnhof Halle (Saale) vielen späteren Bahnhofsbauten als Vorbild. Die architektonische Gestaltung des Empfangsgebäudes war allerdings durch alle möglichen Stilformem nicht so gut gelungen: Das seit nun über 90 Jahren im Betrieb befindliche Empfangsgebäude des Hauptbahnhofs Halle (Saale) mit dem Kuppelbau ist als technisches Denkmal des Eisenbahnwesens eingestuft und unter Schutz gestellt.

Die wichtigsten Neuerungen im Eisenbahnverkehr des Knotens Halle sind außer der Neuelektrifizierung der Hauptstrecken die Einrichtung der S-Bahn Halle, der Ausbau des Berufsverkehrs von Halle-Neustadt und Halle (Saale) in den Raum Schkopau – Merseburg, die Aufnahme des Containerverkehrs mit dem vollmechanisierten Großcontainerumschlagplatz Halle (Saale), die Ausstattung des Rangierbahnhofs mit moderner Rangiertechnik und die Aufnahme des rechnergestützten Dispatcherdienstes (Richtungen Erfurt und Berlin).

S-Bahn Halle (Saale)

Das Wachsen der Großbetriebe der chemischen Industrie in Leuna und Schkopau und der Bau der Wohnstadt Halle-Neustadt mit ihren fast 100 000 Einwohnern machten im großindustriellen Ballungsgebiet der Bezirksstadt Halle (Saale) den Bau leistungsfähiger Verkehrswege erforderlich. Da das zu erwartende Verkehrsaufkommen im Personenverkehr – vor allem im Berufsverkehr – keineswegs allein von Omnibuslinien und auch nicht von neuzubauenden Straßenbahntrassen zu bewältigen war, konnte nur der Schienenverkehr auf der Basis einer Stadtschnellbahn in Frage kommen.

Vorläufer der S-Bahn war der im Jahre 1967 zwischen Halle (Saale) Hbf und Halle-Neustadt/Zscherbener Straße eingerichtete Schnellverkehr, bei dem eine aus Leichttriebwagen zusammengestellte Zugeinheit täglich 14 mal ohne Zwischenhalt in jeder Richtung die 11 km lange Strecke befuhr.

Mit der Eröffnung des S-Bahn-Betriebes am 27. September 1969 traten erhebliche Verbesserungen ein: die Aufnahme des elektrischen Zugbetriebes zwischen Halle (Saale) Hbf und Halle-Nietleben und die Einbeziehung der Strecke Halle (Saale) Hbf – Halle-Trotha in den S-Bahn-Betrieb, die Einführung des S-Bahn-Tarifs sowie eine erhebliche Verdichtung der Zugfolge. Im Herbst 1971 wurde die S-Bahn-Strecke über Halle-Nietleben hinaus bis nach Halle-Dölau verlängert.

Im Gegensatz zu bestehenden anderen S-Bahn-Netzen in der DDR, dem historisch gewachsenen in Berlin oder denen in Leipzig oder Rostock, weist das von Halle (Saale) einige spezielle, bahntech-

Bild 108   S-Bahnzug in Halle-Neustadt.
Foto: Spranger

nisch interessante Merkmale auf. Die gesamte Streckenführung ist kein Ring,
sondern ein „U"; sie setzt sich teils aus
mitbenutzten   Fernbahn-Streckenab-
schnitten, aus einem mitbenutzten Fern-
bahnkörper (eigenes S-Bahn-Gleis), aus
direkten S-Bahn-Neubautrassen und aus
einem rekonstruierten (modernisierten)
Streckenabschnitt zusammen.
Die S-Bahn-Strecke beginnt im Bahnhof
Halle-Dölau. Nächster Haltepunkt ist
Heidebahnhof, Anfang der Durchque-
rung des Stadtforstes Halle, der Dölauer
Heide – eines landschaftlich reizvollen,
stark hügligen Terrains. Der höchste
Punkt der Strecke befindet sich am Bahn-
übergang der Straße Halle (Saale) – Salz-
münde – Klostermansfeld. Die An- und
Abfahrtsrampen nach Halle-Nietleben
sind relativ steil. Danach wird der Bahnhof Halle-Nietleben erreicht, die größte
und umfassendste Bahnhofsanlage der
S-Bahn Halle (Saale). Dieser Streckenabschnitt ist eingleisig und ein Teil der alten Trasse der ehemaligen regelspurigen

Halle-Hettstedter Eisenbahn (HHE), jedoch hinsichtlich des Oberbaus unter Be-
rücksichtigung der jetzt gefahrenen Geschwindigkeiten rekonstruiert.
Der Bahnhof Halle-Nietleben wurde erweitert und mit modernen sicherungs-
technischen Anlagen ausgestattet. Das
neue Befehlsstellwerk ist Leit- und Über-
wachungszentrale für den Betriebsablauf
auf dem westlichen S-Bahn-Bereich von
Dölau bis zum Streckenteil zwischen Rosengarten und Halle (Saale) Hbf. Die an
Halle-Nietleben anschließende S-Bahn-
Trasse ist zweigleisig und führt zum un-
terirdisch angelegten Bahnhof Halle-
Neustadt. Am Ende des Einschnittes –
beiderseits stehen Wohnhochhäuser von
Halle-Neustadt – befindet sich der Haltepunkt Zscherbener Straße. Die Gleise der
neuen Trasse führen dann auf dem Gelände der ehemaligen Passendorfer Wiesen in südlicher Richtung weiter. Das
eine, im Bogen nach Osten, dient zur
Auffahrt und Einmündung in die vom
Bahnhof Angersdorf kommende zweigleisige Fernbahnstrecke (Nordhausen – Sangerhausen – Halle [Saale]), das andere
stellt die neue direkte Schnellbahnverbin-
dung von Halle-Neustadt nach den Buna-

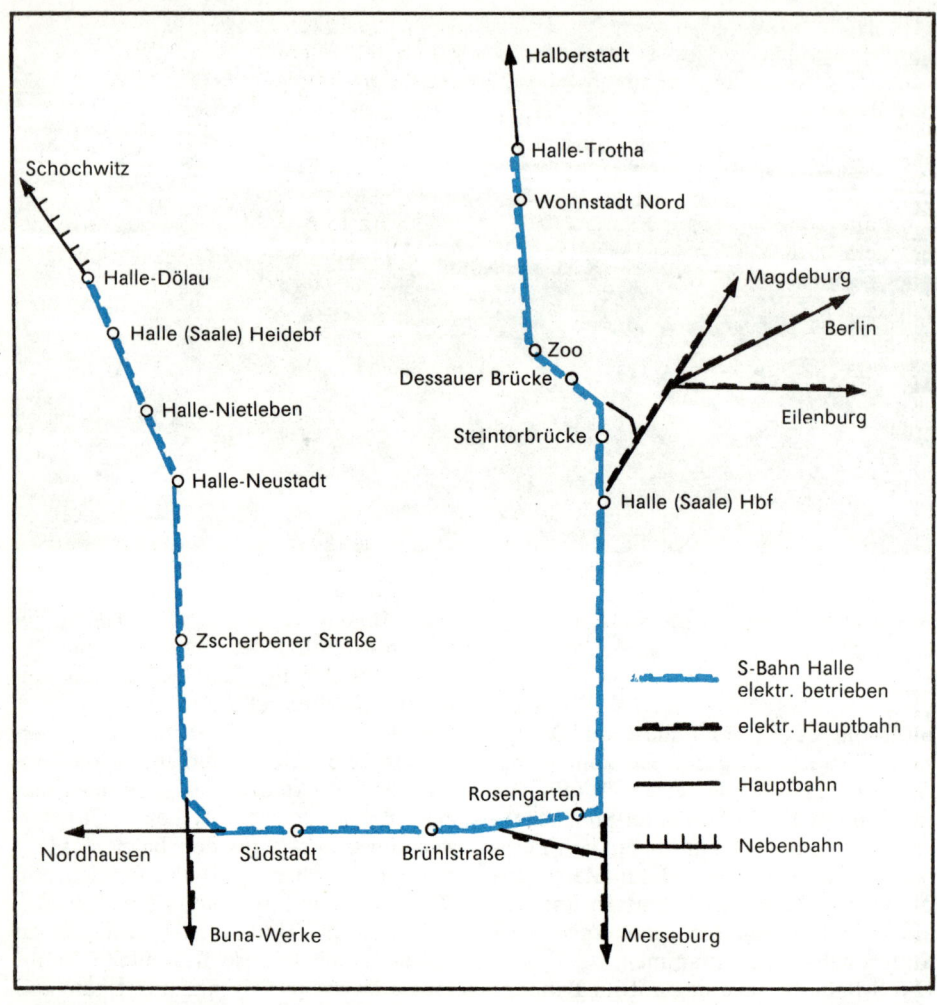

Schochwitz

Halberstadt

Halle-Trotha

Wohnstadt Nord

Halle-Dölau

Magdeburg

Halle (Saale) Heidebf

Berlin

Halle-Nietleben

Zoo

Dessauer Brücke

Halle-Neustadt

Eilenburg

Steintorbrücke

Zscherbener Straße

Halle (Saale) Hbf

S-Bahn Halle
elektr. betrieben

elektr. Hauptbahn

Rosengarten

Hauptbahn

Nordhausen   Südstadt   Brühlstraße

Nebenbahn

Buna-Werke

Merseburg

Bild 109   Netz der S-Bahn Halle (Saale).

Werken und nach Merseburg sowie von hier aus bis zu den Leuna-Werken dar.

Der folgende Haltepunkt Südstadt, fast am Ende des Wörmlitzer Einschnitts hinter der Saalebrücke gelegen, ist seit 1974 in Betrieb, der nächste Haltepunkt Brühlstraße seit 1979. Der folgende Haltepunkt, Rosengarten, ist wie Halle-Neustadt und Zscherbener Straße ein Neubau. Die S-Bahn führt nun zusammen mit der Fernbahn neben der von Erfurt–Merseburg kommenden elektrifizierten Fernbahn zum Vorfeld des Bahnhofs Halle (Saale) Hbf. Hier wurde auf der Westseite neben dem Fernbahnsteig 1 ein neuer Bahnsteig für den S-Bahn-Verkehr errichtet, und zwar unter Verwendung eines ehemaligen Lokfahrgleises. Am Rande der Nord-Süd-Stadtautobahn entlang geht die Trasse dann auf einem rekonstruierten, vormals den Lokfahrten zum und vom Bahnbetriebswerk Halle (Saale) P dienenden Gleis zum Haltepunkt Steintorbrücke, der in seiner zweigleisigen Anlage und auch mit zwei Bahnsteigen eine der Kreuzungsstellen ist. Im Einschnitt Steintorbrücke verkehren auch die über den Semmering kommenden Güterzüge vom Güterbahnhof Halle zum Thüringer Bahnhof. Hinter dem S-Bahn-Haltepunkt Steintorbrücke gabelt sich die Strecke zum Güterbahnhof Halle und in Richtung Halle-Trotha zur nächsten S-Bahn-Station, Dessauer Brücke.

In einem tiefen Einschnitt unmittelbar neben der Brücke befindet sich der Haltepunkt Dessauer Brücke. Das rechtsseitige Gleis ist für die Fernbahn bestimmt, so daß die S-Bahn bis Halle-Trotha auf diesem Streckenabschnitt wieder nur ein eigenes Gleis benutzt. Dann nach Norden abbiegend, liegt zwischen Galgenberg und Reilsberg der Haltepunkt Zoo. Der

Reilsberg ist die Heimstätte des sehr bekannten Hallenser Bergzoos. Es folgt noch der Haltepunkt Wohnstadt Nord, bis schließlich der Endpunkt der S-Bahn, der Bahnhof Halle-Trotha, erreicht wird. Die S-Bahn Halle (Saale) ist durchgehend elektrifiziert und wird mit 16 2/3 Hz 15 kV betrieben, genau wie die Schnellbahn von Halle-Neustadt nach Merseburg. Die gesamte S-Bahn-Strecke ist mit Lichtsignalen ausgerüstet. Die Gesamtstreckenlänge der S-Bahn beträgt etwa 30 km. Die Reisezeit für die 30 km lange Strecke beträgt etwa 36 Minuten, was einer Reisegeschwindigkeit von etwa 45 km/h entspricht.

Die S-Bahn Halle (Saale) fährt im Wendezugbetrieb (mit Ellok bespannte Züge) und ist betriebstechnisch in der Lage, täglich mehr als 50 000 Personen – davon etwa 10 000 Personen innerhalb von 40 Minuten – zu befördern.

Straßenbahn Halle (Saale)

Nachdem am 15. Oktober 1882 in Halle eine Pferdebahn unter dem Namen Halli-

Bild 110 Straßenbahnzug vor dem VEB Leuna-Werke „Walter Ulbricht". *Foto: Uecke*

sche Straßenbahn mit zwei Linien vom Hauptbahnhof über den Markt bzw. die Hauptpost nach Giebichenstein eröffnet worden war, die wegen der rot angestrichenen Wagen auch „Rote Bahn" ge-

nannt wurde, und am 30. August 1889 eine zweite Pferdebahn-Gesellschaft mit drei Linien unter der Bezeichnung Stadtbahn Halle den Betrieb aufgenommen hatte (da ihre Wagen grün lackiert waren, hieß sie „Grüne Bahn"), kam es in der Geschichte der Straßenbahn für Halle (Saale) zu einer Besonderheit: Wegen des unrentablen Betriebs auf den krümmungs- und steigungsreichen Strecken übergab die Stadtbahn Halle schon ein Jahr nach Betriebsaufnahme alle ihre Anlagen der Allgemeinen Electricitäts-Gesellschaft (AEG) in Berlin mit der Auflage, das Netz zu elektrifizieren, so daß mit der Eröffnung des elektrischen Straßenbahnbetriebs am 24. April 1891 Halle die erste elektrisch mit Oberleitung betriebene Straßenbahn Deutschlands erhielt. Ab 3. August 1902 wurde auch bei der Hallischen Straßenbahn der gesamte Betrieb auf Oberleitung umgestellt. Trotzdem Halle (Saale) um die Jahrhundertwende bereits über ein relativ weitverzweigtes Straßenbahnnetz verfügte, wurde im Jahre 1902 eine dritte Gesellschaft, die Elektrische Straßenbahn Halle-Merseburg gegründet, die am 15. Mai 1902 den Betrieb auf der Linie Halle (Saale)/Riebeckplatz (heute Thälmannplatz) – Ammendorf aufnahm. In Ammendorf wurde auch der Betriebshof errichtet, der heute noch besteht. Im Jahre 1910 kaufte die Stadt Halle die Hallische Straßenbahn, die am 1. Januar 1911 in Städtische Straßenbahn umbenannt wurde. Die Stadtbahn Halle war nur mit Mühe über die finanziellen Einbußen während des ersten Weltkrieges gekommen. Am 2. September 1917 wurde auch sie von der Stadt übernommen. Und ab 2. Januar 1918 gehörte sie zur Städtischen Straßenbahn Halle. Im Jahre 1913 war die Merseburger Überlandbahn (MÜBAG) gegründet worden, die im Jahre 1918 die Strecke Merseburg – Mücheln baute. Ab 1919 nahm sie von der Elektrischen Straßenbahn Halle-Merseburg die Strecke Halle (Saale) – Merseburg in Pacht und ab 1932 in vollen Besitz. Der

Bau der Leuna-Werke ab 1914 war Veranlassung für die MÜBAG gewesen, eine Straßenbahnlinie von Merseburg über Leuna nach Bad Dürrenberg zu bauen. Die Strecke wurde 1920 nur bis Fährendorf fertiggestellt, da die Inflation den Weiterbau unterbrach. Er konnte erst im Jahre 1925 fortgeführt werden.

Gegen Ende des zweiten Weltkriegs, im April 1945, mußte wegen großer Zerstörungen der Straßenbahnbetrieb eingestellt werden. Nach der Instandsetzung der Anlagen und Fahrzeuge bis zum Jahre 1947 konnte der Betrieb wieder voll aufgenommen werden. Im Jahre 1951 erfolgte der Zusammenschluß der Straßenbahn mit der Überlandbahn, womit sich der Betrieb bis 1957 VEB (K) Straßen- und Überlandbahn Halle nennen konnte.

Seit 1957 wurde der Wagenpark der unter der neuen Bezeichnung VE Verkehrsbetriebe Halle laufenden Straßenbahn systematisch verjüngt. Im Jahre 1969 kamen die ersten Tatra-Straßenbahnwagen vom Typ T4D zum Einsatz. Seit dem 4. Dezember 1971 besitzt Halle (Saale) mit der Linie 5 Trotha – Bad Dürrenberg (30,72 km) die längste Straßenbahnlinie der DDR. Eine Fahrt auf dieser Linie ist ein Erlebnis, weil man dabei das gesamte Ballungsgebiet von Halle (Saale) bis Trotha, das Zentrum mit dem Thälmannplatz sowie das Industriegebiet von Ammendorf, Merseburg und Leuna sehr gut kennenlernt. Täglich befördert die Straßenbahn in Halle (Saale) auf ihrem etwa 150 km langem Gleisnetz rund 300 000 Fahrgäste.

Einen Einblick in die Geschichte der Straßenbahn in Halle geben die beiden historischen Straßenbahnwagen, die erhalten und gepflegt sowie zu besonderen Anlässen, z. B. auch zu Hochzeitsfahrten, eingesetzt werden. Es handelt sich dabei u. a. um den zweiachsigen Triebwagen Tw 2, der im Jahre 1911 gebaut worden ist und vorher als Tw 40 in Plauen (V) im Einsatz – im Jahre 1968 nach Halle (Saale) kam, um den zweiachsigen Triebwagen Tw 613 A, der im Jahre 1912 von

Bild 111   Triebwagen Tw 2 der Stadtbahn Halle.
Foto: Rammelt

Bild 112   Triebwagen Tw 410 der Städtischen
Straßenbahn Halle.   *Foto: Rammelt*

der Waggonfabrik Lindner, Ammendorf, gebaut wurde und bei der Merseburger Überlandbahn (als Tw 78) im Einsatz stand, sowie um die zweiachsigen Lindner-Triebwagen Tw 401 und Tw 410 mit einem dazugehörenden Beiwagen der Städtischen Straßenbahn Halle. Der Triebwagen 410 wurde im Jahre 1928 von der Waggonfabrik Lindner gebaut. Dieser Wagentyp bildete 35 Jahre lang das Rückgrat des Straßenbahntriebwagenparks in Halle (Saale).

Industriebahn Halle (Saale)

Unter den gegenwärtig in der DDR noch betriebenen Schmalspurbahnen ist die Industriebahn Halle – eine Anschlußbahn – sicher die am wenigsten bekannte, obwohl sie zwei Besonderheiten kennzeichnen: Sie ist mit ihrer Spurweite von 1000 mm die einzige dieser Art im Rbd-Bezirk Halle und mit einer Länge von nur 1,2 km eine der kürzesten Schmalspurbahnstrecken in Europa. Die Strecke der im Jahre 1895 in Betrieb genommenen Hafenbahn beginnt im Industriebahnhof Halle, einem Bahnhof der ehemaligen Hafenbahn und späteren Halle-Hettstedter Eisenbahn, und führt parallel zur Turmstraße bis zur Maschinenfabrik Halle. An einigen Stellen zweigen Gleisanschlüsse ab, die in Fabriken führen, obwohl die meisten dieser Anschlüsse gegenwärtig nicht mehr benutzt werden.

Im Industriebahnhof Halle (Saale) gibt es zwei Rollbockgruben, über die die Regelspur-Güterwagen aufgebockt werden, sowie einen zweiständigen Lokschuppen, in dem die beiden Diesellokomotiven der Industriebahn untergebracht sind.

Heute sind zwei im Raw „Ernst Thälmann" Halle im Jahre 1983 umgespurte Kö auf der 1000-mm-Bahn im Einsatz. Es handelt sich dabei um die 199 003^{II}, die aus der 100 128-8 umgebaut wurde, und um die 199 004^{II}, die ehemalige 100 287-2. Die beiden alten Maschinen 199 003^{I} und 199 004^{I} wurden verschrottet.

Bild 113   Schmalspurdiesellokomotive 199 004 der Industriebahn Halle (Saale).   *Foto: Stange*

Bild 114   Schmalspurdiesellokomotive 199 003ᴵᴵ der Industriebahn Halle (Saale).   Foto: ZBDR-Zimmer

Pioniereisenbahn Halle (Saale)

Zum Internationalen Tag des Kindes, am 12. Juni 1960, wurde auf der Saale-Insel Peißnitz, einem Naherholungsgebiet, die Pioniereisenbahn Halle (Saale) in Betrieb genommen. Die Züge fahren auf einem Rundkurs von etwa 2 km Streckenlänge durch den Kulturpark und verbinden Sport- und Unterhaltungsstätten. Die Wagen wurden überwiegend im VEB Waggonbau Ammendorf und im Reichsbahnausbesserungswerk Delitzsch gebaut. Die drei Lokomotiven stammen aus dem damaligen VEB Lokomotivbau „Karl Marx" Babelsberg.

Seit 1984 verkehrt noch eine Akkulok, die im Äußeren einer Lokomotive der Baureihe 110 der DR angeglichen ist. Gebaut wurde diese Lok in Kooperation zwischen dem Raw „Ernst Thälmann" Halle und dem Bw Halle (Saale) G. Die Spurweite der Pioniereisenbahn beträgt 600 mm.

Bild 115   Zug der Pioniereisenbahn Halle (Saale).   Foto: Lange

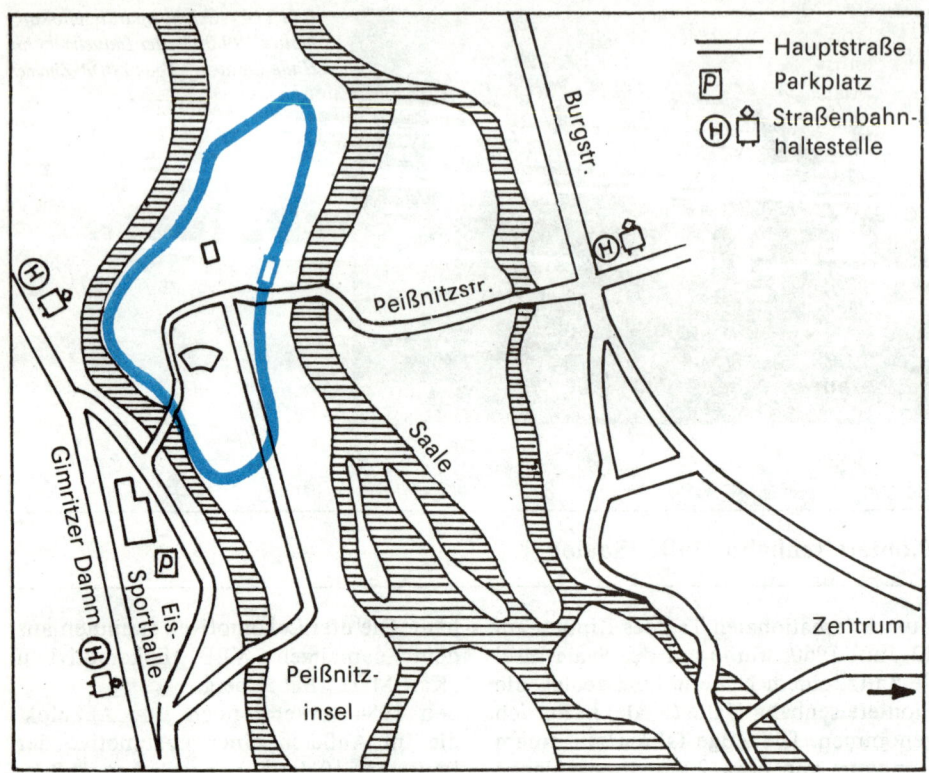

Bild 116 Strecke der Pioniereisenbahn Halle (Saale).

Dessau

Der Stadtkreis im Bezirk Halle, beiderseits der Mulde bis zu ihrer Mündung in die Elbe gelegen, ist Industrie-, Verkehrs- und Kulturzentrum. Wichtigste Industriezweige sind der Schienenfahrzeugbau (Kühlwagen, Kühlzüge), der Maschinen-, Meßgeräte-, Apparate- und Elektromotorenbau, die Chemieindustrie und die Holzverarbeitung. Bedeutende Betriebe sind auch das Reichsbahnausbesserungswerk und die Brauerei. Mit der Entstehung und Entwicklung der Industrie wuchs Dessau zu einem bedeutenden Eisenbahnknoten heran, der zusammen mit der Industriestadt Roßlau an der Elbe ein sogenannter Doppelknoten ist und wegen der zahlreichen hier zusammenlaufenden Hauptstrecken eine große Bedeutung für den Reise- und Güterverkehr der DR hat. Dessau erhielt seinen ersten Eisenbahnanschluß sehr frühzeitig, und zwar am 1. September 1840 mit der 21,32 km langen Strecke Dessau–Köthen der 1836 gegründeten Sächsischen Eisenbahn-Gesellschaft, der späteren Berlin-Anhaltischen Eisenbahn. Im Jahre 1911 wurde mit dem Abschnitt Bitterfeld–Dessau die erste Fernbahnstrecke auf dem heutigen Territorium der DDR mit Einphasenwechselstrom elektrifiziert.

Die Straßenbahn der Stadt Dessau – in der Spurweite 1435 mm – umfaßt heute nur noch eine Linie, und zwar vom Hauptbahnhof zur Tempelhofer Straße. Die Straßenbahngesellschaft hatte im Jahre 1894 ihren Betrieb zunächst mit gasbetriebenen Fahrzeugen aufgenommen; im Jahre 1901 erfolgte die Umstellung auf elektrischen Betrieb.

Die nach Roßlau führende Linie 2 wurde im Jahre 1945 wegen Zerstörung der Brücken über die Mulde und die Elbe abgebaut; Schienen und Fahrleitungen wurden zur Wiederherstellung der während des zweiten Weltkriegs durch Bombenangriffe völlig zerstörten Straßenbahnanlagen und -fahrleitungen in der Stadt Dessau verwendet.

Merseburg

Die Kreisstadt im Bezirk Halle, auf dem hohen linken Saaleufer gelegen, hat große industrielle Bedeutung durch vielfältige Industriezweige, wobei die Chemieindustrie der naheliegenden Orte Schkopau (VEB Chemische Werke Buna) und Leuna (VEB Leuna-Werke „Walter Ulbricht") dominiert und von der Aluminiumindustrie, dem Maschinenbau und der Baustoffindustrie der Stadt selbst ergänzt werden. Diese Industrien konnten sich – begünstigt durch den frühzeitigen Eisenbahnanschluß Merseburgs mit der 1846 eröffneten ersten Strecke Halle (Saale) – Weißenfels der Thüringischen Eisenbahn – gut entwickeln, wobei sich durch den Bau weiterer Strecken zur Erschließung des Territoriums die Stadt Merseburg zu einem Eisenbahnknoten entwickelte (Nebenbahnen nach Frankleben, nach Mücheln [Geiseltal] und nach Leipzig-Leutzsch).

Über die industrielle Revolution im Merseburger Gebiet im Zusammenhang mit dem Eisenbahnbau informiert das Museum Merseburg (Schloß/Ostflügel, Merseburg, 4200, Telefon 2391; täglich außer montags geöffnet von 9 bis 17 Uhr). Hier ausgestellt sind ein Modell der Lokomotive *THURINGIA* im Maßstab 1:30, die 1846 auf der Strecke eingesetzt war, ferner ein Fahrplan der Thüringischen Eisenbahn Halle – Erfurt (gültig vom 20. Dezember 1846 bis 1. April 1847), Paßkarten und Billets von 1847, ein Stahlstich von 1850 und historische Fotos vom Merseburger Bahnhof aus dem Jahre 1890 sowie der Titel „Die Thüringische Eisenbahn" aus der Brockhaus-Reisebibliothek für Eisenbahn und Dampfschiffe.

*

Weitere unter Denkmalschutz stehende Objekte des Eisenbahnwesens in Halle (Saale) und Umgebung sind in der Gemeinde Dornbock im Kreis Köthen ein Eisenbahndenkmal und in der Stadt Bad Bibra im Kreis Nebra die Schneckentalbrücke, die im Verlauf der nur noch dem Güterverkehr dienenden eingleisigen Nebenbahnstrecke Laucha – Lossa liegt.

ERFURT,
Saaletal und Thüringer Wald
GERA und Vogtland

Von den südlichen Ausläufern des Harzes, über die Randerhebungen des Thüringer Beckens mit dem Thüringer Becken selbst, mit Ilm-, Saale- und Unstruttal, mit dem Thüringer Wald und dem Thüringischen Schiefergebirge bis hin zum benachbarten Elstertal und dem Vogtland reicht im Süden der DDR eine der schönsten Naturlandschaften, in der viele Städte mit mannigfaltigen Industrien, zahlreiche sehr fruchtbare Landstriche mit intensiver Landwirtschaft sowie beliebte Urlaubs- und Erholungsorte liegen. Das Wirtschaftsprofil dieses Gebietes kennzeichnen Bodenschätze, wie Kalisalze, Kies, Sand, Ton, Gesteine und Kupfererze, die Landwirtschaft mit dem Getreide-, Zuckerrüben- und Gemüseanbau sowie intensiver Viehwirtschaft und die Forstwirtschaft, Kombinate und Betriebe der Hüttenindustrie, des Maschinen- und Fahrzeugbaues, der Textilindustrie, der Glas- und Porzellanherstellung, der Chemie- und Spielzeugindustrie sowie in bedeutendem Maße der Fremdenverkehr mit den Urlaubs- und Erholungsgebieten Thüringer Wald und Thüringisches Schiefergebirge, den Kur- und Heilbädern sowie den Touristenzielen Erfurt, Weimar, Jena, Saalfeld (Saale), Naumburg (Saale), Bad Kösen und Eisenach.

Dieses Wirtschaftsprofil ruft im Güterverkehr der Eisenbahn ein umfangreiches Transportaufkommen hervor, vor allem in den Industriestandorten des Werragebietes und des Südharzes, in Gera, Unterwellenborn, Schwarza (Kreis Rudolstadt), Suhl und Zella-Mehlis, Jena und Eisenach. In der Personenbeförderung dominiert der starke Berufsverkehr zu und von den größeren und kleineren Industriestandorten mit ausgeprägten Strömen von Pendlern, von großem Umfang sind der Fernreise- und Dienstreiseverkehr von und zu größeren Städten sowie der sommers wie winters auftretende Fernverkehr in die Landschaftsgebiete und Städte mit Sehenswürdigkeiten. Die am stärksten belastete Eisenbahnstrecke dieses Gebietes ist die Strecke Halle (Saale) – Weißenfels – Naumburg (Saale) – Apolda – Weimar – Erfurt – Gotha – Eisenach. Starke Verkehrsströme kennzeichnen ferner die Saaletalbahn (Großheringen – Saalfeld [Saale]) und die sie kreuzende Ost-West-Verbindung (Dresden –) Glauchau – Gera – Jena West – Weimar, die Nord-Süd-Verbindung (Magdeburg –) Sangerhausen – Sömmerda – Erfurt – Arnstadt – Meiningen sowie die Magistrale (Leipzig –) Gera – Plauen (Vogtl).

Besonderheiten der Netzstruktur in diesem Gebiet sind zahlreiche Stichbahnen in die Höhenlagen des Thüringer Waldes und die am stärksten geneigten Streckenabschnitte im Netz der DR auf den Strecken Suhl – Schleusingen (bis $1:15,4 = 65$ ‰) und Plaue (Thür) – Themar (bis $1:16,6 = 60,2$ ‰), bei Kunstbauten die vielen und zum Teil sehr lange bestehenden Brücken, Tunnel und auf Dämmen geführten Streckenabschnitte. Besonderes Interesse finden wegen ihrer technischen Einmaligkeit die Oberweißbacher Bergbahn und wegen ihrer guten Verbindung in den Thüringer Wald die Thüringerwaldbahn.

Größte Eisenbahnknoten sind die Bezirksstadt Erfurt (hier treffen aus den Richtungen Weißenfels, Eisenach, Nord-

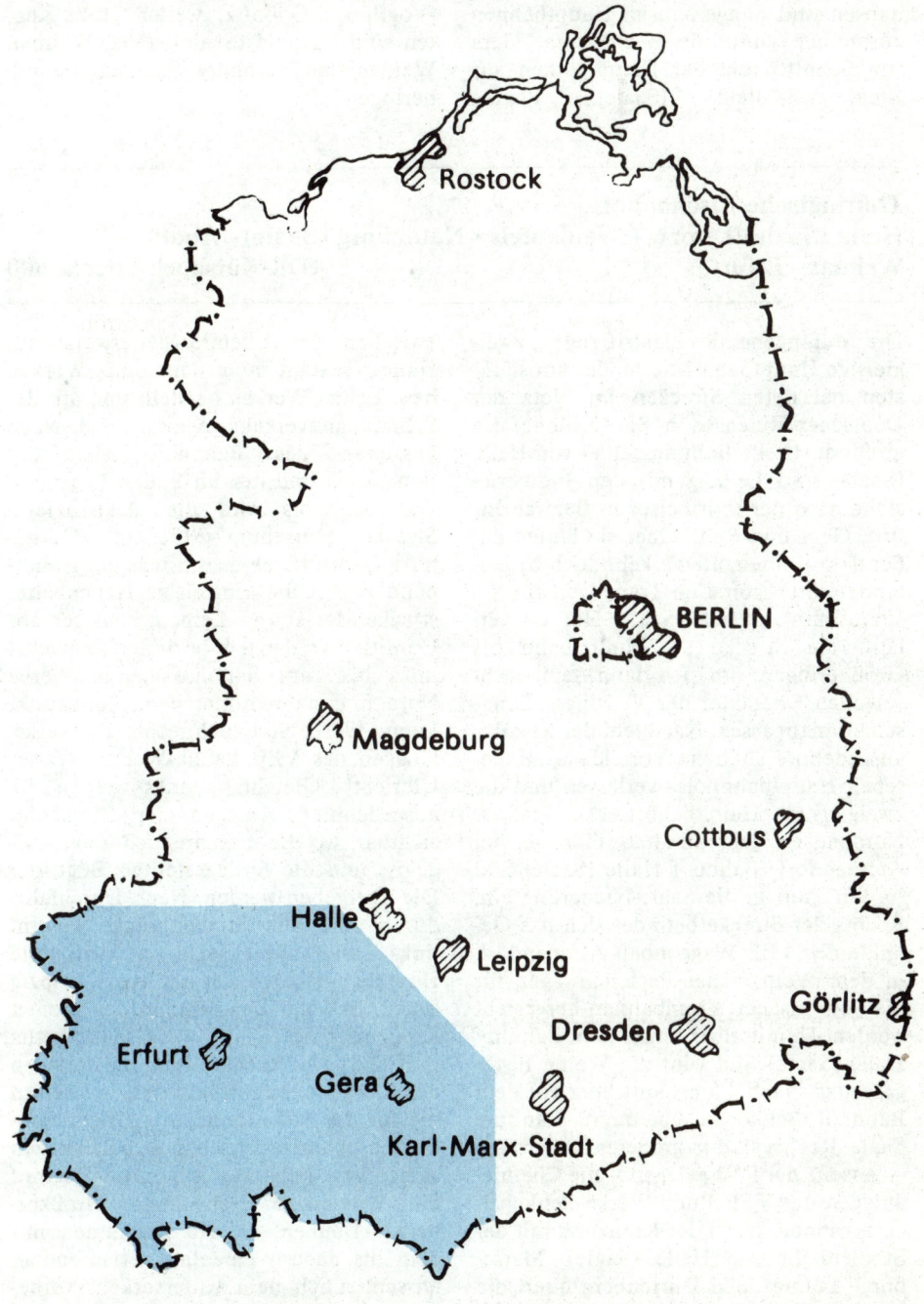

Bild 117   Erfurt, Saaletal und Thüringer Wald – Gera und Vogtland

hausen und Sangerhausen Hauptbahnen zusammen) und die Bezirksstadt Gera (im Schnittpunkt der Hauptbahnen aus Jena, Saalfeld [Saale], Plauen [Vogtl] und Gößnitz), weitere große Knoten sind Saalfeld (Saale), Jena, Weimar, Weißenfels, Naumburg (Saale) und Großheringen.

Thüringische Eisenbahn:
Halle (Saale)/Leipzig – Weißenfels – Naumburg (Saale) – Apolda – Weimar – Erfurt   DR-Kursbuch-Strecke 600

Die durchgehende elektrifizierte zweigleisige Hauptbahn ist eine der am stärksten belasteten Strecken im Netz der Deutschen Reichsbahn. Sie verbindet das großindustrielle Ballungsgebiet von Halle (Saale) und Leipzig mit den Industriestandorten der thüringischen Bezirke Erfurt, Gera und Suhl. Über sie laufen außer dem Binnengüterverkehr auch bedeutende Güterströme im Transitverkehr.

Vom Bahnhof Halle (Saale) Hbf aus verläuft die Strecke als Flußtalbahn bis Großheringen, um sich dann dem wechselvollen Charakter der Thüringer Landschaft anzupassen. Nachdem der Zug das ausgedehnte südliche Vorfeld des Halleschen Hauptbahnhofes verlassen und die zweigleisige Hauptbahnstrecke Halle – Nordhausen gekreuzt hat, fährt er bei Ammendorf (Bahnhof Halle [Saale] Süd im km 5,86) in die Saale-Niederung ein. Rechts der Strecke befindet sich das Gelände des VEB Waggonbau Ammendorf, in dem Weitstrecken-Personenwagen für die Sowjetischen Eisenbahnen hergestellt werden. Unmittelbar hinter dem Bahnhof Halle (Saale) Süd wird die Weiße Elster gekreuzt. Nach 4 km Fahrt kurz vor dem Bahnhof Schkopau überquert man die Saale. Rechts sind in größerer Entfernung – jenseits der F 91 gelegen – die Chemieanlagen des VEB Buna-Werke Schkopau zu erkennen. Nach der Kreuzung mit der Straßenbahnlinie Halle (Saale) – Merseburg – Leuna – Bad Dürrenberg quert die Hauptbahnstrecke das Gleis der elektrifizierten Strecke Merseburg – Buna-Werke – Angersdorf, die die Verbindung

zwischen der Chemiearbeiterwohnstadt Halle-Neustadt und den Buna-Werken bzw. Leuna-Werken herstellt und auf der Schnellbahnverkehr gefahren wird. Nach Passieren des Bahnhofs Merseburg (km 13,55) und des im Süden liegenden Güterbahnhofs wird die elektrifizierte Strecke Merseburg – Mücheln (Geiseltal) – Querfurt gekreuzt. Links der Hauptbahn zweigt die eingleisige Nebenbahnstrecke Merseburg – Leipzig-Leutzsch ab. Unmittelbar danach beginnen zunächst links bis zum Bahnhof Leuna Werke Nord und dann hinter dem Haltepunkt Leuna Werke Süd auch rechts die Werksanlagen des VEB Leuna-Werke „Walter Ulbricht". Gleichfalls links werden die ausgedehnten Anlagen der Werkbahn sichtbar, wo die einfahrenden Züge aufgelöst und die fertiggestellten Züge der DR übergeben werden. Nach Durchfahrt durch eine alte Straßenbrücke kommt links die zweigleisige elektrifizierte Hauptbahnstrecke von und nach Leipzig hinzu, und der Zug fährt in den großen Kreuzungsknoten Großkorbetha (km 23,8) ein. Rechts liegen die Anlagen des Rangierbahnhofs, auf dessen Gleisen die für die Beförderung von Chemieprodukten charakteristischen Behälterwagen stehen bzw. rangiert werden. Hier beginnt die eingleisige Nebenbahn Großkorbetha – Deuben, so daß zusammen mit dem bis nach Weißenfels verlaufenden, ausschließlich dem Güterverkehr vorbehaltenen dritten Gleis bis Schkortleben der Bahnkörper vier Gleise trägt. Kurz hinter dem Abbiegen der Nebenbahn

Bild 118   Zwei Museumslokomotiven der DR im Bahnhof Weißenfels: E 04 01 (neu: 204 001-2) und E 18 31 (neu: 218 031-3).   Foto: Wünschmann

nach Deuben (in etwa 1 km Entfernung ist links eine die Saale überquerende Brücke dieser Strecke zu sehen) befindet sich in km 28,0 die Grenze zwischen dem Rbd-Bezirk Halle – der von der Strecke nun verlassen wird – und dem Rbd-Bezirk Erfurt.

Nach wenigen Minuten Fahrt immer der Saale entlang rücken rechts der Strecke die Hänge immer dichter heran, und an der engsten Stelle zwischen den Hängen der Weinberge – durch hohe Stützmauern gesichert – und dem Flußbett der Saale, beginnen sich die Bahnanlagen auf der rechten Seite auszudehnen zum Rangierbahnhof Weißenfels. Das Empfangsgebäude des Bahnhofs Weißenfels (km 32,0), in Tieflage zu den Gleisen (107 m über NN), hat mit einem kleinen Bahnhofsvorplatz und der Zufahrtsstraße gerade noch Platz gefunden zwischen den Bahnanlagen und der Saale, die sich quer durch die Stadt zieht. Kurz nach dem Bahnhof wird auf einer großen Brücke

die Saale überquert, die nun rechts der Bahnstrecke verläuft, und nach links zweigt die eingleisige Hauptbahn Weißenfels – Zeitz ab. Sowohl vor als auch nach dem Bahnhof Leißling (km 37,25) führt die Strecke auf einem Damm, geschützt vor eventuellem Hochwasser der Saale. Bis Naumburg (Saale) wird noch zweimal die Saale überquert, und kurz vor Einfahrt in den Bahnhof kreuzt von rechts kommend die Strecke Naumburg (Saale) – Teuchern die Hauptbahn. Der Bahnhof Naumburg (Saale) am km 45,62 liegt am westlichen Stadtrand. Am westlichen Bahnhofskopf, unmittelbar neben den Anlagen des früheren Bahnbetriebswerks, überquert eine neuerbaute Spannbetonbrücke im Verlauf der F 180 die Bahnanlagen. Unmittelbar hinter dieser Brücke zweigt rechts von der Hauptbahn die eingleisige Nebenbahn Naumburg (Saale) – Artern ab, die im Unstruttal verläuft und etwa 1 km vom Bahnhof Naumburg (Saale) Hbf entfernt die Saale überquert.

Naumburg, Kreisstadt im Bezirk Halle, mit ihren bedeutenden kulturhistorischen Bauten, der reizvollen Umgebung und zahlreichen beliebten Ausflugsorten im Saale-Unstruttal ein außerordentlicher Touristenanziehungspunkt, besitzt seit dem Jahre 1882 eine Straßenbahn in der Spurweite von 1000 mm, die bis zum Jahre 1906 als Dampfstraßenbahn mit von der Firma Krauss & Co. gelieferten Lokomotiven *NAUMBURG, SAALE* und *UNSTRUT* und Beiwagen der Waggonfabrik Lindner in Ammendorf betrieben wurde. Seit 1907 besteht elektrischer Betrieb, und ab 1909 verkehrt die Bahn auf einer 5,3 km langen Ringstrecke mit fünf Ausweichstellen. Der Charakter der Straßenbahn und ihre vom Bahnhof (in 108 m über NN gelegen) zur Stadt (in 200 m über NN) verlaufenden Steigungsstrecken sind interessante Besonderheiten.

Im weiteren Verlauf der Eisenbahn-

Abzweigstelle Saaleck beginnt hier die Saalebahn über Jena nach Saalfeld (Saale) (siehe Seite 176), die über ein während der Elektrifizierungsarbeiten neuerbautes Kreuzungsbauwerk über die Strecke nach Erfurt hinweg führt. Kurz vor der Einfahrt in den Bahnhof Großheringen (km 58,48; 122,5 m über NN) überquert die Strecke das letzte Mal die Saale – seit Halle (Saale) übrigens das neunte Mal. Von links kommt im Bahnhof Großheringen die Strecke der Saalebahn hinzu, so daß ein interessantes Streckendreieck besteht.

Bild 119/120   Strecke der Thüringischen Eisenbahn Halle (Saale) – Weißenfels – Naumburg – Apolda – Weimar – Erfurt.

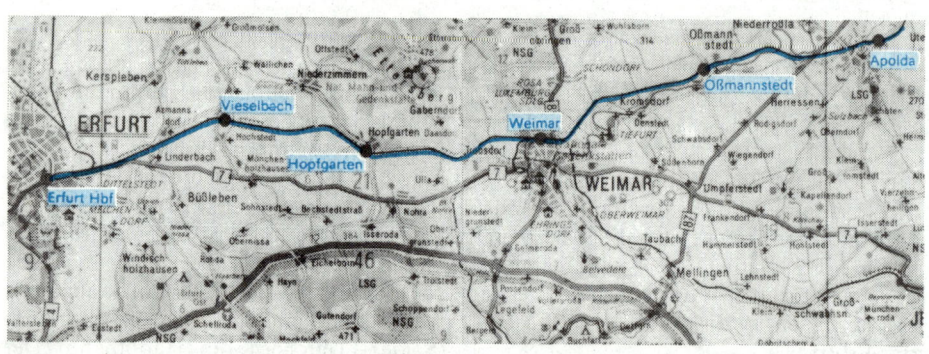

strecke bis Bad Kösen wird wieder die Saale überquert und kurz vor der Einfahrt in den Bahnhof Bad Kösen (km 52,64; 116 m über NN) die F 87. Rechts der Strecke, direkt am Bahnhof, türmen sich hohe Kalksteinfelsen auf, die hier abgebaut und in einem Kalkwerk verarbeitet werden. Bad Kösen ist nicht nur Kurort, sondern auch Ausgangspunkt für Ausflüge in das Saaletal zu den naheliegenden Burgruinen Rudelsburg und Saaleck. Von den Burgen hat man einen sehr schönen Blick ins Saaletal und auf den Verlauf der Eisenbahnstrecke, die unmittelbar unterhalb der Burgen auf drei Brücken die Saale überquert. An der

In Großheringen hat die sogenannte Pfefferminzbahn von Straußfurt über Sömmerda ihren Ausgangspunkt, die seit dem 14. August 1874 besteht und ihren Namen seit jenem Eröffnungstag hat, da die Kölledaer Einwohner ihren Bahnhof und auch die Lokomotive über und über mit Girlanden der hier reichlich wachsenden Pfefferminze geschmückt hatten. Zwischen Großheringen und Bad Sulza, dem nächsten Bahnhof (km 60,667), überquert die Strecke Großheringen – Straußfurt auf einem gleichfalls neuerbauten Kreuzungsbauwerk die Strecke der Thüringischen Eisenbahn, die ihrerseits nun bis kurz vor Apolda im Ilmtal verläuft und

vor sowie hinter Bad Sulza diesen Fluß dreimal überquert. Von nun an beginnt die Strecke stärker zu steigen (1:180), um den Bahnhof der Kreisstadt Apolda (km 71,68; 180 m über NN) zu erreichen. Unmittelbar nach dem Passieren des Bahnhofs, der am nordöstlichen Stadtrand liegt, überfährt der Zug im Verlaufe

Bild 121 Kreuzungsbauwerk bei Großheringen mit der elektrifizierten Strecke nach Erfurt und der Strecke Großheringen – Straußfurt.   Foto: Kirsche

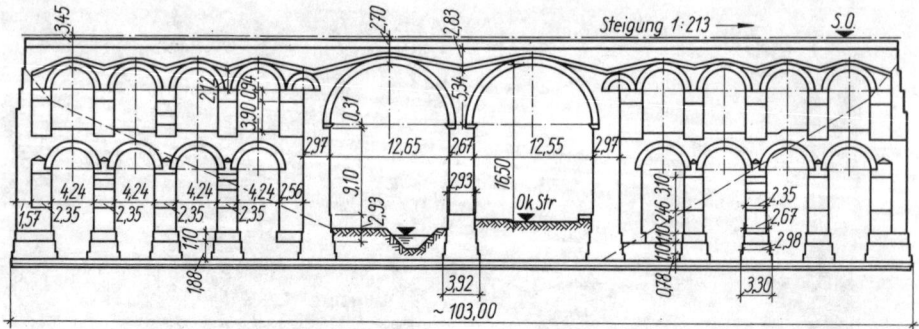

Bild 122   Maßskizze des Viaduktes in Apolda.

eines tiefens Geländeeinschnitts einen hochaufgeschütteten Damm, an den sich der Eisenbahnviadukt von Apolda anschließt. Er ruht auf Pfahlrosten aus insgesamt 1336 Holzpfählen, die vom 20. Mai 1845 bis zum Jahresende 39 m tief in den Boden eingerammt wurden. Nach mehr als 130 Jahren wurde der Viadukt durch Zementinjektionen verfestigt, um ihn für die inzwischen weit angestiegenen Belastungen zu rüsten. Nahe der Blockstelle Oberroßla erreicht die Strecke wieder das Ilmtal, das sie erst kurz vor dem Bahnhof Weimar (km 87,13; 242,5 m über NN) wieder verläßt. Kurz vor dem Personenbahnhof zweigen nach rechts die Einfahrgleise zum Güterbahnhof ab, und links verlassen die Gleise der Weimar-Geraer Eisenbahn (siehe Seite 198) den Bahnhof Weimar. Der Knoten Weimar verbindet die Thüringer Hauptmagistrale mit dieser Strecke. Außerdem beginnt hier die über den Bf Weimar Berkaer Bahnhof und Bad Berka verlaufende eingleisige Nebenbahn nach Kranichfeld. Der Bahnhof Weimar besitzt eine Vielzahl von Haupt- und Nebengleisen sowie Weichen und Kreuzungen. Fünf Bahnsteiggleise führen zu drei Bahnsteigen und zwei Gepäckbahnsteigen. Die Thüringische Eisenbahn wurde kurz nach ihrer Inbetriebnahme in den Jahren 1846/1847 als erste Strecke in Deutschland durchgehend mit „elektromagnetischen Telegraphen", Läutewerken sowie optischen und sonstigen Signalen ausgerüstet. Im Bahnhof Weimar waren bis 1967 insgesamt sieben Stellwerke vorhanden. Infolge der Mechanisierung und Automatisierung wurde der Bahnhof Weimar mit moderner Sicherungstechnik ausgestattet, als deren sichtbares Zeichen die Lichtsignale und eines der größten und modernsten zentralen Gleisbildstellwerke im Rbd-Bezirk Erfurt zeugen.

Weimar, Stadtkreis und Kreisstadt im Bezirk Erfurt, in der fruchtbaren Talweitung der Ilm, am Südfuß des bewaldeten Ettersberges im zentralen Thüringer Becken gelegen, ist mit den Stätten der deutschen Klassik ein bedeutender Kulturmittelpunkt. Auf dem Ettersberg, in unmittelbarer Nähe des ehemaligen KZ-Lagers, wurde 1954/58 die Nationale Mahn- und Gedenkstätte Buchenwald mit dem 50 m hohen Glockenturm, den Ringgräbern, dem Museum der Widerstandsbewegung und der Ernst-Thälmann-Gedenkstätte errichtet.

Das Stadtmuseum (5300 Weimar, Karl-Liebknecht-Straße 7, Telefon 3868, geöffnet Sonntag bis Donnerstag von 9 bis 13 Uhr und 14 bis 17 Uhr) zeigt in seiner Ausstellung zur Geschichte der Thüringischen Eisenbahn ein Modell des Bahnhofs Weimar (88 cm x 258 cm) im Zustand um das Jahr 1850. Auf der Anlage befinden sich ein Personenzug mit Lokomotive und sieben Wagen, zwei Güterwagen sowie Zinnfiguren, Kutschen und Fuhrwerke aus Zinn, die die Thematik

Bild 123   Viadukt in Apolda.   Foto: Köditz

„Weimar in der Zeit 1849 bis 1871" ergänzen.

Von Weimar aus verläuft die Strecke dann über den hohen Rand des innerthüringischen Keuperbeckens bei der Blockstelle Ulla (km 91,76) über die Tröbsdorfer Höhen, die die Wasserscheide zwischen Ilm und Gera bilden, in einem 1500 m langem Einschnitt. Hier war zur Zeit des Eisenbahnbaus dieser Strecke zunächst daran gedacht worden, einen

Tunnel anzulegen. Über Hopfgarten (Kr. Weimar) (km 94,82) und Vieselbach (km 100,88) erreicht die Strecke, nachdem sie nördlich des Dorfes Linderbach einen tiefen Einschnitt passiert hat, den östlichen Bahnhofskopf des Bahnhofs Erfurt Hbf. Am Stellwerk Erfurt Ost (Eo) beginnen die Gleisanlagen des Güterbahnhofs, die beiden Gleise für den Reisezugverkehr verlaufen südlich davon bis zum Personenbahnhof. So wird dem Reisenden ein anschaulicher Eindruck von der Weiträumigkeit des Eisenbahnknotens Erfurt vermittelt.

Erfurt

Die Bezirksstadt, zugleich Stadtkreis und Kreisstadt, im Talbecken der Gera im Süden des fruchtbaren Thüringer Beckens gelegen, ist mit 210 000 Einwohnern das Wirtschafts- und Bildungszentrum des Bezirks. Erfurt beheimatet einige Industriezweige (Maschinenbau, Feingerätebau, Elektrotechnik, Mikroelektronik, Schuh- und Bekleidungsindustrie, Holzsowie Lebensmittelindustrie, Saatgutbetriebe), ist Sitz zahlreicher Bildungseinrichtungen (Medizinische Akademie, Pädagogische Hochschule, Ingenieurund Fachschulen) und Kulturstätten (Theater, Museen, Dom, Severikirche) und überdies Verkehrsknotenpunkt in

Thüringen (Eisenbahn, Autobahn, Fernverkehrsstraßen, Flughafen).
Die zweigleisige, elektrifizierte Hauptbahnstrecke der Thüringischen Eisenbahn führt – von Weimar kommend –
am neuen Ellok- und Diesellok-Bahnbe-
triebswerk vorbei, passiert den ausgedehnten Rangierbahnhof Erfurt Gbf mit
Zugbildung in 19 Richtungen und mit einem täglichen Wagenausgang von mehr
als 2000 Wagen, seit 1979 mit über 300
Dreikraftbremsen in den Richtungsglei-
sen und einem Ablaufspeicherstellwerk
ausgerüstet, führt über die neue Schmidt-
stedter Brücke, die mit ihren ungewöhnli-
chen Ausmaßen außerhalb des Bahndammes errichtet und nach neu entwickelter
Technologie hydraulisch in den Bahndamm unter Teilsperrungen der Gleise
eingeschoben wurde, um den Straßenver-

kehr in Erfurt zu verbessern, und erreicht
schließlich den Bahnhof Erfurt Hbf mit
seinen elf Bahnsteigen (km 108,35 und
201,5 m über NN).
Das heutige Empfangsgebäude wurde
während der Neugestaltung der Erfurter
Bahnhofsanlagen in den Jahren 1887/93
errichtet. Es ist als Insel-Empfangsgebäude ausgeführt und mit einem Vor-
Empfangsgebäude kombiniert. Die
Gleise liegen in Hochlage, der Erdge-
schoßfußboden des Insel-Empfangsge-
bäudes befindet sich auf Gleisniveau, der
des Vor-Empfangsgebäudes auf Vorplatz-
niveau. Das Insel-Empfangsgebäude liegt
teils auf der alten Stadtbefestigung, teils
im Wallgraben, so daß seinem Bau sehr
schwierige Gründungsarbeiten vorangin-
gen. Der neben dem heutigen Empfangsgebäude befindliche Sitz der Reichsbahndirektion Erfurt war bis 1893 das Empfangsgebäude des am 1. April 1847 eröffneten Bahnhofs Erfurt. Sein Baumeister
war der Oberingenieur der Thüringischen
Eisenbahn-Gesellschaft und spätere Be-

*Bild 124   Früheres Empfangsgebäude des Bahn-
hofs Erfurt; heute Sitz der Reichsbahndirektion
Erfurt.*   *Foto: Woischke*

triebsdirektor, August MONS, der dieses Gebäude in den Jahren 1847/48 als das wohl eindruckvollste Empfangsgebäude der Thüringischen Eisenbahn baute. Zwar hatte MONS für seine Bahnhofsbauten meist Elementen der italienischen Renaissance verwendet, in Erfurt aber lehnte er sich an historische Traditionen an und baute in gotisierenden Formen. Es handelt sich um einen dreigeschossigen symmetrischen Bau, der im Mittelteil um ein Zwischengeschoß erhöht ist und am Ostgiebel einen hohen Uhrturm als asymmetrischen Akzent erhielt.

Seit Mai 1976 besteht in Erfurt ein Vorortverkehr der Eisenbahn, der nach Nahverkehrstarif vom Bahnhof Erfurt Hauptbahnhof über Erfurt Nord in das Neubaugebiet im Norden und Nordosten der Stadt bis zum Bahnhof Berliner Straße führt. Auf der 8,6 km langen Strecke befinden sich vier Zugangsstellen.

Im Museum für Stadtgeschichte der Bezirksstadt Erfurt kann sich der Besucher ausführlich und anschaulich über die Frühzeit des Eisenbahnwesens in Erfurt informieren (Museum für Stadtgeschichte, Leninstraße 169, Erfurt, 5000, Telefon 2 48 88, Öffnungszeiten Sonntag bis Donnerstag 10 bis 18 Uhr, Freitag und Sonnabend geschlossen). In der stän-

digen Ausstellung befinden sich folgende Objekte: ein Funktionsmodell, das die Einfahrt des ersten Eisenbahnzuges im Jahre 1847 durch den Festungswall in die Stadt Erfurt darstellt, dazu die Fotokopie einer zeitgenössischen Lithographie von der Begrüßung des ersten Eisenbahnzuges durch die Erfurter Bevölkerung, eine Vitrine zur Vorgeschichte und Bedeutung des Anschlußes Erfurts an das Eisenbahnnetz im Jahre 1847 – darin u. a. eine Fotokopie nach einem zeitgenössischen Aquarell, das das Empfangsgebäude des Erfurter Bahnhofs und einen Teil der Bahnanlagen aus der Zeit um 1850 zeigt, und eine Fotokopie des Fahrplans der Thüringischen Eisenbahn-Gesellschaft vom 15. April bis 15. Oktober 1848 und einen Zeigertelegraphen aus dem Jahre 1847. Ferner sind in der Ausstellung zu sehen: das Standmodell einer C-Tenderlok, wie sie von der Erfurter Firma Hagans 1885 gebaut wurde, und ein Eisenbahnermantel aus den Jahren nach 1920; er erinnert an die Sprengung eines sogenannten Poloniazuges (Munitionszug für die Interventionstruppen gegen die junge Sowjetmacht) am 4. September 1920 auf dem Erfurter Güterbahnhof zur Aktion „Hände weg von Sowjetrußland".

Industriebahn Erfurt

Ein großer Teil der Erfurter Industriebetriebe im Osten und Norden der Stadt verfügt über Gleisanschlüsse zum Empfang und Versand von Rohstoffen, Zulieferteilen und Fertigprodukten. Täglich werden auf diesen Gleisen 200 bis 300 Güterwagen bereitgestellt und abgeholt. Die An- und Abfuhr obliegt dem VEB(K) Industriebahn Erfurt. Die Deutsche Reichsbahn stellt in den beiden Übergabegruppen Erfurt Ost und Erfurt Nord die zu verteilenden Güterwagen täglich fünfmal bereit. Die Industriebahn übernimmt diese Güterwagen in ihre

Rangiergruppen und verteilt die Wagen mit den vier betriebseigenen Diesellokomotiven der Baureihe 106 an insgesamt 60 Anschließer. Das etwa 40 km lange Gleisnetz der Industriebahn mit rund 160 Weichen reicht vom Heckerstieg (Großmarkthalle) bis zur Stotternheimer Straße (Wohnungsbaukombinat) und zum Roten Berg (Ziegelkombinat). Bis zum Mai 1980 waren auf der Industriebahn Erfurt Dampflokomotiven im Einsatz. Eine von ihnen – eine Dampflokomotive der Gattung T3 – bleibt als technisches Denkmal der Nachwelt erhalten.

Straßenbahn in Erfurt

Die Straßenbahn der Bezirksstadt Erfurt kann auf eine mehr als 100jährige Geschichte verweisen: Im Jahre 1883 wurde eine Pferdebahn eröffnet, die über drei Linien verfügte. Sie bestand reichlich zehn Jahre, bis am 1. Juni 1894 nach dem Bau eines Dampfkraftwerkes in der heutigen Breitscheidstraße und einem Elektrifizierungsvertrag zwischen der neugegründeten Erfurter Elektrischen Straßenbahn und der Union-Elektrizitätsgesellschaft der elektrische Straßenbahnbetrieb eröffnet wurde. Das Netz in 1000 mm Spurweite erfuhr eine weitere Ausdehnung und erreichte im Jahre 1924 eine Länge von 17,5 km.

1930 erhielten die Linien anstelle der bis dahin üblichen Farbkennzeichnung Ziffern. Technische Verbesserungen der nächsten Jahre waren die Ablösung der Rollenstromabnehmer durch Scherenstromabnehmer 1936, der Wechsel von Schlitzpufferkupplungen auf Albert-Kupplungen 1936/37 und der Beginn des Baues von Wendeschleifen an den Endpunkten ab 1942. Im Jahre 1951 wurden die heutigen Erfurter Verkehrsbetriebe gegründet, deren Straßenbahnnetz Ende 1981 eine Streckenlänge von 42,1 km aufwies. Seit 1976 kommen Tatra-Triebwagen vom Typ KT4D zum Einsatz, und vom gleichen Jahr an wird der gesamte Straßenbahnbetrieb – erstmals in der DDR – durch eine Dispatcherzentrale mit industrieller Fernsehbeobachtung von Haltestellen, Funkverbindung zu den Triebwagenführern und automatisierter Standortangabe der jeweiligen Straßenbahnzüge überwacht, die operativ bei hohem Beförderungsbedarf und bei Störungen eingreift.

Insgesamt ist die Entwicklung der Erfurter Straßenbahn beispielgebend in der DDR.

Saal-Eisenbahn:
Großheringen–Saalfeld (Saale)   DR-Kursbuch-Strecke 560

Die Strecke Großheringen–Saalfeld (Saale), seit ihrem Entstehen vor mehr als 100 Jahren wegen ihres stets der Saale folgenden Laufes Saal-Eisenbahn – heute meist Saalebahn – genannt, verläuft durch eines der schönsten Flußtäler der DDR. Sie ist aber nicht nur eine landschaftlich reizvolle Strecke, sondern auch eine bedeutende Transitstrecke der Deutschen Reichsbahn in Nord-Süd-Richtung und umgekehrt. Sie erschließt wichtige Industriegebiete um Jena, Kahla, Unterwellenborn, Rudolstadt-Schwarza und Saalfeld (Saale). Über sie verläuft ein Teil des Fernverkehrs zwischen Nord- und Südeuropa, z. B. TEEM zwischen Skandinavien und Italien sowie internationale Züge zwischen der DDR und der BRD.

Das Saaletal bot der am 1. Mai 1874 eröffneten Strecke hinsichtlich ihrer Steigungen günstige Trassierungsbedingungen, da es eine Flachlandbahn aus der Halle-Leipziger Bucht heraus über die Thüringer Terrasse bis zum Fuß des Gebirges zuließ. Die maximale Steigung überschreitet den Wert von 1:200 nicht; und die durch den Flußlauf bedingten ungünstigen Bögen wurden in den späteren Jahren verändert und für eine Geschwindigkeit bis 90 km/h ausgebaut.

Bild 125 Strecke der Saal-Eisenbahn Großheringen–Saalfeld (Saale).

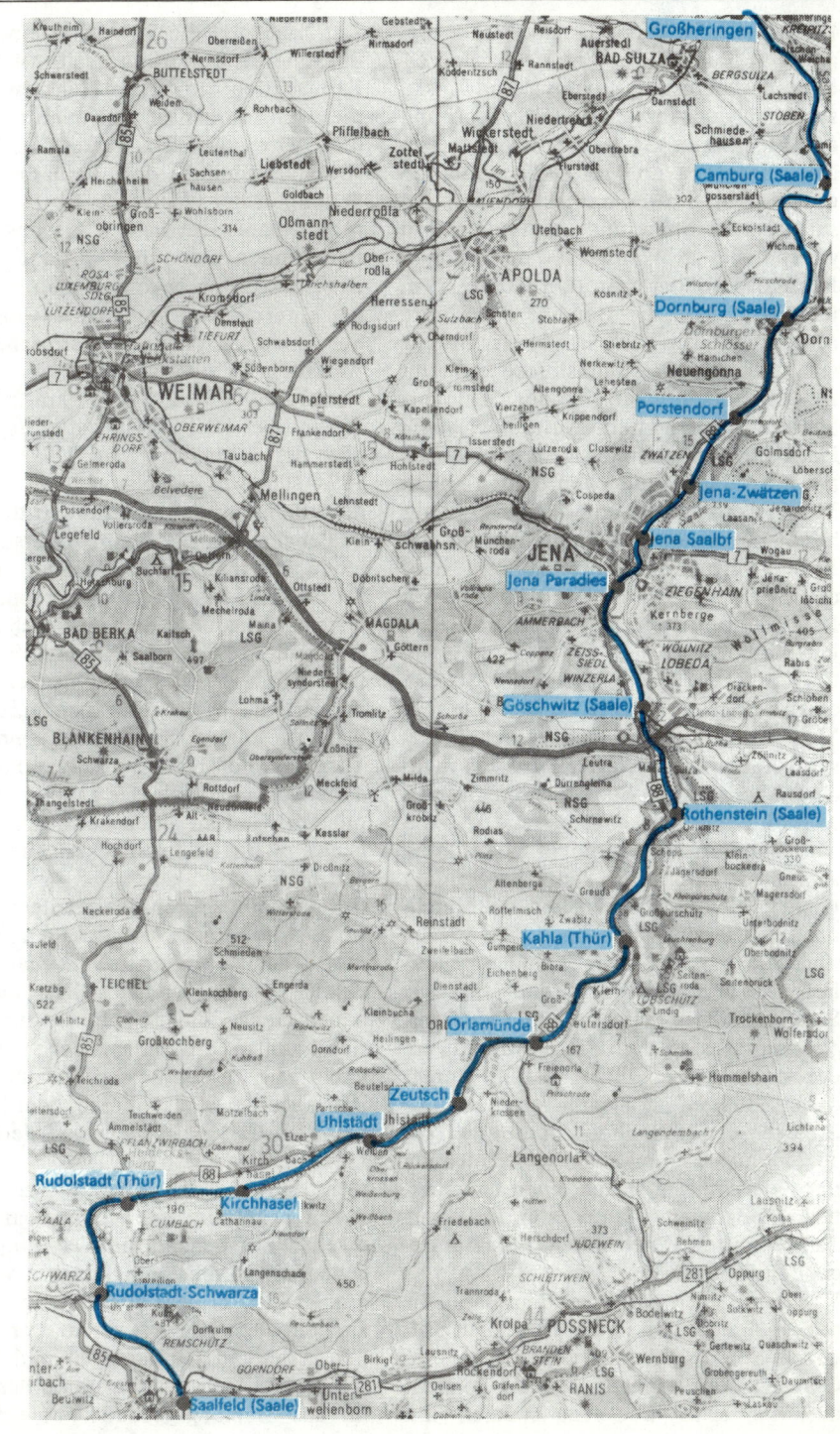

Die genau 74,62 km lange Strecke beginnt im Bahnhof Großheringen (die Verbindungskurve aus Richtung Bad Kösen zwischen der Abzweigstelle Saaleck und der Blockstelle Gs Bahnhof Großheringen wurde erst im Mai 1899 in Betrieb genommen). Sie verläuft fast durchweg in südlicher Richtung und steigt annähernd gleichmäßig an. Wenige 100 m nach dem Bahnhof Großheringen (km 0,0; 122,5 m über NN) wird die Ilm überquert; ihre Mündung in die Saale ist von der Brücke aus zu sehen. Die Bahnstrecke verbleibt auf der linken Uferseite der Saale bis Schwarza, auch wenn mitunter wenig Platz für den zweigleisigen Bahnkörper zwischen den an manchen Stellen hohen Muschelkalkfelsen und dem Flußlauf blieb. Linker Hand kommt über ein im Bogen liegendes Brückenbauwerk über die Saale die Verbindungsstrecke von Bad Kösen hinzu und mündet in die Saalebahn ein.

Bis Camburg (km 8,14) ist die Strecke elektrifiziert. „Camburg an der Sala, ein Meyl von Naumburg und zwischen diesen beiden Orten gelegen, wird von manchen Theils für ein Stättlein, von anderen aber für einen Flecken gehalten ..." – So wird Camburg in einer alten Chronik beschrieben. Und selbst heute ist es nicht leicht, sich für eine der beiden Bezeichnungen zu entscheiden, da städtische und dörfliche Züge sehr eng beieinanderliegen. Hinter Camburg weitet sich das Saaletal wieder; Wiesen und Felder erstrecken sich an den Hängen hinauf, an denen viele Siedlungen liegen. Immer dem Flußlauf folgend, erreicht die Strecke den Bahnhof Dornburg (km 15,23 und 133,5 m über NN). Gebäude und Gleisanlagen tragen einen hauchfeinen weißgrauen Mantel von Kalk aus dem unmittelbar neben dem Bahnhof liegenden Kalkwerk.

Von den Bergen hoch über dem Bahnkörper grüßen die drei in verschiedenen Stilepochen entstandenen Schlösser, die GOETHE oft besucht hat. Nach Porstendorf (km 19,61) und Jena-Zwätzen (km

22,57) gelangt die Strecke in eine Stadt, über die der Naturforscher Ernst HAEKKEL schrieb: „In diesem Rahmen der formen- und farbenschönen Natur ist Jena die Stätte gelehrten Wirkens und industriellen Fleißes der Feinarbeit. Die Schönheit der jenaischen Landschaft beruht ... auf dem herben Gegensatz von Bergwänden und milder Talaue." Einen Eindruck davon bekommt man nicht nur bei einer Wanderung in die Umgebung der Universitätsstadt, sondern schon vom Abteilfenster aus.

Der Bahnhof Jena Saalbf (km 25,5 und 144 m über NN) ist einer der drei Bahnhöfe der Stadt. Im *Jenaer Volksblatt* von 1874 stand zu lesen, daß man sich vor dem Bahnbau heftig darum stritt, ob die Saalebahn und die Weimar-Geraer Bahn einen Zentralbahnhof in Jena erhalten sollten. Die Saalebahn wurde sodann als erste eröffnet, ohne daß die Errichtung eines gemeinschaftlichen Bahnhofs konzipiert wurde. Die topographischen Gegebenheiten mögen wohl auch eine Rolle dabei gespielt haben, denn selbst ein Turmbahnhof hätte weit außerhalb des damaligen Stadtgebietes angelegt werden müssen. Und an einen normalen Durchgangshof für beide Strecken war seinerzeit nicht zu denken.

Bei der Fahrt durch das Stadtgebiet von Jena – die Strecke verläuft auch hier immer der Saale entlang – hat man rechts einen eindrucksvollen Blick auf die neuen Gebäude der Stadt, die zur Friedrich-Schiller-Universität Jena (Hochhaus) bzw. zu den beiden bedeutendsten Betrieben der Stadt gehören, dem Kombinat VEB Carl Zeiss Jena und dem VEB JENAer Glaswerk.

Der Bahnhof Jena Saalbf wurde am 9. April 1945 ein Opfer der angloamerikanischen Bombenangriffe. Das Empfangsgebäude war vollständig zerstört worden, die Schäden an der Güterabfertigung und an den Gleisanlagen waren sehr erheblich. Während Gleisanlagen und Güterschuppen wieder aufgebaut wurden, kam für das Empfangsgebäude nur ein Neubau in Frage. Im Jahre 1965 ist das neue Empfangsgebäude dieses Bahnhofs dem Betrieb übergeben worden; eine Anlage, die weiträumig und großzügig gestaltet ist. Trotz seiner Lage an der Saalebahn ist der Bahnhof nicht der am stärksten beanspruchte Personenbahnhof Jenas. Diesen Rang nimmt immer noch der Bf Jena West an der Strecke Weimar – Gera ein, der etwa 48 Prozent des Verkehrsaufkommens bewältigt, während der Bf Jena Saalbf 36 Prozent und der Bf Jena Paradies 16 Prozent abfertigen.

Vom Saalbahnhof aus führte bis 1963 die Linie 3 der Jenaer Straßenbahn bis zum Bahnhof Jena West. Die Straßenbahn in Jena (1000 mm Spurweite) war übrigens mit ihrer Inbetriebnahme am 6. April 1901 sofort auf elektrischen Betrieb eingerichtet worden. Es bestanden fünf Linien, die bis in die Vororte Jena-Zwätzen, Jena Ost Mühltal und Winzerla (später bis Lobeda) führten. Seit dem Jahre 1974 werden von den Verkehrsbetrieben der Stadt Jena nur noch zwei Straßenbahnlinien betrieben (Linie 1 Holzmarkt – Jena-Zwätzen, Linie 2 Jena Ost – Winzerla). Anstelle der eingestellten Linien wurde Omnibusverkehr eingerichtet, so auch zwischen Saalbahnhof und Westbahnhof.

Kurz hinter der Blockstelle Ammerbach (km 28,33) kreuzt die Strecke Weimar – Gera die Saalebahn. Vorbei geht es nun auf viergleisigem Bahnkörper am links der Strecke gelegenen Neubaugebiet Jena-Lobeda zum Bahnhof Göschwitz (Saale) (km 32,31 und 152 m über NN), der scherzhafterweise oft als der eigentliche Hauptbahnhof Jenas bezeichnet wird. Ganz falsch ist dies nicht, denn seit 1979 halten einige Schnellzüge im Bahnhof Göschwitz, von wo aus die Wohnstadt Jena-Lobeda weit günstiger zu erreichen ist als vom Bf Jena Saalbf oder vom Bf Jena West. Auf dem Bahnhof Göschwitz (Saale) befindet sich ein großes Gleisbildstellwerk, das fünf mechanische und elektromechanische Stellwerke älterer Bauart ersetzt. Kurz hinter

der Ausfahrt aus dem Bahnhof Göschwitz (Saale) quert die Autobahn Eisenach – Hermsdorfer Kreuz das Saaletal und die Saalebahn auf einem 750 m langen 17bogigen Viadukt aus Werksteinmauerwerk. Durch die beiden äußeren führen die Bahnstrecke und die Saale hindurch. Am Fuße einer 94 m hohen Felswand zur Rechten liegt dann die Ortschaft Rothenstein mit dem gleichnamigen Bahnhof, und nach wenigen Minuten ist Kahla erreicht (km 41,76 und 162,5 m über NN), das sich mit den Schornsteinen seiner Porzellanfabriken und der 400 m hoch liegenden Leuchtenburg schon von weitem ankündigt.

Nächster Bahnhof ist Orlamünde (km 47,35 und 169 m über NN), in dem rechts die eingleisige Nebenbahn nach Pößneck unterer Bahnhof beginnt. Über die Orte Zeutsch, Uhlstädt und Kirchhasel strebt die Strecke Rudolstadt zu, einer der ältesten, aber auch der schönstgelegenen Städte Thüringens, über der sich die bekannte Heidecksburg erhebt. Der Bf Rudolstadt (Thür) liegt in km 64,55 und 194,93 m über NN. Nach etwa 4 km Fahrt ist der Bahnhof Rudolstadt-Schwarza erreicht. Sein Name erinnert einerseits an das nahe Chemiefaserwerk „Wilhelm Pieck", andererseits aber auch an das landschaftlich sehr reizvolle und vielbesuchte Schwarzatal, das hier auf einem kurzen Abschnitt die Strecke nach Bad Blankenburg (Thür Wald) aufnimmt. Noch im Ortsteil Schwarza überquert die Bahnstrecke die Saale und verläuft nun bis Saalfeld auf der rechten Uferseite. Zur Rechten kommt die Strecke von Blankenburg (Thür Wald) hinzu, von links die Strecke Gera – Saalfeld (Saale), so daß sich alle aus nördlicher, westlicher und östlicher Richtung zulaufenden Bahnlinien im Bahnhof Saalfeld (Saale) vereinigen (km 74,83 und 214,5 m über NN).

Noch bevor der Zug am Bahnsteig anlangt, überspannt eine Brücke im Verlauf der Fernverkehrsstraße 281 die Gleisanlagen in unmittelbarer Nähe des Bahnbetriebswerkes Saalfeld, von der man dem wechselvollen Betrieb der ein- und ausfahrenden Züge und der ins oder aus dem Bahnbetriebswerk fahrenden Lokomotiven der Baureihen 114, 118, 119, 120 und 132 zuschauen kann. Saalfeld selbst mit seinen kulturhistorisch wertvollen Bauwerken, wie dem Rathaus aus der Frührenaissance, der Stadtmauer, dem „Hohen Schwarm" (ein Kastellüberbleibsel aus dem 13. Jahrhundert), Bürgerhäusern, dem Schloß mit Schloßkapelle sowie den weltbekannten Feengrotten, ist ein beliebter Ausflugsort.

Plaue (Thür) – Ilmenau – Rennsteig – Schleusingen

DR-Kursbuch-Strecke 622

Die Thüringer Kleinstadt Plaue liegt im Plaueschen Grund (330 m über NN) am Zusammenfluß von Wilder Gera und Zahmer Gera. Die Eisenbahnstrecke von Neudietendorf über Arnstadt bis Plaue ist eine zweigleisige Hauptbahn. Hier teilt sie sich in zwei Strecken auf, die beide den Thüringer Wald überqueren. Die eine verläuft weiter als Hauptbahn über Gräfenroda – Oberhof – Zella-Mehlis – Suhl nach Meiningen, während die andere als eingleisige Nebenbahn über Ilmenau – Rennsteig – Schleusingen – Themar nach Meiningen führt. Letztere Strecke weist sehr stark geneigte Abschnitte auf, die bis zu 60,2 ‰ betragen – d. h., auf 16,6 m Länge steigt die Strecke um 1 m an! Sie ist damit die Strecke mit den zweitgrößten Steigungen im Netz der DR und deshalb für den Eisenbahntouristen besonders reizvoll. Nachdem beide Strecken vom Bahnhof Plaue (Thür) aus zunächst ein kurzes Stück parallel verlaufen, biegt die Strecke nach Ilmenau links ab, überquert zuerst auf einer Brücke die Gera und unmittelbar danach auf einer hohen Gewölbebrücke die F 4 Arnstadt – Ilmenau. Bis Angelroda steigt die Strecke am linken Talhang der Zahmen Gera empor. Links in Fahrtrichtung ist der Ort Angelroda mit dem Eisenbahnviadukt, der – in einer Linkskrümmung liegend – mit drei stählernen Fachwerküberbauten mit hoch liegender Fahrbahn den Ort und das Tal überspannt. Nachdem der Viadukt passiert ist, hat man einen herrlichen Blick auf den soeben zurückgelegten Streckenabschnitt bis nach Plaue hinein. Der Bahnhof Martinroda (km 7,35), 3 km vom Ort entfernt, liegt am Berghang, so daß sich eine freie Aussicht auf den Ort im Tal bietet. Über Geraberg (km 10,32) und Elgersburg (km 12,06; 471 m über NN) – hier wird die F 88 Eisenach – Ilmenau – Rudolstadt gekreuzt – und Ilmenau Roda führt die Strecke im weiten Bogen um die Kreisstadt Ilmenau herum, bevor sie den Bahnhof (km 19,18) erreicht (477 m über NN).

Der nun folgende Streckenabschnitt wies von seinem Bau bis zum Jahre 1927 eine Besonderheit auf, an die heute nichts mehr erinnert. Da seinerzeit das Geld fehlte, einen Tunnel durch das Gebirge zu bauen, blieb keine andere Möglichkeit, als die Strecke hinauf auf den Kamm und jenseits hinab wieder ins Tal zu führen. Wegen der großen Steigungen mußte die Strecke im Jahre 1904 mit Zahnstangenabschnitten nach dem System ABT gebaut werden, und zwar mit fünf Zahnstangenabschnitten in den Steigungen über rund 60 ‰ bis Schleusingen. Die Stecke war damit die erste preußische Staatsbahnlinie mit Zahnradbetrieb. Die Zahnstangenabschnitte konnten höchstens mit einer Geschwindigkeit von 15 km/h befahren werden; bei Einfahrt in die Stange mußte die Geschwindigkeit bis auf 5 km/h ermäßigt werden. Die Zahnradlokomotive – die preußische

Bild 126 Strecke Plaue (Thür) – Ilmenau – Rennsteig – Schleusingen, Strecke Plaue (Thür) – Oberhof – Zella Mehlis – Suhl und Strecke Suhl – Schleusingen.

Gattung T 26 – konnte somit einen Zug mit 130 t höchstens mit einer Reisegeschwindigkeit von 8 km/h befördern. Da hier die Lokomotive auf den Steilabschnitten stets talseitig fahren mußte, war bei Bergfahrten vor und nach jedem Zahnstangenabschnitt ein Umsetzen der Lok erforderlich, was betriebliche Schwierigkeiten und Fahrzeitverlängerungen bewirkte – hatten doch die fünf Zahnstangenabschnitte eine Gesamtlänge von 6,235 km. Erst mit dem Aufkommen starker Reibungslokomotiven der preußischen Gattung T 16[1] (Eh 2), ab 1913 von Schwartzkopff geliefert (spätere Baureihe 94[5-17]), die auf der Stecke Ilmenau – Schleusingen einen Zug von 150 t

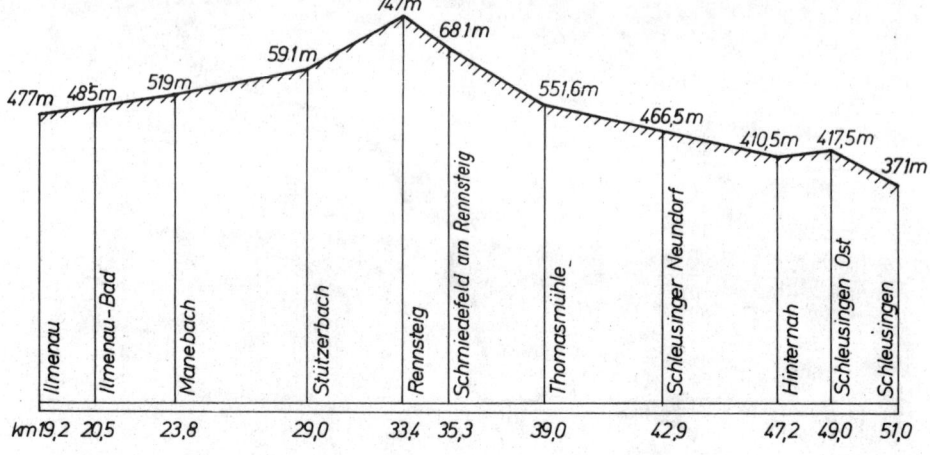

Bild 127   Längsprofil der Strecke Plaue (Thür) –·
Ilmenau – Rennsteig – Schleusingen.

mit 20 km/h zog, konnte auf die Zahnstangenabschnitte verzichtet werden.
Hinter dem Bahnhof Ilmenau zweigt nach links die eingleisige Nebenbahnstrecke nach Großbreitenbach ab, während sich unsere Strecke nach dem Überqueren der Ilm auf dem linken Flußufer im Tal des Flusses aufwärts windet. Nach dem Halt in Ilmenau Bad und dem erneuten Überqueren der Ilm sowie der F 4 wird der Haltepunkt Manebach (km 23,83 und 519 m über NN) erreicht. Nun steigt die Strecke weiter an und kreuzt mehrmals die F 4 bis zum Bahnhof Stützerbach (km 28,98 und 591 m über NN), bekannt ist der Ort durch seine Glasindustrie. 1832 wurde hier in der Glasbläserei GREINER das erste deutsche Thermometer hergestellt. Jetzt hat die Strecke bis zum Bahnhof Rennsteig (km 33,38 und 747 m über NN) die steilsten Abschnitte zu erklimmen, einen Höhenunterschied von fast 156 m. Gerade deshalb wurde diese Strecke bis zum Jahre 1928 im gemischten Betrieb befahren.
Die stark gewundene Linienführung gewährt besonders aus den Fenstern nach links reizvolle Blicke auf den vorausliegenden Streckenabschnitt; und nach hinten auf den zurückliegenden Abschnitt hinterläßt die Strecke einen nachhaltigen Eindruck von der enormen Steigung in der Gebirgslandschaft. Nicht weit entfernt von der Stelle, an der die Strecke den Rennsteig überquert, liegt der Bahnhof Rennsteig. Bis 1966 führte von hier noch eine 4,40 km lange Stichbahn weiter bis Frauenwald, bis 1949 durch die eigenständige Kleinbahn-AG Rennsteig-Frauenwald betrieben. Die Lok setzt sich hier an das bisherige Zugende, und die Fahrt verläuft von nun ab talwärts, die F 4 kreuzend, zum Bahnhof Schmiedefeld (681,62 m über NN am km 35,27). Im Tal der Nahe führt die Strecke am linken Talhang entlang. Kurz vor dem Haltepunkt Thomasmühle (km 39,0) befindet sich auf 0,77 km Länge der steilste Abschnitt dieser Strecke mit 64 ‰. Hinter dem Haltepunkt wechselt die Linie über die Nahe und die F 4 auf die rechte Talhangseite hinüber. Schleusinger Neundorf (der Bahnhof liegt im km 42,92 und 466,5 m über NN) erstreckt sich langgezogen im Tal der Nahe; umgeben ist die Strecke von steil abfallenden Bergen. In einem großen Bogen umfährt die Bahn das Dorf Hinternah, überquert vor dem Dorf und unmittelbar hinter dem

Bahnhof Hinternah (km 47,25 und 410,5 m über NN) noch zweimal die Nahe, erreicht mit dem Haltepunkt Schleusingen Ost (km 49,00; 418,19 m über NN) die Kleinstadt Schleusingen, überquert vor dem letzten Steilstreckenabschnitt von 759 m Länge und mit 59 ‰ die F 4, nimmt von rechts die eingleisige Nebenbahn Suhl – Schleusingen auf (die steilste Strecke im Thüringer Wald, siehe Seite 186) und bietet, bevor sie den

Bild 128 Doppelstockzug mit Diesellok der BR 118 auf dem Steilstreckenabschnitt zwischen Schleusingen und Schleusingen Ost. Foto: Recknagel

Bahnhof Schleusingen (km 50,98 und 371 m über NN) erreicht, einen guten Ausblick auf die links liegende Stadt, die von der Bertholdsburg und der Stadtkirche überragt wird.

Plaue (Thür) – Oberhof – Zella-Mehlis – Suhl   DR-Kursbuch-Strecke 620

Diese Eisenbahnstrecke ist die wichtigste und am meisten frequentierte der vier den Thüringer Wald überwindenden Eisenbahnstrecken. Sie hat den längsten Eisenbahntunnel der DDR und führt durch landschaftlich reizvolle Gebiete des Thüringer Waldes. Dieses Mittelgebirge ist ein relativ schmaler, langgestreckter Gebirgszug mit ausgeprägter Kammlinie und vor allem hochliegenden Pässen. Die verkehrsmäßige Erschließung des

Thüringer Waldes und mehr noch die Überquerung des Gebirges stellten von Anfang an ein nicht gerade leicht zu lösendes Problem für die Pioniere des Eisenbahnbaus dar, so daß es immerhin 58 Jahre dauerte, ehe die vier Eisenbahnstrecken zur Überquerung des Thüringer Waldes bereit waren.
Die schon erwähnte Kleinstadt Plaue (Thür) im Kreis Arnstadt wurde im Jahre 1879 an das Eisenbahnnetz ange-

schlossen; das gab besonders der seit 1816 bestehenden Porzellanfabrik einen großen Aufschwung und forderte die Entwicklung Plaues durch die beiden etwa 500 m nördlich der Stadt unweit der Gera liegenden Mineralquellen zum Kur- und Erholungsort. Der Bahnhof der Stadt ist ein Trennungsbahnhof (km 18,17), denn in ihm teilt sich die von (Erfurt –) Neudietendorf – Arnstadt kommende zweigleisige Hauptbahn in die eingleisige Hauptbahn über Suhl nach Meiningen und in die eingleisige Nebenbahn über Ilmenau nach Schleusingen. Vom Bahnhof Plaue (Thür) bis zum Bahnhof Gräfenroda steigt die Strecke auf 6 km um 49,50 m an. Der Bahnhof Gräfenroda (km 24,17 und 379,5 m über NN) liegt etwa 1 km außerhalb des Ortes. Hier endet die Nebenbahn von Gotha, an der noch ein weiterer Bahnhof des Ortes liegt, der Bahnhof Gräfenroda Ort. Nachdem die Strecke die F 88 überquert hat, kann man rechts die Bahnlinie nach Gotha und oberhalb am Waldrand schon den nächsten Bahnhof Frankenhain sehen. Das von unserer Strecke durchfah-

rene, waldreiche Tal wird nun sichtbar enger, so daß sich die Strecke am linken Talhang beträchtlich über den Boden des Tales der Wilden Gera erhebt. Nachdem der Haltepunkt Dörrberg (km 27,97 und 446,5 m über NN) passiert ist, durchfährt der Zug einen 104 m langen Tunnel, in der Nähe des Schwarzbachtales und der Ruine des Raubritterschlosses Alteburg. Nach der Tunneldurchfahrt hat man rechts voraus einen ersten Blick auf den 978 m hohen Schneekopf und nach dem Passieren eines weiteren Bogens am 50 m bis 100 m höher als die Strecke liegenden Ort Gehlberg (einer der schneesichersten Orte des Thüringer Waldes) noch einmal einen solchen imposanten Blick kurz vor dem Bahnhof Gehlberg (km 35,58), der in 598 m über NN liegt.

Hinter dem Bahnhof Gehlberg wird das Tal so eng, daß gerade noch Platz für den Bahnkörper blieb. Ein Achtungssignal der Lokomotive kündigt an, daß sich der Zug dem Brandleitetunnel nähert. Dieser in den Jahren 1881/84 erbaute, heute unter Denkmalschutz stehende Tunnel ist mit 3039 m der längste Eisenbahntunnel der DDR. Die größte Höhe der Schienenoberkante (SO) liegt im Tunnel 640,36 m über NN. Am östlichen Tunnelportal liegt die SO 621,40 m, am westlichen

Bild 129 Längsprofil der Strecke Plaue (Thür) – Oberhof – Zella Mehlis – Suhl.

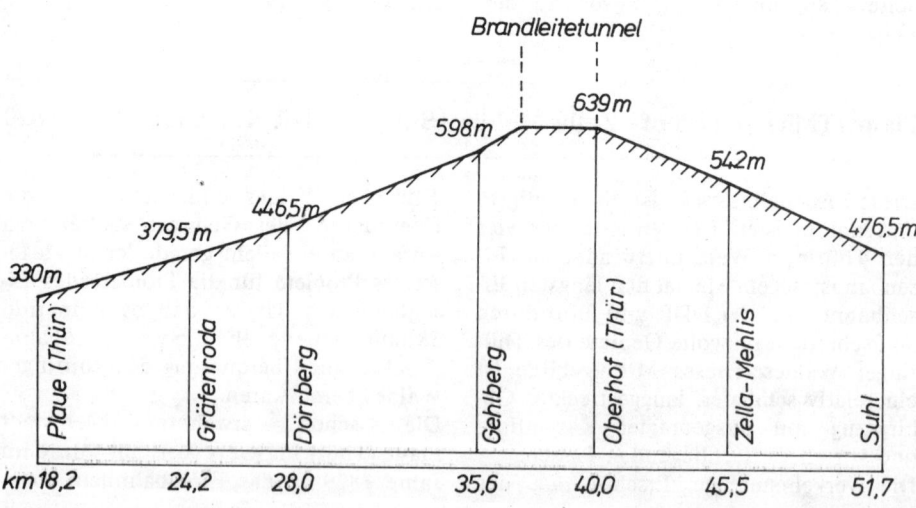

Bild 130   Portal des Brandleitetunnels bei Oberhof.

Bild 131   Bahnhof Oberhof.   Foto: Kaufmann

639,05 m über NN. Er verbindet durch das Bergmassiv der Brandleite hindurch die Bahnhöfe Gehlberg und Oberhof miteinander und durchsticht dabei im wahrsten Sinne des Wortes das 877 m hohe Brandleitemassiv. Unmittelbar nach dem Passieren des westlichen Tunnelportals fährt der Zug in den Bahnhof Oberhof ein, am km 40,06 und 639 m über NN gelegen und damit der an einer Hauptbahn höchstgelegene Bahnhof der DR. Der Höhenluftkurort – 4 km vom Bahnhof entfernt – liegt 150 m bis 200 m höher als der Bahnhof und ist damit einer der höchstgelegenen Erholungsorte des Thüringer Waldes.

Nach der Abfahrt vom Bahnhof Oberhof verläuft die Strecke sofort talwärts, so daß der Zug stark bremsen muß. Bis zum 5,4 km entfernten Bahnhof Zella-Mehlis fällt sie um 97,20 m. Die Strecke führt östlich der Stadt und oberhalb von ihr entlang, so daß sich rechts immer wieder schöne Aussichten auf die Stadt mit ihrer herrlichen Umgebung ergeben. Erst am südlichen Weichbild der Stadt wird – am km 45,45 – der Bahnhof erreicht (542 m über NN), nachdem kurz zuvor noch die F 247 gekreuzt wurde.

In südlicher Richtung verlassen sowohl unsere Strecke nach Suhl als auch eine eingleisige Nebenbahn nach Schmalkalden, die als Gebirgsrandbahn zu bezeichnen ist, den Bahnhof. Kaum daß sich die Nebenbahn rechts in einem scharfen Bogen in nordwestlicher Richtung entfernt hat, passiert die sich östlich wendende Strecke einen 233 m langen Tunnel und strebt dann unablässig über eine Länge von 6,2 km talwärts, dem am km 51,68 liegenden Bahnhof der Bezirksstadt Suhl entgegen (476,5 m über NN).

Von der linken Seite aus hat man herrliche Sicht auf die sich bis zum Waldrand hinziehenden Häuser, die mit den alten restaurierten Gebäuden der Stadt und dem neugestalteten Zentrum mit Centrum-Warenhaus, Stadthalle und Interhotel ein harmonisches Stadtensemble bilden. Vom Bahnhof Suhl, am südwestlichen Stadtrand gelegen, verläuft die Hauptbahn weiter in südlicher Hauptrichtung nach Grimmenthal und von dort aus nördlich nach Meiningen.   .

Wer landschaftlich reizvolle Eisenbahnfahrten liebt, sollte aber besser in Suhl umsteigen in einen Zug, der die Strecke Suhl – Schleusingen mit ihrer Steilstrecke befährt.

Suhl – Schleusingen   DR-Kursbuch-Strecke 626

Die 15,84 km lange, am 15. November 1911 eröffnete Strecke Suhl – Schleusingen führt durch eine der schönsten Gegenden des Thüringer Waldes und weist mit 65 $^0/_{00}$ die größten Neigungen aller Eisenbahnstrecken der Deutschen Reichsbahn auf.

Die größeren Orte des Thüringer Waldes, so auch Suhl und Schleusingen, liegen stets in den Tälern und sind meist durch beträchtliche Höhenzüge voneinander getrennt. Zwischen Suhl – im Tal der Lauter und deren Fortsetzung, der Hasel, gelegen – und dem 12 km Luftlinie entfernten Schleusingen liegen in südöstlicher Richtung mehrere 600 m bis 700 m hohe Berge. Deshalb mußte die Bahnstrecke einen Teil der Bergrücken überwinden.

Nachdem der Zug den Bahnhof Suhl verlassen und die Vorstadt Suhl-Neundorf mit dem gleichnamigen Haltepunkt (km 1,52 und 456 m über NN) passiert hat, wird dem Reisenden durch den vollen Kraftaufwand der Lok die Hauptschwierigkeit beim Bau der Strecke deutlich: Während nämlich der Bahnhof Suhl noch in 476,5 m über NN liegt, befindet sich der 5,04 km entfernte Bahnhof Suhl-Friedberg bereits 570 m über NN. Auf diesem Abschnitt ist also ein Höhenun-

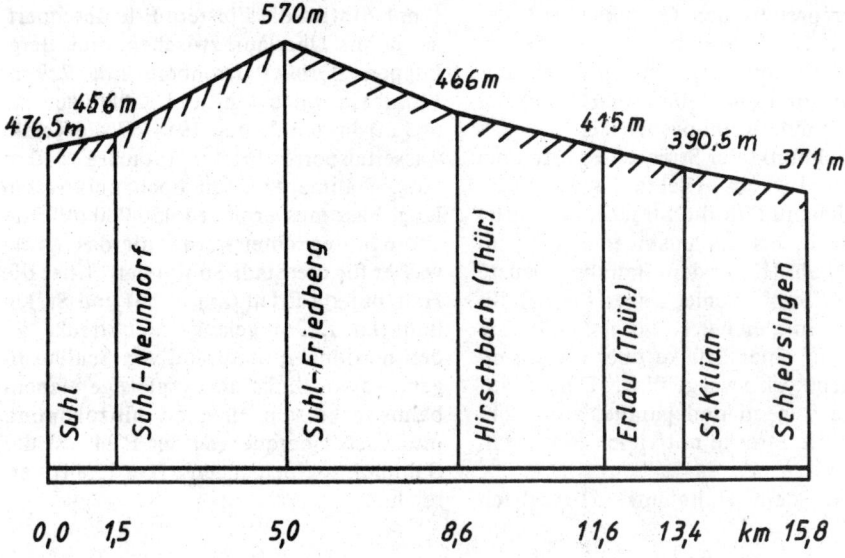

570m

456 m

466 m

476,5 m

415 m

390,5 m

371 m

Suhl

Suhl–Neundorf

Suhl–Friedberg

Hirschbach (Thür.)

Erlau (Thür.)

St.Kilian

Schleusingen

0,0   1,5   5,0   8,6   11,6   13,4   km 15,8

Bild 132   Längsprofil der Strecke Suhl – Schleusingen.

terschied von fast 100 m zu überwinden. Obwohl die Strecke durch einen großen Bogen künstlich verlängert wurde, ließ es sich nicht vermeiden, auf einem 1,35 km langen Abschnitt zwischen den beiden Wegübergängen eine Neigung von 68 ‰ einzubauen, d. h., die Linie steigt auf 14,70 m Länge um 1 m an! Nach dem damaligen Stand der Technik konnte dieser Abschnitt nur im Zahnstangenbetrieb befahren werden, wofür Zahnradlokomotiven der preußischen Gattung T 26 (spätere DR-Baureihe 97°) eingesetzt wurden. Sie hatten zwei getrennte Triebwerke, eins für Zahnrad- und eins für Reibungsbetrieb. Demzufolge waren auch zwei voneinander unabhängige Steuerungen vorhanden. Als Zahnstangensystem wurde das von ABT entwickelte System angewendet. Auf der Zahnstangenstrecke wurde das Reibungstriebwerk nur so weit benutzt, als dies zum Erreichen der maximal zulässigen Höchstgeschwindigkeit von 15 km/h notwendig war. Ein Schleudern der Treibachse mußte aber auf alle Fälle vermieden werden. In den Zahnstangenabschnitt durfte nur unter ganz besonderer Vorsicht und mit Schrittgeschwindigkeit eingefahren bzw. aus ihm

ausgefahren werden. Rechtzeitig vor Einfahrt in den Zahnstangenabschnitt mußte der Lokführer das Zahnradtriebwerk anstellen und etwa in gleiche Umdrehung wie das Reibungstriebwerk bringen. Erst wenn der Lokführer beim Gang der Maschine die Überzeugung hatte, daß die Zähne des Rades und der Stange richtig im Eingriff waren, durfte er den Zug wieder auf die Regelgeschwindigkeit bringen. Auf dem Zahnstangenabschnitt hatte die Lok stets talseitig zu fahren, auf dieser Strecke mit dem Schornstein talwärts. Bei Zugfahrten in Richtung Schleusingen wurde bereits ab Suhl geschoben und die Lok in Suhl-Friedberg an die Spitze des Zuges gesetzt, was die Fahrzeit natürlich verlängerte. Die Reisezeit von Suhl nach Schleusingen betrug seinerzeit 69 Minuten. Heute wird die Strecke in 27 bis 29 Minuten bewältigt! Als dann in den 20er Jahren kräftige Reibungslokomotiven zur Verfügung standen, konnten auf die Zahnstangenabschnitte verzichtet werden. Mit dem Ein-

satz der preußischen Gattung T 16[1], der späteren DR-Baureihe 94[5-17], wurde im Jahre 1930 der Zahnstangenbetrieb aufgegeben, und an seine Stelle trat der durchgehende Reibungsbetrieb.
Der Brechpunkt der Strecke liegt etwa bei km 3,7 und ist ein beliebter Fotostandort. Anschließend fällt die Strecke, dem Erletal folgend, bis Schleusingen auf 371 m über NN ab. Hinter dem Bahnhof kreuzte die F 247 Suhl–Schleusingen die Bahnlinie noch in gleicher Höhe; jetzt wird sie jedoch auf einer Brücke über die Eisenbahnstrecke hinweggeführt. Dem Lauf der Erle folgend und parallel zur F 247 verläuft die Strecke mit vielen Bögen talwärts.
Kurz vor dem Haltepunkt Hirschbach

(km 8,6) wird die Finstere Erle überquert, an deren Überlauf zwischen drei Bergkuppen (Großer Dröhberg mit 729 m, Mühlberg mit 679 m und Kalkhügel mit 643 m) in den Jahren 1964/67 die Trinkwassertalsperre Erletor (Stausee 600 m lang, Staumauer 27 m hoch und 140 m lang, Fassungsvermögen 450 000 m³, Fläche 6 ha) errichtet wurde, die das Trinkwasser für die Stadt Suhl liefert. Über die Haltepunkte Erlau (km 11,56) und St. Kilian (km 13,36) gelangt die Strecke an den nördlichen Stadtrand von Schleusingen, wo von links die eingleisige Nebenbahnstrecke von Ilmenau hinzukommt, und nach Überquerung der F 247 ist der Bahnhof Schleusingen (km 15,84) erreicht.

Probstzella – Lauscha (Thür) – Sonneberg (Thür) – Eisfeld
DR-Kursbuch-Strecke 566 und 633

Diese Strecke ist die vierte Überquerung des Thüringer Waldes und mit der Fertigstellung des entscheidenden Abschnitts zwischen Lauscha (Thür) und Bock-Wallendorf am 1. November 1913 die zuletzt fertiggestellte Bahn über die Kammhöhe des Mittelgebirges. Die Strecke Saalfeld (Saale) – Probstzella war in zwei Abschnitten – und zwar bis Kaulsdorf (damals Eichicht) im Jahre 1871 und von Kaulsdorf bis Probstzella im Jahre 1885 – dem Verkehr übergeben worden. Von Probstzella aus wurde dann Ende der 90er Jahre des vorigen Jahrhunderts der Bahnbau ins Gebirge fortgesetzt, und zwar bis Bock-Wallendorf (heute Lichte Ost) in 619 m über NN. Es gab zwei Streckeneröffnungen: bis Taubenbach (km 14,64) (heute Schmiedefeld bei Probstzella) am 15. Oktober 1898 zunächst für den Erztransport zur Maximilianshütte in Unterwellenborn, am 29. Oktober 1898 dann für den öffentlichen Personen- und Güterverkehr; bis Bock-Wallendorf erst am 18. Januar

1899. Bock-Wallendorf aber blieb 14 Jahre lang Endbahnhof der Stichstrecke, weil die schwierigen topographischen Verhältnisse der Überwindung der 6,5 km Luftlinie bis Lauscha noch entgegenstanden.
Die 1913 vollendete Strecke benötigte dann zur Überbrückung dieser Lücke das Doppelte der Luftlinienentfernung, nämlich 13,44 km!
Vom Grenzübergangsbahnhof Probstzella in 343 m über NN aus verläuft die eingleisige Nebenbahn (in westlicher Richtung durch das tief in die Hochfläche des Thüringischen Schiefergebirges eingeschnittene Zoptetal. Im Reiseverkehr wird die Strecke von Saalfeld (Saale) aus bedient, wofür vor Probstzella eine Verbindungskurve mit Haltepunkt gebaut wurde und auf diese Weise ein Gleisdreieck entstand. Da die Talsohle sehr schmal ist, ziehen sich die vereinzelten Felder in der Nähe der Orte weit die Hänge hinauf, während auf den ausgedehnten Waldwiesen vom Frühjahr bis

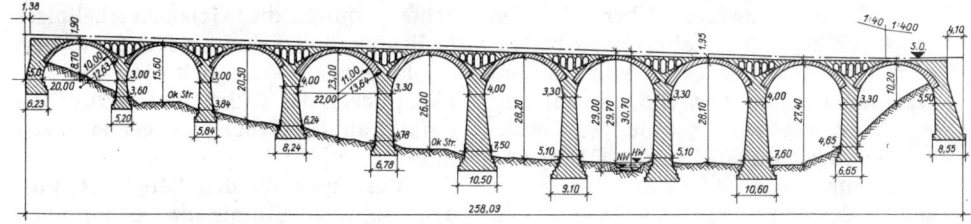

Bild 133   Piesauviadukt bei Lichte.

zum Herbst große Rinder- und Schafherden weiden.

Nachdem der Bahnhof Gräfenthal (km 5,5) und ein dahinter liegender tiefer Einschnitt passiert wurden, ergibt sich rechts ein guter Blick auf den Ort Gräfenthal. In zahlreichen Bögen windet sich die Strecke über den Haltepunkt Gebersdorf (km 9,2) aufwärts und passiert kurz vor dem Haltepunkt Lippelsdorf den 124 m langen Froschbergtunnel. Der Halt des Zuges in Lippelsdorf (km 11,44) ermöglicht rechts einen Blick zurück in die Täler mit der am jenseitigen Talhang ansteigenden Eisenbahnstrecke.

Die Trasse steigt nun weiter bis zum Bahnhof Schmiedefeld (bei Probstzella), der am km 14,64 und 662 m über NN liegt, womit die Hochfläche des Thüringischen Schiefergebirges erreicht ist. Der links der Bahnstrecke liegende neue Fabrikbau ist Sitz des VEB Schaumglaswerk. Nach dem Halt im Bahnhof Schmiedefeld muß die Strecke bis Ernstthal auf 8,68 km einen Höhenunterschied von 107 m bewältigen. Die Strecke erreicht zunächst den Haltepunkt Lichte Ost (km 16,25) und nach Passieren des Piesau-Viaduktes und Eintritt in das Tal der Lichte den Bahnhof Lichte (Thür) (km 18,24), der außerhalb des Ortes liegt, von dichtem Nadelwald umgeben.

In Lichte wird auch Porzellan hergestellt, die größte Fabrik ist rechts der Strecke nach dem Verlassen des Bahnhofs zu sehen. Im Ortsteil Wallendorf wird das Piesautal auf einem 30,5 m hohen, 258 m

langen Viadukt gekreuzt, der unter Denkmalschutz steht.

Der nun folgende Streckenabschnitt bis zum Bahnhof Ernstthal am Rennsteig ist der schönste dieser Strecke. Die Trasse führt zum Kamm des Schiefergebirges hinauf, windet sich im Finsteren Grund und dann an den Hängen des Arlsberges in großen Serpentinen aufwärts. Den Finsteren Grund, in dem der Ascherbach fließt, überquert ein im Jahre 1911 erbauter 25,5 m hoher und 197 m langer Viadukt, von dem sich wie auch auf den folgenden Kilometern einer einfachen Bogenkehre weite Aussichten über die Wälder und Höhen des Schiefergebirges bieten. Kurz vor Einfahrt in den Bahnhof Ernstthal lohnt sich ein Blick aus dem linken Fenster zurück auf die soeben vom Zug zurückgelegte Strecke mit dem sich hell vor der dunklen Waldkulisse abhebenden Viadukt im Finsteren Grund.

Im Bahnhof Ernstthal am Rennsteig (km 23,32) ist mit 769 m über NN der Rennsteig und damit der höchste Punkt dieser Strecke erreicht. Rechts abzweigend, führt die Strecke weiter nach dem seit 1952 als Kreisstadt bestehenden Neuhaus am Rennweg (km 26,33), mit 830,01 m über NN der höchstgelegene Bahnhof Thüringens. Dieser letzte 3 km lange Abschnitt dient allerdings nur noch dem Güterverkehr.

Diese Strecke sowie die nun von uns zu befahrende nach Lauscha (Thür) wurden am 1. November 1913 dem Betrieb übergeben. Der folgende Abschnitt nach Lauscha (Thür) in einer Länge von 6,37 km fällt dabei um fast 157 m ab, was den Triebfahrzeugführer dauernd zum starken Bremsen zwingt. Über den im km 43,22 liegenden Haltepunkt Oberlauscha (von hier sind es zu Fuß bis zum Bahnhof Lauscha etwa 1,5 km, während die Bahn wegen des schwierigen Geländes bis zum Bahnhof Lauscha [Thür] eine Entfernung von 4,56 km zurücklegen muß), dem Passieren des 31 m hohen und 145 m langen Viaduktes Nassentelle (auch „Nasse Delle" genannt) und eines 275 m langen Tunnels in den Felsen des Lauschensteins erreicht sodann die Strecke den in 610,5 m über NN liegenden Bahnhof Lauscha (Thür) am km 38,66. Schon im Bahnhofsbereich liegend, überspannt noch ein kleiner Viadukt das Lauschatal und die von Sonneberg heraufkommende Straße. In diesem Durchgangsbahnhof in Kopfform, einer

echten, durch die Geländeverhältnisse bedingten Spitzkehre, enden die Gleise am Prellbock, so daß sich nach dem Zurückdrücken des Trains die Lok zur Weiterfahrt an das bisherige Zugende setzen muß.

Als Maschinen für den Bergdienst wurden vor dem Einsatz der preußischen Gattung T 20 (DR-Baureihe 95°) Loks der preußischen Gattung T 16.1 verwendet. Als Talmaschinen kamen Lokomotiven der Gattungen T 9.3 und T 14.1 zum Einsatz. Mit der Verwendung ein und derselben Lok sind aufwendige Rangiermanöver verbunden. Die Lok muß

Bild 134/135   Strecke   Probstzella – Lauscha (Thür) – Sonneberg (Thür) – Eisfeld.

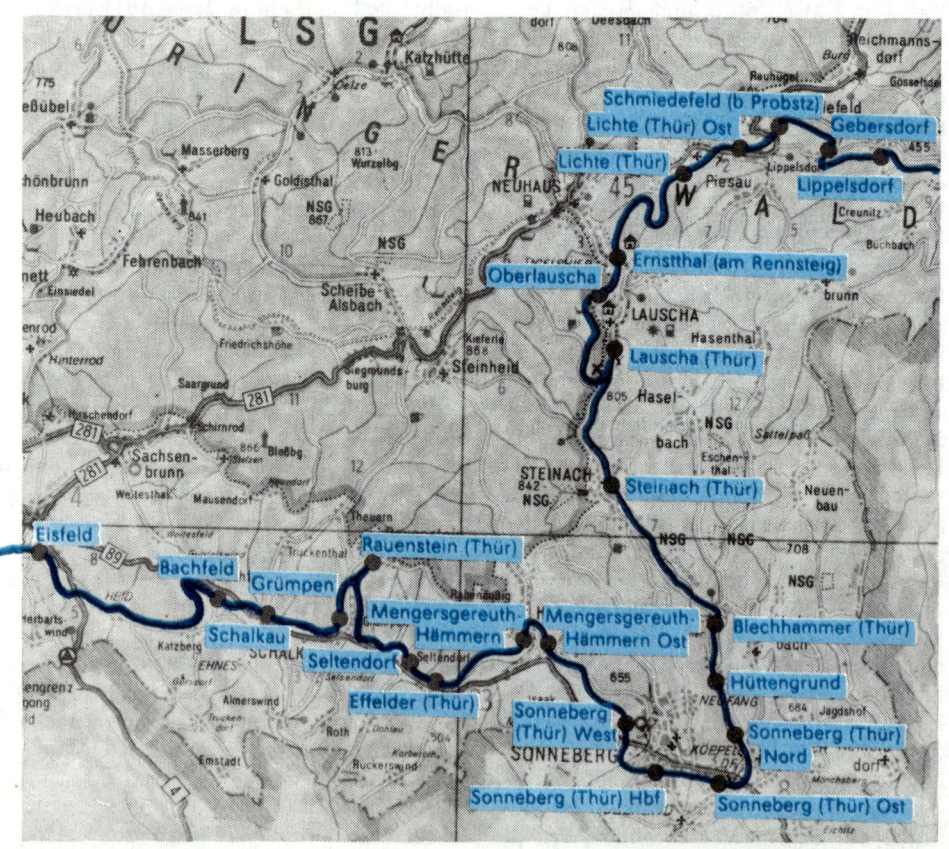

schnitt bis Sonneberg (Thür) Hbf wurde schon am 1. Oktober 1886 eröffnet, da sein Bau nicht so schwierig war wie die Überquerung des Gebirges. Die Strecke verläuft mit verhältnismäßig geringen Neigungen im Tal der Steinach über die Bahnhöfe Steinach (Thür) und Blechhammer (Thür), den Haltepunkt Hüttengrund, die Bahnhöfe Sonneberg (Thür) Nord und Sonneberg (Thür) Ost zum Bahnhof Sonneberg (Thür) Hbf. Nach der Abfahrt vom Bahnhof Lauscha (Thür) ist zunächst rechts der Bahnkörper der Strecke von Ernstthal zu sehen, auf der unser Zug soeben herabgefahren kam. Die Bahnlinie verläuft nun immer links der Straße; die Trassenführung war nur durch Hanganschnitt des Tierberges mit teilweise beiderseitigen Stützmauern (auch Futtermauern) möglich. Die Strecke durchzieht die Ortslage, ehe sie zum in Ortsmitte gelegenen Bahnhof Steinach (Thür) (km 33,4) gelangt. Immer parallel mit der Straße verläuft die

nach Halt am Bahnsteig die Wagengarnitur ins Vorfeld zurückdrücken, setzt sich ans andere Ende des Zuges und drückt den Wagenzug wieder zurück in eines der beiden Bahnsteiggleise.
Der nun folgende 19,15 km lange Ab-

Bild 136 Längsprofil der Strecke Probstzella – Lauscha (Thür) – Sonneberg (Thür) – Eisfeld.

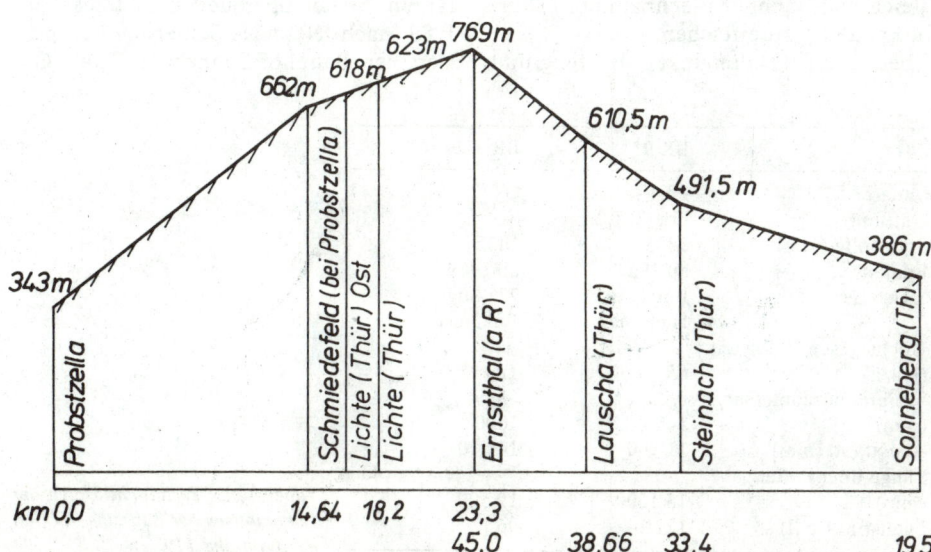

Bild 137   Personenzug   mit Dampflok der BR 95 auf dem Viadukt bei Lichte.   Foto: Kluge

Trasse dann im schönen Steinachtal, überquert die Steinach kurz vor dem Bahnhof Blechhammer zweimal, zieht einen engen Bogen nach rechts, um sogleich den Bahnhof Blechhammer (Thür) in km 28,01 zu erreichen.

Über den Haltepunkt Hüttengrund (km 25,76) hinaus wird anschließend mit dem Bahnhof Sonneberg (Thür) Nord (km 24,09) der ehemals selbständige Sonneberger Ortsteil Hüttensteinach durchfahren. Später überquert die Strecke die F 89 nach Neuhaus-Schierschnitz, passiert den Bahnhof Sonneberg (Thür) Ost

	BR 95⁰	BR 119
Bauart	1′E1′	C′C′
Gattung	preuß. T 20	–
Spurweite (mm)	1435	1435
Baujahr	ab 1922	ab 1979
Hersteller	Borsig u. Hanomag	23. August Bukarest
Höchstgeschwindigkeit (km/h)	65	120
Treibraddurchmesser (mm)	1400	1000
Achsstand (mm)	11 900	14 510
Länge über Puffer (mm)	15 100	19 500
Dienstmasse (t)	122,1	96

Tabelle 24   Technische Daten der Lokomotiven der Baureihe 95⁰ und der Baureihe 119

(km 22,09) mit den ausgedehnten Anlagen des Containerbahnhofs und gelangt zum Bahnhof Sonneberg (Thür) Hbf (km 19,51 und 386 m über NN).

Der nächste Streckenabschnitt bis Eisfeld ist landschaftlich und eisenbahnbetrieblich ebenso reizvoll wie der vorangegangene, auch wenn er weniger Kunstbauten aufzuweisen hat. Die Streckenkilometrierung zählt nun rückwärts, da die Strecke beim Bau von Eisfeld (km 0,0) aus gerechnet wurde und somit Sonneberg (Thür) Hbf im km 32,87 liegt. Aber schon beim Haltepunkt Sonneberg (Thür) West (km 30,53) trifft man wieder auf einen Viadukt, ebenso bei Mengersgereuth-Hämmern. Nach einem engen Linksbogen steigt die Strecke bis zum Bahnhof Effelder (km 21,53 und 404,5 m über NN) wieder an. Dieser 11,34 km lange Abschnitt wurde erst am 1. April 1910 fertiggestellt, während der bis Eisfeld (21,53 km Länge) schon am 15. Oktober 1909 in Betrieb ging. Nach dem Haltepunkt Seltendorf (km 20,23) zieht die Strecke einen engen Rechtsbogen und erreicht den Bahnhof Rauenstein (km 15,91 und 447 m über NN), der ebenfalls als Spitzkehre ausgebildet ist. Das Umsetzen der Lok bedingt einen Aufenthalt der Reisezüge von etwa zehn Minuten. Zur Weiterfahrt wendet sich die Strecke dann über die Straße, die nach Rauenstein führt, hinweg auf die andere Seite und verläuft am unteren Teil des Hanges zum unbesetzten Haltepunkt Grümpen.

Beim Haltepunkt Grümpen (km 13,56) vollzieht die Strecke eine große Schleife, die bis dicht an die F 89 heranführt. Über den Bahnhof Schalkau (km 10,63) und den Haltepunkt Bachfeld (km 9,10) (da-

Bild 138   Bahnhof Lauscha (Thür), am Horizont ein Zug in Richtung Ernstthal am Rennsteig.
Foto: G. Feuereißen

zwischen wurde die F 89 überquert) verläuft die Strecke am Ortsausgang von Bachfeld (nun auf der linken Seite der Straße) zunächst in einem engen und darauf in einem weiten Bogen Richtung Eisfeld, um kurz vor der Stadt noch die F 4, die zum Straßengrenzübergang in die BRD führt, zu überqueren. Der Bahnhof Eisfeld (km 0,0) liegt 437 m über NN am südlichen Ende der Stadt. Bis vor wenigen Jahren war hier noch die Baureihe 95^0 im Einsatz, die im Zuge des Traktionswechsels von der Diesellok der Baureihe 119 aus Rumänien abgelöst wurde.

Oberweißbacher Bergbahn:
Obstfelderschmiede – Lichtenhain a. d. Bergbahn und Lichtenhain a. d.
Bergbahn – Cursdorf   DR-Kursbuch-Strecke 564

„Nach Oberweißbach, Lichtenhain, nach Cursdorf, Deesbach steig hier ein; zur Bergeshöh' für wenig Geld trägt Dich die steilste Bahn der Welt!" Mit diesem Spruch auf einem 50-Pf-Notgeldschein machten die örtlichen Behörden der Thüringer-Wald-Gemeinde auf ihre in der Zeit der Inflation unter großen Mühen erbaute und am 15. März 1923 offiziell eröffnete Oberweißbacher Bergbahn aufmerksam.

Diese damit rund 65 Jahre bestehende Bahn ist mit ihrer Neigung von 250 ‰ (1:4, d. h., auf 4 m Länge steigt die Strecke um 1 m an!) tatsächlich auch heute noch die steilste Seilzugbahn der Welt, die regelspurige Wagen befördern kann, und steht deshalb unter Denkmalschutz. Dadurch und auch wegen ihrer außergewöhnlich breiten Spurweite von 1800 mm ist sie inmitten einer reizvollen Landschaft eine verkehrsgeographische Attraktion im Thüringer Wald, die jährlich von Tausenden besucht wird.

Augangspunkt ist der Bahnhof Obstfelderschmiede (km 14,41 und 339,5 m über NN) an der Strecke der im Jahre 1900 eröffneten Schwarzatalbahn Rottenbach – Katzhütte, der auch erst im Zusammenhang mit dem Bau der Bergbahn eingerichtet wurde. Die Orte in den Tälern waren damit weitgehend an das Eisenbahnnetz angeschlossen und konnten ihre Industrie ausbauen. Für die Berggemeinden war der Transport ihrer Güter, wie Schiefer, Holz, Porzellan und Glas, über die mit Steinen und Geröll bedeckten Gefällestraßen weiterhin ein Problem. Deshalb strebten die Berggemeinden mit aller Kraft danach, einen Anschluß an das Bahnnetz zu erhalten.

Baurat Dr. BÄSELER war von ihnen beauftragt worden, ein Gutachten anzufertigen und den Trassenbau zu projektieren. Aus den sechs Projekten entschied man sich für die kürzeste Strecke (3,94 km Länge), die zugleich auch die steilste war. Sie sah zwei Teilstrecken vor, und zwar die als Standseilbahn zu betreibende Strecke von Obstfelderschmiede (339,5 m über NN) nach Lichtenhain a. d. Bergbahn in 663 m über NN und die von hier als Flachstrecke in Regelspur weiterführende Linie (2,54 km Länge) über Oberweißbach-Deesbach (km 2,96; 633 m über NN) nach Cursdorf (km 3,94; 678 m über NN). Interessanterweise liegt also der Ort, der der Bergbahn den Namen gegeben hat, gar nicht an der Strecke der Standseilbahn, sondern an der anschließenden Flachstrecke! Die Anlage einer Standseilbahn war die optimale Lösung eines Eisenbahnanschlusses für die Orte der Oberweißbacher Hochfläche.

Bei der Fahrt von Obstfelderschmiede nach Lichtenhain a. d. Bergbahn, also bei der Bergfahrt, hat man vom hinteren Einstiegraum einen wunderbaren Blick tief hinunter ins Schwarzatal sowie auf die gegenüberliegenden steilen Berghänge

Bild 139   Die Oberweißbacher Bergbahn Obstfelderschmiede – Lichtenhain (Bergb) mit Anschlußstrecke Lichtenhain (Bergb) – Cursdorf.

mit dem Ort Oberhain und der Barigauer Höhe. Im Bahnhof Lichtenhain a. d. Bergbahn ist die Hochfläche des Thüringischen Schiefergebirges erreicht.

Zur Geschichte der Bahn, die 1951 an die Deutsche Reichsbahn überging und dann mit erheblichen Aufwendungen modernisiert wurde: Von 1919 bis zum Februar 1922 waren die Strecke der Standseilbahn abgesteckt und eine Schneise geschlagen worden. Die gefällten Fichten wurden an Ort und Stelle zu Schwellen verarbeitet. Um ein Rutschen des Oberbaus der Steilstrecke zu verhindern, wurden in Abständen von rund 150 bis 200 m Ankerschwellen eigebaut, die sich gegen einbetonierte Schienenpfosten stützten. Die eigentlichen Konstruktionsarbeiten für die Standseilbahn hatte die Firma Heckel, Saarbrücken, ausgeführt. Auf halber Höhe wurde eine Ausweichstelle angelegt, die nach neun Minuten Fahrzeit erreicht wird und in der sich die Fahrzeuge der Berg- und Talfahrt im Vorbeifahren kreuzen. Die Besonderheit dieser Standseilbahn ist, daß nicht zwei Personenwagen im Wechsel verkehren, sondern ein Personenwagen und eine sogenannte Güterbühne. Diese diente bis zur Einstellung des Güterverkehrs im Jahre 1966 zur Beförderung von regelspurigen Güterwagen. Bei starkem Reiseverkehr wurde ein zweiachsiger Personenwagen auf die Bühne aufgesetzt, so daß Reisende in beiden Richtungen in gleicher Zeit befördert wurden bzw. „Stoßverkehr" in einer Richtung schneller bewältigt werden konnte.

Der Wagen Nr. 1 ist seit der Betriebsaufnahme im Jahre 1923 im Einsatz. Er hat 52 Sitzplätze und kann maximal 120 Personen aufnehmen. 1959 wurde er im Raw Gotha rekonstruiert. Der Wagen Nr. 2, der auf die Güterbühne aufgesetzt wird, hat 32 Sitzplätze und etwa 40 Stehplätze. Er ist 10,6 m lang und war ein Beiwagen der stillgelegten Schleizer Kleinbahn. Zur Beförderung in Zügen ist er jedoch nicht zugelassen. In der Lichtenhainer Bergstation befindet sich das Maschinenhaus, in dem der elektrische Antriebsmotor mit einer Leistung von 80 kW untergebracht ist. Das Drahtseil aus 119 verzinkten Einzeldrähten ist 41 mm dick und läuft über Rollen zwischen den Schienen. Die Liegedauer eines Seils – vom VEB Seilfabrik Zwickau geliefert – beträgt fünf bis sieben Jahre. 2,5 m lange Probestücke müssen für Untersuchungen in Lichtenhain a. d. Bergbahn aufbewahrt werden.

Die obere Flachstrecke von Lichtenhain a. d. Bergbahn nach Cursdorf wird elek-

Bild 140   Oberweißbacher Berg-bahn.   Foto: Ellguth

trisch betrieben (Oberleitung, Gleich-strom mit 600 V Spannung). Dieser Streckenabschnitt wurde als erster gebaut – als noch nicht feststand, ob die Steil-strecke als Zahnradbahn oder als Seil-bahn betrieben werden sollte. Für den Güterverkehr auf der Flachstrecke wurde eine Benzollokomotive vom Städtischen Gaswerk in Erfurt gekauft. Sie war ein technisches Kuriosum, hatte einen einzy-lindrigen Glühkopfmotor und war in ei-nem kaum betriebssicheren Zustand. Sie wurde dann bald verschrottet.

Eine 1922 gleichfalls beschaffte B n2t-Dampflokomotive war ebenfalls für den Güterverkehr und als Reserve vorgese-hen. Sie wurde 1949 von der DR über-nommen und erhielt die Betriebsnummer 98 6009. Die Strecke wurde von Anfang an elektrifiziert. Da der Triebwagen über-wiegend auch die Güterwagen beförderte, war die meist im Lokschuppen auf Bahn-hof Lichtenhain a. d. Bergbahn stehende Lokomotive kaum bekannt geworden.

Doch zurück zur Streckenbeschreibung:

Nachdem der Triebwagen den Bahnhof Lichtenhain a. d. Bergbahn verlassen hat, werden links ein Aussichtspunkt, der Fal-kenblick, sichtbar und sogleich auch ei-nige Häuser der Fröbelstadt Oberweiß-bach mit dem als Museum eingerichteten Fröbelhaus. Das Geburtshaus Friedrich FRÖBELS, der sich als Schüler PESTA-LOZZIS vor allem der Vorschulerziehung widmete und 1840 in Bad Blankenburg den ersten Kindergarten Deutschlands eingerichtet hatte, befindet sich am Markt und hat – eigentlich ganz folgerichtig – einen Kindergarten aufgenommen.

Vom Bahnhof Oberweißbach-Deesbach aus ist über dem Ort der 785 m hohe Kirchberg mit dem markanten Fröbel-turm zu sehen. Auf der nur wenig anstei-genden Strecke wird der Endpunkt der Bahn, der Bahnhof Cursdorf (678 m über NN), erreicht, von wo aus nochmals der Fröbelturm und in westlicher Richtung die mit einem Aussichtsturm versehene, 789 m hohe Meuselbacher Kuppe zu se-hen sind.

Thüringerwaldbahn:
Gotha – Friedrichroda – Tabarz

DR-Kursbuch-Strecke 981

Das Kursbuch der Deutschen Reichs-bahn enthält neben einigen anderen Bah-nen, die nicht zu ihr gehören, auch den Fahrplan der Strecke Gotha – Walters-hausen – Tabarz/Waltershausen, die als elektrisch betriebene Schmalspurbahn von 1000 mm Spurweite dem VEB (K) Thüringerwaldbahn und Straßenbahn Gotha untersteht und allgemein als Thü-ringerwaldbahn bezeichnet wird.

Sie hat ihren Ausgangspunkt in Gotha, Kreisstadt im Bezirk Erfurt, nördlich vom Thüringer Wald, mit vielfältiger Industrie (Maschinenbau, Gummi-, Holz- und Nahrungsmittelindustrie, kartographische Industrie), kulturhistorisch interessanten Bauten sowie Fach- und Ingenieurschu-len (darunter die Ingenieurschule für

Transportbetriebstechnik).

Innerhalb des Netzes der DR ist Gotha ein Eisenbahnknoten, der im km 136,37 der zweigleisigen Magistrale Berlin – Halle (Saale) – Erfurt – Eisenach liegt und von dem die eingleisige Hauptbahn-strecke Gotha – Leinefelde und die ein-gleisige Nebenbahnstrecke Gotha – Grä-fenroda ausgehen.

Die Eröffnung der Eisenbahnstrecke Gotha – Eisenach im Jahre 1847 war eine entscheidende Voraussetzung für die in-dustrielle Entwicklung der Stadt, wobei sich die Industrie im wesentlichen im Osten und Süden der Stadt in unmittel-barer Eisenbahnnähe ansiedelte.

Das Museum für Regionalgeschichte und Volkskunde (5800 Gotha, Schloß Frie-

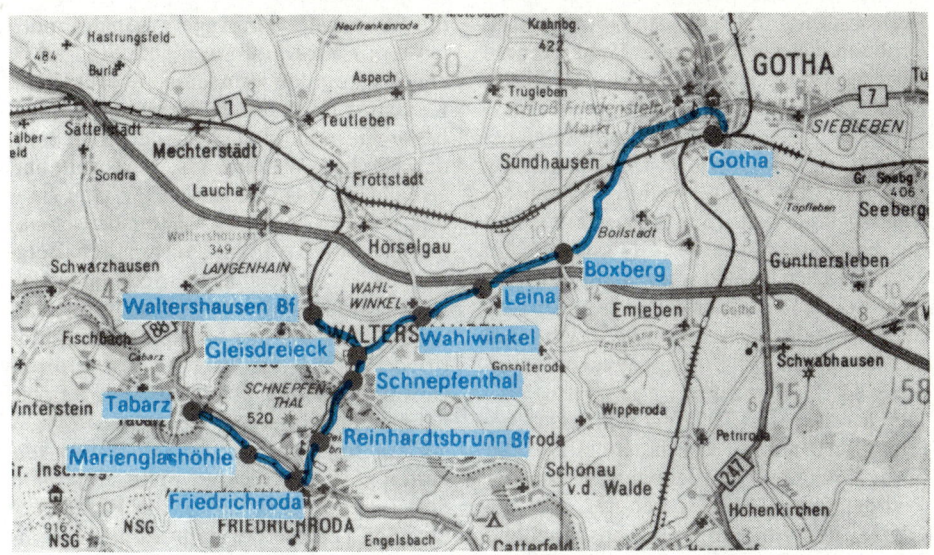

Bild 141 Strecke der Thüringerwaldbahn Gotha – Friedrichroda – Tabarz.

denstein, Tel. 3167, geöffnet von Mai bis September montags bis samstags 8 bis 17 Uhr, von Oktober bis April montags bis freitags 8 bis 17 Uhr) zeigt in der Ausstellung zur Stadtgeschichte zeitgenössische Abbildungen vom Gothaer Eisenbahnviadukt (1847) und vom Bahnhof aus dem Jahre 1848, Fahrkarten aus dem 19. Jahrhundert sowie die Broschüre „Die Wirkung des Dampfes oder Das Leben auf der Thüringer Eisenbahn...", Gotha 1846.

Die Inbetriebnahme einer meterspurigen elektrischen Straßenbahn in Gotha am 3. Mai 1894 ist vor allem der Funktion Gothas als Residenzstadt zuzuschreiben; erst spätere Netzerweiterungen trugen der Siedlungsstruktur und der Standortverteilung der Industrie Rechnung. Die erste Straßenbahnstrecke von 2,5 km Länge war eingleisig und hatte zwei Ausweichstellen. Bereits im Jahre 1900 erteilte das Herzogliche Staatsministerium der Electrizitäts-Actien-Gesellschaft die Konzession für Bau und Betrieb eines elektrischen Secundärbahnnetzes in und um Gotha, das auch die Strecke Gotha – Waltershausen – Großtabarz mit Abzweigungen nach Friedrichroda enthielt. Wäh-

rend des Baues wurde die Trasse der heutigen entsprechend nochmals verändert. Im Sommer des Jahres 1914 wurde mit dem Bau der Thüringerwaldbahn begonnen. Aber der erste Weltkrieg und die Inflation führten ebenso wie Prozeßstreitigkeiten zwischen der AEG und der Staatsregierung zur Unterbrechung des Baues 1916. Er wurde erst 1926 wieder aufgenommen, bis schließlich am 17. Juli 1929 die Strecke Gotha – Tabarz der Thüringerwaldbahn eröffnet werden konnte. Den Betrieb auf dieser Überlandstraßenbahn von 21,7 km Länge leitete die Thüringische Elektrizitäts-Lieferungs-Gesellschaft (THELG), eine Tochtergesellschaft der AEG.

Die Straßenbahn dient heute sowohl dem Ausflugsverkehr in die Kurorte Friedrichroda und Tabarz sowie in die über sie erreichbaren Erholungsorte des Thüringer Waldes als auch dem Berufspendelverkehr, der sich aus der örtlichen Industrie der an der Strecke liegenden Orte ergibt. Die Thüringerwaldbahn wird seit ihrer

Betriebsaufnahme mit der Gothaer Straßenbahn als gemeinsames Unternehmen betrieben und benutzt im Weichbild der Stadt Gotha die Betriebsanlagen der Straßenbahn. Die Fahrtdrahtspannung beträgt 600 V Gleichstrom. Die Fahrleitung ist als Kettenwerksfahrleitung mit einem Mastabstand von 75 m ausgestaltet. Mit der Fertigstellung einer Gleisschleife im Jahre 1967 in Tabarz kamen auf der Thüringerwaldbahn Gelenkzüge zum Einsatz, die wie viele ehemalige alte Trieb- und Beiwagen von der Gothaer Waggonbauindustrie gebaut wurden.

Die Strecke der Thüringerwaldbahn beginnt am Bahnhof Gotha. Innerhalb der Stadt bis zum Straßenbahnhof an der Waltershäuser Straße benutzt sie die Gleise der Straßenbahn. Anschließend führt sie auf eigenem Bahnkörper über Sundhausen zum Boxberg. Auf dem letzten Streckenabschnitt vor Boxberg, der sehr bogenreich ist, ergeben sich schöne Aussichten auf den Thüringer Wald mit der Kuppe des Großen Inselsberges. Boxberg selbst ist bekannt durch sein Gestüt und seine Pferderennbahn. An Renntagen müssen zur Bewältigung des starken Verkehrs Einsatzzüge gefahren werden, weshalb hier sogar eine Gleisschleife angelegt wurde. Im leichten Gefälle verläuft die Strecke dann zur Haltestelle Leina an der Autobahnbrücke.

Hinter Waltershausen-Wahlwinkel wird die Straße nach Friedrichroda gekreuzt. Rechts der Strecke liegt die Stadt Waltershausen; der weithin sichtbare Kühlturm gehört zum Heizkraftwerk des VEB Gummikombinat Thüringen. Auf einer Betonbrücke führt die Thüringerwaldbahn über die eingleisige Nebenstrecke Fröttstädt – Friedrichroda hinweg. Für die Strecke der Thüringerwaldbahn mußten dafür ein Damm und eine Steilrampe angelegt werden, um eine niveaugleiche Kreuzung mit den Gleisen der Reichsbahn zu vermeiden. Nachdem die Bahn das Freibad Waltershausen passiert hat, erreicht sie das Gleisdreieck Waltershausen, wo ein Gleis nach Waltershausen abzweigt. Zur Rechten liegt an den Berghängen Waltershausen-Schnepfenthal. Dort befindet sich die gleichnamige Haltestelle, von der aus bis Reinhardsbrunn-Friedrichroda die Strecken der Thüringerwaldbahn und der Deutschen Reichsbahn nebeneinander und teilweise sogar auf einem gemeinsamen Bahnkörper verlaufen. Auf der rechten Seite, unterhalb des Bahndammes, liegen die Reinhardsbrunner Teiche. Vor dem Bahnhof Reinhardsbrunn-Friedrichroda der DR verläßt die Strecke der Thüringerwaldbahn den gemeinsam benutzten Bahnkörper und biegt nach rechts zur Haltestelle ab. Nach dem Überqueren der F 88 in der Nähe des Freibades in Friedrichroda folgt die Haltestelle Friedrichroda. Die Strecke führt nun durch dichten Mischwald zur Haltestelle Marienglashöhle. Diese Höhle ist das letzte erhalten gebliebene ehemalige Bergwerk Friedrichrodas; es wurde nach der Erschließung im Jahre 1968 den Besuchern zugänglich gemacht. Nach kurzer Fahrt parallel zur F 88 wird die Endhaltestelle Tabarz mit der Gleisschleife erreicht. Von hier aus lassen sich schöne Touren in die Gebiete um den Großen Inselsberg unternehmen.

Anläßlich des 50. Jubiläums der Thüringerwaldbahn wurde ein Traditionszug in Dienst gestellt (bestehend aus Tw 56 und Bw 82), der zu besonderen Anlässen eingesetzt wird.

Weimar – Jena – Gera   DR-Kursbuch-Strecke 550

Dieser landschaftlich schöne Abschnitt gehört zur Strecke Dresden – Karl-Marx-Stadt – Glauchau (Sachs) – Gera – Jena – Weimar – Erfurt, der südlichsten Ost-

West-Eisenbahnverbindung der DDR. Sie verknüpft die Industriegebiete des Elbtales mit denen um die Bezirksstädte Karl-Marx-Stadt, Gera und Erfurt. Über sie laufen bedeutsame Ströme im Reiseverkehr und im Gütertransport sowie im grenzüberschreitenden internationalen Eisenbahnverkehr.

Den Verlauf der Trasse bestimmten Verkehrswege, die schon im Mittelalter bedeutend waren und deren Ursprung in früheste Zeiten zurückreicht. Die Fortsetzung der Alten Mainzer Heerstraße, der sogenannten Oberstraße, sowie die Fuldaer oder Weinstraße von Erfurt nach Altenburg beeinflußten insofern das Projekt für die Bahnlinie, als durch Beibehaltung der vom Straßenverlauf her vorgegebenen Richtung eine entsprechend den schwierigen Geländeverhältnissen relativ günstige Trassierung erreicht wurde.

Die drei größten an diesem Streckenabschnitt liegenden Städte hatten bis 1874 Eisenbahnanschlüsse erhalten (Weimar 1846, Gera 1859 und Jena 1874), die strahlenförmig von Halle (Saale)/Leipzig aus in südlicher und westlicher Richtung führten. Aber eine Querverbindung zwischen diesen Städten bestand noch nicht. Der Bau der damaligen Weimar-Geraer Eisenbahn ist in erster Linie den Bemühungen lokaler Eisenbahnkomitees zu verdanken, die trotz der jahrelangen ablehnenden Haltung der Landesregierungen immer wieder mit ihren Eisenbahnplänen hervortraten und unermüdlich für die Verwirklichung ihrer Projekte tätig waren. Unterstützung im Weimarischen Landtag fand erstmals im Jahre 1855 eine gemeinsame Vorlage der Eisenbahnkomitees von Jena, Weimar, Roda (heute Stadtroda) und Gera. Die geplante Bahnlinie sollte die durch Sachsen-Altenburg getrennte Gebietsteile von Sachsen-Weimar verbinden, den Handel zwischen Sachsen und Thüringen sowie mit Preußen fördern und schließlich die sächsischen Kohlelager transportmäßig erschließen.

Doch es dauerte noch 15 Jahre, ehe aus der Unterstützung des Landtages eine Genehmigung wurde, die man Anfang 1870 erteilte, so daß sich schließlich am 6. Mai 1872 in Berlin die Weimar-Geraer Eisenbahngesellschaft konstituieren konnte.

Die Bauausführung wurde der Deutschen Reichs- und Kontinental-Eisenbahnbau-Gesellschaft übertragen. Die Eigentums- und Betriebslänge betrug seinerzeit 68,65 km (heute wegen Bahnhofsumbauten nur noch 67,93 km), davon 29,75 km im Großherzogtum Sachsen-Weimar, 0,61 km im Herzogtum Sachsen-Meiningen, 23,25 km im Herzogtum Sachsen-Altenburg und 15,04 km im Fürstentum Reuß jüngere Linie.

Trotz der Anpassung an den Verlauf der mittelalterlichen Verkehrswege mußte den schwierigen Geländeverhältnissen Tribut gezollt werden, so daß über ein Drittel der Gesamtstrecke Neigungen von 1:80 bis 1:50 aufweist. Außerdem verläuft etwa die Hälfte der Strecke in Bögen, der kleinste Radius beträgt dabei 300 m. Die zu überbrückenden Täler von Ilm, Saale und Elster erforderten die Herstellung entsprechender Kunstbauten. Wegen während des Baus eingetretener Schwierigkeiten, vor allem am Ilmviadukt bei Weimar, wurde die Strecke erst ein Jahr später als ursprünglich vorgesehen, und zwar am 29. Juni 1876, eröffnet. Ein im Mai 1875 niedergegangener wolkenbruchartiger Regen hatte bei dem noch nicht abgeschlossenen Bau bedeutende Deformationen an Dämmen und Trockenmauern verursacht, deren Behebung im wesentlichen die Betriebseröffnung verzögerte.

Der Streckenverlauf beginnt im Bahnhof Weimar, wobei die Trasse sogleich nach rechts von der Thüringischen Eisenbahn (Richtung Apolda) abbiegt, um die Stadt Weimar an ihrem Ostrand in großem Bogen zu umfahren. Dabei ist das Ilmtal mit dem Mühlgraben zu überqueren. Der hier stehende Viadukt wurde von Juni 1873 bis Anfang 1875 gebaut. Er ist das größte Brückenbauwerk auf dieser

Strecke: 38 m hoch, 152 m lang. Das Bauwerk besteht aus zwei Hauptbögen von je 21,0 m und vier Nebenbögen von je 16,0 m lichter Weite. Für die Stirnmauerverblendungen wurde Sandstein verwendet, die Gewölbe bestehen aus Klinkern. Als vor einigen Jahren das über 100 Jahre alte Bauwerk infolge ungenügender Abdichtung und durch Frosteinwirkung Schäden aufwies und deshalb die Geschwindigkeit beim Passieren des Viadukts auf 10 km/h verringert werden mußte, wurde zu seiner Sanierung eine neue Abdichtung hergestellt und durch Injektionen von Kunstharzmörtel das Mauerwerk so verfestigt, daß das Bauwerk wieder mit der höchstzulässigen Geschwindigkeit befahren werden kann.

Im weiteren Verlauf der Strecke überquert die F 7 nach Jena die Bahnlinie, die jetzt in südöstlicher Richtung nach Jena verläuft. Über die Bahnhöfe Oberweimar (km 4,01) und Mellingen am km 7,59 (hinter dem Bahnhof wird die F 87 überquert) tritt die Strecke in das erste landschaftlich reizvolle Stück ein, wobei sie auch beträchtliche Neigungen zu überwinden hat. Während der Bahnhof Weimar noch in 242,5 m über NN liegt, muß die Strecke bei Großschwabhausen bis auf 324,5 m über NN hinauf (zweithöchster Punkt). Auf hohen Dämmen, nach links hin steil abfallend, führt die Trasse anschließend in den Großschwabhäuser Grund hinunter; links sind schroffe Felswände sichtbar, die den Eingang zum Mühltal bilden, das schönste aller auf Jena mündenden Täler. Die Strecke verläuft nun parallel mit der F 7 nach Jena, doch in Hanglage beträchtlich höher als die im Tal angelegte Straße, über noch drei kleine Brücken, bis sie am km 22,59 den Bahnhof Jena West (171 m über NN) erreicht.

Von hier aus ergibt sich ein ausgezeichneter Blick auf die Universitätsstadt Jena mit den Gebäuden der optischen Industrie, dem Hochhaus der Friedrich-Schiller-Universität und der reizvollen Umgebung. Die Trasse wendet sich nun nach Süden, fällt beträchtlich weiter ins Saaletal hinab, überquert die F 88 sowie die Gleise der Saalebahn Großheringen – Saalfeld (Saale) und läuft mit ihnen parallel bis zum Bahnhof Göschwitz (km 27,49); mit 151,5 m über NN der

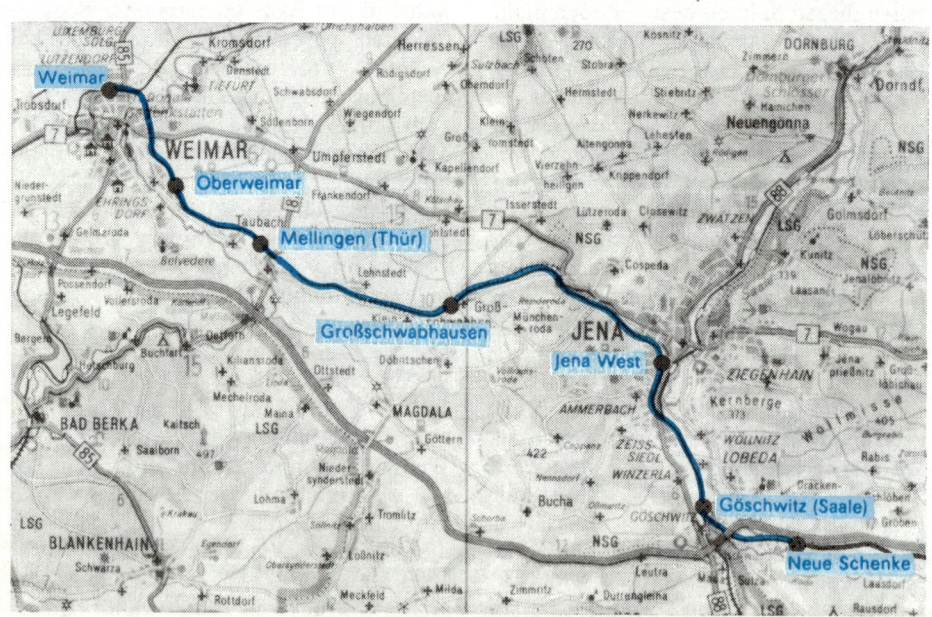

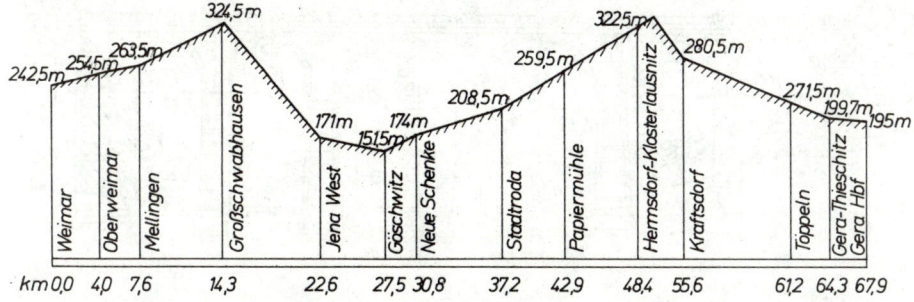

Bild 142   Längsprofil   der   Strecke   Weimar –
Jena – Gera.

tiefste Punkt der Strecke. Während die
Saalebahn (siehe Seite 176) rechts weiter
in Richtung Süden dem Saaletal folgt,
verläßt die Weimar-Geraer Eisenbahn in
einem Linksbogen den Bahnhof, überquert die Saale auf einer 116 m langen
Brücke und die hier in die Saale mün-
dende Roda, führt unter der Autobahn
(große 17-Bogen-Brücke) hindurch und
verläuft parallel – südlich von ihr gelegen
– in östlicher Richtung zum Bahnhof
Neue Schenke (km 30,85) und weiter,
nun wieder langsam ansteigend, zum
Bahnhof der Kreisstadt Stadtroda
(km 37,2 und 208,5 m über NN).
Den Bahnhof verlassend, wendet sich die
Trasse nordöstlicher Richtung zu und

tritt mit der Überquerung der Autobahn
in das landschaftlich schönste Stück ein.
Im romantischen Waldtal des Zeitzba-
ches zieht sich die Strecke zum Haltepunkt Papiermühle (Kr Stadtroda)
(km 42,91 und 259,5 m über NN) hinauf,
rechts tritt das Teufelstal bis an die Bahnstrecke heran, aus dem der Zeitzbach
kommt. Die Trasse steigt weiter an, unterquert die in Nord-Süd-Richtung verlaufende Autobahn Berliner Ring –
Hirschberg und erreicht, nachdem rechts
die große Freiluft-Hochspannungsprüfan-
lage des Kombinates Keramische Werke
Hermsdorf zu sehen ist, den am nördlichen Stadtrand von Hermsdorf gelegenen
Bahnhof   Hermsdorf-Klosterlausitz
(km 48,36 und 322,5 m über NN).
In einem großen Bogen nach rechts windet sich die Bahnlinie, um unmittelbar
an der früheren Blockstelle Oberndorf
und dem rechts der Strecke liegenden
gleichnamigen Dorf mit 344 m über NN
ihren höchsten Punkt zu erreichen, bevor

Bild 143/144   Strecke Weimar – Jena – Gera.

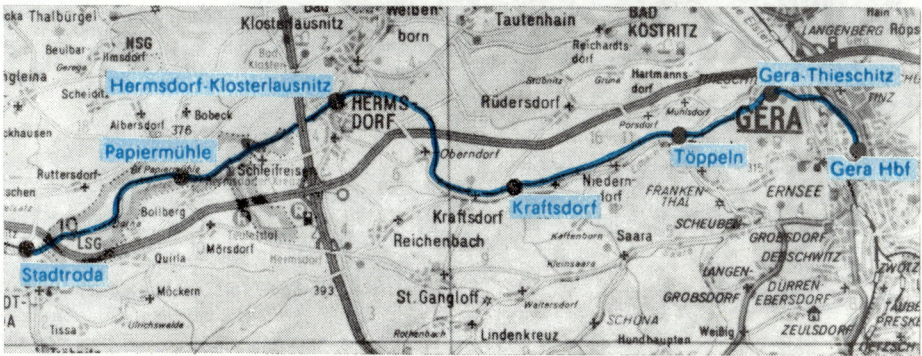

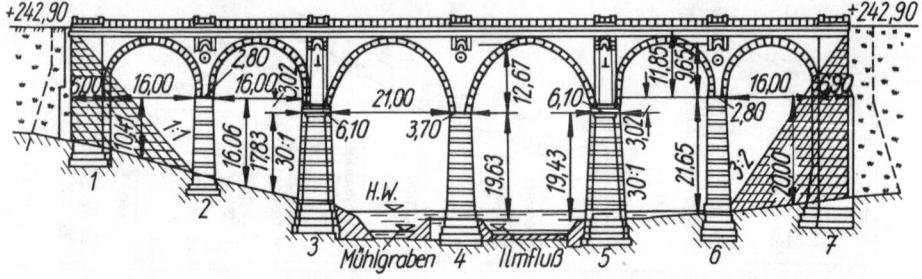

Bild 145 *Ilmtalviadukt bei Weimar.*

sie abermals die in Ost-West-Richtung verlaufende Autobahn Dresden – Hermsdorfer Kreuz unterquert.

Nach einem Linksbogen verläuft die Strecke wieder in östlicher Richtung, tritt beim Bahnhof Kraftsdorf (km 55,64 und 280,5 m über NN) in das Tal des Erlbaches ein und folgt seinem Lauf, parallel zur Straße von Hermsdorf nach Gera über den Bahnhof Töppeln (km 61,15) zum Haltepunkt Gera-Thieschitz (km 64,26). Nach dem Verlassen des Haltepunktes überquert die Strecke die 113 m lange Elsterbrücke und mündet in die von Leipzig über Zeitz kommende Strecke Richtung Gera Hbf im km 67,13 ein, der 195 m über NN liegt.

Gera

In diesem Eisenbahnknoten vereinigen sich außer der ein-, z. T. zweigleisigen Hauptbahn aus Richtung Weimar – Jena die eingleisigen Hauptbahnstrecken aus

Bild 146 *Triebwagen Tw 29 (ex Tw 25 Plauen) der Geraer Straßenbahn.* Foto: Mensdorf

*Bild 147   Modellbahnanlage im Museum für Ge-
schichte Gera.   Foto: Museum für Geschichte Gera*

Richtung Leipzig – Zeitz, aus Richtung Saalfeld (Saale) – Triptis, aus Richtung Plauen (Vogtl) – Greiz und aus Richtung Dresden – Karl-Marx-Stadt – Glauchau – Gößnitz. Die Bezirksstadt Gera, Stadtkreis und Kreisstadt an der Weißen Elster, entwickelte sich unter diesen günstigen verkehrsgeographischen Verhältnissen zu einem bedeutenden Industriezentrum (Maschinenbau, Elektrotechnik, Elektronik, Metall-, Textil- und Holzindustrie), wozu auch der in der Umgebung ansässige Uranerzbergbau zählt.

Der verkehrsmäßigen Erschließung des Stadtgebietes dient seit dem 22. Februar 1892 die Straßenbahn (1000 mm Spurweite) der Geraer Elektrizitätswerk- und Straßenbahn AG, die von Anfang an drei Linien betrieb. Gera war nach Halle (Saale) die zweite Stadt im damaligen Deutschland, die einen elektrischen Straßenbahnbetrieb eröffnete. Bis zur Einstellung des Betriebes am 6. April 1945 infolge großer Schäden an Anlagen und auch Fahrzeugen durch Bombenangriffe wurde das Netz zum Teil erweitert; es umfaßte im Jahre 1981 17,5 km.

Seit dem Jahre 1979 befinden sich auch Tatra-Straßenbahnen vom Typ KT4D im Einsatz. Einen Einblick in die geschichtliche Entwicklung der Straßenbahn gibt u. a. der zweiachsige Triebwagen Tw 29 aus dem Jahre 1905, der von der Straßenbahn der Stadt Plauen (Vogtl) stammt, sich seit 1966 in Gera befindet und zu Feiertagen und historischen Anlässen eingesetzt wird.

Einen Überblick über die geschichtliche Entwicklung des Eisenbahnwesens in und um Gera erhält man im Museum für Geschichte (Straße der Republik 2, Gera, 6500, Tel. 3 66 63, geöffnet täglich außer Montag von 9 bis 12 Uhr und von 14 bis 18 Uhr, Sonnabend und Sonntag durchgehend von 10 bis 17 Uhr). In der Abteilung für den Zeitabschnitt 1830 bis 1945 ist ein Modell ausgestellt, das auf einer Grundfläche von 100 cm × 100 cm eine in der Stadtentwicklung sehr wichtige Kreuzung von Eisenbahn und Straßenbahn in gleicher Ebene zeigt. Auf dem Modell befinden sich in der Nenngröße H0 zwei Personenzüge der Preußischen und Sächsischen Staatsbahn, da Gera an die Netze beider Staatsbahnen angeschlossen war. Die Hintergrundkulisse zeigt zeitgenössische Fotos aus dem Stadtbild Geras im 19. Jahrhundert.

Pioniereisenbahn Gera

Seit dem 6. September 1975 verkehrt in
der Bezirksstadt Gera eine Pioniereisenbahn auf einer etwa 800 m langen Strecke
im Martinsgrund am Tierpark. Mit Diesellok und offenen Personenwagen wird
gegenwärtig der Zugverkehr zur Haltestelle Wolfsgehege durchgeführt. In einem
zweiten Bauabschnitt soll die Strecke von
der Station Martinsgrund zum Ausstel-
lungszentrum erweitert werden.

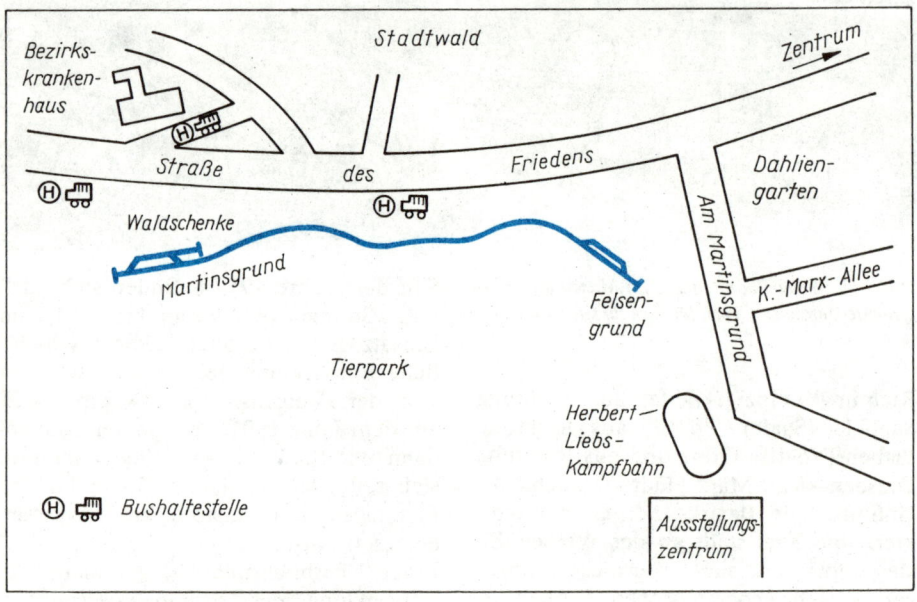

Bild 148   Strecke der Pioniereisenbahn Gera.
Bild 149   Zug der Pioniereisenbahn Gera.
Foto: Migura

Söllmnitz

Nordöstlich von Gera (ab Gera-Langenberg über die F 2 Richtung Zeitz etwa 5 km bis zum Abzweig einer Landstraße nach Söllmnitz) liegt der kleine Ort Söllmnitz, der früher Bahnanschluß durch die Schmalspurbahn Gera-Pforten – Wuitz-Mumsdorf (1000 mm Spurweite) hatte. Auf dem Gelände des ehemaligen Bahnhofs, neben dem Kulturhaus wurden die Schmalspurdampflokomotive 99 555 (B'B' n4vt), eine ehemalige sächsische IV K, mit zwei Schmalspur-Personenwagen (ex 970 415 Kirchberg und ex 970 397 Cranzahl) als Erinnerungsdenkmal an die Existenz einer Schmalspurbahn aufgestellt. Die Lok und auch die Wagen waren allerdings nie auf dieser Strecke im Einsatz. Die über 70jährige Lok war einst im Bahnbetriebswerk Zittau beheimatet, sie war auch auf dem Mügelner Schmalspurnetz und bei der ehemaligen Kreisbahn Rathenow – Senzke – Nauen (1961 stillgelegt) nordwestlich von Berlin im Einsatz. Ein Schlosserkollektiv der Lokeinsatzstelle Mügeln hat die Lok schließlich unter Verwendung von Teilen der ausgemusterten 99 569 aufgearbeitet.

Tabelle 25   Technische Daten der Schmalspurdampflokomotive 99 555

Bauart	B'B' n4vt
Gattung	K 44.7
Spurweite (mm)	750
Baujahr	1908
Hersteller	Hartmann
Fabrik-Nr.	3208
Höchstgeschwindigkeit (km/h)	30
Steuerungsart	Heusinger
Treibraddurchmesser (mm)	760
Achsstand (mm)	6200
Länge über Puffer (mm)	9000
Dienstmasse (t)	28,4

Bild 150   Schmalspur-Denkmallokomotive 99 555 in Söllmnitz bei Gera.   Foto: Scheffler

Weida

Südlich von Gera liegt an der von Weida nach Mehltheuer führenden eingleisigen Nebenbahnstrecke zwischen dem Bahnhof Weida und dem Haltepunkt Weida Altstadt der Oschütztal-Viadukt, der seit dem Jahre 1977 als Denkmal der Produktions- und Verkehrsgeschichte unter Denkmalschutz steht. Der im Juni 1872 begonnene Bau der Strecke Mehltheuer – Weida mußte 1874 wegen Unklarheiten der Einführung in die Endbahnhöfe und infolge der großen Wirtschaftskrise einge-

185,50 m; die Schienenoberkante liegt 28 m über der Talsohle. Die beiden Überbauten haben eine Länge von 101 m (über dem Tal) und 54 m über dem flacheren Talhang. Der 16 m hohe, $4 \times 5,8$ m rechteckige Mittelpfeiler im Tal dient als gemeinsamer Aufleger. Das Mauerwerk besteht aus in benachbarten

Bild 151   Oschütztalviadukt bei Weida.

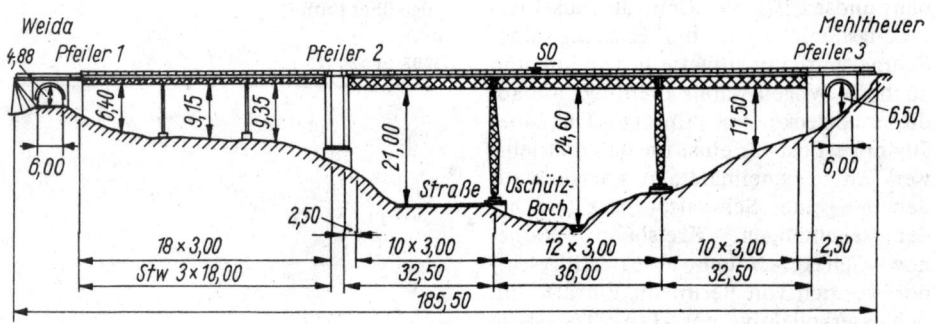

stellt werden. Erst als im Jahre 1881 die Sächsische Staatsbahn die Fortsetzung der Arbeiten an der inzwischen von ihr übernommenen Strecke veranlaßte, wurden auch die Bauarbeiten am Oschütztal-Viadukt wieder aufgenommen. So konnte nach der Inbetriebnahme der Strecke Mehlteuer – Weida Altstadt am 15. November 1883 das Reststück mit 2,34 km Länge bis zum Bahnhof Weida, in dessen Verlauf der Oschütztal-Viadukt liegt, am 1. Oktober 1884 fertiggestellt werden.
Der Viadukt hat eine Länge von

Steinbrüchen gewonnenen Bruchstücken aus Grauwacke, die Sichtflächen teils aus Postaer Sandstein. Da der Viadukt nach über 90jährigem Betrieb unter ständig gestiegenen Achskräften – auch infolge früherer konstruktiver Mängel – nicht mehr heutigen Anforderungen entsprach, mußte zu seiner Umgehung ein neuer Streckenabschnitt angelegt werden, der mit seinen 26 m Höhe einer der höchsten Dämme bei der DR ist. Der Oschütztal-Viadukt bleibt als technisches Denkmal erhalten.

Elstertalbahn:
Gera – Greiz – Plauen (Vogtl)

DR-Kursbuch-Strecke 540

Die seit über 100 Jahren bestehende Bahn von Gera über Wünschendorf – Greiz nach Plauen (Vogtl) heißt, da sie stets dem Lauf der Weißen Elster folgt – „Elstertalbahn". Zu jeder Jahreszeit bietet eine Fahrt durch das malerische Elstertal dem Eisenbahnfreund und -touristen eine Vielzahl landschaftlich schöner Eindrücke und eisenbahntechnischer Besonderheiten, wozu natürlich besonders die acht Tunnel und die häufigen Überquerungen des Flußlaufes der Weißen Elster beitragen.

Die Elstertalbahn ist – neben der Strecke Gößnitz – Werdau – Reichenbach (Vogtl) – Plauen (Vogtl) – die zweite Hauptbahnstrecke durch das ostthüringische/vogtländische Gebiet. Sie stellt eine wichtige Verbindung zwischen dem ostthüringischen Bezirk Gera und den Industriezentren im Vogtland her und bewältigt durch den Anschluß in Weischlitz an die Strecke Plauen (Vogtl) – Adorf (Vogtl) – Karlovy Vary einen Teil des internationalen Eisenbahngüterverkehrs DDR–ČSSR.

Der Bau der Strecke war 1869 beschlossen worden. Zunächst ging es darum, zwischen der im Jahre 1865 eröffneten 13 km langen Stichbahn von Greiz/Aubachtal nach Brunn (Sachs) und der Strecke Gera – Saalfeld (Saale) bei Weida eine Verbindung herzustellen. Dieser Plan war entstanden, weil bei einer direkten Verbindung über Greiz der Stadtkern mittels zu teurer und technisch schwer zu bewältigender Tunnel- und Brückenbauwerke hätte durchschnitten werden müssen. Nachdem auch noch der damalige Greizer Fürst gefordert hatte, daß die Bahnstrecke die Anlagen seines Parks umgehen müßte, blieb nur der Bau eines Tunnels durch den Schloßberg von Greiz. So konnte der Bahnbau endlich 1873 beginnen; am 17. Juli 1875 wurde der erste

Abschnitt von Wolfsgefärth (heute Gera-Röppisch) über Wünschendorf (Elster) nach Greiz, am 8. September 1875 die Strecke Greiz – Plauen (Vogtl) unterer Bahnhof und am 20. September 1875 die Strecke Plauen (Vogtl) unterer Bahnhof – Weischlitz der seinerzeitigen Sächsisch-Thüringischen Eisenbahn-Gesellschaft in Betrieb genommen.

Die Strecke nimmt im Hauptbahnhof Gera (195 m über NN) betrieblich ihren Ausgang, tangiert nach dem Bahnhof Gera Süd (km 0,72) die nach Ronneburg verlaufende eingleisige Hauptbahn und überquert bis Wünschendorf (Elster) (km 9,4 und 214 m über NN) bereits zweimal die Weiße Elster. Nachdem die Strecke den Stadtrand von Wünschendorf verlassen hat, zweigt nach links die eingleisige Nebenbahnstrecke von Werdau und Seelingstädt (b Werdau) über Wünschendorf nach Weida ab, während die Elstertalbahn erneut die Weiße Elster überquert. Hier beginnt einer der schönsten Abschnitte der Strecke, der bis Greiz verläuft. Rechts und links der in vielen Bögen sich hinziehenden Trasse ragen dichtbewaldete Bergrücken und sanft geschwungene, mit Mischwald bestandene Talhänge auf. Erster Tunnel auf der Strecke ist der nun folgende Lochgut-Tunnel (53,5 m lang), unmittelbar nach seinem Durchfahren wird wieder auf einer Brücke die Weiße Elster passiert. Die Strecke verläuft auf der östlichen Uferseite, kurz vor dem Bahnhof Berga (Elster) in km 18,24 kreuzt die F 175 Weida – Zwickau, und nach dem Verlassen der Ortslage von Berga zieht sich die Bahnlinie auf einem rechts abfallenden Damm entlang.

Nach etwa 3 km Fahrt vom Bahnhof Berga (Elster) folgt als zweiter Tunnel der Strecke der 264 m lange Rußdorfer Tunnel, dann eine Überquerung des Flusses.

Dieser ständige Zusammenhang Tunneldurchfahrt–Brücke folgt im weiteren Verlauf der Strecke immer wieder, denn nach dem Durchfahren des Bahnhofs Neumühle (Elster) am km 24,08 und 246 m über NN folgt nach zweimaligem Passieren von Eisenbahnbrücken über die Weiße Elster erneut ein Tunnel, der Bretmühlentunnel (118,3 m lang). Ab hier beginnt ein Landschaftsschutzgebiet, das sich nördlich der Stadt Greiz erstreckt.

Unterhalb des 443 m hohen Sauberges nähert sich die Strecke der Kreisstadt Greiz, und noch bevor der Bahnhof erreicht ist, sieht man rechts hoch oben über der Bahnstrecke das Schloß auf dem Schloßberg. Unter ihm muß die Bahnstrecke im 270 m langen Greizer Schloßbergtunnel hindurch, überquert nochmals die Weiße Elster und erreicht den Bahnhof Greiz (km 30,66 und 261 m über NN).

Die in herrlicher Umgebung liegende Textilstadt Greiz, auch als Perle des Vogtlands bezeichnet, hat neben Plauen (Vogtl) unterer Bahnhof den größten Bahnhof an der Elstertalbahn, und mit dem öffentlichen Werkscontainerumschlagplatz in Greiz-Dölau auch einen bedeutenden Partner der Volkswirtschaft. Die Staatliche Bücher- und Kupferstichsammlung der Staatlichen Museen Greiz (Sommerpalais, Greiz, 6600, Telefon 22 83), hat in ihrem Bestand einen Karikaturenzyklus des bekannten Künstlers Honoré DAUMIER (1808-1878) zum Thema Eisenbahn. Diese wertvollen Originale können Besucher der Staatlichen Museen im Rahmen von Sonderführungen besichtigen. Die Öffnungszeiten des Museums sind Dienstag bis Freitag 10 bis 13 Uhr und 15 bis 17 Uhr, Sonnabend und Sonntag 10 bis 13 Uhr.

Der nun folgende Streckenabschnitt weist wieder landschaftlich sehr schöne Partien

Bild 152 Die Elstertalbahnstrecke Gera – Greiz – Plauen (Vogtl) unterer Bahnhof.

auf, besonders zwischen Elsterberg und Plauen (Vogtl), wie dem „Steinicht" bei Rentzschmühle mit steilen Felsen, engen Waldschluchten und dem rauschenden wilden Wasser der Weißen Elster. Weiterhin bemerkenswert sind das Naturschutzgebiet im Elstertal bei Jocketa, über das sich die berühmte Elstertalbrücke hinwegzieht, links davon das Tal des Flüßchens Trieb, das hier in die Weiße Elster mündet, und die Talsperre Pöhl mit ihren vielbesuchten Zeltplätzen.

Zunächst, wenn der Zug den Bahnhof Greiz verlassen hat, wird im Stadtgebiet die F 92 gekreuzt, nach links zweigt die eingleisige Nebenbahnstrecke nach Neumark (Sachs) ab, die sogleich die Elster überquert. In der Nähe der Mündung der Göltzsch in die Elster kreuzt die Elsterbahn wiederum die Elster, passiert dann den 139 m langen Rothenthaler Tunnel

noch zweimal die Elster und kurz vor dem Bahnhof Greiz-Dölau (km 33,55) die F 92. Bis Elsterberg bleibt die Strecke auf der östlichen Uferseite. Hinter dem Bahnhof Elsterberg (km 35,86) folgt abermals eine Brücke über die Weiße Elster, dann wird der mit 358 m längste Tunnel der Linie, der Elsterberger Tunnel, durchfahren, an dessen anderer Portalseite der Haltepunkt Elsterberg Kunstseidenwerk liegt.

Noch vor dem Bahnhof Rentzschmühle (km 40,71) wird der 88,3 m lange Steinicht-Tunnel passiert, später die Weiße Elster wieder überquert und der Bahnhof Barthmühle (km 42,92) durchfahren. Über die im Tale der Weißen Elster verlaufenden Strecke führt in 68 m Höhe die Bahnlinie von Werdau – Reichenbach (Vogtl) oberer Bahnhof nach Plauen (Vogtl) auf der Elstertalbrücke hinweg. Nach etwa 1 km erheben sich links zwischen Bahnlinie und der Talsperre Pöhl der 435 m hohe Eisenberg und der 402 m hohe Königshübel, der am Fuße vom

Bild 153 Schloßbergtunnel in Greiz. Foto: Freund

Bild 154 Zeitgenössische Ansicht vom Bau eines Tunnels und einer Elsterbrücke bei Greiz-Dölau 1874.
Foto: Archiv Fritz

Möschwitzer Tunnel (205,7 m lang) durchstoßen wird.
Nun muß noch viermal die Weiße Elster überfahren werden, dann erreicht die Strecke am km 52,68 und 337,5 m über NN den Bahnhof Plauen (Vogtl) unterer

Bahnhof, der zur Zeit seines Baues im Jahre 1875 eine recht günstige Lage zur umliegenden Industrie hatte. Das alte, schlichte Empfangsgebäude wurde bei anglo-amerikanischen Bombenangriffen während des zweiten Weltkriegs zerstört und durch einen modernen Neubau ersetzt. Der untere Bahnhof liegt am südlichen Stadtrand Plauens, rechts an der Weißen Elster; bis zum oberen Bahnhof sind es 3 km.

Bild 155 Strecke der Elstertalbahn bei Barthmühle, auf der um 1965 der Karlex verkehrte und die von der Elstertalbrücke überspannt wird.
Foto: Archiv Kirsche

Plauen (Vogtl)

Der Stadtkreis und die Kreisstadt im Bezirk Karl-Marx-Stadt, im Hügelland gelegen, haben sich mit Beginn des Eisenbahnbaus (20. November 1848 Anschluß Plauen durch die Strecke Plauen [Vogtl] – Hof der Sächsisch-Bayrischen Eisenbahn-Compagnie) mit den fünf Bahnhöfen zu einem Eisenbahnknoten entwickelt. Dazu hat die vielfältige, in frühen Jahren schon ansässige Industrie, besonders die Gardinen-, Spitzen- und Weißwarenindustrie, beigetragen, zu der später die Zellwoll-, Werkzeug-, Druck- und Textilmaschinenindustrie, die Elektrotechnik und Bekleidungsindustrie hinzukamen. Die Stadt liegt im Schnittpunkt der Hauptbahnstrecken aus Richtung Dresden bzw. Leipzig und aus Richtung Gera, wobei sich erstere im oberen Bahnhof in die Hauptstreckenabschnitte Plauen (Vogtl) – Gutenfürst und Plauen (Vogtl) – Bad Brambach aufteilt. Bevor man seine Reise vom oberen Bahnhof fortsetzt, um auf der Strecke nach Reichenbach (Vogtl) über die beiden bekanntesten und größten Eisenbahnbrükken der DDR zu fahren, sollte dem Vogtländischen Kreismuseum (Nobelstraße 9–13, Plauen, 9500, Telefon 2 91 23, ein Besuch abgestattet werden. Es geht in vielfältiger Weise auf die Geschichte der Eisenbahn in und um Plauen (Vogtl) ein, u. a. mit zeitgenössischen Steindrucken, auf denen der Bau der Göltzschtalbrücke und Elstertalbrücke um 1850 dargestellt ist, historischen Bildern vogtländischer Bahnhöfe (Pinselzeichnungen aus der zweiten Hälfte des 19. Jahrhunderts), Bild- und Schriftdokumenten zu den Bahnbauten im Vogtland (Streckenkarten, alte Fahrkarten und Fahrpläne, Aktien usw.), mit einem großen Aquarell des oberen Bahnhofs in Plauen aus dem Jahre 1861, mit verschiedenen alten Lampen, Laternen, Werkzeugen für den Gleisbau, Teilen von Lokomotiven, einem Modell der SAXONIA und einer Lokomotive der Zeit um 1870, mit Fotos von den zerstörten Plauener Bahnanlagen sowie der Elstertalbrücke und den Wiederaufbauarbeiten sowie mit Reiseutensilien aus der Vergangenheit.

Wer in Plauen weilt, wird auch Interesse an der Straßenbahn in 1000 mm Spurweite finden. Die Linie 2 verbindet den oberen Bahnhof mit dem unteren Bahnhof, die Linien 1, 3, 4 und 5 fahren weit hinaus in die Vororte. Die Strecke zwischen den beiden Bahnhöfen ist auch die erste der Plauenschen Straßenbahn, sie wurde im November/Dezember 1894 dem Betrieb übergeben. Die Betriebsführung oblag der Allgemeinen Local- und Straßenbahngesellschaft Berlin, wurde aber 1895 von der Sächsischen Straßenbahngesellschaft Plauen übernommen. Im Jahre 1905 erhielten die inzwischen mehrfach verlängerten Linien Farben als Kennzeichnung zugeordnet (Gelbe, Blaue, Rote Linie), bis die ab 1921 so benannte Sächsische Elektrizitätswerk- und Straßenbahn AG (SESAG) im Jahre 1939 eine Umstellung der Linienkennzeichnung von Farben auf Ziffern vornahm. Im März 1945 mußte der Straßenbahnbetrieb infolge starker Schäden an Anlagen und Fahrzeugen durch Bombenangriffe eingestellt werden: Erst ab Mitte November 1945 konnte auf einigen Abschnitten der Betrieb wieder aufgenommen werden. Mit Beginn des Jahres 1951 wurde die SESAG als VEB (K) Verkehrsbetriebe der Stadt Plauen in Volkseigentum überführt.

Die folgenden 20 Jahre kennzeichneten eine umfangreiche Rekonstruktion mit teilweisem Neubau von Streckenabschnitten und Gleisschleifen, womit das Netz den gestiegenen Ansprüchen gerecht wurde. Seit dem Jahre 1979 sind bei der Plauener Straßenbahn Tatra-Wagen vom Typ KDT4 im Einsatz.

Von der Vergangenheit der Straßenbahn

Bild 156   Triebwagen Tw 21 der Sächsischen Straßenbahngesellschaft Plauen (Vogtl). Foto: Kirsche

Bild 157   Zug   der   Pioniereisenbahn   Plauen (Vogtl).   Foto: Gerber

Bild 158   (rechts) Strecke der Pioniereisenbahn Plauen (Vogtl).

in Plauen zeugt der gepflegte zweiachsige MAN-Triebwagen Tw 21 (Baujahr 1905), der zu festlichen Jubiläen der Stadt und zu Sonderfahrten im öffentlichen Verkehr eingesetzt wird. Zwei weitere zweiachsige Triebwagen (Tw 42, Baujahr 1912, MAN und Tw 48, Baujahr 1926, MAN) befinden sich im Privatbesitz eines Plauener Verkehrsfreunds. Sie werden in dessen Garten gepflegt und sind in den Originalzustand zurückversetzt worden.

Pioniereisenbahn Plauen

Die Stadt Plauen besitzt auch eine Pioniereisenbahn, angelegt als Gleisoval. Sie nahm am 7. Oktober 1959 ihren Betrieb auf.

Sie hat eine Spurweite von 600 mm und ist die einzige Pioniereisenbahn in der DDR, die elektrisch mit Fahrleitung betrieben wird (220 V, 15 A).

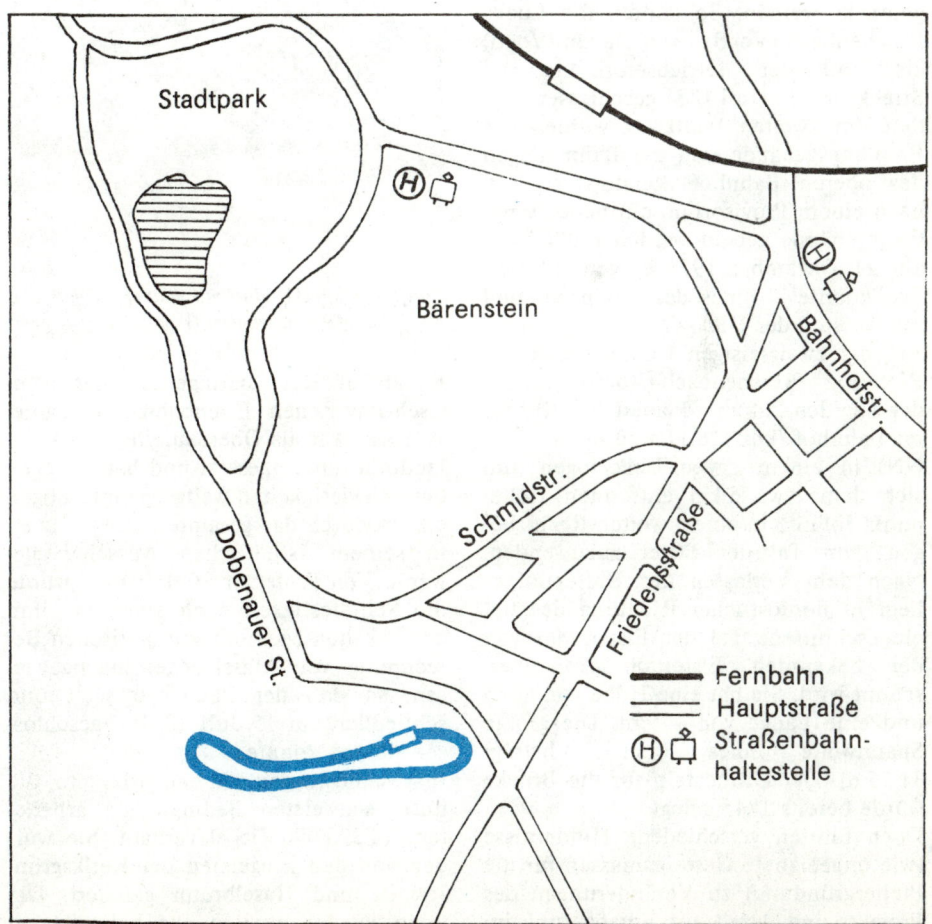

Plauen (Vogtl) oberer Bahnhof – Reichenbach (Vogtl) – Werdau

DR-Kursbuch-Strecken 410 und 460

Der obere Bahnhof in Plauen (Vogtl), im Jahre 1848 mit der Einweihung der Strecke Plauen (Vogtl) – Hof dem Verkehr übergeben, war der erste Bahnhof der Stadt. Von Leipzig aus war der Bahnbau der Sächsisch-Bayrischen Eisenbahn-Compagnie bis 1846 nach Reichenbach (Vogtl) vorangekommen, als die geplanten Mittel verbraucht waren. Für die Weiterführung über die gebirgigen Gebiete des Vogtlands mit aufwendigen Brückenbauten mußten neue Gelder aufgebracht werden. So konnte die Lücke Reichenbach (Vogtl) – Plauen (Vogtl) erst mit der Betriebseröffnung der Strecke am 15. Juli 1851 geschlossen werden. Im zweiten Weltkrieg wurden das Empfangsgebäude und die Bahnanlagen des oberen Bahnhofs zerstört, so daß nach einem Provisorium ein neues Empfangsgebäude gebaut werden mußte, das am 21. Dezember 1973 eingeweiht werden konnte – eines der schönsten und modernsten der DR.
Auf der zweigleisigen Hauptbahnstrecke Richtung Reichenbach (Vogtl) verläßt der Zug den Bahnhof Plauen (Vogtl) oberer Bahnhof (km 116,11 und 409 m über NN) in einem engen Linksbogen, um sich dem etwa 5 km entfernten Haltepunkt Jößnitz in einem weiten Rechtsbogen dem Tal der Elster zuzuwenden. Nach dem Verlassen des Haltepunktes liegt in nordöstlicher Richtung das tief eingeschnittene Tal der Elster, das von der bekannten Elstertalbrücke überspannt wird. Sie hat eine Höhe von 68 m und eine Länge von 279 m. Die größte Spannweite eines Bogens beträgt 31,15 m. Der Grundstein für die Brücke wurde bereits 1845 gelegt.
Doch führten verschiedene Hindernisse (wie ungeeignete Gesteinsmassen für die Pfeilergründung) zu Veränderungen des Projekts und damit zur Verzögerung im

Bild 159 Streckenabschnitt Plauen (Vogtl) oberer Bahnhof – Reichenbach (Vogtl).

Bauablauf. Der Oberingenieur der Sächsisch-Bayrischen Eisenbahn-Compagnie, WILKE, war als Oberbauleiter der Vogtlandbrücken eingesetzt und baute wegen der Schwierigkeiten weitgespannte Bögen ein, wodurch das gesamte Bauwerk auch in seinem ästhetischen Aussehen gewann. Von Professor SCHUBERT wurde die Standfestigkeit nach einer von ihm entwickelten Methode zur statischen Berechnung von Massivbögen nachgewiesen, so daß der Bau fortgesetzt und schließlich am 15. Juli 1851 abgeschlossen werden konnte.
Insgesamt wurden von den Arbeitern, die unter schwersten Bedingungen arbeiteten, 12 323 000 Ziegel verbaut. Sie wurden von den Ziegeleien bei Herlasgrün, Jößnitz und Haselbrunn geliefert. Die Granitquader mußten aus bahneigenen

Bild 160   Elstertalbrücke bei Jocketa.
Foto: Dick-Foto-Verlag

Steinbrüchen gewonnen, bearbeitet und herangeschafft werden. Die Elstertalbrücke diente bis zur Zerstörung fast am Ende des zweiten Weltkriegs durch ein Sprengkommando (am 16. April 1945) ununterbrochen dem Eisenbahnbetrieb. Was Bombenangriffe nicht erreicht hatten, bewirkte die Sprengung: Ein Gruppenpfeiler mit den anschließenden Bögen – etwa 20 000 m³ Ziegel- und anderes Mauerwerk – stürzten in die Tiefe.

Die Arbeiten zur Beseitigung der 80 m breiten Lücke wurden schon einen Monat später, am 16. Mai 1945, in Angriff genommen, um den 10 m hohen Schutthaufen im Talgrund und über der Talstrecke der Elstertalbahn Gera – Plauen (Vogtl) unterer Bahnhof zu beseitigen. Auf dem Stumpf des gesprengten Gruppenpfeilers wurde ein bis zum ersten Stockwerk reichender Betonpfeiler errichtet, auf den ein 30 m hoher, stählerner Pfeiler montiert wurde. Bei eisiger

Kälte installierte man innerhalb von drei Tagen einen 85 m langen, 7 m hohen, stählernen Fachwerküberbau, 4807 t schwer. Am 4. Februar 1946 konnte die Brücke wieder in Betrieb genommen werden.

Sofort nach Inbetriebnahme begann im Schutz des Behelfsbauwerks die vollständige Wiederherstellung des Bauwerks, das in alter Schönheit am 30. Oktober 1950 feierlich dem Betrieb übergeben wurde. Bis 1962 dauerten die anschließenden Instandsetzungsarbeiten an der Elstertalbrücke. Mit der Verbreiterung der Fahrbahnwanne wurde eine moderne Anlage für Wartungsarbeiten eingebaut. Zementeinpressungen erhöhten die Festigkeit der Fundamente und des Baugrundes.

Hinter der Brücke wird – oberhalb der Talsperre Pöhl – der Bahnhof Jocketa (km 108,39 und 391,5 m über NN) erreicht. Über den Haltepunkt Ruppertsgrün (km 165,90), der in einem weiten Rechtsbogen liegt, und den Bahnhof Herlasgrün (km 107,55; hier zweigt die ein-

Bild 161   Göltzschtalbrücke bei Netzschkau.
Foto: Archiv Kirsche

gleisige Nebenbahnstrecke nach Falkenstein ab) führt die Strecke aus dem mittelvogtländischen Kuppenland (links der Strecke der 511 m hohe Kuhberg mit Aussichtsturm) in das flachere Göltzschtalgebiet. Der Haltepunkt Limbach (km 99,12) und der Bahnhof Netzschkau (km 96,23 und 378 m über NN) sind die nächsten Stationen, wobei die Strecke das Landschaftsschutzgebiet Unteres Göltzschtal durchfährt. Die Stadt Netzschkau selbst ist Teil des Industriegebietes Reichenbach/Mylau/Netzschkau mit seit Jahrhunderten ausgeprägter Textilindustrie, vorwiegend Webereien. 1856 entstand hier eine der ersten mechanischen Baumwollwebereien des Vogtlandes. Auf der Stadtflur Netzschkaus steht zum Teil die hier das Göltzschtal überspannende berühmte Göltzschtalbrücke. Sie ist mit ihrer Länge von 574 m und ihrer Höhe von 78 m – in vier Etagen mit 81 Bögen – die größte aus Ziegelsteinen erbaute Bogenbrücke der Welt. Ein Jahrzehnt nach der Inbetriebnahme

der ersten deutschen Eisenbahnstrecke steckten der Eisenbahnbau und der Bau von Eisenbahnbrücken noch in den Kinderschuhen. Eisenbahnbrücken mit den hier erforderlichen Ausmaßen existierten auf der ganzen Welt noch nicht.
Unter dem Vorsitz des Pioniers des deutschen Eisenbahnbaus, Professor Andreas SCHUBERT, hatte eine Kommission die eingereichten 81 Entwürfe zu beurteilen. Doch keiner genügte den Anforderungen. Deshalb erarbeitete Professor SCHUBERT unter Verwendung einzelner Elemente der Wettbewerbsvorschläge selbst ein Projekt, das – ähnlich einem antiken Aquädukt – eine vierstöckige Steinbrücke mit vielen kleineren Bögen vorsah. Mit diesem Projekt hatte SCHUBERT ein in der Fachwelt beachtetes Beispiel für die Konstrukion und Berechnung von Massivbrücken gegeben, was übrigens auch beim Bau der Elstertalbrücke angewendet wurde. Wie bei ihr, so arbeitete auch hier Oberingenieur WILKE als Oberbauleiter, während Ingenieur DOST mit der Bauleitung der Göltzschtalbrücke beauftragt war.
Am 13. Mai 1845 wurde mit der Inbe-

triebnahme des Streckenabschnitts Werdau – Reichenbach (Vogtl) der Grundstein gelegt. Zur Änderung des Projekts und zu den zwei großen übereinanderliegenden Mittelbögen kam es aus folgenden Gründen: In den meisten Baugruben erfolgte auf der Suche nach tragfähigem Baugrund der Erdaushub in ständigem Kampf mit dem Wasser. In der Talsohle stieß man unerwartet auf Alaunschiefer, der sich nach wenigen Tagen unter dem Einfluß der Luft in eine weiche, tonige Masse verwandelte. Auf 15 m Tiefe angelangt, entschloß sich WILKE zu dem Vorschlag, jenen Pfeiler durch einen Bogen in der zweiten und vierten Etage zwischen den benachbarten Pfeilern zu ersetzen. Die Lösung erübrigte den Aushub bis mindestens 25 m Tiefe und beugte Gefahren für die Baugrube durch Schneemassen und Eisgang vor.

Die Kommission stimmte dem Vorschlag zu. SCHUBERT fertigte den endgültigen Entwurf des Bauwerks und begründete ihn statisch mit der von ihm entwickelten Berechnungsmethode. Die ästhetische Wirkung der Bauwerksarchitektur, diktiert durch die Baugrundverhältnisse und Veränderungen des Mittelfelds, ist gegenüber dem ersten Entwurf mit den gleichförmigen Bogenreihen günstiger zu bewerten.

Nachdem es wegen finanzieller Schwierigkeiten zu Verzögerungen gekommen war, konnte endlich am 14. September 1850 das Richtfest stattfinden, und am 15. Juli 1851 wurde die Brücke feierlich dem Betrieb übergeben. Verbaut worden sind insgesamt 26 021 000 Ziegelsteine, 151 244 m³ Natursteinquader und 48 525 m³ Bruchsteine.

SCHUBERTs überragende Verdienste um die Brücke aber wurden nicht anerkannt; Ausdruck der Reaktion auf SCHUBERTs fortschrittliche Haltung 1848/49, sein freundschaftliches Verhältnis zu Gottfried SEMPER und Richard WAGNER als Teilnehmer am Maiaufstand 1849 und seines progressiven Auftretens in der Technischen Bildungsanstalt (heute Technische Universität Dresden).

Diese Würdigung SCHUBERTs erfolgte erst in der DDR aus Anlaß seines 150. Geburtstags im Jahre 1958 durch eine bronzene Gedenktafel, die an der Göltzschtalbrücke angebracht wurde.

Ununterbrochen stand die Göltzschtalbrücke, nicht wesentlich von der Witterung beeinträchtigt, trotz erheblich höherer Achskräfte dem Eisenbahnbetrieb zur Verfügung. Lediglich einmal, 1930, wurde die Fahrbahn durch eine neue Fahrbahnwanne aus Stahlbeton mit moderner Isolierung ersetzt. Der ursprünglichen Absicht SCHUBERTs folgend, wurde die Fahrbahn verbreitert und mit einer Betonbrüstung versehen. Mit den Reparaturen am Ziegelmauerwerk erhielten in den 50er Jahren die drei unteren Stockwerke zum besseren Schutz gegen das Eindringen von Wasser Abdeckungen aus Stahlbeton mit verbesserter Isolierung. Eine geplante Sprengung kurz vor dem Ende des zweiten Weltkriegs konnte verhindert werden.

Ihrer Größe und Bedeutung entsprechend, wurde die Göltzschtalbrücke als hervorragendes Beispiel des Verkehrsbaus unter Denkmalschutz gestellt.

Nach einem großen Rechtsbogen verläßt die Strecke das Göltzschtal und nähert sich der Stadt Reichenbach (Vogtl), einer Industriestadt mit Betrieben der Metallverarbeitung, Textil- und Elektroindustrie. Der Bahnhof Reichenbach (Vogtl) oberer Bahnhof (km 90,96 und 399 m über NN) wurde am 31. Mai 1846 mit der Eröffnung der Strecke Werdau – Reichenbach (Vogtl) oberer Bahnhof in Betrieb genommen. Das Empfangsgebäude ist in Insellage gebaut und in seiner ursprünglichen Gestalt noch weitgehend erhalten (3teilig durch Kopfbauten gegliedert). Aus der Frühzeit des Eisenbahnbaus sind nur wenige Empfangsgebäude in Insellage bekannt – deshalb ist das Reichenbacher Empfangsgebäude ein wertvolles Denkmal des Eisenbahnwesens. Im

Bahnhof Reichenbach (Vogtl) oberer Bahnhof, dem südwestlichen Punkt des elektrifizierten „Sächsischen Dreiecks", endet die Fahrleitung für den elektrischen Zugbetrieb.
Über Neumark (Sachs) (km 82,23), wo nach links die eingleisige Nebenbahnstrecke nach Greiz abzweigt, führt die zweigleisige elektrifizierte Hauptbahn zum Bogendreieck zwischen Werdau und Zwickau. Im Bogen nach links wendet sich die Strecke dem Bahnhof Werdau zu, im Bogen nach rechts führt sie über den Haltepunkt Steinpleis und den Bahnhof Lichtentanne (Sachs) am Rangierbahnhof Zwickau (Sachs) vorbei zum Bahnhof Zwickau (Sachs) Hbf, der 288 m über NN liegt.

Werdau

Die Kreisstadt im Bezirk Karl-Marx-Stadt, an der Pleiße gelegen, ist ein Bahnknoten durch die im genannten Bogendreieck zusammengeführten Strecken und durch die von hier abzweigend eingleisige Nebenbahnstrecke über Seelingstädt (b Werdau) nach Wünschendorf (Elster)/Weida. Die Industrie der Kreisstadt wird von Spinnereien und Webereien geprägt. Der heutige Stammbetrieb des IFA-Kombinats Anhänger „Ernst Grube" hat hier ebenfalls seinen Sitz. Früher beherbergte er die Sächsische Waggonfabrik Werdau, und so nimmt es nicht wunder, daß ein Modell eines früheren Erzeugnisses des Betriebs, ein Rungenwagen mit Drehgestell (Maßstab 1:10), im Besitz des Kreis- und Stadtmuseums Werdau, (Straße des Friedens 2, Werdau 9620, Telefon 3051) aufbewahrt ist.
Die Anschriften am Modell geben Aufschluß über das Vorbild: „K. Sächs. Sts. E. B., 35 440 ssml, Abst. d. Drehzapfen 10,0 m Radst. Drehg. 2,0 m, 3,3 t/m, 12 lose Rungen, Raddurchmesser 940 mm, Gew. a. W. u. Zubehör 17 760 kg, 1.2.14, Ladegewicht 35 000 kg, Tragf. 36 750 kg, Ladelänge 15,0 m, Hauptpfl. b. 1.12.15, Unt. 1.2.14, Bodenfl. 41,7 qm."
Im Kreis Werdau stehen vier Eisenbahnbrücken wegen ihres hohen Alters – durchweg über 140 Jahre – unter Denkmalschutz:
In Leubnitz bei Werdau eine als Rohziegelbau mit zehn Bögen errichtete Eisenbahnbrücke von 22 m Höhe, die seit dem 6. September 1845 befahren wird, und in Langenhessen (nördlich von Werdau) eine auf acht Pfeilern erbaute, 18 m hohe und 120 m lange Eisenbahnbrücke (erbaut 1846), ferner in Steinpleis, an der Strecke nach Zwickau, zwei denkmalgeschützte Eisenbahnbrücken (ein als Ziegelbau errichteter 6bogiger Viadukt, 126 m lang, 16 m hoch, erbaut 1843/45 und die Römertalbrücke, aus zwölf Bögen bestehend, in Ziegelrohbauweise im Jahre 1846 gebaut).

Zwickau (Sachs)

Die Kreisstadt, im Erzgebirgsvorland an der Zwickauer Mulde gelegen, ist ein wichtiger Eisenbahnknoten. Sie liegt im Schnittpunkt der Hauptstrecken Dresden – Karl-Marx-Stadt – Plauen (Vogtl) oberer Bahnhof und Leipzig – Aue (Sachs), die die Industriegebiete um Dresden bzw. um Leipzig mit denen des Vogtlandes verbinden. In Zwickau selbst berühren die Eisenbahnstrecken nur die

Bild 162   Triebwagen Tw 7 der Zwickauer Straßenbahn.
Foto: Schreiber

westlichen Stadtteile. Die Stadt ist ein Standort wichtiger Industriezweige, hervorgegangen aus mancherlei alteingesessenem Gewerbe (Kraftfahrzeugbau, Textil- und Steinzeugindustrie, Druckereien, Maschinenbau, Ziegeleien). Das Reichsbahnausbesserungswerk baut seit dem Jahre 1968 auf Taktstraßen Großcontainer für die Deutsche Reichsbahn und für ausländische Abnehmer.

Seinen ersten Eisenbahnanschluß erhielt Zwickau am 6. September 1845 durch die Strecke Werdau–Zwickau (Sachs) der Sächsisch-Bayrischen Eisenbahn-Compagnie, womit eine Eisenbahnverbindung zu den Steinkohlebergwerken in und um Zwickau hergestellt wurde.

Die Verbindungskurve im Bogendreieck bei Steinpleis Richtung Reichenbach (Vogtl) wurde 1856 dem Betrieb übergeben.

Lange Zeit war der Bahnhof Zwickau (Sachs) der verkehrsreichste Bahnhof Sachsens und einer der verkehrsreichsten im damaligen Deutschland, vor allem durch etwa 200 Kohlezüge, die täglich den Raum Zwickau verließen. Das im Jahre 1845 gebaute Empfangsgebäude wurde durch mehrere Anbauten immer wieder den Erfordernissen angepaßt, bis Anfang der 30er Jahre Personen- und Güterbahnhof nicht mehr den Anforderungen gerecht wurden und ein Umbau der Bahnhofsanlagen erforderlich wurde. Das heutige Empfangsgebäude, ein schlichter,

aber auch repräsentativer Klinkerbau, wurde in den Jahren 1933/36 errichtet und am 17. Dezember 1936 dem Verkehr übergeben. Von der Gestaltung her zählt es zu den besten Industriebauten der damaligen Zeit.

Die Straßenbahn der Stadt Zwickau (Sachs) in 1000 mm Spurweite nahm am 6. Mai 1894 mit ihrer ersten Linie vom Bahnhof zum Hauptmarkt ihren Betrieb auf. Doch diese Linie verkehrt seit dem 16. November 1975 nicht mehr, so daß von den vier Linien, die im Jahre 1926 bestanden, derzeit nur noch eine Linie, und zwar die Linie 4 vom Krankenhaus zur Schleife Pölbitz, in einer Länge von 8 km besteht.

Seit dem Jahre 1968 besitzt Zwickau ein historisches Straßenbahnfahrzeug, den zweiachsigen Triebwagen Tw 7, der im Jahre 1912 von MAN gebaut wurde und zuvor in Plauen (Vogtl) eingesetzt war (ex Plauen Nr. 44).

In der weiteren Umgebung Zwickaus befinden sich noch zwei Orte mit interessanten, sehenswerten Beziehungen zum Eisenbahnwesen der Vergangenheit: Über die F 94 bis Rodewisch und dann weiter auf der F 169 fährt man nach Wernesgrün und Rothenkirchen.

Rothenkirchen

Hier erinnert eine Denkmallok an die älteste Schmalspurbahn Sachsens (Wilkau-
Haßlau – Carlsfeld, wie üblich in 750 mm
Spurweite ausgeführt und bis 1881/97
etappenweise eröffnet). Es handelt sich
um die 99 516 (B'B' n4vt), eine ehemalige sächsische IV K.
Rothenkirchen war ein Bahnhof an der
genannten Schmalspurbahn und wurde
im dritten Bauabschnitt (1892/93) an die
Bahn angeschlossen. Der erste Zug in
Rothenkirchen traf am 16. Dezember
1893 ein.
Im Jahre 1975 wurde der Betrieb zwischen Rothenkirchen und Schönheide
eingestellt. Inzwischen rollen auch auf
dem verbliebenen Reststück zwischen
Schönheide Mitte und Schönheide Süd
keine Züge mehr.

Tabelle 26   Technische Daten der
Schmalspurdampflokomotive
99 516

Bauart	B'B' n4vt
Gattung	K 44.7
Spurweite	750 mm
Baujahr	1892
Hersteller	Hartmann
Fabrik-Nr.	1779
Höchstgeschwindigkeit (km/h)	30
Steuerungsart	Heusinger
Treibraddurchmesser (mm)	760
Achsstand (mm)	6200
Länge über Puffer (mm)	9000
Dienstmasse (t)	27,4

Bild 163   Schmalspur-Denkmal-
lokomotive 99 1516-6 in Rothen-
kirchen.   *Foto: U. Schmidt*

Wernesgrün

In Wernesgrün, das durch sein hervorragendes Bier weit über den sächsischen
Raum hinaus bekannt ist, steht ein Denkmal für den Erbauer der ersten im damaligen Deutschland gebauten Lokomotive
SAXONIA, Professor Andreas SCHU-
BERT, der im Jahre 1808 in Wernesgrün
geboren wurde. SCHUBERT leitete den
Bau der von ihm entworfenen Lok in der
Maschinenfabrik Uebigau bei Dresden
(1838). Anläßlich der Eröffnung der ersten deutschen Fernbahnstrecke Leipzig – Dresden im Jahre 1839 befuhr
SCHUBERT mit der SAXONIA die
Strecke als Reservelokomotive mit Zug
hinter dem eigentlichen Eröffnungszug,
da die Verantwortlichen der aus England
eingeführten Lokomotive von STEPHEN-
SON mehr Zutrauen schenkten. Bedeutungsvoll sind auch SCHUBERTS Verdienste bei der Berechnung der beiden
Vogtlandbrücken (siehe Seiten 214–217).

DRESDEN, Sächsische Schweiz und Osterzgebirge KARL-MARX-STADT und Westerzgebirge

Dresden, das Elbtalgebiet, das Elbsandsteingebirge und Karl-Marx-Stadt sowie das von beiden Städten gut erreichbare Erzgebirge mit der höchsten Erhebung der DDR, dem Fichtelberg (1214 m über NN), bilden ein Landschaftsgebiet mit ausgeprägter Industrie und vielen beliebten Kur-, Urlaubs- und Erholungszentren.

Die Infrastruktur dieses Gebiets bestimmen Bodenschätze, wie Zinn, Wolfram und Lithium, die Textilindustrie, Kombinate und Betriebe der Schwer- und metallverarbeitenden Industrie, die Elektrotechnik und Elektronik, der Werkzeugmaschinenbau, die Chemie, Feinmechanik und Optik, der Landmaschinenbau sowie die Forstwirtschaft mit holzverarbeitender Industrie. Von großem Einfluß ist auch der Fremdenverkehr mit den Urlaubs- und Erholungsgebieten Elbsandsteingebirge (Sächsische Schweiz), Osterzgebirge und Westerzgebirge sowie den Touristenstädten Dresden, Meißen, Königstein.

Dieses Wirtschaftsprofil bedingt im Güterverkehr der Eisenbahn ein umfangreiches Transportaufkommen, vor allem aus und nach den Industriestandorten des Elbtals um Dresden und des mittelsächsischen Gebietes um Karl-Marx-Stadt sowie in die Groß- und Mittelstädte. Außerdem werden über die Strecke Dresden – Schöna mit dem Grenzbahnhof Bad Schandau bedeutende Güterströme im grenzüberschreitenden Eisenbahngüterverkehr geleitet. In der Personenbeförderung dominieren der nationale und internationale Reiseverkehr, der saisonbedingte Fremdenverkehr sowie ein umfangreicher Berufsverkehr zu und von den größeren und kleineren Industriestandorten mit ausgeprägten Strömen von Pendlern. Dafür wurden in Dresden und Karl-Marx-Stadt Stadt- und Vorortbahnen, sogenannte SV-Bahnen, eingerichtet.

Die am stärksten belasteten Eisenbahnstrecken dieses Gebiets sind die strahlenförmig von den Bezirksstädten Dresden und Karl-Marx-Stadt ausgehenden Hauptbahnstrecken. Die südlichste von Osten nach Westen laufende Strecke der DDR (Görlitz –) Dresden – Karl-Marx-Stadt (– Erfurt) verbindet die Industriestandorte des Elbtals mit denen im Raum Karl-Marx-Stadt und den thüringischen Bezirken Gera und Erfurt und hat einen starken Reise- und Güterverkehr zu bewältigen. Wegen ihres Verlaufs am Nordrand des Erzgebirges beginnen von den Bahnhöfen an dieser Strecke zahlreiche Linien in die Höhenlagen des Erzgebirges. Im Rahmen der Elektrifizierung des „Sächsischen Dreiecks" wurde die Strecke von Dresden über Karl-Marx-Stadt bis Reichenbach (Vogtl) auf elektrischen Betrieb umgestellt.

Die Nord-Süd-Strecke (Berlin –) Dresden – Bad Schandau (– ČSSR) ist Teilabschnitt der wichtigsten Transitstrecke der DR. Über sie werden viele Reise- und Güterzüge des internationalen Verkehrs geleitet. Außerdem stellt die Strecke die Verbindung zwischen Berlin und Dresden her. Die Strecke Dresden – Riesa – Leipzig verbindet die Industriegebiete des Elbtals mit denen des Raumes Halle/ Leipzig. Sie gehört ebenfalls zum elektrifizierten „Sächsischen Dreieck" und ist

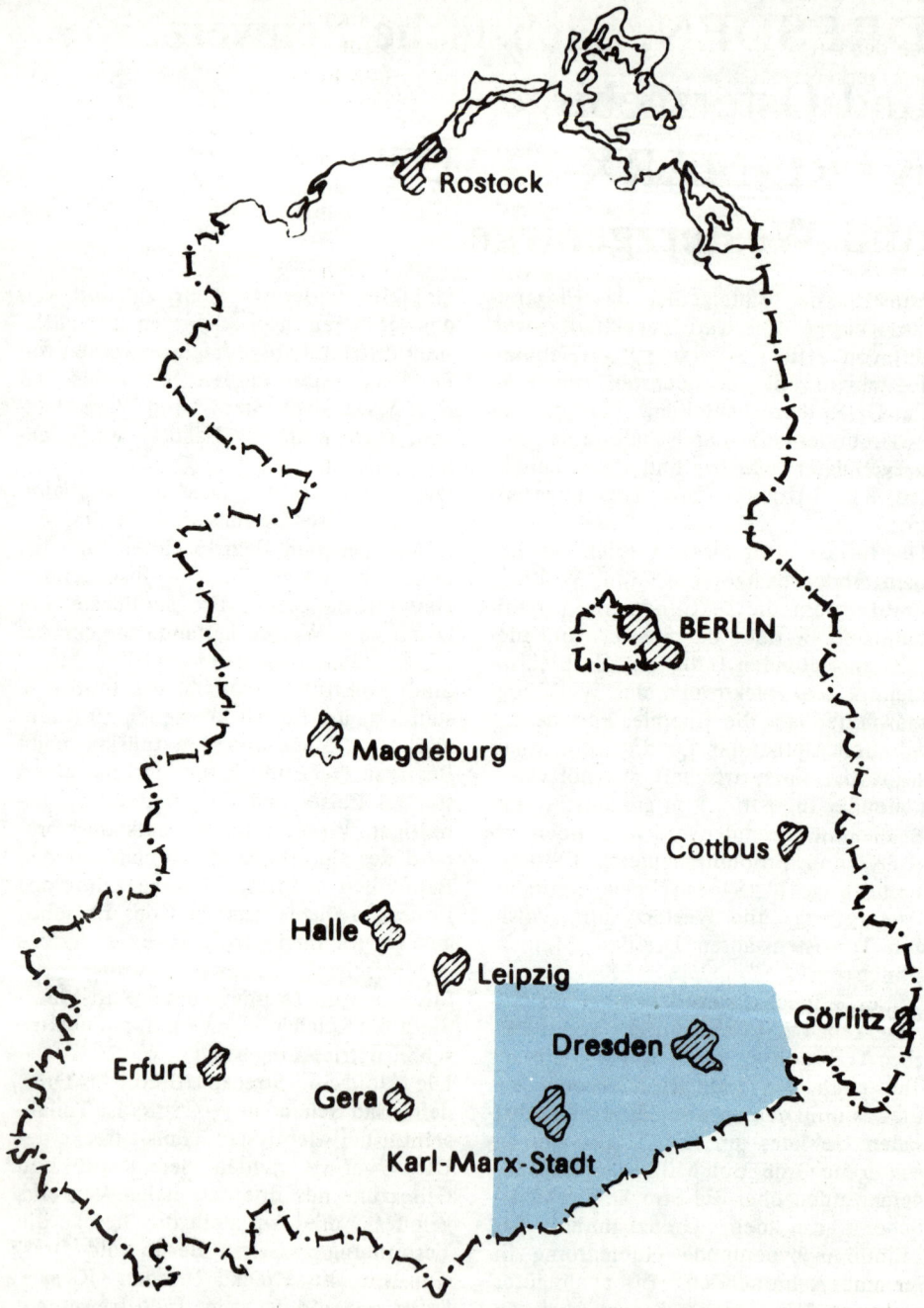

Bild 164   Dresden, Sächsische Schweiz und Osterzgebirge – Karl-Marx-Stadt und Westerzgebirge

eine der am stärksten befahrenen Strecken der DR.

Der verkehrsmäßigen Erschließung des Erzgebirges dienen die Stichbahnen Heidenau – Altenberg (Erzgeb), Freital-Hainsberg – Kurort Kipsdorf, Freiberg (Sachs) – Holzhau, Flöha – Pockau-Lengefeld – Neuhausen (Erzgeb)/Reitzenhain, Flöha – Cranzahl – Bärenstein, Aue (Sachs) – Johanngeorgenstadt, Zwikkau (Sachs) – Klingenthal und Cranzahl – Kurort Oberwiesenthal. Darunter befinden sich zwei Schmalspurbahnen, die zu touristischen Zwecken erhalten bleiben.

Größte Eisenbahnknoten sind die Bezirksstädte Dresden und Karl-Marx-Stadt. In Dresden laufen aus Richtung Berlin, Bad Schandau, Karl-Marx-Stadt, Görlitz und Leipzig Hauptbahnen zusammen. Die Personenbahnhöfe Dresden Hbf und Dresden-Neustadt, der Rangierbahnhof Dresden-Friedrichstadt und der Containerbahnhof Dresden-Neustadt sind die bedeutendsten Bahnhöfe im Knoten Dresden. In Karl-Marx-Stadt treffen die Hauptbahnen aus Richtung Dresden, Glauchau, Riesa und Leipzig sowie die Nebenbahnen aus Richtung Aue (Sachs) und Stollberg (Sachs), Rochlitz (Sachs), Bärenstein, Neuhausen und Roßwein zusammen. Bedeutendste Bahnanlagen sind der Personenbahnhof Karl-Marx-Stadt Hbf, der Rangierbahnhof Karl-Marx-Stadt-Hilbersdorf und der Containerbahnhof Karl-Marx-Stadt-Kappel.

Das Streckennetz des Gebiets Dresden – Karl-Marx-Stadt weist einige Besonderheiten auf, die durch die Trassierung in bergigem Gelände am Nordrand des Erzgebirges bedingt sind. Die Steilrampe im Abschnitt Tharandt – Klingenberg-Colmnitz im Verlaufe der Hauptbahn Dresden – Karl-Marx-Stadt ragt dabei wegen ihrer maximalen Neigung von 26,4 $^0/_{00}$ heraus. Der planmäßige Einsatz von Schiebelokomotiven konnte hier mit der Aufnahme des elektrischen Betriebes im Jahre 1966 beendet werden, Güterzüge erhalten dafür Vorspannlokomotiven.

Vielen Eisenbahnfreunden ist auch die Bezeichnung Sächsischer Semmering für die regelspurige Windbergbahn von Freital Ost bis ursprünglich Possendorf ein Begriff. Die als Kohlebahn gebaute Strecke erklimmt in drei Serpentinen den Windberg bei Freital. Der steilste und schwierigste Abschnitt mit 25 $^0/_{00}$ Neigung und Krümmungsradien von 85 m ist für den Güterverkehr noch heute bis Dresden-Gittersee in Betrieb und die älteste Gebirgsbahn auf dem Gebiet der DDR.

Dresden

Die Bezirksstadt, zugleich Stadtkreis und Kreisstadt, beiderseits der Elbe im Elbtalgraben gelegen, gilt wegen ihrer günstigen geographischen Lage und ihrer Reichtümer an berühmten Kunstwerken als eine der schönsten Städte Europas („Elbflorenz"). Durch den Wiederaufbau der am 13. und 14. Februar 1945 durch anglo-amerikanische Luftangriffe schwer zerstörten Stadt wurde Dresden, heute mit über 560000 Einwohnern die drittgrößte Stadt der DDR, wieder bedeutendes Industrie-, Wissenschafts-, Kultur-, Verwaltungs- und Verkehrszentrum. Die wichtigsten Industriezweige sind die Elektrotechnik und Elektronik, die Feinmechanik und Optik, der Maschinenbau, die Nahrungs- und Genußmittelindustrie, die Arzneimittelherstellung, die Möbelindustrie und Kältetechnik. Neben vielen anderen Hochschulen beherbergt Dresden die Technische Universität, eine der bedeutendsten naturwissenschaftlichtechnischen Lehr- und Forschungsstätten

Europas, und die Hochschule für Verkehrswesen „Friedrich List". Neben den vielen bereits weltbekannten Museen Dresdens mit ihren Kunst- und Kulturschätzen hat sich das Verkehrsmuseum Dresden (Seiten 237–240) als weiterer Anziehungspunkt entwickelt. Innerhalb des Verkehrsnetzes der DDR bildet Dresden einen bedeutenden Knotenpunkt. Hier kreuzen sich die Eisenbahnstrecken von der Hauptstadt der DDR, Berlin, nach der Hauptstadt der ČSSR, Prag, und von Görlitz über Dresden nach Karl-Marx-Stadt mit den Linien nach Erfurt bzw. Gutenfürst. Eine der am stärksten belasteten Eisenbahnstrecken ist die zwischen Leipzig und Dresden über Riesa (siehe Seite 139) mit dichtem Reise- und Güterverkehr, während die Strecke über Döbeln vor allem dem Güterverkehr dient. Dresden erhielt, neben Berlin und Rostock, als eine der drei ersten Städte im Jahre 1968 Anschluß an das Containerzugnetz der DR. Die Stellung Dresdens als Verkehrsmittelpunkt wurde auch durch den Anschluß an die Autobahn und durch Fernverkehrsstraßenverbindungen sowie durch den zweitgrößten Zivilflughafen der DDR, den Flughafen Dresden-Klotzsche, charakterisiert.

Den umfangreichen Berufsverkehr im Ballungsgebiet Dresden bewältigen neben Omnibussen vor allem der seit Oktober 1973 bestehende Vorortverkehr nach S-Bahn-Tarif (siehe Seite 229) und die Straßenbahn der Stadt durch sinnvolle Arbeitsteilung.

Im Personenverkehr der Eisenbahn haben die Bahnhöfe Dresden Hbf und Dresden-Neustadt die größte Bedeutung, während im Güterverkehr der Rangierbahnhof Dresden-Friedrichstadt eine besondere Rolle wahrnimmt.

Bahnhof Dresden Hbf

In der Dresdner Altstadt, unweit des Altmarkts, erhebt sich der stattliche Bau des Empfangsgebäudes des Dresdner Hauptbahnhofs. Er gehört zu den am stärksten belasteten Personenbahnhöfen der DR, denn etwa 20 Prozent aller in der DDR verkehrenden schnellfahrenden Reisezüge beginnen bzw. enden hier oder berühren ihn im Durchlauf. Als letzter bzw. erster Personenbahnhof im Verkehr nach bzw. von der ČSSR hat er auch große Verkehrsströme im internationalen Reiseverkehr zu bewältigen. Wegen seiner bautechnischen Besonderheiten und seiner großen Bedeutung im Eisenbahnverkehr des Knotens Dresden steht er seit dem Jahre 1978 unter Denkmalschutz.

Mit der beträchtlichen Zunahme der Bevölkerung Dresdens seit Einrichtung des ersten Eisenbahnanschlusses wuchsen auch die Transportmengen im Güterverkehr und die Zahl der Reisenden. Der mit der Vergrößerung der Stadt ebenfalls stark zugenommene Verkehr von Fuhrwerken und der im Jahre 1872 gegründeten Straßenbahn geriet zunehmend mit dem auf gleicher Höhe ablaufenden Eisenbahnbetrieb in Bedrängnis und gegenseitige Behinderung, so daß eine Trennung und damit vor allem der Um- und Neubau der schon mehrfach erweiterten Bahnhofsanlagen notwendig wurden. Dem Projekt lag das Ziel zugrunde, den Güterverkehr vom Personenverkehr vollständig zu trennen. Das erforderte sowohl für die Altstadt als auch für die Neustadt je einen neuen großen Personenbahnhof und für den Güterverkehr einen großen Rangierbahnhof, dazu den Bau umfangreicher Verbindungs- und Einfädelungsstrecken sowie einer neuen viergleisigen Eisenbahnbrücke über die Elbe. Der neue Dresdner Hauptbahnhof entstand auf dem Gelände des Böhmischen

Bild 165 Empfangsgebäude des Bahnhofs Dresden Hauptbahnhof.   *Foto: Kirsche*

Bahnhofs, wobei aber der Eisenbahnbetrieb auf dem Böhmischen Bahnhof aufrechterhalten blieb. Die Bauarbeiten begannen 1892 und machten schnelle Fortschritte, so daß bereits am 18. Juni 1895 die südliche, in Hochlage befindliche Gleisgruppe den Verkehr übernahm und der Böhmische Bahnhof geschlossen werden konnte. Danach begannen der Abbruch des Böhmischen Bahnhofs und der Bau des zweiten Abschnitts des Hauptbahnhofs. Im Jahre 1896 wurde der Abstellbahnhof westlich der Prager Straße fertiggestellt, 1897 folgten die Gleise in Hochlage östlich der Prager Straße. Das Empfangsgebäude, in günstiger Lage zum Zentrum und der im Entstehen begriffenen Südvorstadt, wurde an der Prager Straße errichtet und nach seiner Fertig-

stellung zusammen mit dem vollendeten Hauptbahnhof Anfang 1898 dem Betrieb übergeben. Entsprechend den betrieblichen Belangen entstand der Dresdner Hauptbahnhof als Durchgangs- und Kopfbahnhof mit 14 nicht durchgehend numerierten Hauptbahnsteigen und drei Außenbahnsteigen.

Die Durchgangsgleise liegen rechts und links 4,5 m höher als die Kopfgleise. Über die Durchgangsgleise verkehren die Züge aus oder in Richtung Bad Schandau – Schöna, während die in Dresden endenden Züge, vor allem aus den Richtungen Leipzig, Karl-Marx-Stadt und Görlitz, in die Stumpfgleise einfahren. Interessant ist heute, von der Brücke im Verlauf der Budapester Straße aus zu beobachten, wie die in verschiedenen Höhen liegenden Abzweige und Kreuzungen im westlichen Bahnhofsvorfeld einen unabhängigen, kreuzungsfreien Verkehr zwischen den an den Kopfbahnsteigen

Bild 166 *Zeitgenössische Ansicht des Bahnhofs Dresden Hauptbahnhof um 1900.*
Foto: Archiv Kirsche

endenden Gleisen und den Gleisen an den Durchgangsbahnsteigen ermöglichen.

Bei den Wiederaufbauarbeiten am Bahnhof und am Empfangsgebäude, die beim Luftangriff am 13. Februar 1945 beträchtlich zerstört worden waren, wurde das ursprüngliche Grundschema weitgehend beibehalten. So liegt der Haupteingang weiterhin an der Prager Straße/Juri-Gagarin-Straße. Die Durchgangshalle zu den Kopfbahnsteigen mit Aufgängen rechts und links zu den Bahnsteigen in Hochlage hat Zugang vom Leninplatz und von der Bayrischen Straße.

Empfangsgebäude und Bahnsteighalle nehmen eine Grundfläche von 32 700 m² ein. Die Bahnsteighalle besteht aus drei Teilen: Die Mittelhalle überspannt die sechs Gleise mit den Kopfbahnsteigen mit 59 m Spannweite, die südlich gelegene Halle über den Durchgangsgleisen hat 30,7 m Spannweite, die nördlich gelegene 32 m. Die 30 m hohe Mittelhalle überspannt die Gleisanlagen auf 181 m Länge; die 17,30 m hohen Seitenhallen haben eine Länge von 250 m. Die Entwürfe für die Gebäude des Hauptbahnhofs stammen von den Architekten und Bauräten GIESE und WEIDNER, Dresden, sowie ROSSBACH, Leipzig.

Bahnhof Dresden-Neustadt

Dieser Bahnhof ist der zweitgrößte Personenbahnhof Dresdens. Er ist als reiner Durchgangsbahnhof mit acht Bahnsteigen angelegt. Über ihn läuft der gesamte Ost-West- und Nord-Süd-Durchgangsreiseverkehr im Raum Dresden, so daß er ebenfalls zu den verkehrsreichen Personenbahnhöfen der DR zählt.

Bild 167   Empfangsgebäude des Bahnhofs Dresden-Neustadt.
Foto: Nosseck

Der Neustädter Bahnhof entstand auf dem Gelände des Sächsisch-Schlesischen Bahnhofs in den Jahren 1891/1901. Mit seinem Bau wurde die Periode des Umbaus der Dresdner Bahnhofsanlagen abgeschlossen.

Die Bauarbeiten begannen seinerzeit auf dem heutigen Bahnhofsvorplatz, auf dem als Übergangslösung eine Bahnhofshalle mit drei durchgehenden Gleisen errichtet worden war. Ohne Unterbrechung des Betriebs wurde der alte Sächsisch-Schlesische Bahnhof abgebrochen und an seiner Stelle der Neustädter Bahnhof, mit den Gleisen in Hochlage, errichtet und am 1. März 1901 in Betrieb genommen. Die Grundfläche des Empfangsgebäudes und der Gleisanlagen unter der Bahnsteighalle beträgt 19 500 m². Die Eingangshalle des Empfangsgebäudes ist 52 m breit, 30 m tief und 17 m hoch. Sowohl das Empfangsgebäude als auch die Bahnsteighalle haben eine Breite von 177 m und zusammen eine Gesamttiefe von 110 m. Die Gleise liegen etwa 6 m über dem Bahnhofsvorplatz.

Der Bahnhof Dresden-Neustadt ist der einzige Bahnhof auf dem Territorium der DDR, von dem aus die Beförderungsmöglichkeit „Auto im Reisezug" – z. Z. in die Ungarische Volksrepublik – besteht.

Die Anlagen der Lokeinsatzstelle Dresden-Neustadt, die unmittelbar neben denen des Neustädter Bahnhofs liegen, wurden wegen ihres hohen Alters und ihrer Bedeutung für die eisenbahngeschichtliche Denkmalpflege unter Denkmalschutz gestellt, so daß sie der Nachwelt in der alten Grundsubstanz erhalten bleiben.

Mit der Einweihung des neuen Personenbahnhofs Dresden-Neustadt wurde am 1. März 1901 der Leipzig-Dresdner Bahnhof für den Personenverkehr geschlossen. Seine Anlagen wurden zum Ortsgüterbahnhof Dresden-Neustadt umgebaut. Auf seinem Gelände sind aber die Empfangsgebäude in ihrem Umbauzustand von 1847 bis 1862 noch weitgehend erhalten. Die Straßennamen Eisenbahnstraße und Leipziger Straße nordwestlich des Personenbahnhofs Dresden-Neustadt zeugen von der Existenz dieser Bahnhofsanlagen der Leipzig-Dresdner Eisenbahn. Am Neustädter Bahnhof, Ecke Hansastraße, ist eine Bronzetafel angebracht, die sich früher am ehemaligen Leipziger Bahnhof befand und ein Reliefbild von Theodor KUNZ zeigt. Die Inschrift lautet: „Dem Andenken an Theodor Kunz,

Erbauer der Leipzig-Dresdner Eisenbahn. Der Sächsische Ingenieurverein. 1869." Mit dieser Tafel wird der am 1. November 1835 zum leitenden Oberingenieur für den Bau der Eisenbahnstrecke Leipzig – Dresden gewählte Theodor KUNZ geehrt, dem 1841 auch die Leitung für den Bau der zweiten sächsischen Hauptlinie von Leipzig nach Hof übertragen worden war.

Rangierbahnhof Dresden-Friedrichstadt

Mit seinen 70 km langen Gleisanlagen und den täglich im Ein- und Ausgang über 200 behandelten Zügen ist der Rangierbahnhof Dresden-Friedrichstadt der größte und leistungsstärkste Rangierbahnhof der Deutschen Reichsbahn. Er nimmt im Güterzugnetz wichtige Umstellaufgaben wahr und erfüllt umfangreiche Zugbildungsaufgaben für den Süden der DDR und im grenzüberschreitenden Eisenbahngüterverkehr.

Der Rangierbahnhof Dresden-Friedrichstadt entstand ebenfalls in der Phase des Umbaus der Dresdner Bahnhofsanlagen während der Jahre 1890/1901 infolge der notwendig gewordenen Trennung des Güterverkehrs vom Personenverkehr. Als Vorbild wählte man den Rangierbahnhof in der englischen Stadt Edgehill, den ersten Gefällebahnhof der Erde. Die zur Aufschüttung benötigten Erdmassen von etwa 1,5 Millionen m^3 stammten aus dem gleichzeitig errichteten Elbhafen, der dem Bahnhof benachbart ist.

Bis zum Bau dieses Rangierbahnhofs gab es in Dresden fünf Güterbahnhöfe (Dresden-Altstadt, Dresden-Friedrichstadt, Kohlebahnhof Dresden-Altstadt, Güterbahnhof Schlesischer Bahnhof und Güterbahnhof Leipziger Bahnhof). Als einziger davon blieb der Güterbahnhof Dresden-Altstadt erhalten, während auf dem Gelände des damaligen Berliner Bahnhofs der neue Rangierbahnhof gebaut wurde.

Am 1. Mai 1894 nahm der Rangierbahnhof Dresden-Friedrichstadt als erster Gefällebahnhof im damaligen Deutschland den Betrieb auf. Seinerzeit hatte er eine Grundfläche von 192000 m^2 und 17,3 km Gleislänge, also noch bescheidene Ausmaße und Dimensionen gegenüber heute. In den Jahren 1929/30 wurde er, da er den Anforderungen nicht mehr gerecht wurde, rekonstruiert und war danach einer der technisch am besten ausgerüsteten und leistungsfähigsten Rangierbahnhöfe der damaligen Deutschen Reichsbahn-Gesellschaft.

Da der Rangierbahnhof Dresden-Friedrichstadt ein durchgehendes Gefälle von etwa 1:100 hat, können im Gegensatz zu der anderen Kategorie von Rangierbahnhöfen, den Flachbahnhöfen, alle Wagen ohne Lokomotiven durch die Gleise bewegt werden, da ja die Gefällekraft größer ist als der Laufwiderstand der Wagen. Der Nachteil dabei ist das mit hohem Aufwand verbundene Sichern stillstehender Wagen gegen unbeabsichtigte Bewegungen und der daraus resultierende größere Arbeitskräfteaufwand als bei Flachbahnhöfen. Wegen dieser Nachteile sind Gefällebahnhöfe nur in kleinerer Anzahl errichtet worden (bei der DR zum Beispiel noch vorhanden in Karl-Marx-Stadt-Hilbersdorf und in Zwickau [Sachs]).

Um seine Leistungsfähigkeit weiter zu steigern, wurde der Friedrichstädter Rangierbahnhof in den Jahren 1975/80 teilautomatisiert und u. a. mit neuer Bremstechnik sowie einem modernen Ablaufspeicherstellwerk ausgerüstet.

S-Bahn Dresden

Als erste Stufe zum Ausbau einer S-Bahn in Dresden ist der verdichtete Vorortverkehr zum S-Bahn-Tarif auf mehreren Strecken (Dresden – Tharandt, Dresden – Arnsdorf, Dresden – Ottendorf-Okrilla Nord, Dresden – Niederau/Weinböhla, Dresden – Pirna/Dohna, Dresden – Meißen Triebischtal) zu werten, wobei ein angenähert starrer Fahrplan auf den Strecken Dresden – Pirna, Dresden – Tharandt und Dresden – Meißen Triebischtal besteht.

Die Bezeichnung S-Bahn soll erst angewendet werden, wenn die entsprechenden baulichen Voraussetzungen geschaffen worden sind, eine angemessene Zugdichte (entsprechend den Verkehrsbedürfnissen zu bestimmten Tageszeiten im 20-Minuten-Abstand) vorliegt und geeignete Fahrzeuge zur Verfügung stehen.

Wegen der großen Eisenbahndichte in und um Dresden sowie der günstigen Lage der Wohngebiete und Industriestandorte zu Eisenbahnstrecken bestehen im Ballungsgebiet Dresden sehr günstige Voraussetzungen für das Einbeziehen der Eisenbahn in den Nahverkehr durch ein entsprechendes SV-Bahn-Netz. S-Bahn- und Fernbahnzüge werden die bestehenden Strecken gemeinsam benutzen, wofür auf einigen Streckenabschnitten das zweite, dritte oder sogar vierte Gleis gelegt werden muß. Wegen des in Dresden gut ausgebauten elektrifizierten Netzes wird im Endzustand (außer der Strecke nach Arnsdorf) elektrischer S-Bahn-Betrieb vorgesehen. Zur Zeit wird der verdichtete Vorortverkehr zum S-Bahn-Tarif sowohl mit elektrischer Traktion als auch mit Dieseltraktion abgewickelt, wobei vor allem Doppelstockwagen zum Einsatz kommen.

Bild 168   Netz der S-Bahn Dresden.

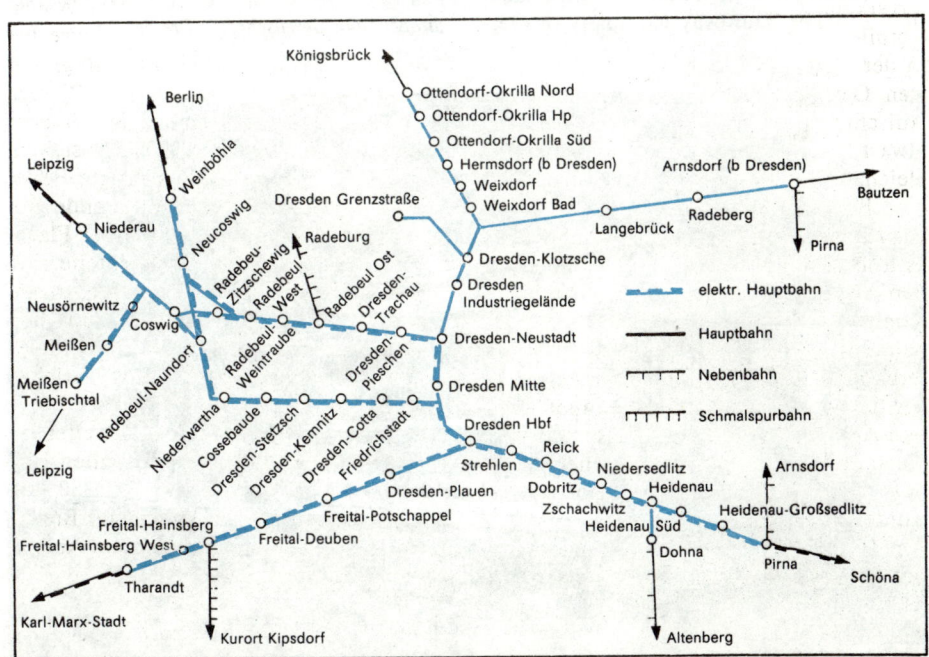

Straßenbahn in Dresden

Die Straßenbahn in Dresden wird verwaltet und betrieben vom VEB Verkehrsbetriebe Dresden. Da Dresden mit 226 km² eine der flächengrößten Städte Europas ist, hat die Straßenbahn eine große Bedeutung bei der verkehrlichen Erschließung dieses Territoriums, obwohl sie seit 1975 durch die stärkere Einbeziehung der Eisenbahn in den Vorortverkehr auf einigen Linien den Betrieb einstellte.

Die erste Straßenbahn in Dresden verkehrte am 26. September 1872 als eingleisige Pferdebahn zwischen dem Böhmischen Bahnhof und Blasewitz mit einer Linienlänge von 7 km und in der Spurweite von 1440 mm. Ein Jahr später kam die Linie vom Böhmischen Bahnhof nach Plauen hinzu. Eine Erweiterung des Netzes in Richtung Neustadt gab es nicht, da die königliche Polizeidirektion und die Stadtverwaltung den Bau einer Straßenbahnlinie über die alte schmale Augustusbrücke nicht genehmigten. Erst nachdem die The Tramway Company of Germany Ltd. mit Sitz in London diese Linie 1879 in Pacht nahm, wurde plötzlich der Bau einer Linie über die Augustusbrücke möglich und 1880 die Linie Postplatz – Plauen eröffnet.

Die 1889 gegründete Deutsche Straßenbahn-Gesellschaft in Dresden (ihre Wagen waren rot-weiß lackiert, deshalb wurde die Gesellschaft die „Rote" genannt) eröffnete am 6. Juli 1893 vom Schloßplatz nach Blasewitz die erste elektrische Straßenbahn Sachsens in Dresden (Spurweite 1450 mm). Nur einige Monate später nahm die Dresdner Straßenbahn-Gesellschaft am 19. November 1893 ihre erste elektrische Linie, Schillerplatz – Laubegast, in Betrieb.

1895 mischten sich die Königliche Polizeidirektion und die Stadtverwaltung abermals in den Straßenbahnbetrieb ein

Bild 169   Triebwagen Tw 309 der Deutschen Straßenbahn-Gesellschaft in Dresden.   Foto: Bode

Bild 170   Triebwagen Tw 937 der
Städtischen Straßenbahn Dresden.
Foto: Kirsche

Bild 171   Triebwagen Tw 1716
(Hechtwagen) der Städtischen
Straßenbahn Dresden. Foto: Kirsche

und verboten das Anbringen von Fahrleitungen in der Innenstadt, so daß beide
Gesellschaften Akkumulatorenfahrzeuge
beschafften, die bis 1906 in Betrieb waren. Die Dresdner Straßenbahn-Gesellschaft hatte ihre Wagen gelb-weiß lak-
kiert und hieß deshalb die „Gelbe". Diese
Farbkennzeichnung wurde 1904 durch
das Einführen von Liniennummern aufgehoben (die „Rote" erhielt gerade Ziffern, die „Gelbe" ungerade).
In den Jahren 1905/06 übernahm die
Stadt Dresden beide Gesellschaften in ihren Besitz (Gleislänge insgesamt etwa
230 km).
Die für Dresden charakteristischen
„Hechtwagen" kamen erstmals 1931 zum
Einsatz (Linie 15 Niedersedlitz – Wein-
böhla mit einer Länge von 31 km). Durch
den Luftangriff am 13. Februar 1945 wurden auch der Straßenbahn große Verluste
an Fahrzeugen zugefügt und 92 km Strek-
kengleis zerstört.
Die planmäßige Rekonstruktion des
Fahrzeugparks begann 1955 mit den
LOWA-Wagen aus Werdau, ab 1957 mit
neuen Straßenbahnfahrzeugen aus dem
VEB Waggonbau Gotha und ab 1969 mit
Tatra-Straßenbahnen. Die Strecken der
ehemaligen Lößnitzbahn und der
Dresdner Vorortbahn werden heute von
den Linien 4, 5 und 16 bzw. 6 und 12 befahren, während die Lockwitztalbahn am
13. Dezember 1977 stillgelegt wurde,
ebenfalls die Linie Dresden – Freital-
Hainsberg.

Eine Arbeitsgemeinschaft des Deutschen
Modelleisenbahn-Verbands der DDR
(DMV) hat sich in Dresden große Verdienste um die Restaurierung historischer Straßenbahnfahrzeuge erworben,
die wieder fahrfähig hergestellt wurden.
So sind außer in Berlin und Leipzig vor
allem in Dresden die meisten historischen Straßenbahnfahrzeuge vorhanden
und auch betriebsfähig.
Drei von ihnen sind im Verkehrsmuseum
Dresden ausgestellt: der zweiachsige Pferdebahnwagen Pf 2 aus dem Jahre 1886
der The Tramway Company of Germany
Ltd., der zweiachsige Triebwagen Tw 761,
1896 gebaut und bei der Dresdner Straßenbahn-Gesellschaft eingesetzt, und der
vierachsige große Hechtwagen Tw 1702
aus dem Jahre 1930 (in Niesky gebaut
und im Bestand der Städtischen Straßenbahn gewesen).
Weitere historische Straßenbahnfahrzeuge sind: der zweiachsige Triebwagen
Tw 309 der Deutschen Straßenbahn-Gesellschaft, der zweiachsige Triebwagen
Tw 937 (gebaut 1931 in Bautzen), der
zweiachsige kleine Hechtwagen Tw 1820
(Baujahr 1938) und als Beiwagen die
Bw 87 (Baujahr 1911), Bw 307 (Baujahr
1912), Bw 1219 (Baujahr 1915) und der
Stahlbeiwagen Bw 1314 (Baujahr 1929),
die alle der Städtischen Straßenbahn-Gesellschaft gehörten. Diese historischen
Fahrzeuge werden oft zu Veranstaltungen
des DMV bzw. zu Feiertagen und Fest-
lichkeiten eingesetzt.

Standseilbahn Dresden

Die Bergbahn führt vom Stadtteil Dresden-Loschwitz – an der Elbe im Südosten Dresdens – auf einer 544 m langen
Strecke zum etwa 100 m höher gelegenen
Stadtteil Weißer Hirsch und zum Naherholungsgebiet Dresdner Heide. Bemerkenswert an ihr ist die Trassierung, denn
trotz der verhältnismäßig geringen Betriebslänge führt die Strecke (1000 mm
Spurweite) auf ihrem Weg den steilen
Elbhang hinauf durch zwei Tunnel hindurch, über eine größere Brücke hinweg
und an mehreren Stützmauern entlang.
Die größte Neigung beträgt 300 ‰, die
mittlere 175 ‰. Die Fahrgeschwindigkeit
der 62 Personen fassenden Wagen (davon

Bild 172   Standseilbahn Dresden.
Foto: ZBDR-Zimmer

44 Sitzplätze) beläuft sich auf etwa 9 km/h, woraus eine Fahrzeit von etwa vier bis fünf Minuten zwischen beiden Stationen resultiert. Die Standseilbahn Dresden wurde am 25. September 1895 in Betrieb genommen – sie ist damit die älteste der drei in der DDR bestehenden Standseilbahnen.

Seit der Inbetriebnahme wurde sie zunächst 13 Jahre lang mittels einer stationären Dampfmaschine angetrieben. Im Jahre 1908 erfolgte die Umstellung auf elektrischen Betrieb (Antriebsleistung 80 kW). Die ersten Wagen wurden im Jahre 1934 ausgemustert, während die nachfolgenden bis 1962/1963 in Betrieb waren. Einer dieser Wagen ist im Verkehrsmuseum Dresden ausgestellt.

Die beiden jetzigen Wagen weisen einen hohen Fahrkomfort auf, so daß die Standseilbahn Dresden für ihre jährlich etwa 2,5 Millionen Fahrgäste des täglichen Berufsverkehrs als auch des Ausflugsverkehrs gut gerüstet ist.

Schwebeseilbahn Dresden

Diese zweite Seilbahn in Dresden beginnt – ebenso wie die Standseilbahn – im Stadtteil Dresden-Loschwitz und fährt auf einer 254 m langen Strecke nach dem etwa 84 m höher gelegenen Ortsteil Oberloschwitz. Die Bergstationen beider Dresdner Seilbahnen liegen zwar nur knapp 0,5 km auseinander, doch liegt dazwischen ein tief eingeschnittenes Seitental zur Elbe, in dem die Grundstraße verläuft. Die Schwebeseilbahn – übrigens die erste Bergschwebebahn der Welt – nimmt eine Sonderstellung unter ihresgleichen ein. Die Wagen werden zwar durch Zugseile bewegt, laufen aber statt auf Tragseilen auf Schienen, die an einem besonderen Gerüst angebracht sind. Das Fahrgestell der Wagen befindet sich demnach (ähnlich der Wuppertaler Schwebebahn) über dem Wagenkasten. Die größte Neigung der Strecke beträgt 400 ‰, die mittlere 330 ‰. Die Bahn erreicht mit den 52 Personen fassenden Wagen eine Fahrgeschwindigkeit von

Bild 173   Schwebeseilbahn Dresden.
Foto: ADN/ZB

etwa 9 km/h, so daß die Fahrzeit zwischen Tal- und Bergstation etwa drei Minuten beträgt.
Die Schwebeseilbahn Dresden wurde am 6. Mai 1901 in Betrieb genommen. Sie dient ebenso wie die Standseilbahn Dresden sowohl dem Berufsverkehr als auch dem Ausflugsverkehr der Dresdner Bevölkerung und der vielen Gäste der Stadt auf die Loschwitzhöhe.

Pioniereisenbahn Dresden

Die erste Kindereisenbahn, die in der DDR in Betrieb genommen wurde, war die im Großen Garten zu Dresden. Sie wurde im Nationalen Aufbauwerk unter Leitung der Verkehrsbetriebe Dresden gebaut und am 1. Juni 1950, zum Internationalen Tag des Kindes, eingeweiht. Den Verkehrsbetrieben Dresden oblag auch die Betriebsführung. Erwachsene übten alle Tätigkeiten auf den Dienstposten aus, nur wenige Kinder durften den Schaffnerinnen beim Einlaßdienst helfen. Mit dieser Aufgabenstellung gaben sich die Kinder nicht zufrieden; sie strebten – ähnlich wie bei den Pioniereisenbahnen in der UdSSR – die Ausübung der meisten Tätigkeiten als junge Eisen-

Bild 174   Strecke der Pioniereisenbahn Dresden.

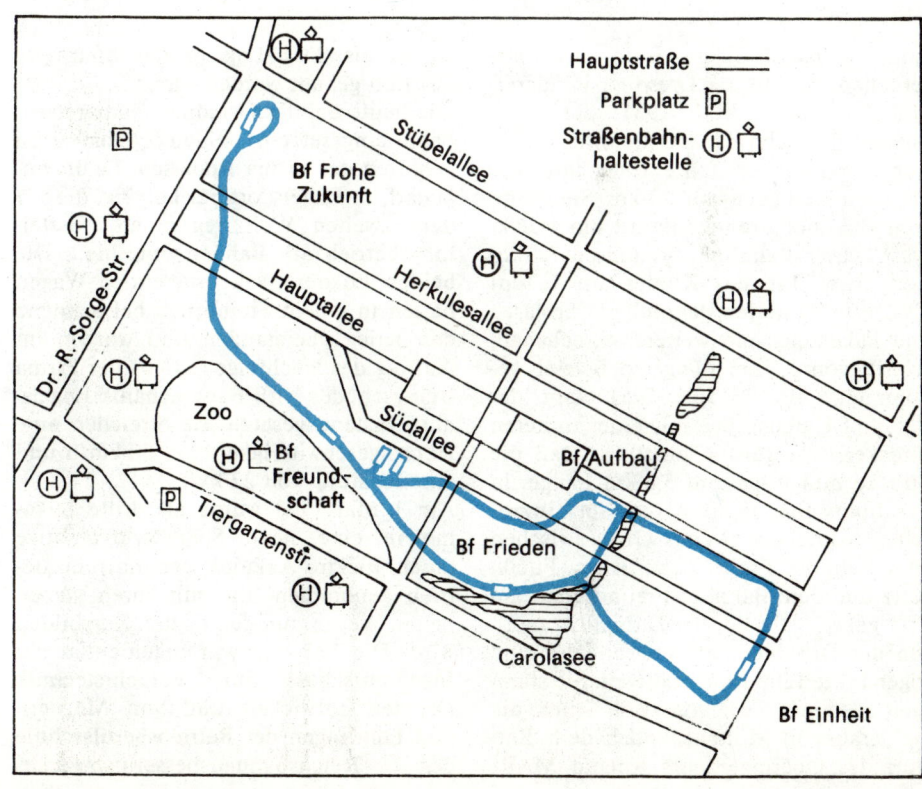

bahner selbst an. Dieser Bitte wurde ent-
sprochen, so daß die Dresdner Kindereisenbahn am 1. Mai 1951 die erste
Pioniereisenbahn der DDR wurde.
Zur Eröffnung im Jahre 1950 hatte die
Strecke eine Länge von 1,3 km. Sie führte
vom Bahnhof Frohe Zukunft am Fučik-
platz zum Bahnhof Freundschaft am
Zoo. Zum Tag des Kindes am 1. Juni
1951 wurde mit den Bahnhöfen Carolasee
und Palaisteich ein weiterer Streckenabschnitt von 1,6 km Länge in Betrieb genommen. Am 15. Juli 1951 kam der
Bahnhof Karcherallee mit einer weiteren
Streckenverlängerung hinzu, so daß die
Strecke nun insgesamt 5,6 km Länge, in
der Spurweite 381 mm, umfaßt. Inzwischen wurde ein zweites Gleis zwischen
dem Bahnhof Frohe Zukunft am Fučik-
platz und dem Bahnhof Freundschaft am
Zoo gelegt. Die beiden Dampflokomotiven der Dresdner Pioniereisenbahn sind
sogenannte Liliputlokomotiven. Sie stammen aus einer Serie von zwölf Stück, die
bei Krauss in München nach dem Entwurf des Oberingenieurs Roland MAR-

TENS als 2'C1'-Lok in der Spurweite
381 mm gebaut worden waren.
Die heute bei der Dresdner Pioniereisenbahn eingesetzten beiden Lokomotiven
gehörten der Firma Brangsch, Feldbahn-
bedarf, in Engelsdorf bei Leipzig, die vor
dem zweiten Weltkrieg einen Ausstel-
lungsbetrieb mit Bahnen unterhielt. Die
beiden Lokomotiven und einige Wagen
hatten in einem Steinbruch bei Kamenz
den Krieg überstanden und wurden im
Auftrag des Nachfolgebetriebs der Firma
Brangsch, des VEB Baumechanik Engelsdorf, instand gesetzt. Sie erreichen eine
Höchstgeschwindigkeit von 30 km/h und
eine Leistung von 22 kW.
Am 1. Mai 1963 wurde als dritte Lokomotive eine neue Speicherlokomotive
(auch Elektro-Akkulok genannt) in Betrieb genommen, die mit ihren sieben
neuen Wagen nun den dritten Zug bilden
wird. Die Lok war von Ingenieuren der
Ingenieurschule für Verkehrstechnik
Dresden entwickelt und von Meistern
und Lehrlingen der Betriebsberufsschule
des   Reichsbahnausbesserungswerkes

Dresden gebaut worden. Die vierachsige Lok hat Einzelachsantrieb; die vier Motoren erreichen eine Leistung von insgesamt 18 kW und verleihen der Lok eine Höchstgeschwindigkeit von 30 km/h. Im Jahre 1982 wurden anläßlich des VII. Pioniertreffens eine Gelenk-E-Lok und acht Wagen übergeben, so daß nunmehr ein vierter Zug bereitsteht. Der Bau des bereits erwähnten zweiten Gleises zwischen den Bahnhöfen Frohe Zukunft und Freundschaft steht mit der Durchführung eines Drei-Zug-Betriebes im Zusammenhang, wobei der Bahnhof Freundschaft nun über das Bahnbetriebswerk, über ein Gleisbildstellwerk und eine Bahnhofshalle verfügt sowie Sitz der Betriebsleitung ist.

Verkehrsmuseum Dresden

In dem bekannten historischen Gebäude „Johanneum" am Dresdner Neumarkt, dessen Grundstein im Jahre 1586 gelegt worden war, befindet sich das seit 1952 bestehende Verkehrsmuseum Dresden. Es ist direkt dem Ministerium für Verkehrswesen der DDR unterstellt und hat – als technisches Museum – die Aufgabe, an Hand von Originalen, naturgetreu nachgebildeten Modellen, weiteren Sachzeugen, Fotomaterial, Bild- und Textdokumenten die Entwicklung der Verkehrsgeschichte und -technik darzustellen, wobei die jeweilige Gesellschaftsordnung, die Produktionsverhältnisse und die Produktivkräfte herausgearbeitet sind.

In dieser Art und Weise wird (neben den anderen Verkehrsträgern auch) die Entwicklung der Eisenbahn dargestellt, und zwar von ihren Anfängen vor mehr als 150 Jahren bis in unsere Gegenwart. Die „Ständige Ausstellung Eisenbahnverkehr" mit 1430 m² Ausstellungsfläche zeigt im ersten Raum das Entstehen der

Bild 176   Verkehrsmuseum Dresden.   Foto: VMD

Eisenbahn im vergangenen Jahrhundert als ein Verkehrsmittel, das den modernen Produktionsmitteln entsprach und einen Massenverkehr ermöglichte. Die Einbeziehung der Eisenbahn vor und während der beiden Weltkriege wird am Beispiel Deutschlands dargelegt. Sehr anschaulich ist die Darstellung des 1945 stark zerstörten Eisenbahnnetzes. Der schwere Anfang, der unermüdliche Wille und die vielfältigen Initiativen der Eisenbahner, die Hilfe der Sowjetischen Militäradministration werden durch Dokumente belegt, wobei der Befehl Nr. 8, durch den die Eisenbahn in die Hände des Volkes übergeben wurde, ein entscheidender Schritt zur weiteren Entwicklung war. Die Wiederherstellung und Modernisierung des Fahrzeugparks und der Anlagen, die Errichtung neuer Bauten, die Einführung neuer Technologien auch im Betriebsablauf und anderes mehr waren wichtige Voraussetzungen dafür, daß die Deutsche Reichsbahn sowohl im internationalen Maßstab als auch innerhalb des RGW zu einem zuverlässigen und geachteten Partner geworden ist. Auf etwa 50 Prozent der Ausstellungsfläche wird die Geschichte der DR verdeutlicht.

Die Triebfahrzeugausstellung im zweiten Raum wird mit einem Überblick über die verschiedenen Traktionsarten eingeleitet. Sie gibt auf mehr als 30 Haupttafeln Auskunft über die Bereiche Dampf-, Diesel- und Elektrolokomotiven und Triebwagen sowie über Brems-, Zug- und Stoßeinrichtungen, 15 Originale und etwa 25 bis ins Detail naturgetreu nachgebildete Modelle (meist im Maßstab 1:10) sind natürlich besondere Anziehungspunkte. Zu ihnen gehören:

– die älteste in der DDR im Original erhaltene Dampflokomotive *MULDENTHAL*, die Güterzug-Tenderlok Bauart 1'Bn2, gebaut im Jahre 1861 bei Richard Hartmann, ehem. Chemnitz, die nach 91 Einsatzjahren (zuletzt im VEB Steinkohlenwerk „August Bebel" Zwickau) im Raw „Einheit" Leipzig rekonstruiert wurde und ins Museum kam,

– das mittlere Rahmenteil der Ellok E 50 42 mit Fahrmotor, der zu den größten jemals in der Welt gebauten Fahrmotoren zählt,

– die Ellok E 71 30, eine der ersten serienmäßig hergestellten Güterzuglokomotiven der Preußischen Staatsbahn, die im Raw „Otto Grotewohl" Dessau überholt wurde,

– die Fairlie-Lok 99 162 in der Spurweite 1000 mm, von deren Bauart es nur ganz wenige Exemplare auf der Welt gibt und die im Raw Görlitz ausstellungsreif gemacht wurde (Lok ist allerdings nicht im Verkehrsmuseum ausgestellt),

– eine 600-mm-Schmalspur-Gelenkloko-

Bild 177 Älteste im Original erhaltene Dampflokomotive in der DDR – die MULDENTHAL im Verkehrsmuseum Dresden.
Foto: Archiv Kirsche

motive Bauart Pechot-Bourdon, die 1916 von Baldwin für die französische Heeresfeldbahn gebaut wurde.

– die Schmalspurdampflokomotive 99 535 (B'B' n4vt), eine sächsische IV K in 750 mm Spurweite, die im Jahre 1898 von Hartmann unter der Fabriknummer 2276 gebaut worden und zuletzt im Bw Aue stationiert war, bevor sie ins Museum kam.

An Modellen sind die *ROCKET*, die *ADLER*, die *SAXONIA*, die von Professor Andreas SCHUBERT konstruiert, in den Jahren 1838/39 in Dresden-Uebigau gebaut und auf der ersten Fernbahnstrecke im ehemaligen Deutschland zwischen Leipzig und Dresden eingesetzt wurde (siehe Seite 139), zu sehen, ferner Modelle der Baureihe 83, der Baureihe 84, das überhaupt einzige vorhandene Modell der ersten Großdiesellokomotive der Welt, ein Modell der ersten Heißdampflokomotive der Welt, der preußischen Schnellzuglokomotive S 4, und ein Modell der Diesellokomotive Baureihe 118 ohne Verkleidung.

Das Verkehrsmuseum kann – wie übrigens alle Museen – nur einen Teil seiner Exponate in den ständigen Ausstellungen seinen Besuchern präsentieren. Das betrifft vor allem die für das Eisenbahnwesen typischen Großexponate, wie Triebfahrzeuge, Reisezug- und Güterwagen. Da auch die räumlichen Verhältnisse in dem fast 400jährigen Gebäude begrenzt sind, müssen die dem Verkehrsmuseum übergebenen Fahrzeuge gegenwärtig an verschiedenen Orten der DDR abgestellt werden. Um sie trotzdem der Öffentlichkeit wenigstens zeitweise zugänglich zu machen, wurden Fahrzeugschauen als neue Form der Museumsarbeit eingerichtet. Als Anlässe dazu werden internationale Kongresse, Jubiläen von Eisenbahnstrecken und Bahnhöfen, besondere Jahrestage sowie Verbandstage, Sonderfahrten und andere Veranstaltungen des Deutschen Modelleisenbahn-Verbandes der DDR genutzt.

Auf einer solchen Veranstaltung im Jahre 1979 in Dessau anläßlich des Jubiläums „100 Jahre elektrische Bahnen" war ein interessantes Stück zu sehen, das kurz zuvor erst entdeckt worden war und nun

Bild 178 Erste Drehstromversuchslok der Welt (1900) auf der Ausstellung „100 Jahre elektrische Bahnen" in Dessau, 1979.
Foto: Köhler

zum Verkehrsmuseum Dresden gehört – die erste Drehstrom-Versuchslokomotive der Welt, die um 1900 von SIEMENS gebaut und auf der Versuchsstrecke Großlichterfelde–Zehlendorf für Versuche mit dreiphasigem Drehstrom bei 650 bis 10 000 V eingesetzt worden war. Nach dem Abschluß der Versuche im Jahre 1901 war das etwa 16 t schwere Fahrzeug umgebaut worden und als Gleichstrom-Industrielokomotive für 220 V im Dienst, wahrscheinlich bis zum Jahre 1974 bei einer ehemaligen Zementfabrik in Bad Berka (früher Zementwerke AG Berka). Zu den Pflichten des Verkehrsmuseums der DDR zählt auch, interessante Denkmale der Produktionsgeschichte des Verkehrsmuseums nach dem Gesetz der Erhaltung der technischen Denkmale vom 19. Juni 1975 in die zentrale Denkmalliste der DDR aufnehmen zu lassen, Beispiel für ein technisches Denkmal dieser Art ist u. a. die Göltzschtalbrücke (siehe Seite 216).

Dresden–Schöna   DR-Kursbuch-Strecke 310

Diese Strecke, vom ehemaligen Böhmischen Bahnhof in Dresden ausgehend – an seiner Stelle steht heute der Bahnhof Dresden Hbf –, führt über Pirna und Bad Schandau bis nach Schöna als letztem Bahnhof auf dem Territorium der DDR. Sie wurde in drei Abschnitten bis 1851 in Betrieb genommen (erster Abschnitt Dresden–Pirna am 1. August 1848, zweiter Abschnitt Pirna–Königstein am 9. Mai 1850, dritter Abschnitt Königstein–Krippen am 9. Juni 1850 – Betriebsaufnahme auf der Gesamtstrecke bis Bodenbach am 6. April 1851). Diese seinerzeit als Sächsisch-Böhmische Eisenbahn bezeichnete Strecke war bedeutungsvoll für die Industrialisierung des Elbtales zwischen Dresden und Pirna sowie für die Erschließung der Sächsischen Schweiz und des Osterzgebirges. So entstanden in Reick, Niedersedlitz, Mügeln (heute Heidenau) und Pirna Industriegebiete, aus denen so bekannte volkseigene Betriebe wie das Sachsenwerk Niedersedlitz, das Druckmaschinenwerk Heidenau sowie die Kunstseidenfabrik und das Zellstoffwerk in Pirna hervorgegangen sind.

Bild 179   Strecke Dresden–Schöna.

Heute kommt dem Streckenabschnitt Dresden – Schöna als Teil der Magistrale Berlin – Dresden – Staatsgrenze zur ČSSR große Bedeutung im Transitverkehr zu. Über die Strecke verkehren beispielsweise internationale Schnellgüterzüge mit Geschwindigkeiten von 100 km/h sowie täglich 13 Zugpaare des internationalen Reiseverkehrs von und nach Praha, Bratislava, Budapest, Bucuresti und Beograd, Sofia und Wien.

Die Strecke ist die einzige, die wegen einer günstigen Linienführung durch das Elbtal keine nennenswerten Neigungen aufweist. Sie verfügt als zweigleisig ausgebaute Hauptbahn über eine große Durchlaßfähigkeit und besitzt von Dresden aus günstige Verbindungen in alle Richtungen der DDR. Das stete Anwachsen des Verkehrsaufkommens führte zu einer immer stärkeren Ausnutzung der Streckenkapazität. Um den Grenzbahnhof Bad Schandau von Rangierarbeiten zu entlasten, wurde im Jahre 1959 der Wendezugbetrieb zwischen Dresden und Bad Schandau eingeführt (1962 bis Schöna erweitert). Im Jahre 1962 wurde in Pirna, dem wichtigsten Unterwegsbahnhof der Strecke, ein Gleisbildstellwerk in Betrieb genommen.

Um dem weiter steigenden Verkehrsaufkommen gewachsen zu sein, machte sich dann eine grundlegende Erneuerung der Strecke erforderlich. Sie fand 1971/75 statt und umfaßte den Umbau von Gleisanlagen, die Modernisierung der Sicherungsanlagen sowie die Umstellung auf elektrischen Zugbetrieb.

Zur Verstärkung des Oberbaus wurden 24 Gewölbebrücken rekonstruiert und drei Stützmauern von Grund auf erneuert. Die Teilautomatisierung erforderte den Bau von sieben Gleisbildstellwerken, so in Schöna, Bad Schandau Ost, Bad Schandau, Königstein, Kurort Rathen, Heidenau und Dresden-Reick. Die gesamte 49 km lange Strecke erhielt automatischen Streckenblock. Für die Elektrifizierung wurden 1 600 Maste aufgestellt und 160 km Gleis mit Fahrleitung über-

spannt. Mit Beginn des Sommerfahrplans 1975, 125 Jahre nach Eröffnung des durchgehenden Eisenbahnbetriebes zwischen Dresden und dem damaligen Bodenbach, begann auf dem Streckenabschnitt Dresden – Schöna der elektrische Zugbetrieb, womit sich die Leistungsfähigkeit der Strecke bedeutend erhöhte.

Vor Antritt einer Fahrt auf dieser Strecke ist es noch interessant zu wissen, daß sie sich von der Linienführung her in zwei große Abschnitte einteilen läßt. Der erste führt von Dresden bis Pirna und ist dadurch gekennzeichnet, daß er auf der breiten Talsohle des Dresdner Elbtalkessels verläuft, während der zweite von Pirna bis Schöna im stark verengten Elbtal nur mit Mühe zwischen dem Strom und den Böschungen unterzubringen war, so daß die Straße keinen Platz mehr fand und über die Höhen westlich der Elbe geführt werden mußte.

Der Abschnitt von Dresden bis Pirna ist auch dadurch gekennzeichnet, daß beiderseits des Bahnkörpers große Industrieanlagen angesiedelt sind. Es fällt auf, daß über längere Abschnitte ein oder zwei Industriestammgleise neben den Streckengleisen verlaufen. In Dresden-Reick befindet sich ein Überschneidungsbauwerk, das einzig und allein der Verbindung zwischen dem Güterbahnhof und den Gleisanlagen der Anschlußbahn dient, im Abzweigbahnhof Heidenau wird das Zuführungsgleis zu den Industriebetrieben hingegen als Tunnel unter der Strecke hindurchgeführt. Heidenau ist Anfangspunkt der sogenannten Müglitztalbahn, der Strecke Heidenau – Altenberg (DR-Kursbuch-Strecke 311).

Noch bevor der Zug den Personenbahnhof Pirna erreicht, zweigt rechts eine eingleisige Nebenbahn ab, die nur noch dem Güterverkehr dient und bis nach Pirna-Neundorf führt (früher bis Bad Gottleuba). Auch in Pirna dient ein Überschneidungsbauwerk der Verbindung zwischen Güterbahnhof und den Industriebetrieben, während über die seit dem Jahre 1875 bestehende Brücke über die

Elbe die eingleisige Nebenbahn nach Dürröhrsdorf führt.

Bild 180   Personenzug auf der Strecke Dresden – Schöna bei Königstein.   Foto: Spranger

Bis Pirna hat der Zug 17 km zurückgelegt, so daß bei den vorhandenen zehn Bahnhöfen und Haltepunkten (einschließlich der Endbahnhöfe) der mittlere Stationsabstand nur 1,9 km beträgt, die Strecke also sehr starken Erschließungscharakter für dieses Ballungsgebiet hat. Diesem Umstand Rechnung tragend, gilt seit 1973 für den Abschnitt Dresden – Pirna der S-Bahn-Tarif.

In Pirna steht das vermutlich älteste erhaltene Bahnhofsgebäude der Sächsisch-Böhmischen Eisenbahn, und zwar etwa 600 m östlich des heutigen Bahnhofs, am 31. Juli 1848 eröffnet. Vom ehemals dreiteiligen Gebäude sind der östliche zweigeschossige Bau und ein Teil des Zwischentrakts noch vorhanden. Es beherbergt die Bahnmeisterei Pirna. Das Empfangsgebäude ist in spätklassizistischem Stil errichtet, trägt auch einige Züge der römischen Renaissance und wurde aus Elbsandsteinquadern gebaut.

Unmittelbar hinter Pirna verändert sich das Landschaftsbild grundlegend, die Industrieanlagen sind verschwunden, die Strecke führt durch das reizvolle, unter Landschaftsschutz gestellte Erholungsgebiet „Sächsische Schweiz". Bewaldete Hänge und bizarre hohe Felswände verengen das Elbtal derart, daß beispielsweise rechts des Bahnkörpers die Fahrleitung mit Hilfe von Sonderkonstruktionen an den mächtigen Stützmauern angebracht werden mußte oder daß die Fahrleitungsmaste nur an einer Seite des Bahnkörpers aufgestellt werden konnten und lange Ausleger beide Gleise überspannen.

Die Strecke verläuft stets am linken Flußufer und führt auch jeden Bogen, den sich der Fluß in das Elbsandsteingebirge gegraben hat, mit aus. Machten sich schon vom Haltepunkt Obervogelgesang an die ersten Ausläufer der Felsen bemerkbar, so tritt die Strecke mit dem Passieren des Haltepunktes Wehlen in das eigentliche Gebiet der Sächsischen Schweiz mit dem Elbsandsteingebirge ein, und noch vor Erreichen des Bahnhofs Kurort Rathen erhebt sich links über dem Strom die weltbekannte Bastei. Die Strecke vollzieht nun zwei weite Bögen, und während in Fahrtrichtung rechts die 360 m hoch liegende Festung Königstein weit über dem Ort zu sehen ist, erhebt sich links der Strecke auf dem anderen Elbufer die Kuppe des 415 m hohen Liliensteins. Bis weit über den Bahnhof Königstein (Sächs. Schweiz) hinaus verläuft die Strecke über einige Kilometer auf umfangreichen Kunstbauten, die den Bahnkörper in etwa 5,5 m Höhe über dem Ufer tragen.

Nach einem Rechtsbogen ist links derzeit eine Baustelle zu sehen. Hier entsteht seit 1986 anstelle der alten Brücke über die Elbe für die Eisenbahnstrecke nach Neustadt (Sachs) auf das andere Flußufer eine neue Brücke, während sich dahinter schon eine neue Straßenbrücke befindet (Länge 263 m, Stromöffnung 110 m), die 1977 dem Verkehr im Zuge der F 172 übergeben wurde.

Rechts der Strecke kommt die F 172 den Berghang herunter und kreuzt in Höhe des links der Strecke am Bahnhofskopf liegenden neuen Stellwerksgebäudes auf einer neuen 1975 errichteten Spannbetonbrücke (150 m lang, 12,3 m breit und 9 m hoch) die Gleisanlagen des nun folgenden Bahnhofs Bad Schandau.

Gleich hinter dem Bahnhof Bad Schandau kreuzt ein Spannbeton-Brückenbauwerk die Strecke, das 1974 fertiggestellt wurde und die Straße nach Krippen auf einer Länge von 290 m und in 9 m Breite mit einer Längsneigung von 5 % und S-förmig gekrümmt in einer Höhe von 6 m über die Gleisanlagen hinweggeführt.

Der Bahnhof Bad Schandau ist im Reise- und Güterverkehr Grenzbahnhof zu den ČSD, der Bahnhof Bad Schandau Ost Grenzbahnhof für Güterzüge in Richtung DDR. Die Anlagen dieses 1956 errichteten Bahnhofs von 1200 m Länge und seinen sechs Gleisen sind zu sehen, nachdem der Zug den Haltepunkt Krippen passiert hat; auf der linken Seite hoch über dem Elbufer die beeindruckende Kulisse des vielbesuchten Schrammstein-Massivs.

Nach dem Durchfahren eines weiten Rechtsbogens erhebt sich rechts der Strecke die 355 m hohe Kaiserkrone. Nächste Station ist der Haltepunkt Schmilka-Hirschmühle. Links über der Elbe sind die Anlagen des Straßengrenzüberganges Schmilka zur ČSSR zu sehen und dann die Staatsgrenze (von hier ab in der Mitte des Stroms), so daß die Eisenbahnstrecke über den Bahnhof Schöna, den letzten Bahnhof auf dem Territorium der DDR, hinaus noch etwa 2 km auf dem Territorium der DDR bis zur Staatsgrenze verläuft. Rechts liegt als einzelnes Anwesen die Gelobtbachmühle an der Mündung des Gelobtbaches in die Elbe.

Müglitztalbahn:
Heidenau–Altenberg

DR-Kursbuch-Strecke 311

In vielen Veröffentlichungen wurde die am 18. November 1890 eröffnete Müglitztalbahn von Mügeln bei Pirna (von 1920 an als Heidenau bezeichnet) nach Geising und bis zum 10. November 1923 bis Altenberg verlängerte Strecke als eine der landschaftlich interessantesten und schönsten Schmalspurstrecken in Sachsen (750 mm Spurweite) bezeichnet. Diese Werturteile verdiente sie zu Recht, denn die Bahnstrecke führte auf der Talsohle ab Glashütte streckenweise direkt über dem Wasser auf Stützpfeilern an den Felswänden entlang und damit durch die schönsten Landschaftsgebiete.

*Bild 181 Die Müglitztalbahnstrecke Heide-
nau – Altenberg (Erzgeb).*

Aber auch nach dem Umbau auf Regelspur, von 1935 bis 1938 vollzogen, ist
eine Fahrt auf der Müglitztalbahn sehr
reizvoll, auch wenn die Linienführung
begradigt wurde, das Gleis abwechselnd
einige Meter über der Talsohle nun an
den Felshängen entlangführt und die
Dampflokomotive durch die Diesellok
abgelöst wurde. Dafür erhielt die Regelspurstrecke fünf Tunnel mit einer Ge-

samtlänge von 1507 m, 15 größere und 23
kleinere Brücken, vorwiegend in Stahlbe-
tonbauweise errichtet, viele Dämme und
Einschnitte. Und sie wurde um 5,3 km
kürzer.
Die ursprüngliche Linienführung war oft
von Hochwasserschäden betroffen, besonders schwer am 30. Juli 1897, die zu einer
Betriebseinstellung zwischen Mügeln
und Burkhardswalde-Maxen (bis Ende
August 1897) und bis Geising (bis 1. Oktober 1897) führten. Ein weiteres Hochwasser am 8. Juli 1927, bei dem in Glashütte ein Zug ins Bett der Müglitz ge-
spült wurde und viele Brücken total zerstört worden waren, dokumentierte die
Dringlichkeit einer Verbesserung. Schon
früher war der Umbau auf Regelspur er-
wogen worden.
Beim Umbau auf Regelspur mit den erforderlichen Begradigungen war der Neubau einiger Empfangsgebäude notwendig.
Die in Dohna und Geising konnten jedoch beibehalten werden.
Empfangsgebäude   und   Stellwerksgebäude zeigen sich in einem für das
Osterzgebirge typischen Stil. Die hohen,
schiefergedeckten Dächer wurden bei
kleineren Empfangsgebäuden bis zum
Erdgeschoß heruntergezogen. Die dadurch entstandenen Giebel tragen Figuren oder kleinere Bilder in den Putz ein-
gearbeitet. Sogar bei den Stellwerksgebäuden hat man, wie es bei vielen Wohn-
und Bauernhäusern in dieser Gegend der
Fall ist, nur das Erdgeschoß weiß ver-
putzt, das erste Stockwerk dagegen mit
blaugrauem Schiefer verkleidet.
Die jetzige Regelspurstrecke hat bei einer
durchschnittlichen Neigung von 16,6 $^0/_{00}$
etwa 630 m Höhenunterschied zu überwinden. Im einzelnen betragen die Werte
für die durchschnittliche Neigung bis
Glashütte 11 $^0/_{00}$, bis Lauenstein 15,8 $^0/_{00}$,
bis Geising 28,6 $^0/_{00}$ und auf dem Strek-
kenabschnitt bis Altenberg 31 $^0/_{00}$. Auf
dem letztgenannten Abschnitt muß der
Geisingberg umfahren werden, so daß
zur Verbindung der beiden in Luftlinie
nur 2,5 km entfernten Orte eine Bahn-

*Bild 182   Personenzug   im   Haltepunkt   Geising
auf der Müglitztalbahn.*   Foto: Bäzold

strecke von 5,3 km Länge zur Überwindung eines Höhenunterschieds von
164 m zwischen beiden Orten notwendig
wurde.
Speziell für diese Strecke, die mit Gleisbögen bis zu einem Mindestradius von
140 m und mit den erwähnten Steigungen extreme Bedingungen für eine Regelspurstrecke aufweist, ließ die DRG Anfang der 30er Jahre die 1'E1'-Lokomotive
der Baureihe 84 entwickeln. Bis zur Mitte
der 50er Jahre waren sie charakteristisch
für den Betrieb auf der Müglitztalbahn,
bevor dann die Baureihe 86, später noch
die Baureihen 50, 52 und 93, und seit
dem Traktionswechsel um 1970 ausschließlich die Baureihe 110 die Beförderung der Reise- und Güterzüge übernah-
men.
Außer den Lokomotiven wurden vierachsige Leichtbau-Mitteleinstiegwagen, speziell für den Wochenend- und Ausflugsverkehr geeignet, beschafft, die unter der
Bezeichnung Bauart Altenberg allgemein
bekannt wurden und bis zum Jahre 1968
das Bild auf der Müglitztalbahn bestimm-

ten. Eine Fahrt auf der Müglitztalbahn ist
besonders auch für geologisch Interes-
sierte aufschlußreich, weil an der Müglitz
verschiedene Gesteinsschichten zutage
treten, die vor allem beim Umbau der
Strecke bloßgelegt wurden. An zahlreichen Stellen – besonders an den Tunnel-
einfahrten – sind sie als Schutthalden zu-
rückgeblieben, die sich in ihrer hellen
Farbe wirkungsvoll vom Grün der Nadel-
wälder abheben. Bemerkenswert sind bei
Dohna (Sachs) die tiefen Einschnitte, in
denen die Strecke verläuft, mit dem bekannten, vor 500 Millionen Jahren entstandenen Granadiorit. Zwischen Dohna
(Sachs) und dem Haltepunkt Köttewitz
ist auf 1,5 km Länge die erste Steigung
von 1:40 zu überwinden.
Vor dem Haltepunkt Weesenstein wird
der erste Tunnel passiert (198 m lang)
und gleich hinter dem Haltepunkt der
zweite (240 m lang). Das Empfangsgebäude des nächsten Bahnhofs, Burkhardswalde-Maxen, ist mit bildlichen
Darstellungen der Schlacht bei Maxen
aus dem Siebenjährigen Krieg versehen.
Nur etwa 700 m hinter dem Bahnhof
durchfährt der Zug eine kurze, schluchtartige Talenge mit auf der rechten Seite
steilstehenden Gesteinen (Tuff) aus dem

Diabas. Auf den nächsten 2 km weitet sich das Tal etwas und kündigt damit das Erreichen des Haltepunktes Mühlbach an.

An der Stelle, wo der Zug das Dorf verläßt, endet das Elbtalschiefergebirge, und das Gneisgebiet des Erzgebirges beginnt. Mit dem Bahnhof Niederschlottwitz wendet sich die Strecke in südliche Richtung, und etwa 500 m vor dem Erreichen des Haltepunktes Oberschlottwitz (bei km 15,0) zieht sich die Strecke dicht an den felsigen Partien des Schlottwitzer Achatganges entlang (Schmuckdosen aus diesem Halbedelstein, am Ende des 18. Jahrhunderts angefertigt, befinden sich im „Grünen Gewölbe" des Dresdner Albertinums).

Beim km 17,6 ist die Felsbarre des sogenannten Wittichschlosses zu sehen, das im 15. Jahrhundert Schlupfwinkel von Räubern war. Beim km 17,9 beginnt der 292 m lange gewundene Pilztunnel, und kurz nach dem Verlassen des westlichen Tunnelportals wird der Bahnhof der durch ihre Uhren und Meßwerkzeuge weltbekannten Stadt Glashütte (320,5 m über NN) erreicht.

Nach Verlassen des Orts steigt die landschaftlich so reizvolle Strecke nun ständig mit 1:40 an und passiert auf den nächsten 3,2 km den 539 m langen Gleisbergtunnel sowie vier Brücken über die Müglitz, bis sie den Haltepunkt Bärenhecke-Johnsbach erreicht. Beim km 23,7 endet das 8 km lange, schluchtartige und mit vielen Windungen versehene Talstück und erweitert sich beim Erreichen der Flur von Bärenstein. Die Strecke steigt weiter an (15,8 ‰) bis zum Bahnhof Lauenstein, der bereits 471,5 m über NN liegt.

Hinter dem Bahnhof verläßt die Eisenbahn das Müglitztal und fährt im Tal des Roten Wassers mit der Steigung 1:30 weiter aufwärts. Am km 29,1 ist von rechts das erstemal der 824 m hohe Geisingberg mit Turm zu sehen. Nachdem der Haltepunkt Hartmannsmühle durchfahren ist, kommt rechts am Osthang des Geisingberges etwa 120 m höher der Bahnkörper zum Vorschein, bis zu dem der Zug aber noch 4 km zu fahren hat.

Mit Hilfe des 235 m langen, wieder gewundenen Tunnels auf der einen Seite und eines Einschnitts auf der anderen Seite des engen Tales macht die Strecke eine Bogenkehre um 180 Grad, wobei bei km 32,6 der Haltepunkt Geising (590 m über NN) passiert wird.

Geising selbst, Stadt des Zinnbergbaus, hat sich zu einem modernen, viel besuchten Luftkurort entwickelt.

Bis zum nächsten Bahnhof, Altenberg (Erzgebirge), hat die Strecke 164 m Höhe zu überwinden, wozu eine Streckenlänge von 5,3 km notwendig wurde, um Steigungen von 1:32 bis 1:27 nicht zu überschreiten. Die Eisenbahnlinie führt am westlichen Talhang und in einem 400 m langen, tiefen Einschnitt im Granitporphyr entlang und in einem großen Bogen in westliche Richtung um den Geisingberg herum, bis bei km 36,0 die größte Steigung erreicht ist, so daß der Geisingberg nun nur noch etwa 100 m höher als die Strecke liegt, und nach knapp 2 km Fahrt ist bei km 38,0 der Bahnhof des Wintersport- und Luftkurortes Altenberg (Erzgeb) erreicht (754,5 m über NN).

Bad Schandau – Sebnitz (Sachs) – Neustadt (Sachs)

DR-Kursbuch-Strecke 314

Der 28 km lange Streckenabschnitt Bad Schandau – Neustadt (Sachs) innerhalb der gesamten, 65 km langen Strecke Bad Schandau – Bautzen ist ihr schönster Teil und für den Eisenbahntouristen besonders deshalb interessant, weil diese

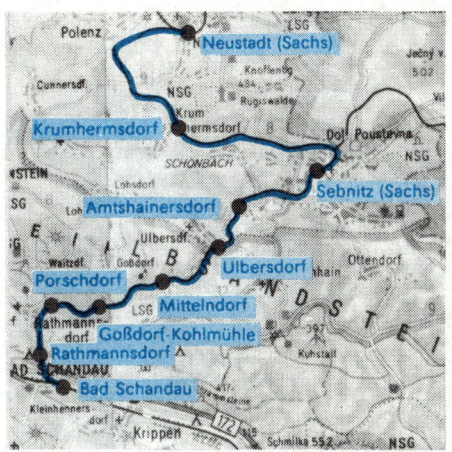

Bild 183 Strecke Bad Schandau – Sebnitz (Sachs) – Neustadt (Sachs).

Strecke die einzige ist, die die Sächsische Schweiz quer durchschneidet. Die eingleisige Nebenbahnstrecke (Höchstgeschwindigkeit 50 km/h) dient heute vorwiegend dem Reiseverkehr. Im Güterverkehr werden nur die Frachten für die an der Strecke liegenden Bahnhöfe befördert.

Seit dem Jahre 1975 werden alle Reisezüge von Dieselloks der Baureihe 110 befördert (erfolgreiche Probefahrten fanden 1967 statt). Zuvor waren auch die sogenannten Leichttriebwagen (LVT) der DR, Lokomotiven der Baureihe 118² sowie Triebwagen der Baureihen VT 137 und VT 135 im Einsatz. Sie hatten die nach 1945 hier befindlichen Dampflokomotiven der Baureihen 91, 38²⁻³ bzw. 38¹⁰⁻⁴⁰, 86 bzw. 98 (sächsische I TV) abgelöst.

Der für die damalige Zeit recht schwierige Bau der Strecke mit sieben Tunneln (Gesamtlänge 983 m), zwei Viadukten in Sebnitz sowie 28 größeren und 41 kleineren Brücken und Unterführungen begann im Jahre 1874 und wurde nach nur drei Jahren mit der Inbetriebnahme am 1. Juli 1877 abgeschlossen.

Die Strecke beginnt im Bahnhof Bad Schandau (126,5 m über NN), der an seiner jetzigen Stelle erst mit dem Bau dieser Strecke nach Neustadt (Sachs) entstanden ist, denn bis dahin galt der heutige Haltepunkt Krippen als Bahnhof für Bad Schandau.

Etwa 600 m elbabwärts beschreibt die Strecke nach dem Passieren des modernen Stellwerksgebäudes einen Rechtsbogen, um bis zum Jahre 1986 auf der 273 m langen, 1875/77 erbauten dreibogigen Eisenbahn- und Straßenbrücke (der Straßenverkehr ging von 1977 an auf einen Brückenneubau über) die Elbe zu überqueren. Seitdem ist die Brücke gesperrt. Zur Rechten hat man bei der Überquerung der Elbe einen guten Blick auf Bad Schandau mit den Schrammsteinen und dem Großen Winterberg, zur Linken auf den Lilienstein. Auf der rechten Elbseite wird der Bahnhof Rathmannsdorf erreicht, in dem die Anschlußbahn des Staatlichen Forstwirtschaftsbetriebs und des Getreidelagers Prossen abzweigt. Noch im Bahnhofsbereich verläuft die Strecke dann durch den 377 m langen Mühltunnel. Nach einem Rechtsbogen wird der Haltepunkt Porschdorf erreicht. Bis hierher hat die Strecke bereits zweimal den Lachsbach auf Stahlträgerbrücken überquert.

Vom Haltepunkt Porschdorf folgt sie dem Sebnitztal, das im ersten Abschnitt 100 m tief in den Sandstein wie eingesägt ist und den Namen Ochelgrund trägt. Zur Rechten und Linken rücken hohe Sandsteinfelsen bis an den Bahnkörper heran. Nachdem der 100 m hohe Schornstein des Linoleumwerkes Kohlmühle sichtbar wurde, fährt der Zug in den Haltepunkt Goßdorf-Kohlmühle ein (146 m über NN), in dem ein Anschlußgleis zum Linoleumwerk abzweigt. Bis zur Stillegung 1951 hatte von hier aus eine 750-mm-Schmalspurstrecke nach Hohnstein (Sächs Schweiz) ihren Ausgangspunkt, auf der nur die sächsischen IK- und IV-K-Lokomotiven (Baureihe 99⁵¹⁻⁶⁰) verkehrten, und von der Linie noch auf etwa 1,5 km Länge der alte Bahndamm der Schmalspurstrecke, ein kleiner Viadukt

Bild 184   Hainersdorfer   Viadukt   in   Sebnitz (Sachs).   *Foto: Weßner*

und der sofort dahinter liegende Tunnel zu sehen sind.

Obwohl jetzt rechts und links die Sandsteinfelsen zurücktreten und den hohen Hängen des Lausitzer Granits Platz machen, reiht sich im weiteren Streckenverlauf Bogen an Bogen über viele Brücken hinweg in stetiger Steigung von 1:50 bis nach Sebnitz. Im folgenden Haltepunkt Mitteldorf halten Reisezüge wegen der Steigung nur nach Bedarf. Der Sebnitzbach fließt bald links, bald rechts der Bahnstrecke in großen Windungen, die aber seinem Lauf nicht folgt, sondern durch zwei Tunnel von 77 m und 91 m Länge den Bahnhof Ulbersdorf (222,5 m über NN) erreicht. Er verfügt über zwei Hauptgleise und ist die einzige Kreuzungsstelle zwischen den beiden Endbahnhöfen.

In rascher Folge wechseln anschließend acht Brücken, ein Einschnitt, kurze Dämme sowie drei Tunnel von jeweils 109 m, 93 m und 89 m Länge ab, und nach 1,7 km Fahrt wird der 1908 in Betrieb genommene Haltepunkt Amtshainersdorf erreicht, womit die Strecke das Landschaftsschutzgebiet Sächsische Schweiz verläßt. Das Tal weitet sich nun,

die Strecke verläuft in Hanglage, und nach dem Durchfahren eines längeren Einschnitts werden linksseitig neuerbaute Wohnsiedlungen sichtbar, die bereits zu Sebnitz gehören. Das Seitental des Seiffenbaches und die Straße nach Neustadt (Sachs) überquert die Strecke auf dem 24 m hohen Hainersdorfer Viadukt, darunter liegt ein Umspannwerk.

Sofort nach dem Viadukt zweigt rechts ein Gleisanschluß ab, der mit einem 700 m langen Gefälle in das Landmaschinen-Kombinat „Fortschritt" führt. Nach Passieren des 147 m langen, in einem Linksbogen liegenden letzten Tunnels auf der Strecke fährt der Zug am Einfahrsignal des Bahnhofs Sebnitz vorbei und über den achtbogigen 22 m hohen Stadtviadukt, der in einem Rechtsbogen von nur 250 m Radius und in einer Neigung von 1:50 liegt. Zur Zeit seines Baus war dieser Viadukt das einzige Bauwerk in Deutschland mit derartigen Parametern. Beide Viadukte stehen übrigens unter Denkmalschutz.

Die Strecke hat hier eine Höhe von 313 m über NN erreicht, während die Stadt tief unten (das Zentrum in 275 m über NN) liegt. Der Rechtsbogen setzt sich noch hinter dem Viadukt bis in die östliche Weichenstraße des Bahnhofs Sebnitz fort.

In einem Einschnitt, der einen Linksbogen vollzieht, verläßt die Strecke den Bahnhof Sebnitz wiederum in einer Steigung 1:50. Rechts läuft auf 500 m Länge das nicht benutzte Gleis zu den Tschechoslowakischen Staatsbahnen (ČSD), das dann nach rechts durch einen Einschnitt zur Staatsgrenze der ČSSR abbiegt. Etwas später ist von der Bahnstrecke aus auch die Staatsgrenze rechts in etwa 30 m Entfernung auf einer Länge von etwa 1 km zu sehen.

Bis zur Wasserscheide von Krumhermsdorf hat die Strecke noch weitere 100 m Steigung zu überwinden. Sie umfährt zunächst den 416 m hohen Finkenberg und windet sich dann am Südhang des Berges Unger (537 m hoch) ständig mit 1:65 steigend in die Höhe. Links über dem Schönbacher Tal sind der Winterberg, die Schrammsteine und Zschirnsteine zu erkennen.

Im Haltepunkt Krumhermsdorf ist mit 413 m über NN der höchste Punkt der Strecke erreicht – das entspricht der Höhe des Liliensteins. Die Strecke biegt nach Norden ab, quert mit einem Gefälle von 1:75 auf hohen Dämmen und in tiefen Einschnitten das Neustädter Wäldchen. Nach etwa 4 km weitet sich das Tal mit dem Ort Polenz. Noch am Nordhang auf dem in Gefälle liegenden Streckenabschnitt ist das Einfahrsignal des Bahnhofs Neustadt (Sachs) zu sehen.

Von links führt die Strecke von Pirna – Dürrröhrsdorf – Stolpen heran und mündet neben der Strecke von Bad Schandau in den 340,5 m über NN liegenden Bahnhof Neustadt (Sachs), der durch die aufblühende Industrie der Stadt mit dem Kombinat des Landmaschinenbaus bald aus den Nähten zu platzen droht. Für viele der hier aussteigenden Reisenden ist der Bahnhof Ausgangspunkt für Ausflüge in das Polenztal mit den bekannten unter Naturschutz stehenden Märzenbecherwiesen.

Kirnitzschtalbahn:
Bad Schandau – Lichtenhainer Wasserfall   DR-Kursbuch-Strecke 980

Obwohl diese Strecke nicht von der Deutschen Reichsbahn, sondern vom VEB (K) Nahverkehr Pirna (Sitz Bad Schandau) betrieben wird, hat sie die DR unter der Strecken-Nr. 980 in ihr Kursbuch aufgenommen, da sie vor allem im Sommer einen sehr starken Verkehr von Ausflüglern zu bewältigen hat, die – mit der DR in Bad Schandau ankommend – nach dem Übersetzen über die Elbe mit der Bahnhofsfähre und nach einem kurzem Fußweg bis zur Abfahrtsstelle in der August-Bebel-Straße mit der Kirnitzschtalbahn fahren, um zu einem der vielen Ausgangspunkte an ihrer Strecke zu Wanderungen in die Sächsische Schweiz zu gelangen.

Seit dem Pfingstsonnabend des Jahres 1898, dem 28. Mai 1898, ist die etwa 8 km lange Kirnitzschtalbahn (Spurweite 1000 mm) in Betrieb, nachdem zur Stromversorgung ein eigenes kleines Kraftwerk der Schandauer elektrischen Straßenbahn gebaut worden war. Wenn wir heute einen der am 1. April 1928 von der Firma MAN gelieferten Triebwagen besteigen, ist eine Erinnerung an die ersten Wagen der Kirnitzschtalbahn wert, die man wegen einer besseren Anpassung an die Landschaft dunkelgrün lackiert hatte und deren Beiwagen als sogenannte Sommerwagen nach allen Seiten hin offen waren. Nur bei schlechtem Wetter schützten Leinwandvorhänge die Fahrgäste. Alle diese Wagen wurden durch ein Großfeuer am 26. Juli 1927 im Straßenbahnhof vernichtet.

Die schönsten Aussichten auf das landschaftlich reizvolle Kirnitzschtal, das die Strecke auf seinem unteren Teil durchquert, bieten sich in Fahrtrichtung rechts. Zunächst liegen zur Rechten die Anlagen des FDGB-Kneippkurbades, das jährlich etwa 2500 Kurpatienten betreut. Sobald die Stadt verlassen wurde, verläuft die Strecke ständig am rechten Straßenrand. Zu beiden Seiten steigen bewaldete Hänge auf, die teilweise schon durch hohe Sandsteinmassive abgelöst werden. Nach der Haltestelle Ostrauer Brücke – hier beginnt der Aufstieg zur Ostrauer Höhe – und der Vorbeifahrt am Depot der Kirnitzschtalbahn – wird die bekannte Waldgaststätte „Waldhäus'l" erreicht.

Jetzt verengt sich das Tal auf einer Länge von etwa 700 m sehr stark, und die Strecke wird zur Rechten und Linken von 60 m hohen, schroffen Felswänden begleitet. Die Haltestellen liegen immer dort, wo an einer landschaftlich besonders reizvollen Stelle ein Gasthaus entstand oder wo ein bekannter Wanderweg bzw. ein leichter Aufstieg aus dem Tal hinauf in die Berge beginnt. Dies ist auch bei der Haltestelle Ostrauer Mühle der Fall, wo sich das Tal an der Strecke etwas geweitet hat und die erste Aufstiegsmöglichkeit in die Schrammsteine besteht.

Im folgenden Abschnitt hat sich die Kirnitzsch in den Lausitzer Granit ein an Windungen reiches Tal eingeschnitten, das nun die Strecke befolgt. Nach etwa 1,3 km ist die Haltestelle Forsthaus erreicht, wieder Ausgangspunkt für Wanderungen, und nachdem sich erneut dunkle Fichten an den hohen Hängen bis an die Strecke und Straße herandrängen, erscheint die Haltestelle Nasser Grund (Aufstiegsmöglichkeit in die Schrammsteine). Danach ragen erneut 60 m hohe Sandsteinwände empor. Beim km 7,5 befindet sich die Haltestelle Beuthenfall (Gaststätte und Betriebsferienheim, Aus-

Bild 185   Triebwagen Tw 5^{II} und Bw 11 der Kirnitzschtalbahn.   *Foto: Knobel*

gangspunkt für Wanderungen ins Gebiet der Affensteine und auf den Großen Winterberg).

Nach 700 m Fahrt folgt die Endstation Lichtenhainer Wasserfall (mit Hotel und Gaststätte). Von hier aus sind Wanderungen zum Kuhstall und ins Winterberg- und Zeughausgebiet möglich.

Für die 8 km lange Strecke hat die Kirnitzschtalbahn 31 Minuten Fahrzeit benötigt und die Fahrgäste mit vielen landschaftlichen Besonderheiten des unteren Kirnitzschtales vertraut gemacht.

Seit 1980 besteht auch auf der Kirnitzschtalbahn ein Betrieb mit historischen Straßenbahnfahrzeugen. Hierfür stehen der restaurierte zweiachsige Triebwagen Tw 5^{II} (Baujahr 1928) und der zweiachsige Triebwagen Tw 9 der Lockwitztalbahn (ex Dresden Tw 240 101, Baujahr 1925) zur Verfügung. Letzterer kam von der Linie 31 der Dresdner Verkehrsbetriebe (Kreischa – Niedersedlitz) nach Bad Schandau, da seit 1977 in Dresden keine Meterspurstrecke mehr besteht.

Lößnitzgrundbahn/Traditionsbahn: Radebeul Ost – Radeburg

DR-Kursbuch-Strecke 308

Im Bahnhof Radebeul Ost an der zweigleisigen Hauptbahn Dresden – Leipzig/Berlin zweigt die eingleisige Schmalspurstrecke in 750 mm Spurweite nach Radeburg ab, die durch drei Prädikate sehr viele Freunde unter Eisenbahntouristen gefunden hat: Sie führt auf einer landschaftlich äußerst reizvollen Strecke kurvenreich aus dem Elbtal heraus durch den Lößnitzgrund und die Moritzburger Teichlandschaft hinauf auf den Rand der Laußnitzer Heide, sie ist die erste Traditionsbahn der Deutschen Reichsbahn, des Verkehrsmuseums Dresden und des Deutschen Modelleisenbahn-Verbands der DDR (DMV), und auf ihr verkehrt an besonderen Wochenenden in der Saison ein Traditionszug mit sehr alten, noch betriebsfähigen Schmalspurfahrzeugen. Die Eisenbahner sind dann in historischen Uniformen im Dienst. Trotzdem ist neben dem dominierenden Touristen- und Ausflugsverkehr auch der Berufsverkehr auf dieser Strecke noch beträchtlich. Die Strecke ist die drittälteste des von der Sächsischen Staatsbahn geschaffenen 750-mm-Schmalspurnetzes und wurde am 16. September 1884 in Betrieb genommen.

Schon die Anlagen des an der Nordseite

des Regelspurbahnhofs gelegenen Schmalspurbahnhofs erwecken mit dem zweiständigen Lokschuppen, der Bekohlungsanlage, einer Reparaturwerkstatt und den Beladeeinrichtungen für die Rollwagen Interesse.

Bild 186 Strecke der Traditionsbahn Radebeul Ost – Radeburg.

Die Schmalspurgleise verlassen den Bahnhof Radebeul Ost (113 m über NN) zunächst in gleicher Richtung wie die Hauptbahngleise, zweigen aber nach 1200 m nach Norden ab. Am ehemaligen Gasthof Weißes Roß wird die alte Leipziger Poststraße (heute Wilhelm-Pieck-Straße) überquert. Am Haltepunkt Weißes Roß steigen meist Reisende zu, die mit den Straßenbahnlinien 4 bzw. 5 aus Dresden gekommen sind.

Nachdem die Strecke Radebeul verlassen hat, windet sie sich durch das enge Lößnitztal, oft mit einem Mindestradius von 40 m, den Lößnitzbach mehrfach überquerend. Über den Haltepunkt Lößnitzgrund, über die beiden größten Steigungsabschnitte der Strecke (16,7 ‰) auf etwa 2,4 km Länge, dann in mehreren Biegungen durch den waldreichen oberen Teil des Lößnitzgrundes mit dem Haltepunkt Friedewald führt sie zum Bahnhof Friedewald (179,5 m über NN).

Hinter dem Ortsteil Dippelsdorf, der noch immer den Charakter eines Dorfes

trägt, bietet sich ein ganz anderes Landschaftsbild. Hier befindet sich das Moritzburger Wald- und Teichgebiet als Südausläufer der großen Lausitzer Platte. Auf einem 210 m langen, eigens beim Bahnbau für den Streckenverlauf aufgeschütteten Damm wird der um 1520 künstlich angelegte, 1700 m lange und 750 m breite, etwa 68 ha große Dippelsdorfer Teich überquert.

Auf diesem Damm wird in 185,3 m über NN der Brechpunkt der Strecke erreicht, so daß es in ganz leichtem Gefälle dann talwärts geht. Die Nordwesthälfte des Teiches, links vom Bahndamm, gehört zum Naturschutzgebiet Moritzburger Teichgebiet. Hier nisten Wasser- und Sumpfvögel, und während des Vogelzuges dient der Teich als Rastplatz. Mit leichtem Gefälle verläuft die Strecke vorwiegend durch Wald zum größten Unterwegsbahnhof der Strecke, dem Bahnhof Moritzburg, mit seinen drei Gleisen. Der Ort ist vor allem bekannt durch das Jagdschloß des ehemaligen sächsischen Könighauses (Barockstil) mit seinen vier mächtigen Rundtürmen, ausgedehnten Fischereigewässern und Tiergehegen. Das Schloß Moritzburg ist heute Museum und zeigt

Bild 187 Ein Zug auf dem Damm durch den Dippelsdorfer Teich. Foto: Krause

Bild 188   Traditionszug im Bahnhof Moritzburg.
Foto: Kästner
Bild 189   Historischer sächsischer Schmalspur-
personenzug im Bahnhof Radebeul Ost.
Foto: Wünschmann

Tabelle 27 Technische Daten der Schmalspurdampflokomotiven 99 539 und 99 715	99 539	99 715
Bauart	B'B' n4vt	E h2t
Gattung	K 44.7	K 55.9
Baujahr	1899	1927
Hersteller	Hartmann	Hartmann
Fabrik-Nr.	2381	4672
Höchstgeschwindigkeit (km/h)	30	30
Steuerungsart	Heusinger	Heusinger
Treibraddurchmesser (mm)	760	800
Achsstand (mm)	6200	3720
Länge über Puffer (mm)	9000	8990
Dienstmasse (t)	27,4	42,25

Gegenstände des Kunsthandwerks (Möbel, Ledertapeten, Porzellan, Gemälde). Es wird jährlich von Tausenden besucht. Die Strecke führt weiter über Cunnertswalde, Bärnsdorf und Berbisdorf an Wiesen vorbei, die sich mit Feldern und kleineren Laub- und Mischwaldflächen abwechseln, bis nach rund 65 Minuten Reisezeit der Endbahnhof Radeburg (148,5 m über NN) erreicht ist. Als die Strecke gebaut wurde, war noch eine Fortsetzung über Niederrohrsdorf und Ebersbach bis nach Großenhain vorgesehen, die jedoch nicht vollends ausgeführt wurde, so daß hinter dem Bahnhof Radeburg noch Teile des begonnenen Bahndammes und auch einige kleinere Brücken zu sehen sind. Radeburg war früher Einsatzstelle für die Lokomotiven der Strecke. Deshalb sind neben dem Empfangsgebäude ein dreiständiger Lokschuppen und eine Bekohlungsanlage vorhanden. Wie auf der Strecke Freital-Hainsberg – Kurort Kipsdorf wird auch hier der Personenverkehr

nur mit vierachsigen Wagen abgewickelt, der Güterverkehr mit auf Rollwagen verladenen Regelspurgüterwagen. In Radebeul Ost sind einige ältere Schmalspurgüter- und -gepäckwagen in zweiachsiger Ausführung abgestellt, Museumsfahrzeuge des 750-mm-Netzes. Der Traditionszug wird im allgemeinen von der Schmalspur-Dampflokomotive 99 539 befördert, die jetzt wieder die Bahnnummer 132 der Königlich Sächsischen Staatseisenbahn trägt. Die Lok 99 715 wird in Radebeul Ost als Denkmallokomotive von der Arbeitsgemeinschaft der Traditionsbahn betreut. Bei den Fahrten des Traditionszugs mit historischen Fahrzeugen der Baujahre 1899 bis 1930 versehen Mitglieder der Arbeitsgemeinschaft in historischen Uniformen ihren Dienst als Zugführer, Zugbegleiter und Fahrkartenverkäufer, so daß man ein wenig die Romantik der fast 100jährigen Entwicklungsgeschichte der sächsischen Schmalspurbahn miterleben kann.

Freital-Hainsberg – Kurort Kipsdorf   DR-Kursbuch-Strecke 309

Die Strecke ist die zweitälteste des ehemaligen 750-mm-Netzes der Königlich Sächsischen Staatseisenbahnen. Sie entstand in 26monatiger Bauzeit zwischen dem Sommer 1881 und den Jahren 1882/83. Zunächst wurde der Abschnitt

Hainsberg – Schmiedeberg mit 21,8 km Länge am 1. November 1882 in Betrieb genommen, der zweite folgte am 3. September 1883 mit 4,4 km Länge von Schmiedeberg nach Kipsdorf. Der Roten Weißeritz folgend, gibt es nicht weniger als 38 Brücken auf der 26 km langen Strecke. Das größte Interesse brachten die im Tal der Roten Weißeritz gelegenen Betriebe dem 1879 aufgestellten Projekt entgegen. Rabenaus Stadtväter meinten allerdings, daß ihnen dieser „teuerste Bahnbau Europas" keinen Nutzen bringe. Erst später erkannten sie den Wert des Gleisanschlusses für die heimische Stuhlindustrie.

Ausgangspunkt der Strecke ist der an der zweigleisigen Hauptbahn Dresden – Werdau gelegene Bahnhof Freital-Hainsberg (182 m über NN). Der Schmalspurbahnhof liegt nördlich unterhalb der auf einem Damm verlaufenden Gleise des Reisezugverkehrs der Regelspurstrecke. Am Nordrand der Schmalspurgleise führen die Gleise des Güterverkehrs der Normalspur entlang. Am westlichen Ende der Schmalspuranlagen in Freital-Hainsberg befinden sich die Lokomotivbehandlungsanlagen mit einem dreiständigen Lokschuppen. Dicht hinter dem Bahnhof überquert die Strecke zuerst die Wilde und sogleich die Rote Weißeritz, deren Lauf sie flußaufwärts folgt.

Hinter dem Betrieb der Sächsischen Kammgarnspinnerei beginnt der fast 5 km lange romantische Rabenauer Grund, der seit fast 50 Jahren zu den beliebtesten Naherholungsgebieten der Dresdner gehört und seit 1961 Naturschutzgebiet ist. Die Rote Weißeritz hat sich im Rabenauer Grund mehr als 100 m tief in den Erzgebirgsgneis eingeschnitten und ein felsiges, vielgewundenes und steilwandiges Engtal geschaffen. Bis hierher hat die Eisenbahnstrecke auf 13 Brücken die Rote Weißeritz überquert und am „Einsiedler" die Stelle passiert, an der bis zum Jahre 1906 ein 18 m langer Tunnel bestanden hat. Er wurde aufgeschlitzt, um den Verkehr mit auf Rollfahrzeugen aufgesetzten Güterwagen der Regelspur zu ermöglichen. Bis zum Bahnhof Rabenau ist die Strecke bereits um fast 70 m angestiegen. Hier befindet sich der Gleisanschluß der Sitzmöbelindustrie.

Die Strecke führt nun durch den Spechtritzgrund, und kurz vor dem Haltepunkt Spechtritz liegt die bei km 6,0 vom Bahnkörper durchschnittene „Goldstampfe". Es handelt sich dabei um einen mächtigen Felsbrocken im Flußbett der Roten Weißeritz, bei dem vor Jahrhunderten goldhaltiger Sand gewonnen worden sein soll. Der nächste Abschnitt der Strecke verläuft im Seifersdorfer Grund, in dem rechts die Feldfluren fast bis zur Talsohle

Bild 190   Strecke   Freital-Hainsberg – Kurort Kipsdorf.

Bild 191   Personenzug mit Schmalspurlokomotive 99 1786-5 im Bahnhof Dippoldiswalde.
Foto: Bäzold

herabreichen, während links noch schroffe bewaldete Gneisfelsen mit dem beim km-Stein 8,4 stehenden Trompeterfelsen stehen.

Bis unterhalb der Talsperre Malter, bei deren Bau die Strecke zwischen Spechtritz und Dippoldiswalde neu trassiert werden mußte, um den Höhenunterschied von 35 m abzufangen, dehnt sich das Landschaftsschutzgebiet Rabenauer Grund aus. Beim Bau der Talsperre von 1908 bis 1913 zum Hochwasserschutz wurde die Trasse von der linken auf die rechte Talseite bis etwa 2 m über den höchsten Staupegel hochgelegt. Die fast 3 km lange Talsperre mit ihren Strandbädern, Gaststätten, Hotels, Campingplätzen und Bootsverleihen ist vom Bahnhof Malter aus sehr gut zu erreichen.

Am Ostufer geht die Fahrt zum Bahnhof Dippoldiswalde weiter (348 m über NN). Die über 750 Jahre alte Kreisstadt verfügt über den größten Unterwegsbahnhof der Strecke. Ein einzigartiges Kulturdenkmal der Stadt ist die gegenüber dem Bahnhof stehende romanisch-frühgotische turm-lose Nikolai-Kirche aus dem 13. Jahrhundert. Auf den folgenden 7 km verläuft die Strecke zum größten Teil parallel mit der F 170 und hat einen Höhenunterschied von etwa 100 m zu überwinden. Der Bahnkörper zwischen Obercarsdorf und Buschmühle, der sich nach dem Haltepunkt Ulberndorf befindet, hat im oberen Teil während des ersten Weltkrieges einen neuen Verlauf erhalten, indem er vom rechten auf das linke Weißeritzufer verlegt wurde. Der Bahnhof Schmiedeberg (Bz Dresden) wurde neu errichtet (444,5 m über NN). Von Schmiedeberg aus war eine Zweigstrecke durch das Pöbeltal über Bärenfels und Rehefeld bis nach Moldau in Böhmen geplant, die jedoch nicht vollendet wurde. Teile des niemals genutzten Bahnkörpers finden sich noch heute im Tal der Roten Weißeritz.

Am Ortseingang von Schmiedeberg befindet sich das markanteste Bauwerk der Strecke, ein mehrbogiger Viadukt. Oberhalb Schmiedebergs liegt der bedeutendste Gleisanschluß der Bahnstrecke, der zum VEB Gießerei und Maschinenbau „Ferdinand Kunert" gehört. Dieser Betrieb entwickelte sich aus dem ehemaligen Schmiedeberger Eisenwerk zum größten Tempergußhersteller der DDR und hat dadurch den größten Anteil am Güterverkehr der Strecke. Über den Haltepunkt Buschmühle – hier ist der Quarzporphyr in einem riesigen Steinbruch als gelblichrote Wand zu sehen – zieht sich die Strecke mit einer Steigung von 1:40 zwischen hohen Waldhängen zum Endbahnhof Kurort Kipsdorf (534 m über NN) hinauf.

Mit etwa eineinhalb Stunden Reisezeit und der Überwindung von 350 m Höhenunterschied hat der Zug 26 km zurückgelegt. Der Bahnhof Kipsdorf wurde 1932/35 umgebaut, um ihn dem stärker gewordenen Ausflugs- und Wintersportverkehr anzupassen.

Der jetzige Bahnhof Kipsdorf liegt oberhalb des alten, und bei seiner Anlage mußten aus dem engen Tal der Roten Weißeritz mehr als 40000 m³ Fels ausgebrochen werden. Die sechs Gleise mit zwei Doppelbahnsteigen schließen am südlichen Bahnhofsende das teilweise in den Berg hineingebaute, quergestellte Empfangsgebäude ab.

Dresden–Freiberg (Sachs)–
Karl-Marx-Stadt

DR-Kursbuch-Strecke 410

Der 80 km lange Streckenabschnitt von Dresden nach Karl-Marx-Stadt ist Teil der südlichsten Ost-West-Verbindung der DDR zwischen Görlitz und Eisenach, einer vom Güter- und Personenverkehr gleichermaßen stark belasteten Hauptbahn. Besonderen Belastungen unterliegt der am Nordrand des Erzgebirges verlaufende Abschnitt Dresden–Freiberg (Sachs)–Karl-Marx-Stadt, da er die wichtigste Zu- und Abfuhrstrecke für die von ihm ausgehenden Eisenbahnstrecken in das Erzgebirge ist.

In seinem Verlauf kreuzt der Abschnitt zahlreiche in Nord-Süd-Richtung verlaufende Flußtäler, wodurch die Anlage vieler Kunstbauten erforderlich wurde und der Abschnitt auch „Brückenstrecke" genannt wird. Hinzu kommen noch zahlreiche Neigungen (bis zu 1:39), so daß dieser Streckenverlauf mit dem einer Gebirgsbahn verglichen wird. Zur Erhöhung der Leistungsfähigkeit wurde der Streckenabschnitt Dresden–Karl-Marx-Stadt bei der Elektrifizierung des „Sächsischen Dreiecks" im Jahre 1966 auf elektrischen Zugbetrieb umgestellt, womit in der DDR außer den bis dahin elektrifizierten Flach- und Hügellandstrecken erstmals eine Gebirgsbahn elektrifiziert wurde.

Die Entstehung des Abschnitts Dresden–Karl-Marx-Stadt begann mit dem Bau der sogenannten Albertsbahn zwischen Dresden und Tharandt, die am 28. Juni 1855 mit 13,6 km Länge in Betrieb genommen wurde. Ihr folgte am 11. April 1862 die Fortsetzung von Tharandt nach Freiberg (Sachs) mit 26,4 km Länge, so daß noch das Teilstück zwischen Freiberg (Sachs) und dem damaligen Chemnitz fehlte. Es wurde erst relativ spät in Betrieb genommen, was vor allem auf die Schwierigkeiten beim Hinabführen der Strecke in das Flöhatal zurückzuführen war. Manchem Eisenbahningenieur erschienen die topographischen Verhältnisse schier unüberwindlich. Immerhin dauerte es noch sieben Jahre, bevor die Lücke zwischen Freiberg (Sachs) und Flöha geschlossen werden konnte und am 1. März 1869 der erste Zug den Streckenabschnitt bis Chemnitz befahren konnte. Der Abschnitt Flöha–Chemnitz war seit 1866 in Betrieb.

Unmittelbar nach dem Dresdner Hauptbahnhof überspannt die dreiteilige, nur von je einem Rundpfeiler gestützte und dadurch in ihrer Konstruktion leicht und elegant wirkende Spannbetonbrücke das 70 m breite Bahnhofsvorfeld in 11 m Höhe. Insgesamt hat die seit 1966 bestehende Brücke eine Länge von 325 m.

Schon auf den ersten Kilometern trägt die Strecke den Charakter einer Gebirgsbahn. Gleich nach dem Dresdner Hauptbahnhof beginnt das Gelände in Richtung Westen zu steigen. Nach 3 km führt die Strecke in den Plauenschen Grund, in dessen Verlauf sich der Bahnbau wegen der vielen Bogen und schroffen Felswände sehr kostspielig gestaltete. Auf den insgesamt 10 km bis Freital-Hainsberg reiht sich ein Industriekomplex an den anderen. Der 140,6 m hohe Stahlbetonschornstein des Heizkraftwerkes fällt besonders auf, daneben die seit 1964 beste-

Platz zu schaffen. Andererseits ist das Gestein aber so fest, daß sich eine besondere Befestigung der Felswände erübrigte.

Sobald die Strecke das Weichbild der 1921 durch Vereinigung von acht Gemeinden entstandenen Kreisstadt Freital erreicht hat, weitet sich das Tal, und die Steigung wird geringer. Das ehemalige Zentrum des Steinkohlenbergbaus hat sich in den vergangenen 50 Jahren zu einer bedeutenden Industriestadt entwickelt (Edelstahlwerk, Plastverarbeitungs-, Förder- und Glasmaschinen, Feuerfest-,

Bild 192/193 Abschnitte der Strecke Dresden – Freiberg (Sachs) – Karl-Marx-Stadt.

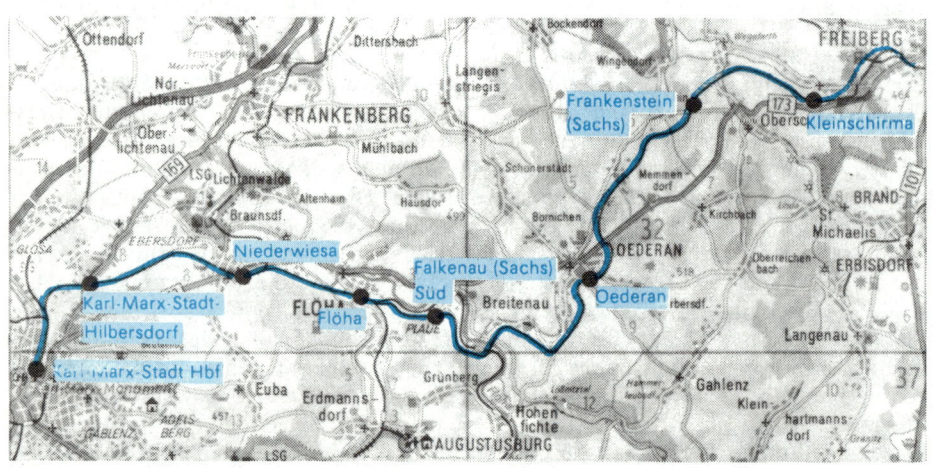

hende Brücke der Jugend im Verlauf eines neuen 1,1 km langen Verkehrszuges, der mit einer 120 m langen Stahlkonstruktion die Gleisanlagen der DR überspannt. Hinter dem Haltepunkt Dresden-Plauen wird rechts ein 50 m hoher Steinbruch sichtbar, links dann in den Felsen des Hohen Steins die 160 m langen Keller der Dresdner Brauereien, die schon mehr als 100 Jahre an dieser Stelle in Betrieb sind (Blockstelle Felsenkeller beim km 3,8). In diesem Abschnitt mußte stellenweise der Fels gesprengt werden, um den für den Streckenbau notwendigen

Kamera-, Glas-, Papier-, Porzellan-, Textil-, Leder-, Möbel-, Prüfgeräte- und Bauindustrie).

Das Haus der Heimat (Heimat- und Bergbaumuseum der Stadt Freital, Burgker Straße 61, Freital, 8210, Telefon 88 15 62, Öffnungszeiten Dienstag bis Freitag 10 bis 16 Uhr, Samstag und Sonntag 10 bis 17 Uhr) hat in seiner ständigen Ausstellung Dokumente und Fotos zur sogenannten Windbergbahn (1856), die von Guido BRESCIUS erbaut wurde, eine Karte der Albertsbahn, eine weitere zur Eröffnung der Schmalspurstrecke Freital-

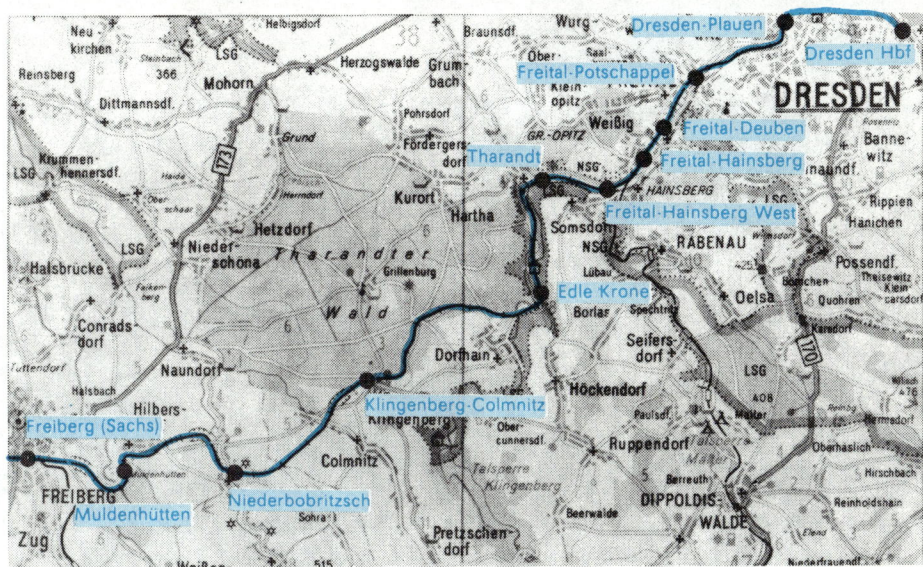

Potschappel – Wilsdruff und Fotos der Lokomotive des ersten Zuges Dresden – Freiberg im Jahre 1861. Im Aufbau befindet sich eine Ausstellung, zum Teil mit Modellen, zur Profilierung der Sächsischen Staatseisenbahnen (auch ihrer Schmalspurstrecken, z. B. Freital-Hainsberg – Kurort Kipsdorf).

Noch bevor der Bahnhof erreicht wird, erhebt sich links der Strecke der 352 m hohe Windberg, der als Wahrzeichen der Elbtallandschaft und wegen seines berühmten Traubeneichen-Buchen-Waldes zum Naturschutzgebiet erklärt wurde.

Im Bahnhof Freital-Hainsberg (182 m über NN) zweigt in südwestlicher Richtung die Schmalspurbahn nach dem Kurort Kipsdorf ab (siehe Seite 254). Beim km 10,9 erhebt sich rechts der Strecke der sogenannte Backofen mit einer fast senkrecht stehenden Wand, ein geologisches Naturdenkmal. Ihm schließen sich erzgebirgischer Gneis und Porphyr an, die auf den nächsten 9 km bis hinter Edle Krone das Gebiet bestimmen und ein Naturschutzgebiet darstellen.

Nachdem der Bahnhof Tharandt passiert wurde, biegt die Strecke südwärts ab in das sich verengende Badetal ein. Vor ihr liegt nun bis Klingenberg-Colmnitz eine Steilrampe mit der für Hauptbahnen höchstzulässigen Steigung von 1:40 (zum Teil sogar 1:39!), die bis zur Elektrifizierung von Zügen nur befahren werden konnte, wenn sich in Tharandt eine Vorspann- oder Schiebelok an den Zug gesetzt hatte und so zur Erhöhung der Zugkraft beitrug. Aus dem tief eingeschnittenen Weißeritztal führt die Strecke auf einer Länge von 11,6 km mit 228 m Höhenunterschied hinauf auf das hüglige Erzgebirgsvorland. Gewaltige Stützmauern sichern den Bahnkörper gegen die steil abfallenden Talschluchten.

Nachdem der Bahnhof Edle Krone (schon 279,5 m über NN) durchfahren ist, folgt sogleich der gleichnamige 122 m lange Tunnel, der bei der Elektrifizierung um 2 m erweitert werden mußte, wobei der Betrieb nicht unterbrochen wurde. Beim km 19,0 verläßt die Strecke das Tal der Roten Weißeritz und führt im Seerenbachtal weiter. Beim km 21,6 liegen die Blockstelle Seerenteich und links der gleichnamige Teich des vielbesuchten Ausflugszieles im Tharandter Wald, dessen Südostausläufer jetzt durchfahren werden.

Bild 194   Im Jahre 1967 aufgenommen: Schnellzug auf dem Viadukt über die Freiberger Mulde.
Foto: Brust

Beim km 35,4 ist der Bahnhof Klingenberg-Colmnitz erreicht (436 m über NN). Von hier aus begannen früher zwei Schmalspurstrecken – eine nach Frauenstein und eine nach Oberdittmannsdorf. Ab Klingenberg-Colmnitz verläuft die Trasse über weniger stark gegliedertes Gelände. Häufig müssen jedoch Täler überbrückt werden, die vom Erzgebirge her verlaufen und die Strecke in Süd-Nord-Richtung kreuzen, das erste Mal nach dem Durchfahren eines Einschnittes kurz hinter Klingenberg-Colmnitz. Der 147 m lange Viadukt beim km 27,4 wurde von 1860 bis 1862 errichtet. Er führt in 23,80 m Höhe die Bahnstrecke über die Talsohle hinweg. Das Bauwerk liegt vollständig in der Geraden und hat zehn Bogen aufzuweisen. Das Material der etwa 1 m dicken Gewölbe ist Sandstein. Die Quader sind sehr sorgfältig nach dem Steinschnitt gearbeitet. Die Pfeiler und das Mauerwerk bestehen aus Grauwacke-Bruchsteinen.
Das zweite Mal wird der Streckenverlauf vom Tal der Bobritzsch unterbrochen, so daß bei Niederbobritzsch die hier in der Geraden verlaufende Trasse beim km 31,25 das Tal auf einem 175 m langen Viadukt in 26 m Höhe überquert. Der Viadukt wurde ebenfalls 1860/1862 errichtet. Er weist neun gleiche Segmentbogen mit einer lichten Weite von je 11,30 m auf. Die Gewölbe bestehen auch aus Sandstein, die Pfeiler und das Mauerwerk aus Grauwacke-Bruchsteinen. Wegen Isolierungsschäden mußte das Bauwerk 1960 ausgepreßt und instand gesetzt werden.
Nach zahlreichen von der Strecke beschriebenen Bögen kreuzt das dritte Mal ein Tal die Strecke, und zwar verläuft die Trasse unmittelbar hinter dem Bahnhof Muldenhütten auf einem Viadukt, der sogenannten Muldentalbrücke, aus Bruchstein. Der Viadukt liegt bei km 36,5, ist 196 m lang und führt die Strecke in 42,80 m Höhe über der Talsohle über die Freiberger Mulde hinweg. Das 1862 erbaute Bauwerk liegt am Brückenanfang in einem Gleisbogen mit dem Radius von 266 m. Die acht Gewölbe sind zum Scheitel hin überhöhte Korbbögen, je zwei Bögen mit 9,06 m lichter Weite, fünf Bögen mit je 25,49 m lichter Weite und

wieder ein Bogen mit 9,06 m lichter Weite. Die Gewölbe wurden aus nach dem Steinschnitt bearbeiteten Sandsteinquadern gefertigt. Im Jahre 1932 wurde die Bauwerkkrone in Verbindung mit Instandsetzungsarbeiten verbreitert.

Nach dem Passieren des Viadukts, der inzwischen unter Denkmalschutz steht, ist nach kurzer Fahrt der Bahnhof Freiberg (Sachs) erreicht. Er wurde am 11. August 1862 mit Einweihung der von Dresden kommenden Strecke eröffnet, bei der übrigens die im Jahre 1855 von Hartmann gebaute HVa-Güterzuglokomotive (Fabrik-Nr. 231) *GLÜCKAUF* den Eröffnungszug von Dresden führte.

Das Empfangsgebäude stammt vom Freiberger Professor an der Bergakademie, dem Architekten Eduard HEUCHLER. Von den vielen Schmuckelementen blieben durch Umbauten nur die gotischen Halbsäulen der Flügelbauten erhalten, trotzdem steht das im Jahre 1862 erbaute Empfangsgebäude unter Denkmalschutz.

Vom Bahnhof Freiberg (Sachs) aus führt in südöstlicher Richtung die eingleisige Nebenbahnstrecke über Mulda (eröffnet am 2. November 1875) bis Holzhau (eröffnet am 15. August 1876). In Berthelsdorf zweigt eine Strecke nach Langenau (1890 eröffnet) ab. Auf der ebenfalls 1890 eröffneten eingleisigen Nebenbahn nach Halsbrücke gibt es nur noch Güterverkehr, ebenso auf der in den Jahren 1873/75 eröffneten Nebenbahn nach Nossen.

Nachdem die Hauptbahn den Stadtrand von Freiberg verlassen hat, werden wieder die charakteristischen, in Süd-Nord-Richtung verlaufenden Täler mit Flußläufen gekreuzt, so im nördlichen Teil der Gemeinde Oberschönau, wo auf der Striegistalbrücke, einer Bogengroßbrücke, das reizvolle Striegistal überquert wird. Das eindrucksvolle 1866/68 erbaute Bauwerk liegt beim km 48,50 und wird auch Frankensteiner Viadukt genannt. Er hat eine Länge von 348,5 m, eine Gesamthöhe von 39 m über der Talsohle

Bild 195   Hetzdorfer Viadukt mit einem Sonderzug des DMV der DDR.   Foto: Liebling

und lichte Höhen der Gewölbe von 37,5 m, womit er zu den größten Massivbauwerken seiner Zeit gehört. Insgesamt besteht er aus 17 Bogen, wobei die aus Sandstein sauber gearbeiteten Gewölbe nur eine Dicke von 0,57 m bis 0,78 m haben. Der nächste interessante Abschnitt beginnt bei Oederan, im Prinzip das Gegenstück zu der Steilstrecke bei Klingenberg-Colmnitz. Ab Oederan führt die Strecke in einem Gefälle bis zu 1:55 (18,2 ‰) hinunter in das Flöhatal, wobei wieder zahlreiche Kunstbauten die Bahnlinie über die tiefen Täler führen, darunter als das eindrucksvollste Bauwerk der Viadukt über das Flöhatal bei Hetzdorf, der unter Denkmalschutz steht. Die Trasse überschreitet, nachdem rechts das Dorf Breitenau liegengelassen wurde, zwischen km 62,1 und 62,5 das Flöhatal, wobei außer dem Fluß durch den Hetzdorfer Viadukt auch die eingleisige Nebenbahn Flöha – Pockau-Lengefeld verläuft.

Das ästhetisch hervorragende große Bauwerk, ein Meisterwerk alter Steinmetz- und Brückenbaumeister, bildet für viele Natur- und Eisenbahnfreunde das Eingangstor zu dem reizvollen Flöhatal. Das zweigleisige 326 m lange Bauwerk überschreitet in einem Bogen mit dem Halbmesser von 750 m in 43 m Höhe das Tal. Es wurde in den Jahren 1866/68 aus Granit- und Sandsteinquadern sowie Gneisbruchsteinen errichtet. An vier großen Bögen in Talmitte mit einer lichten Weite von je 22,66 m schließen in Gruppenpfeilern sieben kleinere Bögen mit je 16,99 m lichter Weite und über den Talhängen ebenfalls in Gruppenpfeilern sechs kleinere Bögen mit je 5,66 lichter Weite an.

Im Bahnhof der Kreisstadt Flöha, einer ausgesprochenen Industriestadt mit viel Textilindustrie, vereinigen sich die Strecke von Pockau-Lengefeld sowie die aus dem Zschopautal kommende Nebenbahn von Bärenstein. Westlich der Stadt wird die Zschopau überquert und die am östlichen Stadtrand der Bezirksstadt Karl-Marx-Stadt liegende Industriegemeinde Niederwiesa erreicht. In nördlicher Richtung zweigt hier die nach Roßwein führende eingleisige Nebenbahn ab. Linksseitig breiten sich dann auffällig die Anlagen des Rangierbahnhofs Karl-Marx-Stadt-Hilbersdorf aus; nach einem engen Linksbogen wendet sich die Strecke in südliche Richtung und erreicht das Vorfeld des Bahnhofs Karl-Marx-Stadt Hauptbahnhof.

Karl-Marx-Stadt

Die Bezirksstadt und der Stadtkreis im Erzgebirgischen Becken vor der Nordabdachung des Erzgebirges in einem weiten Talkessel an der Chemnitz gelegen, die im Stadtteil Altchemnitz aus den Quellflüssen Würschnitz und Zwönitz entsteht, im Süden von den Ausläufern des Erzgebirges, im Norden von den Höhen des Mittelsächsischen Berglandes umgeben, ist das politische, ökonomische, wissenschaftlich-technische und geistig-kulturelle Zentrum des hochentwickelten Industriebezirks sowie Hauptort des dichtbesiedelten Ballungsgebietes.

Das vielseitige Industrieprofil wird bestimmt durch Werkzeugmaschinen- und Fahrzeugbau, Elektrotechnik/Elektronik und Gerätebau, Gießereien, Chemieanlagenbau, Chemieindustrie, Textilindustrie, Bekleidungs-, Holz- und Nahrungsmittelindustrie. Im Verkehrsnetz ist die viertgrößte Stadt der DDR Straßenknotenpunkt (Autobahn und Fernverkehrsstraßen) sowie ein bedeutender Eisenbahnknoten, der im Süden der DDR im Güter- und Personenverkehr von großer Bedeutung ist und in dem sich die Magistrale Görlitz – Dresden – Karl-Marx-

Stadt – Erfurt – Eisenach mit den beiden Hauptbahnstrecken Leipzig – Karl-Marx-Stadt und Berlin – Riesa–Döbeln – Karl-Marx-Stadt verbinden.

Bild 196   Bahrebachtalbrücke in Karl-Marx-Stadt.
Foto: Nosseck

Den umfangreichen Berufsverkehr im Ballungsgebiet – im wichtigsten Arbeitskräfte-Einpendlerbereich zwischen Hohenstein-Ernstthal und Flöha – bewältigen neben Omnibussen vor allem der seit 26. September 1965 eingerichtete elektrische Wendezugbetrieb zwischen Hohenstein-Ernstthal und Flöha und die Straßenbahn der Stadt durch sinnvolle Arbeitsteilung.

Im Personenverkehr der Eisenbahn hat der Bahnhof Karl-Marx-Stadt Hauptbahnhof die größte Bedeutung, während der Rangierbahnhof Karl-Marx-Stadt-Hilbersdorf (1896 erbaut) und der Bahnhof Karl-Marx-Stadt-Kappel die Drehscheiben für den Güterverkehr des westsächsischen und ostthüringischen Industriegebiets sind, wobei der Rangierbahnhof Karl-Marx-Stadt-Hilbersdorf auch Aufgaben im grenzüberschreitenden Eisenbahngüterverkehr zur ČSSR über den Grenzbahnhof Bad Brambach hat. Seit 1975 besteht für den Containerverkehr der Großcontainerumschlagplatz Karl-Marx-Stadt-Kappel.

Für den Eisenbahntouristen ist Karl-Marx-Stadt Ausgangspunkt für Fahrten auf der Schmalspurstrecke Cranzahl – Kurort Oberwiesenthal. Viele Besucher zieht auch die Pioniereisenbahn der Bezirksstadt an. Zwei verkehrsgeographisch interessante Bahnen, die Standseilbahn Augustusburg und die Fichtelberg-Schwebebahn im Kurort Oberwiesenthal, sind gleichfalls von Karl-Marx-Stadt aus gut zu erreichen. Historische Lokomotiven stehen in Geyer (Kreis Annaberg) und in Oberrittersgrün (Kreis Schwarzenberg) – 33 km von Karl-Marx-Stadt entfernt – nahe der Staatsgrenze zur ČSSR. Unter Denkmalschutz stehende Hoch- und Kunstbauten befinden sich ebenfalls in Oberrittersgrün (das ehemalige Bahnhofsgebäude) sowie in Karl-Marx-Stadt selbst (die Chemnitztalbrücke an der Strecke Karl-Marx-Stadt – Werdau und die Bahrebachtalbrücke an der Strecke Karl-Marx-Stadt – Leipzig), ferner in Frankenberg (Sachs) (Lützeltalbrücke und die Hammertalbrücke, beides 1867/68 erbaute gewölbte Steinbrücken) an der Strecke Niederwiesa – Roßwein (DR-Kursbuch-Strecke 417), wobei Ende der 70er Jahre bei einer Rekonstruktion der Hammertalbrücke deren Gewölbeteil entfernt und durch einen Stahlbetonüberbau ersetzt wurde, und schließlich bei Göhren (Kreis Rochlitz) die 425 m lange, 68 m hohe Muldentalbrücke (erbaut 1870/71) über das Tal der Zwickauer Mulde an der Strecke Karl-Marx-Stadt – Leipzig (DR-Kursbuch-Strecke 430).

Bahnhof Karl-Marx-Stadt Hauptbahnhof

Inmitten des Stadtzentrums der Bezirksstadt erhebt sich der Bau des seit 1975 rekonstruierten Hauptbahnhofs mit der neuen, modernen, 2,5 ha großen Bahnsteighalle und dem 100 m langen Querbahnsteig. Er gehört zu den stark belasteten Personenbahnhöfen der DR, denn etwa 10 Prozent aller in der DDR verkehrenden schnellfahrenden Reisezüge beginnen bzw. enden hier oder berühren im Durchlauf den Bahnhof Karl-Marx-Stadt Hbf, mit Personenzügen täglich insgesamt 500 Züge. Besondere Bedeutung hat er auch als Umsteigebahnhof zu den Strecken ins Erzgebirge bzw. zu den Omnibuslinien, die vom benachbarten modernen Busbahnhof (1968 erbaut, zwölf Bahnsteige, täglich etwa 850 Ab- und An-

Bild 197 Neue Bahnsteighalle des Bahnhofs Karl-Marx-Stadt Hauptbahnhof.
Foto: Bildstelle Rbd Dresden

fahrten auf 42 Linien) am Schillerplatz beginnen bzw. enden.

Der erste Bahnhofsbau von Chemnitz (ein 800 m langer Kopfbahnhof) wurde mit der Inbetriebnahme der Strecke Riesa–Chemnitz der Niedererzgebirgischen Bahn am 1. September 1852 eingeweiht. Er befand sich an der Dresdner Straße in Höhe der einmündenden Petersstraße.

Der Vorläufer des Empfangsgebäudes des heutigen Hauptbahnhofs wurde im Jahre 1854 dem Betrieb übergeben. Es hatte seinen Platz westlich der Bahnhofsanlagen zwischen folgenden Straßen (heutige Straßenbezeichnungen): Philipp-Müller-Straße/Straße der Nationen/Bahnhofsstraße/Kurt-Fischer-Straße. Da in den Folgejahren neue Strecken in die seit 1858 als Hauptbahnhof bezeichnete Bahnhofsanlage eingeführt wurden (1858 Zwickau–Chemnitz, 1866 Chemnitz–Annaberg, 1869 Freiberg–Chem-

nitz und Chemnitz – Hainichen, 1870 Chemnitz – Leipzig, 1875 Chemnitz – Aue [Sachs]) genügten die Anlagen den Verkehrsbedürfnissen bald nicht mehr, so daß eine erste Erweiterung 1858/66 und die zweite 1869/72 vorgenommen wurden.

Das Empfangsgebäude wurde ebenfalls 1869/72 nach den Entwürfen des Dresdner Architekten Professor ECK gebaut. Der Bahnhof besaß damals an der Ostseite einen 400 m langen Bahnsteig für den Durchgangsverkehr Dresden – Werdau und an der Nordseite 3 je 170 m lange Kopfbahnsteige für die hier endenden Züge (aus Leipzig, Riesa, Annaberg, Hainichen).

1906/10 erfuhr der Hauptbahnhof nochmals eine Umgestaltung, wobei die 174 m lange, 150 m breite und 14 m hohe verglaste Bahnsteighalle entstand, während die äußere Gestalt des Empfangsgebäudes unverändert blieb.

Während eines Bombenangriffs am 5. März 1945 trugen die Bahnsteighalle und die Wartesäle große Schäden davon, doch die Fassade des Empfangsgebäudes war im wesentlichen erhalten geblieben. Die große Halle wurde schon Mitte der 70er Jahre modern gestaltet. Der Bau der neuen Bahnsteighalle – mit Glas und plastbeschichteten Blechen verkleidet – begann unter den schwierigen Bedingungen der vollständigen Aufrechterhaltung des Betriebs im Jahre 1975. Der heutige Hauptbahnhof verfügt über 16 Bahnsteige, 400 Weichen und 64 km Gleisanlagen. Seit dem 29. Mai 1965 ist er an das elektrifizierte Streckennetz der DR angeschlossen.

Rangierbahnhof Karl-Marx-Stadt-Hilbersdorf

Der am 26. Juni 1902 nach sechsjähriger Bauzeit in Betrieb gegangene Rangierbahnhof Karl-Marx-Stadt-Hilbersdorf liegt an der zweigleisigen elektrifizierten Hauptbahnstrecke Dresden – Werdau. Er ist nach dem Rangierbahnhof Dresden-Friedrichstadt im südlichen Teil des Streckennetzes der DR der wichtigste und leistungsfähigste Rangierbahnhof. Die 50 km langen Gleisanlagen mit 400 Weichen haben eine Längenausdehnung von etwa 3 km und eine größte Breite von 260 m. Der Rangierbahnhof ist als einseitiger Gefällebahnhof in Ost-West-Richtung angelegt. Die Wagen rollen durch eigene Schwerkraft von dem mit einer elektromechanischen Seilablaufanlage ausgerüsteten Ablaufberg (Neigung 1:50) über eine Ablauframpe (Neigung 1:50) bis in die Richtungsgleise und weiter in die Ausfahrgleise.

Der Rangierbahnhof stellt einen Sammel- und Verteilerbahnhof dar. Er fängt die Güterströme aus den ihn umgebenden Industriegebieten auf und leitet sie weiter, u. a. nach Zwickau, Gera, Freiberg, Riesa und Gaschwitz. Dank der Seilablaufanlage ist es möglich, auf Abdrücklokomotiven im Bereich der Einfahrgruppe zu verzichten, und auch für das Rangieren bei der Zugzerlegung und Zugbildung werden keine Triebfahrzeuge benötigt. Lediglich für das Abholen ablaufverbotener Wagen sowie für das Umsetzen falschgelaufener und beschädigter Wagen kommen drei Rangierloks zum Einsatz.

Straßenbahn in Karl-Marx-Stadt

Die Straßenbahn in der sächsischen Bezirksstadt ist durch drei Besonderheiten gekennzeichnet: Mit 925 mm Spurweite (ehemals sogar 915 mm) ist sie die schmalste Straßenbahn, die im ehemaligen Deutschland gebaut wurde. Die daraus resultierenden Unzulänglichkeiten führten ab 1958 zum Umbau einer Strecke auf Regelspurweite 1435 mm. Die topographischen Verhältnisse (enge Flußtäler und Steilrampen auf die Hänge) beeinflußten wesentlich die Entscheidung über Rekonstruktion bzw. Ausbau des Netzes oder Umstellung des Betriebs auf Omnibusse.

Die erste Straßenbahn verkehrte am 22. April 1880 zwischen dem Centralbahnhof (heute Hauptbahnhof) und der Nicolaikirche zunächst noch als Pferdebahn. Auch die bis zur Elektrifizierung 1893/94 eröffneten Strecken wurden noch als Pferdebahnen betrieben. Ab der Jahrhundertwende begann mit der Entwicklung der kapitalistischen Industrie in der Stadt auch der Ausbau des Straßenbahnnetzes, wobei die Linien ab 1903 mit den Buchstaben des Alphabets bezeichnet wurden. Im Jahre 1927 erfolgte dann die Umstellung auf Zahlen, im gleichen Jahr auch die Erhöhung der Fahrleitungsspannung von 550 V auf 600 V. Wie kaum bei einer Straßenbahn in einer anderen Stadt kam es ab 1939 mit Beginn des zweiten Weltkrieges zu drastischen Betriebseinschränkungen mit Dezimierung des Fahrzeugparks, Einstellung von Linien, Dehnung der Zugfolge und Verkürzung der täglichen Betriebsdauer. Luftangriffe auf die Stadt führten dann infolge großer Zerstörungen an Gleisen, Fahrleitungsanlagen, Fahrzeugen und Depots zur Einstellung des Betriebs am 16. April 1945.

Erst Ende 1946 war das Gleisnetz wieder voll befahrbar. Im Jahr 1958 begannen in der Annaberger Straße die ersten Arbeiten zur Umstellung der Linie 5 auf Regelspurweite, und am 8. Mai 1960 konnte das erste Teilstück der Linie 5 eingeweiht werden. Der Neuaufbau des Stadtzentrums bedingte ab 1963 umfangreiche Linien- und Trassenänderungen im schmalspurigen Netz. Bis zum Jahre 1972 wurde die Linie 2 voll auf Regelspurweite umgestellt, und seit 1974 werden die Linien der Normalspur nach Abgabe des zweiachsigen Regelspurwagenparks nach Rostock, Potsdam und Brandenburg nur noch von Trieb- und Beiwagen der Tatra-Serie T3D/B3D befahren.

Die betrieblich interessanteste Stelle im Netz der Straßenbahn ist die Zentralhaltestelle im Zentrum an der Ernst-Thälmann-Straße, wo die 925-mm- und die Regelspurstrecken zusammenstoßen. In Karl-Marx-Stadt verkehren übrigens (wie auch in Schwerin) 2,50 m breite Fahrzeuge!

Pioniereisenbahn Karl-Marx-Stadt

Als dritte Pioniereisenbahn in der DDR nahm die in Karl-Marx-Stadt durch den Volkspark Küchwald fahrende Pioniereisenbahn am 13. Juni 1954 zum Tag des Eisenbahners ihren Betrieb auf. Da auf das Material von Feld- und Trümmerbahnen zurückgegriffen wurde, hat sie eine Spurweite von 600 mm.

Unter Verwendung der Fahrgestelle von Feldbahnloren wurden 1953/54 im Reichsbahnausbesserungswerk „Wilhelm Pieck" in Karl-Marx-Stadt offene Personenwagen gebaut. Eine vorhandene Baulokomotive mit Dieselantrieb wurde so verkleidet, daß sie äußerlich einer Dampflokomotive entspricht, weil es zu diesem Zeitpunkt noch kein geeignetes Vorbild einer Diesellok bei der DR gab, was zur Nachbildung angeregt hätte. Die Verkleidung fand bei den Pionieren aber keinen Anklang, so daß sie 1964 wieder entfernt wurde.

Eine weitere Diesellokomotive wurde 1956 aus der Produktion des damaligen

Bild 198 Strecke der Pioniereisenbahn Karl-Marx-Stadt.

VEB Lokomotivbau „Karl Marx" Babelsberg in Betrieb genommen, so daß zusammen mit weiteren im Raw gebauten Wagen ein Zwei-Zug-Betrieb ermöglicht wurde. Nach und nach entstanden auch die für den Betrieb erforderlichen technischen Anlagen wie eine Lokomotivhalle und eine Wagenhalle sowie eine Tankstelle.

Standseilbahn Augustusburg:
Bahnhof Erdmannsdorf-Augustusburg – Augustusburg
DR-Kursbuch-Strecke 990

Im Kursbuch der Deutschen Reichsbahn ist unter der Strecken-Nr. 990 die Städtische Drahtseilbahn Augustusburg aufgenommen, obwohl sie nicht der DR untersteht. Sie hat als Verbindung zwischen der Stadt Augustusburg am 516 m hohen Schellenberg (Kreis Flöha) und dem im Tal etwa 200 m tiefer liegenden Bahnhof Erdmannsdorf-Augustusburg der Strecke Karl-Marx-Stadt – Bärenstein (DR-Kursbuch-Strecke Nr. 420) große Bedeutung sowohl im Berufsverkehr zu und von den Zügen dieser Strecke als auch im Ausflugsverkehr auf das bekannte, über 400 Jahre alte Schloß.

Die Standseilbahn überwindet auf einer Streckenlänge von 1235 m einen Höhenunterschied von 168 m; die mittlere Neigung beträgt etwa 140 ‰. Sie wurde am 24. Juni 1911 in Betrieb genommen. Der Betrieb läuft so ab, daß zwei Wagen durch ein 29 mm dickes und 1325 m lan-

*Bild 199   Kreuzungsstelle   der
Standseilbahn Augustusburg.*
                Foto: Spranger

ges Seil (etwa 4 t schwer), das an der
Kopfstation über eine Rolle läuft, miteinander verbunden sind. Auf der Strecke
wird das Seil von 233 Rollen geführt.
Beide Wagen fahren also gleichzeitig und

in entgegengesetzter Richtung. In der
Mitte der Strecke ist eine Kreuzungs-
stelle vorhanden. Bemerkenswert ist die
Bedienung der Antriebsmaschine in der
Bergstation durch Funkfernsteuerung von

*Bild 200   Längsprofil der Standseilbahn Augu-
stusburg.*

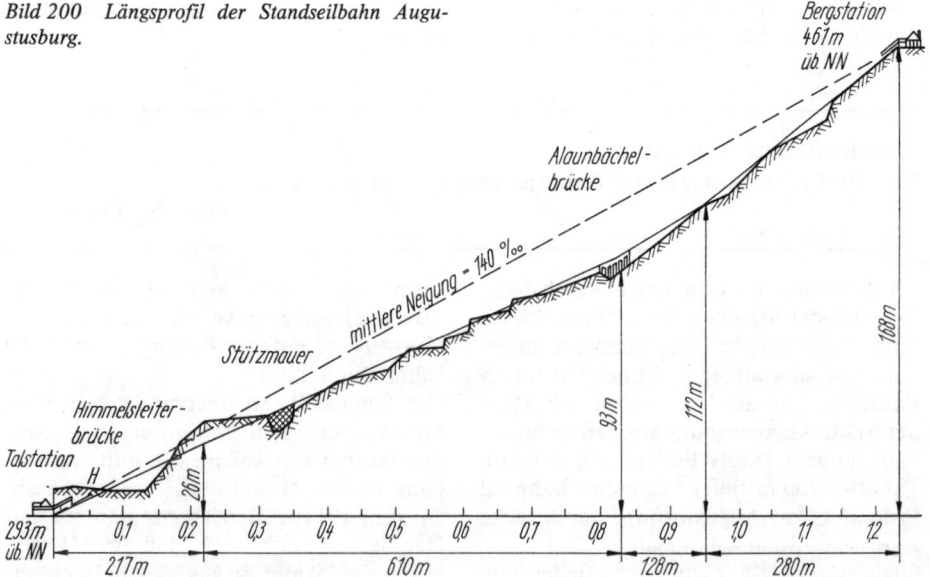

Bild 201 Neuer Wagen der Standseilbahn Augustusburg.
Foto: Spranger

den Fahrzeugen her und nicht durch einen Maschinisten. An der Talstation, die dem Bahnhof Erdmannsdorf-Augustusburg direkt gegenüberliegt, befindet sich mit einer Tiefe von 11 m der größte Einschnitt in das Gelände. Dahinter kreuzt auf einer einfachen Stahlbrücke die sogenannte Himmelsleiter die Strecke, ein Fußweg vom Zschopautal nach Augustusburg.

Zwischen km 0,3 und 0,4 erhebt sich eine Stützmauer, deren Anlage notwendig wurde, weil sich bei den Bauarbeiten infolge unterirdischer Hohlräume, die beim Abbau des Alaunschiefers in der Mitte des 18. Jahrhunderts entstanden, erhebliche Einsenkungen und Risse im Damm zeigten. Unter der Stützmauer mußten die alten Hohlen und Gänge verbaut werden. Die Kreuzungsstelle in der Mitte der Strecke hat zungenlose ABTsche Weichen.

Um an der Kreuzungsstelle auszuweichen, haben die Räder an der Seite, nach der der Wagen abgelenkt werden soll, zwei Spurkränze. Die Räder der anderen Seite haben keine Spurkränze; sie sind als 200 mm dicke Walzen ausgebildet.

Beim km 0,8 überquert die Strecke auf einer 36 m langen Brücke das Alaunbächel. Die Brücke besteht aus sechs Bögen, deren größter eine Breite von 7 m und eine lichte Höhe von 6 m hat. Von hier ab beginnt der steilste Abschnitt der Strecke; die Neigung beträgt bis zur Bergstation 200 ‰. Die Bergstation liegt 461 m über NN am Fuße des Schloßberges.

Die seit dem Jahre 1973 eingesetzten Wagen (aus der Ungarischen Volksrepublik stammend) – Fassungsvermögen von 74 Personen – legen die 1,2 km lange Strecke in einer Fahrzeit von je acht Minuten zurück. Ein Rundgang um das Schloß mit einzigartigen Fernblicken ist ein gelungener Abschluß eines Besuchs des ehemaligen Jagdschlosses Augustusburg, das heute u. a. das Zweitakt-Motorradmuseum der DDR beherbergt.

Cranzahl–Kurort Oberwiesenthal   DR-Kursbuch-Strecke 424

Von der Industriegemeinde Cranzahl im Kreis Annaberg, in etwa 600 m über NN nordöstlich des Landschaftsschutzgebietes Bärenstein mit dem gleichnamigen 898 m hohen Berg und dem Ort Bärenstein gelegen, erhielt im Jahre 1872 Anschluß an das Eisenbahnnetz mit der Strecke Chemnitz – Annaberg-Buchholz – Bärenstein, die seinerzeit über Weipert (heute Vejprty/ČSSR) nach Komotau (heute Chomutov/ČSSR) führte und die erste Strecke war, die das Erzgebirge überquerte.

Seit dem 20. Juli 1897 ist von Cranzahl nach dem Kurort Oberwiesenthal eine 750-mm-Schmalspurstrecke in Betrieb, die auf einer Länge von 17,3 km zum 892 m über NN gelegenen Bahnhof, zugleich dem höchstgelegenen Bahnhof der DDR für den öffentlichen Verkehr, führt. Seit ihrer Inbetriebnahme dient sie vor allem dem Touristenverkehr. Sie hat um die Jahrhundertwende wesentlich zur Entwicklung des Gebietes um Oberwie-

senthal (Bau von Hotels und anderen Einrichtungen für den Fremdenverkehr) beigetragen. Die Strecke überwindet auf einer Länge von 17,3 km einen Höhenunterschied von 238 m; das entspricht einer durchschnittlichen Steigung von 1:72.

Die Gleisanlagen des Schmalspurbahnhofs in Cranzahl liegen sowohl südlich (Gleise für Reisezüge) als auch nördlich (Gleise für Güterzüge) der Regelspurgleise, so daß sich diese in Insellage zu den Gleisen der Schmalspurbahn befinden.

Die Strecke führt zunächst im Tal der

Bild 202 Längsprofil der Strecke Cranzahl – Kurort Oberwiesenthal.

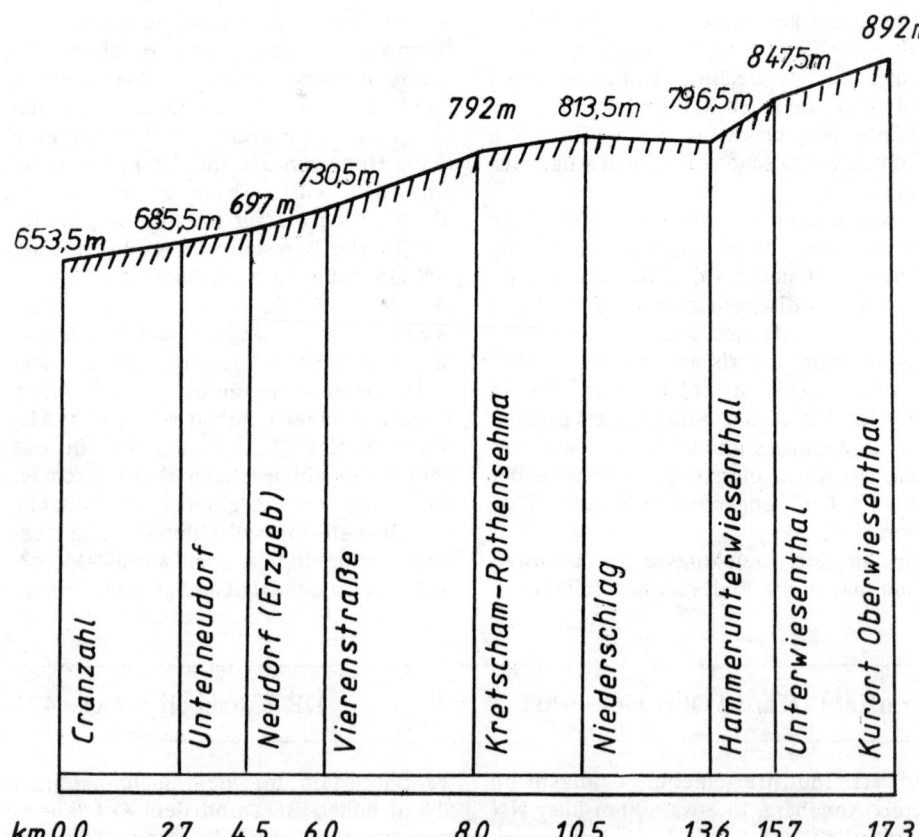

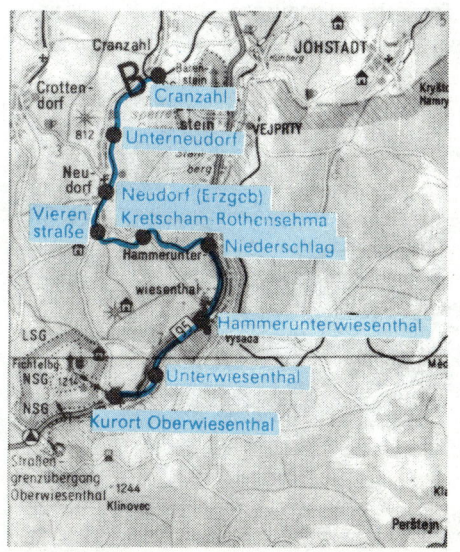

Bild 203   Strecke Cranzahl –
Kurort Oberwiesenthal.

Bild 204   Ein Zug mit Rollwagen in Richtung
Cranzahl nach Verlassen des Bahnhofs Nieder-
schlag.   *Foto: Knigwe*

Sehma aufwärts über den Haltepunkt Un-
terneudorf (km 2,7), der in Ortsmitte
liegt. Der 4 km langgestreckte, von hohen
Bergen umgebene Ort hat an seinem südlichen Ende noch den Haltepunkt Vie-
renstraße, an dem die Strecke das Tal der
Sehma verläßt und sich östlich wendet,
um in einem großen Bogen – dichten Nadelwald durchfahrend – die Steigungen
auf das Fichtelbergmassiv vollziehen zu
können. Der nächste Bahnhof, Kret-
scham-Rothensehma (ebenfalls noch zu
Neudorf gehörend), liegt bereits 792 m
über NN. (Trotzdem sind es bis zum
Bahnhof Kurort Oberwiesenthal noch
100 m Höhendifferenz!) Beim Bahnhof
Niederschlag (km 10,5) an der Grenze
zur ČSSR biegt die Strecke wieder in südliche Richtung ab. Sie hat hier das Pöhl-

bachtal erreicht und führt nun parallel mit der F 95 im Pöhlbachtal aufwärts durch den Bahnhof Hammerunterwiesenthal (km 13,6) und den Haltepunkt Unterwiesenthal (km 15,7) – nochmals die F 95 kreuzend und vor dem Bahnhof einen kleinen Viadukt überfahrend – zum Bahnhof Kurort Oberwiesenthal (km 17,35) in 892 m über NN. Hier, am Südhang des Fichtelberges, sind die Schwebebahn und die Sprungschanze zu sehen, hoch oben auf dem 1214 m hohen Fichtelberg der 40 m hohe Aussichtsturm und an seinem Fuß das Fichtelberghaus. Das Landschaftsschutzgebiet Fichtelberg ist eines der das ganze Jahr hindurch am meisten besuchten Touristengebiete der DDR. Die starken Steigungen und das sprunghafte Anwachsen des Verkehrsaufkommens führten dazu, daß die anfangs eingesetzten B'B' n4v-Lokomotiven (ex sä IV K) durch die leistungsstarken, im Jahre 1928 in Dienst gestellten Maschinen der BR 99^{72-76} ersetzt wurden. Diesen folgten die Neubaulokomotiven der BR 99^{77-79}, die der BR 99^{72-76} äußerlich ähnlich sind, bei denen jedoch die Erkenntnisse des Nachkriegslokbaus in der DDR berücksichtigt wurden. Alle Lokomotiven gehören zur Bauart 1'E1' h2 und zur Gattung K 57.9. Die BR 99^{77-79} lieferte seit dem Jahre 1952 der damalige VEB Lokomotivbau „Karl Marx" Babelsberg.

Fichtelberg-Schwebebahn: Kurort Oberwiesenthal – Fichtelberg

DR-Kursbuch-Strecke 991

Die im Kursbuch der Deutschen Reichsbahn enthaltene Städtische Fichtelberg-Schwebebahn führt von der in der Nähe des Bahnhofs Kurort Oberwiesenthal gelegenen Talstation auf einer Länge von 1173 m hinauf auf den Fichtelberg, wobei sie einen Höhenunterschied von 303 m überwindet. Das Tragseil ist 44 mm, das Zugseil 24 mm dick. Die Trasse wird über fünf Stützen geführt, wobei die größte Entfernung zwischen Stütze 1 und Stütze 2 über dem Jungferngrund 525,5 m beträgt.

Die Bahn wurde am 22. Dezember 1924 nach einer infolge der besonders günstigen Witterung im Herbst 1924 ungewöhnlich kurzen Bauzeit von reichlich drei Monaten in Betrieb genommen. Sie verkehrte mit Unterbrechungen bis 1948. In jenem Jahr mußte sie wegen Verwerfung der vierteiligen, durch Kupplungen

Bild 205   Längsprofil der Fichtelberg-Schwebebahn.

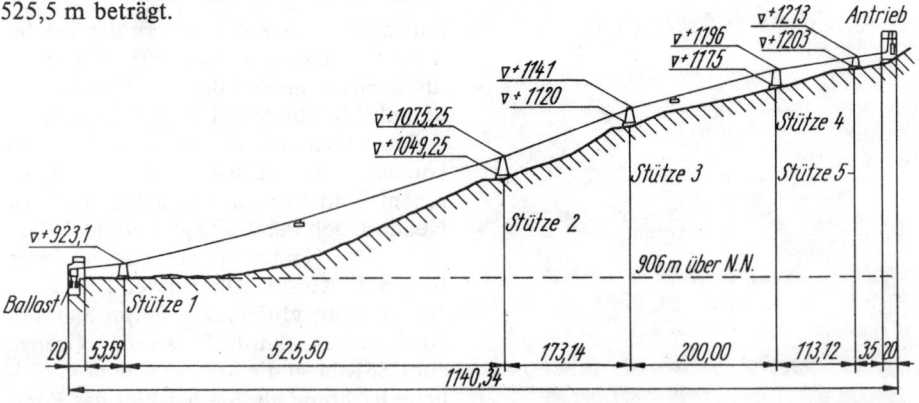

Bild 206   Fichtelberg-Schwebe-
bahn.   Foto: Schiefer

untereinander verbundenen Seile stillgelegt werden. Von August 1955 bis Februar 1956 wurde sie deshalb einer Generalreparatur unterzogen, die der VEB
Verlade- und Transportanlagen (VTA)
„Paul Fröhlich" Leipzig ausführte. Mit
dem Neuaufbau des bei einem Schaden-
feuer vernichteten Fichtelberghauses stie-
gen die Beförderungszahlen sprunghaft
an, weshalb 1969 nochmals eine Generalreparatur durch den Betrieb Tramontaz
aus Chrudim/ČSSR notwendig war.

Die Fahrzeiten betragen seitdem etwa
sechs bis acht Minuten, so daß etwa 320
Personen je Stunde und Richtung befördert werden können. Übrigens ist noch
interessant zu wissen, daß der beim Eisenbahnbau beschäftigt gewesene Ingenieur OHLSEN aus Norwegen die ersten
Schneeschuhe mit nach Oberwiesenthal
brachte und damit unbewußt den Grundstein für die Entwicklung Oberwiesen-
thals zu einem der bekanntesten Winter-
sportorte legte.

Geyer

Die Gemeinde Geyer (Kreis Annaberg), südlich vom Greifenstein am Hang des Schlegelberges und Geyersberges am Oberlauf des Geyerbaches in 610 m über NN gelegen, ist von Annaberg-Buchholz 12 km und von Karl-Marx-Stadt 33 km entfernt.

(Tabelle 28), sowie zwei typische Schmalspurreisezugwagen sächsischer Herkunft. Eine Arbeitsgemeinschaft des Deutschen Modelleisenbahn-Verbandes der DDR pflegt und bewahrt damit ein anschauliches Schmalspurzug-Denkmal der Verkehrsgeschichte.

Bild 207   Schmalspur-Denkmallokomotive 99 534 mit historischen Wagen in Geyer.
Foto: DMV AG 3/44

Hier befindet sich auf dem Gelände des ehemaligen, im Jahre 1967 stillgelegten Bahnhofs der im Jahre 1888 von Schönfeld-Wiesa nach Geyer eröffneten und später bis Thum weitergeführten Schmalspurstrecke (Thumer Schmalspurnetz) ein Denkmalzug, bestehend aus der 99 534, einer der bekannten sächsischen Meyer-Lokomotiven der Bauart sä IV K

Tabelle 28   Technische Daten der Schmalspurdampflokomotive 99 534

Bauart	B'B' n4vt
Gattung	K 44.7
Spurweite (mm)	750
Baujahr	1898
Hersteller	Hartmann
Fabrik-Nr.	2275
Höchstgeschwindigkeit (km/h)	30
Steuerungsart	Heusinger
Treibraddurchmesser (mm)	760
Achsstand (mm)	6200
Länge über Puffer (mm)	9000
Dienstmasse (t)	27,4

Rittersgrün

Der kleine Ort Rittersgrün, 8 km südlich der Kreisstadt Schwarzenberg im Tal des Pöhlwassers in 650 m über NN liegend, war mit dem Bahnhof Oberrittersgrün

Bild 208   Lokschuppen auf dem Bahnhof Rittersgrün.   *Foto: Kramer*

Seit 1977 ist das von einer Gruppe von Eisenbahn- und Heimatfreunden aus dem Kreis Schwarzenberg mit Unterstützung durch den Rat der Gemeinde, die Deutsche Reichsbahn und andere staatliche Stellen aufgebaute einzigartige Museum Schmalspurbahnhof Oberrittersgrün der Öffentlichkeit zugänglich. Die

vom 1. Juli 1889 bis zum 25. September 1971 Endbahnhof der seinerzeit stillgelegten Schmalspurstrecke Grünstädtel – Oberrittersgrün.

Trotzdem wurden die Gleisanlagen des Bahnhofs nicht wie sonst üblich abgerissen, sondern der ehemalige Bahnhof Oberrittersgrün durch Beschluß des Rates des Kreises Schwarzenberg von 1972 unter Denkmalschutz gestellt und vom Institut für Denkmalpflege Dresden als „Technische Schauanlage der Geschichte der Produktivkräfte" eingestuft und bestätigt.

Schauanlage besteht außer den Hochbauten – wie dem denkmalgeschützten Empfangsgebäude und dem Lokschuppen – aus der Meyer-Schmalspurlokomotive 99 579, die im Jahre 1912 von den Königlich Sächsischen Staatseisenbahnen gekauft worden war, sowie vierachsigen Schmalspurreisezugwagen der ehemaligen Königlich-Sächsischen Staatseisenbahn, zweiachsigen Gepäckwagen und Güterwagen, die jedoch nur teilweise auf der ehemaligen Schmalspurstrecke verkehrten (insgesamt 25 Güter- und Personenwagen sowie zwei Draisinen).

Bild 209 Zweiachsiger Schmalspurgepäckwagen der Königlich-Sächsischen Staatseisenbahn auf dem Bahnhof Rittersgrün.
Foto: Kramer

Bild 210 Vierachsiger Schmalspurpersonenwagen der Königlich-Sächsischen Staatseisenbahn auf dem Bahnhof Rittersgrün.
Foto: Kramer

Tabelle 29 Technische Daten der Schmalspurdampflokomotive 99 579

Bauart	B′B′ n4vt
Gattung	K 44.7
Spurweite (mm)	750
Baujahr	1912
Hersteller	Hartmann
Fabrik-Nr.	3561
Höchstgeschwindigkeit (km/h)	30
Steuerungsart	Heusinger
Treibraddurchmesser (mm)	760
Achsstand (mm)	6200
Länge über Puffer (mm)	9000
Dienstmasse (t)	28,4

Zu den Ausstellungsobjekten gehören ferner Original-Stationsschilder, Signalta-

feln, ein in Funktion befindliches Läutewerk, nachrichtentechnische Exponate sowie umfangreiches Dokumentationsmaterial über die Entwicklung des Eisenbahnwesens allgemein, über sächsische Schmalspurstrecken und -lokomotiven und im besonderen über die ehemalige Schmalspurstrecke und ihre Geschichte. Das Museum ist von Anfang Mai bis Ende Oktober von 14.00 Uhr bis 17.00 Uhr und Sonnabend und Sonntag von 9.00 Uhr bis 11.00 Uhr und 14.00 Uhr bis 16.00 Uhr geöffnet; in den Monaten Juli und August zusätzlich Dienstag bis Freitag von 9.00 Uhr bis 11.30 Uhr.

COTTBUS und Lausitz
GÖRLITZ und Zittauer Gebirge

Das Land zwischen der Elbe im Westen und der Oder mit der Neiße im Osten, von der oberen Spree durchflossen, ist das Gebiet der Lausitz. Während die Niederlausitz vom Lausitzer Höhenzug mit teils welligen, teils flachen Sandgebieten und den Niederungen des Spreewaldes und der Schwarzen Elster eingenommen wird, steigt die Oberlausitz aus dem Tiefland über das Lausitzer Bergland zum Zittauer Gebirge als Teil des Lausitzer Gebirges an.

Seit Gründung der DDR hat sich dieses ehemals rückständige Gebiet zu einem großen Industriezentrum mit moderner Landwirtschaft entwickelt.

Das Wirtschaftsprofil des Gebietes ist dadurch gekennzeichnet, daß in ihm anteilmäßig an der gesamten DDR-Produktion 50 Prozent der Elektroenergie, 55 Prozent der Rohbraunkohle, 52 Prozent der Braunkohlenbriketts und 70 Prozent des Stadtgases erzeugt werden. Ferner spielen die Baustoffindustrie, die Glas- und Keramikindustrie, die Land- und Forstwirtschaft sowie der Fremdenverkehr eine beachtliche Rolle.

Dieses Wirtschaftsprofil ruft im Güterverkehr der Eisenbahn starke Versandströme von Rohbraunkohle, Braunkohlenbriketts und -koks hervor, wobei ein hoher Anteil in Pendel- und Ganzzügen transportiert wird. Während die Kohle einen Anteil von etwa 75 Prozent am gesamten Güterversand dieses Gebietes hat, nehmen Baustoffe etwa 15 Prozent ein. Die restlichen 10 Prozent verteilen sich auf Güter wie Chemieprodukte, industrielle Halb- und Fertigwaren, Metalle und Schrott. Die in den Waggonbaufabriken Bautzen,

Görlitz und Niesky hergestellten Regelspurschienenfahrzeuge fahren auf eigenen Rädern in ihre Bestimmungsorte.

In der Personenbeförderung des Gebietes dominieren der Berufsverkehr, vor allem in der dichtbesiedelten und stark industrialisierten Oberlausitz, der Urlauberverkehr (im Spreewald, Lausitzer Gebirge und Zittauer Gebirge) sowie der grenzüberschreitende Reiseverkehr. Durch den großen Warenaustausch mit der UdSSR, der VR Polen und der ČSSR hat auch im Güterverkehr der grenzüberschreitende Verkehr über die Grenzbahnhöfe Wilhelm-Pieck-Stadt Guben, Forst (Lausitz), Horka, Görlitz, Zittau und Ebersbach (Sachs) einen bedeutenden Anteil. Die am stärksten belasteten Eisenbahnstrecken sind die Hauptbahnstrecken (Berlin–) Cottbus–Görlitz, (Leipzig–) Falkenberg (Elster)–Horka–Görlitz sowie Dresden–Görlitz. Sie verbinden die Zentren der Kohleindustrie mit den Hauptabnehmergebieten, vor allem den Großstädten der DDR, und nehmen die Güterströme von und nach den benachbarten Ländern auf.

Der verkehrsmäßigen Erschließung des Zittauer Gebirges dient vor allem die Schmalspurbahn Zittau–Kurort Oybin/Kurort Jonsdorf.

Größte Eisenbahnknoten des Gebietes sind die Bezirksstadt Cottbus als Kreuzungspunkt wichtiger Hauptstrecken (aus Leipzig/Halle, Forst, Dresden, Berlin, Görlitz, Frankfurt [Oder] und Wilhelm-Pieck-Stadt Guben), Senftenberg als Knoten im Niederlausitzer Braunkohlenrevier, Bautzen und Görlitz.

Wer mit der Eisenbahn durch das Gebiet

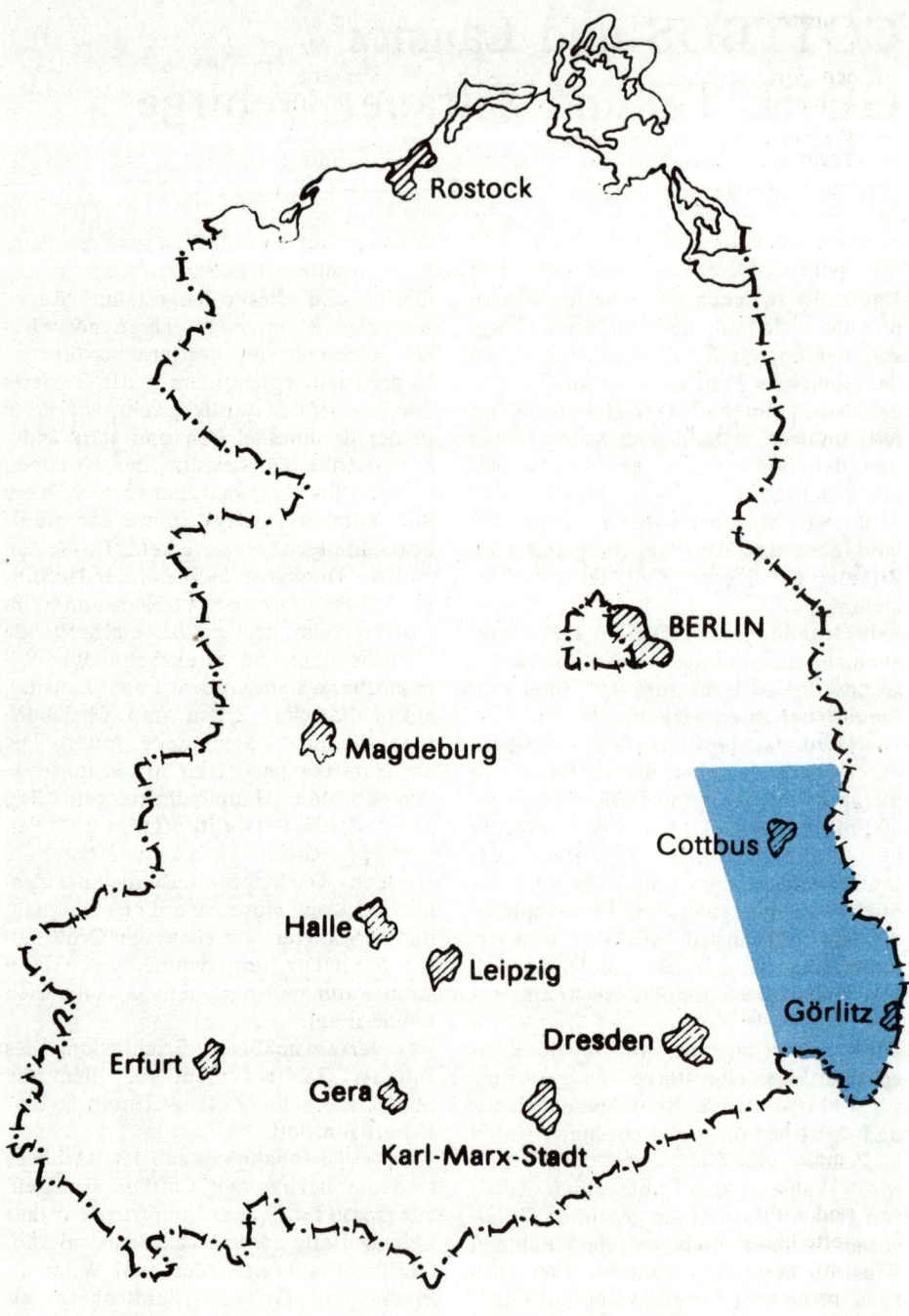

Bild 211   Cottbus und Lausitz – Görlitz und Zittauer Gebirge

der Lausitz reist, dem werden die vielen elektrifizierten Strecken des sehr umfangreichen Grubenbahnnetzes der Braunkohlenindustrie auffallen. Es hat eine Länge von etwa 1550 km und verbindet die Tagebaue mit Brikettfabriken, Kraftwerken, Gaswerken und den Bahnhöfen der Deutschen Reichsbahn. Dieses Grubenbahnnetz untersteht nicht der DR.

Den politischen Verhältnissen der Gründungszeit der deutschen Eisenbahnen entsprechend, setzt sich das Netz im Landschaftsgebiet der Lausitz aus Teilen des ehemaligen preußischen und sächsischen Eisenbahnnetzes und in geringem Umfang aus Teilen früherer Privatbahngesellschaften zusammen, was sich heute noch manchmal an den Bahnhofsanlagen zeigt, wie beispielsweise an zahlreichen Empfangsgebäuden bzw. an Spannwerken für Signale und Weichen. Das heutige Streckennetz in der Lausitz entwickelte sich im wesentlichen zwischen 1845 und 1875. Beim Auf- und Ausbau des Streckennetzes wirkten die physisch-geographischen Bedingungen im wesentlichen fördernd, denn in diesem Gebiet als Teil des norddeutschen Tieflandes gab es keine nennenswerten klimatischen und geographischen Behinderungen des Eisenbahnbaus. Der reine Flachlandcharakter erforderte wenig Kunstbauten, wie Dämme, Einschnitte, große Brücken usw. Lediglich im Bereich des Niederlausitzer Flämings sind häufiger Krümmungen und Neigungswechsel zu beobachten.

Den größten Einfluß auf den Bahnbau hatten vielmehr die hydrographischen Verhältnisse, was sich besonders deutlich an der südlichen Umgehung des Spreewaldgebietes mit seinem weitverzweigten Kanalnetz zeigt. Im Spreewald, einem Gebiet von 270 km² Größe zwischen Cottbus und Lübben, teilt sich die Spree in Hunderte kleine Flußarme, die durch Kanäle miteinander verbunden sind. Die den Spreewald auf der Nordseite umfahrende und ihn lediglich bei Burg/Spreewald auf einem schmalen Streifen durchquerende Spreewaldbahn in 1000 mm Spurweite und einem Netz von 65,5 km Länge wurde im Jahre 1970 stillgelegt. Den Verkehr übernahm der VEB Kraftverkehr mit Omnibussen.

Südlich der Strecke Horka – Falkenberg (Elster) nimmt das Gelände immer mehr bergigen Charakter an. Einige Strecken wurden deshalb und aus wirtschaftlichen Gründen nur als Nebenbahnen angelegt, z. B. Bautzen – Königswartha, Löbau (Sachs) – Ebersbach (Sachs). Das Zittauer Gebirge war nur mit einer Schmalspurbahn (750 mm Spurweite) zu erschließen. Charakteristisch für diesen Teil des Gebietes ist die Anlage zahlreicher Viadukte, die der Streckenführung in dieser Landschaft einen besonderen Reiz verleihen und die zum Teil heute unter Denkmalschutz stehen. Dazu gehören Viadukte in Dürrhennersdorf, Ebersbach (Sachs), Herrnhut, Löbau (Sachs), Obercunnersdorf, Oberoderwitz und Ruppersdorf sowie in Schirgiswalde.

Im Gebiet der Lausitz gab es in der Vergangenheit zahlreiche Veränderungen im Eisenbahnstreckennetz, weil einige Streckenabschnitte über Braunkohlenfelder führten und, da inzwischen der Abbau ausgedehnt wurde, der Streckenverlauf unterbrochen, Strecken abgebaut und mit anderem Verlauf neu trassiert werden mußten. Der Aufbau neuer Industriestandorte und das dadurch entstandene höhere Verkehrsaufkommen führten zu Streckenneubauten, wodurch das Netz ergänzt wurde.

Eine weitere Besonderheit im Eisenbahnverkehr der Oberlausitz ist der Verlauf der Strecken Görlitz – Zittau und Seifhennersdorf – Großschönau über das Territorium der VR Polen bzw. der ČSSR. Auf diesen Streckenabschnitten besteht sogenannter „privilegierter Eisenbahnverkehr", das heißt, es wird bei der Durchfahrt der Züge für Bürger der DDR auf Paß- und Visaformalitäten verzichtet. Ebenso wird dies bei den Zügen der ČSD auf der Strecke Varnsdorf – Hrádek nad Nisou – Liberec, die DDR-Territorium berührt, für ČSSR-Bürger gehandhabt.

Cottbus

Cottbus – Bezirksstadt und zugleich Stadtkreis in der Niederlausitz – an der mittleren Spree zwischen dem Niederlausitzer Grenzwall im Süden und der Spreewaldniederung im Norden gelegen, ist politisch-ökonomisches, wissenschaftlich-technisches und geistig-kulturelles Zentrum und der größte Verkehrsknotenpunkt des Bezirkes (Straßenknoten und Eisenbahnknoten). Die wichtigsten Industriezweige sind Textilindustrie, Bekleidungsindustrie, Bau- und Holzindustrie, Elektronik, Polygraphie und Nahrungs- und Genußmittelindustrie. Weiterhin besteht ein Reichsbahnausbesserungswerk.

Der Energiekomplex Jänschwalde mit seinen Braunkohlentagebauen und dem im Endausbau größten Braunkohlenkraftwerk der DDR bestimmen die Entwicklung der Bezirksstadt als Zentrum der Kohle- und Energiewirtschaft der DDR.

Im Streckennetz der Deutschen Reichsbahn ist Cottbus ein bedeutender Knotenpunkt. Hier kreuzen sich die Eisenbahnstrecken von Berlin nach Görlitz, von Leipzig nach Frankfurt (Oder) bzw. Forst (Lausitz) sowie von Großenhain nach Wilhelm-Pieck-Stadt Guben.

Die Aufgaben und die Bedeutung des Bahnhofs Cottbus haben sich mit der historischen Entwicklung seit seinem Bau im Jahre 1866 und vor allem seit 1945 entscheidend verändert. Seiner ursprünglichen Bestimmung entsprechend als Durchgangsbahnhof gestaltet, hat er heute doch viel mehr Zugbildungsaufgaben zu erfüllen als vor 1945. Der Bahnhof hat insgesamt sieben Streckeneinführungen, wobei die drei westlichen Einführungen durch vier zusätzliche Verbindungsstrecken und den Betriebsbahnhof Cott-

Bild 212 Empfangsgebäude des Bahnhofs Cottbus.
Foto: ZBDR-Zimmer

bus Südwest ergänzt werden, von denen zwei bis in das Zentrum des Bahnhofs geführt sind.

Vom Rangierbahnhof Cottbus werden im Güterverkehr täglich 38 Züge gebildet. Im Personenverkehr benutzen täglich bis zu 30000 Reisende den Bahnhof Cottbus, dessen neuen Empfangsgebäude am 5. Oktober 1978 dem Eisenbahnbetrieb übergeben wurde. Das Empfangsgebäude ist 209,5 m lang, 38,25 m breit und 12,60 m hoch. Die Grundfläche der Empfangshalle mit ihren 8 Fahrkartenschaltern beträgt 1975 m².

Der Großcontainerumschlagplatz in Cottbus wurde 1971 in Betrieb genommen.

Straßenbahn in Cottbus

Die Bemühungen der Stadtverwaltung von Cottbus um den Bau einer elektrischen Straßenbahn gehen bis ins Jahr 1897 zurück, doch wurde der erste Plan nicht realisiert. Im Jahre 1901 erhielt die Firma Siemens & Halske AG in Berlin den Auftrag zum Bau, so daß noch im Juni dieses Jahres bei der Errichtung der Bahnhofsbrücken die ersten Gleise für die zukünftigen Straßenbahnlinien mit einer Spurweite von 1000 mm verlegt wurden. Drei Linien wurden dann im Laufe des Jahres 1903 eröffnet (Rote, Blaue und Gelbe Linie), zu denen 1909 noch die Grüne Linie kam. Im Jahre 1904 übergab Siemens & Halske nach Beendigung des Probebetriebs die Straßenbahn an die Stadt. Die größte Netzlänge vor 1945 wurde im Jahre 1927 mit 17,25 km erreicht.

Nach der Unterbrechung des Betriebs infolge der Bombenangriffe und Kampfhandlungen im Februar 1945 konnte auf allen Linien ab Dezember 1946 der Betrieb wieder aufgenommen werden. 1952 erfolgte mit einer Linienumlegung gleichzeitig die Numerierung der Linien. Auf einigen Abschnitten wurden 1953/54 die Strecken zweigleisig ausgebaut und Wendeschleifen angelegt.

Die ersten Trieb- und Beiwagen aus der ČSSR wurden im Jahre 1967 beschafft, und nach weiteren Bauarbeiten betrug 1972 die Streckenlänge 21 km. Seit 1978 befinden sich Kurzgelenktriebwagen vom Typ KT4D im Einsatz, die u. a. auch auf der neuen Strecke zum Empfangsgebäude des Bahnhofs Cottbus verkehren. Ende 1981 betrug die Streckenlänge 27,7 km.

Pioniereisenbahn Cottbus

Die günstigste Verbindung zum Tierpark Cottbus stellt die Pioniereisenbahn her, und zwar mit der 1,1 km langen Strecke in 600 mm Spurweite vom Bahnhof Freundschaft zum Bahnhof Zoo. Sie wurde zum Internationalen Tag des Kindes am 1. Juni 1954 eröffnet. Am 8. Juli 1958 konnte die Strecke um 1 km, bis zum Bahnhof Friedenseiche Branitz, verlängert werden. 1972 war an dieser Stelle eine Wendeschleife mit einem Halbmesser von 20 m angelegt worden; 1978 wurde dieser auf 60 m vergrößert, um die Schleife mit allen Fahrzeugen befahren zu können. Am Bahnhof Tierpark befinden sich ein modernes Bahnhofsgebäude

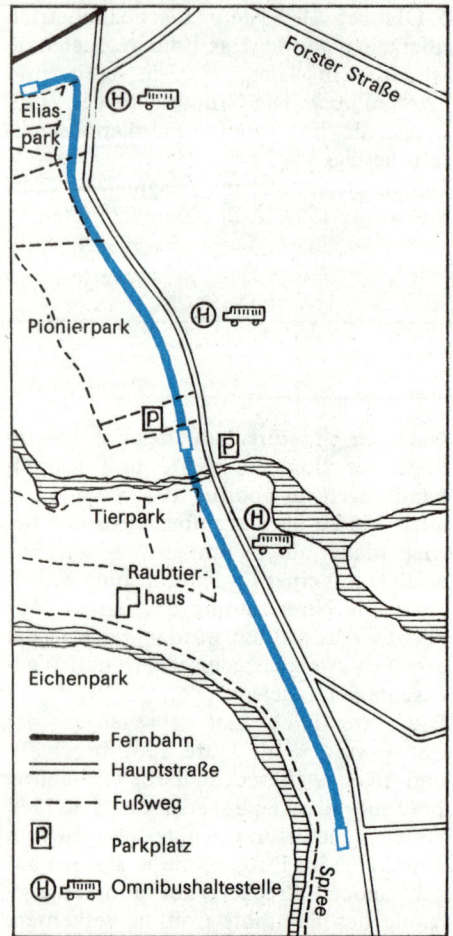

Bild 213   Strecke der Pioniereisenbahn Cottbus.

mit Dienst- und Warteraum sowie ein mechanisches Stellwerk.

Der erste Zug der Cottbuser Pioniereisenbahn bestand aus der Dampflokomotive einer ehemaligen Grubenbahn und fünf Wagen. Von der Waldeisenbahn Bad Muskau war 1958 eine Henschel-Diesellokomotive übernommen worden, dazu vier offene, vierachsige Personenwagen.

1967 kam eine weitere Dampflok von der Waldeisenbahn Bad Muskau hinzu. Es handelt sich dabei um die Pionierlok 04, die bei der Waldeisenbahn unter der DR-Betriebsnummer 99 3301 verkehrte. Die Lok stammt aus dem Jahre 1895. 1971 übergab die Berliner Pioniereisenbahn an die Cottbuser acht gedeckte Personenwagen.

In map:
Forster Straße
Elias-park
Pionierpark
Tierpark
Raubtier-haus
Eichenpark

Legend:
— Fernbahn
Hauptstraße
- - - Fußweg
P   Parkplatz
(H)   Omnibushaltestelle
Spree

Bild 214   Pionierlok 01 der Pioniereisenbahn Cottbus.
Foto: Nosseck

Bild 215   Zug der Pioniereisenbahn Cottbus im Bahnhof Zoo mit Pionierlok 04.   Foto: Budisch

Hoyerswerda

Die heutige Kreisstadt im Bezirk Cottbus, im Südosten des Niederlausitzer Braunkohlenreviers an der Schwarzen Elster gelegen, war 1950 eine Kleinstadt mit etwa 7400 Einwohnern und hatte lediglich als Eisenbahnknoten der 1874 entstandenen Eisenbahnstrecke Falkenberg (Elster) – Hoyerswerda – Horka und der 1908 gebauten Verbindungen nach Cottbus und Bautzen eine gewisse Bedeutung. Mit dem Aufbau des größten Braunkohlenveredelungswerkes Europas, des Kombinats „Schwarze Pumpe", wurde es mit nunmehr etwa 68 000 Einwohnern zur zweitgrößten Stadt des Bezirkes Cottbus. Etwa 500 m vom Empfangsgebäude entfernt, in der Heinrich-Heine-Straße, stehen zwei für Eisenbahnfreunde interessante Objekte. Es handelt sich um die hier als Denkmallokomotive abgestellte Neubau-Dampflokomotive der Baureihe 23^{10} der DR mit der Betriebsnummer 35 1019. Die vom damaligen VEB Lokomotivbau „Karl Marx" Babelsberg unter der Fabrik-Nr. 123 019 gebaute Lokomotive war vom 26. Juli 1958 bis 25. September 1958 im Bw Wittenberge, vom 26. September 1958 bis 20. Januar 1962 im Bw Schwerin, vom 22. Januar 1962 im Bw Rostock, ab 19. Dezember 1962 wieder im Bw Schwerin, im Jahre 1970 im Bw Elsterwerda beheimatet. Im Jahre 1974 wurde sie ausgemustert. Das andere Objekt neben der Lokomotive ist der VT 173 001, der Prototyp des nur in zwei Exemplaren vom VEB Waggonbau Baut-

Tabelle 30   Technische Daten der Dampflokomotive 35 1019

Bauart	1'C1' h2
Gattung	P 35.18
Baureihe	23^{10}
	Neubaulok DR
Spurweite (mm)	1435
Baujahr	1958
Hersteller	LKM Babelsberg
Höchstgeschwindigkeit (km/h)	110
Treib- und Kuppelraddurchmesser (mm)	1750
Laufraddurchmesser vorn/hinten (mm)	1000/1250
Rostfläche (m^2)	3,71
Achsstand (mm)	10 100
Länge über Puffer (mm)	22 660
Wasserkasteninhalt (m^3)	28
Brennstoffvorrat (t)	10
Dienstmasse (t)	87,2

Tabelle 31   Technische Daten des Triebwagens 173 001 (ex VT 4.12.01)

Achsfolge	(1A) (A1)
Gattung	B 4
Spurweite (mm)	1435
Baujahr	1964
Hersteller	VEB Waggonbau Bautzen
Höchstgeschwindigkeit (km/h)	120
Treibraddurchmesser (mm)	950
Achsstand	2500
Triebdrehgestell (mm)	17 200
Länge über Puffer (mm)	24 500
Drehzapfenabstand (mm)	17 200
Höchstleistung (kW)	294
Kraftübertragung	dieselmechanisch
Dienstmasse (t)	43,5
maximale Achsfahrmasse (t)	14,5
Sitzplätze	84

zen gebauten vierachsigen dieselmechanischen Leichttriebwagens. Der Wagen dient der Arbeitsgemeinschaft Modelleisenbahn Hoyerswerda als Arbeits- und Ausstellungsraum. Der 1965 gebaute Triebwagen war bis 1966 bei der damaligen Versuchs- und Entwicklungsstelle Maschinenwirtschaft der DR in Halle zur Erprobung und befand sich danach beim Bw Cottbus im Einsatz auf Nebenbahnen und Hauptbahnen.

Bild 216   Denkmallokomotive 35 1019 auf dem Bahnhof Hoyerswerda.   *Foto: Friese*

Lauchhammer

Die Stadt im Kreis Senftenberg, Bezirk Cottbus, im flachen Urstromtal der Schwarzen Elster, nördlich des Flusses gelegen, umgeben von Braunkohlentagebauen und Kiefernwäldern, entwickelte sich seit 1950 zu einem bedeutenden Industriezentrum (Braunkohlenkombinat mit Tagebauen, Brikettfabriken und Großkokerei, Schwermaschinenbaubetrieb). Lauchhammer erhielt im Jahre 1875 Anschluß an das Eisenbahnnetz durch den Bau der Strecke zwischen Ruhland und Elsterwerda.

Am Rande des Stadtteils Lauchhammer West, unmittelbar an der Fernverkehrsstraße 169 von Senftenberg nach Elsterwerda, liegt der Volkspark West, ein Naherholungszentrum mit Tiergehege, Freilichtbühne und einer Parkeisenbahn von 500 mm Spurweite. Sie ist keine Pioniereisenbahn, da sämtliche Tätigkeiten von Erwachsenen ausgeübt werden. Die Bahn verkehrt auf einem eingleisigen Rundkurs. Die acht kleinen, offenen Personenwagen, die auf gewöhnliche Feldbahnloren aufgebaut wurden, werden von einer als Dampflokomotive „verkleideten" Diesellokomotive gezogen.

Bild 217   Parkeisenbahn Lauchhammer.
Foto: Kuschinski

Lübbenau

Die Stadt im Kreis Calau, Bezirk Cottbus, am Südwestrand des Oberspreewaldes gelegen, ist bekannt durch Kohle- und Energieerzeugung sowie Gemüseverarbeitung und als Zentrum des Spreewaldtourismus. Sie liegt an der Hauptbahnstrecke Berlin – Cottbus – Görlitz und besitzt über Senftenberg Anschluß an die Bahnlinie von Arnsdorf über Kamenz. Von der Autobahn Berlin – Dresden bzw. vom Abzweig Cottbus aus bestehen gute Zufahrtmöglichkeiten. In der Altstadt, nordöstlich der neuen Wohnstadt, befindet sich das 1966 gebaute Spreewaldmuseum (Park des Volkes, Lübbenau, 7543, Telefon 2472, geöffnet im Sommerhalbjahr täglich außer Dienstag von 9.00 bis 17.00 Uhr; im Winterhalbjahr geschlossen). Das Museum zeigt in einer Halle Teile des ehemaligen im Jugendstil erbauten Bahnsteigs von Eilenburg (Baujahr 1898) sowie als weitere Originalobjekte eine Lokomotive, einen Reisezugwagen, Fahrpläne, Fahrkarten und Lochzangen der einstigen Spreewaldbahn sowie eine Dokumentation mit 28 Großfotos zu ihrer geschichtlichen Entwicklung.

Das Streckennetz der Spreewaldbahn war zwischen 1896 und 1904 geschaffen worden und hatte umfangreiche Transportaufgaben vor allem im Güterverkehr (Gemüse, Holz, Tiere, Getreide) zu bewältigen. An schönen Sommerwochenenden strömten Tausende von Ausflüglern, vor allem aus Berlin, in den Spreewald; Lübben und Burg waren als „Sommerfrischen" beliebt. Erst als sich in den 60er Jahren der Personen- und Güterverkehr von der Schiene auf die Straße zu verlagern begann, verlor die Spreewaldbahn ihre Bedeutung.

Die Schmalspurlokomotive im Museum ist die 99 5703. Sie zog den letzten Zug

Tabelle 32   Technische Daten der Schmalspurdampflokomotive 99 5703

Bauart	C n2t
Gattung	K 33.7
Spurweite (mm)	1000
Baujahr	1897
Hersteller	Hohenzollern Düsseldorf
Fabrik-Nr.	940
Höchstgeschwindigkeit (km/h)	35
Steuerungsart	Allan
Treibraddurchmesser (mm)	900
Achsstand (mm)	2200
Länge über Puffer (mm)	6600
Dienstmasse (t)	21

Bild 218   Schmalspurdampflokomotive 99 5703 der ehemaligen Spreewaldbahn vor ihrer Fahrt ins Spreewaldmuseum.
Foto: Wünschmann

P 456 am 3. Januar 1970 von Cottbus nach Straupitz, und im Sommer 1970 schaffte die Lok noch verschiedene Reisezug- und Güterwagen zum Verladen für andere Einsatzgebiete nach Cottbus, bevor sie von Straupitz aus selbst den Weg ins Museum nach Lübbenau antrat. Im Museum befindet sich ferner der kombinierte Gepäck- und Personenwagen (8 Sitzplätze), der 1897 in Werdau gebaut worden war. Er lief seit 1950 unter der Nummer DR 903-201, Gattung KBD.

Weißwasser

Die Kreisstadt im Bezirk Cottbus, am nördlichen Rand der Niederlausitz in reizvoller, von Wäldern und Teichen geprägter Landschaft gelegen, ist das administrative und ökonomische Zentrum des Industriekreises im Ostteil des Niederlausitzer Braunkohlenreviers, Wohnstadt der Werktätigen des Großkraftwerkes Boxberg und der umliegenden Tagebaue, Zentrum der Glasindustrie der DDR, ferner sind angesiedelt Holz-, Porzellan-, Bau- und

Tabelle 33   Technische Daten der Schmalspurdampflokomotive 99 3317

Bauart	D n2t
Gattung	K 44.3
Spurweite (mm)	600
Baujahr	1918
Hersteller	Borsig
Fabrik-Nr.	10 306
Höchstgeschwindigkeit (km/h)	15
Steuerungsart	Heusinger
Treibraddurchmesser (mm)	560
Achsstand (mm)	2260
Länge über Puffer (mm)	5980
Dienstmasse (t)	12

Bild 219   Schmalspur-Denkmallokomotive 99 3317 in Weißwasser.   Foto: DMV AG 2/06

Baustoffindustrie. Im Eisenbahnnetz der DDR liegt Weißwasser an der Hauptstrecke Berlin – Cottbus – Görlitz, ferner haben hier eine eingleisige Nebenbahnstrecke nach Forst (Lausitz) und eine eingleisige, nur noch dem Güterverkehr dienende Nebenbahn nach Bad Muskau ihren Anfangs- bzw. Endpunkt. Im Zusammenhang mit der Industrie ist Weißwasser Ausgangs- und Zielpunkt eines umfangreichen Berufsverkehrs.

Mit dem Aufschluß eines Braunkohlenbergwerks im Jahre 1860 und dem Anschluß an das Eisenbahnnetz im Jahre 1867 mit der Strecke Berlin – Görlitz begann die starke industrielle Entwicklung Weißwassers.

Weitere Bahnverbindungen nach Muskau im Jahre 1872 und nach Forst (Lausitz) im Jahre 1891 machten die Stadt zu einem Eisenbahnknotenpunkt. Die Waldeisenbahn nach Muskau wurde 1895 in Betrieb genommen. Zur Erinnerung an die 1978 stillgelegte Waldeisenbahn wurde in Weißwasser, wenige Meter vom einstigen Verlauf der Strecke, die 99 3317 der Waldeisenbahn als Denkmallokomotive aufgestellt. Die Lokomotive war zunächst bei der Heeresfeldeisenbahn als Nr. 1914 eingesetzt, danach unter der Betriebsnummer 4241 bei der Polnischen Staatseisenbahn (PKP), nach 1945 beim Braunkohlenwerk Frieden. Im Jahre 1952 kam sie zur Waldeisenbahn Muskau. Ihren endgültigen Platz erhielt die Schmalspurlokomotive, betreut von einer Arbeitsgemeinschaft des Deutschen Modelleisenbahn-Verbands der DDR, auf einem Gleisstück im Neubaugebiet Muskauer Straße in Weißwasser.

Görlitz

Die Kreisstadt und der Stadtkreis Görlitz im Bezirk Dresden, auf 15° östlicher Länge (Grundmeridian der mitteleuropäischen Zeit) gelegen, befinden sich am Nordostrand des Lausitzer Berglandes. Die Grenzstadt zur VR Polen am Westufer der Neiße ist ökonomisches und kulturelles Zentrum der Oberlausitz. Die vielseitige Industrie umfaßt Waggonbau und Maschinenbau, elektrotechnische und optische Erzeugnisse, Textil-, Schuh- und Möbelindustrie.

Der VEB Waggonbau Görlitz ging aus der 1849 gegründeten Wagenbau-Anstalt von Christoph LÜDERS hervor, die seinerzeit die ersten zwei Eisenbahnwagen für die Stadt Görlitz lieferte. Sowohl im Straßenverkehr als auch im Eisenbahnverkehr mit Übergang zur VR Polen hat Görlitz als Knotenpunkt große Bedeutung. Der Bahnhof Görlitz ist Grenzbahnhof und gleichzeitig Anfangs- bzw. Endbahnhof der zweigleisigen Hauptbahn Dresden – Görlitz, der zum Teil zweigleisigen Hauptbahn Berlin – Görlitz sowie der eingleisigen Nebenbahn Zittau – Hagenwerder – Görlitz und Königshain-Hochstein – Görlitz.

Mit dem Bau der ersten Eisenbahn nach Görlitz, dem 6 km langen Abschnitt Hennersdorf – Görlitz, durch die Niederschlesisch-Märkische Eisenbahn-Gesellschaft (Inbetriebnahme am 1. September 1847) war Görlitz mit Berlin verbunden, denn von Hennersdorf aus bestand bereits über das damalige Kohlfurt (heute Wegliniec) Anschluß an die Strecke Berlin – Breslau (heute Wrocław). Mit der Eröffnung des 14,86 km langen Streckenabschnitts von Reichenbach, an der damaligen preußisch-sächsischen Landesgrenze, nach Görlitz am 1. September 1847 wurde Görlitz auch mit Dresden verbunden (Sächsisch-Schlesische Eisenbahn), und es begann die städtebauliche Ausdehnung der Stadt zum Bahnhof hin. Von da

Bild 220   Empfangsgebäude des Bahnhofs Görlitz.
Foto: Nosseck

an wurde die „Station Görlitz" von beiden Eisenbahngesellschaften gemeinsam betrieben.

In jener Zeit entstand auch der über die Neiße führende 475 m lange Viadukt mit 32 Steinbögen (Baumeister KIESSLER) der als hervorragendes technisches Denkmal der Eisenbahngeschichte eingestuft ist. Die Berlin-Görlitzer Eisenbahn eröffnete am 31. Dezember 1867 die Strecke Berlin – Görlitz über Cottbus.

Auch das während des ersten Weltkrieges neugebaute und 1916 eingeweihte Empfangsgebäude steht, zusammen mit Verwaltungsbauten der DR und dem Hauptpostamt, unter Denkmalschutz. Interessante Objekte des Schienenverkehrs sind ferner die Straßenbahn in Görlitz und die Pioniereisenbahn.

Straßenbahn in Görlitz

Bereits am 25. Mai des Jahres 1882 fuhr in Görlitz auf einer 2,3 km langen Strecke die erste Pferdeeisenbahn in 1435 mm Spurweite. Am 4. Juni 1882 folgte eine zweite Linie, und noch im gleichen Jahr wurde eine Art OS-Betrieb (ohne Schaffner) eingerichtet, indem ein Zahlkastensystem mit „Fahrmarken" ein- geführt wurde, die der Fahrer in Beuteln zu je sechs Stück verkaufte. Nachdem die AEG im Jahre 1896 die Görlitzer Pferdeeisenbahn übernommen hatte, wurde zu Pfingsten 1899 die elektrische Straßenbahn in 1000 mm Spurweite in Betrieb genommen. In den Folgejahren baute man weitere Ergänzungsabschnitte, so

daß 1930 drei Linien von insgesamt 35 km Linienlänge bestanden (Gleislänge 21 km).

Ab 1970 wurden alle vor 1945 gebauten Trieb- und Beiwagen durch Neubaufahrzeuge ersetzt, der letzte alte Wagen (Wumag 1926) schied im Februar 1979 aus. Der zweiachsige Triebwagen Tw 29, gebaut 1897 von der Firma Cristoph & Un-

mack, Niesky, ab 1930 als Arbeitstriebwagen verwendet, wurde bis 1971 als erhaltungswürdiger, historischer Wagen restauriert.

Zu besonderen Feierlichkeiten der Stadt bzw. zu Veranstaltungen des Deutschen Modelleisenbahn-Verbandes der DDR (DMV) wird dieser Wagen im öffentlichen Verkehr eingesetzt.

Pioniereisenbahn Görlitz

Als einzige Pioniereisenbahn in der DDR zeigt sich die Görlitzer in historischem

„Gewand". Hier rollt nämlich seit der Eröffnung am 1. Juni 1976 ein Modell der

Bild 222   Zug der Pioniereisenbahn Görlitz.   Foto: Kitte

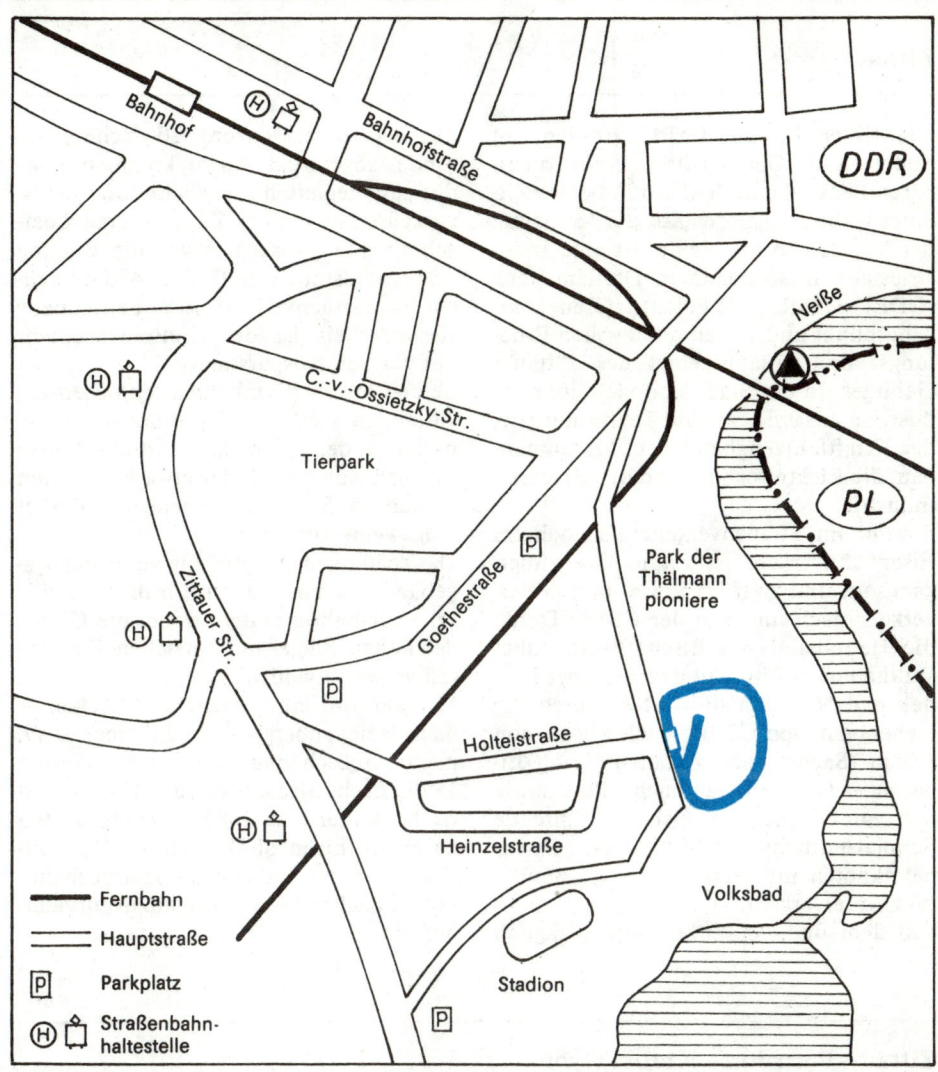

Bild 223   Strecke der Pioniereisenbahn Görlitz.

ersten deutschen Eisenbahn der Strecke Nürnberg – Fürth auf einem 800 m langen Rundkurs im Pionierpark am Weinberg.

Den Antrieb für die Lokomotive „ADLER" übernimmt ein Dieselmotor mit Getriebe, der im Tender untergebracht ist, wobei sogar das legendäre Bierfaß auf dem Tender nachgebildet wurde, was seinerzeit diese Lok mitführte. Das Gleismaterial der in 600 mm Spurweite angelegten Strecke stammt von der Muskauer Waldeisenbahn. Die Pioniere verrichten ihren Dienst während der Betriebszeiten in historischen Uniformen.

Zittau

Die Kreisstadt im Bezirk Dresden, im Südosten der Oberlausitz in einer fruchtbaren Beckenlandschaft am Fuße des Zittauer Gebirges gelegen, an der Mündung der Mandau in die Neiße, ist eine Industriestadt im sogenannten Dreiländereck (DDR, ČSSR, VR Polen), Grenzübergangspunkt und Tor zum reizvollen Erholungs- und Urlaubsgebiet des Zittauer Gebirges. In der Stadt sind vielfältige Industrien ansässig, wie die Textilindustrie, der Kraftfahrzeugbau, der Maschinenbau, die Elektrotechnik und die Gießereiindustrie.

Sowohl im Straßenverkehr als auch im Eisenbahnverkehr ist Zittau Grenzübergangsort, und zwar im Reise- und Güterverkehr nach und von der ČSSR. Durch die Hauptbahn von Bischofswerda über Wilthen nach Zittau und weiter über Hrádek nad Nisou in die ČSSR, durch die Nebenbahn von Görlitz nach Zittau, von Löbau (Sachs) nach Zittau und von Eibau über Großschönau nach Zittau sowie die von Zittau ins Gebirge führende Schmalspurbahn ist Zittau ein Eisenbahnknoten mit starkem Reise-, Berufs- und Güterverkehr.

Auf dem Bahnhof Zittau werden täglich 135 Reisezüge, davon 20 schnellfahrende, abgefertigt, hinzu kommen Züge des „privilegierten Eisenbahndurchgangsverkehrs", zahlreiche Züge im grenzüberschreitenden Verkehr sowie die Bildung und Auflösung von täglich 43 Güterzügen im Binnenverkehr. Eine betriebliche Besonderheit ist der Rollwagenverkehr auf der Schmalspurstrecke.

Seinen ersten Eisenbahnanschluß erhielt Zittau am 9. Juni 1848 mit der Inbetriebnahme der Strecke Zittau–Löbau (Sachs); wobei auch der etwa 600 m vom damaligen Stadtrand angelegte Bahnhof eingeweiht worden war.

Das später gebaute großzügige Empfangsgebäude gehört zu den frühen sächsischen Bahnhofsbauten, wobei die Giebel der hohen Flügel mit gotischen Elementen versehen sind.

Mit der Eröffnung weiterer Strecken – nach Reichenberg (heute Liberec) 1859, nach Großschönau 1868, nach Görlitz 1875, nach Bischofswerda 1874/79 und nach Markersdorf 1884 – wuchs Zittau zu einem Eisenbahnknoten der Oberlausitz, wobei im Süden des Regelspurbahnhofs im Jahre 1884 der Schmalspurbahnhof hinzukam.

Zittau – Bertsdorf – Kurort Oybin/ Kurort Jonsdorf

DR-Kursbuch-Strecke 251

Wie bei der Betriebseröffnung vor mehr als 90 Jahren vorgesehen, hat die Schmalspurbahn ins Zittauer Gebirge auch heute noch vorwiegend den Reiseverkehr zu bewältigen, denn allein von den sich in den Orten des Gebirges aufhaltenden Feriengästen reisen etwa 60 Prozent mit der Eisenbahn an. Hinzu kommen noch die Erholungsuchenden an den Wochenenden im Sommer sowie die Wintersport-

ler, so daß die Züge dieser Schmalspurbahn nicht selten überfüllt sind. Der Güterverkehr – er wird nur noch bis Olbersdorf Oberdorf abgewickelt – geht durch das nachteilige Behandeln der in Zittau ankommenden bzw. wegfahrenden Regelspurgüterwagen in der Umsetzanlage auf Rollwagen ständig zugunsten des Straßengüterverkehrs zurück. Da sich aber auf den Straßen des in seiner Ausdeh-

nung kleinen Gebirges bereits ein zäh-
flüssiger Straßenverkehr zeigt, besonders
an den Wochenenden, werden in den
kommenden Jahren Verkehrsbaumaß-
nahmen notwendig werden.

Für die 12,7 km bis Kurort Jonsdorf bzw.
für die 12,2 km bis Kurort Oybin benötigen die Züge der Zittauer „Bimmelbahn"
– wie sie von den Einheimischen genannt wird – etwa 50 Minuten. Die zulässige Höchstgeschwindigkeit für Personenzüge beträgt 25 km/h, für Güterzüge
nur 15 km/h. Die Steigungen sind beträchtlich: Der tiefste Punkt der Strecke
liegt 231,7 m über NN, der höchste
450,9 m über NN. Der Schmalspurbahnhof – in seiner heutigen Anlage im Jahre
1905 errichtet – befindet sich unweit des
Hauptbahnhofs der Regelspurstrecke an
dessen Vorplatz (263 m über NN). Der
überdachte Mittelbahnsteig erinnert mit

kreuzt schienengleich die Regelspurstrecke von Zittau nach Liberec (ČSSR),
die dann parallel zur Schmalspurstrecke,
jedoch etwas höher liegend, nach Südosten führt.

Die schönste Aussicht hat man, wenn
man in Fahrtrichtung links sitzt. Beim
km 1,1 wird der Haltepunkt Zittau erreicht, dessen kleines holzverschaltes
Empfangsgebäude besonders auffällt.
Nach dem Kreuzen der Fernverkehrsstraße 99, die nach Görlitz führt – hier
mußten wegen des stark zugenommenen
Straßenverkehrs im Jahre 1974 Haltlicht-
anlagen errichtet werden, die mit Dek-
kungssignalen für den Zugverkehr in Ab-
hängigkeit stehen –, wendet sich die
Schmalspurstrecke nach Süden, nachdem
sie den mit der früheren Schmalspurstrecke nach Markersdorf über Reiche-
nau (beide Orte heute VR Polen) gemein-

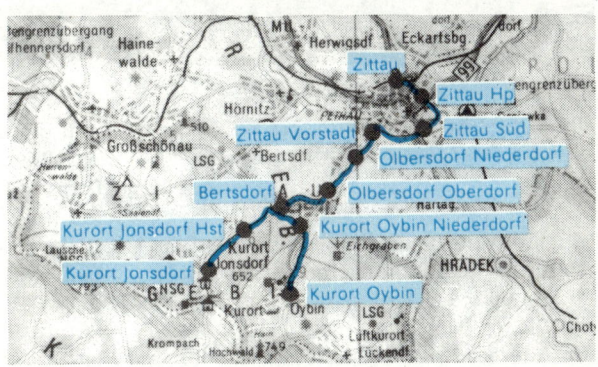

*Bild 224   Strecke   Zittau – Berts-
dorf – Kurort Oybin/Kurort Jonsdorf.*

der großzügigen Anlage des gesamten
Schmalspurbahnhofs auch mehr an eine
Regelspurstrecke. Die Großzügigkeit ist
vor allem auf den starken Reiseverkehr
zurückzuführen. Das Bahnbetriebswerk
und der Übergabebahnhof für auf die
bzw. von der Schmalspurstrecke überge-
henden Regelspurgüterwagen sind dem
Personenbahnhof vorgelagert und durch
ein über den Bahnhofsvorplatz führendes
Gleis zu erreichen.

An vier Abstellgleisen für Reisezugwagen
und Reisezüge vorbei verläßt die Strecke
in östlicher Richtung den Bahnhof und

sam benutzten Bahnkörper verlassen hat,
der noch zu sehen ist und in östlicher
Richtung weiterführt. Die Strecke führt
nun unter dem großen Neiße-Viadukt
(1858 eingeweiht, 745 m lang, 16 m hoch,
39 Bögen) hindurch, auf dem die Regelspurstrecke das Tal und die Neiße überbrückt. Beim km 2,6 wird der Bahnhof
Zittau Süd erreicht (231,7 m über NN).
Auch hier mußte eine Haltlichtanlage für
den Straßenverkehr errichtet werden, die
mit einem Licht-Einfahrsignal in Abhän-
gigkeit steht.

In diesem Bahnhof finden planmäßig

Bild 225   Güterzug mit Rollwagen bei der Ausfahrt aus dem Bahnhof Zittau.   Foto: R. Preuß

Zugkreuzungen statt. Bei der Weiterfahrt wird die Mandau auf einer Brücke überquert, und die Strecke vollzieht nun in westlicher Richtung einen weiten Bogen um die Stadt, um dann beim km 4,0 in einem engen Bogen sich wieder südwärts zu wenden und den in 243 m über NN liegenden Bahnhof Zittau Vorstadt (zweiflügeliges Einfahrsignal) zu erreichen. Wegen seiner günstigeren Lage als der Hauptbahnhof zu den südlichen Stadtteilen Zittaus hat er einen beträchtlichen Reiseverkehr aufzuweisen. Zahlreiche Ladegleise und ein Gleisanschluß deuten auch auf den Güterverkehr hin. Mit dem Verlassen der Stadtgrenze wird die Strecke bogenreicher und steigt auch etwas an. Zwischen den Stationen Zittau Vorstadt und Kurort Oybin bestand von 1913 bis 1945 ein zweites Gleis. Noch

heute ist das z. B. an Brücken zu erkennen. Beim km 5,6 wird der Haltepunkt Olbersdorf Niederdorf passiert, und über eine im Bogen verlegte eiserne Flußbrücke (124,2 m lang, und 7,1 m breit) erreicht die Strecke beim km 7,3 den Bahnhof Olbersdorf Oberdorf (290 m über NN). Bis hierher wird noch der Güterverkehr auf Rollwagen betrieben, die vom rechts abzweigenden Anschlußgleis eines Holzverarbeitungsbetriebes kommen; und etwa 300 m danach befindet sich ein weiterer Gleisanschluß.

Im Hintergrund erhebt sich die herrliche Kulisse des Zittauer Gebirges. Auf den folgenden 2,6 km steigt die Strecke bis auf 336 m über NN an und erreicht schließlich beim km 8,9 den Trennungsbahnhof Bertsdorf. Es halten oft gleichzeitig drei Reisezüge im Bahnhof, da sich die Strecke hier in die Richtungen nach Oybin und Jonsdorf teilt. Das Empfangsgebäude war früher Sitz der Bahnverwaltung. Bertsdorf hat ein Befehlsstellwerk, auf Schmalspurstrecken eine Besonderheit.

In Richtung Kurort Oybin verläßt die Strecke den Bahnhof Bertsdorf in einem weiten Linksbogen, führt durch waldreiches Gebiet zum Haltepunkt Kurort Oybin Niederdorf beim km 9,9 und weiter durch ein schluchtartig verengtes Tal aufwärts am ehemaligen Haltepunkt Teufelsmühle am km 11,0 vorbei und weiter hinauf, die Straße nach Oybin kreuzend, zum Endbahnhof Kurort Oybin (km 12,2) in 389,5 m über NN. Der Bahnhof verfügt über ein Bahnsteiggleis (Einfahrgleis) sowie ein weiteres Gleis zum Umsetzen der Lokomotive.

Der Streckenabschnitt nach Jonsdorf führt aus dem Bahnhof Bertsdorf in einem engen Rechtsbogen heraus und steigt sofort steil an (25 ‰) bis zum Haltepunkt Kurort Jonsdorf Haltestelle beim km 2,15 mit einem kleinen, holzverschalten Empfangsgebäude.

Bild 226 Bahnhof Bertsdorf mit Personenzug, geführt von der Schmalspurdampflokomotive 99 1732-9.   Foto: R. Preuß

Die Strecke führt durch Hochwald dann weiter in mehreren Bogen hinauf, am Talhang mit Wiesen und Gärten entlang, um beim km 3,83 den in 450,5 m über NN liegenden Bahnhof Kurort Jonsdorf zu erreichen.

Die Züge auf dieser Strecke werden ausschließlich von ab 1928 eingesetzten 1'E1' h2-Maschinen der DR-Baureihe 99$^{172-176}$ befördert. Die letzten sächsischen IV-K-Maschinen waren bis etwa 1960 im Einsatz, als Rangierlokomotiven in Zittau, aber auch als Triebwagenersatz auf der Strecke. Den Rangierdienst im Bahnhof Zittau besorgt seit 1962 die Lok 99 4532. Es handelt sich dabei um eine D n2-Lok mit Klien-Lindner-Hohlachse, 1924 von Orenstein & Koppel gebaut, die ursprünglich der privaten Trusebahn AG Wernshausen – Trusetal in Thüringen gehörte, 1949 zur Deutschen Reichsbahn kam, aufgearbeitet und dem Bahnbetriebswerk Zittau zugeteilt wurde.

Eine sehenswerte Rarität unter den Triebfahrzeugen steht im Lokschuppen des Bahnhofs Bertsdorf. Es ist ein vierachsiger Schmalspurtriebwagen (VT 137 322), der 1938 mit drei weiteren von der Wag-

gon- und Maschinenfabrik AG von Busch
Bautzen geliefert wurde. Sie bewährten
sich sehr gut, so daß der letzte Triebwagen, der VT 137 322, erst 1964 ausgemustert wurde, aber als historisches Triebfahrzeug erhalten bleibt.

*Bild 227   Schmalspurdampflokomotiven
99 4532-0 und 99 1762-6 im Bahnhof Zittau.*
Foto: Stange

*Bild 228 Schmalspurtriebwagen VT 137 322 in
Zittau (1964).*   *Foto: R. Preuß*

Oberoderwitz

Der Ort – an der DR-Kursbuch-Strecke Nr. 250 Dresden – Zittau gelegen, zugleich auch an der Strecke Nr. 252 von Löbau (Sachs) nach Zittau, hat nicht nur einen altehrwürdigen Viadukt – unter Denkmalschutz stehend – aufzuweisen, sondern auch eine Denkmallokomotive. Es handelt sich dabei um die 99 3312, die von Borsig an die ehemalige Gräflich Arnimsche Kleinbahn nach Muskau geliefert worden war und dort unter dem Namen der Jagdgöttin *DIANA* fuhr. Am 14. Oktober 1977 war sie das letzte Mal unter Dampf – nun steht sie als Denkmal vor einem Fachwerkhaus an der Fernverkehrsstraße 96.

Bild 229   Viadukt in Oberoderwitz.   Foto: Nosseck

Historische Triebfahrzeuge in der DDR

Staatliche und gesellschaftliche Institutionen in der DDR pflegen und bewahren seit Jahrzehnten eisenbahnhistorische Objekte als Zeugen der Entwicklung der Produktivkräfte. Mit der Ablösung der Dampftraktion durch die Diesel- und Elektrotraktion und mit der Modernisierung des Reisezug- und Güterwagenparks fielen in großen Stückzahlen ausgediente Veteranen der Schiene an.

Die erste Diesellok der Baureihe V 180 (jetzt Baureihe 118) der DR war gerade sechs Jahre im Dienst und der Traktionswechsel in größerem Umfang eingeleitet, als sich die Deutsche Reichsbahn entschloß, mit Zustimmung des Ministers für Verkehrswesen in einer Anordnung vom 10. Dezember 1966 die Betriebsnummern von 27 Dampflokomotiven festzulegen, die vor der Verschrottung bewahrt und für Museumszwecke erhalten bleiben sollten. Nach umfangreichen Untersuchungen, auch zur Finanzierung und Unterbringung der Fahrzeuge sowie zum Einsatz der betriebsfähig zu erhaltenden Fahrzeuge für Sonderfahrten, erfolgte eine Zusammenfassung in der „Ordnung für Eisenbahnmuseumsfahrzeuge“, die im Jahre 1975 in Kraft trat.

1983 wurde die Liste der zu erhaltenden Eisenbahnfahrzeuge überarbeitet und beträchtlich erweitert. Die in ihr aufgenommenen Fahrzeuge werden zusammen mit den im Verkehrsmuseum Dresden ausgestellten Originalen (außer der *MULDENTHAL*, die nicht in der Liste historischer Triebfahrzeuge enthalten ist,) nachfolgend beschrieben. Bei der Auswahl der einzelnen Bauarten wurden bewährte Baureihen der ehemaligen Länderbahnen (z. B. preußische S 10[1], sächsische XII H2), der Deutschen Reichsbahn (z. B. Baureihen 01, 03, 24, 43) sowie Sonderbauarten berücksichtigt. Ein weiteres Kriterium war, die verschiedenen Triebwerksanordnungen (z. B. Zwei-, Drei- und Vierzylinder), Gelenkbauarten (z. B. Mallet, Meyer oder Fairlie), Steuerungsarten (z. B. Heusinger, Allan, Außen- und Innensteuerung) und Dampfmaschinenarten (z. B. Heißdampf, Naßdampf, Verbund) zu erhalten. Dabei war man bestrebt, von den jeweiligen Baureihen die älteste noch vorhandene Lokomotive sicherzustellen (z. B. 03 001, 38 205, 64 007, 98 001).

Die Eisenbahnmuseumsfahrzeuge lassen sich in zwei Kategorien einteilen: in betriebsfähige und nichtbetriebsfähige Museumslokomotiven (nachfolgend als historische Triebfahrzeuge bezeichnet).

Der sehr gute Zustand, in dem sich die Triebfahrzeuge auf Ausstellungen und bei Sonderfahrten zeigen, zeugt von der großen Einsatzbereitschaft der Eisenbahner und vom Engagement vieler Dienststellen der Deutschen Reichsbahn, die sich um die Pflege und Erhaltung der Fahrzeuge beispielhaft kümmern. Auch zahlreiche Mitglieder der Arbeitsgemeinschaften des Deutschen Modelleisenbahn-Verbandes der DDR (DMV) widmen sich in ihrer Freizeit der Pflege historischer Fahrzeuge und dem Traditionsbetrieb.

Die historischen Fahrzeuge sind gegenwärtig noch an verschiedenen Orten in der DDR abgestellt, werden aber in Fahrzeugschauen der DR, des Verkehrsmuseums Dresden und des Deutschen Modelleisenbahn-Verbandes der DDR der Öffentlichkeit zugänglich gemacht. Die Aufstellung der Triebfahrzeuge enthält außer den technischen Daten (bei Schlepptenderlokomotiven Angabe der Dienstmasse ohne Tender) Fotos vom derzeitigen Aussehen, bei den Wagen wurden nur die Betriebsnummern aufgeführt.

01 005

Foto: Kirsche

Diese Lokomotive, in den Jahren 1925/26 von Borsig unter der Fabrik-Nr. 11 997 im ersten Baulos der für die Deutsche Reichsbahn-Gesellschaft (DRG) neu entwickelten Einheitsloko-motiven gebaut, war der erste Prototyp und die älteste im Dienst stehende deut-sche Einheitslokomotive. Es handelt sich um eine Zweizylinder-Heißdampfloko-motive, die sich damals im Vergleich mit der ebenfalls 1925/26 von Henschel und von Krauss-Maffei gebauten Baureihe 02 als Verbundmaschine als die wirtschaftli-chere Variante herausstellte. Die 01 005 war von 1926 bis zum 11. Mai 1929 im BW Hof beheimatet, danach bis zum 2. Oktober 1946 im Bw Erfurt P. Sie ge-hörte dann zu den Lokomotiven der Ko-lonne Brest und war nach ihrer Rückkehr von diesem Einsatz vom 18. Februar 1955 bis zum 19. September 1961 im Bw Magdeburg beheimatet. Danach stand sie bis zum 20. Juni 1963 beim Bw Berlin Ostbahnhof im Dienst, anschließend wie-

Baureihe	01⁰
Betriebsgattung	S 36.20
Bauart	2'C1'' h2
	Einheitslok
Spurweite (mm)	1435
Rostfläche (m²)	4,41
Anzahl der Heizrohre	129
Anzahl der Rauchrohre	43
Strahlungsheizfläche (m²)	17
Heizrohrheizfläche (m²)	115,18
Rauchrohrheizfläche (m²)	105,38
Verdampfungsheizfläche (m²)	237,56
Überhitzerheizfläche (m²)	100,0
Dienstmasse (t)	108,9
Wasserkasteninhalt (m³)	32
Brennstoffvorrat (t)	10
Höchstgeschwindigkeit (km/h)	120

der beim Bw Magdeburg, bis sie am 30. Juni 1977 ausgemustert wurde, aber als nichtbetriebsfähige Lokomotive erhal-ten bleibt.

01 531

Foto: Arndt

Diese 2'C1' h2-Schnellzuglokomotive war im Jahr 1935 unter der Fabriknummer 22 706 von Henschel und mit der Betriebsnummer 01 158 an die DRG geliefert worden.

Sie gehörte zum vierten Baulos der 01-Einheitslokomotiven, das durch eine von 120 km/h auf 130 km/h erhöhte Höchstgeschwindigkeit, einen Laufraddurchmesser im Drehgestell von 1000 mm und eine Stahlfeuerbüchse gegenüber der kupfernen Feuerbüchse bisheriger 01-Lokomotiven gekennzeichnet war. Ab 16. November 1935 fuhr die Maschine beim BW Magdeburg Hbf Schnellzüge nach Kassel, Braunschweig und Berlin. Vom 18. September 1936 bis 21. September 1937 gehörte die Lokomotive zwischenzeitlich zum BW Dresden Altstadt.

Baureihe	01^5
Betriebsgattung	S 36.20
Bauart	2'C1' h2
	Einheitslok/Rekolok DR
Spurweite (mm)	1435
Rostfläche (m²)	4,87
Anzahl der Heizrohre	125
Anzahl der Rauchrohre	43
Strahlungsheizfläche (m²)	23,5
Heizrohrheizfläche (m²)	103,7
Rauchrohrheizfläche (m²)	97,3
Verdampfungsheizfläche (m²)	224,5
Überhitzerheizfläche (m²)	97,5
Dienstmasse (t)	111,0
Wasserkasteninhalt (m³)	34,0
Brennstoffvorrat (t)	13,5
Höchstgeschwindigkeit (km/h)	130

Vom BW Magdeburg Hbf wurde sie täglich im Schnellzugdienst eingesetzt und vom Reichsbahnzentralamt bis Ende 1938 für Versuchszwecke mit einigen technischen Veränderungen, wie einer gelenkartigen Kreuzkopf-Kolbenstangenverbindung und der pneumatischen Steuerung für die induktive Zugbeeinflussung, ausgerüstet. Am 22. Dezember 1939 wurde die Maschine beim Eisenbahnunglück von Genthin schwer beschädigt, konnte aber wenige Tage später auf eigenen Radsätzen ins RAW Brandenburg West geschleppt und nach ihrer Demontage im Januar 1940 nach Braunschweig gebracht werden. Bedingt durch den Lokomotivmangel im zweiten Weltkrieg wurde die Maschine instand gesetzt und ab 1. April 1941 wieder vom BW Magdeburg Hbf eingesetzt. Bei einem Bombenangriff im Berliner Raum im Dezember 1943 erneut beschädigt, mußte die Maschine nochmals im RAW Braunschweig repariert werden. Am 22. Dezember 1945 wechselte die Lokomotive vom Bw Magdeburg Hbf zum Bw Leipzig-Wahren, wo sie bis zum 4. April 1946 im Einsatz war. Weitere Heimat-Bw waren Eisenach (25. April bis 8. Dezember 1948) und Erfurt P (9. Dezember 1948 bis 13. Dezember 1948). Danach kam die Maschine zur im Bw Frankfurt (Oder) stationierten Lokkolonne für die Beförderung von Schnellzügen zwischen Brest und Berlin. Vom 2. Januar 1952 bis zum Jahr 1961 wurde die Maschine vom Bw Wittenberge im Reisezugdienst eingesetzt, danach ab 17. Dezember 1961 bis zum Oktober 1964 vom Bw Berlin Ostbahnhof. Bei einer L-3-Zwischenuntersuchung im Raw Meiningen wurde die 01 158 rekonstruiert, auf Ölhauptfeuerung umgebaut und ab 9. Dezember 1964 unter der Betriebsnummer 01 531 vom Bw Erfurt im Schnellzugdienst nach Bebra (BRD) und Berlin sowie auf der Strecke Berlin–Probstzella eingesetzt (deshalb kurzzeitig vom 7. September 1967 bis 20. November 1967 im Bw Saalfeld beheimatet). Vom 23. April 1971 bis 18. August 1971 war die Maschine – seit Juli 1970 unter der EDV-Betriebsnummer 01 1531 – im Bw Meiningen beheimatet, anschließend bis 16. Juli 1972 nochmals im Bw Erfurt und danach bis zum 22. September 1976 im Bw Wittenberge, das die Lokomotive vor allem vor Zügen nach Berlin und nach Hamburg einsetzte. Ab 23. September 1976 gehörte die Lokomotive zum Bw Rostock und ab 20. Juni 1978 zum Bw Saalfeld (Saale). Von hier aus fuhr sie auf der Saalebahn und zwischen Saalfeld (Saale) und Leipzig über Gera. Im Jahr 1983 wurde die 01 531 wieder auf Rostfeuerung umgebaut. Da die Maschine betriebsfähig erhalten bleibt, wird sie häufig vor Sonderzügen zu sehen sein.

03 001

Foto: VMD

Diese Lokomotive ist die älteste erhalten gebliebene Schnellzuglokomotive der Baureihe 03⁰ in beiden deutschen Staaten. Die Maschine entstand im Jahre 1930 bei Borsig unter der Fabriknummer 12 251. Sie wurde notwendig, da bis zum Jahre 1930 noch nicht alle Hauptstrecken für eine Achslast von 20 Mp (heute: Achskraft von 200 kN) ausgebaut waren. Deshalb wurde die Baureihe 03⁰ als leichtere Einheitsschnellzuglokomotive mit nur 17 Mp Achslast als Variante zur Baureihe 01⁰ geschaffen. Die 03 001 hat nach ihrer Indienststellung am 7. Juli 1930 sehr viele Bahnbetriebswerke gesehen. Bis zum 23. September 1930 war sie bei der Lokomotivversuchsanstalt Grunewald, anschließend bis zum Ende des zweiten Weltkrieges in Osnabrück, Rheine und Saarbrücken beheimatet. In den Jahren 1945/46 gehörte sie zum Bestand des Bw Gerstungen bzw. Erfurt P, danach war sie in Schwerin, Leipzig West, Wittenberge, Berlin-Rummelsburg, Berlin Ostbahnhof, Dresden Altstadt zu Hause, bis sie am 18. Juni 1965 zum Bw

Baureihe	03⁰
Betriebsgattung	S 36.17
Bauart	2′C′ h2
	Einheitslok
Spurweite (mm)	1435
Rostfläche (m²)	4,05
Anzahl der Heizrohre	84
Anzahl der Rauchrohre	20
Strahlungsheizfläche (m²)	16,10
Heizrohrheizfläche (m²)	116,50
Verdampfungsheizfläche (m²)	202,22
Überhitzerheizfläche (m²)	70,0
Dienstmasse (t)	99,6
Wasserkasteninhalt (m³)	32
Brennstoffvorrat (t)	10
Höchstgeschwindigkeit (km/h)	130

Halle P kam und hier der VES-M zugeteilt war. Zwischenzeitlich war sie vom 26. September 1965 bis zum 18. September 1966 noch einmal beim Bw Berlin Ostbahnhof und bis zu ihrer Ausmusterung am 16. September 1971 beim Bw Halle P (VES-M). Zum Park der betriebsfähigen Lokomotiven gehörend, wird sie für Sonderfahrten eingesetzt.

03 1010

Diese Lokomotive wurde im Jahre 1940 von der Firma Borsig unter der Fabriknummer 14 921 gebaut. Ursprünglich war vorgesehen, von der Baureihe 03^{10} als Weiterentwicklung der Baureihe 03 insgesamt 140 Lokomotiven zu bauen. Jedoch wurden nur 60 Maschinen hergestellt; die anderen Aufträge sind wegen des zweiten Weltkriegs storniert worden. Die 03^{10} ist eine Dreizylinderlokomotive mit einfacher Dampfdehnung, sie wurde für 140 km/h Höchstgeschwindigkeit gebaut, wobei die 03 1010 als zum Baulos Borsig gehörend gegenüber den Baulosen von Krupp und Krauss-Maffei mit vollständiger Stromlinienverkleidung nur eine Stromlinienverkleidung hatte, die das Triebwerk etwas über Achsmitte freiließ. Die Beheimatungen der 03 1010 vor 1947 sind durch das Betriebsbuch nicht belegbar. Vom 7. Mai 1947 bis zum 25. August 1953 gehörte die Lok zum Bw Leipzig Hbf West, wobei am 11. Juli 1953 im damaligen VEB Lokomotivbau „Karl Marx" Babelsberg die Stromlinienverkleidung vollständig entfernt wurde. Vom 26. August 1953 bis zum 31. Oktober 1974 gehörte die Maschine zum Bw Halle (Saale) P und wurde von der damaligen VES-M als Bremslok eingesetzt. Am

Baureihe	03^{10}
Betriebsgattung	S 36.18
Bauart	2'C1' h3
	Einheitslok/
	Rekolok DR
Spurweite (mm)	1435
Rostfläche (m^2)	4,23
Anzahl der Heizrohre	112
Anzahl der Rauchrohre	36
Strahlungsheizfläche (m^2)	21,3
Heizrohrheizfläche (m^2)	98,3
Rauchrohrheizfläche (m^2)	86,7
Verdampfungsheizfläche (m^2)	206,3
Überhitzerheizfläche (m^2)	83,8
Dienstmasse (t)	103,04
Wasserkasteninhalt (m^3)	34
Brennstoffvorrat (t)	10
Höchstgeschwindigkeit (km/h)	140

21. August 1961 hat die 03 1010, wie alle bei der Deutschen Reichsbahn nach dem zweiten Weltkrieg verbliebenen 16 Lokomotiven der Baureihe 03^{10}, einen Neubaukessel erhalten und wurde gleichzeitig auf Ölhauptfeuerung umgebaut. Die Lok behielt ihren Oberflächenvorwärmer Bauart Knorr, bekam aber Riggenbach-Gegendruckbremse, außerdem Giesl-Flachejektor und am 6. März 1969 eine

Ausrüstung für die punktförmige Zugbeeinflussung. Die EDV-Betriebsnummer der Maschine lautete 03 0010-3. Vom 1. November 1974 an bis zum 31. Dezember 1981 gehörte die Lok zum Bw Stralsund und beförderte Schnellzüge zwischen Berlin und Stralsund. Die letzte planmäßige Leistung fuhr die Maschine am 31. Mai 1980 mit den Zügen D 813/D 914. Nach über 40jährigem Betriebseinsatz läßt sich durchaus sagen, daß die Drillingsmaschinen der Baureihe 03^{10} mit Ölhauptfeuerung zu den leistungsfähigsten Schnellzuglokomotiven der Deutschen Reichsbahn gehörten. Da die Lokomotive als betriebsfähige Traditionslokomotive erhalten bleibt, wurde sie am 31. Dezember 1981 auf Rostfeuerung rückgebaut und erhielt wieder ihre alte Betriebsnummer 03 1010.

17 1055

Foto: Kirsche

Diese Schnellzuglokomotive wurde im Jahre 1913 von Henschel (Fabriknummer 11 512) für die Preußische Staatsbahn geliefert. Es handelt sich um eine Heißdampf-Verbundmaschine, mit deren Entwicklung man gehofft hatte, Kohle einzusparen. Diese preußische S 10^1 erwies sich nach Versuchsfahrten als die wirtschaftlichste und leistungsstärkste preußische Schnellzuglokomotive, die im spezifischen Kohle- und Dampfverbrauch sogar die als wirtschaftlich bekannte P 8 unterbot.

Die 17 1055 wurde am 20. März 1913 vom Werk angeliefert, hatte am 8. April 1913 ihre Endabnahme und war danach bis zum 11. Mai 1934 beim BW Frankfurt (Oder) eingesetzt. Anschließend stand sie bis zum 10. Dezember 1943 beim BW Küstrin-Neustadt und nach dem zweiten Weltkrieg vom 14. Januar 1950 bis zum 5. Oktober 1950 bei den Bw

Rummelsburg und Karlshorst im Dienst. Vom 22. November 1950 bis zum 17. Juli 1955 gehörte sie zum Bw Berlin Ostbahnhof, vom 22. Januar 1956 bis zum 12. Oktober 1960 zum Bw Cottbus und anschließend bis zum 12. September 1961 zum Bw Lübbenau. In dem Maße, wie die Neubauloks der Baureihe 23^{10} auftauchten, verschwanden die Lokomotiven der Baureihe 17^{10-11} von den Strecken der DR. Die 17 1055 wurde vom Raw Cottbus wieder in den Originalzustand versetzt. Als „Osten 1135" wird sie als nichtbetriebsfähige Museumslokomotive erhalten. Mit einer Lebensdauer von über 50 Jahren gehörten die Loks der preußischen S 10^1 zweifellos zu den markantesten deutschen Schnellzuglokomotiven.

Baureihe	17^{10-11}
Betriebsgattung	S 35.17
Bauart	2'C h4v
	pr. S 10^1
Spurweite (mm)	1435
Rostfläche (m²)	3,18
Anzahl der Heizrohre	136
Anzahl der Rauchrohre	26
Strahlungsheizfläche (m²)	17,59
Heizrohrheizfläche (m²)	96,0
Rauchrohrheizfläche (m²)	49,47
Verdampfungsheizfläche (m²)	163,06
Überhitzerheizfläche (m²)	58,5
Dienstmasse (t)	83,1
Wasserkasteninhalt (m³)	31,5
Brennstoffvorrat (t)	7
Höchstgeschwindigkeit (km/h)	120

18 201

Foto: Kirsche

Diese Maschine entstand aus der Stromlinien-Tenderlokomotive 61 002. Diese 2'C3' h3-Maschine wurde 1938 von Henschel unter der Fabriknummer 23 515 als zweite Schnellfahrlokomotive für den damaligen Henschel-Wegmann-Zug zwischen Berlin und Dresden gebaut. Nach dem zweiten Weltkrieg verblieb die 61 002 beim Bw Dresden Altstadt und beförderte nach dem Wegfall der Triebwerksverkleidung Personenzüge auf der Elbtalstrecke Dresden – Bad Schandau. Als für die Erprobung neugebauter Weitstrecken-Personenwagen für Geschwin-

Baureihe	18²
Betriebsgattung	S 36.20
Bauart	2'C1' h3
	Rekolok DR
Spurweite (mm)	1435
Rostfläche (m²)	4,23
Anzahl der Heizrohre	112
Anzahl der Rauchrohre	36
Strahlungsheizfläche (m²)	21,3
Heizrohrheizfläche (m²)	98,3
Rauchrohrheizfläche (m²)	86,7
Verdampfungsheizfläche (m²)	206,3
Überhitzerheizfläche (m²)	83,8
Dienstmasse (t)	113,6
Wasserkasteninhalt (m³)	34,5
Brennstoffvorrat (t)	13,5
Höchstgeschwindigkeit (km/h)	175

digkeiten von 160 km/h, die die Schienenfahrzeugindustrie der DDR an die Sowjetischen Eisenbahnen lieferte, eine Lokomotive für mindestens 175 km/h Geschwindigkeit benötigt wurde, entsann man sich des guten Laufwerks der 61 002. Nach Entwürfen der VES-M wurde deshalb die ehemalige Tenderlokomotive bis zum 31. Mai 1961 in eine 2'C1' h3-Schlepptenderlokomotive umgebaut, wobei ein neuer, vom Raw Halberstadt gebauter Kessel verwendet wurde. Als Zylinder mit größerem Durchmesser verwendete man die äußeren Zylinder der ausgemusterten Versuchslokomotive H 45 024. Von dieser Lok wurde auch das hintere Rahmenteil mit Schleppachse und Rückstellvorrichtung verwendet. Um den Luftwiderstand zu vermindern, erhielt die 18 201 eine spitze Rauchkammertür und eine Verkleidung, die von der vorderen Pufferbohle bis zu den Zylindern und weiter als Schürze bis zum Führerhaus umläuft. Auch der Tender (Bauart 2'2'T 34, 1941 von Henschel gebaut) wurde in die Formgebung einbezogen. Die Windleitbleche sind der Verkleidung angepaßt. Ihre besondere äußere Gestalt durch die Verkleidung, ihr grüner Anstrich mit einem umlaufenden weißen Zierstreifen und ihre rotlackierten Räder ließen die Lok überall besonders auffallen. Am 29. Juni 1967 wurde die 18 201 auf Ölhauptfeuerung umgebaut, so daß sie im Jahre 1970 die EDV-Betriebsnummer 02 0201-0 erhielt. Seit dem 1. Juni 1961 gehört die Lokomotive zum Bw Halle (Saale) P. Sie wurde von der VES-M zu Schnellfahrten im Versuchs- und Meßbetrieb sowie vom Bw im D-Zug-Dienst zwischen Halle (Saale) und Berlin sowie zwischen Halle (Saale) und Saalfeld (Saale) eingesetzt. Bei Versuchsfahrten auf dem Versuchsring der Tschechoslowakischen Staatsbahnen (ČSD) bei Velim erreichte die Lok im November 1964 die Spitzengeschwindigkeit von 176 km/h. Damit ist sie bis heute die derzeit schnellste betriebsfähige Dampflokomotive der Welt, was ihr einen besonderen Status unter den Traditionslokomotiven verleiht.

19 017

Foto: R. Preuß

Die Maschine wurde im Jahre 1922 von Hartmann (Fabriknummer 4523) für die Sächsischen Staatsbahnen (Bahnnummer 207) geliefert. Damit kehrte diese Bahnverwaltung mit der Gattung XXHV wieder zum Vierzylinder-Verbundtriebwerk zurück. Die schwere, leistungsfähige Schnellzuglokomotive wurde hauptsächlich für den gesamten Schnellzugdienst Leipzig – Hof – Regensburg eingesetzt. Im Jahre 1925 wurde die Maschine von der DRG übernommen und erhielt die Nummer 19 017. Bis 1945 war die Lok in den BW Dresden Altstadt und Reichenbach (V) beheimatet. Vom 1. Juli 1945 bis zum 8. Juli 1951 gehörte sie zum Bw Dresden Altstadt; ab 5. Oktober 1951 bis zu ihrer Ausmusterung am 13. Januar 1967 zum Bw Halle P, wo sie bei der VES-M zu Versuchszwecken eingesetzt war. Zeitweise fuhr die 19 017 mit einem französischen Tender. Als Museumslokomotive der DR wurde sie wieder in ihren Originalzustand versetzt.

Baureihe	19^0
Betriebsgattung	S 46.17
Bauart	1'D1' h4v
	sä. XXHV
Spurweite (mm)	1435
Rostfläche (m²)	4,50
Anzahl der Heizrohre	156
Anzahl der Rauchrohre	28
Strahlungsheizfläche (m²)	15,46
Heizrohrheizfläche (m²)	147,81
Rauchrohrheizfläche (m²)	63,78
Verdampfungsheizfläche (m²)	227,05
Überhitzerheizfläche (m²)	74,0
Dienstmasse (t)	107,7
Wasserkasteninhalt (m³)	31
Brennstoffvorrat (t)	7
Höchstgeschwindigkeit (km/h)	120

23 1113

Foto: Wünschmann

Diese Lokomotive, im Jahre 1959 unter der Fabriknummer 123 113 im damaligen VEB Lokomotivbau „Karl Marx" Babelsberg hergestellt, ist die letzte aus der gesamten Lieferserie von 113 Maschinen dieser Neubaulokomotive für die Deutsche Reichsbahn. Die Baureihe 23^{10} wurde im Institut für Schienenfahrzeuge Berlin-Adlershof in Zusammenarbeit mit dem Dampflokdezernat des Technischen Zentralamtes projektiert, wobei die Erfahrungen beim Bau der Neubaulokomotiven 65^{10} und 83^{10} genutzt werden konnten. Da zur gleichen Zeit auch die Güterzuglokomotive Baureihe 50^{40} entwickelt wurde, erhielten aus Gründen der rationellen Fertigung und Instandhaltung beide Baureihen viele identische Teile, u. a. den Kessel, die Rauchkammer, das Führerhaus und den Tender. Gegenüber den beiden Baumusterlokomotiven 23 1001 und 23 1002, die zum Jahreswechsel 1955/56 ausgeliefert und danach eingehend erprobt wurden, gab es bei der 1958 begonnenen Serienfertigung kaum Änderungen, was für die Güte der Konstruktion und des Baues spricht. Lediglich der Speisedom fiel wegen des Mischvorwärmers weg. Anstelle des Heißdampf-

Baureihe	23^{10}
Betriebsgattung	P 35.18
Bauart	1'C1' h2
	Neubaulok DR
Spurweite (mm)	1435
Rostfläche (m²)	3,71
Anzahl der Heizrohre	150
Anzahl der Rauchrohre	38
Strahlungsheizfläche (m²)	17,9
Heizrohrheizfläche (m²)	79,0
Rauchrohrheizfläche (m²)	62,7
Verdampfungsheizfläche (m²)	159,6
Überhitzerheizfläche (m²)	65,7
Dienstmasse (t)	87,2
Wasserkasteninhalt (m³)	28
Brennstoffvorrat (t)	10
Höchstgeschwindigkeit (km/h)	110

reglers kam der weniger störanfällige Naßdampfregler zum Einsatz, und statt der Müller-Schieber wurden Trofimoff-Schieber eingebaut. Die Lokomotiven der Baureihe 23^{10} wurden zuerst sehr häufig im Schnellzugdienst eingesetzt. Von den Dampflokpersonalen wurden sie wegen ihrer Laufruhe, ihrer geringen Schleuderneigung vor schweren Zügen und wegen ihrer Anfahrzugkraft geschätzt. Seit der Umstellung auf EDV-Betriebsnummern am 1. Juli 1970 bezeichnete man die Baureihe 23[10] als Baureihe 35[1], so daß die 23 1113 zur 35 1113 wurde. Seit ihrer Indienststellung am 16. Oktober 1959 bis zum 17. Juli 1962 war die Lok im Bw Riesa beheimatet. Bis zum 17. Juni 1976 war die Lokomotive im Bestand des Bw Nossen und dann bis zum 22. Dezember 1981 im Bw Karl-Marx-Stadt. Seit dem 23. Dezember 1981 gehört die 23 1113 erneut zum Bw Nossen, das sie als betriebsfähige Lokomotive vorhält, auf Ausstellungen zeigt und häufig zu Sonderfahrten einsetzt.

24 004

Foto: Kirsche

Zum ersten Programm der Einheitslokomotiven der DRG zählte auch eine Personenzuglokomotive, die als Baureihe 24 bezeichnet wurde. Die Lok 24 004 wurde im Jahre 1928 von Schichau (Fabriknummer 31 19) geliefert. Mit ihrer Achslast von 15 Mp (Achskraft 150 kN) war sie vor allem für den Personenzugdienst auf Nebenstrecken im Flachland gebaut worden, von den Eisenbahnern deshalb „Steppenpferd" genannt. Nach 1945 verblieben nur fünf Loks der Baureihe 24 bei der DR. Die 24 004 war vom 16. Juli 1948 bis zum 14. November 1950 beim Bw Berlin

Baureihe	24
Betriebsgattung	P 34.15
Bauart	1'C h2
	Einheitslok
Spurweite (mm)	1435
Rostfläche (m²)	2,04
Anzahl der Heizrohre	114
Anzahl der Rauchrohre	32
Strahlungsheizfläche (m²)	8,7
Heizrohrheizfläche (m²)	53,7
Rauchrohrheizfläche (m²)	42,0
Verdampfungsheizfläche (m²)	104,4
Überhitzerheizfläche (m²)	37,18
Dienstmasse (t)	57,4

Wasserkasteninhalt (m³) 16
Brennstoffvorrat .(t) 6
Höchstgeschwindigkeit
(km/h) 90

Anhalter Bahnhof beheimatet, danach bis zum 27. Januar 1955 beim Bw Berlin-Schöneweide, anschließend bis zum 14. Juli 1956 beim Bw Frankfurt (Oder) und bis zum 8. April 1957 beim Bw Oschersleben. Vom 9. April 1957 bis zu ihrer Ausmusterung am 11. November 1966 gehörte sie zum Bw Jerichow, seitdem zum Bestand nichtbetriebsfähiger historischer Lokomotiven.

38 205

Foto: Kirsche

Diese Lokomotive gehörte zu den ersten zehn Stück der sächsischen XII H2, der späteren Baureihe 38²⁻³, die im Jahre 1910 von Hartmann (Fabriknummer 33 87) geliefert wurden. Diese Gattung wurde von den Sächsischen Staatsbahnen beschafft. Die sächsischen Maschinen erhielten jedoch, wie andere sächsische Gattungen auch, einen Belpaire-Stehkessel sowie einen verhältnismäßig langen Tender, was zu dem Spitznamen „Rollwagen" führte. Die robusten Maschinen waren bis 1967 im Einsatz! Die 38 205 war bis zum 5. März 1931 in Werdau beheimatet, anschließend wenige Monate in Reichenbach, vom 13. August 1931 bis 4. Oktober 1938 in Bautzen. Vom 5. Oktober 1938 bis zum 15. November 1943

Baureihe	38²⁻³
Betriebsgattung	P 35.15
Bauart	2′C h2
	sä. XII H2
Spurweite (mm)	1435
Rostfläche (m²)	2,83
Anzahl der Heizrohre	180
Anzahl der Rauchrohre	24
Strahlungsheizfläche (m²)	13,44
Heizrohrheizfläche (m²)	109,26
Rauchrohrheizfläche (m²)	39,58
Verdampfungsheizfläche (m²)	162,28
Überhitzerheizfläche (m²	42,2
Dienstmasse (t)	73,3
Wasserkasteninhalt (m³)	21
Brennstoffvorrat (t)	7
Höchstgeschwindigkeit (km/h)	90

war sie im heutigen Děčin beheimatet, dann bis zum 27. Februar 1944 im heutigen Usti nad Labem und anschließend bis zum 27. September 1945 in Werdau bzw. bis zum 22. Dezember 1945 in Pirna. Am 23. Dezember 1945 kam sie zum Bw Dresden Friedrichstadt. Wie lange sie dort weilte, ist nicht bekannt. Erst am 11. November 1950 gibt das Betriebsbuch wieder Auskunft über die Zugehörigkeit zum Bw Freiberg (Sachs) bis

zum 13. August 1961. Bis 30. Oktober 1961 war sie in Pockau-Lengefeld zu Hause, anschließend bis zum 30. Januar 1962 nochmals in Pirna, und die letzten Jahre stand sie, bis zu ihrer Ausmusterung im Jahre 1967, im Dienst beim Bw Nossen. Im Bestand historischer Lokomotiven gehört sie zu den betriebsfähig vorzuhaltenden Maschinen und kommt somit häufig bei Sonderfahrten zum Einsatz.

38 1182

Foto: Kirsche

Diese Lokomotive wurde unter der Fabrik-Nr. 4485 von Schwartzkopff im Jahre 1910 gebaut, nach 61 Dienstjahren (!) im Jahre 1971 außer Dienst gestellt und als Museumslokomotive eingestuft. Sie gehörte zu der bekannten preußischen Gattung P 8 – nicht nur der stückzahlenmäßig dominierenden, sondern auch einer der wirtschaftlichsten und zuverlässigsten deutschen Reisezuglokomotiven überhaupt. Die P 8 ist in allen Bereichen des Zugförderungsdienstes zum

Baureihe	38^{10-14}
Betriebsgattung	P 35.17
Bauart	2'C h2
	pr. P 8
Spurweite (mm)	1435
Rostfläche (m²)	2,64
Anzahl der Heizrohre	119
Anzahl der Rauchrohre	26
Strahlungsheizfläche (m²)	14,58
Heizrohrheizfläche (m²)	80,67
Rauchrohrheizfläche (m²)	48,65
Verdampfungsheizfläche (m²)	143,9

Überhitzerheizfläche (m²	58,9
Dienstmasse (t)	78,2
Wasserkasteninhalt (m³)	21,5
Brennstoffvorrat (t)	7
Höchstgeschwindigkeit (km/h)	100

Einsatz gekommen, ausgenommen der schwere Schnellzug- und Güterzugdienst. Als kräftige, dreifach gekuppelte Heißdampflokomotive mit 100 km/h Höchstgeschwindigkeit war sie in der Lage, auch krümmungsreiche Steigungen zügig zu durchfahren. Die 38 1182 gehörte vom 27. Oktober 1927 bis zum 13. Juni 1934 zum BW Reichenbach, bis zum 31. Mai 1935 zum BW Adorf und dann bis zum 26. Mai 1942 zum BW Chemnitz Hbf (heute Karl-Marx-Stadt). Vom 18. August 1944 bis zum 18. April 1947 war sie in Riesa beheimatet, dann bis zum 10. Januar 1948 in Aschersleben und bis zum 4. Februar 1948 im Bw Leipzig Hbf West. Vom 5. Februar 1948 bis zum 29. Dezember 1955 war sie wieder in Aschersleben, bis 9. Januar 1956 in Stendal, dann bis 10. Oktober 1958 in Köthen, bis 3. Oktober 1959 in Güsten, bis zum 6. April 1960 wieder in Aschersleben, danach bis zum 18. Januar 1968 in Köthen und bis zu ihrer Ausmusterung am 15. August 1971 nochmals im Bw Aschersleben. Sie bleibt als betriebsfähig vorzuhaltende historische Lokomotive erhalten.

41 074

Foto: Bohne

Diese Lokomotive wurde – mit der Fabriknummer 14 795 – im Jahre 1939 von der Firma Borsig hergestellt. Es handelt sich um eine 1'D1'-Güterzuglokomotive, mit der die DRG die erste echte Mehrzwecklokomotive schuf. Bei allen Lokomotiven der Baureihe 41 waren Ende der 50er Jahre die Lokomotivkessel – aus St 47 K gefertigt – erneuerungsbedürftig, so daß zunächst 21 Lokomotiven Nachbaukessel und später 60 Lokomotiven Neubau-Ersatzkessel erhielten. Letztere gelten als Rekolokomotiven, und zu ihnen gehört auch die 41 074. Die Lokomotiven der Baureihe 41 blieben nach der Rekonstruktion konzeptionsbedingt die vielseitigsten Lokomotiven im Triebfahrzeugpark der Deutschen Reichsbahn. Sie wurden im Thüringer Raum für den Schnellzug- und Personenzugdienst auf den Hügellandstrecken als Nachfolgerin der Lokomotiven der Baureihe 39^{0-2} bzw. 22 eingesetzt. Von Magdeburg aus beförderten die Oebisfelder Maschinen Schnellzüge des internationalen Verkehrs, und von den Bahnbetriebswerken Stralsund, Stendal und Neubrandenburg wurden die Maschinen für alle Zugarten eingesetzt. Die 41 074 war zunächst auf thüringischen Strecken im Einsatz: Seit ihrer Indienststellung am 28. Juni 1939 bis zum 21. Juli 1939 war sie im BW Erfurt beheimatet, vom 22. Juli 1939 bis zum 15. April 1943 beim BW Gerstungen, vom 16. April 1943 bis zum 4. Juli 1944 wieder im BW Eisenach und vom 5. Juli 1944 bis zum 16. Juni 1947 im Bw Sangerhausen. Vom 25. Juni 1948 bis zum 28. Februar 1951 gehörte die Maschine zum Bw Magdeburg Hbf, bis zum 9. Januar 1953 zum Bw Wittenberge, bis zum 11. Mai 1956 zum Bw Rostock, bis zum 15. August 1958 zum Bw Leipzig Hbf West und bis zum 7. Januar 1960 zum Bw Stralsund. Vom 9. Februar 1960 bis zum 5. April 1960 wurde die 41 074 im Raw Karl-Marx-Stadt der Rekonstruktion unterzogen. Äußerlich erkennbar an der Lok ist dies daran, daß die Ventilzüge auf der linken Maschinenseite (Heizerseite) über den Waschluken verlaufen (bei den im Raw Zwickau rekonstruierten 41ern liegen die Ventilzüge etwas tiefer und lassen die Waschluken frei). Die 41 074 erhielt einen Neubau-Ersatzkessel aus der Produktion des Raw Halberstadt, erkennbar an den sieben nebeneinanderliegenden Waschluken. Nach der Rekonstruktion war die Lok zunächst im Bw Halberstadt beheimatet (bis 5. April 1963), anschließend bis zum 6. November 1964 im Bw Jüterbog und dann bis zum 21. November 1964 im Bw Magdeburg Hbf. Ab dem 22. November 1964 gehörte sie zum Bw Oebisfelde, von dem sie bis zum 28. Oktober 1980 eingesetzt wurde. Ihre EDV-Betriebsnummer lautet seit 1970 41 1074-8. Vom 29. Oktober 1980 bis zum 21. April 1981 gehörte die Lok zum Z-Park des Bw Oebisfelde. Nach ihrer Aufarbeitung wird sie als betriebsfähige Traditionslokomotive vorgehalten und zu Sonderfahrten eingesetzt.

Baureihe	41
Betriebsgattung	G 46.18
Bauart	1'D1' h2
	Rekolok DR
Spurweite (mm)	1435
Rostfläche (m²)	4,2
Anzahl der Heizrohre	112
Anzahl der Rauchrohre	36
Strahlungsheizfläche (m²)	21,3
Heizrohrheizfläche (m²)	98,3
Rauchrohrheizfläche (m²)	86,7
Verdampfungsheizfläche (m²)	206,3
Überhitzerheizfläche (m²)	83,8
Dienstmasse (t)	101,9
Wasserkasteninhalt (m³)	34
Brennstoffvorrat (t)	10
Höchstgeschwindigkeit (km/h)	90

43 001

Foto: Kirsche

Diese Lokomotive ist die erste der Baureihe 43, die schon im Ersten Typisierungsplan der Vereinheitlichungsbüros der DRG enthalten war und die als schwere Güterzuglok mit 20 Mp Achslast (Achslast von 200 kN) als Zwillingsmaschine von Henschel (Fabriknummer 20726) im Jahre 1927 gebaut wurde. Die Lok kam zum BW Rothenkirchen, wo sie im schweren Güterzugdienst das vorgesehene Leistungsprogramm bei der Beförderung von Güterzügen mit 1340 t in der Ebene mit 65 km/h, mit 1390 t auf 5 % Steigung mit 40 km/h und von 1350 t auf 10 % Steigung mit 20 km/h voll bewältigte. Ab 1945 war die 43 001 im Bw Lübbenau stationiert, ab 1963 im Bw Wittenberge, bis sie 1968 ausgemustert wurde und nun zum Bestand nichtbetriebsfähiger historischer Triebfahrzeuge gehört.

Baureihe	43
Betriebsgattung	G 56.20
Bauart	1′E h2
	Einheitslok
Spurweite (mm)	1435
Rostfläche (m^2)	4,7
Anzahl der Heizrohre	127
Anzahl der Rauchrohre	43
Strahlungsheizfläche (m^2)	18,0
Heizrohrheizfläche (m^2)	113,0
Rauchrohrheizfläche (m^2)	106,0
Verdampfungsheizfläche (m^2)	237,0
Überhitzerheizfläche (m^2)	100,0
Dienstmasse (t)	110,8
Wasserkasteninhalt (m^3)	32
Brennstoffvorrat (t)	10
Höchstgeschwindigkeit (km/h)	70

44 1093

Foto: Michler

Die 1'E h3-Güterzuglokomotive 44 1093 wurde im Jahre 1942 von der Lokomotivfabrik Wien-Floridsdorf unter der Fabriknummer 9449 an die DRG geliefert und kam zum BW Mannheim Rbf. Die Maschinen der Baureihe 44 waren die ersten und mit insgesamt 1989 zwischen 1926 und 1949 gebauten Exemplaren die meistgebautesten Einheitslokomotiven. Bis zum Jahr 1945 war die 44 1093 vermutlich auf den Strecken im Rheintal eingesetzt. Bei Kriegsende 1945 befand sich die Maschine im Bw Waren. Vom 19. September 1945 bis zum 27. Juni 1947 war Schwerin das Einsatz-Bw, anschließend bis 1. Oktober 1947 das Bw Erfurt G. Vom 13. November 1947 bis zum 12. Dezember 1952 gehörte die Lokomotive zum Bw Sangerhausen, danach bis zum 19. Januar 1953 zum Bw Güsten. Ab 15. August 1954 wurde sie für viele Jahre vom Bw Zwickau (Sachs) eingesetzt. Im Jahr 1964 kam die Maschine ins Raw Meiningen. Als 33. von der DR auf Ölhauptfeuerung umgebaute Lokomotive der Baureihe 44 verließ die nun als 44 0093 bezeichnete Maschine am 31. Januar 1965 das Raw und wurde nun vom Bw Halle (Saale) G eingesetzt. Vom 16. März 1973 bis 5. August 1980 gehörte

Baureihe	44
Betriebsgattung	G 56.20
Bauart	1'E h3
	Einheitslok/Umbaulok DR
Spurweite (mm)	1435
Rostfläche (m²)	4,54
Anzahl der Heizrohre	128
Anzahl der Rauchrohre	43
Strahlungsheizfläche (m²)	18,0
Heizrohrheizfläche (m²)	114,0
Rauchrohrheizfläche (m²)	106,0
Verdampfungsheizfläche (m²)	238,0
Überhitzerheizfläche (m²)	100,0
Dienstmasse (t)	109,8
Wasserkasteninhalt (m³)	34
Brennstoffvorrat (t)	10
Höchstgeschwindigkeit (km/h)	80

die Lokomotive zum Bw Nordhausen, anschließend für etwa ein Jahr als Heizlok zum Bw Gera und danach bis zum 18. April 1982 zum Bw Sangerhausen. Noch im gleichen Jahr wurde die Lokomotive 44 0093-3 (EDV-Betriebsnummer ab Juli 1970) im Raw Meiningen wieder auf Rostfeuerung umgebaut und erhielt die Betriebsnummer 44 1093-2. Vom

12. Juni 1982 bis zum 3. Oktober 1983 war das Bw Erfurt nochmals Heimat-Bw, und anschließend wieder das Bw Sangerhausen, wo die 44 1093 als Vertreterin der schwersten und leistungsstärksten Dreizylinder-Güterzuglokomotivbaureihe der Deutschen Reichsbahn als historische Dampflokomotive für den Einsatz zu Sonderfahrten und auf Aufstellungen betriebsfähig vorgehalten wird.

50 849

Foto: Heinrich

Diese Lokomotive wurde 1940 von der Firma Krauss-Maffei in München mit der Fabriknummer 16 058 gebaut und am 21. Dezember 1940 in Dienst gestellt. Es handelt sich um eine 1'E-Güterzuglokomotive, die bei der Projektierung als Ersatz für die ausscheidenden Lokomotiven der preußischen Gattung G 10 (Baureihe 57^{10-40}) vorgesehen war und mittelschwere Güterzüge auf ebenen Strecken befördern sowie eine höchste Geschwindigkeit von 80 km/h erreichen sollte. Weitere Forderungen waren die Beförderung mittelschwerer Güterzüge auf Steigungen von 1:80 mit einer Geschwindigkeit von 25 km/h, das Befahren von Gleisbögen mit 140 m Halbmesser, 16 t Achsfahrmasse sowie eine hohe Rück-

Baureihe	50
Betriebsgattung	G 56.15
Bauart	1'E h2
	Einheitslok
Spurweite (mm)	1435
Rostfläche (m²)	3,9
Anzahl der Heizrohre	113
Anzahl der Rauchrohre	35
Strahlungsheizfläche (m²)	15,9
Heizrohrheizfläche (m²)	90,4
Rauchrohrheizfläche (m²)	71,3
Verdampfungsheizfläche (m²)	177,6
Überhitzerheizfläche (m²)	64,1
Dienstmasse (t)	88,2
Wasserkasteninhalt (m³)	26
Brennstoffvorrat (t)	8
Höchstgeschwindigkeit (km/h)	80

wärtsfahrgeschwindigkeit. Die Lokomotiven der Baureihe 50 wurden mit Stahlfeuerbüchse, legiertem Stahl als Kesselbaustoff, Wagner-Überhitzer und 16 bar Kesseldruck gebaut. Die Beheimatungen der 50 849 sind bis zum 21. Dezember 1946 aus dem Betriebsbuch nicht mehr nachweisbar. Vom 22. Dezember 1946 bis zum 27. April 1947 gehörte die Lok zum Bw Wittenberge, bis zum 12. Dezember 1947 zum Bw Rostock, bis zum 15. April 1949 zum Bw Wustermark und bis zum 5. Januar 1950 zum Bw Berlin-Pankow. Nach einem Aufenthalt im Raw Stendal bis zum 25. Januar 1950 kam die Lok bis zum 6. Juli 1951 wieder zum Bw Berlin-Pankow, war bis zum 12. September 1951 beim Bw Dresden Altstadt und anschließend bis zum 13. November 1951 nochmals beim Bw Berlin-Pankow und dann bis zum 11. Januar 1954 beim Bw Frankfurt (Oder). Nach erneutem Raw-Aufenthalt war die 50 849 vom 18. Februar 1954 bis zum 3. Juli 1954 beim Bw Frankfurt

(Oder) und anschließend bis zum 22. November 1963 beim Bw Hagenow Land beheimatet, woran sich ein Aufenthalt im Raw Stendal bis zum 20. Dezember 1963 anschloß. Danach gehörte die Lok bis zum 6. Februar 1967 zum Bw Rostock und danach bis zum 11. Mai 1969 zum Bw Wismar. Vom 12. Mai 1969 bis zum 29. Dezember 1970 zählte sie dann zum Bestand des Bw Dresden, anschließend bis zum 21. Mai 1971 zum Bw Riesa und bis zum 20. Juli 1971 erneut zum Bw Dresden. Seitdem ist sie im Bw Reichenbach (Vogtl) beheimatet und führte die EDV-Betriebsnummer 50 1849-4. Die betriebsfähige, nunmehr historische Lokomotive der Deutschen Reichsbahn 50 849 besitzt einen Kessel des Baujahres 1942 (mit der Fabriknummer 2417), den sie im Jahre 1974 erhielt, wurde also keine Rekolokomotive. Sie fährt – gegenüber den 50ern mit Witte-Windleitblechen – noch in der Regelausführung mit großen Windleitblechen.

52 6666

Foto: Bohne

Baureihe	52
Betriebsgattung	G 56.15
Bauart	1'E h2
	Kriegslok
Spurweite (mm)	1435
Rostfläche (m²)	3,9
Anzahl der Heizrohre	113
Anzahl der Rauchrohe	35
Strahlungsheizfläche (m²)	15,9
Heizrohrheizfläche (m²)	90,4
Rauchrohrheizfläche (m²)	71,3
Verdampfungsheizfläche (m²)	177,6
Überhitzerheizfläche (m²)	63,7
Dienstmasse (t)	84,0
Wasserkasteninhalt (m³)	30
Brennstoffvorrat (t)	10
Höchstgeschwindigkeit (km/h)	80

Die Lokomotive wurde 1943 von der Firma Skoda in Plzen (damals dem AEG-Konzern angegliedert) mit der Fabriknummer 1493 gebaut. Sie gehörte zur Baureihe 52 (1'E h2-Güterzuglokomotive), die im Beschaffungsprogramm der DRG eine besondere Stellung einnahm, denn weder im ersten Beschaffungsprogramm von 1924 noch im zweiten von 1934, und auch nicht im dritten von 1939 war diese Baureihe ursprünglich vorgesehen. Der Auftrag zu ihrer Entwicklung erging erst im Jahre 1941 an die Lokomotivfabriken, da unter und für die Kriegsbedingungen große Stückzahlen einer Lo-

komotive benötigt wurden, zu deren Herstellung so wenig wie möglich Zeit und Material aufgewendet werden sollte. Die ersten dieser „Kriegslokomotiven" wurden von der Firma Borsig im Jahre 1942 geliefert. Insgesamt soll die Deutsche Reichsbahn-Gesellschaft 6151 Lokomotiven der Baureihe 52 erhalten haben. Im Jahre 1958 wurden die Lokomotiven der Baureihe 52 bei der DR einer Generalreparatur unterzogen, um sie noch über mehrere Erhaltungsabschnitte einsetzen zu können. Das Ziel der Generalreparatur war, kriegsbedingte Vereinfachungen und Mängel zu beseitigen. So erhielten die Lokomotiven Vorwärmer und Achslagerstellkeile, eine verlängerte Rauchkammer und neue Stehkessel in geschweißter Ausführung. Die am 10. Oktober 1943 beim BW Nossen in Dienst gestellte Lokomotive war bis zum Jahre 1947 dort stationiert und kam anschließend zum Bw Berlin-Lichtenberg. Hier verblieb die Maschine bis zum Jahre 1956. Für die nächsten drei Jahre gehörte die Lok zum Bw Jüterbog, und seit 1959 ist sie im Bw Berlin-Schöneweide beheimatet. Im Jahre 1981 wurde die 52 6666 im Raw Meiningen für den Einsatz als betriebsfähige historische Lokomotive der Deutschen Reichsbahn original wieder hergerichtet. Im übrigen verfügt die Maschine noch über ihren ersten Kessel aus dem Jahre 1943!

55 669

Foto: Kirsche

Diese Maschine mit der Fabriknummer 7419 stammte aus einer Lieferung aus dem Jahre 1906, die die Firma Henschel zu der preußischen Gattung G 7¹ beigesteuert hatte. Der Bau dieser ersten vierfach gekuppelten Lokomotive der Preußischen Staatsbahnen war erforderlich geworden, da im Bereich der KPEV Güterwagen mit einer Lademasse von 15 t zum Einsatz kamen und auf den Flachlandstrecken die Zugkraft der G 5-Maschinen für die bei gleicher Achsanzahl nun schwerer gewordenen Güterzüge nicht mehr ausreichte. Die 55 669 war anfangs bei den Saar-Eisenbahnen im Einsatz. Seit 1944 weist das Betriebsbuch die Zugehörigkeit zum BW Ribnitz aus, dann erst wieder vom 25. Februar 1948 bis zum 31. Juli 1949 das Bw Weißenfels. Bis zum 6. November 1949 war sie in Nordhausen beheimatet, anschließend bis zum 31. August 1952 beim Bw Sangerhausen, darauf bis zum 26. Januar 1953 beim Bw Berlin-Pankow. Vom 30. Januar 1953 bis zum 29. März 1960

Baureihe	55^{0-6}
Betriebsgattung	G 44.14
Bauart	D n2
	pr. G 7¹
Spurweite (mm)	1435
Rostfläche (m²)	2,3
Anzahl der Heizrohre	218
Strahlungsheizfläche (m²)	10,6
Heizrohrheizfläche (m²)	138,6
Verdampfungsheizfläche (m²)	149,4
Dienstmasse (t)	52,6
Wasserkasteninhalt (m³)	12
Brennstoffvorrat (t)	5
Höchstgeschwindigkeit (km/h)	45

gehörte sie erneut zum Bw Sangerhausen, anschließend bis zum 21. September 1960 zum Bw Erfurt P, daraufhin nochmals zum Bw Sangerhausen bis zum 15. März 1964 und die letzten Monate bis zu ihrer Ausmusterung am 18. Juli 1964 wieder zum Bw Erfurt P. Seitdem ist sie in den Bestand der historischen Lokomotiven eingestuft, wird aber nichtbetriebsfähig vorgehalten.

57 3297

Foto: Heinrich

Diese Maschine mit der Fabriknummer 4401 von 1923 ist eine jener über 2500 Maschinen dieser Baureihe, die als preußische G 10 von der Firma Hohenzollern AG in Düsseldorf gebaut wurden. Mit der geringen Achslast von 15 Mp (Achskraft 150 kN) war die Lok auch auf Nebenstrecken einsetzbar. Diese erste fünffach gekuppelte preußische Schlepptenderlokomotive war bei der DR bis Anfang der 70er Jahre im Dienst. Die 57 3297 war nach dem zweiten Weltkrieg vom 1. Oktober 1945 bis zum 11. Mai 1947 im Bw Senftenberg beheimatet, anschließend bis zum 2. Januar 1953 beim Bw Wittenberge. Vom 23. Mai 1953 bis zum 2. Juni 1953 gehörte sie zum Bw Salzwedel, dann bis zum 13. Oktober 1953 zum Bw Stendal und bis zum 3. September 1956 in Eilsleben. Nach einem Raw-Aufenthalt vom 23. September 1957 bis zum 10. September 1959 gehörte sie zum Bw Bernburg, dann wieder zum Bw Stendal vom 11. Januar 1960 bis zum 8. Februar 1962, daraufhin ein Jahr bis

Baureihe	57[10-35]
Betriebsgattung	G 55.15
Bauart	E h2
	pr. G 10
Spurweite (mm)	1435
Rostfläche (m²)	2,6
Anzahl der Heizrohre	119
Anzahl der Rauchrohre	26
Strahlungsheizfläche (m²)	14,5
Heizrohrheizfläche (m²)	80,8
Rauchrohrheizfläche (m²)	48,0
Verdampfungsheizfläche (m²)	143,3
Überhitzerheizfläche (m²)	58,9
Dienstmasse (t)	76,6
Wasserkasteninhalt (m³)	16,5
Brennstoffvorrat (t)	7
Höchstgeschwindigkeit (km/h)	60

zum 13. Februar 1963 zum Bw Salzwedel und die letzten fünf Jahre bis zu ihrer Ausmusterung am 7. Juni 1968 nochmals zum Bw Stendal. Seitdem zählt sie zum Bestand nichtbetriebsfähig vorgehaltener historischer Lokomotiven.

58 261

Foto: Kirsche

Diese Lokomotive mit der Fabriknummer 5001 gehörte zum zweiten Baulos der badischen Gattung G 12$^{1-7}$, die von der Firma Boveri u. Co Mannheim im Jahre 1921 für die Badischen Staatsbahnen (Bahnnummer 1047) gebaut wurde. Bei der DRG erhielt die Maschine die Nummer 58 261. Die badische Gattung basiert ebenso wie die sächsische und württembergische auf der preußischen Gattung G 12, die ab 1917 gebaut wurde. War die G 12 auch noch keine Einheitslokomotive in der Form, wie sie ab 1920 von der Deutschen Reichsbahn-Gesellschaft konzipiert und ausgeführt wurde, so war sie doch ein wesentlicher Schritt auf diesem Wege. Die 58 261 war bis in die 40er Jahre bei verschiedenen BW in Westdeutschland eingesetzt (Offenburg, Kornwestheim, Radolfzell, Singen), bis sie am 9. Januar 1944 nach Zwickau kam, wo sie bis zum 6. Dezember 1944 blieb. Dann ist ihre Zugehörigkeit erst wieder mit dem 16. April 1948 belegt, als sie zum Bw Zittau zählte. Vom 9. Januar 1951 bis zum 28. Dezember 1953 gehörte sie zum Bw Karl-Marx-Stadt-Hilbersdorf, danach bis zum 23. November 1960 zum Bw Dresden-Friedrichstadt. Bis zum

Baureihe	58$^{2-3}$
Betriebsgattung	G 56.16
Bauart	1'E h3
	bad. G 12$^{1-7}$
Spurweite (mm)	1435
Rostfläche (m^2)	3,9
Anzahl der Heizrohre	189
Anzahl der Rauchrohre	43
Strahlungsheizfläche (m^2)	14,2
Heizrohrheizfläche (m^2)	114,0
Rauchrohrheizfläche (m^2)	64,1
Verdampfungsheizfläche (m^2)	192,2
Überhitzerheizfläche (m^2)	68,42
Dienstmasse (t)	95,7
Wasserkasteninhalt (m^3)	20
Brennstoffvorrat (t)	6
Höchstgeschwindigkeit (km/h)	65

25. September 1962 war sie im Bw Freiberg (Sachs) beheimatet, dann bis zum 25. Oktober 1967 wieder in Karl-Marx-Stadt und zuletzt bis zu ihrer Ausmusterung am 27. Juni 1970 in Dresden. Als einzige bei der DR vorhandene badische Länderlok wurde sie in den Bestand nichtbetriebsfähiger historischer Lokomotiven aufgenommen.

58 3047

Foto: Heinrich

Diese Lokomotive stammt aus der früheren preußischen Gattung G 12, die unter der Fabriknummer 2027 im Jahre 1920 von Linke-Hofmann in Breslau (heute Wrocław) für die seinerzeitige Königlich Preußische Eisenbahn-Verwaltung (KPEV) gebaut wurde und nach der Umzeichnung die DRG-Betriebsnummer 58 1955 trug. Es handelte sich um eine 1'E h3-Güterzuglokomotive. Nach dem zweiten Weltkrieg verfügte die Deutsche Reichsbahn noch über eine größere Anzahl von Lokomotiven der Baureihe 58[10-21]. Sie wurden vor allem auf Mittelgebirgsstrecken mit weniger als 20 t zulässiger Achsfahrmasse eingesetzt. Wegen ihres guten Erhaltungszustandes einerseits, andererseits aber auch wegen ihrer seit langem bekannten Mängel (zu geringe Dampfleistung des Kessels für die Dampfmaschine, ungenügende Dampfverteilung und schlechte Leerlaufeigenschaften) entschloß sich die DR, einen Teil der Lokomotiven in das Rekonstruktionsprogramm aufzunehmen. Die Rich-

Baureihe	58[30]
Betriebsgattung	G 56.16
Bauart	1'E h3
	pr. G 12/Rekolok DR
Spurweite (mm)	1435
Rostfläche (m²)	3,71
Anzahl der Heizrohre	124
Anzahl der Rauchrohre	38
Strahlungsheizfläche (m²)	17,9
Heizrohrheizfläche (m²)	84,2
Rauchrohrheizfläche (m²)	70,2
Verdampfungsheizfläche (m²)	172,3
Überhitzerheizfläche (m²)	65,4
Dienstmasse (t)	97,2
Wasserkasteninhalt (m³)	28
Brennstoffvorrat (t)	10
Höchstgeschwindigkeit (km/h)	70

tigkeit dieser Maßnahme zeigte schon die erste rekonstruierte Lokomotive, die 58 3001, die in allen Belangen der preußischen G 12 überlegen war. Die 58 1955 wurde im Jahre 1961 im Raw „7. Oktober" Zwickau rekonstruiert und erhielt als sogenannte Rekolok nach ihrer Endabnahme am 22. April 1961 die Betriebsnummer 58 3047. Aus dem Betriebsbuch ist die Beheimatung der 58 3047 erst nach der Rekonstruktion ersichtlich (während der Umzeichnung 1925 lief sie unter der Bahnnummer 5672 bei der KED Erfurt). Ähnlich den meisten Rekolokomotiven der Baureihe 58³⁰, wurde die 58 3047 im Raum Gera eingesetzt (vom 23. August 1961 bis zum 17. Oktober 1975 im Bw Gera und vom 18. Oktober 1975 bis ins Jahr 1982 im Bw Glauchau). Wie alle rekonstruierten preußischen G 12, so war auch die 58 3047 zu einer leistungsstarken Maschine geworden, die in die Zugkraftbereiche der Baureihe 44 hineinreichte und auch in der äußeren Gestalt gewonnen hatte. Als betriebsfähige Traditionslokomotive der Deutschen Reichsbahn wird die 58 3047 erhalten bleiben und oft vor Sonderzügen zu sehen sein.

62 015

Foto: Kirsche

Diese Lokomotive mit der Fabriknummer 20 858 ist als letzte einer Serie von 15 Stück von der Firma Henschel im Jahre 1928 gebaut worden. Die beiden ersten Maschinen dieser Serie waren von der DRG abgenommen worden. Die restlichen 13 standen mehrere Jahre bei Henschel auf dem Werkhof; so auch die 62 015, die erst im Jahre 1931 zum Bw Meiningen kam. Ob der schleppende Ausbau des Streckennetzes für eine Achslast von 20 Mp oder voreilige Lieferungen von Henschel die Ursache waren, ist nicht genau bekannt. Der Baureihe 62 war die Aufgabe zugedacht, Schnell- und Personenzüge auf kurzen Hauptstrecken zu befördern, vor allem dort, wo der Einsatz von Schlepptenderlokomotiven wegen des Wendens unwirtschaftlich war. Die Achsfolge 2'C2' gestattete die

Baureihe	62
Betriebsgattung	Pt 37.20
Bauart	2'C2' h2
	Einheitslok
Spurweite (mm)	1435
Rostfläche (m²)	3,55
Anzahl der Heizrohre	155
Anzahl der Rauchrohre	41
Strahlungsheizfläche (m²)	15,0
Heizrohrheizfläche (m²)	105,28
Verdampfungsheizfläche (m²)	195,95
Überhitzerheizfläche (m²)	72,50
Dienstmasse (t)	123,6
Wasserkasteninhalt (m³)	14,0
Brennstoffvorrat (t)	4,3
Höchstgeschwindigkeit (km/h)	100

Höchstgeschwindigkeit in beiden Fahrtrichtungen, und der Kuppelraddurchmesser von 1750 mm ermöglichte eine gute Anfahrbeschleunigung und damit eine gute Eignung für Mittelgebirgsstrecken. Die 62 015 war bis 1945 auf der Strecke Eisenach – Meiningen im Einsatz. Von 1945 bis 1956 war sie im Bw Halle P beheimatet, ab 1956 beim Bw Berlin Ostbahnhof, wo sie Züge nach Potsdam und Frankfurt (Oder) beförderte, bis sie 1968 ausgemustert wurde, aber als betriebsfähige historische Lokomotive erhalten bleibt.

64 007

Foto: Kirsche

Diese Lokomotive mit der Fabriknummer 11 963 gehörte zur Serie der von Borsig im Jahre 1928 gebauten Einheitstenderlokomotiven für den Personenzugdienst auf Nebenbahnstrecken. Sie wurde analog zur Baureihe 24 entwickelt, so daß sich Kessel und Teile des Triebwerks beider Baureihen unverändert austauschen lassen. Bis zum Jahre 1939 war die Baureihe 64 die meistgebaute Einheitslok. Erst dann wurde sie von der Baureihe 50 überflügelt. Die Achsfolge 1'C1' und die

Ausführung als Tenderlokomotive ergaben gleich gute Laufeigenschaften in beiden Richtungen. Die 64 007 war vom 10. Mai 1928 bis zum 21. September 1934 in Gronau beheimatet, darauf bis zum 9. Februar 1939 in Rheine und bis zum 30. November 1942 in Münster. Vom 1. Dezember 1942 bis zum 10. Oktober 1944 war sie im BW Waren (Müritz) im Dienst. Die nächste Zugehörigkeit datiert vom 12. November 1946 bis zum 7. Juli 1948 im Bw Schwerin, dann bis zum 11. Dezember 1961 im Bw Wittstock. Anschließend war die 64 007 bis zum 9. April 1968 wieder in Schwerin, danach bis zum 11. März 1970 in Jerichow und noch einige Monate bis zu ihrer Ausmusterung am 1. Juli 1970 in Stendal. Seitdem gehört sie zum Bestand der betriebsfähig vorzuhaltenden historischen Lokomotiven.

Baureihe	64
Betriebsgattung	Pt 35.15
Bauart	1'C1' h2
	Einheitslok
Spurweite (mm)	1435
Rostfläche (m²)	2,04
Anzahl der Heizrohre	114
Anzahl der Rauchrohre	32
Strahlungsheizfläche (m²)	8,7
Heizrohrheizfläche (m²)	53,70
Rauchrohrheizfläche (m²)	42,0
Verdampfungsheizfläche (m²)	104,40
Überhitzerheizfläche (m²)	37,18
Dienstmasse (t)	74,9
Wasserkasteninhalt (m³)	9
Brennstoffvorrat (t)	3
Höchstgeschwindigkeit (km/h)	90

65 1049

Foto: Bohne

Baureihe	65[10]
Betriebsgattung	Pt 47.17
Bauart	1'D2' h2
	Neubaulok DR
Spurweite (mm)	1435
Rostfläche (m²)	3,45
Anzahl der Heizrohre	158
Anzahl der Rauchrohre	30
Strahlungsheizfläche (m²)	15,64
Heizrohrheizfläche (m²)	82,35
Rauchrohrheizfläche (m²)	49,45
Verdampfungsheizfläche (m²)	147,44
Überhitzerheizfläche (m²)	47,39
Dienstmasse (t)	121,7
Wasserkasteninhalt (m³)	16
Brennstoffvorrat (t)	9
Höchstgeschwindigkeit (km/h)	90

Diese Lokomotive wurde 1956 vom damaligen VEB Lokomotivbau „Karl Marx" Babelsberg unter der Fabriknummer 121 049 hergestellt. Sie gehörte zu einer Serie von 88 Lokomotiven der Baureihe 65[10], der ersten Neubaulokomotive in dem von der Deutschen Reichsbahn nach 1945 festgelegten Typenprogramm. Bei der Projektierung der neuen Baureihe war eine leistungsfähige Tenderlokomotive für den Einsatz auf Hauptstrecken vorgesehen, die vor allem die schweren Züge des Berufsverkehrs in den industriellen Ballungsgebieten befördern und auch im Reisezug- und Güterzugdienst gleichermaßen verwendbar sein sollte. Sie sollte die Dampflokomotiven der Baureihen 74, 75, 78, 86, 93 und 94 ersetzen. Demzufolge wurden von der 65[10] eine gute Anfahrbeschleunigung und eine große Höchstgeschwindigkeit erwartet. Weitere Forderungen betrafen die Feuerung mit Braunkohlenbriketts und reichlich dimensionierte Vorräte. Mit der

Baumusterlokomotive gab es einige Schwierigkeiten, denn immerhin waren über zehn Jahre lang keine Lokomotiven gebaut worden – und dadurch fehlten der Industrie die notwendigen Erfahrungen. Im Laufe der ersten Fertigungsmonate konnten die Unzulänglichkeiten beseitigt werden, so daß die Baureihe 65[10] letztendlich eine formschöne und leistungsfähige Lokomotive wurde. Sie hat sich zusammen mit der Baureihe 50[40] von allen Neubaulokomotiven der Dampftraktion – sowohl bei der Deutschen Reichsbahn als auch bei der Deutschen Bundesbahn – am längsten im Betriebsmaschinendienst behaupten können. Von ihrer Indienststellung am 12. September 1956 bis zum 26. September 1960 war die 65 1049 im Bw Dresden Altstadt beheimatet, anschließend bis zum 13. Juli 1965 im Bw Reichenbach (Vogtl). Nach kurzer Zuordnung zum Bw Gera (14. Juli 1965 bis 22. September 1965) und zum Bw Freiberg (Sachs) vom 23. September 1965 bis 26. November 1966 war die Lok bis zum 31. Mai 1969 wieder im Bw Gera. Anschließend gehörte die Maschine bis zum 31. Dezember 1970 zum Bw Eberswalde, wo sie auch ihre EDV-Betriebsnummer 65 1049-9 erhielt. Die nächsten Heimat-Bw waren das Bw Arnstadt (1. Januar 1971 bis 21. November 1977) und das Bw Saalfeld (Saale) vom 22. November 1977 bis zum 9. Dezember 1979. Bis zum April 1980 gehörte die Lokomotive zum Z-Park des Bw Saalfeld, anschließend zum Z-Park des Bw Güsten bis zum 12. November 1981. Nach einer L7-Ausbesserung im Ŕaw Meiningen (13. November 1981 bis 18. Januar 1982) ist die 65 1049 seit dem 19. Januar 1982 im Bw Magdeburg beheimatet und wird als betriebsfähige historische Lokomotive von der Einsatzstelle Eilsleben betreut.

74 1230

Foto: Wünschmann

Diese Lokomotive – mit der Fabriknummer 9523 im Jahre 1916 von Borsig gebaut und an die Preußische Staatsbahn geliefert – war eine der typischen Vertreterinnen dieser preußischen Gattung T 12, die die gesamte Zeit ihres Einsatzes in Berliner Bahnbetriebswerken beheimatet war und daher als eine echte „Stadtbahnlokomotive" gilt. Bis zur umfangreichen Elektrifizierung der Berliner S-Bahn waren insgesamt etwa 5000 Lokomotiven der Baureihe 74⁴⁻¹³ zur Beförderung der S-Bahn-Züge in Berlin eingesetzt. Nach ihrer Ablösung aus dem S-Bahn-Einsatz blieben den Lokomotiven der Baureihe 74⁴⁻¹³ im wesentlichen nur Rangieraufgaben oder Personenzug- und Güterzugleistungen auf kürzeren Strecken. Für den Streckeneinsatz waren sowohl die Wasservorräte als auch die Leistungen des Kessels knapp bemessen; im S-Bahn-Betrieb konnte die schnelle Erschöpfung

Baureihe	74⁴⁻¹³
Betriebsgattung	Pt 34.17
Bauart	1'C' h2
	pr. T 12
Spurweite (mm)	1435
Rostfläche (m²)	1,73
Anzahl der Heizrohre	120
Anzahl der Rauchrohre	18
Strahlungsheizfläche (m²)	9,41
Heizrohrheizfläche (m²)	67,8
Rauchrohrheizfläche (m²)	30,8
Verdampfungsheizfläche (m²)	108,01
Überhitzerheizfläche (m²)	33,4
Dienstmasse (t)	67,1
Wasserkasteninhalt (m³)	7
Brennstoffvorrat (t)	2,5
Höchstgeschwindigkeit (km/h)	80

des Kessels durch Auslauf- und Aufenthaltszeiten bei kurzen Haltestellenab-

ständen ausgeglichen werden. Die
74 1230 war vom 1. April 1928 bis zum
17. April 1944 beim BW Grunewald im
Einsatz. Dann ist ihre Zugehörigkeit erst
wieder ab 6. August 1949 bis 5. Oktober
1950 beim Bw Rummelsburg belegt. Vom
17. Mai 1951 bis zum 27. Oktober 1953
war sie im Bw Berlin-Schöneweide beheimatet, danach wieder bis zum 1. August
1954 beim Bw Berlin-Rummelsburg und
bis zu ihrer Ausmusterung am 25. April
1965 beim Bw Berlin Ostbahnhof. Sie gehört zu den historischen Lokomotiven,
die betriebsfähig vorzuhalten sind.

75 515

Foto: Bode

Diese Lokomotive gehört zu den 106 Maschinen der Baureihe 75⁵, die von der
Firma Hartmann von 1911 bis 1921 als
sächsische Gattung XIV HT gebaut
wurde. Die 75 515 war seit ihrer Ausliefe-
rung im Jahre 1917 immer im Einsatz
beim BW Chemnitz Hbf, später Karl-
Marx-Stadt (Betriebsteil Glösaer Straße).
Die Maschinen der sächsischen Gattung
XIV HT wurden als Ersatz für die zu
schwach gewordene Gattung IV T zur Beförderung der Vorortzüge der Großstädte
beschafft. Trotz einiger Mängel im Lauf-
verhalten, bedingt durch die Adams-Ach-
sen, erfüllten die Lokomotiven die Anforderungen. Diese sächsische Lok war übrigens die schwerste aller deutschen Län-
derbahnlokomotiven der Achsfolge 1'C1'.

Baureihe	75⁵
Betriebsgattung	Pt 35.16
Bauart	1'C1' h2
	sä. XIV HT
Spurweite (mm)	1435
Rostfläche (m²)	2,3
Anzahl der Heizrohre	132
Anzahl der Rauchrohre	24
Strahlungsheizfläche (m²)	11,76
Heizrohrheizfläche (m²)	76,64
Rauchrohrheizfläche (m²)	35,86
Verdampfungsheizfläche (m²)	122,26
Überhitzerheizfläche (m²)	36,2
Dienstmasse (t)	76,7
Wasserkasteninhalt (m³)	8
Brennstoffvorrat (t)	2,5
Höchstgeschwindigkeit (km/h)	75

Die 75 515 ist eine Maschine des ersten Bauloses (Fabrik-Nr. 3477) und lief in Sachsen unter der Bahnnummer 1806. Der durchlaufende, bis fast zur Schornsteinmittelachse reichende Wasserkasten, der von vorn bis zur Treibachse wegen der Steuerung ausgespart ist, wurde rechts durch einen teilweise geschweißten Wasserkasten ersetzt. Die letzte Fahrt der

75 515 vor Ablauf der Kesselfrist fand 1977 zwischen Karl-Marx-Stadt und Wolkenstein statt. Damit brachte es die 75 515 auf 66 Betriebsjahre. Die Maschine erhielt einen Ehrenplatz in der großen, neugestalteten Bahnsteighalle des Bahnhofs Karl-Marx-Stadt Hauptbahnhof. 1983 wurde sie bei einem Auffahrunfall beschädigt.

78 009

Foto: Kirsche

Diese Maschine mit der Fabriknummer 2761 gehörte zum ersten Baulos, das insgesamt zehn Lokomotiven umfaßte und im Jahre 1912 von der Firma Vulcan für die Preußische Staatsbahn geliefert worden war. Diese preußische Gattung T 18 bildete den Abschluß der Entwicklung von Tenderlokomotiven für den Personenverkehr in Preußen. Die 78 009 war ab 1912 mit der Bahnnummer 8409 bei der KED Stettin (heute Szczecin) beheimatet und im Einsatz auf der Strecke Altefähr – Saßnitz bei der Beförderung von Schnellzügen, wo sie die Lokomotiven der preußischen Gattungen T11 und T12 ablöste. Der Einsatz von Tenderlokomotiven auf dieser Strecke war notwendig, da

Baureihe	78^{0-5}
Betriebsgattung	Pt 35.17
Bauart	2′C2′ h2
	pr. T 18
Spurweite (mm)	1435
Rostfläche (m²)	2,55
Anzahl der Heizrohre	134
Anzahl der Rauchrohre	24
Strahlungsheizfläche (m²)	13,04
Heizrohrheizfläche (m²)	81,12
Rauchrohrheizfläche (m²)	44,18
Verdampfungsheizfläche (m²)	138,34
Überhitzerheizfläche (m²)	49,20
Dienstmasse (t)	100,5
Wasserkasteninhalt (m³)	12
Brennstoffvorrat (t)	4,5
Höchstgeschwindigkeit (km/h)	100

in Saßnitz zunächst keine Drehscheibe vorhanden war. Für die großen Beanspruchungen im Schnellzugdienst hatte man die Maschine kräftig durchgebildet, u. a. durch Versteifungen des Plattenrahmens im Bereich der Drehgestelle und durch Ausbildung des Rahmens als Wasserkasten zwischen Feuerbüchse und Vorderkante der Rauchkammer. Nach dem zweiten Weltkrieg war die 78 009 im Bw Probstzella beheimatet, vom 8. Sep-

tember 1956 bis 4. Mai 1959 beim Bw Meiningen, anschließend in Vacha und bis zum 16. August 1961 wieder in Meiningen. Vom 8. November 1961 bis zum 24. April 1962 gehörte sie zum Bw Berlin-Lichtenberg, dann bis zum 25. Mai 1963 zum Bw Seddin und bis zur Ausmusterung am 24. Mai 1968 zum Bw Wustermark. Die 78 009 bleibt als nichtbetriebsfähige historische Lokomotive erhalten.

80 023

Foto: Wünschmann

Diese Lokomotive gehört zu den insgesamt 39 Maschinen dieser Baureihe, die in den Jahren 1927/29 von vier Lokomotivherstellern als eine der ersten Einheitslokomotiven für die seinerzeitige DRG hergestellt worden waren. Die 80 023 wurde 1928 von der Firma Jung gebaut und war, wie alle Lokomotiven dieser Baureihe, für den Einsatz als Rangierlokomotive auf großen Personenbahnhöfen bestimmt, vor allem in Köln und in Leip-

zig, um die preußische Gattung T 3 (Baureihe 89[70-75]) abzulösen. Nach kurzem Aufenthalt vom 11. April bis 25. Oktober 1928 im BW Frankfurt (Main) kam die 80 023 nach Leipzig und war bis zum 7. Mai 1938 beim BW Leipzig West, anschließend bis zum 11. April 1945 beim BW Leipzig Hbf Süd beheimatet. Die folgenden Jahre gehörte die Lok einer Vielzahl von Bw an: So war sie in Torgau, in Berlin-Grunewald, Berlin-Lichtenberg,

332 <small>Historische Triebfahrzeuge</small>

im Stahlwerk Hennigsdorf und im Bw Brandenburg-Altstadt zu Hause, bevor sie am 21. August 1956 wieder zum Bw Leipzig West kam, hier bis zum 12. März 1964 verblieb und dann die drei letzten Jahre bis zur Ausmusterung am 13. Januar 1967 zum Bw Halle P gehörte. Als Vertreterin einer der ersten Einheitslok-Baureihen zählt die 80 023 zu den nichtbetriebsfähigen historischen Lokomotiven.

Baureihe	80
Betriebsgattung	Gt 33.17
Bauart	C h2
	Einheitslok
Spurweite (mm)	1435
Rostfläche (m²)	1,52
Anzahl der Heizrohre	114
Anzahl der Rauchrohre	32
Strahlungsheizfläche (m²)	6,6
Heizrohrheizfläche (m²)	35,37
Rauchrohrheizfläche (m²)	27,65
Verdampfungsheizfläche (m²)	69,62
Überhitzerheizfläche (m²)	25,50
Dienstmasse (t)	54,4
Wasserkasteninhalt (m³)	5
Brennstoffvorrat (t)	2
Höchstgeschwindigkeit (km/h)	45

86 001

Bei dieser Lokomotive handelt es sich um eine 1'D1' h2-Tenderlokomotive, die im Jahre 1928 von der Maschinenbau-Gesellschaft Karlsruhe mit der Fabriknummer 2 356 gebaut worden ist. Die Baureihe 86 war bereits im ersten Typisierungsprogramm der DRG enthalten. Die Lokomotiven dieser Baureihe sollten

Baureihe	86
Betriebsgattung	Gt 46.15
Bauart	1'Dl' h2
	Einheitslok
Spurweite (mm)	1435
Rostfläche (m²)	2,34
Anzahl der Heizrohre	110
Anzahl der Rauchrohre	26
Strahlungsheizfläche (m²)	10,0
Heizrohrheizfläche (m²)	61,4
Rauchrohrheizfläche (m²)	45,9
Verdampfungsheizfläche (m²)	117,3
Überhitzerheizfläche (m²)	47,0
Dienstmasse (t)	88,5
Wasserkasteninhalt (m³)	9
Brennstoffvorrat (t)	4
Höchstgeschwindigkeit (km/h)	70

schwere Güterzüge auf Strecken mit geringen Steigungen sowie Personenzüge und gemischte Züge auf Strecken mit größeren und längeren Steigungen befördern. Die 86 1001 – vor der EDV-Umzeichnung im Jahre 1970 trug sie die Betriebsnummer 86 001 – war die erste der bis zum Jahre 1943 gebauten Lokomotiven dieser Baureihe. Damit gehören die Maschinen der Baureihe 86 mit einem Beschaffungszeitraum von 15 Jahren zu den am längsten gebauten Einheitslokomotiven. Entsprechend dem Typisierungsprogramm waren viele Bauteile mit denen anderer Einheitslokomotiven austauschbar. Die 86 1001 verfügt als Besonderheit über eine Riggenbach-Gegendruckbremse für den Einsatz der Maschine auf gefällereichen Strecken. Die Lokomotive war zunächst von ihrer Endabnahme am 5. Juli 1928 bis zum 28. Mai 1929 beim Lokomotivversuchsamt Grunewald und danach in norddeutschen Bahnbetriebswerken beheimatet (bis 4. Juni 1931 beim BW Wittenberge, bis 2. Dezember 1931 beim BW Kiel, bis 27. Oktober 1933 beim BW Rendsburg). Danach kam die Maschine nur noch auf sächsischen Strecken für den Personenzug- und Güterzugdienst auf den krümmungs- und steigungsreichen Strecken des Erzgebirges und des vorgelagerten Hügellandes zum Einsatz. Die Lok gehörte bis zum 10. Oktober 1938 zum BW Dresden Friedrichstadt und danach bis zum 9. Mai 1939 wieder zum BW Buchholz. Bis zum 27. Juni 1946 zählte die Lok zum Bw Rochlitz, anschließend bis zum 3. September 1948 zum Bw Pockau-Lengefeld und bis zum 13. Oktober 1951 zum Bw Karl-Marx-Stadt-Hilbersdorf. Dann kam die Maschine nochmals zum Bw Pockau-Lengefeld (bis 22. April 1954) und anschließend zum Bw Karl-Marx-Stadt Hbf (bis 3. November 1956). Nach kurzer Beheimatung im Bw Buchholz (bis 20. Januar 1957) war die Lok bis zum 30. September 1966 abermals im Bw Pockau-Lengefeld, dann nochmals im Bw Karl-Marx-Stadt-Hillersdorf (bis 6. November 1966) und bis zum 28. August 1968 im Bw Karl-Marx-Stadt. Seitdem gehört die Maschine zum Bw Aue (Sachs). Die über 50 Jahre alte Lokomotive hat seit ihrer Indienststellung etwa 1 950 000 km zurückgelegt, war 1984 noch planmäßig im Personenzugdienst zwischen Annaberg-Buchholz und Schlettau eingesetzt und gehört zu den betriebsfähigen Traditionslokomotiven.

89 1004

Foto: Bäzold

Diese Lokomotive – im Jahre 1906 von der Firma Linke-Hofmann in Breslau (heute Wrocław) unter der Fabriknummer 359 hergestellt – war bis 1920 im Bestand der Preußischen Staatsbahn, die sie zur preußischen Gattung T 8 zählte. Die Gattung umfaßte die ersten Heißdampf-Standardlokomotiven für die Berliner Stadtbahn. Die Lokomotive war als Probelok an die KED Berlin geliefert worden. Anfangs wurde sie buchmäßig als 2001 Berlin, später als 7001 Magdeburg geführt, kam dann als 7001 Berlin an die „zuständige" Direktion und wurde 1914 nach Kassel (7001 Kassel) abgegeben. Sie gehörte zu den 78 Lokomotiven, die von der DRG übernommen und mit den Betriebsnummern 89 001 bis 89 078 versehen wurden. Einige Maschinen verfielen frühzeitig der Ausmusterung oder wurden – wie die 89 001 an die Mecklenburgische Friedrich-Wilhelm-Eisenbahn, wo sie ab 1931 als Lok Nr. 4 lief – an Privatbahnen verkauft. Und als 1942 auch diese Bahn von der DRG übernommen wurde, war auch die 89 001 dabei. Sie erhielt nun die Betriebsnummer 89 1004. Vom

Baureihe	89^{10}
Betriebsgattung	Gt 33.14
Bauart	C h2
	pr. T 8
Spurweite (mm)	1435
Rostfläche (m^2)	1,23
Anzahl der Heizrohre	93
Anzahl der Rauchrohre	12
Heizrohrheizfläche (m^2)	42,7
Rauchrohrheizfläche (m^2)	15,6
Verdampfungsheizfläche (m^2)	68,50
Überhitzerheizfläche (m^2)	42,1
Dienstmasse (t)	42,1
Wasserkasteninhalt (m^3)	5
Brennstoffvorrat (t)	1,1
Höchstgeschwindigkeit (km/h)	45

26. April 1949 bis zum 10. November 1952 gehörte sie zum Bw Leipzig Bayrischer Bahnhof, dann war sie bis zum 15. Juli 1953 in Bitterfeld beheimatet, darauf bis zum 27. November 1953 in Merseburg, bis 17. Juni 1954 im Bw Leipzig West, bis 30. August 1957 wiederum im Bw Leipzig Bayrischer Bf. Bis zum 6. Februar 1964 gehörte sie zum Bw Fal-

kenberg und bis zu ihrer Ausmusterung am 7. September 1966 zum Bw Bitterfeld. Nach fast 60jähriger Betriebszeit wurde die preußische T 8 in den Bestand betriebsfähiger historischer Lokomotiven übernommen.

89 6009

Diese Lokomotive besitzt diese Betriebsnummer seit 1961, als sie einen dreiachsigen Schlepptender erhielt. Zuvor hatte die Tenderlokomotive die Betriebsnummer 89 7403, gehörte also zur Baureihe 89^{70-75} der DRG, die die Lokomotiven der preußischen Gattung T 3 mit dieser Bezeichnung versehen hatte. Diese Gattung stellt eine der ältesten Tenderlokomotivbaureihe dar, die in den Bestand der DRG gelangte – eine dreifach gekuppelte preußische Normal-Tenderlokomotive, eine robuste, wartungsarme und vielseitig einsetzbare Lokomotive. Die 89 6009 wurde im Jahre 1902 von der Firma Humboldt gebaut. In den Jahren 1925/27 war sie im BW Leipzig West beheimatet, anschließend abgestellt, von 1930 bis 1935 gehörte sie dem Sachsenwerk Stendal. Vom 10. Januar 1950 bis 13. Dezember 1951 war sie im Bw Halberstadt, anschließend bis zum 5. November 1955 beim Schlachthof Demburg. Am 1. April 1957 kam sie wieder zur DR, war bis zum 3. August 1961 beim Bw Wriezen, dann bis zum 7. Juli 1963

Baureihe	89^{60}
Betriebsgattung	Gt 33.10
Bauart	C n2
	pr. T 3
Spurweite (mm)	1435
Rostfläche (m²)	1,35
Anzahl der Heizrohre	132
Strahlungsheizfläche (m²)	5,6
Heizrohrheizfläche (m²)	53,6
Verdampfungsheizfläche (m²)	60,8
Dienstmasse (t)	30,3
Wasserkasteninhalt (m³)	4
Brennstoffvorrat (t)	1,04
Höchstgeschwindigkeit (km/h)	40

beim Bw Frankfurt (Oder) P und bis zum 11. November 1966 wieder in Wriezen. Anschließend kam sie in den Magdeburger Raum (bis 4. März 1967 in Salzwedel, bis 8. Oktober 1969 in Oebisfelde, bis 8. Dezember 1969 in Eilsleben und bis 15. November 1971 in Magdeburg). Sie gehört als einzige ehemalige preußische T 3 zu den betriebsfähig vorzuhaltenden historischen Lokomotiven.

91 134

Foto: Kirsche

Diese Lokomotive wurde im Jahre 1898 von der Elsässischen Maschinenbau-Gesellschaft Grafenstaden (Fabriknummer 4843) für die Preußische Staatsbahn gebaut und gehörte zur preußischen Gattung T 9^2. Obwohl das Krauss-Helmholtz-Drehgestell seine Vorteile bei anderen Lokomotivgattungen bereits bewiesen hatte, wurde hier wieder die Adamsachse als vordere Laufachse gewählt, die Anlaß für manche Klagen war. Bei der Übernahme durch die DRG trug diese Lokomotive die Nummer 91 048. Im August 1930 wurde die Maschine von der Braunschweigischen Landes-Eisenbahn mit drei weiteren aufgekauft. Am 1. Januar 1938 kehrten sie zur DR zurück, wo die 91 048 die neue Nummer 91 134 erhielt. Nach ihrer Zugehörigkeit zum BW Helmstedt vom 6. Dezember 1938 bis zum 18. Oktober 1944 war die Lok anschließend bis zum 30. November 1945 im Bw Magdeburg-Buckau beheimatet und stand anschließend im Reichsbahnausbesserungswerk Rostock. Vom 27. September 1947 bis zum 23. Februar 1948

Baureihe	91^{0-4}
Betriebsgattung	Gt 34.14
Bauart	1'C h2
	pr. T 9^2
Spurweite (mm)	1435
Rostfläche (m²)	1,75
Anzahl der Heizrohre	197
Strahlungsheizfläche (m²)	7,10
Heizrohrheizfläche (m²)	99,72
Verdampfungsheizfläche (m²)	106,82
Dienstmasse (t)	56,9
Wasserkasteninhalt (m³)	5,75
Brennstoffvorrat (t)	2
Höchstgeschwindigkeit (km/h)	60

war sie in Wittstock zu Hause, daraufhin bis zum 25. Januar 1950 in Wittenberge, bis zum 9. November 1963 in Schwerin, bis zum 7. Juli 1964 in Rostock und bis zu ihrer Ausmusterung am 29. Juli 1965 in Neuruppin. Im Jahre 1977 wurde die 91 134 im Raw Meiningen aufgearbeitet und zählt nun als nichtbetriebsfähige historische Lokomotive.

92 503

Foto: Kirsche

Diese Lokomotive – im Jahre 1910 von der Firma Union unter der Fabrik-Nr. 1803 gebaut – gehört zur preußischen Gattung T 13 Standard-Naßdampf-Lokomotiven für den Nebenbahn- und den schweren Rangierdienst. Obwohl schon gute Erfahrungen mit Heißdampf-Triebwerken vorlagen, hatte man sich aus Gründen des geringeren Wartungsaufwandes für eine Naßdampf-Ausführung bei der Beschaffung dieser Gattung entschieden. Die Lok war vom 19. April 1910 bis zum 8. Juli 1929 im BW Gelsenkirchen-Wattenscheid beheimatet, anschließend bis zum 18. Juli 1942 beim BW Wittenberge, von wo aus sie mit einem Transport der faschistischen Wehrmacht nach Polen unterwegs war und am 26. Februar 1944 nach Wittenberge zurückkehrte. Hier war sie dann bis zum 16. Juni 1947 beheimatet, dann bis 19. Februar 1952 in Elsterwerda und dann bis zum 23. Juni 1963 in Hoyerswerda. Bis zum 6. Februar 1965 gehörte

Baureihe	92^{5-10}
Betriebsgattung	Gt 44.15
Bauart	D n2
	pr. T 13
Spurweite (mm)	1435
Rostfläche (m²)	209
Strahlungsheizfläche (m²)	8,7
Heizrohrheizfläche (m²)	107,70
Verdampfungsheizfläche (m²)	116,40
Dienstmasse (t)	59,9
Wasserkasteninhalt (m³)	7
Brennstoffvorrat (t)	2,5
Höchstgeschwindigkeit (km/h)	45

sie zum Bw Cottbus, war kurze Zeit in Luckau und in Wilhelm-Pieck-Stadt Guben beheimatet, verblieb vom 20. September 1966 bis zum 23. Oktober 1967 in Cottbus und verbrachte die letzten Jahre bis zu ihrer Ausmusterung am 10. Juli 1968 bei den Bw Bautzen, Görlitz und wieder Bautzen. Die nichtbetriebsfähige Lok gehört zu den historischen Lokomotiven.

93 230

Diese Lokomotive wurde im Jahre 1917 von der Firma Union (Fabriknummer 2315) für die Preußische Staatsbahn gebaut. Sie gehörte zu einer Serie von insgesamt 562 Lokomotiven der preußischen Gattung T 14, die für den gemischten Dienst auf kurzen Haupt- und wichtigen Nebenstrecken im Jahre 1914 von der Firma Union entwickelt und bis 1918 gebaut wurde. Die Kuppelräder mit nur 1350 mm Durchmesser waren zwar für den Güterzugdienst willkommen, führten aber im Reisezugverkehr zu unnötig hohen Drehzahlen. Beide Laufachsen waren als Adamsachsen ausgebildet, und die symmetrische Anordnung der Achsen garantierte für beide Laufrichtungen gleich gute Laufeigenschaften. In ihren Leistungen war die T 14 zufriedenstellend, trotzdem war sie keine vollends gelungene Kostruktion – so konnte sie Ablaufberge nicht ohne Abheben der Endachsen befahren, sie war in ihrer Masseverteilung ungünstig (kopflastig), und die gedrängte Bauart und die schlechte Zugänglichkeit vieler Teile erschwerten Untersuchung und Instandhaltung. Die 93 230 war vom

Baureihe	93⁰⁻⁴
Betriebsgattung	Gt 46.14
Bauart	1'D1' h2
	pr. T 14
Spurweite (mm)	1435
Rostfläche (m²)	2,56
Anzahl der Heizrohre	111
Anzahl der Rauchrohre	26
Strahlungsheizfläche (m²)	13,89
Heizrohrheizfläche (m²)	67,15
Rauchrohrheizfläche (m²)	47,97
Verdampfungsheizfläche (m²)	129,01
Überhitzerheizfläche (m²)	50,28
Dienstmasse (t)	97,6
Wasserkasteninhalt (m³)	11
Brennstoffvorrat (t)	4
Höchstgeschwindigkeit (km/h)	65

17. Mai 1940 bis zum 27. Januar 1942 in Frankfurt (Oder) beheimatet, anschließend bis zum 31. Oktober 1946 in Guben. Vom 1. November 1946 bis 30. Oktober 1949 gehörte sie zum Bw Berlin-Tempelhof Vbf, dann erneut bis zum 17. Juli 1950 zum Bw Frankfurt (Oder),

kehrte bis 29. Januar 1951 nach Tempelhof Vbf zurück, weilte bis 4. Juli 1952 wieder in Frankfurt (Oder), dann bis zum 24. Juni 1955 im Bw Berlin-Grunewald, später bis 12. Januar 1956 in Seddin und bis 25. März 1965 nochmals in Berlin-Grunewald, und bis zu ihrer Ausmusterung am 28. Oktober 1966 gehörte sie zum Bw Berlin Ostbahnhof. Mit der 93230 zählt eine preußische T 14 zu den nichtbetriebsfähigen historischen Lokomotiven.

94 1292

Foto: Kirsche

Diese Lokomotive – im Jahre 1922 von der Firma Henschel unter der Fabriknummer 18885 gebaut – wurde am 25. März 1922 bei der Eisenbahndirektion Essen in den Dienst gestellt. Es handelte sich um eine E h2-Tenderlokomotive der preußischen Gattung T 16², der zwei Haupteinsatzgebiete zugedacht waren – als leistungsstärkste Rangiermaschine der Preußischen Staatsbahn und der späteren DRG für den Rangierdienst und als leistungsfähigste Steilrampenmaschine der Preußischen Staatsbahn für Strecken von 17 t Achsfahrmasse für den Steilrampendienst. Das Betriebsbuch der 94 1292 weist die Bw-Beheimatung nach der Indienststellung nicht aus. Erst ab dem 19. März 1928 ist die Beheimatung im BW Engelsdorf nachgewiesen, und zwar bis zum 21. November 1942. Anschließend gehörte sie bis zum 5. Januar 1957 zum Bw Leipzig-Plagwitz. Auch die nächsten Jahre war die 94 1292 immer im Leipziger Raum zu Hause (bis 6. Februar 1958 im Bw Leipzig Hbf West, bis 23. Januar 1959 nochmals im Bw Leipzig-Plagwitz, bis 30. Juli 1963 im Bw Altenburg und bis 28. August 1963 im Bw Leipzig Süd). Nach einem RAW-Aufenthalt gehörte die Lok vom 24. September 1963 bis zum 27. Juni 1964 zum Bw Falkenberg (Elster), dann bis zum 10. Dezember 1964 zum Bw Röblingen am See und schließlich bis zum 4. Juni 1965 zum Bw Merseburg. Ab 29. Juni 1965 kam sie zum Bw Suhl, wo sie im Dienst auf den Steilstrecken des Thüringer Waldes zusammen mit vielen ihrer Vorgängerinnen der gleichen Baureihe ihre Leistungsstärke zu beweisen hatte. Die Beheimatung in Suhl währte bis zum 30. September 1967. Anschließend gehörte sie bis zum 20. März 1970 zum Bw Arnstadt, vom 21. März 1970 bis 24. April 1970 für kurze Zeit zum Bw Meiningen, daraufhin wieder zum Bw Arnstadt bis zum 28. September 1971, und seit dem 29. September 1971 zählt sie zum Bestand des Bw Meiningen. Unter der EDV-Betriebsnummer 94 1292-5 ist die 1977 vom Raw Meiningen betriebsfähig hergerichtete und vom Personal des Bw sorgsam gepflegte Maschine als betriebsfähige historische Lokomotive der Deutschen Reichsbahn oft vor Sonderzügen anzutreffen – zur Freude der Eisenbahnfreunde sogar mit genieteten Wasserkästen!

Baureihe	94^{5-18}
Betriebsgattung	Gt 55.17
Bauart	E h2
	pr. $T16^1$
Spurweite (mm)	1435
Rostfläche (m²)	2,3
Anzahl der Heizrohre	137
Anzahl der Rauchrohre	22
Strahlungsheizfläche (m²)	11,61
Heizrohrheizfläche (m²)	77,04
Rauchrohrheizfläche (m²)	38,34
Verdampfungsheizfläche (m²)	127,0
Überhitzerheizfläche (m²)	45,27
Dienstmasse (t)	81,2
Wasserkasteninhalt (m³)	8
Brennstoffvorrat (t)	3
Höchstgeschwindigkeit (km/h)	60

95 027

Foto: Wünschmann

Diese Lokomotive mit der Fabriknummer 10 185 wurde 1923 von der Firma Hanomag in Hannover hergestellt. Es handelte sich um eine schwere 1'E1'-Tenderlokomotive, die noch in der letzten Zeit des Bestehens der Preußischen Staatsbahn konstruiert wurde – in Anlehnung an die erfolgreichen 1'E1'-Tenderlokomotiven der Halberstadt-Blankenburger Eisenbahn (HBE), die diese im Jahre 1920 beschafft hatte und die als sogenannte Tier- oder Mammutklasse bekannt wurde. Die 95er Lokomotiven wurden noch in das preußische Nummernschema als preußische Gattung T 20 eingeordnet. Ihre Merkmale, wie Barrenrahmen und Belpaire-Hinterkessel, lassen die letzten preußischen Entwicklungsrichtungen im Lokomotivbau erkennen. Die Lokomotiven waren als Zug- und Schiebelokomotiven für den Betrieb auf den Steilrampen der Strecken in den Mittelgebirgen vorgesehen, um die aus dem Flachland kommenden Züge vor ihrer

Baureihe	95^0
Betriebsgattung	Gt 57.19
Bauart	1'E1' h2
	pr. T 20
Spurweite (mm)	1435
Rostfläche (m²)	4,36
Anzahl der Heizrohre	218
Anzahl der Rauchrohre	34
Strahlungsheizfläche (m²)	17,0
Heizrohrheizfläche (m²)	123,0
Rauchrohrheizfläche (m²)	60,0
Verdampfungsheizfläche (m²)	200,0
Überhitzerheizfläche (m²)	62,5
Dienstmasse (t)	127,4
Wasserkasteninhalt (m³)	12
Brennstoffvorrat (t)	4
Höchstgeschwindigkeit (km/h)	70

Weiterbeförderung auf den Mittelgebirgsstrecken nicht teilen zu müssen. Außerdem sollten die Lokomotiven – bei der DRG in die Baureihe 95^0 eingeordnet –

den Zahnradbetrieb auf einigen Strecken erübrigen. Die 95 027 wurde am 26. November 1923 beim BW Arnstadt in Dienst gestellt und verrichtete hier viele Jahre zuverlässig ihren Dienst und dies bis zum 4. September 1957. Ab 5. September 1950 gehörte die 95 027 zum Bw Blankenburg (Harz), weil hier für den Einsatz auf der Rübelandbahn dringend schwere Lokomotiven benötigt wurden. Erst nachdem die Elektrifizierung der Rübelandbahn abgeschlossen war, bedurfte es nicht mehr der Lokomotiven der Baureihe 95⁰, so daß auch die 95 027 am 4. Oktober 1969 – wie inzwischen alle Lokomotiven dieser Baureihe – zum Dienst auf den Steilstrecken im südlichen Teil des Thüringer Waldes von Saalfeld (Saale) und Probstzella nach Sonneberg (Thür) und Eisfeld im Bw Probstzella beheimatet wurde. Nach dem Umbau auf Ölhauptfeuerung am 6. Dezember 1971 im Raw Meiningen erhielt die Lok die EDV-Betriebsnummer 95 1027-2, unter der sie bis zum Rückbau auf Rostfeuerung am 27. Januar 1982 (ebenfalls im Raw Meiningen) im Betrieb stand. Heute – wieder als Rostlok – verkörpert die 95 027 als betriebsfähige historische Lokomotive die erfolgreiche 50jährige Geschichte dieser erfolgreichen ehemaligen preußischen Gattung T 20, der schwersten deutschen Steilrampenlokomotive.

95 6676

Bei dieser Maschine – der MAMMUT – handelte es sich um eine der ersten deutschen 1'E1'-Tenderlokomotiven, die von der Halberstadt-Blankenburger Eisenbahn (HBE) im Jahre 1920 beschafft wurden, um den Zahnstangenbetrieb auf den Strecken des Harzes mit ihren 60-‰-Rampen durch Reibungsbetrieb zu ersetzen. Die MAMMUT trug die Fabriknummer 10 353 und ist 1919 fertiggestellt worden. Die von der Firma Borsig gebauten Lokomotiven sind als sogenannte Tierklasse bekanntgeworden, da sie die Namen kraftvoller Tiere erhielten: WISENT, ELCH, BÜFFEL und MAMMUT. Im Jahre 1949 wurde die 95 6676 mit den drei anderen Maschinen der Tierklasse von der DR übernommen. Die 95 6676 war ständig auf der Rübelandbahn im Einsatz, wurde 1961 ausgemustert und gehört nun zu den nichtbetriebsfähigen historischen Lokomotiven.

Baureihe	95^{66}
Betriebsgattung	Gt 57.16
Bauart	1'E1'
	HBE
Spurweite (mm)	1435
Rostfläche (m²)	3,96
Anzahl der Heizrohre	225
Anzahl der Rauchrohre	32
Strahlungsheizfläche (m²)	13,62
Heizrohrheizfläche (m²)	116,38
Rauchrohrheizfläche (m²)	50,86
Verdampfungsheizfläche (m²)	180,86
Überhitzerheizfläche (m²)	54,14
Dienstmasse (t)	102,5
Wasserkasteninhalt (m³)	8
Brennstoffvorrat (t)	3
Höchstgeschwindigkeit (km/h)	50

98 001

Foto: Kirsche

Bei dieser Lokomotive (Fabriknummer 3377) handelt es sich um die erste einer Serie von 17 sogenannten Lokalbahnlokomotiven, die die Firma Hartmann im Jahre 1910 an die Sächsische Staatsbahn lieferte (Bahnnummer 1394). Sie wurde als sächsische Gattung I TV bezeichnet. Da die Maschinen auf der krümmungsreichen Windberg-Bahn bei Dresden eingesetzt wurden, bezeichnete man sie als Windberg-Lokomotiven. Es handelt sich um B'B' n4vt-Meyer-Lokomotiven, die in Anlehnung an die sächsische IV K für Regelspur gebaut worden waren. Die DRG übernahm 15 Maschinen und reihte sie als 98 001 bis 98 015 ein. Trotz des nicht gerade ruhigen Laufs und der Schwierigkeiten bei der Dampfzufuhr waren einige Maschinen bei der DR bis 1967 im Einsatz. Die 98 001 war vom 16. Januar 1928 bis 20. November 1945 in Dresden-Friedrichstadt beheimatet,

Baureihe	98^0
Betriebsgattung	L 44.15
Bauart	B'B' n4vt
	sä. I TV
Spurweite (mm)	1435
Rostfläche (m²)	1,6
Anzahl der Heizrohre	199
Strahlungsheizfläche (m²)	6,78
Heizrohrheizfläche (m²)	91,2
Verdampfungsheizfläche (m²)	97,98
Dienstmasse (t)	60,5
Höchstgeschwindigkeit (km/h)	50

verkehrte bis 1950 auf der Strecke Dresden–Heidenau, gehörte dann bis zur Ausmusterung am 18. Dezember 1964 zum Bw Dresden Altstadt. Sie zählt seitdem zum Bestand der nichtbetriebsfähigen historischen Lokomotiven.

98 7056

Foto: Kirsche

Diese Maschine (Fabriknummer 1435) wurde 1886 von der Firma Hartmann für die Sächsische Staatsbahn hergestellt, die sie auf ihren Lokalbahnstrecken einsetzte (Bahnnummer 1431). Sie wurde als sächsische Gattung H VII T bezeichnet. Die letzten Exemplare dieser 32 noch von der Deutschen Reichsbahn übernommenen Maschinen waren in Dresden und Reichenbach (Vogtl) eingesetzt – die 98 7056 bis zum 11. November 1962 im Bw Dresden Altstadt als Rangierlokomotive. Sie gehört zum Bestand der Museumslokomotiven.

Baureihe	98^{70}
Betriebsgattung	L 22
Bauart	B n2t
	sä. HVII t
Spurweite (mm)	1435
Rostfläche (m²)	0,87
Anzahl der Heizrohre	98
Heizrohrheizfläche (m²)	39,05
Verdampfungsheizfläche (m²)	43,50
Dienstmasse (t)	26,7
Höchstgeschwindigkeit (km/h)	30

99 162

Foto: Nagel

Mit dieser Maschine verfügt die DR über das einzige noch auf dem europäischen Festland vorhandene Exemplar einer Fairlie-Lokomotive. Von dieser sächsischen IM mit der Nr. 252 (gebaut 1902 unter der Fabriknummer 2648) hatte die Sächsische Staatsbahn bei der Firma Hartmann drei Maschinen für ihre 1000-mm-Strecke Reichenbach (Vogtl) – Oberheinsdorf fertigen lassen. Die Strecke von 5,4 km Länge diente vornehmlich dem Erschließen der dort ansässigen Industriebetriebe; der Personenverkehr war erst später aufgenommen worden. Vom Unteren Bahnhof in Reichenbach (Vogtl), wo sich auch die Umsetzanlage für Regelspurfahrzeuge befand (Rollbockbetrieb), führte die Strecke durch die engen Straßen der Stadt. Die Anschlußgleise in die Fabriken wiesen teilweise einen Bogenradius von nur 15 m auf! Aus diesem Grunde mußten Gelenklokomotiven beschafft werden. Die zwei Triebdrehgestelle der Lok gestatteten das Befahren sehr enger Bogenradien. Die besondere Ausführung des Kessels – zwei Kessel waren mit zwei Feuerbüchsen unmittelbar verbunden

Baureihe	99[16]
Betriebsgattung	K 44.10
Bauart	B'B' n4v
	sä. I M
Spurweite (mm)	1000
Rostfläche (m²)	1,892
Anzahl der Heizrohre	270
Heizrohrheizfläche (m²)	79,052
Verdampfungsheizfläche (m²)	8,4
Dienstmasse (t)	41,8
Wasserkasteninhalt (m³)	3,2
Brennstoffvorrat (t)	1,36
Höchstgeschwindigkeit (km/h)	30

und wurden durch zwei Feuerlöcher seitlich geheizt – bedingte die Mittellage der Bedienungsstände und zwei Schornsteine. Der Betrieb auf der Strecke wurde 1962 eingestellt. Die 99 162 war vom 6. April 1929 bis zum 2. März 1939 und dann nochmals vom 5. April 1941 bis zum 10. November 1960 beim Bw Reichenbach beheimatet. Die 99 162 verrichtete noch bis 1962 auf der Rollbockbahn Dienst. Im Jahre 1968 kam die Lok zum Raw Görlitz und wurde dort 1970/71 nichtbetriebsfähig aufgearbeitet.

99 535

Foto: Kielstein

Diese im Jahre 1898 von der Firma Hartmann unter der Fabriknummer 2276 gebaute Schmalspurlokomotive (750 mm Spurweite) kam auf den Strecken der Sächsischen Staatsbahn mit ihren schwierigen Streckenverhältnissen (viele Steigungen und geringe Bogenradien) zum Einsatz (Bahnnummer 128). Durch die Konstruktion der Tenderlokomotive in der Bauart Meyer konnten trotz des Gesamtachsstandes von 6200 mm noch Gleisbögen mit einem Radius von 40 m befahren werden; auch war die Unterbringung eines leistungsfähigen Kessels mit ausreichender Rohrlänge möglich.
Die Lokomotiven hatten zunächst das Gattungszeichen MTK erhalten, später wurden sie aber als sächsische Gattung IV K bezeichnet. Die 99 535 war in den letzten Betriebsjahren auf der Strecke Oschatz – Mügeln im Einsatz und befindet sich seit September 1971 als historische Lokomotive im Verkehrsmuseum Dresden.

Baureihe	99[51-60]
Betriebsgattung	K 44.7
Bauart	B'B' n4v
	sä. IV K
Spurweite (mm)	750
Rostfläche (m²)	0,97
Strahlungsheizfläche (m²)	4,13
Heizrohrheizfläche (m²)	45,74
Verdampfungsheizfläche (m²)	49,87
Dienstmasse (t)	26,3
Wasserkasteninhalt (m³)	2,4
Brennstoffvorrat (t)	1,02
Höchstgeschwindigkeit (km/h)	30

99 5901

Foto: Steckel †

Bei dieser Lokomotive handelt es sich um die 1897 von der Firma Jung unter der Fabrik-Nr. 258 für die Nordhausen-Wernigeröder Eisenbahn gebaute Lok mit der NWE-Nr. 11. Sie war ständig im Bw Wernigerode Westerntor beheimatet, kam nach ihrem ausschließlichen Einsatz auf der Harzquer- und Brockenbahn im Jahre 1956 zur benachbarten Selketalbahn. Auf der Harzquerbahn wurde mit diesen Lokomotiven seit der Jahrhundertwende der Hauptbetrieb der NWE abgewickelt. Die Mallet-Lokomotiven besitzen eine gute Kurvenläufigkeit und eine große Zugkraft. 1924/25 wurde der Kessel um 300 mm gehoben, um eine freiere Lage der Feuerbüchse zu erreichen. Im Jahre 1980 war die 99 5901 die älteste im Dienst stehende Dampflokomotive der Deutschen Reichsbahn. Sie ist in der Liste der Ordnung für Eisenbahnmuseumsfahrzeuge enthalten.

Baureihe	99^{50}
Betriebsgattung	K 44
Bauart	B'B' n4vt
	NWE
Spurweite (mm)	1000
Rostfläche (m²)	1,39
Anzahl der Heizrohre	135
Strahlungsheizfläche (m²)	5,24
Heizrohrheizfläche (m²)	56,1
Verdampfungsheizfläche (m²)	61,34
Dienstmasse (t)	36,0
Wasserkasteninhalt (m³)	5
Brennstoffvorrat (t)	1,5
Höchstgeschwindigkeit (km/h)	30

E 04 01

Foto: Wünschmann

Diese Lokomotive wurde 1932 unter der Fabriknummer 4681 als erste einer Serie von zehn Maschinen von der Firma AEG an die DRG geliefert. Sie kam zur Beförderung von 400-t-Schnellzügen und 300-t-Personenzügen auf der Strecke Leipzig – Dessau – Magdeburg sowie von 600-t-Schnellzügen auf der Strecke Leipzig – Halle (Saale) – Magdeburg zum Einsatz.

Die Baureihe E 04 besaß Blechrahmen, Antrieb durch drei Einzelmotoren, Federtopfantrieb nach KLEINOW, und beide Laufachsen waren mit den jeweils benachbarten Treibachsen zu einem Krauss-Helmholtz-Gestell vereinigt. Nach dem Ende des zweiten Weltkriegs wurde die E 04 01 1956 im Raw Dessau für ihren Einsatz im wiederelektrifizierten Streckennetz der DR vorbereitet. Sie gehörte zunächst bis 1958 zum Bw Halle

Stromsystem	16 2/3 Hz, 15 kV~
Achsfolge	1'Co 1'
Spurweite (mm)	1435
Höchstgeschwindigkeit (km/h)	110
Dienstmasse (t)	92
Anfahrzugkraft (kN)	180
Stundenzugkraft (kN)	97,5
Dauerzugkraft (kN)	84,5
Stundenleistung (kW)	2190 bei 84 km/h
Dauerleistung (kW)	2010 bei 87 km/h

(Saale) P und war auf der Strecke Halle (Saale) – Köthen – Schönebeck (Elbe) eingesetzt. Ab 1958 kam sie zum Bw Leipzig Hbf West. Ihre EDV-Betriebsnummer lautet 204 001-2. Sie bleibt als erste Lok der Baureihe E 04 als betriebsfähige historische Lokomotive erhalten.

E 11 001

Foto: Wünschmann

Als die Deutsche Reichsbahn Ende der 50er Jahre das elektrifizierte Streckennetz weiter ausbaute, konnte der Bedarf an elektrischen Lokomotiven nur durch Neubauloks gedeckt werden. Die Deutsche Reichsbahn und der VEB Lokomotivbau-Elektrotechnische Werke „Hans Beimler" Hennigsdorf entwickelten gemeinsam eine moderne Bo'Bo'-Maschine als Schnellzuglokomotive mit der Baureihenbezeichnung E 11 für eine Höchstgeschwindigkeit von 120 km/h. Ende 1962 begann die Serienlieferung von Lokomotiven der Baureihe E 11. Insgesamt wurden 95 Lokomotiven dieser Baureihe von der DR beschafft. Das erste Exemplar dieser neuen Baureihe mit der Betriebsnummer E 11 001 wurde am 30. Dezember 1960 unter der Fabriknummer 8958 fertiggestellt und am 3. Januar 1961 an die Deutsche Reichsbahn geliefert. Nach Abnahmefahrten und Erprobung durch die seinerzeitige Versuchs- und Entwicklungsstelle Maschinenwirtschaft der DR

Stromsystem	16 2/3 Hz, 15 kV∼
Achsfolge	Bo'Bo'
Spurweite (mm)	1435
Höchstgeschwindigkeit (km/h)	120
Dienstmasse (t)	82,5
Anfahrzugkraft (kN)	224
Stundenzugkraft (kN)	103
Stundenleistung (kW)	2800
Dauerleistung (kW)	2600

(VES-M) in Halle (Saale) wurde die Maschine ab 3. Februar 1961 in Bw Halle (Saale) P beheimatet, zu dem sie noch heute gehört. An der E 11 001 erprobte die DR verschiedene Arten elastischer Antriebe. Ende 1966 wurde diese Prototyplokomotive an die Ausführung der Serienlokomotiven angepaßt, u. a. durch einen neuen Haupttransformator und Leistungsschalter. Im Jahr 1971 erhielt die Maschine Fahrmotoren größerer

Leistung, neue Drehgestelle, Serienantrieb sowie eine Einrichtung für den Einsatz im Wendezugbetrieb. Als erste elektrische Neubaulokomotive der Deutschen Reichsbahn soll die 211 001-3 (EDV-Betriebsnummer ab Juli 1970) nach ihrem über 25jährigen Betriebseinsatz, in dem sie 1 800 000 km zurücklegte, als betriebsfähige Maschine der Nachwelt erhalten bleiben.

E 18 31

Diese Lokomotive (Fabriknummer 5003) wurde im Jahre 1937 von der Firma AEG an die DRG geliefert. Sie gehört zur Baureihe E 18, die für den schweren Schnellzugdienst mit Geschwindigkeiten über 120 km/h entwickelt wurde. Das Betriebsprogramm sah die Beförderung von 700-t-Schnellzügen in der Waagerechten mit 140 km/h vor, das im normalen Schnellzugdienst mit 935-t-Schnellzügen weit überboten wurde. In Anlehnung an die bewährte Baureihe 04 wurde zur Kraftübertragung auf die Treibräder wieder der Federtopfantrieb nach KLEINOW verwendet. Die Laufachsen waren mit der benachbarten Treibachse in einem

Stromsystem	16 2/3 Hz, 15 kV∼
Achsfolge	1'Do 1'
Spurweite (mm)	1435
Höchstgeschwindigkeit (km/h)	180
Dienstmasse (t)	108
Anfahrzugkraft (kN)	210
Stundenzugkraft (kN)	74,2
Dauerzugkraft (kN)	66,2
Stundenleistung (kW)	3040 bei 150 km/h
Dauerleistung (kW)	2840 bei 157 km/h

Krauss-Helmholtz-Gestell vereinigt. Die Feinreglersteuerung erhielt erstmals einen elektrischen Antrieb, um den Schaltvorgang zu beschleunigen und den Triebfahrzeugführer bei den hohen Geschwindigkeiten zu entlasten. Die E 18 31 befand sich ab 1956 nach Wiederaufnahme des elektrischen Zugbetriebes bei der DR im Schnellzugeinsatz beim Bw Halle (Saale) P. Im Jahre 1967 wurden an dieser Lok Einholm-Stromabnehmer erfolgreich erprobt. Durch Änderung der Getriebeübersetzung und damit der Großräder, Hohlwellen und des Federtopfan-

triebs wurde die Lok im Jahre 1970 für eine Höchstgeschwindigkeit von 180 km/h hergerichtet, um neue Schienenfahrzeuge bei einer Geschwindigkeit von 160 km/h erproben zu können. Die Lok E 18 31 gehörte deshalb als Versuchslok zur ehemaligen VES-M und dient als schnellste Lok der DR dem jetzigen WTZ-DR für Vergleichsfahrten und Wagenlaufversuche. Ihre EDV-Betriebsnummer lautet 218 031−3. Als betriebsfähige historische Lokomotive bleibt sie der Nachwelt erhalten und wird u. a. zu Sonderfahrten eingesetzt.

E 44 046

Foto: Wünschmann

Diese elektrische Bo'Bo'-Lokomotive wurde im Jahr 1936 unter der Fabriknummer 15 549/3099 von den Firmen Krauss-Maffei München und Siemens-Schuckert-Werke Berlin an die DRG geliefert. Sie war im BW Hirschberg (heute Jelenia Góra) beheimatet. Die Maschine gehört zur damaligen Einheitsbaureihe E 44 (heute Baureihe 244 der DR), die für den Einsatz im Personenzug- und Güterzugdienst auf allen damals elektrifizier-

Stromsystem	16 2/3 Hz, 15 kV∼
Achsfolge	Bo'Bo'
Spurweite (mm)	1435
Höchstgeschwindigkeit (km/h)	75 bzw. 90
Dienstmasse (t)	78,0
Anfahrzugkraft (kN)	200
Stundenzugkraft (kN)	106,3
Dauerzugkraft (kN)	79,5
Stundenleistung (kW)	2200
Dauerleistung (kW)	1860

ten Strecken vorgesehen war. Im Jahr 1946 wurde die E 44 046 zusammen mit anderen elektrischen Lokomotiven und Ausrüstungen der elektrischen Zugförderung von der damaligen sowjetischen Besatzungszone als Reparationsleistung an die UdSSR abgegeben. Dort erfolgte die Umspurung der Maschine auf die Spurweite 1524 mm. Im Juli 1952 wurde die Lokomotive, zusammen mit weiteren der Baureihe E 44, zum Aufbau des elektrischen Zugbetriebes an die DDR zurückgegeben. Nach Aufarbeitung im Raw Dessau ist die E 44 046 am 1. Juli 1958 beim Bw Magdeburg-Buckau wieder in Dienst gestellt worden. Vom 1. Juli 1969 bis zum 16. Juni 1970 gehörte sie zum Bw Halle (Saale) P und danach zum Bw Leipzig Hbf West. Ab 1975 war die Lokomotive – ab Juli 1970 mit der EDV-Betriebsnummer 244 046-9 versehen – im Bw Roßlau (Elbe) beheimatet. Während ihrer Einsatzzeit wurden am Fahrzeugteil und an der elektrischen Ausrüstung der E 44 046 zahlreiche Veränderungen vorgenommen. So erhielt sie neue Stromabnehmer mit Doppelschleifstück, neue Luftbehälter, elektrisch angetriebene Fensterwischer, einen neuen Luftverdichter, im Jahr 1965 anstelle des 1450-kVA-Haupttransformators einen 2050-kVA-Haupttransformator sowie einen Öl-Hauptschalter. Die im Bw Leipzig Hbf West beheimatete Lokomotive befindet sich noch im Betriebseinsatz und bleibt als Standardeinheits-Elektrolok mit Tatzlagerantrieb im betriebsfähigen Zustand erhalten.

E 7130

Foto: VMD

Diese Lokomotive war als einzige der damaligen Baureihe E 71 nach dem Ende des zweiten Weltkrieges bei der DR verblieben. In den Jahren zwischen 1956 und 1960 gehörte sie zum Bw Bitterfeld und war auf den Strecken Halle (Saale) – Bitterfeld – Dessau im Einsatz. Seit einer Aufarbeitung im Raw Dessau gehört die Lok zum Bestand der Museumsfahrzeuge und ist im Verkehrsmuseum Dresden ausgestellt. Der Lokomotivkasten mit den beiden Führerständen und dem Haupttransformator ruhte auf einem Brückenrahmen. Unter den Vorbauten, die auf den Drehgestellrahmen montiert waren, wurde je ein Motor mit Vorgelege und Blindwelle untergebracht. Der Antrieb eines jeden Drehgestells erfolgte über Schlitzkuppelstangen des Kurvenschleifentriebes. Die E 7130 ist im Jahre 1921 von der Firma AEG unter der Fabriknummer 1669 an die Preußi-

Stromsystem	16 2/3 Hz, 15 kV $\sim$
Achsfolge	B'B'
Spurweite (mm)	1435
Höchstgeschwindigkeit (km/h)	50
Dienstmasse (t)	64,9
Anfahrzugkraft (kN)	140
Stundenzugkraft (kN)	80
Dauerzugkraft (kN)	49,5
Stundenleistung (kW)	785 bei 36 km/h
Dauerleistung (kW)	592 bei 44 km/h

sche Staatsbahn für den Güterzugdienst auf den elektrifizierten Strecken der Direktion Halle (Saale) geliefert worden. Das Betriebsprogramm sah die Beförderung von 1000-t- bis 3000-t-Güterzügen auf der Strecke Magdeburg – Dessau – Bitterfeld – Leipzig/Halle (Saale) vor, das von der einfachen und robusten

Maschine gut erfüllt wurde. Die Lok erhielt die Betriebsnummer EG 530. Die DRG zeichnete sie 1928 in E 71 30 um.

Bis 1945 war die E 71 30 im Einsatz auf der Strecke Halle (Saale)/Leipzig – Saalfeld (Saale).

E 77 10

Foto: Knobel

Diese Lokomotive wurde im Jahre 1926 von den Firmen BMAG, Krauss LHW (Fahrgestell) und BMS (elektrischer Teil) an die DRG geliefert. Anfang 1925 war die Maschine als EG 322 010 in München im Betriebseinsatz, später im leichten Güterzugdienst auf den elektrifizierten Strecken der Direktion Halle (Saale). Für die Höchstgeschwindigkeit von 65 km/h erwies sich eine sechsachsige Lok mit vier Treibachsen und zwei Motoren am geeignetsten. So entstand die ab 1928 als E 77 10 bezeichnete Maschine als (1B) (B1)-Gelenklokomotive mit zwei Triebgestellen und mittlerer Transformatorenbrücke, wobei der dreiteilige Lokomotivaufbau mit Faltenbälgen versehen war. Die beiden äußeren Teile mit den Führerständen waren mit je einem Trieb-

Stromsystem	16 2/3 Hz, 15 kV~
Achsfolge	(1B) (B1),
	später (1'B) (B1')
Spurweite (mm)	1435
Höchstgeschwindigkeit (km/h)	65
Dienstmasse (t)	113
Anfahrzugkraft (kN)	240
Stundenzugkraft (kN)	152
Dauerzugkraft (kN)	124
Stundenleistung (kW)	1880 bei 44 km/h
Dauerleistung (kW)	1600 bei 46 km/h

werk fest verbunden. Das Mittelteil ruhte als Brücke auf zwei Kugelzapfen der beiden Laufgestelle. Je ein Motor wirkte über Vorgelege, Blindwelle und den

Winterthurer Schrägstangenantrieb auf die beiden Achsen jeder Triebwerksgruppe. Die Laufachsen waren zuerst fest, später dann seitenbeweglich gelagert. Bei Geschwindigkeiten über 55 km/h befriedigte die dreiteilige Lok in der Laufruhe nicht, und die vielen beweglichen elektrischen Leitungen verursachten oft Störungen. Die infolge des Krieges an der E 77 10 entstandenen Schäden wurden mit Hilfe von Schadloks der Baureihe E 77 beseitigt. Seit 1956 war die Lok im Bw Bitterfeld beheimatet und auf der Strecke Halle (Saale) – Bitterfeld eingesetzt. 1968 kam sie für kurze Zeit ins Bw Leipzig West, danach diente sie vorübergehend als Stromversorgungsanlage für die Weichenheizung im Bahnhof Halle (Saale) Hbf. 1969 wurden an der Lok im Raw Dessau Veränderungen für den Betriebseinsatz im Geiseltal vorgenommen. 1978/79 wurde die ab 1971 abgestellte Maschine von einem Kollektiv der Museumslokführer vom Bw Dresden in den betriebsfähigen Ursprungszustand zurückversetzt.

E 94 056

Foto: *Wünschmann*

Diese elektrische Co'Co'-Güterzuglokomotive wurde in den Jahren 1941/42 von der AEG unter der Fabriknummer 5335 gebaut und im Februar 1942 beim BW Probstzella in Dienst gestellt. Die Baureihe E 94 war entwickelt worden, da für den schweren Güterzugdienst nach Indienststellung der Baureihe E 93 eine leistungsstärkere Ellok-Baureihe benötigt wurde. Die E 94 056 war bis zum Jahr 1945 vorwiegend im Schiebebetrieb zwischen Saalfeld (Saale) und Probstzella und im Güterzugdienst zwischen Weißenfels und Nürnberg über die Rampen des Thüringer Waldes und des Frankenwaldes eingesetzt. Im Jahr 1946 wurde die E 94 056 als Reparationsleistung an die UdSSR abgegeben und für den Ein-

Stromsystem	16 2/3 Hz, 15 kV~
Achsfolge	Co'Co'
Spurweite (mm)	1435
Höchstgeschwindigkeit (km/h)	90
Dienstmasse (t)	118,5
Anfahrzugkraft (kN)	400
Stundenzugkraft (kN)	178
Dauerzugkraft (kN)	155
Stundenleistung (kW)	3240
Dauerleistung (kW)	3090

satz bei den Sowjetischen Eisenbahnen auf 1524 mm Spurweite umgespurt und mit Mittelpufferkupplung ausgerüstet. Im Oktober 1952 kam die E 94 056 in die DDR zurück und wurde nach Aufarbeitung im Raw Dessau ab 7. Juli 1957 beim Bahnbetriebswerk Halle (Saale) P in Dienst gestellt. Vom 5. März 1958 bis zum 31. Dezember 1959 gehörte die Maschine zum Bw Bitterfeld, danach wieder zum Bw Halle (Saale) P und ab 15. Februar 1968 zum Bw Leipzig-Wahren. Die ab Mitte 1970 unter der EDV-Betriebsnummer 254 056-5 fahrende Maschine ist seit dem 29. September 1977 im Bw Engelsdorf beheimatet. Von ihrer Indienststellung im Jahre 1957 an bis Ende 1983 erreichte die E 94 056 eine Gesamtlaufleistung von über 2 700 000 km. Ihr Einsatzgebiet war stets der schwere Güterzugdienst, anfangs zwischen Halle (Saale) und Magdeburg, später zwischen Engelsdorf und Magdeburg. Vornehmlich hatte sie schwere Kohlezüge aus dem Merseburger und dem Bornaer Braunkohlengebiet zu befördern. Vom Bw Engelsdorf aus wurde und wird die Maschine im schweren Güterzugdienst zwischen Erfurt und Dresden sowie Dresden und Magdeburg-Rothensee eingesetzt. Die Maschine steht auch nach ihrer Zuordnung zu den betriebsfähig zu erhaltenden historischen Triebfahrzeugen im Betriebseinsatz, befördert überdies Sonderzüge und ist auf Fahrzeugausstellungen der DR zu sehen.

E 95 02

Foto: Wünschmann

Diese Lokomotive (Fabriknummer 3011/3012) ist eine von sechs Maschinen der Baureihe E 95, die im Jahre 1927 von der Firma AEG für die DRG geliefert wurde. Die achtachsige, zweiteilige schwere Güterzuglokomotive mit sechs Treibachsen war für die Beförderung von 200-t-Güterzügen auf der zur Elektrifizierung vorgesehenen Strecke Breslau–Liegnitz–Arnsdorf (heute Wrocław–Legnica) vorgesehen. Da diese Strecke aber nie elektrifiziert wurde, setzte die DRG die Loks der Baureihe E 95 auf der schlesischen Gebirgsstrecke Dittersbach–Lauban (heute Luban)–Görlitz ein, wo sie sich sehr gut bewährte. Als Antrieb dienten je drei achtpolige Motoren in jeder Lokomotivhälfte. Die beiden Fahrzeugteile waren mit einer Haupt- und zwei Nebenkupplungen miteinander verbunden. Von den beiden

Stromsystem	16 2/3 Hz, 15 kV∼
Achsfolge	1'Co + Co 1'
Spurweite (mm)	1435
Höchstgeschwindigkeit (km/h)	70
Dienstmasse (t)	138,5
Anfahrzugkraft (kN)	360
Stundenzugkraft (kN)	217
Dauerzugkraft (kN)	177
Stundenleistung (kW)	2778 bei 47 km/h
Dauerleistung (kW)	2418 bei 50 km/h

Führerständen waren in langen schmalen Vorbauten je ein Haupttransformator untergebracht. Die elektrischen Hilfseinrichtungen befanden sich in den beiden Maschinenräumen. Beide Lokomotivteile waren durch einen Faltenbalg verbunden. Alle angetriebenen Achsen waren fest im Außenrahmen gelagert, bei der zweiten und fünften Achse waren die Spurkränze der Räder geschwächt. Die Laufachsen wurden als Bissel-Achsen ausgeführt. Nach dem zweiten Weltkrieg kam die E 95 02 zusammen mit den fünf anderen Lokomotiven dieser Baureihe zur DR. Nach der Aufarbeitung war die E 95 02 im Bw Halle (Saale) P beheimatet und im Güterzugdienst auf den wiederelektrifizierten Strecken im Raum Halle (Saale)/Leipzig/Magdeburg eingesetzt. Ausmusterungsdatum für die E 95 02 war der 28. Mai 1969. Ab September 1969 wurde sie für die Stromversorgung der elektrischen Weichenheizung im Bahnhof Halle (Saale) Hbf verwendet.

Als Vorläufer der elektrischen Einheitslokomotiven wird die Maschine als nichtbetriebsfähige historische Lokomotive erhalten.

AT 589/590

Foto: VEB Waggonbau Görlitz

Dieser Akkumulator-Triebwagen wurde in den Jahren 1929/1927 von der WU-MAG (Fahrzeugteil) und den BEW (elektrische Ausrüstung) gebaut und im Juli 1927 im Bahnbetriebswerk Gotha in Dienst gestellt. Nachdem sich die ab 1907 als sogenannte Wittfeld-Triebwagen der Gattung AT 3 in Dienst gestellten Akkumulator-Triebwagen bewährt hatten, vergab die DRG einen Auftrag zur Beschaffung neuer Akku-Triebwagen mit einem größeren Aktionsradius, größerer Leistung und höherem Platzangebot. Der AT 589/590 gehörte zu dieser neuen Gattung. Er ist vom BW Gotha auf den Strecken nach Bad Langensalza und Mühlhausen (Thür), Friedrichroda, Georgenthal

Achsfolge	2A + A2
Gattungszeichen	BPost3ü/B3ütr
Spurweite (mm)	1435
Höchstgeschwindigkeit (km/h)	60
Dienstmasse (t)	70,0
Stundenleistung	160

und Tambach-Dietharz sowie Friedrichswerth (Thür) eingesetzt worden. Die aus zwei Triebwagen mit Faltenbalgübergang (ab 1962 Gummiwulstübergang) und der Achsanordnung 2A + A2 bestehende kurzgekuppelte Einheit war während seiner 40jährigen Einsatzzeit bis zum 4. September 1967 ständig im Bahnbetriebswerk Gotha beheimatet. Nachdem im Jahr 1935 letztmalig die Blei-Akkumulatoren des Triebwagens gewechselt worden waren und das Fahrzeug den zweiten Weltkrieg ohne größere Schäden überstanden hatte, mußte der AT 589/590 wegen fehlender neuer Akkumulatoren im Jahr 1949 abgestellt werden. Nach einer in den Jahren 1955/56 im Raw Dessau ausgeführten Generalreparatur stand der Akku-Triebwagen bis zu einem Unfall im Oktober 1960 im Betriebseinsatz des Bw Gotha. Während einer im Jahr 1961 im Raw Berlin-Schöne-weide begonnenen Hauptuntersuchung wurden zahlreiche Veränderungen ausgeführt, aber kein neuer Akkumulator eingebaut, so daß der Triebwagen im November 1963 mit einem auf 60 km beschränkten Fahrbereich dem Betriebseinsatz übergeben werden mußte. Erst im Jahr 1965 erhielt der Akku-Triebwagen neue Akkumulatoren, mit denen er bis zum 4. September 1967 vom Bahnbetriebswerk Gotha auf den genannten Strecken eingesetzt wurde. Als letzter noch bei der Deutschen Reichsbahn erhalten gebliebener Akku-Triebwagen ist das Fahrzeug in den Bestand der Museumsfahrzeuge aufgenommen worden.

ET/ES 165 155

Foto: Hütter

Bei diesem Viertelzug, bestehend aus Trieb- und Steuerwagen, handelt es sich um einen 1928 gebauten aus der Lieferung in großen Stückzahlen für die seinerzeitige Deutschen Reichsbahn-Gesellschaft. Der Antrieb beim Triebwagen erfolgte über vier Tatzlagermotoren auf alle Achsen. Die Fahrzeuge der Baureihe 165 hatten eine Fahrsperreneinrichtung, eine elektropneumatische Türschließeinrich-

Stromsystem	0,8 kV=
Achsfolge	Bo'Bo' + 2'2'
Gattungszeichen	B4tr/B4
Spurweite (mm)	1435
Höchstgeschwindigkeit (km/h)	80
Dienstmasse (t)	65,5
Anfahrzugkraft (kN)	72
Stundenleistung (kW)	440 bei 46 km/h
Dauerleistung (kW)	308 bei 51 km/h

tung und eine Notbeleuchtung für den Fahrgastraum. Die Triebzüge bewährten sich sehr gut. Mitte der 60er Jahre wurden die Stirnseiten der Triebzüge modernisiert. Der nach der neuen EDV-Be-

triebsnummer als 275 659/660 bezeichnete Viertelzug ist in den Bestand an historischen Triebfahrzeugen eingereiht und soll vor allem für Sonderfahrten betriebsfähig erhalten bleiben.

ET 168 029

Foto: Hütter

Dieser Triebwagen stammt aus dem Jahre 1925 und wurde von der DRG beschafft, als mit dem Ausbau der S-Bahn-Strecke vom ehemaligen Stettiner Bahnhof nach Birkenwerder und der Verlängerung bis Oranienburg weitere Triebwagen benötigt wurden. Die 50 neuen Viertelzüge, gebildet aus je einen Trieb- und einen Steuerwagen, der Baureihe 168 sind als Vorläufer der ab 1927 in sehr großer Zahl beschafften Züge der Baureihe 165 zu betrachten. Erstmals bei der Berliner S-Bahn waren alle vier Achsen der Triebwagen durch Tatzlagermotoren angetrieben. Ein Teil der noch vorhandenen Triebzüge der Baureihe 168 wurde im Jahre 1946 aufgearbeitet und modernisiert. Die Triebzüge bewährten sich sehr gut und verkehrten zuletzt vorrangig auf dem

Stromsystem	0,8 kV =
Achsfolge	Bo'Bo'
Gattungszeichen	B4tr
Spurweite (mm)	1435
Höchstgeschwindigkeit (km/h)	80
Dienstmasse Viertelzug (t)	78,2
Anfahrzugkraft (kN)	83
Stundenleistung (kW)	460 bei 38 km/h
Dauerleistung (kW)	332 bei 43 km/h

Vollring. Mitte der 60er Jahre wurden die Triebzüge ausgemustert, an die Berliner Verkehrsbetriebe für die U-Bahn abgegeben und als Grundlage für völlig modernisierte Triebzüge der Linie E (Großprofil) verwendet. Ein Triebwagen dieser Baureihe, der ET 168 029 (neu: 276 107) wird als historisches Fahrzeug aufbewahrt.

V 36 027

Foto: Liedtke

Diese Lokomotive gehört zu den 293 Exemplaren, die unter der Bezeichnung WR 360 C 14 ab 1939 von den Lokomotivfabriken Krupp, Orenstein & Koppel, Henschel, Deutz, Schwartzkopff und Jung für den militärischen Einsatz der faschistischen Wehrmacht gebaut wurden. Nach dem zweiten Weltkrieg waren bei der Deutschen Reichsbahn nur noch etwa 40 Lokomotiven und bei der Deutschen Bundesbahn etwa 70 Lokomotiven dieser Baureihe vorhanden. Bei der DR wurden 35 Maschinen wieder aufgebaut und zunächst unter Baureihenbezeichnungen, wie V 10, V 11 und V 21, zusammengefaßt. Im Jahre 1957 wurden die Maschinen entsprechend den verwendeten Dieselmotoren umnumeriert. Die im Jahre 1944 von Orenstein & Koppel (Fahrzeugteil) und Deutz (Antriebsanlage) gebaute und bei der Wehrmacht als WR 360 C 14 bezeichnete Maschine erhielt dabei die Betriebsnummer V 36 027. Zugeordnet war die Lokomotive ab 31. Dezember 1957 der Reichsbahndirektion Schwerin.

Achsfolge	C
Spurweite (mm)	1435
mittlere Achskraft (kN)	140
Höchstgeschwindigkeit (km/h)	60/55
Dienstmasse (t)	42
Anfahrzugkraft (kN)	130
Dauerzugkraft (kN)	46
Leistung (kW)	265
Kraftstoffvorrat (l)	400
Kraftübertragung	hydraulisch

Wie alle Maschinen der Baureihe V 36, so war auch die V 36 027 vorwiegend im Rangierdienst eingesetzt, aber auch vor Arbeitszügen und Nahgüterzügen zu sehen und beförderte selbst leichte Reisezüge auf Nebenbahnstrecken. Das Fahrwerk besteht aus drei durch Kuppelstangen verbundene Radsätze, das über eine Blindwelle, die zwischen dem zweiten und dritten Radsatz gelagert ist, die Antriebskraft vom Dieselmotor übertragen erhält. Mitte der 60er Jahre erhielt die V 36 027 anstelle des nicht mehr aufarbeitungswürdigen Deutz-Motors den langsamlaufenden SKL-Sechszylinder-Reihenmotor 6 NVD 36. Bei Umstellung auf EDV-Betriebsnummer Mitte 1970 erhielt die V 36 027 die neue Betriebsnummer 103 027-9. Die museumsgerecht aufgearbeitete Lokomotive bleibt im Bahnbetriebswerk Wismar unter dem Aspekt des Ende der 30er Jahre am häufigsten gebauten Diesellokomotivtyps als betriebsfähige historische Lokomotive erhalten.

V 60 1001

Foto: Mehnert

Diese Lokomotive ist die erste der Baureihe 106 der DR (früher V 60), die im Jahre 1959 vom VEB Lokomotivbau „Karl Marx" Babelsberg hergestellt und bei der Deutschen Reichsbahn im Jahre 1960 in Dienst gestellt wurde. Die Lok kam nach ihrer Fertigstellung zur VES-M Halle zur Erprobung und war im Bw Halle (Saale) P beheimatet. Sie diente als Probelok vor allem für Messungen und Versuchsfahrten, bevor die erste Serie dieser für die DDR neu entwickelten Diesellokomotive für den leichten Rangierdienst hergestellt wurde. Nach der Erprobung kam die V 60 1001 als Anschauungsmodell zur Ingenieurschule für Ver-

Achsfolge	D
Spurweite (mm)	1435
mittlere Achskraft (kN)	138
Höchstgeschwindigkeit	30 km/h und 60 km/h
Dienstmasse (t)	55
Anfahrzugkraft (kN)	175/126
Leistung (kW)	478
Kraftstoffvorrat (l)	2100
Kraftübertragung	mechanisch

kehrstechnik in Dresden. Als erstes Fahrzeug der Baureihe V 60 wurde sie in den Bestand der historischen Triebfahrzeuge aufgenommen.

V 180 005

Foto: Riederer

Diese Lokomotive wurde als erste einer Kleinserie von fünf Lokomotiven der Baureihe 118 der DR (früher V 180) im Jahre 1964 an die Deutsche Reichsbahn vom VEB Lokomotivbau „Karl Marx" Babelsberg geliefert, nachdem das erste Baumuster einer V 180 Ende 1959 und bis 1963 drei weitere Loks fertiggestellt worden waren. Die Dieselloks der Baureihe 118 waren in erster Linie als Ersatz für einige Dampflokomotiv-Baureihen vorgesehen. Als Antriebsmotoren dienten je zwei 12-Zylinder-Dieselmotoren in V-Anordnung mit einer Nennleistung von je 900 PS. Jeder Dieselmotor der Zweimaschinenanlage arbeitete über Gelenkwellen und ein Strömungsgetriebe auf jeweils ein Drehgestell. Für die Beheizung von Reisezügen war eine Dampferzeugungsanlage eingebaut. Die V 180 005 wurde im Bw Berlin Ostbahnhof als Lok

Achsfolge	B'B'
Spurweite (mm)	1435
mittlere Achskraft (kN)	195
Dienstmasse (t)	78
Höchstgeschwindigkeit (km/h)	120
Anfahrzugkraft (kN)	215
Dauerzugkraft (kN)	124
Leistung (kW)	1260
Kraftstoffvorrat (l)	3800
Heizwasservorrat (l)	3000
Kraftübertragung	hydraulisch

„VI. Parteitag" in Dienst gestellt, kam dann zum Bw Berlin-Schöneweide und war im Schnellzugdienst eingesetzt. Seit ihrer Zugehörigkeit zum Bw Berlin-Schöneweide war sie im dampfgetriebenen S-Bahn-Verkehr auf den Strecken des Berliner Außenrings eingesetzt. Die Maschine befindet sich im Plandienst bei der DR und ist zur Erhaltung vorgesehen.

VT 133 522

Foto: Zieglgänsberger

Dieser zweiachsige Triebwagen, ursprünglich mit einer Höchstleistung von 49 kW (65 PS), war im Jahre 1933 von der Dessauer Waggonfabrik AG an die Gernrode-Harzgeroder Eisenbahn (GHE) geliefert worden. Dort stand er unter der Bahnnummer GHE T1 auf der Selketalbahn im Einsatz, um vor allem in betriebsschwachen Zeiten den Reiseverkehr zu übernehmen. Der mit 34 Sitz- und zehn Stehplätzen ausgestattete Triebwagen verkehrte wegen der starken Neigungen stets als Einzelfahrzeug und hatte deshalb nur eine einfache Notkupplung. Beim Abbau der Gleisanlagen der Selketalbahn im Jahre 1946 befand sich der Triebwagen auf dem Bahnhof Eisfelder Talmühle, so daß er zunächst den Dienst auf dem Streckenabschnitt Eisfelder Talmühle – Hasselfelde versah. Nach dem Wiederaufbau der Selketalbahn wurde der Triebwagen wieder nach Gernrode (Harz) umgesetzt und befuhr die Strecken von Gernrode (Harz) nach Alexisbad und weiter nach Harzgerode bzw. nach

Achsfolge	B
Gattungszeichen	C vt
Spurweite (mm)	1000
Höchstgeschwindigkeit (km/h)	40
Dienstmasse (t)	12,5
Installierte Leistung (kW)	53,0
Kraftübertragung	mechanisch

Straßberg (Harz). Beim Übergang an die Deutsche Reichsbahn im Jahre 1949 erhielt der Triebwagen die Betriebsnummer VT 133 522. Um ihn ständig im Reiseverkehr einsetzen zu können, war das Angebot von 34 Sitzplätzen jedoch zu gering. Der Einsatz als Gerätewagen erschien eine zweckmäßigere Verwendung für das Einzelfahrzeug. Deshalb wurde in den 60er Jahren entsprechend umgebaut. Als Ersatz für den bisherigen Motor erhielt er einen neuen Dieselmotor mit 53 kW (70 PS) Leistung. Seit Umstellung auf EDV-Betriebsnummer fuhr der Triebwagen unter der Nummer 187 001-3 und ist als Hilfszugwagen noch heute auf seiner alten Stammstrecke bei der Beseitigung von Havarien im Einsatz. Er bleibt als historisches Triebfahrzeug im betriebsfähigen Zustand erhalten.

VT 135 110

Der zweiachsige Einheits-Nebenbahntriebwagen wurde im Jahr 1937 von der Waggonfabrik Rathgeber AG in München gebaut und an die DRG geliefert. Er war auf den Strecken der RBD Dresden eingesetzt. Dort verblieb er nach dem Zweiten Weltkrieg. Die Anfang der 30er Jahre von der DRG für den Einsatz auf Nebenbahnstrecken beschafften Dieseltriebwagen hatten sich gut bewährt. Wegen der geringen Stückzahlen bestand aber eine kaum vertretbare Vielfalt unterschiedlicher Typen im Fahrzeugpark. Mit der Beschaffung eines Einheits-Nebenbahntriebwagens sollten der Einsatz bei geringem Verkehrsaufkommen und die Instandhaltung wirtschaftlicher gestaltet werden. Nach dem 31. Oktober 1945 war der VT 135 110 im Bw Dresden-Pieschen beheimatet und vorwiegend auf der Strecke Bad Schandau–Sebnitz (Sach-

Achsfolge	1A
Gattungszeichen	BDaao
Spurweite (mm)	1435
Höchstgeschwindigkeit (km/h)	75
Dienstmasse (t)	16,4
Installierte Leistung (kW)	110
Kraftübertragung	mechanisch

sen) im Einsatz. In den Jahren 1950/51 erhielt der Triebwagen eine neue Außenlackierung, und im Jahr 1958 wurde der 110-kW-MAN-Motor gegen einen neuen 132-kW-Motor des Typs 6 KVD 18 vom VEB Motorenwerk Johannisthal getauscht. Um das Fahrzeug ständig betriebsbereit einsetzen zu können, wurden von 1958 bis 1977 häufiger Motorenaustausche vorgenommen, insgesamt 17mal in dieser Zeit! Seit 1977 verfügt der (seit

1970 unter der EDV-Betriebsnummer 186 258-0 fahrende) Triebwagen über den 1963 vom VEB Elbewerft Roßlau (Elbe) gebauten Motor, der zuvor in den Triebwagen VT 135 560 und VT 135 063 eingebaut war. Nachdem der VT 135 110 im Jahr 1956 bei einer Hauptuntersuchung in ein Sonderfahrzeug mit Salon, Schreibabteil und Schlafabteil umgebaut wurde, kam das Fahrzeug ab 21. Juli 1962 zum Bw Leipzig Hbf Süd und ab 28. November 1963 zum Bw Halle G, wo es als Sonderfahrzeug des Präsidenten der Reichsbahndirektion Halle diente. Mit ihm wurden u. a. Signalschaufahrten und Dienstfahrten des Bw für den Erwerb der Streckenkenntnis für Triebfahrzeugführer ausgeführt. Im Jahr 1976 wurde im Raw Wittenberg der Treibradsatz mit Getriebe ausgebaut und gegen den Treibradsatz aus dem Triebwagen 186 004-8 gewechselt. Seit 1983 gehört der Nebenbahntriebwagen zum Bestand der historischen Triebfahrzeuge der Deutschen Reichsbahn und soll betriebsfähig erhalten werden.

VT 137 566

Der vierachsige Triebwagen war im Jahre 1940 von der Triebwagen- und Waggonfabrik Wismar an die Nordhausen-Wernigeröder Eisenbahn (NWE) für den Einsatz auf der Harzquer- und Brockenbahn geliefert worden. Er war dort unter der Bahnnummer NWE T 3 im Einsatz. Zu seiner Beschaffung war es zusammen mit dem T 2 gekommen, weil sich der ab 1936 unter der Bahnnummer T 1 eingesetzte und von der Maschinenfabrik Augsburg-Nürnberg beschaffte Triebwagen mit 294 kW (400 PS) Leistung den Anforderungen für den Einsatz auf der

Gebirgsbahn nicht gewachsen zeigte. Die NWE hatte für die Triebwagen hinsichtlich ihrer Leistungen hohe Forderungen gestellt. Das Leistungsprogramm sah bei den ununterbrochenen Steigungen und vielen engen Gleisbogen beim Einsatz auf der Brockenstrecke auch das Mitführen von drei oder vier Reisezugwagen vor. Beim T 1 mußte deshalb die Antriebsanlage einschließlich eines ölgefeuerten Heizkessels so dimensioniert werden, daß sie etwa die Hälfte des Wagenkastens in Anspruch nahm und so nur 23 Sitzplätze eingebaut werden konnten. Beim T 3 (wie auch beim T 2) hatte man bei etwa gleicher Anordnung der Maschinenanlage auf die Anordnung von Sitzplätzen verzichtet und an ihrer Stelle ein großes Gepäckabteil mit einem Platz für den Zugführer eingerichtet. Die höhere Leistung ermöglichte, daß der T 3 mühelos vier Reisezugwagen befördern konnte. Wegen der Rationierung von Dieselkraftstoff im zweiten Weltkrieg kam es auf der Harzquer- und Brockenbahn nicht mehr zum erfolgversprechenden Einsatz dieses zugkräftigen Schlepptriebwagens. Im Jahre 1949 wurde der T 3 in den Bestand der

Achsfolge	Bo'Bo'
Spurweite (mm)	1000
Höchstgeschwindigkeit (km/h)	60
Dienstmasse (t)	34,5
Installierte Leistung (kW)	383
Kraftübertragung	elektrisch

Deutschen Reichsbahn übernommen und erhielt die Betriebsnummer VT 137 566. Er war bis etwa 1954/56 im Einsatz und wurde dann abgestellt, als mit der Lieferung von Neubaudampflokomotiven aus dem damaligen VEB Lokomotivbau „Karl Marx" Babelsberg neue Triebfahrzeuge für die Harzquer- und Brockenbahn zur Verfügung standen. Der VT 137 566 wurde 1970 mit der EDV-Betriebsnummer 187 025-2 versehen und ist nach entsprechendem Umbau als Arbeitstriebwagen im Bw Wernigerode Westerntor beheimatet und auf den Harzbahnstrecken eingesetzt. Der Triebwagen bleibt als betriebsfähiges historisches Fahrzeug im Park erhalten.

VT 137 099

Der vierachsige Einheits-Triebwagen wurde im Jahr 1935 von den Firmen Vereinigte Westdeutsche Waggonfabriken in Köln-Deutz und Mainz-Mombach (Fahrzeugteil), MAN (Dieselmotor) und Wasseg (elektrische Ausrüstung) gebaut und an die DRG geliefert. Die Triebwagen waren in verkehrsschwachen Tageszeiten für den leichten Schnellzug-, Eilzug- und Personenzugdienst auf Hauptbahnen sowie für den Vorortdienst vorgesehen und erreichten im Eilzug- und im Personenzugdienst gute Ergebnisse. Der Fahrgastraum des VT 137 099 war als sogenannter Einheitsgrundriß ausgeführt, der den Verhältnissen und Erfordernissen im Vorortdienst angepaßt war und durch seinen großen Mitteleinstiegsraum einen raschen Fahrgastwechsel ermöglichte. Anfang der 60er Jahre stattete die Deutsche Reichsbahn den VT 137 099 mit einem 302-kW-Dieselmotor der Firma ČKD

Achsfolge	2'Bo'
Gattungszeichen	ABDio
Spurweite (mm)	1435
Höchstgeschwindigkeit (km/h)	110
Dienstmasse (t)	46,1
Installierte Leistung (kW)	310
Kraftübertragung	elektrisch

Praha aus und modernisierte den Fahrgastraum. Der Triebwagen war ständig in der Rbd Greifswald eingesetzt. Seit 1970 fährt er unter der EDV-Betriebsnummer 185 254-0 und steht seit den 60er Jahren als Dienstfahrzeug zur Verfügung des Präsidenten des Rbd Greifswald. Er ist im Bw Stralsund beheimatet und wird nach seiner Aufnahme in den Bestand historischer Triebfahrzeuge der Deutschen Reichsbahn im Jahr 1983 von der Einsatzstelle Greifswald betriebsfähig erhalten.

SVT 137 225 Bauart Hamburg

Foto: *Wünschmann*

Der zweiteilige Schnelltriebzug wurde im Jahr 1935 von der WUMAG in Görlitz sowie von den Firmen Maybach (Diesel-motor) und AEG (Generator) gebaut und an die DRG geliefert. Da sich die Kon-struktion an den als Vorgänger weltweit unter dem Namen „Fliegender Hambur-ger" bekannt gewordenen zweiteiligen Triebzug anlehnte, wurden die 13 Trieb-züge dieser in den Jahren 1934 bis 1936 beschafften Serie als Bauart Hamburg be-zeichnet. Mit den Schnelltriebzügen hatte die DRG einen von Berlin ausge-henden Schnellverkehr nach Hamburg, Köln, Frankfurt (Main), München, Stutt-gart und Leipzig eingerichtet, der wegen der über 100 km/h liegenden Reisege-schwindigkeiten weltweit Beachtung fand. Während der letzten Monate des zweiten Weltkrieges wurden alle Trieb-züge der Bauart Hamburg mehr oder we-niger beschädigt. Der SVT 137 225 war einer der zwei Triebzüge dieser Bauart, die bei der Deutschen Reichsbahn ver-blieben. Nach seiner Instandsetzung im

Achsfolge	2'Bo'2'
Gattungszeichen	ADr
Spurweite (mm)	1435
Höchstgeschwindigkeit (km/h)	160
Dienstmasse (t)	100,0
Installierte Leistung (kW)	604
Kraftübertragung	elektrisch

Raw Wittenberge war das Fahrzeug seit dem Jahr 1949 ständig im Sondereinsatz als Regierungsfahrzeug und stand in den letzten Jahren zur Verfügung des Mini-sters für Verkehrswesen der DDR. Seit Einführung der EDV-Betriebsnummern im Jahr 1970 fährt der Schnelltriebzug unter der Nummer 183 252-6. Im Jahr 1983 wurde der Schnelltriebzug in den Bestand der historischen Triebfahrzeuge als betriebsfähig zu erhaltendes Fahrzeug aufgenommen. Erstmals war er auch im Jahr 1983 auf einer Fahrzeugschau in Wustermark ausgestellt.

VT 137 322

Foto: Steckel †

Dieser Triebwagen für eine Spurweite von 750 mm wurde im Jahre 1938 von der Deutschen Reichsbahn-Gesellschaft zusammen mit drei weiteren Triebwagen zum Einsatz auf der Strecke Zittau – Hermsdorf beschafft. Sie bedienten auch den Urlauberverkehr auf der Strecke Zittau – Kurort Oybin/Kurort Jonsdorf. Die Triebwagen bewährten sich auf der Strecke mit ihren oft erheblichen Steigungen und geringen Bogenradien. Aus Platzmangel konnte nur die äußere Achse des Triebwagens direkt angetrieben werden. Die Kraftübertragung auf die zweite Achse mußte über außerhalb des Drehgestellrahmens angeordnete Kuppelstangen erfolgen. Der VT 137 322 hatte außer einem Fahrgast-Großraum auch einen Ge-

Achsfolge	B'2'
Gattungszeichen	KBD 4 m bzw. BKK
Spurweite (mm)	750
Höchstgeschwindigkeit (km/h)	45
Dienstmasse (t)	21
Installierte Leistung (kW)	132
Kraftübertragung	hydraulisch

päckraum, in dem sich noch sechs Klappsitze befanden. Als einziger der vier Triebwagen ist der VT 137 322 übrig geblieben, wenn auch nicht mehr im Betriebseinsatz. Er gehört als weiterer Schmalspurtriebwagen zum Bestand historischer Triebfahrzeuge.

Historische Reisezug- und Güterwagen

Regelspur		Schmalspur				
betriebsfähig vorzuhalten	museumsgerecht aufzustellen	betriebsfähig vorzuhalten				museumsgerecht aufzustellen
Wagennummer	Wagennummer	Wagennummer	Netz	Wagen-nummer	Netz	Wagennummer
505028-14552-0	421-214	970-269	Radebeul Ost	970-152	Putbus	971-210 1)
505028-14562-0	522-489	970-312	Radebeul Ost	970-761	Putbus	970-151 1)
505028-14562-8	852-603	970-376	Radebeul Ost	974-482	Putbus	970-771 1)
505038-14641-9	605099-17212-9	970-316	Radebeul Ost	970-153	Putbus	97-42-41 1)
505092-14385-6	605099-27313-4	970-236	Radebeul Ost	970-762	Putbus	97-45-15 1)
605099-23103-3	605099-22100-0	970-237	Radebeul Ost	970-791	Putbus	Schneepflug 1)
505024-26206-3	605099-61270-3	970-252	Radebeul Ost	970-154	Putbus	970-459
505024-26266-7	221-204	970-405	Radebeul Ost			Post 173
505024-26671-8	505092-25413-3	979-024	Radebeul Ost			Pw 1439
505024-26520-7	301-441	979-014	Radebeul Ost			Ci 121
505024-27152-8	310-353	970-006	Radebeul Ost			Ci 207
506024-27157-7	310-833	970-354	Radebeul Ost			Ow 3301
505093-26236-6	330-617	909-102	Harzquerbahn			Ow 3458
605099-10361-2	871-313	909-103	Harzquerbahn			Hw 5038
305094-10440-6		900-460	Harzquerbahn			Gw 13
		902-303	Harzquerbahn			Dre 18001
		990-001	Bad Doberan			97-12-48
		990-203	Bad Doberan			97-27-06
		990-302	Bad Doberan			97-75-85
		990-307	Bad Doberan			
		996-001	Bad Doberan			

1) im Bereich der Schmalspurbahn Putbus–Göhren

Betriebseröffnungen der Strecken der Deutschen Reichsbahn

Datum der Betriebseröffnung	Strecke	Länge (km)	DR-Kursbuchnummer	Eigentümer bei Gründung bzw. Betriebseröffnung
1837				
24. 4. 1837	Leipzig – Althen	9,2	320, 501	Leipzig-Dresdner Eisenbahn
12. 11. 1837	Althen – Borsdorf – Gerichshain	7,5	320, 501	Leipzig-Dresdner Eisenbahn
1838				
11. 5. 1838	Gerichshain – Machern	2,3	320, 501	Leipzig-Dresdner Eisenbahn
19. 7. 1838	Dresden – Radebeul Weintraube	7,5	306, 320	Leipzig-Dresdner Eisenbahn
31. 7. 1838	Machern – Wurzen	7,5	320, 501	Leipzig-Dresdner Eisenbahn
16. 9. 1838	Wurzen – Dahlen	18,1	320	Leipzig-Dresdner Eisenbahn
	Radebeul – Weintraube – Coswig – Oberau	12,1	320	Leipzig-Dresdner Eisenbahn
29. 10. 1838	Zehlendorf – Berlin	12,2		Berlin-Potsdamer Eisenbahn
3. 11. 1838	Dahlen – Oschatz	9,0	320	Leipzig-Dresdner Eisenbahn
21. 11. 1838	Oschatz – Riesa	15,1	320	Leipzig-Dresdner Eisenbahn
1839				
8. 4. 1839	Riesa – Priestewitz – Oberau (mit Elbebrücke bei Riesa und Tunnel bei Oberau)	28,9	320	Leipzig-Dresdner Eisenbahn
	Gesamtstrecke Leipzig – Dresden	120,0	320	
29. 6. 1839	Magdeburg – Schönebeck (Elbe)	14,9	702, 730	Magdeburg-Cöthen-Halle-Leipziger Eisenbahn
9. 9. 1839	Schönebeck (Elbe) – Saalebrücke bei Calbe	12,4	730	Leipziger Eisenbahn
1840				
19. 6. 1840	Saalebrücke bei Calbe – Köthen	22,6	730	Magdeburg-Cöthen-Halle-Leipziger Eisenbahn
23. 7. 1840	Köthen – Halle (Saale)	35,7	730	Leipziger Eisenbahn
	Gesamtstrecke Magdeburg – Halle (Saale)	86,0	730	
18. 8. 1840	Halle (Saale) – Leipzig	33,2	515, 730	Magdeburg-Cöthen-Halle-Leipziger Eisenbahn
	Gesamtstrecke Magdeburg – Halle – Leipzig	119,2	730	
1. 9. 1840	Dessau – Köthen	21,3	690	Berlin-Anhaltische Eisenbahn
1841				
1. 7. 1841	Berlin – Jüterbog	62,8	600	Berlin-Anhaltische Eisenbahn
18. 8. 1841	Coswig – Dessau	22,2	230	Berlin-Anhaltische Eisenbahn
28. 8. 1841	Lutherstadt Wittenberg – Coswig	14,5	230	Berlin-Anhaltische Eisenbahn
10. 9. 1841	Jüterbog – Lutherstadt Wittenberg	32,1	600	Berlin-Anhaltische Eisenbahn

Betriebseröffnungen der Strecken der Deutschen Reichsbahn

Datum der Betriebseröffnung	Strecke	Länge (km)	DR-Kursbuchnummer	Eigentümer bei Gründung bzw. Betriebseröffnung
1842				
30. 7. 1842	Berlin – Eberswalde	45,2	920	Berlin-Stettiner Eisenbahn
19. 9. 1842	Leipzig – Altenburg	39,2	460, 505	Sächsisch-Bayrische Staatsbahn
23. 10. 1842	Berlin – Frankfurt (Oder)	81,3	180	Berlin-Frankfurter Eisenbahn
15. 11. 1842	Eberswalde – Angermünde	25,6	920	Berlin-Stettiner Eisenbahn
1843				
15. 7. 1843	Magdeburg – Halberstadt	58,4	700	Magdeburg-Halberstädter Eisenbahn
15. 8. 1843	Angermünde – Rosow (– Szczecin)	45,8	923	Berlin-Stettiner Eisenbahn
1844				
15. 3. 1844	Altenburg – Gößnitz – Crimmitschau	28,6	460	Sächsisch-Bayrische Eisenbahn
1845				
18. 9. 1845	Werdau – Zwickau	9,6	461	Sächsisch-Bayrische Eisenbahn
	Crimmitschau – Werdau	21,9	460	Sächsisch-Bayrische Eisenbahn
17. 11. 1845	Dresden – Radeberg	16,6	304	Sächsisch-Schlesische Eisenbahn
21. 12. 1845	Radeberg – Bischofswerda	20,3	240	Sächsisch-Schlesische Eisenbahn
1846				
31. 5. 1846	Werdau – Reichenbach	17,3	460	Sächsisch-Bayrische Eisenbahn
	Gesamtstrecke Leipzig – Reichenbach	96,8	460	
20. 6. 1846	Halle (Saale) – Weißenfels	31,9	600, 601	Thüringische Eisenbahn
23. 6. 1846	Bischofswerda – Bautzen	19,6	240	Sächsisch-Schlesische Eisenbahn
7. 8. 1846	Potsdam – Brandenburg – Genthin – Magdeburg-Friedrichstadt	117,3	700	Berlin-Potsdam-Magdeburger Eisenbahn
1. 9. 1846	Frankfurt (Oder) – Wilhelm-Pieck-Stadt Guben	48,9	220	Niederschlesisch-Märkische Eisenbahn
	Bernburg – Köthen	20,2	690	Köthen-Bernburger Eisenbahn
15. 10. 1846	Berlin – Wittenberge – Hagenow Land – Schwanheide	246,3	800, 744, 755	Berlin-Hamburger Eisenbahn
19. 12. 1846	Weißenfels – Weimar	55,1	600	Thüringische Eisenbahn
23. 12. 1846	Bautzen – Löbau	21,5	240	Sächsisch-Schlesische Eisenbahn

1847

Datum	Strecke	Nr.	Bahn
1. 4. 1847	Weimar – Erfurt	21,5	600	Thüringische Eisenbahn
	Gesamtstrecke Halle – Erfurt	109,0	600	
1. 5. 1847	Hagenow Land – Schwerin	28,8	775	Mecklenburgische Eisenbahn
10. 5. 1847	Erfurt – Gotha	27,0	600	Thüringische Eisenbahn
24. 6. 1847	Gotha – Eisenach	28,8	600	Thüringische Eisenbahn
	Gesamtstrecke Halle – Eisenach	166,0	600	
1. 7. 1847	Löbau – Reichenbach	9,8	240	Sächsisch-Schlesische Eisenbahn
29. 8. 1847	Riesa – Döbeln	24,9	400	Niedererzgebirgische Bahn
1. 9. 1847	Reichenbach – Görlitz	14,3	240	Sächsisch-Schlesische Eisenbahn
	Gesamtstrecke Dresden – Görlitz	106,0	240	
22. 9. 1847	Döbeln – Limmritz	5,3	400	Niedererzgebirgische Bahn

1848

Datum	Strecke	Nr.	Bahn
10. 6. 1848	Löbau – Zittau	34,0	252	Löbau-Zittauer Eisenbahn
1. 7. 1848	Jüterbog – Herzberg (Elster)	38,4	214	Berlin-Anhaltische Eisenbahn
12. 7. 1848	Schwerin – Wismar	32,4	780	Mecklenburgische Eisenbahn
1. 8. 1848	Dresden – Pirna	16,1	306, 310	Sächsisch-Böhmische Bahn
19. 8. 1848	Magdeburg-Friedrichstadt – Elbbrücken – Magdeburg-Fürstenwall	3,5	700	Berlin-Potsdam-Magdeburger Eisenbahn
	Gesamtstrecke Berlin – Magdeburg	142,0	700	
1. 10. 1848	Herzberg (Elster) – Röderau (Riesa)	41,3	214	Berlin-Anhaltische Eisenbahn
20. 11. 1848	Plauen – Gutenfürst	35,75	472	Sächsisch-Bayrische Bahn

1849

Datum	Strecke	Nr.	Bahn
7. 7. 1849	Magdeburg – Seehausen	93,0	770	} Magdeburg-Wittenbergsche Eisenbahn
5. 8. 1849	Seehausen – Elbufer bei Wittenberge	10,9	770	
25. 9. 1849	Eisenach – Gerstungen	24,4	631	Thüringische Eisenbahn

1850

Datum	Strecke	Nr.	Bahn
9. 5. 1850	Pirna – Königstein	17,5	310	Sächsische Staatseisenbahnen
13. 5. 1850	Bad Kleinen – Bützow – Schwaan – Rostock	71,3	770	Mecklenburgische Eisenbahn
	Bützow – Güstrow	13,7	930	Mecklenburgische Eisenbahn
9. 6. 1850	Königstein – Krippen	6,6	310	Sächsische Staatseisenbahnen

1851

Datum	Strecke	Nr.	Bahn
6. 4. 1851	Krippen – Schöna	10,3	310	Sächsische Staatseisenbahnen
	Gesamtstrecke Dresden – Schöna	48,6	310	

Betriebseröffnungen der Strecken der Deutschen Reichsbahn

Datum der Betriebseröffnung	Strecke	Länge (km)	DR-Kursbuchnummer	Eigentümer bei Gründung bzw. Betriebseröffnung
15. 7. 1851	Reichenbach – Plauen	24,9	410	Sächsische Staatseisenbahnen
	Gesamtstrecke Leipzig – Plauen	122,0	410	Sächsische Staatseisenbahnen
25. 10. 1851	hölzerne Elbbrücke – Wittenberge	3,0	770	Magdeburg-Wittenbergsche Eisenbahn
1852				
1. 9. 1852	Limmritz – Karl-Marx-Stadt	36,0	400	Sächsische Staatseisenbahnen
	Gesamtstrecke Berlin – Jüterbog – Riesa – Karl-Marx-Stadt	210,5	600, 214, 400	Sächsische Staatseisenbahnen
1854				
1. 11. 1854	Zwickau – Cainsdorf	4,1	450	Sächsische Staatseisenbahnen
1855				
28. 6. 1855	Dresden – Tharandt	13,6	305, 410	Albertbahn
1856				
22. 3. 1856	Großkorbetha – Leipzig	31,5	510	Thüringische Eisenbahn
1857				
12. 5. 1857	Staßfurt – Schönebeck (Elbe)	22,3	650	Magdeburg-Cöthen-Halle-Leipziger Eisenbahn
12. 10. 1857	Frankfurt (Oder) – Kietz	30,6	175	Preußische Ostbahn
1858				
15. 5. 1858	Cainsdorf – Aue – Schwarzenberg	40,7	450, 440	Sächsische Staatseisenbahnen
2. 11. 1858	Eisenach – Bad Salzungen – Meiningen – Themar – Hildburghausen	93,3	630	Werra-Bahn
15. 11. 1858	Zwickau – Karl-Marx-Stadt	48,8	410	Sächsische Staatseisenbahnen
	Schönbörnchen – Gößnitz	12,6	550	Sächsische Staatseisenbahnen
	Wüstenbrand – Lugau	12,3	419	Chemnitz-Würschnitzer Eisenbahn
1859				
1. 2. 1859	Bitterfeld – Halle	29,0	600	Thüringische Eisenbahn
	Bitterfeld – Leipzig	31,7	520	Berlin-Anhaltische Eisenbahn
9. 2. 1859	Weißenfels – Zeitz	31,2	608	Thüringische Eisenbahn
19. 3. 1859	Zeitz – Gera	28,3	530	Thüringische Eisenbahn
3. 8. 1859	Lutherstadt Wittenberg – Bitterfeld	37,7	600	Berlin-Anhaltische Eisenbahn
	Gesamtstrecke Berlin – Halle – Erfurt – Eisenach	343,1	600	

1860			
1.12.1860	Coswig – Meißen	9,0	306	Leipzig-Dresdner Eisenbahn

1862				
2. 7.1862	Halberstadt – Quedlinburg – Thale	29,7	716	Magdeburg-Halberstädter Eisenbahn
11. 8.1862	Tharandt – Freiberg	26,4	410	Sächsische Staatseisenbahnen
14.10.1862	Priestewitz – Großenhain	4,8	220	Großenhainer Zweigbahn

1863				
16. 3.1863	Angermünde – Pasewalk – Anklam	104,6	920	Berlin-Stettiner Eisenbahn
	Pasewalk – Grambow (– Szczecin)	37,0	927	Berlin-Stettiner Eisenbahn
	Anklam – Stralsund	64,3	920	Berlin-Stettiner Eisenbahn
1.11.1863	Gesamtstrecke Berlin – Stralsund	246,6	920	
	Züssow – Wolgast	17,7	940	Berlin-Stettiner Eisenbahn
	Roßlau – Zerbst	13,1	720	Anhaltische Leopoldsbahn

1864				
15.11.1864	Güstrow – Neubrandenburg	87,7	930	Mecklenburgische Eisenbahn

1865				
1. 9.1865	Halle – Eisleben	37,6	660	Halle-Nordhäuser Eisenbahn
10.10.1865	Bernburg – Güsten – Aschersleben – Frose – Wegeleben	50,0	690, 670	Magdeburg-Halberstädter Eisenbahn
10.10.1865	Güsten – Staßfurt	4,8	650	Magdeburg-Halberstädter Eisenbahn
1.11.1865	Herlasgrün – Treuen – Oelsnitz – Adorf	23,2	410,470	Voigtländische Eisenbahn
28.12.1865	Gößnitz – Ronneburg – Gera	34,8	550	Gößnitz-Geraer Eisenbahn

1866				
1. 2.1866	Karl-Marx-Stadt – Annaberg	55,4	420	Sächsische Staatseisenbahnen
14. 5.1866	Borsdorf – Grimma	19,8	503	Leipzig-Dresdner Eisenbahn
10. 7.1866	Eisleben – Nordhausen	60,5	660	Halle Nordhäuser Eisenbahn
13. 9.1866	Berlin – Cottbus	114,6	200	Berlin-Görlitzer Eisenbahn

1867				
1. 1.1867	Neubrandenburg – Strasburg	28,8	930	Mecklenburgische Eisenbahn
	Pasewalk – Strasburg	23,0	930	Berlin-Stettiner Eisenbahn
14. 1.1867	Neukieritzsch – Borna	6,8	505	Sächsische Staatseisenbahnen
16. 5.1867	Neudietendorf – Arnstadt	10,1	620	Thüringische Eisenbahn
9. 7.1867	Nordhausen – Arenshausen	69,7	660	Halle-Kasseler Eisenbahn
	Gesamtstrecke Halle – Arenshausen	166,9	660	

Betriebseröffnungen der Strecken der Deutschen Reichsbahn

Datum der Betriebseröffnung	Strecke	Länge (km)	DR-Kursbuchnummer	Eigentümer bei Gründung bzw. Betriebseröffnung
1. 10. 1867	Berlin – Gusow	63,4	173	Preußische Ostbahn
28. 10. 1867	Grimma – Leisnig	22,6	330	Leipzig-Dresdner Eisenbahn
1. 11. 1867	Eberswalde – Wriezen	30,2	176	Berlin-Stettiner Eisenbahn
31. 12. 1867	Cottbus – Weißwasser – Görlitz	93,3	200	Berlin-Görlitzer Eisenbahn
	Gesamtstrecke Berlin – Görlitz	212,0	200	Berlin-Görlitzer Eisenbahn
1868				
2. 1. 1868	Zittau – Großschönau	8,0	250	Sächsische Staatseisenbahnen
7. 1. 1868	Frose – Ballenstedt	14,1	673	Magdeburg-Halberstädter Eisenbahn
2. 6. 1868	Leisnig – Döbeln	13,6	330	Leipzig-Dresdner Eisenbahn
25. 10. 1868	Döbeln – Nossen	18,8	330	Leipzig-Dresdner Eisenbahn
22. 12. 1868	Nossen – Meißen	22,6	330	Leipzig-Dresdner Eisenbahn
1869				
1. 3. 1869	Niederwiesa – Hainichen	17,9	417	Sächsische Staatseisenbahnen
	Halberstadt – Heudeber	14,5	675	Magdeburg-Halberstädter Eisenbahn
4. 3. 1869	Flöha – Freiberg	26,9	410	Sächsische Staatseisenbahnen
14. 8. 1869	Nordhausen – Sondershausen – Straußfurt – Erfurt	69,1	640	Nordhausen-Erfurter Eisenbahn
1870				
15. 3. 1870	Stendal – Salzwedel	57,2	757	Magdeburg-Halberstädter Eisenbahn
11. 4. 1870	Gotha – Mühlhausen	39,9	645	Thüringische Eisenbahn
20. 4. 1870	Cottbus – Senftenberg – Ruhland – Großenhain	77,9	220	Cottbus-Großenhainer Eisenbahn
1. 5. 1870	Bad Kleinen – Herrnburg	51,8	782	Mecklenburgische Eisenbahn
3. 10. 1870	Mühlhausen – Leinefelde	27,2	645	Thüringische Eisenbahn
1871				
1. 2. 1871	Berlin – Spandau – Stendal – Gardelegen	124,2	750	Magdeburg-Halberstädter Eisenbahn
17. 7. 1871	Berliner Ringbahn	39,0		Niederschlesisch-Märkische Eisenbahn
15. 8. 1871	Großschönau – Varnsdorf	2,2	250	Sächsische Staatseisenbahnen
1. 9. 1871	Guben – Cottbus	37,7	220	Halle-Sorau-Gubener Eisenbahn
1. 10. 1871	Radeberg – Kamenz	27,7	221	Sächsische Staatseisenbahnen
15. 10. 1871	Aschersleben – Könnern	28,4	670	Magdeburg-Halberstädter Eisenbahn

Datum	Strecke	km	Nr.	Eisenbahn
1. 11. 1871	Gardelegen – Oebisfelde	29,8	750	Magdeburg-Halberstädter Eisenbahn
1. 12. 1871	Cottbus – Calau – Finsterwalde – Doberlug – Falkenberg	78,8	210	Halle-Sorau-Gubener Eisenbahn
20. 12. 1871	Gera – Pößneck – Saalfeld	76,8	530	Thüringische Eisenbahn
1872				
1. 3. 1872	Cottbus – Forst	22,0	206	Halle-Sorau-Gubener Eisenbahn
8. 4. 1872	Narsdorf – Rochlitz	9,3	509	Sächsische Staatseisenbahnen
	Narsdorf – Penig	10,3	509	Sächsische Staatseisenbahnen
	Wittgensdorf – Oberfrohna	6,5	402	Sächsische Staatseisenbahnen
	Borna – Narsdorf – Karl-Marx-Stadt	55,7	505, 430	Sächsische Staatseisenbahnen
1. 5. 1872	Falkenberg – Torgau – Eilenburg	45,7	210	Halle-Sorau-Gubener Eisenbahn
11. 5. 1872	Heudeber – Wernigerode	9,2	675	Magdeburg-Halberstädter Eisenbahn
30. 6. 1872	Eilenburg – Halle	50,0	216	Halle-Sorau-Gubener Eisenbahn
3. 8. 1872	Annaberg – Cranzahl – Bärenstein	18,1	420	Sächsisch-Böhmische Verbindungsbahn
15. 9. 1872	Fredersdorf – Rüdersdorf	5,4		Preußische Ostbahn
1. 10. 1872	Könnern – Halle	29,7	670	Magdeburg-Halberstädter Eisenbahn
16. 12. 1872	Magdeburg – Haldensleben	20,1	702	Magdeburg-Halberstädter Eisenbahn
1873				
31. 3. 1873	Halberstadt – Blankenburg	18,9	717	Halberstadt-Blankenburger Eisenbahn
20. 10. 1873	Leipzig-Leutzsch – Pegau – Zeitz	37,9	530	Thüringische Eisenbahn
	Gesamtstrecke Leipzig – Gera – Saalfeld	141,2	530	
1. 11. 1873	Löbau – Ebersbach	15,3	252	Sächsische Staatseisenbahnen
10. 12. 1873	Angermünde – Schwedt	19,0	921	Angermünder-Schwedter Eisenbahn im Betrieb der Berlin-Stettiner Eisenbahn
1874				
1. 2. 1874	Kamenz – Hohenbocka	10,6	221	Sächsische Staatseisenbahnen
10. 3. 1874	Hainichen – Roßwein	19,8	417	Hainichen-Roßweiner Eisenbahn
1. 4. 1874	Wernshausen – Schmalkalden	6,9	624	Wernshausen-Schmalkaldener Eisenbahn
1. 5. 1874	Großheringen – Jena – Saalfeld	74,7	560	Saal-Eisenbahn
	Lübbenau – Senftenberg – Kamenz	60,0	221	Berlin-Görlitzer Eisenbahn
1. 6. 1874	Horka – Hoyerswerda – Ruhland – Falkenberg	147,1	230	Oberlausitzer Eisenbahn
1. 7. 1874	Zerbst – Güterglück	5,7	720	Berlin-Anhaltische Eisenbahn
	Biederitz – Güterglück – Zerbst	30,3	720	Berlin-Potsdam-Magdeburger Eisenbahn
14. 8. 1874	Straußfurt – Kölleda – Großheringen	52,8	651	Saal-Unstrutbahn im Betrieb der Nordhausen-Erfurter Eisenbahn

Betriebseröffnungen der Strecken der Deutschen Reichsbahn

Datum der Betriebseröffnung	Strecke	Länge (km)	DR-Kursbuchnummer	Eigentümer bei Gründung bzw. Betriebseröffnung
1. 11. 1874	Ebersbach – Seifhennersdorf	14,6	250	Sächsische Staatseisenbahnen
	Haldensleben – Oebisfelde	35,0	764	Magdeburg-Halberstädter Eisenbahn
	Eilenburg – Leipzig	23,6	210	Halle-Sorau-Gubener Eisenbahn
	Gesamtstrecke Leipzig – Cottbus	149,2	210	Halle-Sorau-Gubener Eisenbahn
1875				
1. 5. 1875	Ebersbach – Sohland	13,5	250	Sächsische Staatseisenbahnen
17. 7. 1875	Berlin – Elsterwerda – Dresden	180,0	300	Berlin-Dresdner Eisenbahn
20. 9. 1875	Gera – Plauen – Weischlitz	60,1	540	Sächsisch-Thüringische Eisenbahn
15. 10. 1875	Pirna – Arnsdorf	20,9	312	Sächsische Staatseisenbahnen
	Ruhland – Lauchhammer	6,6	230	Oberlausitzer Eisenbahn
	Wittenberg – Falkenberg	53,7	230	Berlin-Anhaltische Eisenbahn
	Riesa – Elsterwerda	18,2	400	Leipzig-Dresdner Eisenbahn
2. 11. 1875	Freiberg – Mulda	14,5	415	Leipzig-Dresdner Eisenbahn
15. 11. 1875	Karl-Marx-Stadt – Thalheim – Zwönitz – Aue	50,9	440	Chemnitz-Aue-Adorfer Eisenbahn
29. 11. 1875	Zwickau – Falkenstein	35,3	443	Zwickau-Falkensteiner Eisenbahn
24. 12. 1875	Zwotental – Adorf	12,9	445	Chemnitz-Aue-Adorfer Eisenbahn
	Zwota – Klingenthal	8,3	443	Chemnitz-Aue-Adorfer Eisenbahn
1876				
8. 5. 1876	Gotha – Ohrdruf	17,4	614	Thüringische Eisenbahn
19. 6. 1876	Weimar – Jena – Gera	68,7	550	Weimar-Geraer Eisenbahn
2. 7. 1876	Fröttstädt – Waltershausen – Friedrichroda	9,9	616	Friedrichrodaer Eisenbahn
12. 7. 1876	Flöha – Pockau – Reitzenhain	40,0	425, 427	Chemnitz-Komotauer Eisenbahn
	Pockau – Olbernhau	11,2	425	Chemnitz-Komotauer Eisenbahn
15. 8. 1876	Mulda – Bienenmühle	11,9	415	Leipzig-Dresdner Eisenbahn
29. 8. 1876	Werdau – Weida	33,2	541	Sächsisch-Thüringische Ostwestbahn
15. 9. 1876	Seifenhennersdorf – Varnsdorf	5,0	250	Sächsische Staatseisenbahnen
31. 12. 1876	Cottbus – Frankfurt (Oder)	71,2	222	Cottbus-Großenhainer Eisenbahn
1877				
1. 1. 1877	Wriezen – Seelow	29,5	176	Berlin-Stettiner Eisenbahn
	Angermünde – Freienwalde	30,2	922	Berlin-Stettiner Eisenbahn
5. 4. 1877	Riesa – Lommatzsch	14,6	324	Sächsische Staatseisenbahnen

Datum	Strecke	km	Nr.	Bahn
15. 5. 1877	Seelow – Frankfurt (Oder)	26,1	176	Berlin-Stettiner Eisenbahn
30. 6. 1877	Glauchau – Penig – Rochlitz – Großbothen	57,1	432	Muldentalbahn
1. 7. 1877	Neustadt – Dürröhrsdorf	15,3	312	Sächsische Staatseisenbahnen
10. 7. 1877	Berlin – Oranienburg – Neubrandenburg	133,8	910	Berliner Nordbahn
1. 9. 1877	Sohland – Wilthen	5,6	250	Sächsische Staatseisenbahnen
1. 9. 1877	Bad Schandau – Sebnitz	15,8	314	Sächsische Staatseisenbahnen
1. 12. 1877	Neubrandenburg – Demmin	42,3	910	Berliner Nordbahn
1878				
1. 1. 1878	Demmin – Stralsund	46,6	910	Berliner Nordbahn
1879				
15. 4. 1879	Berlin – Belzig – Güsten – Blankenheim	193,9	680, 690, 650	Preußische Staatsbahn
15. 5. 1879	Stollberg – St. Egidien	20,3	419	Sächsische Staatseisenbahnen
15. 5. 1879	Neuoelsnitz – Lugau	1,3	419	Sächsische Staatseisenbahnen
1. 6. 1879	Bad Salzungen – Dorndorf – Lengsfeld	19,7	632	Feldabahn
6. 8. 1879	Arnstadt – Ilmenau	27,4	620, 622	Thüringische Eisenbahn
8. 8. 1879	Dorndorf – Vacha	5,0	632	Feldabahn
15. 8. 1879	Neukirch West – Bischofswerda	8,4	240	Sächsische Staatseisenbahnen
1. 9. 1879	Gaschwitz – Leipzig-Plagwitz	9,9	500	Sächsische Staatseisenbahnen
1. 10. 1879	Sangerhausen – Erfurt	69,8	650	Preußische Staatsbahn
5. 10. 1879	Lengsfeld – Dermbach	8,8	632	Feldabahn
15. 10. 1879	Eibau – Oberoderwitz	6,8	250	Sächsische Staatseisenbahnen
9. 11. 1879	Malchin – Waren	27,6	907	Mecklenburgische Eisenbahn
1880				
15. 6. 1880	Ludwigslust – Parchim	26,1	773	Parchim-Ludwigsluster Eisenbahn
24. 6. 1880	Dermbach – Kaltennordheim	10,6	632	Feldabahn
15. 10. 1880	Lommatzsch – Nossen	18,7	324	Sächsische Staatseisenbahnen
1881				
15. 10. 1881	Wittenberge – Perleberg	11,0	810	Wittenberge-Perleberger Eisenbahn
13. 11. 1881	Ilmenau – Gehren	9,7	623	Ilmenau-Großbreitenbacher Eisenbahn
1882				
7. 2. 1882	Berliner Stadtbahn		100, 105	
15. 5. 1882	Ferngleise und Ringbahnanschluß		110,115,156,157	
1. 6. 1882	Berlin-Charlottenburg – Berlin-Grunewald	3,1		Preußische Staatsbahn
5. 10. 1882	Blumenberg – Wanzleben	10,3	711	Preußische Staatsbahn

Betriebseröffnungen der Strecken der Deutschen Reichsbahn

Datum der Betriebseröffnung	Strecke	Länge (km)	DR-Kursbuchnummer	Eigentümer bei Gründung bzw. Betriebseröffnung
15. 10. 1882	Eilsleben – Seehausen	7,7	711	Preußische Staatsbahn
1. 11. 1882	Freital-Hainsberg – Schmiedeberg	21,8	309	Sächsische Staatseisenbahnen
5. 12. 1882	Güstrow – Plau	44,6	810	Güstrow-Plauer Eisenbahn
20. 12. 1882	Grimmenthal – Suhl	20,0	620	Preußische Staatsbahn
1883				
1. 7. 1883	Stralsund – Bergen	23,2	950	Preußische Staatsbahn
1. 8. 1883	Wanzleben – Seehausen	7,3	711	Preußische Staatsbahn
3. 9. 1883	Schmiedeberg – Kipsdorf	4,4	309	Sächsische Staatseisenbahnen
20. 9. 1883	Schwarzenberg – Johanngeorgenstadt	17,3	450	Sächsische Staatseisenbahnen
15. 11. 1883	Weida – Mehltheuer	35,1	541	Sächsische Staatseisenbahnen
2. 12. 1883	Gehren – Großbreitenbach	9,4	623	Ilmenau-Großbreitenbacher Eisenbahn
22. 12. 1883	Wismar – Bad Doberan – Rostock	58,8	780	Wismar-Rostocker Eisenbahn
1884				
20. 4. 1884	Jatznick – Torgelow	6,6	928	Preußische Staatsbahn
20. 5. 1884	Wernigerode – Ilsenburg	9,3	675	Preußische Staatsbahn
1. 8. 1884	Plaue – Suhl	33,5	620	Preußische Staatsbahn
	Grimmenthal – Ritschenhausen	3,3	627	Preußische Staatsbahn
15. 9. 1884	Torgelow – Ueckermünde	12,8	928	Preußische Staatsbahn
16. 9. 1884	Radebeul – Radeburg	16,6	308	Sächsische Staatseisenbahnen
1. 10. 1884	Querfurt – Röblingen a. S.	15,4	661	Preußische Staatsbahn
5. 11. 1884	Neubrandenburg – Friedland	25,6	918	Neubrandenburg-Friedländer Eisenbahn
	Teterow – Gnoien	26,5	932	Gnoien-Teterower Eisenbahn
1885				
7. 1. 1885	Oschatz – Mügeln	11,4	773	Sächsische Staatseisenbahnen
20. 1. 1885	Parchim – Karow – Waren	69,8	810,815	Mecklenburgische Südbahn
31. 5. 1885	Perleberg – Wittstock	45,0		Prignitzer Eisenbahn
1. 7. 1885	Ballenstedt – Quedlinburg	14,0	673	Preußische Staatsbahn
8. 8. 1885	Saalfeld – Probstzella	17,0	566	Preußische Staatsbahn

1886

Datum	Strecke	km	Nr.	Eisenbahn
1. 4. 1886	Stendal – Tangermünde	10,2	752	Stendal-Tangermünder Eisenbahn
1. 5. 1886	Blankenburg – Rübeland	13,5	719	Halberstadt-Blankenburger Eisenbahn
1. 6. 1886	Rübeland – Elbingerode – Rothehütte	10,3	719	Halberstadt-Blankenburger Eisenbahn
	Neustrelitz – Waren – Rostock	112,5	900	Neustrelitz-Warnemünder Eisenbahn
	Gesamtstrecke Berlin – Rostock	230,2	900	
1. 7. 1886	Rostock – Warnemünde	13,1	901	Neustrelitz-Warnemünder Eisenbahn
9. 7. 1886	Bad Doberan – Heiligendamm	6,6	785	Doberan-Heiligendammer Eisenbahn
31. 7. 1886	Luckau – Uckro	8,0	212	Dahme-Uckroer Eisenbahn
1. 10. 1886	Sonneberg – Lauscha	14,4	566	Preußische Staatsbahn
15. 10. 1886	Rothehütte – Königshütte (– Tanne)	6,8	719	Halberstadt-Blankenburger Eisenbahn
5. 12. 1886	Plau – Wendisch-Priborn	13,7	810	Güstrow-Plauer Eisenbahn
15. 12. 1886	Merseburg – Mücheln	16,1	606	Preußische Staatsbahn

1887

Datum	Strecke	km	Nr.	Eisenbahn
2. 5. 1887	Geithain – Lausigk – Leipzig	42,4	430	Sächsische Staatseisenbahnen
15. 5. 1887	Weimar – Bad Berka – Tannroda	22,6	613	Weimar-Berka-Blankenhainer Eisenbahn
20. 6. 1887	Schönberg – Schleiz	15,2	474	Sächsische Staatseisenbahnen
7. 8. 1887	Gernrode – Mägdesprung	10,1	674	Gernrode-Harzgeroder Eisenbahn
1. 10. 1887	Güstrow – Schwaan	15,1	905	Mecklenburgische Eisenbahn
14. 11. 1887	Hornstorf – Sternberg – Goldberg – Karow	71,5	784	Wismar-Karower Eisenbahn
11. 12. 1887	Wendisch-Priborn – Meyenburg	1,5		Güstrow-Plauer Eisenbahn
	Neustadt (Dosse) – Kyritz – Pritzwalk – Meyenburg	63,5	810	Preußische Staatsbahn

1888

Datum	Strecke	km	Nr.	Eisenbahn
1. 4. 1888	Halle – Peißen	6,9		Preußische Staatsbahn
	Halle Bahnhofsgleise	10,8		Preußische Staatsbahn
1. 5. 1888	Löwenberg – Templin	33,1	912	Preußische Staatsbahn
1. 7. 1888	Velgast – Barth	11,4	952	Preußische Staatsbahn
	Stralsund – Ribnitz	43,3	950	Preußische Staatsbahn
	Mägdesprung – Harzgerode	7,4	674	Gernrode-Harzgeroder Eisenbahn
17. 8. 1888	Grunow – Beeskow	8,7	182	Preußische Staatsbahn
2. 9. 1888	Schwerin – Crivitz	27,6	777	Mecklenburgische Eisenbahn
6. 10. 1888	Halle Güterbahnhofsgleise	2,7		Preußische Staatsbahn
14. 10. 1888	Tannroda – Kranichfeld	3,4	613	Weimar-Berka-Blankenhainer Eisenbahn
28. 10. 1888	Themar – Schleusingen	11,0	626	Werra-Bahn
1. 11. 1888	Berlin – Zossen	30,6		Preußische Militäreisenbahn

Betriebseröffnungen der Strecken der Deutschen Reichsbahn

Datum der Betriebseröffnung	Strecke	Länge (km)	DR-Kursbuchnummer	Eigentümer bei Gründung bzw. Betriebseröffnung
1889				
1. 6.1889	Ribnitz – Rostock	28,5	950	Preußische Staatsbahn
1. 7.1889	Schwarzenberg – Grünstädtel	2,7	450	Sächsische Staatseisenbahnen
1. 8.1889	Schwarza – Bad Blankenburg	4,3	653	Saal-Eisenbahn
15. 8.1889	Bergen – Putbus	9,3	955	Preußische Staatsbahn
1.10.1889	Ludwigslust – Holthusen	26,6	770	Mecklenburgische Eisenbahn
	Naumburg – Artern	55,5	612	Preußische Staatsbahn
	Orlamünde – Pößneck	12,1	562	Saal-Eisenbahn
1.11.1889	Baalberge – Könnern	11,3	671	Preußische Staatsbahn
	Oebisfelde – Salzwedel	59,2	764	Preußische Staatsbahn
	Mügeln – Kemmlitz	5,0		Sächsische Staatseisenbahnen
1.12.1889	Grünstädtel – Annaberg-Buchholz	21,4	450	Sächsische Staatseisenbahnen
	Walthersdorf – Crottendorf	5,2	453	Sächsische Staatseisenbahnen
29.12.1889	Malliß – Dömitz	9,6	772	Mecklenburgische Eisenbahn
1890				
1. 5.1890	Köthen – Aken	12,5	691	Preußische Staatsbahn
15. 5.1890	Putbus – Lauterbach	2,3	955	Preußische Staatsbahn
18. 5.1890	Neustrelitz – Mirow	21,7	915	Mecklenburgische Friedrich-Wilhelm-Eisenbahn
20. 5.1890	Malliß – Ludwigslust	20,7	772	Mecklenburgische Eisenbahn
1. 6.1890	Berga-Kelbra – Rottleberode	9,5	662	Preußische Staatsbahn
	Alexisbad – Straßberg	7,3	674	Gernrode-Harzgeroder Eisenbahn
15. 7.1890	Torgau – Pratau	41,9	213, 215	Preußische Staatsbahn
	Barthelsdorf – Brand-Erbisdorf – Langenau	7,4	416	Sächsische Staatseisenbahnen
15. 8.1890	Bernburg – Calbe West	14,9	671	Preußische Staatsbahn
15. 9.1890	Großpostwitz – Obercunewalde	7,6	244	Sächsische Staatseisenbahnen
18.11.1890	Heidenau – Geising – Altenberg	36,1	311	Sächsische Staatseisenbahnen
25.11.1890	Zittau – Oybin	10,6	251	Eisenbahn Zittau-Oybin-Jonsdorf im ⎫ Betrieb der Sächsischen Staatseisenbahnen
	Bertsdorf – Jonsdorf	3,9	251	⎭
3.12.1890	Bautzen – Königswartha	17,9	246	Sächsische Staatseisenbahnen

1891

1. 7. 1891	Bergen – Saßnitz	21,9	950	Preußische Staatsbahn
15. 7. 1891	Berlin – Spandau	13,0		Magdeburg-Halberstädter Eisenbahn
1. 9. 1891	Weißwasser – Forst	29,9	206	Preußische Staatsbahn
15. 11. 1891	Berlin-Schöneweide – Spindlersfeld	4,0		Preußische Staatsbahn
10. 12. 1891	Schmalkalden – Steinbach-Hallenberg	10,7	624	Wernshausen-Schmalkaldener Eisenbahn

1892

1. 5. 1892	Stiege – Hasselfelde	4,9	678	Gernrode-Harzgeroder Eisenbahn
1. 7. 1892	Schönberg – Hirschberg	20,2	473	Sächsische Staatseisenbahnen
1. 10. 1892	Biederitz – Loburg	26,5	709	Preußische Staatsbahn
1. 11. 1892	Ohrdruf – Gräfenroda	18,4	614	Preußische Staatsbahn
15. 11. 1892	Falkenstein – Muldenberg	10,2	443	Sächsische Staatseisenbahnen
1. 12. 1892	Wünschendorf – Gera	11,3	540	Sächsische Staatseisenbahnen

1893

25. 1. 1893	Steinbach-Hallenberg – Zella-Mehlis	13,2	624	Preußische Staatsbahn
17. 8. 1893	Strausberger Vorstadt – Hegersmühle – Strausberg Stadt	6,2		Strausberger Eisenbahn
7. 12. 1893	Waldheim – Rochlitz	20,7	423	Sächsische Staatseisenbahnen
20. 12. 1893	Velten – Kremmen	11,9	191	Preußische Staatsbahn

1894

18. 6. 1894	Arnstadt – Stadtilm	15,9	621	Preußische Staatsbahn
1. 7. 1894	Seebad Heringsdorf – Seebad Ahlbeck	2,0	940	Preußische Staatsbahn
4. 7. 1894	Bretleben – Frankenhausen	10,5	653	Preußische Staatsbahn
1. 9. 1894	Hagenow Land – Wittenburg	15,4	774	Preußische Staatsbahn
1. 10. 1894	Berlin Schönhauser Allee – Pankow Gütergleise	4,0		
1. 12. 1894	Jüterbog – Beelitz	40,0	185	Preußische Staatsbahn
17. 12. 1894	Triptis – Ziegenrück	30,4	534	Preußische Staatsbahn

1895

20. 2. 1895	Eilenburg – Bad Düben	17,7	215	Preußische Staatsbahn
1. 5. 1895	Reichenbach ob Bf – Göltzschtalbrücke	9,0	410	Preußische Staatsbahn

Betriebseröffnungen der Strecken der Deutschen Reichsbahn

Datum der Betriebseröffnung	Strecke	Länge (km)	DR-Kursbuchnummer	Eigentümer bei Gründung bzw. Betriebseröffnung
18. 5.1895	Wittstock – Dranse – Buschhof	18,4	815	Priegnitzer Eisenbahn
19. 5.1895	Mirow – Buschhof	10,7	815	Mecklenburgische Friedrich-Franz-Eisenbahn
17. 7.1895	Velgast – Triebsees	30,3	953	Franzburger Südbahn
16. 9.1895	Herbsleben – Bad Tennstedt	4,6	643	Preußische Staatsbahn
1. 10.1895	Ziegenrück – Lobenstein	23,9	534	Preußische Staatsbahn
	Bad Düben – Pretzsch	20,8	215	Preußische Staatsbahn
	Olbernhau – Neuhausen	11,5	425	Sächsische Staatseisenbahnen
	Stollberg – Karl-Marx-Stadt	21,4	418	Sächsische Staatseisenbahnen
16. 11.1895	Dalwitzhof (bei Rostock) – Saßnitz – Tessin	18,0	903	Mecklenburgische Friedrich-Franz-Eisenbahn
2. 12.1895	Stadtilm – Rottenbach – Saalfeld	32,0	621	Preußische Staatsbahn
1896				
27. 5.1896	Dalwitzhof – Rostock Gbf	2,7		
4. 7.1896	Putbus – Göhren	24,1	956	Rügensche Kleinbahnen
11. 8.1896	Löwenberg – Herzberg – Lindow	21,3	913, 914	Löwenberg-Lindow-Rheinsberger Eisenbahn
1. 9.1896	Wittenburg – Zarrentin	12,0	774	Preußische Staatsbahn
1. 10.1896	Merseburg – Schafstädt	17,8	604	Preußisch-Hessische Staatseisenbahn
	Dalwitzhof – Rostock Hbf	2,4		
	Rostock Gbf – Dalwitzhof – Rostock Hbf	2,6		
8. 10.1896	Schönebeck – Blumenberg	25,5	711	Preußisch-Hessische Staatseisenbahn
1. 12.1896	Lobenstein – Lemnitzhammer	2,5	565	Preußisch-Hessische Staatseisenbahn
1897				
1. 4.1897	Zeitz – Kretzschau	3,7	531	Preußisch-Hessische Staatseisenbahn
1. 5.1897	Kummersdorf – Jüterbog	24,4	184	Preußische Militäreisenbahn
	Kretzschau – Osterfeld	14,7	531	Preußisch-Hessische Staatseisenbahn
	Saßnitz – Saßnitz Hafen	1,7	950	Preußisch-Hessische Staatseisenbahn
4. 6.1897	Mühlhausen – Schlotheim	16,6	647	Nebenbahn Mühlhausen-Ebeleben
12. 7.1897	Nordhausen – Ilfeld	10,7	678	Nordhausen-Wernigeröder Eisenbahn
15. 7.1897	Lemnitzhammer – Blankenstein	5,6	565	Preußisch-Hessische Staatseisenbahn
20. 7.1897	Cranzahl – Oberwiesenthal	17,4	424	Sächsische Staatseisenbahnen
26. 7.1897	Müncheberg – Buckow	5,0	174	Buckower Kleinbahn

Datum	Strecke	km	Nr.	Bahnverwaltung
1. 9. 1897	Leipzig-Plagwitz – Lützen	17,3	512	Preußisch-Hessische Staatseisenbahn
1. 10. 1897	Brandis – Seelingstädt	10,3	503	Sächsische Staatseisenbahn
12. 10. 1897	Bitterfeld – Stumsdorf	20,5	523	Preußisch-Hessische Staatseisenbahn
25. 11. 1897	Schwerin – Rehna	33,9	778	Mecklenburgische Friedrich-Franz-Eisenbahn
	Deuben – Großkorbetha	23,4	607	Preußisch-Hessische Staatseisenbahn
	Gräfentonna – Bad Langensalza	7,2	641	Preußisch-Hessische Staatseisenbahn
	Kühnhausen – Döllstädt	13,9	641	Preußisch-Hessische Staatseisenbahn
20. 12. 1897	Luckau – Uckro	8,0	212	Niederlausitzer Eisenbahn
1898				
7. 2. 1898	Ilfeld – Netzkater	3,3	678	Nordhausen-Wernigeröder Eisenbahn
15. 3. 1898	Luckau – Lübben	15,8	205	Niederlausitzer Eisenbahn
	Falkenberg – Herzberg – Uckro	49,4	212	Niederlausitzer Eisenbahn
1. 5. 1898	Berlin-Lichtenberg – Werneuchen	23,6	171	Preußisch-Hessische Staatseisenbahn
20. 6. 1898	Drei Annen Hohne – Wernigerode	14,2	678	Nordhausen-Wernigeröder Eisenbahn
	Drei Annen Hohne – Schierke	5,4	678	Nordhausen-Wernigeröder Eisenbahn
1. 7. 1898	Britz – Joachimsthal	15,2	916	Preußisch-Hessische Staatseisenbahn
15. 9. 1898	Netzkater – Benneckenstein	15,9	678	Nordhausen-Wernigeröder Eisenbahn
20. 9. 1898	Königs Wusterhausen – Beeskow	50,1	182	Preußisch-Hessische Staatseisenbahn
1. 10. 1898	Bad Frankenhausen – Sondershausen	20,4	653	Preußisch-Hessische Staatseisenbahn
15. 10. 1898	Werneuchen – Wriezen	33,2	171	Preußisch-Hessische Staatseisenbahn
10. 12. 1898	Beucha – Brandis	3,2	503	Sächsische Staatseisenbahnen
15. 12. 1898	Joachimsthal – Templin	27,4	916	Preußisch-Hessische Staatseisenbahn
16. 12. 1898	Wittstock – Neuruppin – Kremmen	65,3	191	Kremmen-Neuruppin-Wittstocker Eisenbahn
	Prenzlau – Brüssow	31,3	924	Prenzlauer Kreisbahn
17. 12. 1898	Prenzlau – Dedelow – Strasburg	25,9	926	Prenzlauer Kreisbahn
1899				
24. 3. 1899	Templin – Prenzlau	39,5	912	Preußisch-Hessische Staatseisenbahn
27. 3. 1899	Drei Annen Hohne – Benneckenstein	16,5	678	Nordhausen-Wernigeröder Eisenbahn
	Schierke – Brocken	13,5	678	Nordhausen-Wernigeröder Eisenbahn
1. 5. 1899	Verbindungskurven bei Großheringen	3,4	560	Preußisch-Hessische Staatseisenbahn
18. 5. 1899	Lindow – Rheinsberg	16,3	914	Löwenberg-Lindow-Rheinsberger Eisenbahn
1. 8. 1899	Crivitz – Parchim	21,3	777	Mecklenburgische Friedrich-Franz-Eisenbahn
8. 8. 1899	Stendal – Arneburg	17,7	916	Stendaler Kleinbahn
16. 8. 1899	Templin – Fürstenberg	30,5	916	Preußisch-Hessische Staatseisenbahn
1. 10. 1899	Königsbrück – Schwepnitz	9,9	303	Sächsische Staatseisenbahnen

Betriebseröffnungen der Strecken der Deutschen Reichsbahn

Datum der Betriebs- eröffnung	Strecke	Länge (km)	DR- Kursbuch- nummer	Eigentümer bei Gründung bzw. Betriebseröffnung
25. 10. 1899	Genthin – Schönhausen	28,7	706	Genthiner Kleinbahn
16. 12. 1899	Rottenbach – Köditzberg	2,5	563	Preußisch-Hessische Staatseisenbahn
1900				
27. 6. 1900	Köditzberg – Sitzendorf	8,2	563	Preußisch-Hessische Staatseisenbahn
29. 6. 1900	Naumburg – Teuchern	22,0	611	Preußisch-Hessische Staatseisenbahn
18. 8. 1900	Sitzendorf – Katzhütte	14,3	563	Preußisch-Hessische Staatseisenbahn
1901				
21. 5. 1901	Basdorf – Groß Schönebeck	24,2	194	Reinickendorf-Liebenwalde-
	Berlin-Blankenfelde – Liebenwalde	31,7	193	Groß Schönebecker Eisenbahn
15. 6. 1901	Altenburg – Langenleuba	21,5	509	Sächsische Staatseisenbahnen
24. 11. 1901	Lübben – Beeskow	40,1	205	Niederlausitzer Eisenbahn
1902				
1. 7. 1902	Wechselburg – Karl-Marx-Stadt	23,8	431	Sächsische Staatseisenbahnen
1. 9. 1902	Wildpark – Wustermark – Nauen	31,3	750	Preußisch-Hessische Staatseisenbahn
1. 11. 1902	Neustadt (Dosse) – Neuruppin – Herzberg	43,4	802	Ruppiner Kreisbahn
2. 12. 1902	Löcknitz – Brüssow	10,7	924	Uckermärkische Kleinbahn
	Dedelow – Fürstenwerder	15,9	926	Prenzlauer Kreisbahn
1903				
1. 10. 1903	Warnemünde Pbf – Gbf	1,2		Mecklenburgische Friedrich-Franz-Eisenbahn
17. 12. 1903	Grüna – Karl-Marx-Stadt	11,7		
1904				
25. 3. 1904	Treuenbrietzen – Brandenburg – Neustadt (Dosse)	125,6	704	Brandenburgische Städtebahn
1. 7. 1904	Querfurt – Vitzenburg	15,9	661	Preußisch-Hessische Staatseisenbahn
15. 8. 1904	Ilmenau – Stützerbach	9,8	622	Preußisch-Hessische Staatseisenbahn
1. 10. 1904	Treuenbrietzen – Beelitz Stadt	20,1	185	Preußisch-Hessische Staatseisenbahn
1. 11. 1904	Stützerbach – Schleusingen	22,0	622	Preußisch-Hessische Staatseisenbahn
1905				
9. 4. 1905	Leipzig-Wahren – Leipzig-Leutzsch	3,1		Preußisch-Hessische Staatseisenbahn

Datum	Strecke	km	Nr.	Bahn
6. 6. 1905	Grevesmühlen – Klütz	15,3	783	Kleinbahn Grevesmühlen – Klütz im Betrieb der Mecklenburgischen Friedrich-Franz-Eisenbahn
15. 7. 1905	Stiege – Eisfelder Talmühle	8,6	678	Gernrode-Harzgeroder Eisenbahn
1906				
6. 2. 1906	Schönermark – Damme	25,3		Kleinbahn Schönermark-Damme
1. 5. 1906	Güterverbindungsbahn von Engelsdorf nach Stötteritz, Paunsdorf und Schönefeld	9,0		Sächsische Staatseisenbahnen
1. 6. 1906	Leipzig-Wahren – Schönefeld	13,4	643	Preußisch-Hessische Staatseisenbahn
7. 7. 1906	Straußfurt – Bad Tennstedt	10,9	632	Preußisch-Hessische Staatseisenbahn
1. 8. 1906	Vacha – Bad Salzungen	16,3	420	Preußisch-Hessische Staatseisenbahn
1. 12. 1906	Königswalde – Annaberg-Buchholz	5,9	742	Sächsische Staatseisenbahnen
	Weferlingen – Zuckerfabrik	1,4	742	Kleinbahn Neuhaldensleben-Weferlingen
1907				
15. 3. 1907	Zuckerfabrik – Behnsdorf	8,6	742	Kleinbahn Neuhaldensleben-Weferlingen
18. 3. 1907	Behnsdorf – Haldensleben	21,9		Kleinbahn Neuhaldensleben-Weferlingen
1. 10. 1907	Leipzig-Leutzsch – Leipzig Thür. Bf	7,0	931	Preußisch-Hessische Staatseisenbahn
1. 12. 1907	Malchin – Dargun	24,7		Kleinbahn Malchin-Dargun im Betrieb der Mecklenburgischen Friedrich-Franz-Eisenbahn
15. 12. 1907	Blankensee – Neustrelitz	14,2	910	Mecklenburgische Friedrich-Franz-Eisenbahn
16. 12. 1907	Magerviehhof Bln.-Friedrichsfelde – Berlin-Blankenburg	14,5		Industriebahn
	Hockeroda – Wurzbach	19,4	565	Preußisch-Hessische Staatseisenbahn
1908				
1. 7. 1908	Crimmitschau – Schweinsburg	3,6	460	Sächsische Staatseisenbahnen
1. 10. 1908	Beelitz Stadt – Wildpark	17,1	185	Preußisch-Hessische Staatseisenbahn
1. 10. 1908	Bleicherode – Großbodungen	10,7	664	Preußisch-Hessische Staatseisenbahn
25. 11./ 8. 12. 1908	Stendal – Arendsee	49,3	754	Stendaler Kleinbahn
1909				
1. 4. 1909	Magdeburg Hbf – Rothensee	7,6	706	Preußisch-Hessische Staatseisenbahn
19. 9. 1909	Schönhausen – Sandau	24,2		Genthiner Kleinbahn
1. 10. 1909	Neukieritzsch – Groitzsch – Pegau	15,1	511	Sächsische Staatseisenbahnen
15. 10. 1909	Eisfeld – Effelder	21,5	633	Preußisch-Hessische Staatseisenbahn
1. 11. 1909	Görlitz – Schlauroth	3,3		Preußisch-Hessische Staatseisenbahn

Betriebseröffnungen der Strecken der Deutschen Reichsbahn

Datum der Betriebseröffnung	Strecke	Länge (km)	DR-Kursbuchnummer	Eigentümer bei Gründung bzw. Betriebseröffnung
1910				
1. 4. 1910	Effelder – Sonneberg	11,3	633	Preußisch-Hessische Staatseisenbahn
12. 5. 1910	Heiligendamm – Kühlungsborn	8,9	785	Mecklenburgische Friedrich-Franz-Eisenbahn
1. 10. 1910	Großbodungen – Bischofferode	2,7	664	Preußisch-Hessische Staatseisenbahn
21. 12. 1910	Thurow – Feldberg	19,1	917	Mecklenburgische Friedrich-Franz-Eisenbahn
1911				
1. 4. 1911	Mücheln – Querfurt	18,6	606	Preußisch-Hessische Staatseisenbahn
1. 6. 1911	Heringsdorf – Wolgaster Fähre	34,9	940	Preußisch-Hessische Staatseisenbahn
3. 6. 1911	Bad Saarow – Fürstenwalde	12,3	181	Kreisbahn Beeskow-Fürstenwalde
1. 10. 1911	Seelingstädt – Trebsen	3,3	503	Sächsische Staatseisenbahnen
15. 11. 1911	Suhl – Schleusingen	15,8	626	Preußisch-Hessische Staatseisenbahn
20. 12. 1911	Bad Saarow-Pieskow – Beeskow	20,7	181	Kreisbahn Beeskow-Fürstenwalde
1913				
1. 5. 1913	Böhlen – Espenhain	6,8	506	Preußisch-Hessische Staatseisenbahn
1. 11. 1913	Lauscha – Ernstthal	6,4	566	Preußisch-Hessische Staatseisenbahn
1916				
24. 12. 1916	Könnern – Rothenburg (Saale)	5,4		Kleinbahn Könnern-Rothenburg
1917				
2. 4. 1917	Güsen – Ziesar	25,6	707	Genthiner Kleinbahn
	Güsen – Jerichow	21,4	708	Genthiner Kleinbahn
1918				
19. 3. 1918	Michendorf Pbf – Seddin Rbf	4,1	123	Preußisch-Hessische Staatseisenbahn
19. 4. 1918	Michendorf – Saarmund	6,1	120	Preußisch-Hessische Staatseisenbahn
1920				
1. 11. 1920	Klostermansfeld – Wippra	19,9	655	Deutsche Reichsbahn
1921				
16. 9. 1921	Magdeburg – Schönebeck	12,1		Magdeburger Vorortbahn

Datum	Strecke	km	Nr.	Betreiber
1922				
2. 1922	Obstfelderschmiede – Lichtenhain	1,4	564	Oberweißbacher Bergbahn
4. 5. 1922	Salzwedel – Arendsee	22,6	756	Deutsche Reichsbahn
15. 12. 1922	Arendsee – Geestgottberg	20,1	756	Deutsche Reichsbahn
1923				
25. 5. 1923	Lichtenhain – Oberweißbach – Cursdorf	2,6	564	Oberweißbacher Bergbahn
10. 11. 1923	Geising – Altenberg	5,5	311	Deutsche Reichsbahn
1925				
1. 7. 1925	Rövershagen – Graal-Müritz	10,3	951	Mecklenburgische Bäderbahn
1928				
20. 5. 1928	Magdeburg Hbf – Magdeburg-Buckau Rbf	4,8		Deutsche Reichsbahn
1. 6. 1928	Leuna – Zöschen	8,1	605	Deutsche Reichsbahn
7. 10. 1928	Obercunewalde – Löbau	15,0	475	Deutsche Reichsbahn
1930				
28. 6. 1930	Schleiz – Saalburg (bereits ab 1928 zum Bau der Saaletalsperre betrieben)	15,0	475	Deutsche Reichsbahn
1931				
1. 7. 1931	Zöschen – Leipzig-Leutzsch	15,3	605	Deutsche Reichsbahn
1934				
7. 10. 1934	Dorndorf – Kaltennordheim	27,7	632	Deutsche Reichsbahn
17. 12. 1934	Schwepnitz – Straßgräbchen-Bernsdorf	9,8	303	Deutsche Reichsbahn
1935/1936	Umbau der Strecke Heidenau – Altenberg auf Regelspur	38,0		Deutsche Reichsbahn
1936				
5. 10. 1936	Stralsund – Stralsund Rügendamm	3,9	950	Deutsche Reichsbahn
1951				
14. 4. 1951	Rathenow – Löwenberg	94,0	704, 802, 913	Deutsche Reichsbahn
10. 7. 1951	Ludwigsfelde – Berlin-Grünau	25,0	121, 600	Deutsche Reichsbahn
12. 12. 1951	Grünauer Kreuz	5,9		Deutsche Reichsbahn
1952				
15. 11. 1952	Vacha – Unterbreizbach	19,4	–	Deutsche Reichsbahn

Betriebseröffnungen der Strecken der Deutschen Reichsbahn

Datum der Betriebseröffnung	Strecke	Länge (km)	DR-Kursbuchnummer	Eigentümer bei Gründung bzw. Betriebseröffnung
1953				
1. 10. 1953	Berlin-Karow – Birkenwerder	40,7	130	Deutsche Reichsbahn
30. 10. 1953	Templin – Prenzlau	18,5	912	Deutsche Reichsbahn
1957				
28. 9. 1957	Saarmund – Golm mit dem 1200 m langen Damm und der Brücke über den Templiner See, Fertigstellung des BAR	16,0	120	Deutsche Reichsbahn
1961				
28. 5. 1961	Neustrelitz – Waren (Müritz) – Lalendorf	71,4	900	Deutsche Reichsbahn
1962				
26. 2. 1962	Berlin-Adlershof – Flughafen Berlin-Schönefeld (S-Bahn)	6,0	115, 140	Deutsche Reichsbahn
13. 4. 1962	Förtha – Gerstungen	15,8	631	Deutsche Reichsbahn
1964				
31. 5. 1964	Rostock Seehafen – Kavelstorf	16,0	902, 904	Deutsche Reichsbahn
1. 12. 1964	Frankleben – Mücheln (Geiseltal)	11,1	606	Deutsche Reichsbahn
1965				
Mai 1965	Lalendorf – Plaaz	10,2	900	Deutsche Reichsbahn
1967				
24. 4. 1967	Halle-Neustadt – Buna/Leuna-Werke	11,0	601	Deutsche Reichsbahn
	Halle/Hbf – Halle-Neustadt	12,7	602	Deutsche Reichsbahn
20. 9. 1967	Laage – Scharstorf	8,0	900	Deutsche Reichsbahn
1976				
30. 12. 1976	Friedrichsfelde Ost – Berlin-Marzahn (S-Bahn)	5,0	101	Deutsche Reichsbahn

1980				
15. 12. 1980	Berlin-Marzahn–Otto-Winzer-Straße (S-Bahn)	1,83	102	Deutsche Reichsbahn
1982				
30. 12. 1982	Otto-Winzer-Straße–Ahrensfelde (S-Bahn)	1,74	102	Deutsche Reichsbahn
1985				
20. 12. 1985	Springpfuhl–Wartenberg (S-Bahn)	5,6	102	Deutsche Reichsbahn

Eröffnungsdaten der Strecken der Deutschen Reichsbahn

DR-Kursbuchnummer	Streckenabschnitt	Streckenlänge (km)	Datum der Betriebseröffnung
171	Werneuchen – Wriezen	33,18	15. 10. 1898
172	Wriezen – Neu Rüdnitz (– Staatsgrenze)	12,0	20. 12. 1892
173	Berlin – Gusow	63,47	1. 10. 1867
	Gusow – Kietz	17,52	1. 10. 1866
174	Müncheberg (Mark) – Buckow (Märkische Schweiz) (Regelspur)	4,9	26. 7. 1897 15. 5. 1930
175	Frankfurt (Oder) – Kietz	28,57	12. 10. 1857
176	Frankfurt (Oder) – Seelow	26,13	15. 5. 1877 (für Güterverkehr) 15. 6. 1877 (für Personenverkehr)
	Seelow – Wriezen	29,48	1. 1. 1877
	Wriezen – Eberswalde	30,32	15. 12. 1866
180	Berlin – Frankfurt (Oder)	81,20	23. 10. 1842 (für Personenverkehr) 31. 10. 1842 (für Güterverkehr)
181	Fürstenwalde (Spree) – Bad Saarow-Pieskow	11,7	3. 6. 1911
	Bad Saarow-Pieskow – Beeskow	20,9	20. 12. 1911
182	Königs Wusterhausen – Beeskow	50,14	20. 9. 1898
	Beeskow – Grunow	9,41	17. 1. 1888
184	Zossen – Kummersdorf	15,30	15. 10. 1875
	Kummersdorf – Jüterbog	25,01	1. 5. 1897
185	Jüterbog – Beelitz Stadt	40,01	1. 12. 1894
	Beelitz Stadt – Wildpark	17,08	1. 10. 1908
191	Velten (Mark) – Kremmen	11,88	20. 12. 1893 (für Güterverkehr) 1. 2. 1899 (für Personenverkehr)
193	Basdorf – Liebenwalde	18,90	21. 5. 1901 (für Personenverkehr) 3. 6. 1901 (für Güterverkehr)
194	Basdorf – Groß Schönebeck (Schorfh)	24,15	21. 5. 1901 (für Pers.) 3. 6. 1901 (für Güter)
200	Berlin – Cottbus	114,72	13. 9. 1866
	Cottbus – Görlitz	93,72	31. 12. 1867
205	Lübben – Luckau	15,8	3. 3. 1898
	Lübben – Beeskow	40,1	24. 11. 1901

Eröffnungsdaten der Strecken der Deutschen Reichsbahn

DR-Kurs-buch-nummer	Streckenabschnitt	Strecken-länge (km)	Datum der Betriebs-eröffnung
206	Cottbus – Forst (Lausitz)	29,98	1. 3. 1872
	Weißwasser (OL) – Forst (Lausitz)	29,92	1. 9. 1891 (für Güter) 1. 10. 1891 (für Pers.)
207	Cottbus – Spremberg	23,7	31. 12. 1867
	(Spremberg) Betriebsbahnhof Graustein – Knappenrode (– Hoyerswerda)	20,27	
208	Wilhelm-Pieck-Stadt Guben – Forst (NL)	30,3	1. 6. 1904
	Cottbus – Forst (NL)	29,98	1. 3. 1872
	Forst (NL) – Weißwasser (OL)	29,92	1. 9. 1891 (für Güter) 1. 10. 1891 (für Pers.)
210	Cottbus – Falkenberg (Elster)	78,82	1. 12. 1871
	Falkenberg (Elster) – Eilenburg	45,77	1. 5. 1872
	Eilenburg – Leipzig	23,71	1. 11. 1874
212	Luckau – Uckro	8,0	20. 12. 1897
	Uckro – Falkenberg (Elster)	49,39	15. 3. 1898
213	Torgau – Pretzsch	23,4	15. 7. 1890
214	Jüterbog – Herzberg (Elster) West	38,32	2. 7. 1848
	Herzberg (Elster) West – Röderau	⁻41,84	1. 10. 1848
215	Eilenburg – Bad Düben	17,70	20. 2. 1895
	Bad Düben – Pretzsch	20,8	1. 10. 1895
	Pretzsch – Pratau	18,44	15. 7. 1890
216	Eilenburg – Halle (Saale)	50,94	30. 6. 1872
220	Frankfurt (Oder) – Wilhelm-Pieck-Stadt Guben	48,3	1. 9. 1846
	Wilhelm-Pieck-Stadt Guben – Cottbus	37,67	1. 9. 1871
	Cottbus – Großenhain	79,71	20. 4. 1870
	Großenhain – Priestewitz	5,03	14. 10. 1862
221	Lübbenau (Spreewald) – Senftenberg	40,35	1. 5. 1874
	Senftenberg – Kamenz (Sachs)	36,3	1. 2. 1874
	Kamenz (Sachs) – Arnsdorf	25,44	1. 10. 1871
	Arnsdorf – Radeberg	5,2	22. 12. 1845
	Radeberg – Dresden-Neustadt	17,0	17. 11. 1845
222	Frankfurt (Oder) – Cottbus	72,89	31. 12. 1876
230	Görlitz – Horka	21,5	31. 12. 1867
	Horka – Falkenberg (Elster)	125,4	1. 6. 1874
	Falkenberg (Elster) – Lutherstadt Wittenberg	54,05	15. 10. 1875
	Lutherstadt Wittenberg – Coswig (Anh)	14,76	28. 8. 1841
	Coswig (Anh) – Dessau	22,01	18. 8. 1841
240	Dresden-Neustadt – Radeberg	16,54	17. 11. 1845
	Radeberg – Bischofswerda	20,63	22. 12. 1845
	Bischofswerda – Bautzen	19,03	23. 6. 1846
	Bautzen – Löbau (Sachs)	21,67	23. 12. 1846
	Löbau (Sachs) – Reichenbach (OL)	9,38	1. 7. 1847
	Reichenbach (OL) – Görlitz	14,86	1. 9. 1847

Eröffnungsdaten der Strecken der Deutschen Reichsbahn

DR-Kursbuchnummer	Streckenabschnitt	Streckenlänge (km)	Datum der Betriebseröffnung
241	Görlitz – Zittau	32,6	1. 7./ 15. 10. 1875
242	Görlitz – Königshain-Hochstein	11,43	20. 3. 1905
244	Löbau (Sachs) – Obercunewalde	10,99	7. 10. 1928
	Obercunewalde – Großpostwitz	7,59	15. 9. 1890
	Großpostwitz – Bautzen	8,14	1. 9. 1877
246	Bautzen – Königswartha	18,14	3. 12. 1890
	Königswartha – Hoyerswerda	13,65	1. 10. 1908
250	Zittau – Oberoderwitz	12,22	10. 6. 1848
	Oberoderwitz – Eibau	61,62	15. 10. 1879
	Eibau – Ebersbach (Sachs)	6,44	1. 11. 1874
	Ebersbach (Sachs) – Sohland	13,70	1. 5. 1875
	Sohland – Wilthen	6,23	1. 9. 1877
	Eibau – Seifhennersdorf	7,94	1. 11. 1874
	Seifhennersdorf – Varnsdorf (ČSSR)	5,0	15. 9. 1876
	Varnsdorf (ČSSR) – Großschönau	3,1	15. 8. 1871
	Großschönau – Mittelherwigsdorf	7,36	2. 1. 1868
	Wilthen – Neukirch	9,39	1. 9. 1877
	Neukirch West – Bischofswerda	9,43	15. 8. 1879
	Bischofswerda – Radeberg	20,6	22. 12. 1845
	Radeberg – Dresden-Neustadt	16,54	17. 11. 1845
251	Zittau – Bertsdorf – Kurort Oybin/ Kurort Jonsdorf	14,41	25. 11. 1890
252	Zittau – Löbau (Sachs)	33,96	10. 6. 1848
	Ebersbach (Sachs) – Löbau (Sachs)	14,87	1. 11. 1863
300	Berlin – Dresden	174,6	17. 6. 1875
303	Dresden – Klotzsche	6,7	17. 11. 1845
	Klotzsche – Königsbrück	19,47	17. 10. 1884
	Königsbrück – Schwepnitz	9,94	1. 10. 1899
	Schwepnitz – Straßgräbchen-Bernsdorf	9,78	17. 12. 1934
304	Dresden-Neustadt – Radeberg	16,54	17. 11. 1845
	Radeberg – Arnsdorf	5,3	22. 12. 1845
305	Dresden – Tharandt	13,75	28. 6. 1855
306	Dresden – Pirna	17,04	1. 8. 1848
	Dresden – Radebeul-Weintraube	8,18	19. 7. 1838
	Radebeul-Weintraube – Oberau	13,44	16. 9. 1838
	Meißen – Coswig (Bez Dresden)	7,27	1. 12. 1860
308	Radebeul Ost – Radeburg	16,49	16. 9. 1884
309	Freital-Hainsberg – Schmiedeberg	21,78	1. 11. 1882
	Schmiedeberg – Kurort Kipsdorf	4,41	3. 9. 1883
310	Dresden – Pirna	17,04	1. 8. 1848
	Pirna – Königstein	17,78	9. 5. 1850
	Königstein – Krippen	6,47	9. 6. 1850
	Krippen – Schöna (–Staatsgrenze)	9,34	6. 4. 1851
311	Dresden – Heidenau	11,2	1. 8. 1848
	Heidenau – Geising	36,1	18. 11. 1890
	Geising – Altenberg (Erzgeb)	5,44	10. 11. 1923
	Heidenau – Altenberg (Erzgeb) (Regelspur)	38,0	16. 11. 1936

Eröffnungsdaten der Strecken der Deutschen Reichsbahn

DR-Kursbuchnummeₗ	Streckenabschnitt	Streckenlänge (km)	Datum der Betriebseröffnung
312	Pirna – Arnsdorf	20,87	15. 10. 1875
	Dürrröhrsdorf – Neustadt (Sachs)	16,06	1. 7. 1877
314	Bad Schandau – Neustadt (Sachs)	27,97	1. 7. 1877
	Neustadt (Sachs) – Neukirch (Lausitz) – Wilthen – Bautzen	36,58	1. 9. 1877
320	Leipzig – Althen	10,6	24. 4. 1837
	Althen – Gerichshain	4,32	12. 11. 1837
	Gerichshain – Machern	2,93	11. 5. 1838
	Machern – Wurzen	8,0	31. 7. 1838
	Wurzen – Dahlen	17,53	16. 9. 1838
	Dahlen – Oschatz	9,56	3. 11. 1838
	Oschatz – Riesa	13,07	21. 11. 1838
	Riesa – Oberau	28,45	7. 4. 1839
	Oberau – Radebeul-Weintraube	13,44	16. 9. 1838
	Radebeul-Weintraube – Dresden-Neustadt	8,18	19. 7. 1838
324	Riesa – Lommatzsch	14,27	5. 4. 1877
	Lommatzsch – Nossen	19,26	15. 10. 1880
330	Leipzig – Borsdorf	11,5	12. 11. 1837
	Borsdorf – Grimma	19,2	14. 5. 1866
	Grimma – Leisnig	22,22	27. 10. 1867
	Leisnig – Döbeln	12,94	2. 6. 1868
	Döbeln – Nossen	19,0	25. 10. 1868
	Nossen – Meißen	21,97	22. 12. 1868
	Meißen – Coswig (Bez Dresden)	7,37	1. 12. 1860
	Coswig (Bez Dresden) – Radebeul-Weintraube	5,8	16. 9. 1838
	Radebeul-Weintraube – Dresden-Neustadt	8,18	19. 7. 1838
400	Berlin – Elsterwerda	132,3	17. 7. 1875
	Elsterwerda – Riesa	19,8	15. 10. 1875
	Riesa – Döbeln	25,51	29. 8. 1847
	Döbeln – Limmritz	3,45	22. 9. 1847
	Limmritz – Karl-Marx-Stadt	37,06	1. 9. 1852
402	Karl-Marx-Stadt – Wittgensdorf – Burgstädt	14,8	8. 4. 1872
	Wittgensdorf – Limbach	6,4	8. 4. 1872
	Limbach – Oberfrohna	1,81	30. 6. 1913
410	Dresden – Tharandt	13,75	28. 6. 1855
	Tharandt – Freiberg (Sachs)	26,3	11. 8. 1862
	Freiberg (Sachs) – Flöha	27,19	1. 3. 1869
	Flöha – Karl-Marx-Stadt	12,98	1. 2. 1866
	Karl-Marx-Stadt – Zwickau (Sachs)	48,46	15. 11. 1858
	Zwickau (Sachs) – Reichenbach (Vogtl)	23,0	6. 9. 1851
	Reichenbach (Vogtl) – Plauen (Vogtl)	25,15	15. 7. 1851
415	Freiberg (Sachs) – Mulda	14,29	2. 11. 1875
	Mulda – Bienenmühle	11,87	15. 8. 1876
	Bienenmühle – Holzhau	12,0	18. 5. 1885 (für Pers.) 6. 12. 1884 (für Güter)

Eröffnungsdaten der Strecken der Deutschen Reichsbahn

DR-Kurs-buch-nummer	Streckenabschnitt	Strecken-länge (km)	Datum der Betriebs-eröffnung
416	Berthelsdorf (Erzgeb) – Langenau	7,38	15. 7. 1890
417	Karl-Marx-Stadt – Niederwiesa	8,5	1. 2. 1866
	Niederwiesa – Hainichen	17,57	1. 3. 1869
	Hainichen – Roßwein	19,92	28. 9. 1874
418	Karl-Marx-Stadt – Stollberg (Sachs)	21,37	1. 10. 1895
419	St. Egidien – Stollberg (Sachs)	13,45	15. 5. 1879
	Neuoelsnitz – Lugau	3,03	15. 5. 1879
	Lugau – Wüstenbrand	9,97	15. 11. 1858 (für Güter) 1. 8. 1862 (für Pers.)
420	Flöha – Annaberg-Buchholz	43,05	1. 2. 1866
	Annaberg-Buchholz – Bärenstein	18,5	3. 8. 1872
424	Cranzahl – Kurort Oberwiesenthal	17,35	20. 7. 1897
425	Karl-Marx-Stadt – Flöha	12,98	1. 2. 1866
	Flöha – Olbernhau	37,3	24. 5. 1875
	Olbernhau – Neuhausen (Erzgeb)	11,49	1. 10. 1895
427	Pockau-Lengefeld – Marienberg (Sachs)	12,4	24. 5. 1875
430	Karl-Marx-Stadt – Geithain	35,9	8. 4. 1872
	Geithain – Leipzig	43,95	2. 5. 1887
431	Karl-Marx-Stadt – Wechselburg	23,8	1. 7. 1902
	Wechselburg – Rochlitz (Sachs)	7,3	29. 5. 1876
432	Glauchau (Sachs) – Penig	18,56	10. 5. 1875
	Penig – Rochlitz	20,72	29. 5. 1876
	Rochlitz – Großbothen	17,54	9. 12. 1875
	Großbothen – Grimma	7,0	27. 10. 1867
	Grimma – Borsdorf	19,24	14. 5. 1866
	Borsdorf – Leipzig	11,6	12. 11. 1837
433	Waldheim – Rochlitz	20,69	7. 12. 1893
440	Aue (Sachs) – Blauenthal	12,2	7. 9. 1875
	Karl-Marx-Stadt – Aue (Sachs)	50,90	15. 11. 1875
443	Zwickau (Sachs) – Falkenstein (Vogtl)	35,01	29. 11. 1875
	Falkenstein (Vogtl) – Muldenberg	10,37	15. 11. 1892
	Muldenberg – Zwotental – Adorf (Vogtl)	25,4	15. 11. 1875
	Zwotental – Klingenthal	8,28	24. 12. 1875
444	Falkenstein (Vogtl) – Herlasgrün	22,27	1. 11. 1865
450	Zwickau (Sachs) – Cainsdorf	4,08	1. 11. 1854
	Cainsdorf – Schwarzenberg (Erzgeb)	34,05	15. 5. 1858
	Schwarzenberg (Erzgeb) – Johanngeorgen-stadt	17,76	20. 9. 1883
	Schwarzenberg (Erzgeb) – Grünstädtel	2,67	1. 7. 1889
	Grünstädtel – Annaberg-Buchholz	21,44	1. 12. 1889
453	Walthersdorf (Erzgeb) – Crottendorf	5,18	1. 12. 1889
460	Leipzig Bayr. Bf – Altenburg	38,52	19. 9. 1842
	Altenburg – Crimmitschau	24,33	15. 3. 1844
	Crimmitschau – Werdau	10,84	6. 9. 1845
	Werdau – Reichenbach (Vogtl)	17,13	31. 5. 1846
	Werdau – Zwickau (Sachs)	9,3	6. 9. 1845
	Reichenbach (Vogtl) – Plauen (Vogtl) ob Bf	25,2	15. 7. 1851

Eröffnungsdaten der Strecken der Deutschen Reichsbahn

DR-Kursbuchnummer	Streckenabschnitt	Streckenlänge (km)	Datum der Betriebseröffnung
470	Plauen (Vogtl) ob Bf – Weischlitz – Oelsnitz (Vogtl)	19,43	1. 11. 1874
	Oelsnitz (Vogtl) – Bad Brambach – Staatsgrenze	39,6	1. 11. 1865
472	Plauen (Vogtl) – Gutenfürst	35,75	20. 11. 1848
473	Schönberg (Vogtl) – Hirschberg (Saale)	19,94	1. 7. 1892
474	Schönberg (Vogtl) – Schleiz	14,9	20. 6. 1887
475	Schleiz – Saalburg	15,0	28. 6. 1930
501	Leipzig-Plagwitz – Gaschwitz	10,12	1. 9. 1879
	S-Bahn Leipzig Gaschwitz – Leipzig Hbf – Gaschwitz		12. 7. 1969
502	S-Bahn Leipzig Leipzig Hbf – Wurzen		26. 5. 1974
502/504	Leipzig – Borsdorf	11,6	12. 11. 1837
504	Borsdorf – Grimma	19,24	14. 5. 1866
	Beucha – Seelingstädt	13,46	1. 10. 1901 (für Pers.) 10. 12. 1898 (für Güter)
	Seelingstädt – Trebsen (Mulde)	3,29	1. 10. 1911
	Grimma – Großbothen	7,0	27. 10. 1867
505	Leipzig Bayr. Bf – Altenburg	38,52	19. 9. 1842
	Neukieritzsch – Borna	6,79	14. 1. 1867
	Borna – Geithain	18,0	8. 4. 1872
506	Böhlen – Espenhain	6,77	1. 5. 1913
507	Altenburg – Zeitz	25,35	19. 6. 1872
509	Altenburg – Langenleuba-Oberhain	21,50	15. 6. 1901
	Rochlitz (Sachs) – Narsdorf – Langenleuba-Oberhain – Penig	19,19	8. 4. 1872
510	Leipzig – Großkorbetha	32,21	22. 3. 1856
511	Leipzig – Pegau	29,9	20. 10. 1873
	Pegau – Groitzsch – Neukieritzsch	15,12	1. 10. 1909
512	Leipzig-Plagwitz – Lützen	17,29	1. 9. 1897
	Lützen – Pörsten	6,35	19. 1. 1898
515	Halle (Saale) – Leipzig	37,6	18. 8. 1840
520	Leipzig – Bitterfeld	34,2	1. 2. 1859
523	Bitterfeld – Stumsdorf	20,51	1. 10. 1897
530	Leipzig – Leipzig-Leutzsch	6,98	22. 3. 1856
	Leipzig-Leutzsch – Zeitz	37,87	20. 10. 1873
	Zeitz – Gera	28,20	19. 3. 1859
	Gera – Saalfeld (Saale)	76,92	20. 12. 1871
531	Zeitz – Kretzschau	3,65	1. 4. 1897
	Kretzschau – Osterfeld	13,86	1. 5. 1897
532	Krossen (Elster) – Eisenberg (Thür)	8,71	1. 4. 1880
534	Triptis – Ziegenrück	30,43	17. 12. 1894
	Ziegenrück – Lobenstein (Thür)	23,94	16. 9. 1895
540	Gera – Greiz	30,78	17. 7. 1875
	Greiz – Plauen (Vogtl) unt Bf	22,02	8. 9. 1875
	Plauen (Vogtl) unt Bf – Weischlitz	7,23	20. 9. 1875

Eröffnungsdaten der Strecken der Deutschen Reichsbahn

DR-Kursbuchnummer	Streckenabschnitt	Streckenlänge (km)	Datum der Betriebseröffnung
541	Werdau – Weida	34,5	29. 8. 1876
	Weida – Mehltheuer	32,74	15. 11. 1883
543	Greiz – Neumark (Sachs)	13,8	23. 10. 1865
550	Glauchau (Sachs) – Gößnitz	12,37	15. 11. 1858
	Gößnitz – Gera	35,03	28. 12. 1865
	Gera – Weimar	67,93	29. 6. 1876
	Weimar – Erfurt	21,31	1. 4. 1847
560	Halle (Saale) – Großkorbetha – Weißenfels	32,17	6. 6. 1846
	Leipzig – Großkorbetha	32,31	22. 3. 1856
	Weißenfels – Großheringen	26,3	19. 12. 1846
	Großheringen – Saalfeld (Saale)	74,60	1. 5. 1874
	Verbindungskurven bei Großheringen	3,45	1. 5. 1899
562	Orlamünde – Pößneck	11,66	1. 10. 1889
563	Rudolstadt (Thür) – Schwarza	4,2	1. 5. 1874
	Schwarza – Bad Blankenburg (Thür)	4,28	1. 8. 1884
	Bad Blankenburg (Thür) – Rottenbach	8,0	2. 12. 1895
	Rottenbach – Köditzberg	2,48	16. 12. 1899
	Köditzberg – Sitzendorf	8,16	27. 6. 1900
	Sitzendorf – Katzhütte	14,29	18. 8. 1900
564	Obstfelderschmiede – Lichtenhain (Bergb)	1,4	2. 1922
	Lichtenhain (Bergb) – Cursdorf	2,94	15. 5. 1923
565	Saalfeld (Saale) – Hockeroda	12,07	20. 12. 1871
	Hockeroda – Wurzbach (Thür)	10,43	16. 12. 1907
	Wurzbach (Thür) – Unterlemnitz	8,84	1. 3. 1908
	Unterlemnitz – Lobenstein (Thür)	2,6	16. 9. 1895
	Lobenstein (Thür) – Lobenstein (Thür) Süd	2,49	1. 12. 1896
	Lobenstein (Thür) Süd – Blankenstein (Saale)	5,59	15. 7. 1897
566	Saalfeld (Saale) – Kaulsdorf	9,84	20. 12. 1871
	Kaulsdorf – Probstzella (– Staatsgrenze)	16,73	1. 10. 1885
	Probstzella – Lichte Ost (Thür)	16,25	18. 1. 1899
	Lichte Ost (Thür) – Lauscha (Thür)	16,45	1. 11. 1913
	Lauscha (Thür) – Sonneberg (Thür)	19,15	1. 10. 1886
600	Berlin (Lichterfelde Süd) – Jüterbog	51,23	1. 7. 1841
	Jüterbog – Lutherstadt Wittenberg	31,94	10. 9. 1841
	Lutherstadt Wittenberg – Bitterfeld	36,88	3. 8. 1859
	Bitterfeld – Leipzig	32,75	1. 2. 1859
	Bitterfeld – Halle (Saale)	30,0	1. 2. 1859
	Halle (Saale) – Großkorbetha – Weißenfels	32,17	6. 6. 1846
	Leipzig – Großkorbetha	32,21	22. 3. 1856
	Weißenfels – Weimar	55,12	19. 12. 1846
	Weimar – Erfurt	21,31	1. 4. 1847
	Erfurt – Gotha	28,02	10. 5. 1847
	Gotha – Eisenach	28,9	24. 6. 1847
601	Halle-Neustadt – Buna-Werke – Merseburg	17,98	24. 4. 1967
602	S-Bahn Halle (Saale)		27. 9. 1969
604	Merseburg – Schafstädt	17,75	1. 10. 1896

Eröffnungsdaten der Strecken der Deutschen Reichsbahn

DR-Kursbuchnummer	Streckenabschnitt	Streckenlänge (km)	Datum der Betriebseröffnung
605	Merseburg – Leuna	4,31	28. 4. 1919 (für Pers.) 1. 7. 1928 (für Güter)
	Leuna – Zöschen	8,10	1. 6. 1928
	Zöschen – Leipzig-Leutzsch	15,32	1. 7. 1931
606	Merseburg – Mücheln (Geiseltal)	16,09	15. 12. 1886
	Mücheln (Geiseltal) – Querfurt	18,63	1. 4. 1911
	(neue Strecke) Frankleben – Mücheln (Geiseltal)	11,12	1. 12. 1964
607	Großkorbetha – Deuben	23,41	25. 11. 1897
608	Weißenfels – Zeitz	31,25	9. 2. 1859
611	Naumburg (Saale) – Teuchern	22,0	29. 6. 1900
612	Naumburg (Saale) – Artern	52,67	1. 10. 1889
613	Weimar – Tannroda	21,95	15. 5. 1887
	Tannroda – Kranichfeld	3,37	14. 10. 1888
614	Gotha – Ohrdruf	17,31	8. 5. 1876
	Ohrdruf – Gräfenroda	18,39	1. 11. 1892
616	Fröttstädt – Friedrichroda	9,85	2. 7. 1876
620	Neudietendorf – Arnstadt	9,94	16. 5. 1867
	Arnstadt – Plaue (Thür)	8,23	6. 8. 1879
	Plaue (Thür) – Suhl	33,51	1. 8. 1884
	Suhl – Grimmenthal	19,99	20. 12. 1882
	Grimmenthal – Meiningen	7,1	2. 11. 1858
621	Neudietendorf – Arnstadt	9,94	16. 5. 1867
	Arnstadt – Stadtilm	15,85	18. 6. 1894
	Stadtilm – Saalfeld (Saale)	31,96	2. 12. 1895
622	Neudietendorf – Arnstadt	9,94	16. 5. 1867
	Arnstadt – Ilmenau	27,41	6. 8. 1879
	Ilmenau – Stützerbach	9,8	15. 8. 1904
	Stützerbach – Schleusingen	22,0	1. 11. 1904
623	Ilmenau – Gehren (Thür)	8,37	13. 11. 1881
	Gehren (Thür) – Großbreitenbach	12,21	2. 12. 1883
624	Zella-Mehlis – Steinbach-Hallenberg	13,17	25. 1. 1893
	Steinbach-Hallenberg – Schmalkalden	10,65	15. 12. 1891
	Schmalkalden – Wernshausen	6,60	2. 4. 1874
625	Schmalkalden – Floh-Seligenthal	5,43	3. 11. 1892
	Floh-Seligenthal – Pappenheim (Thür)	4,17	6. 11. 1893
626	Suhl – Schleusingen	15,81	15. 11. 1911
	Schleusingen – Themar	10,99	28. 10. 1888
627	Meiningen – Rentwertshausen	14,7	1. 8. 1884
630	Eisenach – Eisfeld	108,3	2. 11. 1858
631	Eisenach – Gerstungen	24,05	25. 9. 1849
	(neue Strecke) Förtha – Gerstungen	15,8	13. 4. 1962
632	Bad Salzungen – Dorndorf (Thür) – Stadtlengsfeld	18,31	1. 6. 1879
	Dorndorf (Rhön) – Vacha	5,1	8. 8. 1879
	Stadtlengsfeld – Dermbach	10,19	5. 10. 1879
	Dermbach – Kaltennordheim	10,4	24. 6. 1880
	Dorndorf (Rhön) – Kaltennordheim (Regelspur)	27,71	7. 10. 1934

Eröffnungsdaten der Strecken der Deutschen Reichsbahn

DR-Kurs-buch-nummer	Streckenabschnitt	Strecken-länge (km)	Datum der Betriebs-eröffnung
633	Eisfeld – Effelder	21,53	15. 10. 1909
	Effelder – Sonneberg (Thür)	11,30	1. 4. 1910
640	Erfurt – Wolkramshausen	71,15	17. 8. 1869
641	Erfurt – Kühnhausen	11,07	14. 8. 1869
	Kühnhausen – Döllstädt	13,90	25. 11. 1897
	Döllstädt – Gräfentonna	5,9	15. 12. 1889
	Gräfentonna – Bad Langensalza	7,20	25. 11. 1897
643	Döllstädt – Herbsleben	4,64	15. 12. 1889
	Herbsleben – Bad Tennstedt	4,59	17. 7. 1895
	Bad Tennstedt – Straußfurt	10,88	1. 6. 1906
645	Gotha – Mühlhausen Th.-Müntzer-Stadt	39,9	11. 4. 1870
	Mühlhausen Th.-Müntzer-Stadt – Silberhausen	18,41	3. 10. 1870
646	Bufleben – Friedrichswerth (Thür)	13,66	1. 5. 1890
647	Mühlhausen Th.-Müntzer-Stadt – Schlotheim	16,6	4. 6. 1897 (für Pers.) 1. 7. 1897 (für Güter)
649	Nordhausen – Wolkramshausen	8,22	9. 7. 1867
650	Erfurt – Sangerhausen	69,8	1. 10. 1879
	Güsten – Staßfurt	6,51	12. 4. 1866
	Staßfurt – Schönebeck (Elbe)	22,01	12. 5. 1857
	Schönebeck (Elbe) – Magdeburg	15,04	29. 6. 1839
651	Großheringen – Straußfurt	52,76	14. 8. 1874
653	Bretleben – Bad Frankenhausen (Kyffh)	10,45	4. 7. 1894
	Bad Frankenhausen (Kyffh) – Sondershausen	20,43	1. 10. 1898
655	Klostermansfeld – Wippra	19,88	1. 11. 1920
656	Hettstedt – Heiligenthal	11,7	26. 5. 1896
660	Halle (Saale) – Eisleben	37,74	1. 9. 1865
	Eisleben – Nordhausen	59,32	10. 7. 1866
	Nordhausen – Arenshausen	69,92	9. 7. 1867
661	Röblingen – Querfurt	15,12	1. 10. 1884 (für Güter) 10. 10. 1884 (für Pers.)
	Querfurt – Vitzenburg	15,91	1. 7. 1904
	Berga-Kelbra – Rottleberode	9,52	1. 6. 1890
	Rottleberode – Stolberg (Harz)	5,41	1. 3. 1923 (für Pers.) 1. 8. 1923 (für Güter)
663	Nordhausen – Ellrich	15,46	1. 8. 1869
664	Bleicherode Ost – Großbodungen	10,69	1. 10. 1908
	Großbodungen – Bischofferode	2,67	1. 10. 1910
665	Leinefelde – Teistungen	13,6	1. 9. 1897
666	Leinefelde – Geismar	34,66	15. 5. 1880

Eröffnungsdaten der Strecken der Deutschen Reichsbahn

DR-Kursbuchnummer	Streckenabschnitt	Streckenlänge (km)	Datum der Betriebseröffnung
670	Halle (Saale) – Könnern	29,67	1. 10. 1872
	Könnern – Aschersleben	28,39	15. 10. 1871
	Aschersleben – Wegeleben	25,0	12. 4. 1866
	Wegeleben – Halberstadt	7,25	1. 3. 1869
671	Bernburg – Calbe West	14,94	15. 8. 1890
673	Aschersleben – Frose	7,89	10. 10. 1865
	Frose – Ballenstedt	13,86	7. 1. 1868
	Ballenstedt – Quedlinburg	16,01	1. 7. 1885 (für Pers.)
			1. 10. 1885 (für Güter)
674	Gernrode – Mägdesprung	10,1	7. 8. 1887
	Mägdesprung – Harzgerode	7,4	1. 7. 1888
	Alexisbad – Straßberg	7,3	1. 6. 1890
675	Halberstadt – Heudeber	14,5	1. 3. 1869
	Heudeber – Wernigerode	9,19	11. 5. 1872
	Wernigerode – Ilsenburg	9,26	10. 5. 1884
677	Heudeber – Wasserleben	8,2	1. 3. 1869
678	Nordhausen – Ilfeld	10,71	12. 7. 1897 (für Pers.)
			7. 2. 1893 (für Güter)
	Ilfeld – Netzkater	3,24	7. 2. 1898 (für Güter)
			1. 5. 1898 (für Pers.)
	Netzkater – Benneckenstein	15,89	15. 9. 1898
	Drei Annen Hohne – Wernigerode	14,18	20. 6. 1898
	Drei Annen Hohne – Schierke	5,36	20. 6. 1898
	Drei Annen Hohne – Benneckenstein	16,51	27. 3. 1899
	Stiege – Hasselfelde	4,9	1. 5. 1892
	Stiege – Eisfelder Talmühle	8,6	15. 7. 1905
680	Berlin – Wiesenburg	77,83	15. 4. 1879 (für Güter)
			15. 5. 1879 (für Pers.)
	Wiesenburg – Jeber-Bergfrieden	14,66	1. 6. 1923
	Jeber-Bergfrieden – Meinsdorf	12,2	1. 4. 1921
	Meinsdorf – Dessau	7,7	18. 8. 1841
681	Brandenburg – Belzig	45,0	25. 3. 1904
682	Wiesenburg – Güsten	69,5	15. 4. 1879 (für Güter)
			15. 5. 1879
690	Aschersleben – Bernburg	23,4	12. 4. 1866
	Bernburg – Köthen	21,01	12. 4. 1866
	Köthen – Dessau	21,8	1. 9. 1840
691	Köthen – Aken	12,5	1. 5. 1890

Eröffnungsdaten der Strecken der Deutschen Reichsbahn

DR-Kursbuchnummer	Streckenabschnitt	Streckenlänge (km)	Datum der Betriebseröffnung
700	Potsdam – Burg bei Magdeburg	91,49	7. 8. 1846
	Burg bei Magdeburg – Magdeburg	24,38	15. 3. 1873
	Magdeburg – Halberstadt	58,52	15. 7. 1843
	Magdeburg Abzw. Glindenberg – Haldensleben	20,10	16. 12. 1872
702	S-Bahn Magdeburg		29. 9. 1974
704	Brandenburg – Neustadt (Dosse)	69,0	25. 3. 1904
706	Genthin – Schönhausen (Elbe)	28,7	25. 10. 1899
	Schönhausen (Elbe) – Sandau (Elbe)	24,2	19. 9. 1909
707	Güsen – Ziesar	25,6	2. 4. 1917
708	Güsen – Jerichow	21,4	2. 4. 1917
709	Biederitz – Loburg	26,51	1. 10. 1892
	Loburg – Altengrabow	12,1	21. 7. 1902
710	Biederitz – Zerbst	35,19	1. 7. 1874
	Zerbst – Roßlau (Elbe)	13,08	1. 11. 1863
	Roßlau (Elbe) – Dessau	5,0	18. 8. 1941
711	Schönebeck (Elbe) – Blumenberg	25,5	1897
	Blumenberg – Klein Wanzleben	10,31	5. 10. 1882 (für Güter) 1. 8. 1883 (für Pers.)
	Klein Wanzleben – Seehausen (Kr Wanzleben)	7,32	1. 8. 1883
	Seehausen (Kr Wanzleben) – Eilsleben (b Magdeburg)	7,70	15. 10. 1882 (für Güter) 1. 9. 1883 (für Pers.)
712	Staßfurt – Hecklingen	4,9	15. 12. 1879
	Hecklingen – Egeln	13,6	15. 9. 1880
	Egeln – Blumenberg	14,0	1881
714	Oschersleben – Gunsleben	14,2	2. 11. 1899 (für Güter) 20. 12. 1899 (für Pers.)
715	Halberstadt – Nienhagen	10,1	15. 7. 1843
	Nienhagen – Dedeleben	28,0	15. 8. 1890
716	Halberstadt – Thale	28,27	2. 7. 1862
717	Halberstadt – Blankenburg (Harz)	18,87	31. 3. 1873
719	Blankenburg (Harz) – Rübeland	13,5	1. 11. 1885 (für Güter) 1. 5. 1886
	Rübeland – Elbingerode West	3,9	1. 5. 1886
720	Biederitz – Zerbst	35,19	1. 7. 1874
	Zerbst – Roßlau (Elbe)	13,08	1. 11. 1863
	Roßlau (Elbe) – Dessau	5,0	18. 8. 1841
	Dessau – Bitterfeld	25,36	17. 8. 1857
721	Dessau – Wörlitz	18,70	22. 9. 1894
730	Magdeburg – Schönebeck (Elbe)	15,84	29. 6. 1839
	Schönebeck (Elbe) – Calbe Ost	12,45	9. 9. 1839

Eröffnungsdaten der Strecken der Deutschen Reichsbahn

DR-Kursbuchnummer	Streckenabschnitt	Streckenlänge (km)	Datum der Betriebseröffnung
	Calbe Ost – Köthen	22,72	19. 6. 1840
	Köthen – Halle (Saale)	35,82	23. 7. 1840
	Halle (Saale) – Leipzig Hbf	37,63	18. 8. 1840
731	Magdeburg – Marienborn – Staatsgrenze	44,85	15. 9. 1872
741	Haldensleben – Eilsleben (b Magdeburg)	26,59	13. 10. 1887 (für Güter) 3. 11. 1887 (für Pers.)
742	Haldensleben – Weferlingen		18. 5. 1907
750	Berlin – Gardelegen	124,29	1. 2. 1871
	Gardelegen – Oebisfelde – Staatsgrenze	27,4	1. 11. 1871
752	Stendal – Tangermünde	10,15	1. 4. 1886 (für Güter) 7. 4. 1886 (für Pers.)
753	Stendal – Niedergörne	21,0	3. 1. 1977
756	Wittenberge – Geestgottberg	5,7	25. 10. 1851
	Geestgottberg – Arendsee	20,08	15. 12. 1922
	Salzwedel – Arendsee	22,64	4. 5. 1922
757	Stendal – Salzwedel	57,2	15. 3. 1870
758	Bismark – Kalbe (Milde)	12,6	18. 12. 1899
759	Salzwedel – Kalbe (Milde) (Regelspur)	29,8	2. 10. 1926
761	Kalbe (Milde) – Beetzendorf	27,1	18. 12. 1899
764	Haldensleben – Oebisfelde	34,98	1. 11. 1874
	Oebisfelde – Salzwedel	59,17	1. 11. 1889
766	Salzwedel – Diesdorf (Regelspur)	36,03	3. 10. 1928
770	Magdeburg – Wittenberge	109,01	7. 7. 1849
	Wittenberge – Ludwigslust	44,2	15. 10. 1846
	Ludwigslust – Holthusen	26,54	1. 10. 1889
	Holthusen – Schwerin (Meckl)	9,6	1. 5. 1847
	Schwerin (Meckl) – Bad Kleinen	16,4	12. 7. 1848
	Bad Kleinen – Rostock	71,47	13. 5. 1850
772	Ludwigslust – Malliß	20,7	20. 5. 1890
	Malliß – Dömitz	9,63	29. 12. 1889
773	Ludwigslust – Parchim	25,88	15. 6. 1880
	Parchim – Waren (Müritz)	69,92	20. 1. 1885 (für Güter) 28. 1. 1885 (für Pers.)
774	Ludwigslust – Hagenow Land	21,13	15. 10. 1846
	Hagenow Land – Wittenburg	15,44	1. 9. 1894
	Wittenburg (Meckl) – Zarrenthin	12,01	1. 5. 1896
775	Schwerin (Meckl) – Hagenow Land	28,31	1. 5. 1847
	Hagenow Land – Boizenburg	33,1	15. 10. 1846
	Boizenburg – Schwanheide – Staatsgrenze	11,5	15. 12. 1846
777	Schwerin (Meckl) – Crivitz	24,3	2. 9. 1888
	Crivitz – Parchim	21,3	1. 8. 1899
778	Schwerin (Meckl) – Rehna	33,93	12. 10. 1897

Eröffnungsdaten der Strecken der Deutschen Reichsbahn

DR-Kursbuchnummer	Streckenabschnitt	Streckenlänge (km)	Datum der Betriebseröffnung
780	Schwerin (Meckl) – Wismar	32,07	12. 7. 1848
	Bad Doberan – Rostock	15,8	27. 7. 1883 (für Pers.) 22. 12. 1883 (für Güter)
	Wismar – Bad Doberan	40,7	22. 12. 1883
782	Bad Kleinen – Herrnburg – Staatsgrenze	52,4	1. 7. 1870
783	Grevesmühlen – Klütz	15,32	6. 6. 1904
784	Hornstorf – Karow (Meckl)	71,43	14. 11. 1887
785	Bad Doberan – Heiligendamm	6,51	9. 7. 1886
	Heiligendamm – Ostseebad Kühlungsborn West	8,92	12. 5. 1910
800	Berlin – Nauen – Ludwigslust	170,76	15. 10. 1846
	Ludwigslust – Holthusen	26,54	1. 10. 1889
	Holthusen – Schwerin	9,6	1. 5. 1847
802	Neustadt (Dosse) – Neuruppin	28,43	1. 11. 1902
810	Wittenberge – Perleberg	10,54	15. 10. 1881
	Perleberg – Pritzwalk	24,9	10. 3. 1885 (für Pers.) 31. 5. 1885 (für Güter)
	Pritzwalk – Meyenburg	19,6	11. 12. 1887
	Meyenburg – Wendisch Priborn	1,48	11. 12. 1887
	Wendisch Priborn – Plau (Meckl)	13,73	5. 12. 1886
	Plau (Meckl) – Güstrow	44,59	5. 12. 1882
813	Pritzwalk – Putlitz	17,0	4. 6. 1896
814	Pritzwalk – Neustadt (Dosse)	41,8	11. 12. 1887
815	Pritzwalk – Wittstock	20,0	31. 5. 1885
	Wittstock – Mirow	27,3	18. 5. 1895
	Mirow – Neustrelitz	21,7	18. 5. 1890
900	Berlin – Neustrelitz	98,53	10. 7. 1877
	Neustrelitz – Rostock	112,27	1. 6. 1886 (für Güter) 10. 6. 1886 (für Pers.)
	(neuer Abschnitt Neustrelitz – Lalendorf)	70,22	28. 5. 1961
	Plaaz – Lalendorf Ost	11,27	5. 1965
	Laage – Scharstorf	8,12	20. 9. 1967
	Scharstorf – Kavelstorf	5,25	7. 12. 1965
901	Rostock – Warnemünde	13,1	1. 7. 1886
	S-Bahn-Verkehr		12. 7. 1970
902	Rostock Hbf – Rostock Seehafen Nord	12,6	1. 5. 1960
903	Rostock – Tessin	27,0	16. 11. 1895
904	Rostock – Plaaz	32,2	1. 6. 1886
	Plaaz – Priemerburg	9,7	1. 12. 1887
	Priemerburg – Güstrow	3,5	5. 12. 1882
905	Rostock – Schwaan – Bützow	31,4	13. 5. 1850
	Schwaan – Güstrow	17,4	1. 10. 1887

Eröffnungsdaten der Strecken der Deutschen Reichsbahn

DR-Kursbuchnummer	Streckenabschnitt	Streckenlänge (km)	Datum der Betriebseröffnung
907	Waren (Müritz) – Malchin	27,69	9. 11. 1879
910	Berlin – Neubrandenburg	133,73	10. 7. 1877
	Neubrandenburg – Demmin	42,26	1. 12. 1877
	Demmin – Stralsund	46,59	1. 1. 1878
912	Löwenberg (Mark) – Templin	33,07	1. 5. 1888
	Templin – Prenzlau	39,47	24. 3. 1899
	(neue Strecke)		30. 10. 1953
913	Löwenberg (Mark) – Herzberg (Mark)	14,8	1. 8. 1907
	Herzberg (Mark) – Neuruppin	15,0	1. 11. 1903
914	Herzberg (Mark) – Rheinsberg		1. 8. 1907
916	Fürstenberg (Havel) – Templin	30,51	16. 8. 1899
	Templin – Joachimsthal	27,44	15. 12. 1898
	Joachimsthal – Britz	15,22	1. 7. 1898
	Britz – Eberswalde	4,8	15. 11. 1842
917	Neustrelitz – Thurow	9,9	15. 12. 1907 (für Güter) 4. 1. 1908 (für Pers.)
	Thurow – Feldberg (Meckl)	18,96	21. 12. 1910
918	Neubrandenburg – Friedland	23,6	5. 11. 1884
920	Berlin – Bernau	22,99	1. 8. 1842
	Eberswalde – Angermünde	25,43	15. 11. 1842
	Angermünde – Anklam	104,72	16. 3. 1863
	Anklam – Stralsund	65,47	1. 11. 1863
921	Angermünde – Schwedt (Oder)	23,11	10. 12. 1873
922	Angermünde – Bad Freienwalde (Oder)	29,96	1. 1. 1877
923	Angermünde – Tantow – Rosow	45,97	16. 8. 1843
924	Prenzlau – Brüssow	31,3	17. 12. 1898
	Brüssow – Löcknitz	10,7	2. 12. 1902
	Damme – Gramzow (Uckerm)	10,3	
926	Prenzlau – Strasburg (Meckl)	26,0	17. 12. 1898
927	Pasewalk – Grambow – Staatsgrenze	28,7	16. 3. 1863
928	Pasewalk – Jatznick	10,6	20. 4. 1884
	Jatznick – Torgelow	6,60	20. 4. 1884
	Torgelow – Ueckermünde	12,82	15. 9. 1884
929	Greifswald – Seebad Lubmin	22,5	1898
	Seebad Lubmin – Lubmin Werkbahnhof	2,9	
930	Bützow – Güstrow	13,47	13. 5. 1850
	Güstrow – Neubrandenburg	87,62	15. 11. 1864
	Kreckow – Pasewalk	23,69	15. 12. 1866
	Neubrandenburg – Kreckow	28,71	1. 1. 1867
931	Malchin – Dargun	24,7	1. 12. 1907
932	Teterow – Gnoien	26,52	5. 11. 1884
940	Züssow – Wolgast Hafen	17,85	1. 11. 1863
	Wolgaster Fähre – Zinnowitz – Seebad Ahlbeck	36,9	1. 6. 1911
	Seebad Ahlbeck – Seebad Heringsdorf	2,0	1. 7. 1894
941	Zinnowitz – Peenemünde	12,2	1936

Eröffnungsdaten der Strecken der Deutschen Reichsbahn

DR-Kursbuchnummer	Streckenabschnitt	Streckenlänge (km)	Datum der Betriebseröffnung
950	Rostock – Ribnitz-Damgarten	29,33	1. 6. 1889
	Ribnitz-Damgarten – Stralsund	43,01	1. 7. 1888
	Stralsund – Stralsund Hafen	3,22	1. 11. 1863
	Stralsund – Altefähr (Fährverkehr)		1. 7. 1883
	Rügendamm		5. 10. 1936
	Altefähr – Bergen	22,96	1. 7. 1883
	Bergen – Saßnitz	21,85	1. 7. 1891 (für Pers.) 12. 8. 1891 (für Güter)
	Saßnitz – Saßnitz Hafen	1,74	1. 5. 1897
951	Rövershagen – Ostseebad Graal-Müritz	10,3	1. 7. 1925
952	Velgast – Barth	11,41	1. 7. 1888
953	Velgast – Tribsees	30,4	19. 5. 1895
955	Bergen – Putbus	9,7	15. 8. 1889
	Putbus – Lauterbach (Rügen)	2,28	15. 5. 1890
956	Putbus – Göhren (Rügen)	24,4	4. 7. 1896
958	Lietzow (Rügen) – Binz Ost	12,0	1939

Quellenverzeichnis

1. Bücher und andere selbständige Quellen

Arndt, G.; Arndt, U.: Pionier- und Ausstellungsbahnen. – Berlin: transpress VEB Verlag für Verkehrswesen 1981

Bayer, R.; Sobek, G.: Der Bayerische Bahnhof in Leipzig. – Berlin: transpress VEB Verlag für Verkehrswesen 1985

Berger, M.: Historische Bahnhofsbauten. – Berlin: transpress VEB Verlag für Verkehrswesen 1980

Beyer, P.: Vom Werden der Göltzschtal- und der Elstertalbrücke. Veröffentlichungen des Kreismuseums Burg Mylau, Heft 2, 3. Aufl., 1977

Beyer, W.; Ehle, E.: Über den Rennsteig – von Sonneberg nach Probstzella. – Berlin: transpress VEB Verlag für Verkehrswesen 1983

Blickensdorf, B.: Die Thüringerwaldbahn. – Berlin: transpress VEB Verlag für Verkehrswesen 1986

Borchert, F.; Kirsche, H.-J.: Lokomotiven der Deutschen Reichsbahn. – Berlin: transpress VEB Verlag für Verkehrswesen 1986

Brockhaus-Reisehandbuch Erzgebirge/Vogtland. – Leipzig: VEB F. A. Brockhaus Verlag 1976

Brockhaus-Reisehandbuch Thüringer Wald. – Leipzig: VEB F. A. Brockhaus Verlag 1975

Denkmalgeschützte Kleinbahnen im Ostseebezirk. – Rostock 1977

Die Berliner S-Bahn. – Berlin: transpress VEB Verlag für Verkehrswesen 1963

Die Deutsche Reichsbahn von A bis Z. – Berlin: transpress VEB Verlag für Verkehrswesen 1984

Eisenbahn-Historia Riesa – Karl-Marx-Stadt. Dokumentation 1852–1977, 1977

Eisenbahntransporttechnik – Verkehrsgeographie. – Berlin: transpress VEB Verlag für Verkehrswesen 1980

Fromm, G.; Hunger, E.: Die Entwicklung der Thüringischen Eisenbahn. – Erfurt 1972

Gibbons, E.: 100 Jahre Saalbahn Großheringen – Saalfeld. – Erfurt 1974

Garkisch, W.; Groth, H.: Die Deutsche Reichsbahn von 1945 bis 1985. – Berlin: transpress VEB Verlag für Verkehrswesen 1985

Grüber, W.: Steilrampen über den Thüringer Wald. – Berlin: transpress VEB Verlag für Verkehrswesen 1983

Hesse, D.: 100 Jahre Eisenbahn. – Dresden 1978

Illner, G.; Schuchardt, A.-G.: 50 Jahre Leipzig Hauptbahnhof. – Berlin: transpress VEB Verlag für Verkehrswesen 1965

Jünemann, K.; Kieper, K.; Nickel, L.: Die Rügenschen Kleinbahnen. – Berlin: transpress VEB Verlag für Verkehrswesen 1983

Kirsche, H.-J.: Die Eisenbahn in der Deutschen Demokratischen Republik (unveröffentlicht)

Kramer, E.: Die Entwicklung des Verkehrswesens in der DDR. – Berlin: transpress VEB Verlag für Verkehrswesen 1978

Kubinszky, M.: Bahnhöfe Europas. – Stuttgart: Franckh'sche Verlagshandlung 1969

Langheinrich, K.: Weimar im Eisenbahnnetz Thüringens. Weimarer Schriften zur Heimatgeschichte und Naturkunde, Heft 30, Weimar 1977

Müller, H.: Bahnhofsarchitektur. Zur baukünstlerischen Entwicklung von Empfangsgebäuden in Deutschland. Diss., Berlin 1964

Nitschke, U.: Die Harzquer- und Brokkenbahn. – Berlin: transpress VEB Verlag für Verkehrswesen 1978

Preuß, E.: Die Spreewaldbahn. – Berlin: transpress VEB Verlag für Verkehrswesen 1980

Preuß, R.: Die Müglitztalbahn. – Berlin: transpress VEB Verlag für Verkehrswesen 1985

Röper, H.; Lehnert, K.: Informationsschrift Schmalspurlokomotive 99 4301. Klub Martin Schwantes, Gommern, 1977

Röper, H.; Zieglgänsberger, G.: Die Selketalbahn. – Berlin: transpress VEB Verlag für Verkehrswesen 1981

Schlagadern der Wirtschaft. – Berlin: transpress VEB Verlag für Verkehrswesen 1975

Schultz, L.: Eisenbahnen in Mecklenburg. – Berlin: transpress VEB Verlag für Verkehrswesen 1986

Steinke, W.: Die Rübelandbahn. – Berlin: transpress VEB Verlag für Verkehrswesen 1982

Straßenbahn-Archiv 1. – Berlin: transpress VEB Verlag für Verkehrswesen 1983

Straßenbahn-Archiv 2. – Berlin: transpress VEB Verlag für Verkehrswesen 1983

Straßenbahn-Archiv 3. – Berlin: transpress VEB Verlag für Verkehrswesen 1984

Straßenbahn-Archiv 4. – Berlin: transpress VEB Verlag für Verkehrswesen 1984

Straßenbahn-Archiv 6. – Berlin: transpress VEB Verlag für Verkehrswesen 1986

Technische Denkmale in der Deutschen Demokratischen Republik. – Berlin 1973

Weisbrod, M.; Brozeit, W.: Baureihe 44. – Berlin: transpress VEB Verlag für Verkehrswesen 1983

Weisbrod, M.; Müller. H.; Petznick, W.: Dampflok-Archiv 1, 2 und 3. – Berlin: transpress VEB Verlag für Verkehrswesen 1979

Weisbrod, M.; Petznick, W.: Baureihe 01. – Berlin: transpress VEB Verlag für Verkehrswesen 1979

Wendt, T.: Links und rechts der kleinen Bahnen. – Leipzig: VEB Tourist Verlag Berlin 1983

Wismar und seine Eisenbahn. 1979

50 Jahre Berliner S-Bahn 1924–1974. – Berlin 1974

75 Jahre mit dem „Rasenden Roland" durch die Insel Rügen. 1974

100 Jahre Bahnhof Freiberg. Festschrift. Freiberg 1962

2. Zeitschriftenaufsätze

Barteld, H.-J.: „Anno dazumal" – 100 Jahre Saalbahn. – In: Der Modelleisenbahner. Berlin 23 (1974) 4, S. 369

Berger, M.: Ein Vorschlag zur Erhaltung und neuen gesellschaftlichen Nutzung des Bayrischen Bahnhofs in Leipzig. – In: Denkmalpflege 1977, Heft 4, S. 37

Berger, M.: Zur Erhaltung und Umgestaltung des Bayrischen Bahnhofs in Leipzig als Museumsbahnhof der DR. – In: Der Modelleisenbahner. Berlin 27 (1978) 12, S. 350

Bode, A.: 75 Jahre elektrischer Straßenbetrieb in Magdeburg. – In: Der Modelleisenbahner. Berlin 23 (1974) 6, S. 117

Bode, A.: 100 Jahre Hauptbahnhof Magdeburg. – In: Der Modelleisenbahner. Berlin 22 (1975) 5, S. 129

Borchert, F.: Elektrischer Zugbetrieb auf der Rübelandbahn. – In: Der Modelleisenbahner. Berlin 15 (1966) 3, S. 86

Brauer, J.: Historische Betrachtungen zur Weimar-Geraer Eisenbahn. – In: Der Modelleisenbahner. Berlin 26 (1977) 10, S. 285

Dill, R.: Die S-Bahn in Magdeburg. – In: Der Modelleisenbahner. Berlin 24 (1975) 7, S. 193

Fiebig, G.: Die Rübelandbahn. – In: Der Modelleisenbahner. Berlin 27 (1978) 1, S. 7

Fromm, G.: Die Oberweißbacher Bergbahn. – In: Der Modelleisenbahner. Berlin 10 (1961) 2, S. 44

Fromm, G.: Die Thüringerwaldbahn. – In: Der Modelleisenbahner. Berlin 9 (1960) 5, S. 132

Fromm, G.: Zur Entwicklungsgeschichte der Weimar-Geraer Eisenbahn. – In: Der Modelleisenbahner. Berlin 20 (1971) 9, S. 263

Fromm, G.: 100 Jahre Saal-Eisenbahn. – In: Der Modelleisenbahner. Berlin 23 (1974) 4, S. 94 und 23 (1974) 5, S. 139

Groppa, K.: Chronik der Schweriner Straßenbahn. – In: Der Modelleisenbahner. Berlin 27 (1978) 12, S. 354

Grötzsch, R.: Zur Geschichte der Göltzsch- und der Elstertalbrücke. – In: Der Modelleisenbahner. Berlin 26 (1977) 6, S. 167

Hauschild, F.: 100 Jahre Elstertalbahn. – In: Der Modelleisenbahner. Berlin 24 (1975) 9, S. 257

Heinrich, R.: Die Geschichte der 35 1113. – In: Der Modelleisenbahner. Berlin 33 (1984) 8, S. 10

Hille, F.: Die alten Leipziger Bahnhöfe. – In: Der Modelleisenbahner. Berlin 19 (1970) 3, S. 71 und 19 (1970) 6, S. 188

Hornbogen, F.: 1000-mm-Schmalspurlokomotive der BR 99[590] der DR, Bauart B'Bn4v (Mallet). – In: Der Modelleisenbahner. Berlin 23 (1974) 4, S. 119

Kaufmann, S.: Die neue Hallenser S-Bahn. – In: Der Modelleisenbahner. Berlin 22 (1973) 9, S. 257

Knöbel, R.: 75 Jahre Dresdner Standseilbahn. – In: Der Modelleisenbahner. Berlin 19 (1970) 12, S. 375

„Königslinie" 75 Jahre alt. – In: Der Modelleisenbahner. Berlin 33 (1984) 7, S. 2

Kramer, B.: Denkmalpflege – Im Erzgebirge großgeschrieben! – In: Der Modelleisenbahner. Berlin 27 (1978) 10, S. 316

Kreutzien, W.: 50 Jahre Rügendamm. – In: Der Modelleisenbahner. Berlin 35 (1968) 11, S. 7

Kuhlmann, B.: Die Stadtschnellbahn Leipzig. – In: Der Modelleisenbahner. Berlin 18 (1969) 11, S. 331

Kuhlmann, B.: Nochmals: Die Müglitztalbahn. – In: Der Modelleisenbahner. Berlin 20 (1971) 7, S. 194

Kuschinski, N.: Eine Bahn seltener Art, Die Parkbahn in Lauchhammer. – In: Der Modelleisenbahner. Berlin 28 (1979) 1, S. 12

Morakanow, Chr.: Die Pioniereisenbahn Görlitz. – In: Der Modelleisenbahner. Berlin 34 (1975) 12, S. 7

Müller, U.: Über die Geschichte und Entwicklung der Straßenbahn in Halle (Saale). – In: Der Modelleisenbahner. Berlin 26 (1977) 1, S. 44

Neuer, H.; Schönfuß, J.: 75 Jahre Brandenburgische Städtebahn. – In: Der Modelleisenbahner. Berlin 28 (1979) 3, S. 72

Preuß, R.: Der Oberauer Tunnel – Aufbau und Abbruch. – In: Der Modelleisenbahner. Berlin 34 (1985) 12, S. 14

Preuß, R.: Die Schmalspurbahn Zittau – Kurort Oybin/Kurort Jonsdorf. – In: Der Modelleisenbahner. Berlin 24 (1975) 11, S. 232, S. 321

Riedel, A: 95 Jahre Görlitzer Straßenbahn. – In: Der Modelleisenbahner. Berlin 26 (1977)

Röper, H.: Wiederaufbau der Schmalspurbahn Straßberg–Stiege. – In: Der Modelleisenbahner. Berlin 33 (1984) 8, S. 16

Rösel, W.: Die Rübelandbahn. – In: Eisenbahnpraxis. Berlin 10 (1966) 1, S. 7

Schiebe, D.; Zeising, K.: Berliner Hoch- und Untergrundbahn – 70 Jahre alt. – In: Der Modelleisenbahner. Berlin 21 (1972) 8, S. 221

Schrödter, H.; Herold, F.: Das Oschatzer Schmalspurnetz. – In: Der Modelleisenbahner. Berlin 19 (1970) 6, S. 170

Schultz, L.: Aus der Geschichte des Fährverkehrs auf der „Königslinie". – In: Der Modelleisenbahner. Berlin 25 (1976) 10, S. 288

Schultz, L.: 75 Jahre Ostseefähre Warnemünde – Gedser. – In: Der Modelleisenbahner. Berlin 27 (1978) 11, S. 328

Spranger, F.: Die Müglitztalbahn. – In: Der Modelleisenbahner. Berlin 9 (1960) 4, S. 105

Spranger, F.: Die Rostocker Stadtbahn. – In: Der Modelleisenbahner. Berlin 24 (1975) 2, S. 30

Spranger, F.: Old-Timer in 900-mm-Spur. – In: Der Modelleisenbahner. Berlin 24 (1975) 9, S. 270

Stange, H.: Die Industriebahn Halle und ihre Triebfahrzeuge. – In: Der Modelleisenbahner. Berlin 28 (1979) 8, S. 236

Thomsch, U.: 75 Jahre Cottbuser Straßenbahn. – In: Der Modelleisenbahner. Berlin 27 (1978) 6, S. 161 und 27 (1978) 7, S. 203

Uhlemann, K.: Schmalspurwagen auf der Insel Rügen. – In: Der Modelleisenbahner. Berlin 24 (1975) 8, S 222 und 24 (1975) 9, S. 264

Weide, H.-D.: Die Pioniereisenbahnen in der DDR. – In: Der Modelleisenbahner. Berlin 27 (1978) 7, S. 206

Wessner, G.: 101 Jahre Strecke Bad Schandau – Sebnitz – Neustadt. – In: Der Modelleisenbahner. Berlin 27 (1978) 7, S. 194

Zeitschrift Eisenbahnpraxis 23 (1979) 5.

3. Abschnitte aus Sammelwerken

Berndt, G.; Teske, G.: Die Reichsbahndirektion Greifswald. – In: Eisenbahn-Jahrbuch 1965. – Berlin: transpress VEB Verlag für Verkehrswesen 1965, S. 26

Buhlke, J.: Die Reichsbahndirektion Schwerin. – In: Eisenbahn-Jahrbuch 1970. – Berlin: transpress VEB Verlag für Verkehrswesen 1970, S. 19

Finke, G.: Der Bahnhof Karl-Marx-Stadt-Hilbersdorf. – In: Eisenbahn-Jahrbuch 1978. – Berlin: transpress VEB Verlag für Verkehrswesen 1978 , S. 74

Gehardt, H.: Die Reichsbahndirektion Magdeburg. – In: Eisenbahn-Jahrbuch 1968. – Berlin: transpress VEB Verlag für Verkehrswesen 1968 S. 13

Gehlert, G.: 50 Jahre Schwebeseilbahn zum Fichtelberg. – In: Eisenbahn-Jahrbuch 1975. – Berlin: transpress VEB Verlag für Verkehrswesen 1975, S. 158

Glöckner, H.; Martin, W.; Jarzowski, W.: Bahnhof Halle (Saale) Güterbahnhof. – In: Eisenbahn-Jahrbuch 1973. – Berlin: transpress VEB Verlag für Verkehrswesen 1973, S. 63

Gransalke, R.; Große, W.: Der Bahnhof Dresden-Friedrichstadt. – In: Eisenbahn-Jahrbuch 1971. – Berlin: transpress VEB Verlag für Verkehrswesen 1972, S. 48

Grohs, W.: Die Reichsbahndirektion Berlin. – In: Eisenbahn-Jahrbuch 1971. – Berlin: transpress VEB Verlag für Verkehrswesen 1971, S. 21

Henkel, S.: Aus dem Alltag der Pioniereisenbahn Dresden. – In: Eisenbahn-Jahrbuch 1976. – Berlin: transpress VEB Verlag für Verkehrswesen 1976, S. 146

Hetz, K.: Die Reichsbahndirektion Halle. – In: Eisenbahn-Jahrbuch 1966. – Berlin: transpress VEB Verlag für Verkehrswesen 1966, S. 13

Kirsche, H.-J.: Porträt einer Strecke: Dresden – Freiberg. – In: Eisenbahn-Jahrbuch 1969. – Berlin: transpress VEB Verlag für Verkehrswesen 1969, S. 150

Kirsche, H.-J.: Zwischen Saaleck und Saalfeld. – In: Eisenbahn-Jahrbuch 1970. – Berlin: transpress VEB Verlag für Verkehrswesen 1970, S. 140

Kretschmann, J.: Quer über den Harz. – In: Eisenbahn-Jahrbuch 1972. – Berlin: transpress VEB Verlag für Verkehrswesen 1972, S. 137

Krüger, K.: Die Reichsbahndirektion Erfurt. – In: Eisenbahn-Jahrbuch 1969. – Berlin: transpress VEB Verlag für Verkehrswesen 1969, S. 21

Lenhard, I.: BAR – größtes Bauobjekt der Deutschen Reichsbahn. – In: Eisenbahn-Jahrbuch 1964. – Berlin: transpress VEB Verlag für Verkehrswesen 1964, S. 64

Meier, E.: Die Reichsbahndirektion Dresden. – In: Eisenbahn-Jahrbuch 1967. – Berlin: transpress VEB Verlag für Verkehrswesen 1967, S. 16

Möller, A.; Preiss, W.: Die BV-Dienststelle Berlin Ostbahnhof. – In: Eisenbahn-Jahrbuch 1975. – Berlin: transpress VEB Verlag für Verkehrswesen 1975, S. 63

Müller, H.: Das historische Bild: Bahnhof Marx-Engels-Platz in Berlin. – In: Eisenbahn-Jahrbuch 1975. – Berlin: transpress VEB Verlag für Verkehrswesen 1975, S. 166

Müller, H.: Das historische Bild: Eisenbahnfähre über den Strelasund. – In: Eisenbahn-Jahrbuch 1977. – Berlin: transpress VEB Verlag für Verkehrswesen 1977, S. 166

Müller, H.: Das historische Bild: Eisenbahntor in Magdeburg. – In: Eisenbahn-Jahrbuch 1976. – Berlin: transpress VEB Verlag für Verkehrswesen 1976, S. 174

Rehbein, E.: Die Eisenbahn im Verkehrsmuseum Dresden. – In: Eisenbahn-Jahrbuch 1968. – Berlin: transpress VEB Verlag für Verkehrswesen 1968, S. 145

Schäfer, H.: Die Reichsbahndirektion Cottbus. – In: Eisenbahn-Jahrbuch 1964. – Berlin: transpress VEB Verlag für Verkehrswesen 1964, S. 21

Spranger, F.: Die S-Bahnen in Leipzig, Halle, Rostock, Magdeburg und Dresden. – In: Eisenbahn-Jahrbuch 1976. – Berlin: transpress VEB Verlag für Verkehrswesen 1976, S. 126

Spranger, F.: Eisenbahn-Mosaik: Standseilbahn Augustusburg automatisiert. – In: Eisenbahn-Jahrbuch 1976. – Berlin: transpress VEB Verlag für Verkehrswesen 1976, S. 153

Spranger, F.: Zwischen 25 und 70‰. – In: Eisenbahn-Jahrbuch 1964. – Berlin: transpress VEB Verlag für Verkehrswesen 1964, S. 149

Wunsch, K.: Vom Bau des Berliner Außenrings. – In: Eisenbahn-Jahrbuch 1978. – Berlin: transpress VEB Verlag für Verkehrswesen 1978, S. 137

Orts- und Sachwortverzeichnis